U0817136

中华人民共和国
新法规汇编

2017
第2辑

国务院法制办公室 编

中国法制出版社

编辑说明

一、《中华人民共和国新法规汇编》是国家出版的法律、行政法规汇编正式版本，是刊登报国务院备案并予以登记的部门规章的指定出版物。

二、本汇编收集的内容包括：上一个月内由全国人民代表大会及其常务委员会通过的法律和有关法律问题的决定，国务院公布的行政法规和法规性文件，报国务院备案并予以登记的部门规章，最高人民法院和最高人民检察院公布的司法解释。另外，还收入了上一个月内报国务院备案并予以登记的地方性法规和地方政府规章目录。

三、本汇编所收的内容，按下列分类顺序编排：法律，行政法规，法规性文件，国务院部门规章，司法解释。每类中按公布的时间顺序排列。报国务院备案并予以登记的地方性法规和地方政府规章目录按 1987 年国务院批准的行政区划顺序排列；同一行政区域报备两件以上者，按公布时间顺序排列。

四、本汇编每年出版 12 辑，每月出版 1 辑。本辑为 2017 年度第 2 辑，收入 2017 年 1 月份内公布的法规性文件 16 件，报国务院备案并经审查予以登记编号的部门规章 13 件，司法解释 5 件，补收 2016 年 12 月份内公布的法规性文件 14 件，2016 年 7－12 月份内公布的司法解释 6 件，共计 54 件。

五、本汇编在编辑出版过程中，得到了国务院有关部门和有关方面以及广大读者的大力支持和协助，在此谨致谢意。

国务院法制办公室

2017 年 2 月

目　录

法规性文件

国务院部门规章

司法解释

附：

法规性文件

中共中央、国务院关于推进防灾减灾救灾体制机制改革的意见

（2016年12月19日）

防灾减灾救灾工作事关人民群众生命财产安全，事关社会和谐稳定，是衡量执政党领导力、检验政府执行力、评判国家动员力、彰显民族凝聚力的一个重要方面。近年来，在党中央、国务院坚强领导下，我国防灾减灾救灾工作取得重大成就，积累了应对重特大自然灾害的宝贵经验，国家综合减灾能力明显提升。但也应看到，我国面临的自然灾害形势仍然复杂严峻，当前防灾减灾救灾体制机制有待完善，灾害信息共享和防灾减灾救灾资源统筹不足，重救灾轻减灾思想还比较普遍，一些地方城市高风险、农村不设防的状况尚未根本改变，社会力量和市场机制作用尚未得到充分发挥，防灾减灾宣传教育不够普及。为进一步做好防灾减灾救灾工作，现就推进防灾减灾救灾体制机制改革提出如下意见。

一、总体要求

（一）指导思想。全面贯彻党的十八大和十八届三中、四中、五中、六中全会精神，以邓小平理论、“三个代表”重要思想、科学发展观为指导，深入学习贯彻习近平总书记系列重要讲话精神和治国理政新理念新思想新战略，切实增强政治意识、大局意识、核心意识、看齐意识，紧紧围绕统筹推进“五位一体”总体布局和协调推进“四个全面”战略布局，牢固树立和落实新发展理念，坚持以人民为中心的发展思想，正确处理人和自然的关系，正确处理防灾减灾救灾和经济社会发展的关系，坚持以防为主、防抗救相结合，坚持常态减灾和非常态救灾相统一，努力实现从注重灾后救助向注重灾前预防转变，从应对单一灾种向综合减灾转变，从减少灾害损失向减轻灾害风险转变，落实责任、完善体系、整合资源、统筹力量，切实提高防灾减灾救灾工作法治化、规范化、现代化水平，全面提升全社会抵御自然灾害的综合防范能力。

（二）基本原则

——坚持以人为本，切实保障人民群众生命财产安全。牢固树立以人为本理念，把确保人民群众生命安全放在首位，保障受灾群众基本生活，增强全民防灾减灾意识，提升公众知识普及和自救互救技能，切实减少人员伤亡和财产损失。

——坚持以防为主、防抗救相结合。高度重视减轻灾害风险，切实采取综合防范措施，将常态减灾作为基础性工作，坚持防灾抗灾救灾过程有机统一，前后衔接，未雨绸缪，常抓不懈，增强全社会抵御和应对灾害能力。

——坚持综合减灾，统筹抵御各种自然灾害。认真研究全球气候变化背景下灾害孕育、发生和演变特点，充分认识新时期灾害的突发性、异常性和复杂性，准确把握灾害衍生次生规律，综合运用各类资源和多种手段，强化统筹协调，科学应对各种自然灾害。

——坚持分级负责、属地管理为主。根据灾害造成的人员伤亡、财产损失和社会影响等因素，及时启动相应应急预案，中央发挥统筹指导和支持作用，各级党委和政府分级负责，地方就近指挥、强化协调并在救灾中发挥主体作用、承担主体责任。

——坚持党委领导、政府主导、社会力量和市场机制广泛参与。充分发挥我国的政治优势和社会主义制度优势，坚持各级党委和政府在防灾减灾救灾工作中的领导和主导地位，发挥组织领导、统筹协调、提供保障等重要作用。更加注重组织动员社会力量广泛参与，建立完善灾害保险制度，加强政府与社会力量、市场机制的协同配合，形成工作合力。

二、健全统筹协调体制

（三）统筹灾害管理。加强各种自然灾害管理全过程的综合协调，强化资源统筹和工作协调。完善统筹协调、分工负责的自然灾害管理体制，充分发挥国家减灾委员会对防灾减灾救灾工作的统筹指导和综合协调作用，强化国家减灾委员会办公室在灾情信息管理、综合风险防范、群众生活救助、科普宣传教育、国际交流合作等方面的工作职能和能力建设。充分发挥主要灾种防灾减灾救灾指挥机构的防范部署和应急指挥作用，充分发挥中央有关部门和军队、武警部队在监测预警、能力建设、应急保障、抢险救援、医疗防疫、恢复重建、社会动员等方面的职能作用。建立各级减灾委员会与防汛抗旱指挥部、抗震救灾指挥部、森林防火指挥部等机构之间，以及与军队、武警部队之间的工作协同制度，健全工作规程。探索建立京津冀、长江经济带、珠江三角洲等区域和自然灾害高风险地区在灾情信息、救灾物资、救援力量等方面的区域协同联动制度。统筹谋划城市和农村防灾减灾救灾工作。

（四）统筹综合减灾。牢固树立灾害风险管理理念，转变重救灾轻减灾思想，将防灾减灾救灾纳入各级国民经济和社会发展总体规划，作为国家公共安全体系建设的重要内容。完善防灾减灾救灾工程建设标准体系，提升灾害高风险区域内学校、医院、居民住房、基础设施及文物保护单位的设防水平和承灾能力。加强部门协调，制定应急避难场所建设、管理、维护相关技术标准和规范。充分利用公园、广场、学校等公共服务设施，因地制宜建设、改造和提升成应急避难场所，增加避难场所数量，为受灾群众提供就近就便的安置服务。加快推进海绵城市建设，修复城市水生态，涵养水资源。加快补齐城市排水防涝设施建设的短板，增强城市防涝能力。加强农业防灾减灾基础设施建设，提升农业抗灾能力。将防灾减灾纳入国民教育计划，加强科普宣传教育基地建设，推进防灾减灾知识和技能进学校、进机关、进企事业单位、进社区、进农村、进家庭。加强社区层面减灾资源和力量统筹，深入创建综合减灾示范社区，开展全国综合减灾示范县（市、区、旗）创建试点。定期开展社区防灾减灾宣传教育活动，组织居民开展应急救护技能培训和逃生避险演练，增强风险防范意识，提升公众应急避险和自救互救技能。

三、健全属地管理体制

（五）强化地方应急救灾主体责任。坚持分级负责、属地管理为主的原则，进一步明确中央和地方应对自然灾害的事权划分。对达到国家启动响应等级的自然灾害，中央发挥统筹指导和支持作用，地方党委和政府在灾害应对中发挥主体作用，承担主体责任。省、市、县级政府要建立健全统一的防灾减灾救灾领导机构，统筹防灾减灾救灾各项工作。地方党委和政府根据自然灾害应急预案，统一指挥人员搜救、伤员救治、卫生防疫、基础设施抢修、房屋安全应急评估、群众转移安置等应急处置工作。规范灾害现场各类应急救援力量的组织领导指挥体系，强化各类应急救援力量的统筹使用和调配，发挥公安消防以及各类专业应急救援队伍在抢险救援中的骨干作用。统一做好应急处置的信息发布工作。

（六）健全灾后恢复重建工作制度。特别重大自然灾害灾后恢复重建坚持中央统筹指导、地方作为主体、灾区群众广泛参与的新机制，中央与地方各负其责，协同推进灾后恢复重建。特别重大自然灾害发生后，国务院有关部门和受灾省份按照工作流程共同开展灾害损失评估、次生衍生灾害隐患排查及危险性评估、住房及建筑物受损鉴定和资源环境承载能力评价。中央根据灾害损失情况，结合地方经济和社会发展总体规划，制定相关的支持政策措施，确定灾后恢复重建中央补助资金规模；在此基础上，结合地方实际组织编制或指导地方编制灾后恢复重建总体规划。地方政府作为灾后恢复重建的责任主体和实施主体，应加强对重建工作的组织领导，形成统一协调的组织体系、科学系统的规划体系、全面细致的政策体系、务实高效的实施体系、完备严密的监管体系。充分调动受灾群众积极性，发扬自力更生、艰苦奋斗的优良传统，自己动手重建家园。有效对接社会资源，引导志愿者、社会组织等社会力量依法有序参与灾后恢复重建。特别重大以外的自然灾害恢复重建工作，由地方根据实际组织开展。

（七）完善军地协调联动制度。完善军队和武警部队参与抢险救灾的应急协调机制，明确需求对接、兵力使用的程序方法。建立地方党委和政府请求军队和武警部队参与抢险救灾的工作制度，明确工作程序，细化军队和武警部队参与抢险救灾的工作任务。完善军地间灾害预报预警、灾情动态、救灾需求、救援进展等信息通报制度。加强救灾应急专业力量建设，充实队伍，配置装备，强化培训，组织军地联合演练，完善以军队、武警部队为突击力量，以公安消防等专业队伍为骨干力量，以地方和基层应急救援队伍、社会应急救援队伍为辅助力量的灾害应急救援力量体系。将武警部队有关抢险救援应急力量纳入驻在地应急救援力量和组织指挥体系。完善军地联合保障机制，提升军地应急救援协助水平。

四、完善社会力量和市场参与机制

（八）健全社会力量参与机制。坚持鼓励支持、引导规范、效率优先、自愿自助原则，研究制定和完善社会力量参与防灾减灾救灾的相关政策法规、行业标准、行为准则，搭建社会组织、志愿者等社会力量参与的协调服务平台和信息导向平台。完善政府与社会力量协同救灾联动机制，落实税收优惠、人身保险、装备提供、业务培训、政府购买服务等支持措施。建立社会力量参与救灾行动评估和监管体系，完善救灾捐赠组织协调、信息公开和需求导向等工作机制。鼓励支持社会力量全方位参与常态减灾、应急救援、过渡安置、恢复重建等工作，构建多方参与的社会化防灾减灾救灾格局。

（九）充分发挥市场机制作用。坚持政府推动、市场运作原则，强化保险等市场机制在风险防范、损失补偿、恢复重建等方面的积极作用，不断扩大保险覆盖面，完善应对灾害的金融支持体系。加快巨灾保险制度建设，逐步形成财政支持下的多层次巨灾风险分散机制。统筹考虑现实需要和长远规划，建立健全城乡居民住宅地震巨灾保险制度。鼓励各地结合灾害风险特点，探索巨灾风险有效保障模式。积极推进农业保险和农村住房保险工作，健全各级财政补贴、农户自愿参加、保费合理分担的机制。

五、全面提升综合减灾能力

（十）强化灾害风险防范。加快各种灾害地面监测站网和国家民用空间基础设施建设，完善分工合理、职责清晰的自然灾害监测预报预警体系。开展以县为单位的全国自然灾害综合风险与减灾能力调查，发挥气象、水文、地震、地质、林业、海洋等防灾减灾部门作用，提升灾害风险预警能力，加强灾害风险评估、隐患排查治理。建立健全与灾害特征相适应的预警信息发布制度，明确发布流程和责任权限。加强国家突发事件预警信息发布系统能力建设，发挥国家突发事件预警信息发布系统作用，完善运行管理办法。充分利用各类传播渠道，通过多种途径将灾害预警信息发送到户到人，显著提高灾害预警信息发布的准确性和时效性，扩大社会公众覆盖面，有效解决信息发布"最后一公里"问题。

（十一）完善信息共享机制。研究制定防灾减灾救灾信息传递与共享技术标准体系，加强跨部门业务协同和互联互通，建设涵盖主要涉灾部门和军队、武警部队的自然灾害大数据和灾害管理综合信息平台，实现各种灾害风险隐患、预警、灾情以及救灾工作动态等信息共享。推进基层灾害信息员队伍建设，健全自然灾害情况统计制度，制定灾后损失评估有关技术标准，规范自然灾害损失综合评估工作流程，建立完善灾害损失评估的联动和共享机制。健全重特大自然灾害信息发布和舆情应对机制，完善信息发布制度，拓宽信息发布渠道，确保公众知情权。规范灾害现场应急处置、新闻发布、网络及社会舆情应对等工作流程，完善协同联动机制，加强新闻发言人队伍和常备专家库建设，提高防灾减灾救灾舆情引导能力。

（十二）提升救灾物资和装备统筹保障能力。健全救灾物资储备体系，扩大储备库覆盖范围，优化储备布局，完善储备类型，丰富物资储备种类，提高物资调配效率和资源统筹利用水平。加强应急物流体系建设，完善铁路、公路、水运、航空应急运力储备与调运机制。推进应急物资综合信息平台建设，提升协同保障能力。完善通信、能源等方面的应急保障预案。建立"天-空-地"一体应急通信网络。积极研发重大自然灾害监测预警产品，加快研制先进的受灾群众安置、防汛抗旱、人员搜救、森林灭火等装备和产品，提高基层减灾和应急救灾装备保障水平。建立健全应急救援期社会物资、运输工具、设施装备等的征用和补偿机制。探索建立重大救灾装备租赁保障机制。

（十三）提高科技支撑水平。统筹协调防灾减灾救灾科技资源和力量，充分发挥专家学者的决策支撑作用，加强防灾减灾救灾人才培养，建立防灾减灾救灾高端智库，完善专家咨询制度。明确常态减灾和非常态救灾科技支撑工作模式，建立科技支撑防灾减灾救灾工作的政策措施和长效机制。加强基础理论研究和关键技术研发，着力揭示重大自然灾害及灾害链的孕育、发生、发展、演变规律，分析致灾成因机理。推进大数据、云计算、地理信息等新技术新方法运用，提高灾害信息获取、模拟仿真、预报预测、风险评估、应急通信与保障能力。通过国家科技计划(专项、基金等)对符合条件的防灾减灾救灾领域科研活动进行支持,加强科技条件平台建设,发挥现代科技作用,提高重大自然灾害防范的科学决策水平和应急能力。完善产学研协同创新机制和技术标准体系,推动科研成果的集成转化、示范和推广应用,开展防灾减灾救灾新材料新产品研发,加快推进防灾减灾救灾产业发展。

(十四)深化国际交流合作。服务国家外交工作大局,积极宣传我国在防灾减灾救灾领域的宝贵经验和先进做法,学习借鉴国际先进的减灾理念和关键科技成果,创新深化国际交流合作的工作思路和模式。完善国际多双边合作机制,加强人员和技术交流培训工作,提升重特大自然灾害协同应对能力。完善参与联合国框架下的减灾合作机制,推动深入参与亚洲国家间的减灾对话与交流平台,积极拓展东盟地区论坛、东亚峰会、金砖国家、上海合作组织等框架下的合作机制和内容。通过对外人道主义紧急援助部际工作机制,统筹资源,加强协调,提升我国政府应对严重人道主义灾难的能力和作用。注重对我国周边国家、毗邻地区、"一带一路"沿线国家和地区等发生重特大自然灾害时提供必要支持和帮助。推动我国高端防灾减灾救灾装备和产品走出去。

六、切实加强组织领导

(十五)强化法治保障。根据形势发展,加强综合立法研究,及时修订有关法律法规和预案,科学合理调整应急响应启动标准。加快形成以专项防灾减灾法律法规为骨干、相关应急预案和技术标准配套的防灾减灾法规体系。要明确责任,对防灾减灾救灾工作中玩忽职守造成损失或重大社会影响的,依纪依法追究当事方的责任。

(十六)加大防灾减灾救灾投入。健全防灾减灾救灾资金多元投入机制,完善各级救灾补助政策,拓宽资金投入渠道,加大防灾减灾基础设施建设、重大工程建设、科学研究、人才培养、技术研发、科普宣传、教育培训等方面的经费投入。各级财政要继续支持开展灾害风险防范、风险调查与评估、基层减灾能力建设、科普宣传教育等防灾减灾相关工作。鼓励社会力量和家庭、个人对防灾减灾救灾工作的投入,提高社区和家庭自救互救能力。各级政府要加强对防灾减灾救灾资金的统筹,提高资金使用效益。

(十七)强化组织实施。各地区各部门要以高度的政治责任感和历史使命感,加大工作力度,确保本意见确定的各项改革举措落到实处。要加强协调,统筹推进,对实施进度进行跟踪分析和督促检查,对实施过程中遇到的问题,及时沟通、科学应对、妥善解决。各地区要发挥主动性和创造性,因地制宜,积极探索,开展试点示范,破解改革难题,积累改革经验,推动防灾减灾救灾体制机制改革逐步有序深入。

国务院关于印发"十三五"节能减排综合工作方案的通知

（2016 年 12 月 20 日　国发〔2016〕74 号）

现将《"十三五"节能减排综合工作方案》印发给你们，请结合本地区、本部门实际，认真贯彻执行。

一、"十二五"节能减排工作取得显著成效。各地区、各部门认真贯彻落实党中央、国务院决策部署，把节能减排作为优化经济结构、推动绿色循环低碳发展、加快生态文明建设的重要抓手和突破口，各项工作积极有序推进。"十二五"时期，全国单位国内生产总值能耗降低 18.4%，化学需氧量、二氧化硫、氨氮、氮氧化物等主要污染物排放总量分别减少 12.9%、18%、13%和 18.6%，超额完成节能减排预定目标任务，为经济结构调整、环境改善、应对全球气候变化作出了重要贡献。

二、充分认识做好"十三五"节能减排工作的重要性和紧迫性。当前，我国经济发展进入新常态，产业结构优化明显加快，能源消费增速放缓，资源性、高耗能、高排放产业发展逐渐衰减。但必须清醒认识到，随着工业化、城镇化进程加快和消费结构持续升级，我国能源需求刚性增长，资源环境问题仍是制约我国经济社会发展的瓶颈之一，节能减排依然形势严峻、任务艰巨。各地区、各部门不能有丝毫放松和懈怠，要进一步把思想和行动统一到党中央、国务院决策部署上来，下更大决心，用更大气力，采取更有效的政策措施，切实将节能减排工作推向深入。

三、坚持政府主导、企业主体、市场驱动、社会参与的工作格局。要切实发挥政府主导作用，综合运用经济、法律、技术和必要的行政手段，着力健全激励约束机制，落实地方各级人民政府对本行政区域节能减排负总责、政府主要领导是第一责任人的工作要求。要进一步明确企业主体责任，严格执行节能环保法律法规和标准，细化和完善管理措施，落实节能减排目标任务。要充分发挥市场机制作用，加大市场化机制推广力度，真正把节能减排转化为企业和各类社会主体的内在要求。要努力增强全体公民的资源节约和环境保护意识，实施全民节能行动，形成全社会共同参与、共同促进节能减排的良好氛围。

四、加强对节能减排工作的组织领导。要严格落实目标责任，国务院每年组织开展省级人民政府节能减排目标责任评价考核，将考核结果作为领导班子和领导干部年度考核、目标责任考核、绩效考核、任职考察、换届考察的重要内容。发挥国家应对气候变化及节能减排工作领导小组的统筹协调作用,国家发展改革委负责承担领导小组的具体工作,切实加强节能减排工作的综合协调,组织推动节能降耗工作;环境保护部主要承担污染减排方面的工作;国务院国资委要切实加强对国有企业节能减排的监督考核工作;国家统计局负责加强能源统计和监测工作;其他各有关部门要切实履行职责,密切协调配合。各省级人民政府要立即部署本地区"十三五"节能减排工作,进一步明确相关部门责任、分工和进度要求。

各地区、各部门和中央企业要按照本通知的要求,结合实际抓紧制定具体实施方案,明确目标责任,狠抓贯彻落实,强化考核问责,确保实现"十三五"节能减排目标。

"十三五"节能减排综合工作方案

一、总体要求和目标

(一)总体要求。全面贯彻党的十八大和十八届三中、四中、五中、六中全会精神,深入贯彻习近平总书记系列重要讲话精神,认真落实党中央、国务院决策部署,紧紧围绕"五位一体"总体布局和"四个全面"战略布局,牢固树立创新、协调、绿色、开放、共享的发展理念,落实节约资源和保护环境基本国策,以提高能源利用效率和改善生态环境质量为目标,以推进供给侧结构性改革和实施创新驱动发展战略为动力,坚持政府主导、企业主体、市场驱动、社会参与,加快建设资源节约型、环境友好型社会,确保完成"十三五"节能减排约束性目标,保障人民群众健康和经济社会可持续发展,促进经济转型升级,实现经济发展与环境改善双赢,为建设生态文明提供有力支撑。

(二)主要目标。到2020年,全国万元国内生产总值能耗比2015年下降15%,能源消费总量控制在50亿吨标准煤以内。全国化学需氧量、氨氮、二氧化硫、氮氧化物排放总量分别控制在2001万吨、207万吨、1580万吨、1574万吨以内,比2015年分别下降10%、10%、15%和15%。全国挥发性有机物排放总量比2015年下降10%以上。

二、优化产业和能源结构

(三)促进传统产业转型升级。深入实施"中国制造2025",深化制造业与互联网融合发展,促进制造业高端化、智能化、绿色化、服务化。构建绿色制造体系,推进产品全生命周期绿色管理,不断优化工业产品结构。支持重点行业改造升级，鼓励企业瞄准国际同行业标杆全面提高产品技术、工艺装备、能效环保等水平。严禁以任何名义、任何方式核准或备案产能严重过剩行业的增加产能项目。强化节能环保标准约束，严格行业规范、准入管理和节能审查，对电力、钢铁、建材、有色、化工、石油石化、船舶、煤炭、印染、造纸、制革、染料、焦化、电镀等行业中，环保、能耗、安全等不达标或生产、使用淘汰类产品的企业和产能，要依法依规有序退出。（牵头单位：国家发展改革委、工业和信息化部、环境保护部、国家能源局，参加单位：科技部、财政部、国务院国资委、质检总局、国家海洋局等）

（四）加快新兴产业发展。加快发展壮大新一代信息技术、高端装备、新材料、生物、新能源、新能源汽车、节能环保、数字创意等战略性新兴产业，推动新领域、新技术、新产品、新业态、新模式蓬勃发展。进一步推广云计算技术应用，新建大型云计算数据中心能源利用效率（PUE）值优于1.5。支持技术装备和服务模式创新。鼓励发展节能环保技术咨询、系统设计、设备制造、工程施工、运营管理、计量检测认证等专业化服务。开展节能环保产业常规调查统计。打造一批节能环保产业基地，培育一批具有国际竞争力的大型节能环保企业。到2020年，战略性新兴产业增加值和服务业增加值占国内生产总值比重分别提高到15%和56%，节能环保、新能源装备、新能源汽车等绿色低碳产业总产值突破10万亿元，成为支柱产业。（牵头单位：国家发展改革委、工业和信息化部、环境保护部，参加单位：科技部、质检总局、国家统计局、国家能源局等）

（五）推动能源结构优化。加强煤炭安全绿色开发和清洁高效利用，推广使用优质煤、洁净型煤，推进煤改气、煤改电，鼓励利用可再生能源、天然气、电力等优质能源替代燃煤使用。因地制宜发展海岛太阳能、海上风能、潮汐能、波浪能等可再生能源。安全发展核电，有序发展水电和天然气发电，协调推进风电开发，推动太阳能大规模发展和多元化利用，增加清洁低碳电力供应。对超出规划部分可再生能源消费量，不纳入能耗总量和强度目标考核。在居民采暖、工业与农业生产、港口码头等领域推进天然气、电能替代，减少散烧煤和燃油消费。到2020年，煤炭占能源消费总量比重下降到58%以下，电煤占煤炭消费量比重提高到55%以上，非化石能源占能源消费总量比重达到15%，天然气消费比重提高到10%左右。（牵头单位：国家发展改革委、环境保护部、国家能源局，参加单位：工业和信息化部、住房城乡建设部、交通运输部、水利部、质检总局、国家统计局、国管局、国家海洋局等）

三、加强重点领域节能

（六）加强工业节能。实施工业能效赶超行动，加强高能耗行业能耗管控，在重点耗能行业全面推行能效对标，推进工业企业能源管控中心建设，推广工业智能化用能监测和诊断技术。到2020年，工业能源利用效率和清洁化水平显著提高，规模以上工业企业单位增加值能耗比2015年降低18%以上，电力、钢铁、有色、建材、石油石化、化工等重点耗能行业能源利用效率达到或接近世界先进水平。推进新一代信息技术与制造技术融合发展，提升工业生产效率和能耗效率。开展工业领域电力需求侧管理专项行动，推动可再生能源在工业园区的应用，将可再生能源占比指标纳入工业园区考核体系。（牵头单位：工业和信息化部、国家发展改革委、国家能源局，参加单位：科技部、环境保护部、质检总局等）

（七）强化建筑节能。实施建筑节能先进标准领跑行动，开展超低能耗及近零能耗建筑建设试点，推广建筑屋顶分布式光伏发电。编制绿色建筑建设标准，开展绿色生态城区建设示范，到2020年，城镇绿色建筑面积占新建建筑面积比重提高到50%。实施绿色建筑全产业链发展计划，推行绿色施工方式，推广节能绿色建材、装配式和钢结构建筑。强化既有居住建筑节能改造，实施改造面积5亿平方米以上，2020年前基本完成北方采暖地区有改造价值城镇居住建筑的节能改造。推动建筑节能宜居综合改造试点城市建设，鼓励老旧住宅节能改造与抗震加固改造、加装电梯等适老化改造同步实施，完成公共建筑节能改造面积1亿平方米以上。推进利用太阳能、浅层地热能、空气热能、工业余热等解决建筑用能需求。（牵头单位：住房城乡建设部，参加单位：国家发展改革委、工业和信息化部、国家林业局、国管局、中直管理局等）

（八）促进交通运输节能。加快推进综合交通运输体系建设，发挥不同运输方式的比较优势和组合效率，推广甩挂运输等先进组织模式，提高多式联运比重。大力发展公共交通，推进“公交都市”创建活动，到2020年大城市公共交通分担率达到30%。促进交通用能清洁化，大力推广节能环保汽车、新能源汽车、天然气（CNG/LNG）清洁能源汽车、液化天然气动力船舶等，并支持相关配套设施建设。提高交通运输工具能效水平，到2020年新增乘用车平均燃料消耗量降至5.0升/百公里。推进飞机辅助动力装置（APU）替代、机场地面车辆“油改电”、新能源应用等绿色民航项目实施。推动铁路编组站制冷/供暖系统的节能和燃煤替代改造。推动交通运输智能化，建立公众出行和物流平台信息服务系统，引导培育“共享型”交通运输模式。（牵头单位：交通运输部、国家发展改革委、国家能源局，参加单位：科技部、工业和信息化部、环境保护部、国管局、中国民航局、中直管理局、中国铁路总公司等）

（九）推动商贸流通领域节能。推动零售、批发、餐饮、住宿、物流等企业建设能源管理体系，建立绿色节能低碳运营管理流程和机制，加快淘汰落后用能设备，推动照明、制冷和供热系统节能改造。贯彻绿色商场标准，开展绿色商场示范，鼓励商贸流通企业设置绿色产品专柜，推动大型商贸企业实施绿色供应链管理。完善绿色饭店标准体系，推进绿色饭店建设。加快绿色仓储建设，支持仓储设施利用太阳能等清洁能源，鼓励建设绿色物流园区。（牵头单位：商务部，参加单位：国家发展改革委、工业和信息化部、住房城乡建设部、质检总局、国家旅游局等）

（十）推进农业农村节能。加快淘汰老旧农业机械，推广农用节能机械、设备和渔船，发展节能农业大棚。推进节能及绿色农房建设，结合农村危房改造稳步推进农房节能及绿色化改造，推动城镇燃气管网向农村延伸和省柴节煤灶更新换代，因地制宜采用生物质能、太阳能、空气热能、浅层地热能等解决农房采暖、炊事、生活热水等用能需求，提升农村能源利用的清洁化水平。鼓励使用生物质可再生能源，推广液化石油气等商品能源。到 2020 年，全国农村地区基本实现稳定可靠的供电服务全覆盖，鼓励农村居民使用高效节能电器。（牵头单位：农业部、国家发展改革委、工业和信息化部、国家能源局，参加单位：科技部、住房城乡建设部等）

（十一）加强公共机构节能。公共机构率先执行绿色建筑标准，新建建筑全部达到绿色建筑标准。推进公共机构以合同能源管理方式实施节能改造，积极推进政府购买合同能源管理服务，探索用能托管模式。2020 年公共机构单位建筑面积能耗和人均能耗分别比 2015 年降低 10% 和 11%。推动公共机构建立能耗基准和公开能源资源消费信息。实施公共机构节能试点示范，创建 3000 家节约型公共机构示范单位，遴选 200 家能效领跑者。公共机构率先淘汰老旧车，率先采购使用节能和新能源汽车，中央国家机关、新能源汽车推广应用城市的政府部门及公共机构购买新能源汽车占当年配备更新车辆总量的比例提高到 50% 以上，新建和既有停车场要配备电动汽车充电设施或预留充电设施安装条件。公共机构率先淘汰采暖锅炉、茶浴炉、食堂大灶等燃煤设施，实施以电代煤、以气代煤，率先使用太阳能、地热能、空气能等清洁能源提供供电、供热/制冷服务。（牵头单位：国管局、国家发展改革委，参加单位：工业和信息化部、环境保护部、住房城乡建设部、交通运输部、国家能源局、中直管理局等）

（十二）强化重点用能单位节能管理。开展重点用能单位“百千万”行动，按照属地管理和分级管理相结合原则，国家、省、地市分别对“百家”、“千家”、“万家”重点用能单位进行目标责任评价考核。重点用能单位要围绕能耗总量控制和能效目标，对用能实行年度预算管理。推动重点用能单位建设能源管理体系并开展效果评价，健全能源消费台账。按标准要求配备能源计量器具，进一步完善能源计量体系。依法开展能源审计,组织实施能源绩效评价,开展达标对标和节能自愿活动,采取企业节能自愿承诺和政府适当引导相结合的方式,大力提升重点用能单位能效水平。严格执行能源统计、能源利用状况报告、能源管理岗位和能源管理负责人等制度。(牵头单位:国家发展改革委,参加单位:教育部、工业和信息化部、住房城乡建设部、交通运输部、国务院国资委、质检总局、国家统计局、国管局、国家能源局、中直管理局等)

(十三)强化重点用能设备节能管理。加强高耗能特种设备节能审查和监管,构建安全、节能、环保三位一体的监管体系。组织开展燃煤锅炉节能减排攻坚战,推进锅炉生产、经营、使用等全过程节能环保监督标准化管理。"十三五"期间燃煤工业锅炉实际运行效率提高5个百分点,到2020年新生产燃煤锅炉效率不低于80%,燃气锅炉效率不低于92%。普及锅炉能效和环保测试,强化锅炉运行及管理人员节能环保专项培训。开展锅炉节能环保普查整治,建设覆盖安全、节能、环保信息的数据平台,开展节能环保在线监测试点并实现信息共享。开展电梯能效测试与评价,在确保安全的前提下,鼓励永磁同步电机、变频调速、能量反馈等节能技术的集成应用,开展老旧电梯安全节能改造工程试点。推广高效换热器,提升热交换系统能效水平。加快高效电机、配电变压器等用能设备开发和推广应用,淘汰低效电机、变压器、风机、水泵、压缩机等用能设备,全面提升重点用能设备能效水平。(牵头单位:质检总局、国家发展改革委、工业和信息化部、环境保护部,参加单位:住房城乡建设部、国管局、国家能源局、中直管理局等)

四、强化主要污染物减排

(十四)控制重点区域流域排放。推进京津冀及周边地区、长三角、珠三角、东北等重点地区,以及大气污染防治重点城市煤炭消费总量控制,新增耗煤项目实行煤炭消耗等量或减量替代;实施重点区域大气污染传输通道气化工程,加快推进以气代煤。加快发展热电联产和集中供热,利用城市和工业园区周边现有热电联产机组、纯凝发电机组及低品位余热实施供热改造,淘汰供热供气范围内的燃煤锅炉(窑炉)。结合环境质量改善要求,实施行业、区域、流域重点污染物总量减排,在重点行业、重点区域推进挥发性有机物排放总量控制,在长江经济带范围内的部分省市实施总磷排放总量控制,在沿海地级及以上城市实施总氮排放总量控制,对重点行业的重点重金属排放实施总量控制。加强我国境内重点跨国河流水污染防治。严格控制长江、黄河、珠江、松花江、淮河、海河、辽河等七大重点流域干流沿岸的石油加工、化学原料和化学制品制造、医药制造、化学纤维制造、有色金属冶炼、纺织印染等项目。分区域、分流域制定实施钢铁、水泥、平板玻璃、锅炉、造纸、印染、化工、焦化、农副食品加工、原料药制造、制革、电镀等重点行业、领域限期整治方案，升级改造环保设施，确保稳定达标。实施重点区域、重点流域清洁生产水平提升行动。城市建成区内的现有钢铁、建材、有色金属、造纸、印染、原料药制造、化工等污染较重的企业应有序搬迁改造或依法关闭。（牵头单位：环境保护部、国家发展改革委、工业和信息化部、质检总局、国家能源局，参加单位：财政部、住房城乡建设部、国管局、国家海洋局等）

（十五）推进工业污染物减排。实施工业污染源全面达标排放计划。加强工业企业无组织排放管理。严格执行环境影响评价制度。实行建设项目主要污染物排放总量指标等量或减量替代。建立以排污许可制为核心的工业企业环境管理体系。继续推行重点行业主要污染物总量减排制度，逐步扩大总量减排行业范围。以削减挥发性有机物、持久性有机物、重金属等污染物为重点，实施重点行业、重点领域工业特征污染物削减计划。全面实施燃煤电厂超低排放和节能改造，加快燃煤锅炉综合整治，大力推进石化、化工、印刷、工业涂装、电子信息等行业挥发性有机物综合治理。全面推进现有企业达标排放，研究制修订农药、制药、汽车、家具、印刷、集装箱制造等行业排放标准，出台涂料、油墨、胶黏剂、清洗剂等有机溶剂产品挥发性有机物含量限值强制性环保标准，控制集装箱、汽车、船舶制造等重点行业挥发性有机物排放，推动有关企业实施原料替代和清洁生产技术改造。强化经济技术开发区、高新技术产业开发区、出口加工区等工业聚集区规划环境影响评价及污染治理。加强工业企业环境信息公开，推动企业环境信用评价。建立企业排放红黄牌制度。（牵头单位：环境保护部，参加单位：国家发展改革委、工业和信息化部、财政部、质检总局、国家能源局等）

（十六）促进移动源污染物减排。实施清洁柴油机行动，全面推进移动源排放控制。提高新机动车船和非道路移动机械环保标准，发布实施机动车国Ⅵ排放标准。加速淘汰黄标车、老旧机动车、船舶以及高排放工程机械、农业机械。逐步淘汰高油耗、高排放民航特种车辆与设备。2016 年淘汰黄标车及老旧车 380 万辆，2017 年基本淘汰全国范围内黄标车。加快船舶和港口污染物减排，在珠三角、长三角、环渤海京津冀水域设立船舶排放控制区，主要港口 90% 的港作船舶、公务船舶靠港使用岸电，50% 的集装箱、客滚和邮轮专业化码头具备向船舶供应岸电的能力；主要港口大型煤炭、矿石码头堆场全面建设防风抑尘设施或实现煤炭、矿石封闭储存。加快油品质量升级，2017 年 1 月 1 日起全国全面供应国Ⅴ标准的车用汽油、柴油；2018 年 1 月 1 日起全国全面供应与国Ⅴ标准柴油相同硫含量的普通柴油；抓紧发布实施第六阶段汽、柴油国家（国Ⅵ）标准，2020 年实现车用柴油、普通柴油和部分船舶用油并轨，柴油车、非道路移动机械、内河和江海直达船舶均统一使用相同标准的柴油。车用汽柴油应加入符合要求的清净剂。修订《储油库大气污染物排放标准》、《加油站大气污染物排放标准》，推进储油储气库、加油加气站、原油成品油码头、原油成品油运输船舶和油罐车、气罐车等油气回收治理工作。加强机动车、非道路移动机械环保达标和油品质量监督执法，严厉打击违法行为。（牵头单位：环境保护部、公安部、交通运输部、农业部、质检总局、国家能源局，参加单位：国家发展改革委、财政部、工商总局等）

（十七）强化生活源污染综合整治。对城镇污水处理设施建设发展进行填平补齐、升级改造，完善配套管网，提升污水收集处理能力。合理确定污水排放标准，加强运行监管，实现污水处理厂全面达标排放。加大对雨污合流、清污混流管网的改造力度，优先推进城中村、老旧城区和城乡结合部污水截流、收集、纳管。强化农村生活污染源排放控制，采取城镇管网延伸、集中处理和分散处理等多种形式，加快农村生活污水治理和改厕。促进再生水利用，完善再生水利用设施。注重污水处理厂污泥安全处理处置，杜绝二次污染。到2020年，全国所有县城和重点镇具备污水处理能力，地级及以上城市建成区污水基本实现全收集、全处理，城市、县城污水处理率分别达到95%、85%左右。加强生活垃圾回收处理设施建设，强化对生活垃圾分类、收运、处理的管理和督导，提升城市生活垃圾回收处理水平，全面推进农村垃圾治理，普遍建立村庄保洁制度，推广垃圾分类和就近资源化利用，到2020年，90%以上行政村的生活垃圾得到处理。加大民用散煤清洁化治理力度，推进以电代煤、以气代煤，推广使用洁净煤、先进民用炉具，制定散煤质量标准，加强民用散煤管理，力争2017年底前基本解决京津冀区域民用散煤清洁化利用问题，到2020年底前北方地区散煤治理取得明显进展。加快治理公共机构食堂、餐饮服务企业油烟污染，推进餐厨废弃物资源化利用。家具、印刷、汽车维修等政府定点招标采购企业要使用低挥发性原辅材料。严格执行有机溶剂产品有害物质限量标准，推进建筑装饰、汽修、干洗、餐饮等行业挥发性有机物治理。（牵头单位：环境保护部、国家发展改革委、住房城乡建设部、国家能源局，参加单位：工业和信息化部、财政部、农业部、质检总局、国管局、中直管理局等）

（十八）重视农业污染排放治理。大力推广节约型农业技术，推进农业清洁生产。促进畜禽养殖场粪便收集处理和资源化利用，建设秸秆、粪便等有机废弃物处理设施，加强分区分类管理，依法关闭或搬迁禁养区内的畜禽养殖场（小区）和养殖专业户并给予合理补偿。开展农膜回收利用，到2020年农膜回收率达到80%以上，率先实现东北黑土地大田生产地膜零增长。深入推广测土配方施肥技术，提倡增施有机肥，开展农作物病虫害绿色防控和统防统治，推广高效低毒低残留农药使用，到2020年实现主要农作物化肥农药使用量零增长，化肥利用率提高到40%以上，京津冀、长三角、珠三角等区域提前一年完成。研究建立农药使用环境影响后评估制度，推进农药包装废弃物回收处理。建立逐级监督落实机制，疏堵结合、以疏为主，加强重点区域和重点时段秸秆禁烧。（牵头单位：农业部、环境保护部、国家能源局，参加单位：国家发展改革委、财政部、住房城乡建设部、质检总局等）

五、大力发展循环经济

（十九）全面推动园区循环化改造。按照空间布局合理化、产业结构最优化、产业链接循环化、资源利用高效化、污染治理集中化、基础设施绿色化、运行管理规范化的要求，加快对现有园区的循环化改造升级，延伸产业链，提高产业关联度，建设公共服务平台，实现土地集约利用、资源能源高效利用、废弃物资源化利用。对综合性开发区、重化工产业开发区、高新技术开发区等不同性质的园区，加强分类指导，强化效果评估和工作考核。到2020年，75%的国家级园区和50%的省级园区实施循环化改造，长江经济带超过90%的省级以上（含省级）重化工园区实施循环化改造。（牵头单位：国家发展改革委、财政部，参加单位：科技部、工业和信息化部、环境保护部、商务部等）

（二十）加强城市废弃物规范有序处理。推动餐厨废弃物、建筑垃圾、园林废弃物、城市污泥和废旧纺织品等城市典型废弃物集中处理和资源化利用，推进燃煤耦合污泥等城市废弃物发电。选择50个左右地级及以上城市规划布局低值废弃物协同处理基地，完善城市废弃物回收利用体系，到2020年，餐厨废弃物资源化率达到30%。（牵头单位：国家发展改革委、住房城乡建设部，参加单位：环境保护部、农业部、民政部、国管局、中直管理局等）

（二十一）促进资源循环利用产业提质升级。依托国家“城市矿产”示范基地，促进资源再生利用企业集聚化、园区化、区域协同化布局，提升再生资源利用行业清洁化、高值化水平。实行生产者责任延伸制度。推动太阳能光伏组件、碳纤维材料、生物基纤维、复合材料和节能灯等新品种废弃物的回收利用，推进动力蓄电池梯级利用和规范回收处理。加强再生资源规范管理，发布重点品种规范利用条件。大力发展再制造产业，推动汽车零部件及大型工业装备、办公设备等产品再制造。规范再制造服务体系，建立健全再生产品、再制造产品的推广应用机制。鼓励专业化再制造服务公司与钢铁、冶金、化工、机械等生产制造企业合作，开展设备寿命评估与检测、清洗与强化延寿等再制造专业技术服务。继续开展再制造产业示范基地建设和机电产品再制造试点示范工作。到2020年，再生资源回收利用产业产值达到1.5万亿元，再制造产业产值超过1000亿元。（牵头单位：国家发展改革委，参加单位：科技部、工业

和信息化部、环境保护部、住房城乡建设部、商务部等）

（二十二）统筹推进大宗固体废弃物综合利用。加强共伴生矿产资源及尾矿综合利用。推动煤矸石、粉煤灰、工业副产石膏、冶炼和化工废渣等工业固体废弃物综合利用。开展大宗产业废弃物综合利用示范基地建设。推进水泥窑协同处置城市生活垃圾。大力推动农作物秸秆、林业“三剩物”（采伐、造材和加工剩余物）、规模化养殖场粪便的资源化利用，因地制宜发展各类沼气工程和燃煤耦合秸秆发电工程。到2020年，工业固体废物综合利用率达到73%以上，农作物秸秆综合利用率达到85%。（牵头单位：国家发展改革委，参加单位：工业和信息化部、国土资源部、环境保护部、住房城乡建设部、农业部、国家林业局、国家能源局等）

（二十三）加快互联网与资源循环利用融合发展。支持再生资源企业利用大数据、云计算等技术优化逆向物流网点布局，建立线上线下融合的回收网络，在地级及以上城市逐步建设废弃物在线回收、交易等平台，推广“互联网+”回收新模式。建立重点品种的全生命周期追溯机制。在开展循环化改造的园区建设产业共生平台。鼓励相关行业协会、企业逐步构建行业性、区域性、全国性的产业废弃物和再生资源在线交易系统，发布交易价格指数。支持汽车维修、汽车保险、旧件回收、再制造、报废拆解等汽车产品售后全生命周期信息的互通共享。到2020年，初步形成废弃电器电子产品等高值废弃物在线回收利用体系。（牵头单位：国家发展改革委，参加单位：科技部、工业和信息化部、环境保护部、交通运输部、商务部、保监会等）

六、实施节能减排工程

（二十四）节能重点工程。组织实施燃煤锅炉节能环保综合提升、电机系统能效提升、余热暖民、绿色照明、节能技术装备产业化示范、能量系统优化、煤炭消费减量替代、重点用能单位综合能效提升、合同能源管理推进、城镇化节能升级改造、天然气分布式能源示范工程等节能重点工程，推进能源综合梯级利用，形成3亿吨标准煤左右的节能能力，到2020年节能服务产业产值比2015年翻一番。（牵头单位：国家发展改革委，参加单位：科技部、工业和信息化部、财政部、住房城乡建设部、国务院国资委、质检总局、国管局、国家能源局、中直管理局等）

（二十五）主要大气污染物重点减排工程。实施燃煤电厂超低排放和节能改造工程，到2020年累计完成5.8亿千瓦机组超低排放改造任务，限期淘汰2000万千瓦落后产能和不符合相关强制性标准要求的机组。实施电力、钢铁、水泥、石化、平板玻璃、有色等重点行业全面达标排放治理工程。实施京津冀、长三角、珠三角等区域“煤改气”和“煤改电”工程，扩大城市禁煤区范围，建设完善区域天然气输送管道、城市燃气管网、农村配套电网，加快建设天然气储气库、城市调峰站储气罐等基础工程，新增“煤改气”工程用气450亿立方米以上，替代燃煤锅炉18.9万蒸吨。实施石化、化工、工业涂装、包装印刷等重点行业挥发性有机物治理工程，到2020年石化企业基本完成挥发性有机物治理。（牵头单位：环境保护部、国家能源局，参加单位：国家发展改革委、工业和信息化部、财政部、国务院国资委、质检总局等）

（二十六）主要水污染物重点减排工程。加强城市、县城和其他建制镇生活污染减排设施建设。加快污水收集管网建设，实施城镇污水、工业园区废水、污泥处理设施建设与提标改造工程，推进再生水回用设施建设。加快畜禽规模养殖场（小区）污染治理，75%以上的养殖场（小区）配套建设固体废弃物和污水贮存处理设施。（牵头单位：环境保护部、国家发展改革委、住房城乡建设部，参加单位：工业和信息化部、财政部、农业部、国家海洋局等）

（二十七）循环经济重点工程。组织实施园区循环化改造、资源循环利用产业示范基地建设、工农复合型循环经济示范区建设、京津冀固体废弃物协同处理、“互联网+”资源循环、再生产品与再制造产品推广等专项行动，建设100个资源循环利用产业示范基地、50个工业废弃物综合利用产业基地、20个工农复合型循环经济示范区，推进生产和生活系统循环链接，构建绿色低碳循环的产业体系。到2020年，再生资源替代原生资源量达到13亿吨，资源循环利用产业产值达到3万亿元。（牵头单位：国家发展改革委、财政部，参加单位：科技部、工业和信息化部、环境保护部、住房城乡建设部、农业部、商务部等）

七、强化节能减排技术支撑和服务体系建设

（二十八）加快节能减排共性关键技术研发示范推广。启动“十三五”节能减排科技战略研究和专项规划编制工作，加快节能减排科技资源集成和统筹部署，继续组织实施节能减排重大科技产业化工程。加快高超超临界发电、低品位余热发电、小型燃气轮机、煤炭清洁高效利用、细颗粒物治理、挥发性有机物治理、汽车尾气净化、原油和成品油码头油气回收、垃圾渗滤液处理、多污染协同处理等新型技术装备研发和产业化。推广高效烟气除尘和余热回收一体化、高效热泵、半导体照明、废弃物循环利用等成熟适用技术。遴选一批节能减排协同效益突出、产业化前景好的先进技术，推广系统性技术解决方案。（牵头单位：科技部、国家发展改革委，参加单位：工业和信息化部、环境保护部、住房城乡建设部、交通运输部、国家能源局等）

（二十九）推进节能减排技术系统集成应用。推进区域、城镇、园区、用能单位等系统用能和节能。选择具有示范作用、辐射效应的园区和城市，统筹整

合钢铁、水泥、电力等高耗能企业的余热余能资源和区域用能需求，实现能源梯级利用。大力发展“互联网+”智慧能源，支持基于互联网的能源创新，推动建立城市智慧能源系统，鼓励发展智能家居、智能楼宇、智能小区和智能工厂，推动智能电网、储能设施、分布式能源、智能用电终端协同发展。综合采取节能减排系统集成技术，推动锅炉系统、供热/制冷系统、电机系统、照明系统等优化升级。（牵头单位：国家发展改革委、工业和信息化部、国家能源局，参加单位：科技部、财政部、住房城乡建设部、质检总局等）

（三十）完善节能减排创新平台和服务体系。建立完善节能减排技术评估体系和科技创新创业综合服务平台，建设绿色技术服务平台，推动建立节能减排技术和产品的检测认证服务机制。培育一批具有核心竞争力的节能减排科技企业和服务基地，建立一批节能科技成果转移促进中心和交流转化平台，组建一批节能减排产业技术创新战略联盟、研究基地（平台）等。继续发布国家重点节能低碳技术推广目录，建立节能减排技术遴选、评定及推广机制。加快引进国外节能环保新技术、新装备，推动国内节能减排先进技术装备“走出去”。（牵头单位：科技部、国家发展改革委、工业和信息化部、环境保护部，参加单位：住房城乡建设部、交通运输部、质检总局等）

八、完善节能减排支持政策

（三十一）完善价格收费政策。加快资源环境价格改革，健全价格形成机制。督促各地落实差别电价和惩罚性电价政策，严格清理地方违规出台的高耗能企业优惠电价政策。实行超定额用水累进加价制度。督促各地严格落实水泥、电解铝等行业阶梯电价政策，促进节能降耗。研究完善天然气价格政策。完善居民阶梯电价（煤改电除外）制度，全面推行居民阶梯气价（煤改气除外）、水价制度。深化供热计量收费改革，完善脱硫、脱硝、除尘和超低排放环保电价政策，加强运行监管，严肃查处不执行环保电价政策的行为。鼓励各地制定差别化排污收费政策。研究扩大挥发性有机物排放行业排污费征收范围。实施环境保护费改税，推进开征环境保护税。落实污水处理费政策，完善排污权交易价格体系。加大垃圾处理费收缴力度，提高收缴率。（牵头单位：国家发展改革委、财政部，参加单位：工业和信息化部、环境保护部、住房城乡建设部、水利部、国家能源局等）

（三十二）完善财政税收激励政策。加大对节能减排工作的资金支持力度，统筹安排相关专项资金，支持节能减排重点工程、能力建设和公益宣传。创新财政资金支持节能减排重点工程、项目的方式，发挥财政资金的杠杆作用。推广节能环保服务政府采购，推行政府绿色采购，完善节能环保产品政府强制采购和优先采购制度。清理取消不合理化石能源补贴。对节能减排工作任务完成较好的地区和企业予以奖励。落实支持节能减排的企业所得税、增值税等优惠政策,修订完善《环境保护专用设备企业所得税优惠目录》和《节能节水专用设备企业所得税优惠目录》。全面推进资源税改革,逐步扩大征收范围。继续落实资源综合利用税收优惠政策。从事国家鼓励类项目的企业进口自用节能减排技术装备且符合政策规定的,免征进口关税。(牵头单位:财政部、税务总局,参加单位:国家发展改革委、工业和信息化部、环境保护部、住房城乡建设部、国务院国资委、国管局等)

(三十三)健全绿色金融体系。加强绿色金融体系的顶层设计,推进绿色金融业务创新。鼓励银行业金融机构对节能减排重点工程给予多元化融资支持。健全市场化绿色信贷担保机制,对于使用绿色信贷的项目单位,可按规定申请财政贴息支持。对银行机构实施绿色评级,鼓励金融机构进一步完善绿色信贷机制,支持以用能权、碳排放权、排污权和节能项目收益权等为抵(质)押的绿色信贷。推进绿色债券市场发展,积极推动金融机构发行绿色金融债券,鼓励企业发行绿色债券。研究设立绿色发展基金,鼓励社会资本按市场化原则设立节能环保产业投资基金。支持符合条件的节能减排项目通过资本市场融资,鼓励绿色信贷资产、节能减排项目应收账款证券化。在环境高风险领域建立环境污染强制责任保险制度。积极推动绿色金融领域国际合作。(牵头单位:人民银行、财政部、国家发展改革委、环境保护部、银监会、证监会、保监会)

九、建立和完善节能减排市场化机制

(三十四)建立市场化交易机制。健全用能权、排污权、碳排放权交易机制,创新有偿使用、预算管理、投融资等机制,培育和发展交易市场。推进碳排放权交易,2017 年启动全国碳排放权交易市场。建立用能权有偿使用和交易制度,选择若干地区开展用能权交易试点。加快实施排污许可制,建立企事业单位污染物排放总量控制制度,继续推进排污权交易试点,试点地区到 2017 年底基本建立排污权交易制度,研究扩大试点范围,发展跨区域排污权交易市场。(牵头单位:国家发展改革委、财政部、环境保护部)

(三十五)推行合同能源管理模式。实施合同能源管理推广工程,鼓励节能服务公司创新服务模式,为用户提供节能咨询、诊断、设计、融资、改造、托管等"一站式"合同能源管理综合服务。取消节能服务公司审核备案制度,任何地方和单位不得以是否具备节能服务公司审核备案资格限制企业开展业务。建立节能服务公司、用能单位、第三方机构失信黑名单制度,将失信行为纳入全国信用信息共享平台。落实节能服务公司税收优惠政策,鼓励各级政府加大对合同能源管理的支持力度。政府机构按照合同能源管理合同支付给节能服务公司的支出，视同能源费用支出。培育以合同能源管理资产交易为特色的资产交易平台。鼓励社会资本建立节能服务产业投资基金。支持节能服务公司发行绿色债券。创新投债贷结合促进合同能源管理业务发展。（牵头单位：国家发展改革委、财政部、税务总局，参加单位：工业和信息化部、住房城乡建设部、人民银行、国管局、银监会、证监会、中直管理局等）

（三十六）健全绿色标识认证体系。强化能效标识管理制度，扩大实施范围。推行节能低碳环保产品认证。完善绿色建筑、绿色建材标识和认证制度，建立可追溯的绿色建材评价和信息管理系统。推进能源管理体系认证。制修订绿色商场、绿色宾馆、绿色饭店、绿色景区等绿色服务评价办法，积极开展第三方认证评价。逐步将目前分头设立的环保、节能、节水、循环、低碳、再生、有机等产品统一整合为绿色产品，建立统一的绿色产品标准、认证、标识体系。加强节能低碳环保标识监督检查，依法查处虚标企业。开展能效、水效、环保领跑者引领行动。（牵头单位：国家发展改革委、工业和信息化部、环境保护部、质检总局，参加单位：财政部、住房城乡建设部、水利部、商务部等）

（三十七）推进环境污染第三方治理。鼓励在环境监测与风险评估、环境公用设施建设与运行、重点区域和重点行业污染防治、生态环境综合整治等领域推行第三方治理。研究制定第三方治理项目增值税即征即退政策，加大财政对第三方治理项目的补助和奖励力度。鼓励各地积极设立第三方治理项目引导基金，解决第三方治理企业融资难、融资贵问题。引导地方政府开展第三方治理试点，建立以效付费机制。提升环境服务供给水平与质量。到2020年，环境公用设施建设与运营、工业园区第三方治理取得显著进展，污染治理效率和专业化水平明显提高，环境公用设施投资运营体制改革基本完成，涌现出一批技术能力强、运营管理水平高、综合信用好、具有国际竞争力的环境服务公司。（牵头单位：国家发展改革委、环境保护部，参加单位：工业和信息化部、财政部、住房城乡建设部等）

（三十八）加强电力需求侧管理。推行节能低碳、环保电力调度，建设国家电力需求侧管理平台，推广电能服务，总结电力需求侧管理城市综合试点经验，实施工业领域电力需求侧管理专项行动，引导电网企业支持和配合平台建设及试点工作，鼓励电力用户积极采用节电技术产品，优化用电方式。深化电力体制改革，扩大峰谷电价、分时电价、可中断电价实施范围。加强储能和智能电网建设，增强电网调峰和需求侧响应能力。（牵头单位：国家发展改革委，参加单位：工业和信息化部、财政部、国家能源局等）

十、落实节能减排目标责任

（三十九）健全节能减排计量、统计、监测和预警体系。健全能源计量体系和消费统计指标体系，完善企业联网直报系统，加大统计数据审核与执法力度，强化统计数据质量管理，确保统计数据基本衔接。完善环境统计体系，补充调整工业、城镇生活、农业等重要污染源调查范围。建立健全能耗在线监测系统和污染源自动在线监测系统，对重点用能单位能源消耗实现实时监测，强化企业污染物排放自行监测和环境信息公开，2020 年污染源自动监控数据有效传输率、企业自行监测结果公布率保持在 90% 以上，污染源监督性监测结果公布率保持在 95% 以上。定期公布各地区、重点行业、重点单位节能减排目标完成情况，发布预警信息，及时提醒高预警等级地区和单位的相关负责人，强化督促指导和帮扶。完善生态环境质量监测评价，建立地市报告、省级核查、国家审查的减排管理机制，鼓励引入第三方评估；加强重点减排工程调度管理，对环境质量改善达不到进度要求、重点减排工程建设滞后或运行不稳定、政策措施落实不到位的地区及时预警。（牵头单位：国家发展改革委、环境保护部、国家统计局，参加单位：工业和信息化部、住房城乡建设部、交通运输部、国务院国资委、质检总局、国管局等）

（四十）合理分解节能减排指标。实施能源消耗总量和强度双控行动，改革完善主要污染物总量减排制度。强化约束性指标管理，健全目标责任分解机制，将全国能耗总量控制和节能目标分解到各地区、主要行业和重点用能单位。各地区要根据国家下达的任务明确年度工作目标并层层分解落实，明确下一级政府、有关部门、重点用能单位责任，逐步建立省、市、县三级用能预算管理体系，编制用能预算管理方案；以改善环境质量为核心，突出重点工程减排，实行分区分类差别化管理，科学确定减排指标，环境质量改善任务重的地区承担更多的减排任务。（牵头单位：国家发展改革委、环境保护部，参加单位：工业和信息化部、住房城乡建设部、交通运输部、国管局、国家能源局等）

（四十一）加强目标责任评价考核。强化节能减排约束性指标考核，坚持总量减排和环境质量考核相结合，建立以环境质量考核为导向的减排考核制度。国务院每年组织开展省级人民政府节能减排目标责任评价考核，将考核结果作为领导班子和领导干部考核的重要内容，继续深入开展领导干部自然资源资产离任审计试点。对未完成能耗强度降低目标的省级人民政府实行问责，对未完成国家下达能耗总量控制目标任务的予以通报批评和约谈，实行高耗能项目缓批限批。对环境质量改善、总量减排目标均未完成的地区，暂停新增排放重点污染物建设项目的环评审批，暂停或减少中央财政资金支持，必要时列入环境保护督查范围。对重点单位节能减排考核结果进行公告并纳入社会信用记录系统，对未完成目标任务的暂停审批或核准新建扩建高耗能项目。落实国有企业节能减排目标责任制，将节能减排指标完成情况作为企业绩效和负责人业绩考核的重要内容。对节能减排贡献突出的地区、单位和个人以适当方式给予表彰奖励。(牵头单位:国家发展改革委、环境保护部、中央组织部,参加单位:工业和信息化部、财政部、住房城乡建设部、交通运输部、国务院国资委、质检总局、国家统计局、国管局、国家海洋局等)

十一、强化节能减排监督检查

(四十二)健全节能环保法律法规标准。加快修订完善节能环保方面的法律制度,推动制修订环境保护税法、水污染防治法、土壤污染防治法、能源法、固体废弃物污染环境防治法等。制修订建设项目环境保护管理条例、环境监测管理条例、重点用能单位节能管理办法、锅炉节能环保监督管理办法、节能服务机构管理暂行办法、污染地块土壤环境管理暂行办法、环境影响登记表备案管理办法等。健全节能标准体系,提高建筑节能标准,实现重点行业、设备节能标准全覆盖,继续实施百项能效标准推进工程。开展节能标准化和循环经济标准化试点示范建设。制定完善环境保护综合名录。制修订环保产品、环保设施运行效果评估、环境质量、污染物排放、环境监测方法等相关标准。鼓励地方依法制定更加严格的节能环保标准,鼓励制定节能减排团体标准。(牵头单位:国家发展改革委、工业和信息化部、环境保护部、质检总局、国务院法制办,参加单位:住房城乡建设部、交通运输部、商务部、国家统计局、国管局、国家海洋局、国家能源局、中直管理局等)

(四十三)严格节能减排监督检查。组织开展节能减排专项检查,督促各项措施落实。强化节能环保执法监察,加强节能审查,强化事中事后监管,加大对重点用能单位和重点污染源的执法检查力度,严厉查处各类违法违规用能和环境违法违规行为,依法公布违法单位名单,发布重点企业污染物排放信息,对严重违法违规行为进行公开通报或挂牌督办,确保节能环保法律、法规、规章和强制性标准有效落实。强化执法问责,对行政不作为、执法不严等行为,严肃追究有关主管部门和执法机构负责人的责任。(牵头单位:国家发展改革委、工业和信息化部、环境保护部,参加单位:住房城乡建设部、质检总局、国家海洋局等)

(四十四)提高节能减排管理服务水平。建立健全节能管理、监察、服务"三位一体"的节能管理体系。建立节能服务和监管平台,加强政府管理和服务能力建设。继续推进能源统计能力建设,加强工作力量。加强节能监察能力建设,进一步完善省、市、县三级节能监察体系。健全环保监管体制,开展省以下环保机构监测监察执法垂直管理制度试点,推进环境监察机构标准化建设,全面加强挥发性有机物环境空气质量和污染排放自动在线监测工作。开展污染源排放清单编制工作,出台主要污染物减排核查核算办法(细则)。进一步健全能源计量体系,深入推进城市能源计量建设示范,开展计量检测、能效计量比对等节能服务活动,加强能源计量技术服务和能源计量审查。建立能源消耗数据核查机制,建立健全统一的用能量和节能量审核方法、标准、操作规范和流程,加强核查机构管理,依法严厉打击核查工作中的弄虚作假行为。推动大数据在节能减排领域的应用。创新节能管理和服务模式,开展能效服务网络体系建设试点,促进用能单位经验分享。制定节能减排培训纲要,实施培训计划,依托专业技术人才知识更新工程等国家重大人才工程项目,加强对各级领导干部和政府节能管理部门、节能监察机构、用能单位相关人员的培训。(牵头单位:国家发展改革委、工业和信息化部、财政部、环境保护部,参加单位:人力资源社会保障部、住房城乡建设部、质检总局、国家统计局、国管局、国家海洋局、中直管理局等)

十二、动员全社会参与节能减排

(四十五)推行绿色消费。倡导绿色生活,推动全民在衣、食、住、行等方面更加勤俭节约、绿色低碳、文明健康,坚决抵制和反对各种形式的奢侈浪费。开展旧衣"零抛弃"活动,方便闲置旧物交换。积极引导绿色金融支持绿色消费,积极引导消费者购买节能与新能源汽车、高效家电、节水型器具等节能环保低碳产品,减少一次性用品的使用,限制过度包装,尽可能选用低挥发性水性涂料和环境友好型材料。加快畅通绿色产品流通渠道,鼓励建立绿色批发市场、节能超市等绿色流通主体。大力推广绿色低碳出行,倡导绿色生活和休闲模式。到2020年,能效标识2级以上的空调、冰箱、热水器等节能家电市场占有率达到50%以上。(牵头单位:国家发展改革委、环境保护部,参加单位:工业和信息化部、财政部、住房城乡建设部、交通运输部、商务部、中央军委后勤保障部、全国总工会、共青团中央、全国妇联等)

(四十六)倡导全民参与。推动全社会树立节能是第一能源、节约就是增加资源的理念,深入开展全民节约行动和节能"进机关、进单位、进企业、进军营、进商超、进宾馆、进学校、进家庭、进社区、进农村"等"十进"活动。制播节能减排公益广告,鼓励建设节能减排博物馆、展示馆,创建一批节能减排宣传教育示范基地,形成人人、事事、时时参与节能减排的社会氛围。发展节能减排公益事业,鼓励公众参与节能减排公益活动。加强节能减排、应对气候变化等领域国际合作,推动落实《二十国集团能效引领计划》。(牵头单位:中央宣传部、国家发展改革委、环境保护部,参加单位:外交部、教育部、工业和信息化部、财政部、住房城乡建设部、国务院国资委、质检总局、新闻出版广电总局、国管局、中直管理局、中央军委后勤保障部、全国总工会、共青团中央、全国妇联等)

（四十七）强化社会监督。充分发挥各种媒体作用，报道先进典型、经验和做法，曝光违规用能和各种浪费行为。完善公众参与制度，及时准确披露各类环境信息，扩大公开范围，保障公众知情权，维护公众环境权益。依法实施环境公益诉讼制度，对污染环境、破坏生态的行为可依法提起公益诉讼。（牵头单位：中央宣传部、国家发展改革委、环境保护部，参加单位：全国总工会、共青团中央、全国妇联等）

附件：1.“十三五”各地区能耗总量和强度“双控”目标
2.“十三五”主要行业和部门节能指标
3.“十三五”各地区化学需氧量排放总量控制计划
4.“十三五”各地区氨氮排放总量控制计划
5.“十三五”各地区二氧化硫排放总量控制计划
6.“十三五”各地区氮氧化物排放总量控制计划
7.“十三五”重点地区挥发性有机物排放总量控制计划

附件 1

“十三五”各地区能耗总量和强度“双控”目标

地　区	“十三五”能耗强度降低目标(%)	2015 年能源消费总量（万吨标准煤）	“十三五”能耗增量控制目标（万吨标准煤）
北　京	17	6853	800
天　津	17	8260	1040
河　北	17	29395	3390
山　西	15	19384	3010
内蒙古	14	18927	3570
辽　宁	15	21667	3550
吉　林	15	8142	1360
黑龙江	15	12126	1880
上　海	17	11387	970
江　苏	17	30235	3480
浙　江	17	19610	2380
安　徽	16	12332	1870
福　建	16	12180	2320
江　西	16	8440	1510
山　东	17	37945	4070
河　南	16	23161	3540
湖　北	16	16404	2500
湖　南	16	15469	2380
广　东	17	30145	3650
广　西	14	9761	1840
海　南	10	1938	660
重　庆	16	8934	1660
四　川	16	19888	3020
贵　州	14	9948	1850

续表

云　南	14	10357	1940
西　藏	10	–	–
陕　西	15	11716	2170
甘　肃	14	7523	1430
青　海	10	4134	1120
宁　夏	14	5405	1500
新　疆	10	15651	3540

注:西藏自治区相关数据暂缺。

附件 2

“十三五”主要行业和部门节能指标

指　　标	单　位	2015 年实际值	2020 年	
			目标值	变化幅度/变化率
工业:				
单位工业增加值(规模以上)能耗				[–18%]
火电供电煤耗	克标准煤/千瓦时	315	306	–9
吨钢综合能耗	千克标准煤	572	560	–12
水泥熟料综合能耗	千克标准煤/吨	112	105	–7
电解铝液交流电耗	千瓦时/吨	13350	13200	–150
炼油综合能耗	千克标准油/吨	65	63	–2
乙烯综合能耗	千克标准煤/吨	816	790	–26
合成氨综合能耗	千克标准煤/吨	1331	1300	–31
纸及纸板综合能耗	千克标准煤/吨	530	480	–50
建筑:				
城镇既有居住建筑节能改造累计面积	亿平方米	12.5	17.5	+5

续表

<table>
<tr><td colspan="2">城镇公共建筑节能改造累计面积</td><td>亿平方米</td><td>1</td><td>2</td><td>+1</td></tr>
<tr><td colspan="2">城镇新建绿色建筑标准执行率</td><td>%</td><td>20</td><td>50</td><td>+30</td></tr>
<tr><td colspan="6">交通运输：</td></tr>
<tr><td colspan="2">铁路单位运输工作量综合能耗</td><td>吨标准煤/百万换算吨公里</td><td>4.71</td><td>4.47</td><td>[-5%]</td></tr>
<tr><td colspan="2">营运车辆单位运输周转量能耗下降率</td><td></td><td></td><td></td><td>[-6.5%]</td></tr>
<tr><td colspan="2">营运船舶单位运输周转量能耗下降率</td><td></td><td></td><td></td><td>[-6%]</td></tr>
<tr><td colspan="2">民航业单位运输周转量能耗</td><td>千克标准煤/吨公里</td><td>0.433</td><td><0.415</td><td>>[-4%]</td></tr>
<tr><td colspan="2">新生产乘用车平均油耗</td><td>升/百公里</td><td>6.9</td><td>5</td><td>-1.9</td></tr>
<tr><td colspan="6">公共机构：</td></tr>
<tr><td colspan="2">公共机构单位建筑面积能耗</td><td>千克标准煤/平方米</td><td>20.6</td><td>18.5</td><td>[-10%]</td></tr>
<tr><td colspan="2">公共机构人均能耗</td><td>千克标准煤/人</td><td>370.7</td><td>330.0</td><td>[-11%]</td></tr>
<tr><td colspan="6">终端用能设备：</td></tr>
<tr><td colspan="2">燃煤工业锅炉(运行)效率</td><td>%</td><td>70</td><td>75</td><td>+5</td></tr>
<tr><td colspan="2">电动机系统效率</td><td>%</td><td>70</td><td>75</td><td>+5</td></tr>
<tr><td rowspan="3">一级能效容积式空气压缩机市场占有率</td><td>小于 55kW</td><td>%</td><td>15</td><td>30</td><td>+15</td></tr>
<tr><td>55kW 至 220kW</td><td>%</td><td>8</td><td>13</td><td>+5</td></tr>
<tr><td>大于 220kW</td><td>%</td><td>5</td><td>8</td><td>+3</td></tr>
<tr><td colspan="2">一级能效电力变压器市场占有率</td><td>%</td><td>0.1</td><td>10</td><td>+9.9</td></tr>
<tr><td colspan="2">二级以上能效房间空调器市场占有率</td><td>%</td><td>22.6</td><td>50</td><td>+27.4</td></tr>
<tr><td colspan="2">二级以上能效电冰箱市场占有率</td><td>%</td><td>98.3</td><td>99</td><td>+0.7</td></tr>
<tr><td colspan="2">二级以上能效家用燃气热水器市场占有率</td><td>%</td><td>93.7</td><td>98</td><td>+4.3</td></tr>
</table>

注：[ ]内为变化率。

附件 3

“十三五”各地区化学需氧量排放总量控制计划

地区	2015 年排放量（万吨）	2020 年减排比例（%）	2020 年重点工程减排量(万吨)
北京	16.2	14.4	2.33
天津	20.9	14.4	2.47
河北	120.8	19.0	16.14
山西	40.5	17.6	4.75
内蒙古	83.6	7.1	5.19
辽宁	116.7	13.4	8.41
吉林	72.4	4.8	2.32
黑龙江	139.3	6.0	7.33
上海	19.9	14.5	2.72
江苏	105.5	13.5	10.39
浙江	68.3	19.2	7.64
安徽	87.1	9.9	7.70
福建	60.9	4.1	2.14
江西	71.6	4.3	2.73
山东	175.8	11.7	13.30
河南	128.7	18.4	16.98
湖北	98.6	9.9	8.25
湖南	120.8	10.1	10.49
广东	160.7	10.4	11.06
广西	71.1	1.0	0.35
海南	18.8	1.2	0.16
重庆	38.0	7.4	2.36
四川	118.6	12.8	14.09
贵州	31.8	8.5	2.77

续表

云南	51.0	14.1	5.85
西藏	2.9	–	–
陕西	48.9	10.0	2.63
甘肃	36.6	8.2	2.40
青海	10.4	1.1	0.07
宁夏	21.1	1.2	0.10
新疆	56.0	1.6	0.71
新疆生产建设兵团	10.0	1.6	0.04

注:2020年减排比例根据各地区地表水质量改善任务确定,重点工程减排量根据“十三五”规划纲要、《水污染防治行动计划》及相关规划提出的环境治理保护重点工程确定。

附件4

“十三五”各地区氨氮排放总量控制计划

地　区	2015年排放量（万吨）	2020年减排比例（%）	2020年重点工程减排量（万吨）
北　京	1.6	16.1	0.24
天　津	2.4	16.1	0.38
河　北	9.7	20.0	1.59
山　西	5.0	18.0	0.61
内蒙古	4.7	7.0	0.28
辽　宁	9.6	8.8	0.85
吉　林	5.1	6.4	0.20
黑龙江	8.1	7.0	0.48
上　海	4.3	13.4	0.53
江　苏	13.8	13.4	1.25
浙　江	9.8	17.6	0.85

续表

安 徽	9.7	14.3	1.07
福 建	8.5	3.5	0.30
江 西	8.5	3.8	0.32
山 东	15.3	13.4	1.49
河 南	13.4	16.6	1.93
湖 北	11.4	10.2	1.02
湖 南	15.1	10.1	1.41
广 东	20.0	11.3	1.54
广 西	7.7	1.0	0.08
海 南	2.1	1.9	0.04
重 庆	5.0	6.3	0.32
四 川	13.1	13.9	1.74
贵 州	3.6	11.2	0.41
云 南	5.5	12.9	0.67
西 藏	0.3	–	–
陕 西	5.6	10.0	0.38
甘 肃	3.7	8.0	0.28
青 海	1.0	1.4	0.01
宁 夏	1.6	0.7	0.01
新 疆	4.0	2.8	0.09
新疆生产建设兵团	0.5	2.8	–

注:2020年减排比例根据各地区地表水质量改善任务确定,重点工程减排量根据“十三五”规划纲要、《水污染防治行动计划》及相关规划提出的环境治理保护重点工程确定。

附件5

“十三五”各地区二氧化硫排放总量控制计划

地　区	2015年排放量（万吨）	2020年减排比例（%）	2020年重点工程减排量（万吨）
北　京	7.1	35	1.8
天　津	18.6	25	2.8
河　北	110.8	28	18.4
山　西	112.1	20	22.4
内蒙古	123.1	11	13.5
辽　宁	96.9	20	14.4
吉　林	36.3	18	5.2
黑龙江	45.6	11	4.3
上　海	17.1	20	3.4
江　苏	83.5	20	13.3
浙　江	53.8	17	9.1
安　徽	48.0	16	5.2
福　建	33.8	-	3.5
江　西	52.8	12	6.3
山　东	152.6	27	35.0
河　南	114.4	28	20.5
湖　北	55.1	20	10.9
湖　南	59.6	21	8.5
广　东	67.8	3	2.0
广　西	42.1	13	4.5
海　南	3.2	-	0.4
重　庆	49.6	18	8.1
四　川	71.8	16	11.2
贵　州	85.3	7	6.0

续表

云　南	58.4	1	0.6
西　藏	0.5	–	–
陕　西	73.5	15	11.0
甘　肃	57.1	8	4.6
青　海	15.1	6	0.9
宁　夏	35.8	12	4.3
新　疆	66.8	3	2.0
新疆生产建设兵团	11.0	13	0.9

注:2020年减排比例根据各地区空气质量改善任务确定,重点工程减排量根据"十三五"规划纲要、《大气污染防治行动计划》及相关规划提出的环境治理保护重点工程确定。

附件6

"十三五"各地区氮氧化物排放总量控制计划

地　区	2015年排放量(万吨)	2020年减排比例(%)	2020年重点工程减排量(万吨)
北　京	13.8	25	0.7
天　津	24.7	25	3.5
河　北	135.1	28	19.9
山　西	93.1	20	16.3
内蒙古	113.9	11	12.5
辽　宁	82.8	20	14.9
吉　林	50.2	18	9.0
黑龙江	64.5	11	7.1
上　海	30.1	20	5.2
江　苏	106.8	20	18.7
浙　江	60.7	17	10.3

续表

安　徽	72.1	16	9.0
福　建	37.9	–	4.6
江　西	49.3	12	5.9
山　东	142.4	27	31.0
河　南	126.2	28	15.8
湖　北	51.5	20	5.9
湖　南	49.7	15	6.3
广　东	99.7	3	3.0
广　西	37.3	13	3.3
海　南	9.0	–	1.2
重　庆	32.1	18	2.8
四　川	53.4	16	3.7
贵　州	41.9	7	2.9
云　南	44.9	1	0.4
西　藏	5.3	–	–
陕　西	62.7	15	9.4
甘　肃	38.7	8	3.1
青　海	11.8	6	0.7
宁　夏	36.8	12	4.4
新　疆	63.7	3	1.9
新疆生产建设兵团	9.9	13	1.3

注:2020年减排比例根据各地区空气质量改善任务确定,重点工程减排量根据“十三五”规划纲要、《大气污染防治行动计划》及相关规划提出的环境治理保护重点工程确定。

附件 7

"十三五"重点地区挥发性有机物排放总量控制计划

地　区	2015 年排放量（万吨）	2020 年减排比例（%）	2020 年重点工程减排量（万吨）
北　京	23.4	25	3.5
天　津	33.9	20	4.6
河　北	154.6	20	19.5
辽　宁	105.4	10	10.5
上　海	42.1	20	8.4
江　苏	187.0	20	31.2
浙　江	139.2	20	25.5
安　徽	95.9	10	9.2
山　东	192.1	20	38.4
河　南	167.5	10	16.6
湖　北	98.7	10	9.9
湖　南	98.3	10	7.9
广　东	137.8	18	20.7
重　庆	40.2	10	4.0
四　川	111.3	5	5.6
陕　西	67.5	5	3.4

注："十三五"期间主要推进石化、化工、包装印刷和工业涂装等重点行业挥发性有机物减排，相关指标根据重点行业减排潜力、环境质量改善需求等因素分解落实到各有关省份。

国务院关于印发“十三五”促进民族地区和人口较少民族发展规划的通知

（2016 年 12 月 24 日　国发〔2016〕79 号）

现将《“十三五”促进民族地区和人口较少民族发展规划》印发给你们，请认真贯彻实施。

“十三五”促进民族地区和人口较少民族发展规划

目　　录

前　　言

我国是一个统一的多民族国家，共有55个少数民族、155个民族自治地方，少数民族人口占全国总人口的8.5%，民族自治地方面积占全国国土总面积的64%。“十三五”时期，把加快少数民族和民族地区发展摆到更加突出的战略位置，对于补齐少数民族和民族地区发展短板，保障少数民族合法权益，提升各族人民福祉，增进民族团结进步，促进各民族交流交往交融，维护社会和谐稳定，确保国家长治久安，实现全面建成小康社会和中华民族伟大复兴中国梦，具有重要意义。

本规划根据《中华人民共和国民族区域自治法》、《中共中央 国务院关于加强和改进新形势下民族工作的意见》、《中华人民共和国国民经济和社会发展第十三个五年规划纲要》编制，主要阐明国家支持少数民族和民族地区发展、加强民族工作的总体目标、主要任务和重大举措，是“十三五”时期促进少数民族和民族地区全面建成小康社会的行动纲领。

第一章 面临的发展环境

第一节 基础条件

“十二五”时期,各地区各部门认真贯彻落实党中央、国务院决策部署,我国少数民族和民族地区发展取得显著成绩。特别是党的十八大以来,在以习近平同志为核心的党中央坚强领导下,少数民族和民族地区综合实力大幅提升,经济社会全面协调发展。基础设施建设取得突破性进展,群众生产生活条件明显改善。特色优势产业快速发展,自我发展能力日益增强。扶贫攻坚成效明显,农牧民收入持续增加。社会事业取得长足进步,基本公共服务水平稳步提高。生态文明建设成效显著,环境质量进一步改善。新型城镇化持续推进,少数民族特色村镇得到有效保护与发展。少数民族文化事业繁荣发展,各族群众精神生活更加丰富。全方位开放合作深化拓宽,国际国内竞争优势日益凸显。民族团结不断巩固,民族关系更加和谐。依法管理民族事务能力持续提升,各民族凝聚力向心力不断增强。总的看,少数民族和民族地区初步具备全面建成小康社会的基础条件。

第二节 主要困难

由于历史、自然和地理等原因,少数民族和民族地区发展仍面临一些突出问题和特殊困难。经济社会发展总体滞后,供给侧结构性改革任务艰巨,产业发展层次水平偏低,新旧动能转换难度较大。城乡区域发展不平衡,基本公共服务供给不足,基础设施建设欠账多,资源环境约束大,创新发展能力弱,对内对外开放水平不高。少数民族和民族地区人口整体素质有待提高,少数民族传统文化传承发展亟待加强,贫困问题依然严峻,维护社会和谐稳定任务繁重,缩小与全国发展差距仍然任重道远。破解多重问题和困难,必须加快少数民族和民族地区发展。

第三节 机遇挑战

“十三五”时期,我国经济发展进入新常态,国际国内发展环境更加复杂,少数民族和民族地区发展呈现新的特点,面临新的机遇和挑战。一方面,世界局势正在发生深刻变化,地缘政治关系多极化不断向纵深发展,世界范围内不稳定不确定不平衡因素显著增多,我国发展面临的国际风险挑战加大。同时,新型工业化、信息化、城镇化、农业现代化深入推进，改革攻坚进入深水区，我国经济下行压力增大，稳增长、调结构、惠民生、防风险任务日益繁重，民族地区协调各方面关系、承受各种风险、化解社会矛盾的压力呈现加大趋势，面临脱贫攻坚和实现全面小康双重任务、发展经济和保护环境双重责任、加快发展和维护团结稳定双重压力。另一方面，随着我国进入全面建成小康社会决胜阶段，“一带一路”建设加快推进，区域协调有序发展，脱贫攻坚全面展开，民族地区奔小康行动深入实施，国家对民族地区、边疆地区、贫困地区全方位扶持力度不断加大，少数民族和民族地区面临难得的发展机遇。“十三五”时期加快少数民族和民族地区发展必须把握机遇，应对挑战，确保如期实现全面建成小康社会目标。

第二章　总体要求

第一节　指导思想

高举中国特色社会主义伟大旗帜，以马克思列宁主义、毛泽东思想、邓小平理论、“三个代表”重要思想、科学发展观为指导，全面贯彻党的十八大和十八届三中、四中、五中、六中全会精神，深入贯彻习近平总书记系列重要讲话精神和治国理政新理念新思想新战略，紧紧围绕“五位一体”总体布局和“四个全面”战略布局，全面落实中央民族工作会议精神和新形势下民族工作总体思路，牢牢把握各民族共同团结奋斗、共同繁荣发展的民族工作主题，坚定不移走中国特色解决民族问题的正确道路，坚持全面贯彻落实党的民族政策，坚持和完善民族区域自治制度，坚持各民族交往交流交融，坚持创新、协调、绿色、开放、共享的发展理念，始终把少数民族和民族地区加快发展摆在更加突出的战略位置，以推动民族团结、社会和谐、人民幸福为宗旨，以增强自我发展能力、提高公共服务水平、改善民生为重点，以完善体制机制和扶持政策为保障，更加注重民族因素与区域因素相结合，更加注重发展经济与改善民生相结合，更加注重释放政策动力与激发内生动力相结合，更加注重推动改革创新与对内对外开放相结合，着力解决制约少数民族和民族地区发展的突出短板和薄弱环节，着力促进少数民族事业发展，着力巩固和发展平等团结互助和谐的社会主义民族关系，着力提高依法管理民族事务能力，确保到 2020 年少数民族和民族地区与全国人民一道迈入全面小康社会。

第二节　基本原则

——坚持加快发展、缩小差距。紧密围绕全面建成小康社会战略目标，统筹考虑当前与长远、城乡协调发展，突出重点和难点，全力推动供给侧结构性改革，大力推进基础设施建设，着力打造产业发展新优势，不断增强自我发展能力，促进少数民族和民族地区持续健康发展，逐步缩小与其他地区发展差距。

——坚持以人为本、改善民生。坚持以人民为中心，充分调动人民群众的积极性、主动性、创造性，始终把改善民生、凝聚人心、增进人民福祉、促进人的全面发展作为一切工作的出发点和落脚点，着力实现好、维护好、发展好人民群众的根本利益，切实增强各民族群众的获得感和幸福感，让少数民族和民族地区共享改革发展成果。

——坚持绿色发展、保护生态。全面落实节约资源和保护环境基本国策，正确处理经济发展与生态环境保护的关系，深入推进生态文明建设，大力发展绿色经济，推动经济绿色转型，促进人与自然和谐发展，推动少数民族和民族地区走出一条生产发展、生活富裕、生态优美的绿色发展之路。

——坚持因地制宜、分类指导。树立创新、协调、绿色、开放、共享的发展理念，立足民族地区资源环境条件和少数民族传统文化特点，因地制宜、分类施策、突出特色，科学确定发展模式与实施路径，加强对少数民族和民族地区发展薄弱环节的工作指导和政策扶持，确保如期实现脱贫攻坚任务。

——坚持改革创新、扩大开放。充分发挥市场在资源配置中的决定性作用，更好发挥政府作用，深化重点领域和关键环节改革，鼓励先行先试，创新体制机制，释放改革活力，全方位拓展开放合作，努力构筑民族地区对内对外开放新格局。

——坚持国家支持、自力更生。发挥各级党委总揽全局、协调各方的领导核心作用，紧紧抓住国家推动区域协调发展的重大机遇，坚持加大中央支持与激发地方内生动力相结合，加强顶层设计，完善政策体系，加大投入力度，厚植发展优势，加快发展步伐，提升发展水平，促进少数民族和民族地区经济社会跨越式发展。

——坚持民族团结、共同发展。充分发挥社会主义制度的优越性，把民族团结作为各族人民的生命线，促进各民族唇齿相依、手足相亲、守望相助，以繁荣发展促进团结稳定，以团结稳定保障繁荣发展，促进各民族交往交流交融，探索走出一条具有中国特色、符合民族地区特点、体现各族人民意愿的团结发展道路。

第三节　主要目标

按照确保到2020年实现与全国同步全面建成小康社会的要求，“十三五”

时期少数民族和民族地区发展的主要目标是：

——经济持续较快发展。经济发展增速高于全国平均水平，到2020年地区生产总值和城乡居民人均收入比2010年翻一番，与全国差距明显缩小。农牧区加快发展，脱贫攻坚取得实效，基础设施更加完善，产业结构持续优化，城镇化水平大幅提升，对内对外开放水平显著提高，综合经济实力明显增强。

——社会事业稳步提升。基本公共服务均等化水平显著提升，资源配置更加合理，城乡差距明显缩小，主要领域指标达到或接近全国平均水平。城乡居民就业更加充分，劳动年龄人口受教育年限明显提高，社会保障实现全覆盖，基本医疗卫生服务人人享有，人民群众整体素质和社会文明程度全面提升。

——民族文化繁荣发展。少数民族优秀传统文化得到传承弘扬，文化事业加快发展，公共文化服务体系基本建成，文化基础设施更加完备，文化产品日益丰富，文化产业持续壮大，文化发展成果惠及各族群众，少数民族特色文化活动广泛开展，各民族共有精神家园建设成效显著。

——生态环境明显改善。国家生态安全屏障基本形成，主体功能区建设成效凸显，生态环境保护能力显著提升，生态保护补偿机制逐步建立健全，资源循环利用体系初步建立，环境治理能力不断增强，城乡人居环境更加优美，资源节约型、环境友好型社会建设稳步推进。

——民族团结更加巩固。中华民族共同体意识深入人心，全社会“三个离不开”（汉族离不开少数民族，少数民族离不开汉族，各少数民族之间也相互离不开）思想全面加强，各民族群众“五个认同”（对伟大祖国、对中华民族、对中华文化、对中国共产党、对中国特色社会主义道路的认同）不断增强，民族理论政策创新发展，民族工作法律法规日臻完善，民族事务治理现代化水平显著提高，相互嵌入式的社会结构和社区环境逐步建立，民族团结进步示范区建设深入推进，各民族和睦相处、和衷共济、和谐发展，社会主义民族关系得到进一步巩固。

专栏1　“十三五”时期民族自治地方经济社会发展主要指标

指　　标	2015年	2020年	年均增速〔累计〕	属性
经济发展				
(1)地区生产总值(万亿元)	6.65	9.8	>8%	预期性
(2)全员劳动生产率(万元/人)	6.48	9.1	>7%	预期性

续表

协调发展				
(3)工业增加值(万亿元)	2.62	>3.8	>7.5%	预期性
(4)服务业增加值比重(%)	42.26	47	〔4.74〕	预期性
(5)城镇化率(%)	47.09	54.2	〔7.11〕	预期性
共享发展				
(6)农村贫困人口脱贫(万人)	—	—	〔1805〕	约束性
(7)居民人均可支配收入增长(%)	—	—	>9%	预期性
(8)劳动年龄人口平均受教育年限(年)	9.01	10.3	〔1.29〕	约束性
(9)城镇新增就业人数(万人)	—	—	〔>500〕	预期性
(10)基本养老保险参保率(%)	81.7	90	〔8.3〕	预期性
(11)人均预期寿命(岁)	—	—	〔1〕	预期性
绿色发展				
(12)耕地保有量(亿亩)	3.19	3.19	〔0〕	约束性
(13)单位GDP能源消耗降低(%)	—	—	〔13〕	约束性
(14)森林覆盖率(%)	17.85	19.8	〔1.95〕	约束性
开放发展				
(15)进出口总额(亿美元)	1201	>2114.4	>14%	预期性
(16)边贸进出口额比重(%)	33.4	43.6	〔10.2〕	预期性
(17)实际利用外资额(亿美元)	109.79	>151.1	>6.6%	预期性
创新发展				
(18)研究与试验发展经费投入强度(%)	0.74	1.7	〔0.96〕	预期性
(19)科技进步贡献率(%)	45.8	54	〔8.2〕	预期性
(20)互联网普及率 固定宽带家庭普及率(%)	36	60	〔24〕	预期性
(20)互联网普及率 移动宽带用户普及率(%)	50	79	〔29〕	
团结发展				
(21)少数民族人口流动率(%)	15.09	16.9	〔1.81〕	预期性

续表

(22)全国民族团结进步教育基地(个)		57	>117	〔>60〕	约束性
(23)全国民族团结进步创建	示范区(个)	0	>1000	〔>1000〕	约束性
	示范单位(个)	135	>1135	〔>1000〕	
注:①地区生产总值、全员劳动生产率、工业增加值按可比价计算,绝对数按2015年不变价计算。②〔 〕内为5年累计数。③城镇新增就业人数仅包括5个自治区。					

第三章　全力打赢脱贫攻坚战

第一节　确保如期实现脱贫目标

由于历史、自然和地理等原因,少数民族和民族地区致贫情况复杂、表现特殊,贫困程度深,脱贫任务重。必须牢固树立科学治贫、精准脱贫理念,把脱贫攻坚作为发展头等大事和第一民生工程,采取超常规硬举措,健全扶贫工作机制,确保如期实现少数民族和民族地区脱贫。按照发展生产脱贫一批、易地搬迁脱贫一批、生态补偿脱贫一批、发展教育脱贫一批、社会保障兜底一批的要求,坚持精准扶贫、精准脱贫基本方略,以民族自治地方、边境地区、人口较少民族地区的贫困地区为主战场,加快解决少数民族和民族地区发展瓶颈,稳定实现农村贫困人口不愁吃、不愁穿,义务教育、基本医疗和住房安全有保障,现行标准下农村贫困人口全部脱贫,贫困县全部摘帽,解决区域性整体贫困,确保少数民族和民族地区与全国同步进入全面小康社会。(国务院扶贫办、财政部、国家发展改革委、环境保护部、国土资源部、教育部、人力资源社会保障部、国家民委、国家卫生计生委、住房城乡建设部按职责分工分别负责,下同)

第二节　分类推进特殊贫困地区发展

坚持民族和区域相统筹,因地制宜,分类施策。对居住在生存条件恶劣、生态环境脆弱、"一方水土养不起一方人"的民族地区的建档立卡贫困人口,积极实施易地扶贫搬迁,支持搬迁户新建安置住房,加快安置区配套设施建设,依托少数民族特色村镇、农业园区、工业园区及旅游景区提供更多就业机会,促进搬迁群众稳定脱贫。重点实施生态保护扶贫和水利扶贫,支持绿色农林畜产品生产,组织贫困群众参与国家重大生态保护修复工程和水利设施项目建设,设立生态公益岗位帮助有劳动能力的贫困人员脱贫,创造更多公益性就业岗位，提高贫困人口受益水平。对人口较少民族聚居的建档立卡贫困村，推进整村整族精准脱贫，分期分批推进贫困村退出、贫困人口脱贫。对特困民族地区的建档立卡贫困户、贫困村，实施提升贫困群众素质和激发内生动力扶贫。对守土戍边不宜搬迁的陆地边境抵边一线乡镇贫困村边民，采取特殊扶持政策，加大边民扶持力度，改善边民生产生活条件，实施就地就近脱贫，确保边民安心生产生活、安心守边固边。（国务院扶贫办、国家发展改革委、财政部、住房城乡建设部、国土资源部、农业部、环境保护部、水利部、国家林业局、国家民委）

专栏2　少数民族特困地区和特困群体综合扶贫工程

（1）民族自治地方贫困县脱贫专项行动。推进国家各项惠民政策和民生项目向民族自治地方贫困县倾斜。大力培育特色产业，增强自我发展能力。加快通电通水通路通互联网，提升公共服务水平。开展职业技能培训，支持就业创业。（国家民委、国务院扶贫办、国家发展改革委、财政部、国土资源部、农业部、工业和信息化部、国家能源局、水利部、交通运输部、人力资源社会保障部）

（2）边境地区戍边就地就近脱贫专项行动。大力改善基础设施条件和基本公共服务，扶持发展边境贸易和特色经济，提升沿边开发开放水平，加强边民脱贫致富能力，增强边民凝聚力、向心力和自豪感，促进民族团结和边防稳固。（国务院扶贫办、国家发展改革委、海关总署、商务部、国土资源部、农业部、外交部、国家民委）

（3）特困和人口较少民族精准脱贫专项行动。推进人口较少民族整村整族精准脱贫，实施整村推进，分期分批整体脱贫。在特困民族地区，帮助少数民族群众学用普通话、普及科技知识、提高生产生活技能。（国家民委、国务院扶贫办、教育部、财政部、中国科协、国土资源部）

第三节　调动各方力量合力攻坚

积极整合各方资源。加大项目资金支持力度，实行差别化扶持政策，健全帮扶体制机制，增强自我发展能力，提升公共服务水平，支持少数民族和民族地区打赢脱贫攻坚战。充分发挥各方资金、人才、信息、技术等优势，实施特色产业扶贫、劳务输出扶贫、易地搬迁扶贫、交通扶贫、网络扶贫、生态保护脱贫、水利扶贫、教育扶贫、文化扶贫、旅游扶贫、科技扶贫、健康扶贫、社保兜底脱贫等脱贫攻坚重点工程，采取经济、文化、教育、科技创新、医疗卫生、技能培训等综合措施，着力提高贫困群众住房、医疗、卫生、教育、社保等方面保障水平，让贫困群众获得更加持续稳定的脱贫增收能力，最大限度消除返贫现象。（国家民委、国家发展改革委、财政部、国务院扶贫办、国土资源部、农业部、工业和信息化部、人力资源社会保障部、民政部、交通运输部、中央网信办、环境保护部、水利部、教育部、文化部、国家林业局、国家旅游局、科技部、国家卫生计生委、住房城乡建设部、中国科协)

加大国家扶持力度。支持贫困民族地区发展优势产业和特色经济,重点支持少数民族贫困村、贫困户发展种养业和少数民族传统手工业,实施贫困村“一村一品”产业推进行动和“互联网+”产业扶贫,实施电商扶贫、光伏扶贫、乡村旅游扶贫等工程,拓宽群众增收致富门路。加快推进民族地区重大基础设施项目和民生工程建设,进一步完善基础设施及配套建设,解决民生领域突出困难和问题。实施农村危房改造,统筹开展农房抗震改造,优先解决民族地区建档立卡贫困户、低保户、农村分散供养特困人员、贫困残疾人家庭等贫困户基本住房安全问题。充分发挥贫困村第一书记、驻村工作队深度参与脱贫致富方面的作用。加大对贫困民族地区的东西部扶贫协作、定点扶贫、劳务协作对接扶贫、“百县万村”扶贫、“万企帮万村”扶贫等支持力度,鼓励社会团体、民营企业、个人参与支持贫困民族地区脱贫攻坚,实施扶贫志愿者行动计划和社会工作专业人才服务贫困民族地区计划。(国务院扶贫办、财政部、国土资源部、农业部、国家林业局、工业和信息化部、商务部、国家能源局、国家旅游局、交通运输部、水利部、教育部、中央宣传部、文化部、国家卫生计生委、国务院国资委、人力资源社会保障部、中央组织部、住房城乡建设部、民政部、国家发展改革委、中央统战部、全国工商联、国家民委)

第四章　促进经济跨越发展

第一节　加强基础设施建设

加快重点基础设施建设。加强民族地区现代化综合交通运输体系建设,重点支持骨干铁路、干线公路、支线机场、水运航道和城市地下综合管廊建设,完善乡村交通基础设施网络,建立外通内联区域交通骨干通道,提升运输服务水平。结合国家高速公路、国省道、农村公路规划建设,加强主要旅游景区、景点连接,提高旅游道路等级和养护水平。科学论证、稳步推进重大水利设施建设,统筹加强中小型水利建设,实施“五小水利”工程,强化主要江河治理、中小河流治理、防洪抗旱减灾和保水储水保障能力。加强信息基础设施建设,推进宽带网络发展,全面推进三网融合,支持有条件的民族地区布局云计算数据中心,鼓励开展云计算、大数据、智能制造等试点示范工作,加快云计算数据通道建设。按照“一带一路”建设要求,完善对外开放信息通道布局。加强民族地区地面广播电视传输覆盖网络建设，推动广播电视村村通向户户通升级。加强能源保障体系建设，继续实施国家农村电网改造升级工程，支持骨干电网、城乡中低压配电网、高压输变电工程建设及清洁能源综合利用、可再生能源开发。支持油气管道建设。推进“一带一路”能源合作基地建设。（国家发展改革委、国家铁路局、中国铁路总公司、交通运输部、中国民航局、住房城乡建设部、国家旅游局、水利部、中央网信办、工业和信息化部、新闻出版广电总局、国家能源局、商务部）

加强群众生产生活设施建设。加快推进民族地区农田水利、农网改造和微电网、乡村道路、城乡供水、通信网络、商贸网点、物流配送、快递服务等设施建设。积极推进基层医疗卫生机构、公共文化服务、垃圾污水处理、邮政、公共厕所等公益性民生基础设施建设。改善群众出行条件，推进农村客运和城市公交发展。（国家发展改革委、农业部、水利部、国家能源局、交通运输部、住房城乡建设部、工业和信息化部、商务部、国家邮政局、国家卫生计生委、新闻出版广电总局、环境保护部）

专栏3　重大基础设施建设

（1）民族地区综合交通基础设施建设。抓好成都—贵阳、昆明—南宁、西安—银川、呼和浩特—张家口—北京、赤峰通辽分别至京沈高铁连接线等高速铁路，阿勒泰—富蕴—准东、玉溪—磨憨、拉萨—林芝铁路以及青藏铁路格尔木—拉萨段扩能等在建重大项目建设，积极推进重庆—昆明、贵阳—南宁、西宁—成都（黄胜关）、包头—银川、克拉玛依—塔城铁路铁厂沟—塔城段、临沧—清水河、银川—巴彦浩特等规划项目前期工作。继续推进西江航运干线扩能，建成贵港二线船闸和梧州至肇庆一级航道，启动西津二线船闸建设。新建霍林郭勒、扎兰屯、东乌旗、玉林、石嘴山、莎车、若羌、甘孜、果洛、祁连、威宁等机场及一批通用机场，迁建呼和浩特、梧州等机场，改扩建拉萨、乌鲁木齐、银川、桂林、格尔木、黎平、荔波等机场。优先安排和重点支持G7大黄山—乌鲁木齐、巴里坤—木垒、G0711乌鲁木齐—库尔勒、G5511白音察干—安业、大板—查白音塔拉、G10海拉尔—满洲里、G4216仁寿—屏山新市、G8513绵阳—九寨沟等国家高速公路建设。（国家发展改革委、交通运输部、国家铁路局、中国铁路总公司、中国民航局）

（2）民族地区旅游交通设施建设。加强通景区、旅游扶贫重点村的道路及服务设施建设。加快公路标志标识系统建设。打造国家生态风景道，加强旅游风景道路沿线资源环境保护，营造景观空间，建设游憩、服务设施，完善安全救援体系，优化交通管理，实现道路从单一交通功能向交通、美学、游憩和保护等复合功能的转变。加强汽车房车营地与交通干线之间的联通公路建设。积极发展高铁旅游，优化铁路站点及运营时间安排，开辟更多旅游专列。配合河道疏浚等水利工程，统筹考虑旅游需求，开通水上旅游航线。支持通用机场合理布局，推动低空旅游健康发展。（国家发展

续表

改革委、国家旅游局、交通运输部、国家铁路局、中国铁路总公司、中国民航局) (3)民族地区重点水利工程建设。加快青海引大济湟、西藏拉洛水库、青海蓄集峡水利枢纽、新疆阿尔塔什水利枢纽、内蒙古绰勒下游灌区、吉林松原灌区、新疆叶尔羌河治理等在建工程建设。加快推进云南滇中引水、西藏湘河、新疆玉龙喀什等重大水利工程前期工作,力争早日开工建设。积极推进大中型灌区续建配套与节水改造、小型农田水利、农村饮水安全巩固提升、中型水库、中小河流治理、山洪灾害防治和抗旱应急水源等工程建设。(水利部、国家发展改革委、财政部、国土资源部、环境保护部、住房城乡建设部、国家林业局) (4)民族地区信息化建设。加快信息基础设施建设,继续推进广播电视户户通,实施“宽带中国”战略,重点支持光纤网络、移动通信网络、宽带基础设施升级改造、综合通信网络和少数民族语言网站建设。(工业和信息化部、新闻出版广电总局、国家发展改革委、财政部、科技部、国家民委) (5)民族地区城乡基础设施建设。统筹考虑城乡结合部、城镇周边农村地区的需求,合理规划基础设施建设布局,加快水、气、污水和垃圾处理等市政公共设施服务向周边农村地区延伸覆盖,强化城乡基础设施的连接,推动市政公用设施城乡联网、共建共享、同质服务。(住房城乡建设部、国家发展改革委、水利部、国家能源局、环境保护部)

第二节　培育壮大特色优势产业

大力培植优势产业。大力发展民族地区现代农牧业,推进农牧业结构调整,转变农牧业发展方式,完善农牧业科技服务体系,加强新型职业农牧民培养,加快建设现代特色农牧业示范区,提高农牧业综合生产能力。有序推进能源矿产资源开发,加快推进国家重要战略资源基地建设,扶持发展能源矿产资源采选和制品加工业,合理培育区域特色能源矿产产业,形成一批特色鲜明、产业集聚的产业基地。围绕民族地区新型工业化产业示范基地和企业技术创新能力建设,推动传统优势产业提档升级,推进重点企业技术改造和创新提升,实施区域品牌发展战略,深入开展全国知名品牌创建示范区建设。积极发展新能源、新材料、高端装备制造、生物、新一代信息技术、节能环保等战略性新兴产业。支持民族地区国家高新技术产业、火炬特色产业基地建设。大力发展民族地区现代服务业,支持建设现代物流、专业市场、科技服务、金融服务、电子商务、商务会展、教育培训、健康服务、创意产业等现代服务业集聚区。积极引导产业优化布局。大力培育县域优势产业。推动军民融合产业发展。(农业部、国家发展改革委、科技部、国家能源局、工业和信息化部、国家中医药局、人民银行、民政部、教育部、国家卫生计生委、商务部、国土资源部、质检总局)

加快发展民族特色产业。充分发挥民族地区自然人文资源比较优势，大力发展特色农牧业及其加工业，支持特色农产品深加工基地建设，创建出口食品农产品质量安全示范区，提升特色食品农产品市场竞争力。大力发展特色林业产业，支持木本油料、特色林果、林下经济、种苗花卉、森林康养基地建设，促进当地群众就近增收。大力发展民族特色旅游业，开发民族特色浓郁的重点旅游景区和线路，打造一批民族特色旅游品牌，促进民族特色旅游与城镇、文化、产业、生态、乡村建设等融合发展。大力支持民族医药及关联产业发展。大力发展少数民族传统手工艺品产业，扶持少数民族手工业龙头企业，支持建立少数民族传统手工艺品生产、技艺传习基地。（农业部、国家发展改革委、国家能源局、国土资源部、国家旅游局、国家林业局、工业和信息化部、国家中医药局、食品药品监管总局、质检总局、文化部、国家民委）

扶持民族贸易和民族特需商品生产。继续执行扶持民族贸易和民族特需商品生产的税收、金融、财政等优惠政策，支持全国民族贸易和民族特需商品定点生产企业发展。支持民族地区市场体系建设，加强对肉菜和中药材流通追溯体系建设的指导和事中事后监管，继续做好边销茶、清真牛羊肉储备管理和市场调控工作。（国家民委、人民银行、财政部、税务总局、国家发展改革委、国家卫生计生委、商务部、农业部、食品药品监管总局）

专栏4　民族特色优势产业振兴

（1）民族地区矿物功能材料示范基地建设。以节能环保、土壤治理、生态修复、现代农业等需求为牵引，加大优势非金属矿资源科学开发支持力度，打造一批特色非金属矿产业园区。发展先进适用技术和装备，提高非金属矿资源开采、选矿回收率和综合利用率，打造一批尾矿近零排放的非金属矿深加工示范区。围绕石墨、膨润土、高岭土、硅藻土、云母等优势矿种，大力推广新技术新产品，培育20个矿物功能材料产业示范基地。（工业和信息化部、国土资源部、环境保护部、农业部、科技部）

（2）民族地区食品农产品出口示范基地建设。推进食品农产品出口示范基地建设，改善食品农产品出口经营环境，提高出口食品农产品质量安全水平，培育食品农产品出口龙头企业，提升食品农产品国际竞争力。（质检总局、海关总署、农业部、工业和信息化部、商务部、食品药品监管总局、国家民委）

（3）民贸民品企业“千家培育百家壮大”工程。重点培育1000家民族贸易和民族特需商品定点生产企业，重点扶持100家民族特需商品定点生产企业、100家民族贸易县内民族贸易企业，培育壮大行业龙头和骨干企业。（国家民委）

（4）少数民族传统手工艺品保护与发展。重点打造一批少数民族传统手工艺品保护与发展基地，扶持一批少数民族传统手工艺品企业，支持一批少数民族传统手工艺品项目，提升一批少数民族传统手工艺品民族特色品牌，建设一批职业院校民族文化传承创新示范专业点，培养一批少数民族传统手工艺传承人。（工业和信息化部、

续表

国家民委、教育部、文化部） （5）民族医药产业发展。充分发挥民族医药资源优势，提升民族医药及相关产品研发、制造能力，打造民族医药品牌，培育壮大民族医药产业，推进民族医医疗与养老保健、健康旅游、服务贸易融合发展。（工业和信息化部、国家卫生计生委、国家中医药局、国家民委、国家发展改革委、财政部、科技部、商务部、食品药品监管总局、国家旅游局） （6）清真食品产业发展。充分发挥清真食品资源优势，加快传统清真食品产业改造提升，培育清真食品知名品牌，支持现代化的清真食品生产、加工、出口基地和产业园区建设，健全清真食品研发、生产、交易支撑体系。（国家发展改革委、工业和信息化部、农业部、国家民委、财政部、商务部、食品药品监管总局、质检总局）

第三节　推进新型城镇化

推进以人为核心的新型城镇化。充分考虑大部分民族地区地广人稀、地处边疆的特点，坚持因地制宜、固土守边的原则，研究制定推进新型城镇化的特殊政策措施。统筹大中城市、小城镇发展，建立健全城市群发展协调机制。加强城镇规划建设管理，推进公用设施建设，提升服务功能。加快中心城市建设，增强辐射带动能力，运用政府和社会资本合作等方式，有效缓解市政建设资金压力。支持中小城市、重点镇、特色镇发展，重点建设一批边贸重镇、产业大镇、工业强镇和旅游名镇。优化城市空间结构和管理格局，加快推进绿色城市、智慧城市、人文城市、海绵城市建设。加快城镇产业集聚和人口集中，吸引各类企业向县城和中心镇汇聚，增强城镇可持续发展能力。全面深化户籍制度改革，建立健全农业转移人口市民化机制，加快推进农业转移人口市民化。加大城市棚户区改造力度。充分尊重农牧民意愿，完善收益形成与返还机制，促进农牧民就近就地城镇化。围绕国家新型城镇化综合试点，培育发展一批山地城镇、生态城镇、旅游城镇等特色城镇，积极探索边境地区、集中连片特困地区、人口较少民族地区新型城镇化的有效路径。（国家发展改革委、住房城乡建设部、财政部、国家开发银行、中国农业发展银行、工业和信息化部、公安部、国土资源部、民政部、人力资源社会保障部、水利部、农业部、环境保护部、文化部、国家文物局、国家旅游局）

推进以民族文化为载体的新型城镇化建设。根据不同民族地区的自然历史文化禀赋、区域差异性和不同民族的文化形态多样性，发展有历史记忆、文化脉络、地域风貌、民族特点的美丽城镇，形成建筑风格、产业优势、文化标识独特的少数民族特色小镇保护与发展模式。在旧城改造中，重视保护历史文化遗产、民族文化风格和传统建筑风貌，促进功能提升与民族文化保护相结合。在新城新区建设中，注重融入传统民族文化元素，与原有城市自然人文特征相协调。加强历史文化名城名镇、历史文化街区、民族特色小镇的文化资源挖掘和整体文化生态保护，打造魅力特色旅游文化街区，推进民族特色突出、历史底蕴厚重、时代特色鲜明的新型民族特色城镇化建设。（住房城乡建设部、国家发展改革委、文化部、国家文物局、环境保护部、国家旅游局、民政部、国家民委）

第四节　强化创新驱动发展

提升科技创新能力。发挥科技创新对民族地区发展的引领作用，加强科技基础条件建设，推动产业创新发展。结合推进创新驱动发展战略，实施一批科技创新项目，加强重点实验室、工程（技术）研究中心、高新技术产业园区和农业科技园区等科技创新基地平台建设。推进特色高水平大学和科研院所建设，鼓励企业开展基础性前沿性创新研究。强化企业技术创新主体地位，加快培育壮大创新型企业。鼓励企业提升技术中心创新能力，构建产业技术创新战略联盟。实施“互联网＋”行动计划，发展物联网技术和应用，促进互联网与经济社会融合发展。（科技部、国家发展改革委、教育部、农业部、工业和信息化部、国务院国资委、商务部）

支持产业技术创新。完善民族地区技术创新公共服务平台，加快建立以企业为主体、市场为导向、产学研相结合的技术创新体系。支持开展农产品精深加工与储运、农业农村信息化、智能农机装备等领域先进技术研发与应用推广。加快矿产资源、民族医药等特色优势产业关键技术攻关与应用示范。实施科技创业者行动，培育创新型产业，发展创业孵化载体，构建一批众创空间，加强创业投资支持。加强疾病防控、防灾减灾、生态保护等领域科技创新。继续实施国家文化科技创新工程西部行动。（科技部、农业部、工业和信息化部、国家发展改革委、国土资源部、国家中医药局、人力资源社会保障部、国家卫生计生委、民政部、环境保护部、文化部）

积极开展科普服务。加强民族地区科技服务，推进“科技列车行”、“科技大篷车”等科技服务。深入开展科普活动，推进“科普大篷车”、“流动科技馆”等设施建设。加强双语科普资源开发，建设双语科普基地，培养双语科普人才。开展“科普文化进万家”活动，建设科普中国乡村e站和社区e站。（中国科协、科技部、教育部、文化部、国家民委）

第五章　优先保障和改善民生

第一节　提高教育发展水平

办好各级各类教育。全面贯彻党的教育方针,加强社会主义核心价值观教育。鼓励民族地区普惠性幼儿园发展,继续实施学前教育行动计划。合理布局学前教育机构,支持乡村两级公办幼儿园和普惠性民办幼儿园建设,进一步建立健全学前教育资助制度。推动义务教育均衡发展,支持义务教育学校标准化建设,全面改善义务教育薄弱学校基本办学条件,逐步提高义务教育阶段学校经费保障水平。加强寄宿制学校建设,因地制宜保留并办好必要的乡村小规模学校(含教学点)。提升中小学办学质量。加强对地方课程和学校课程的管理和指导。加快普及高中阶段教育,继续支持教育基础薄弱县普通高中建设。加快中等职业教育发展,优化中职学校布局,重点打造一批具有民族特色、区域特点的职业学校,加强符合民族特色优势产业和经济社会发展需要的应用型特色专业建设,建立健全分类分专业的中职学校生均经费标准,建立稳定投入机制,完善产教融合、校企合作机制,实现初高中未就业毕业生职业技术培训全覆盖。优化高等教育布局和结构,提升民族高等教育发展水平。以就业为导向,优化民族院校和民族地区高校学科专业结构,重点提高工、农、医、管理、旅游等学科比例,支持办好师范类专业,提升民族特色学科水平。办好民族院校,加大省部和行业共建力度。继续实施高等学校招生向民族地区倾斜政策,适度扩大高校少数民族预科班、民族班招生规模。办好特殊教育和继续教育。支持和规范民办教育发展。继续办好内地西藏班、新疆班。鼓励四省藏区举办省内藏区高中班。完善教育经费投入机制,加大学生资助力度,加快推进教育信息化,深入推进教育对口支援工作。(教育部、国家发展改革委、财政部、人力资源社会保障部、民政部、国家民委、中国残联、工业和信息化部、国务院国资委)

科学稳妥推行双语教育。依据法律、遵循规律、结合实际,坚定不移推行国家通用语言文字教育,提升少数民族学生掌握和使用国家通用语言文字的能力和水平。尊重和保障少数民族使用本民族语言文字接受教育的权利,不断提高少数民族语言文字教学水平。在国家通用语言文字教育基础薄弱地区,以民汉双语兼通为目标,建立健全从学前到中小学各阶段教育有效衔接、教学模式与学生学习能力相适应、师资队伍与教学资源满足需要的双语教学体系。国家对双语教师培养培训、教学研究、教材开发和出版给予支持,为接受双语教育的学生升学、考试提供政策支持。建立双语教育督导评估和质量监测机制。(教育部、国家发展改革委、财政部、国家民委、人力资源社会保障部、民政部)

建立完善教师队伍建设长效机制。在民族地区实施乡村教师支持计划。健全教师培养补充制度。制定教师队伍建设专项规划。推进师范院校专业调整和改革,支持民族地区师范院校重点培养双语教师和紧缺学科教师。落实教师配备政策,严格教师准入。农村义务教育学校教师特岗计划和边远贫困地区、边疆民族地区、革命老区人才支持计划教师专项计划向民族地区倾斜。完善教师培训机制,落实每五年一周期的全员教师培训,各类培训计划向民族地区农村教师倾斜。加强师德师风教育,全面提高教师思想政治素质、师德水平和能力素质。落实教师激励政策,切实落实提高农村中小学和内地民族班教师待遇政策措施,落实集中连片特困地区乡村教师生活补助政策。支持农村教师周转宿舍建设。建立健全校长、教师交流轮岗和城镇教师支援农村教育等制度。(教育部、国家发展改革委、财政部、工业和信息化部、人力资源社会保障部、民政部)

第二节　大力促进就业创业

坚持就业优先战略。实施更加积极的就业政策,大力推动民族地区以创业带动就业,建立跨区域跨省合作机制。健全覆盖民族地区城乡的公共就业创业服务体系,推进基层公共就业服务设施建设,建立面向大众的创业服务平台。大力发展吸纳就业能力强的服务业、劳动密集型产业和少数民族特色技能型产业,支持发展中小微企业,完善落实创业扶持政策。鼓励发展农牧民专业合作组织,促进农牧民就业和稳定持续增收。加强就业援助,加大对各类失业再就业人员、城镇下岗人员、农村转移劳动力的职业技能培训力度。加强残疾人职业技能、农村实用技术培训,帮助支持残疾人就业创业。加强高校少数民族毕业生就业工作,统筹实施高校毕业生就业促进计划和创业引领计划。鼓励少数民族返乡人员创业就业。支持少数民族妇女居家灵活就业。维护少数民族劳动者合法权益。(人力资源社会保障部、国家发展改革委、财政部、工业和信息化部、农业部、教育部、民政部、国家民委、全国总工会、共青团中央、全国妇联、中国残联)

第三节　健全社会保障体系

完善社会保障制度。稳步实施民族地区全民参保计划,基本实现法定人员全覆盖。健全医疗保险稳定可持续筹资和报销比例调整机制。整合城乡居民基本医疗保险制度，创新经办管理，全面实施城乡居民大病保险制度，加强与医疗救助等制度的衔接。健全重特大疾病医疗保障机制。（人力资源社会保障部、国家发展改革委、财政部、民政部、人民银行、保监会、国家卫生计生委）

健全基本社会服务体系。完善民族地区基本社会服务机制，在养老服务、社会救助、社会福利、优抚安置等方面为各族群众提供保障。加大对民族地区贫困群众自然灾害生活救助的投入力度，完善自然灾害应急救助体系。合理确定民族地区城乡最低生活保障标准。支持公益慈善事业健康发展。加强对留守儿童、特困人员、残疾人等特殊人群的社会服务。支持少数民族特色养老机构、农村特困救助供养服务机构、残疾人服务机构和殡葬服务设施建设。（民政部、财政部、国家发展改革委、人力资源社会保障部、国务院扶贫办、共青团中央、全国妇联、中国残联）

第四节　加强医疗卫生服务

健全公共卫生服务体系。完善民族地区重大疾病防控、健康教育、妇幼健康等公共卫生服务网络，进一步提高传染病、慢性病、地方病、职业病和出生缺陷、发育障碍等监测、预防和治疗能力。健全卫生和计划生育综合监督执法体系，完善食品药品安全标准及风险评估、监测预警、应急处置体系和饮用水卫生监测体系。推进卫生应急体系建设，强化突发急性传染病防控能力和紧急医学救援能力。落实农村部分计划生育家庭奖励扶助制度、计划生育家庭特别扶助制度和西部地区“少生快富”工程。（国家卫生计生委、食品药品监管总局、国家发展改革委、中国残联、财政部）

加强医疗服务体系建设。健全和稳定民族地区县、乡、村三级卫生计生服务网络。加强薄弱学科和重点临床专科建设，提升医疗服务能力和水平。根据医疗服务需求，新增医疗卫生资源重点向民族地区倾斜。加大医疗卫生人才综合培养力度，在贫困民族地区实施全科医生转岗和专科医师特设岗位计划，建立医疗卫生人才绿色通道。鼓励内地医学院校毕业生到民族地区服务，鼓励发达地区医务人员到民族地区开展医疗帮扶。支持有条件的民族地区发展远程医疗。支持民族地区流动医院建设。（国家卫生计生委、国家发展改革委、教育部、国务院扶贫办、人力资源社会保障部、财政部）

加快民族医药事业发展。健全民族医药管理机制，提升民族医医院基础设施、设备配置、人员配备标准化水平和服务能力，推进民族医药信息化建设。支持民族医特色专科建设。加强民族医药基础理论和临床应用研究，支持民族医药临床研究能力建设。加强民族药资源保护利用，重点打造一批药材种植资源保护区和药用野生动植物种养基地。加快民族药药材和制剂标准化建设，培育一批民族医药标准化实施推广示范单位。加大民族医医师、药剂师、护理人员及城乡基层民族医药专业技术人员培养和培训力度，稳步推进民族医医师、药剂师、护理人员执业资格考试工作。推进民族医药传承发展，加强民族医药学科和人才队伍建设，建设一批民族医药重点学科，培养一批民族医药学科带头人。（国家卫生计生委、国家中医药局、国家发展改革委、工业和信息化部、人力资源社会保障部、国家民委、财政部、农业部、商务部、质检总局、食品药品监管总局、国家标准委、教育部、科技部）

专栏5　民生保障改善行动

（1）民族院校建设。支持中央民族大学、中南民族大学、西南民族大学、西北民族大学、北方民族大学、大连民族大学和15所地方本科民族院校建设与发展。支持学位点建设。建设一批重点实验室、工程技术中心和人文社会科学研究基地，支持建设国家级协同创新中心。支持培养一批教育教学骨干、学术骨干和学科带头人，建设一批高水平教学和科研团队。（国家民委、国家发展改革委、财政部、科技部、教育部）

（2）民族医药服务体系建设。支持民族自治地方社区卫生服务中心和乡镇卫生院推广民族医药适宜技术，建成一批民族医药特色服务示范点。加强对民族医药独特技术和理论的整理与研究。（国家卫生计生委、国家中医药局、国家发展改革委、财政部、国家民委、教育部）

（3）民族地区综合防灾减灾体系建设。加强自然灾害综合预警能力建设，提升减灾防灾信息采集、分析评估、数据集成、智能处理和服务水平。完善救灾物资储备网络，科学布局救灾物资储备库，提高救灾物资储备库机械化、智能化和自动化水平。（民政部、国家发展改革委、财政部、科技部、工业和信息化部、国家卫生计生委、水利部、农业部、国土资源部）

第五节　推进文化繁荣发展

加快民族地区公共文化服务发展。加大公共文化设施建设力度，落实国家公共文化服务指导标准，推进基层综合性文化服务中心建设，完善公共文化设施网络。整合资源推进中国民族博物馆建设。加强少数民族文艺创作，办好全国少数民族文艺会演、全国少数民族文学创作“骏马奖”评奖、全国少数民族曲艺展演、全国少数民族美术作品展和中国少数民族戏剧会演。开展“中华民族一家亲”文化下基层活动，实施“春雨工程”，丰富少数民族群众精神文化生活。支持少数民族公益性文化事业发展。（文化部、国家文物局、国家发展改革委、国家民委）

繁荣发展少数民族新闻出版广播影视事业。加强少数民族语文报刊、少数民族语言广播电视等传统媒体和新媒体能力建设。推进少数民族文化产品上网工程，加强网上文化内容供给和监管。支持民汉双语优秀文化作品互译，鼓励创作少数民族题材电影、电视剧、戏剧、歌舞、动漫、出版物等文化精品，积极推荐少数民族作品纳入“丝绸之路影视桥”工程和“丝路书香”工程。加强少数民族语言文字出版能力和信息化建设，整合资源提升少数民族文字出版基地能力，提高优秀国家通用语言文字、外文出版物和少数民族文字出版物双向翻译出版数量和质量，提升少数民族语言文字出版物印刷复制能力。继续实施少数民族新闻出版“东风工程”和少数民族语言文字出版规划项目。支持实体书店发展和农村基层出版物发行网点建设。推进广播电视户户通、卫星数字农家书屋建设，建立针对民族地区双语教育的多媒体卫星数字服务平台。开展百种优秀少数民族文字出版物推荐活动。支持少数民族优秀传统文化微播平台建设。（新闻出版广电总局、文化部、国家发展改革委、中央宣传部、中央网信办、工业和信息化部、国家民委）

加强少数民族优秀传统文化保护传承。重点抢救和保护少数民族传统经典、民间文学、音乐、舞蹈、美术、技艺、医药等非物质文化遗产。实施重点文物保护工程，提升民族文物展示水平。加强少数民族非物质文化遗产集聚区整体性保护，支持民族地区设立文化生态保护实验区。积极开展少数民族非物质文化遗产生产性保护，命名一批国家级少数民族非物质文化遗产生产性保护示范基地。加大对少数民族非物质文化遗产濒危项目代表性传承人抢救性保护力度。支持少数民族文化申报世界文化遗产名录。继续实施中国语言资源保护工程，建设国家语言资源服务系统，加大少数民族濒危语言文字保护力度。保护发展少数民族传统体育，推广少数民族传统体育项目。加快培养少数民族传统体育人才，建立少数民族传统体育项目训练、示范基地。推动少数民族传统体育项目、体育赛事和全民健身融合发展，打造具有民族特色的全面健身品牌赛事活动。办好全国少数民族传统体育运动会。（文化部、国家文物局、国家发展改革委、中央宣传部、教育部、体育总局、国家民委）

加快民族文化产业发展。推动具有竞争潜力的少数民族文化资源进入国内国际市场，形成一定规模的民族特色文化产业。鼓励民族地区依托保护文化遗产发展旅游及相关产业，建设一批民族特色文化产业基地。支持举办民族特色节庆活动，打造特色民族文化活动品牌。推进特色文化产业发展工程、丝绸之路文化产业带、少数民族文化产业走廊等重大文化产业项目建设。（文化部、新闻出版广电总局、国家文物局、国家民委、工业和信息化部）

专栏6　民族文化繁荣发展行动

（1）少数民族非物质文化遗产保护传承。完善少数民族非物质文化遗产名录体系。建设一批少数民族国家级非物质文化遗产保护利用设施。开展少数民族国家级非物质文化遗产项目代表性传承人抢救性记录。（文化部、国家发展改革委、国家文物局）

（2）中国少数民族电影工程。推动少数民族题材电影创作，支持没有本民族题材电影的少数民族创作本民族题材电影，实现每个少数民族创作一部电影。（国家民委、新闻出版广电总局）

（3）少数民族语言文字服务能力建设。支持全国少数民族语文智能语音翻译系统研发，依托现有研究机构和高校等资源，设立一批少数民族语文翻译基地，支持民汉双语公共服务志愿者队伍建设。（国家民委、中央宣传部、教育部、共青团中央）

（4）少数民族文字数字出版工程。支持少数民族文字数字出版的基础信息化、资源加工标准、资源加工平台、资源管理平台、资源库及资源发布平台等项目建设。（新闻出版广电总局、文化部、工业和信息化部、国家发展改革委、国家民委）

（5）少数民族新闻出版"走出去"工程。深入实施经典中国国际出版工程，推进边疆地区新闻出版"走出去"扶持计划，支持口岸书店、国门书屋、华文书局等实体书店建设。支持民族地区新闻出版企业赴周边国家开办分支机构，参加周边国家书展。（新闻出版广电总局、外交部、商务部）

（6）少数民族出版物精品翻译工程。深入实施"丝路书香"工程，扶持外向型少数民族和民族地区优秀出版物面向周边国家和"一带一路"沿线国家翻译出版，每年资助翻译出版150种左右图书。支持"中国书架"工程建设，面向中亚、东南亚、南亚、中东欧、独联体以及西亚、北非地区等丝绸之路沿线国家，在精品翻译、教材推广、出版物数据库推广、重点图书展会等方面开展深入交流与合作，提升少数民族和民族地区出版产品在周边和丝绸之路沿线国家的市场份额和影响力。（新闻出版广电总局、财政部、文化部）

（7）少数民族传统文化信息资源库建设。全面系统整理收录保存少数民族传统文化信息资源，搭建共享平台，开发利用少数民族传统文化信息资源，推进少数民族语言资源保护工程。（国家民委、文化部、教育部）

（8）少数民族传统体育基地建设。重点支持全国性少数民族传统体育基地建设，开展多种形式的少数民族传统体育活动，培养少数民族传统体育人才。（国家发展改革委、国家民委、体育总局、教育部）

（9）少数民族古籍抢救保护工程。加大抢救保护濒临失传少数民族古籍力度，加强少数民族古籍翻译整理研究出版工作。继续编纂《中国少数民族古籍总目提要》，推进少数民族古籍数字化。（国家民委、文化部、国家文物局、工业和信息化部）

第六章　推进生态文明建设

第一节　筑牢国家生态安全屏障

加快重大生态工程建设。加强民族地区重点区域、流域生态建设和环境保护，构筑以草原、湿地和天然林为主体，生态系统良性循环、人与自然和谐相处的国家生态安全屏障。加快形成以青藏高原、黄土高原、云贵高原、东北森林带、北方防沙带及大江大河重要水系等为骨架，以其他重点生态功能区和生态保护红线为重要支撑，以禁止开发区域为重要组成的生态安全战略格局。建立实施重点生态功能区和生态保护红线产业准入负面清单。（国家发展改革委、财政部、国土资源部、环境保护部、住房城乡建设部、国家林业局、水利部、农业部）

第二节　推进资源节约循环高效利用

大力发展循环经济。加快建立民族地区循环型工业、农业、服务业体系。完善民族地区再生资源利用体系，组织开展循环经济示范行动，促进生产和生活系统的循环链接。节约集约利用民族地区水、土地、矿产等资源，加强全过程管理，实施资源消耗总量和强度“双控”行动，大幅降低资源消耗强度。继续健全民族地区用水总量和强度控制指标体系，推动水权交易制度建设。加快发展民族地区风能、太阳能、生物质能、水能和地热能，推进分布式能源发展。开展民族地区重点用能单位节能低碳行动，实施重点产业能效提升计划。（国家发展改革委、科技部、工业和信息化部、农业部、国土资源部、水利部、国家能源局、环境保护部）

第三节　加强生态环境保护

加大山水林田湖生态系统保护力度。大力开展植树造林和森林经营，稳定和扩大民族地区退耕还林还草范围，加快重点防护林体系建设。严格落实禁牧休牧和草畜平衡制度，加快推进基本草原划定和保护工作。全面落实森林、湿地生态效益补偿和草原生态保护补助奖励政策，制定和完善配套扶持政策措施，建立健全生态保护补偿长效机制。加强水土保持，因地制宜推进小流域综合治理。全面落实最严格水资源管理制度，实施地下水保护和超采漏斗区综合治理，有效遏制地下水超采问题。强化农田生态保护，实施耕地质量保护与提升行动，加大退化、污染、损毁农田改良和修复力度。加强重点地区水土流失、土地沙化综合治理，继续实施退牧还草、石漠化治理、防沙治沙、湿地保护与恢复、天然林资源保护等工程。构建生态廊道和生物多样性保护网络，实施生物多样性保护战略行动计划，全面提升森林、河湖、湿地、草原、海洋等自然生态系统稳定性和生态服务功能。开展民族地区生物多样性保护与减贫试点，加强传统知识保护。加强民族地区各级各类自然保护区规范化建设与管理，支持新建一批自然保护区，对重要生态系统、濒危野生动植物和珍稀物种资源实施强制性抢救保护，防控外来物种入侵。（国家林业局、农业部、水利部、环境保护部、国家发展改革委、财政部、科技部、国土资源部、质检总局）

第四节　推进环境污染治理

推进污染物综合防治和环境治理。在民族地区实行严格的环境保护制度，形成政府、企业、公众共治的环境治理体系。继续落实大气污染防治行动计划，切实改善大气环境质量。实施水污染防治行动计划，严格饮用水水源地保护，全面推进涵养区、源头区等水源地环境整治，加强重点流域、区域、近岸海域水污染防治和湖泊生态环境保护，推进地下水污染防治。实施土壤污染防治行动计划，实施农用地分类管理和建设用地准入管理，加强农业面源污染防治，保障农业生产环境安全和人居环境安全。开展矿山地质环境恢复和综合治理。坚持城乡环境治理并重，统筹城乡供水、改水改厕和垃圾污水处理，推进种养业废弃物资源化利用和无害化处理。严格执行节能减排目标责任评价考核，建立生态保护奖惩机制。（环境保护部、水利部、工业和信息化部、农业部、国家林业局、国土资源部、住房城乡建设部、财政部、国家发展改革委）

第七章　推进全方位开放合作

第一节　助力“一带一路”建设

充分发挥对外开放前沿作用。推动民族地区参与“一带一路”建设，深度融入丝绸之路经济带、21 世纪海上丝绸之路等开放合作，积极推进陆上国际经济走廊建设，构建开放型经济新体制，拓展开放型经济新空间。依托上海合作组织、中国—东盟自由贸易区、澜沧江—湄公河合作机制、东北亚和中韩自贸区等区域经济合作平台，促进民族地区与周边国家和地区的经济技术交流与合作。推动民族地区加快对外贸易体制机制创新，主动对接亚洲基础设施投资银行，加快互联互通基础设施建设。支持民族地区与“一带一路”沿线国家合作，联合打造具有丝路特色的国际精品旅游线路和旅游产品。推进新丝绸之路创新品牌行动。加强茶马古道文化遗产研究和保护。(国家发展改革委、外交部、商务部、人民银行、财政部、交通运输部、国家铁路局、中国民航局、国家邮政局、国家能源局、中国铁路总公司、工业和信息化部、海关总署、国家旅游局、科技部、国家民委、文化部、国家文物局)

第二节 大力推进兴边富民行动

促进边境地区又好又快发展。全面改善边民生产生活条件,大力推进边境地区社会保障体系建设,促进边民就业创业,优先发展边境地区教育卫生文化科技事业,全面提升边境地区公共服务能力。加强边境地区综合交通运输体系建设,推进水利、能源、信息基础设施建设,加快边境地区重点城镇建设。大力发展边境地区特色优势产业,推进特色优势农业、特色加工制造业、特色服务业发展,推动边境地区产业园区发展。继续深入推进沿边地区开发开放,着力提升边境地区开发开放水平。加强边境地区生态环境保护,推进边境地区环境污染治理,筑牢国家生态安全屏障。加强边境地区基层治理能力建设,党政军警民合力强边固防。(国家民委、民政部、人力资源社会保障部、教育部、国家卫生计生委、文化部、科技部、交通运输部、水利部、国家能源局、工业和信息化部、住房城乡建设部、国家发展改革委、农业部、外交部、商务部、国土资源部、环境保护部、国家林业局、中央组织部、公安部)

第三节 扩大沿边对外开放合作

实行更加积极主动的开放战略。加快沿边开发开放,全面提升民族地区开放型经济水平。依托独特地缘优势,推动民族地区积极参与国际区域开发和经济合作。加强民族地区国家口岸和通道建设,加快同周边国家和区域基础设施互联互通建设,推进通关便利化,把民族地区建设成为富有发展活力、后发优势得到充分发挥的地区。加快边境经济合作区和跨境经济合作区建设,稳步发展中哈霍尔果斯国际边境合作中心、中老磨憨－磨丁经济合作区等跨境经济合作区。加快广西东兴,云南勐腊(磨憨)、瑞丽,内蒙古二连浩特、满洲里等重点开发开放试验区建设,支持新疆喀什、霍尔果斯等经济开发区建设。协调并推动联合国有关发展机构在民族地区开展相关工作。继续鼓励民族地区符合条件的企业积极参与实施援外项目。实施中国－东盟科技伙伴计划,合作建设科技研发和转移机构、科技示范园区、联合实验室,打造国际合作基地。(国家发展改革委、商务部、外交部、交通运输部、国家铁路局、中国民航局、国家邮政局、国家能源局、中国铁路总公司、工业和信息化部、公安部、海关总署、国务院国资委、科技部、质检总局)

第四节 加强内陆对外开放合作

全面推进内陆对外开放。依托民族地区中心城市和城市群，加强对外经贸合作，培育形成一批国际加工贸易基地、服务外包基地和保税物流基地。加快海关特殊监管区域整合优化，支持符合条件的民族地区新设综合保税区和保税监管场所。继续支持办好丝绸之路国际博览会暨中国东西部合作与投资贸易洽谈会、中国西部国际博览会、中国—东盟博览会、中国—亚欧博览会、中国－阿拉伯国家博览会、中国—南亚博览会、中蒙博览会、中国西藏旅游文化国际博览会，搭建对内对外开放和区域合作重要平台。提升宁夏等内陆开放型经济试验区发展水平，打造内陆开放型经济战略高地。加快对外开放重要通道建设。（国家发展改革委、商务部、外交部、工业和信息化部、科技部、海关总署、税务总局、质检总局）

第五节 加强民族工作对外交流合作

推动民族工作部门参与对外交流合作。加强民族工作部门在中小企业发展、少数民族商品贸易、少数民族手工艺品生产等领域对外交流。扩大少数民族文化对外交流，实施对外文化精品战略，打造“多彩中华”等品牌项目，建设民族工作领域对外传播平台。拓宽对外宣传渠道，加大民族工作对外宣传力度，努力把民族地区打造成为展现中华民族团结和多彩民族文化的重要窗口。积极开展涉及民族领域的国际人权交流。加强与相邻国家民族文化、民族事务管理部门交流合作。扩大民族院校和民族地区高校教育对外交流，提高办学国际化水平。加强民族理论政策研究国际合作。促进与港澳台地区交流与合作，鼓励开展多领域交流，建立稳定的交流合作机制。继续办好海峡两岸少数民族发展研讨会和民族乡镇发展交流会。加强与旅居国外少数民族侨胞的联谊交往、经贸合作、文化交流等工作。（国家民委、外交部、文化部、中央宣传部、教育部、国务院港澳办、国务院台办、国务院侨办）

第八章 促进人口较少民族加快发展

第一节 同步迈入全面小康

重点扶持人口较少民族聚居行政村及所辖人口相对集中的自然村落，基本公共服务体系建设延伸至人口较少民族的民族乡、自治县、自治州，让更多的少数民族群众共同分享现代化成果。集中帮扶发展相对滞后的人口较少民族整体率先脱贫，推进发展水平较高的人口较少民族整体率先奔小康，分批分步实现全面小康。到2020年，人口较少民族聚居行政村在实现"一达到、二退出、三保障"的基础上，基本实现"四通八达"，实现人口较少民族地区发展更加协调、生活更加富裕、环境更加美好、社会更加和谐，与全国各族人民一道迈入全面小康社会。（国家民委、国家发展改革委、财政部、国务院扶贫办、教育部、国家卫生计生委、住房城乡建设部、交通运输部、工业和信息化部、商务部、文化部）

专栏7　人口较少民族分布地区

总人口在30万人以下的人口较少民族全国共有28个，人口合计189万人，主要分布在内蒙古、辽宁、吉林、黑龙江、福建、江西、广西、贵州、云南、西藏、甘肃、青海、新疆等13个省（区）和新疆生产建设兵团的2390个人口较少民族聚居行政村（人口较少民族人口比例不低于20%），所辖人口相对集中的自然村落约1万个。

专栏8　人口较少民族聚居行政村实现目标

（1）一达到：农村居民人均可支配收入增长幅度达到或高于当地平均水平。

（2）二退出：建档立卡贫困村、贫困人口脱贫退出。

（3）三保障：义务教育、基本医疗和基本住房安全有保障。

（4）四通：通硬化路、通客运班车、通宽带、通电商。

（5）八达：集中式供水、清洁能源、卫生厕所、垃圾污水集中处理、综合性公共文化设施和场所、村务便民服务站、便民连锁超市、稳定增收产业（或创业致富带头人）达到有关建设要求。

第二节　提升发展基础条件

基础设施升级完善。重点加强乡村道路、农田水利、基本公共服务设施、生态环境保护和人居环境整治、民族文化传承等领域项目建设。加快推进人口较少民族具备条件的自治县（区）通二级以上标准公路、具备条件的建制村通硬化路，推动一定人口规模的自然村通公路、村内道路硬化和建制村通客运班车。加快推进"快递下乡"工程，加强农村快递揽收配送网点建设，利用村委会、供销超市、村邮站等公共服务平台开展农村快递服务。开展人口较少民族聚居乡村人居环境整治，加大村庄生活垃圾和污水处理、改厕以及绿化美化力度，推动城镇供水服务向农村延伸，大幅提高清洁能源、集中式供水普及率和污水集中处理率。（国家发展改革委、交通运输部、国务院扶贫办、住房城乡建

设部、水利部、环境保护部、文化部、国家邮政局、国家能源局、国家民委)

提高公共服务水平。继续安排人口较少民族农村义务教育阶段寄宿生生活费补助。少数民族预科班、高校民族班对人口较少民族适当倾斜。开展国家通用语言文字教育和扫盲,全面推广和普及国家通用语言文字。开发人口较少民族优秀传统文化特色课程,纳入当地中小学教育教学活动。推进人口较少民族县乡村医疗卫生机构标准化建设,积极促进远程医疗诊治和保健咨询服务向人口较少民族地区延伸。加快建设标准化的人口较少民族地区县级中心敬老院和区域性养老服务中心或综合社会福利中心。(教育部、国家卫生计生委、国家发展改革委、民政部、国家民委、财政部)

第三节　增强发展内生动力

扶持特色乡村和县域经济发展。着力打造支撑地方经济发展的特色优势主导产业,大力发展家庭农庄(牧场)、农民专业合作社、农村专业技术协会,培育创业致富带头人,壮大乡村集体经济。支持发展产业化示范基地、龙头企业,增强县域经济发展实力。支持人口较少民族返乡农民工创业园等产业园区建设,吸纳农村劳动力就地就近转移就业,引导自主创业。加快农村电子商务发展。(农业部、人力资源社会保障部、财政部、国家发展改革委、国务院扶贫办、国土资源部、中国科协、工业和信息化部、国家民委)

促进民族特色旅游繁荣发展。在人口较少民族地区开展美丽乡村旅游富民工程,打造集自然风光、人文景观于一体的原生态民族风情旅游目的地。扶持建设具有历史、地域、民族特点的特色景观旅游村镇,设计开发民族文化体验项目,促进文化生态旅游业发展。(国家旅游局、住房城乡建设部、文化部、商务部、国家民委)

第四节　传承弘扬民族文化

提升公共文化服务能力。完善州、县两级博物馆、图书馆、文化馆、科技馆、足球场、体育场等公共服务设施,继续推进人口较少民族标志性文化设施建设,包括民族博物馆、生态博物馆、民俗馆、民俗文化传习所、民族文化广场等。鼓励社会力量兴办各类民族博物馆,在公共博物馆内可结合当地实际适当设立人口较少民族文物展览室、陈列室或文化展厅。加快文化资源数字化建设,推动建设人口较少民族网上博物馆、数字展厅。(文化部、国家文物局、科技部、体育总局、中国科协、国家发展改革委、财政部、国家民委)

保护传承民族文化遗产。加大对人口较少民族文化遗产的保护力度,加快征集珍贵民族文物,对濒危文化遗产进行抢救性保护,加强濒危文化资源数字化建设,精心实施国家级非物质文化遗产项目代表性传承人抢救性记录工程。加大对入选国家级和省级非物质文化遗产名录的人口较少民族文化遗产保护力度,开展非物质文化遗产传承人群研修研习培训,扩大参与面,提升总体素质。结合实施少数民族特色村镇保护与发展,对人口较少民族的生态资源、语言文化进行文化生态整体性动态保护,建立文化生态乡村。充分利用人口较少民族的民间故事、神话传说、民族史诗、音乐舞蹈等文化资源,鼓励创作人口较少民族文化题材广播影视节目。(文化部、国家文物局、新闻出版广电总局、国家民委)

专栏9　重点保护和发展人口较少民族国家级非物质文化遗产与代表性项目

(1)高山族:拉手舞

(2)景颇族:目瑙斋瓦、目瑙纵歌

(3)柯尔克孜族:玛纳斯、约隆、库姆孜艺术、刺绣、驯鹰习俗、服饰

(4)土族:拉仁布与吉门索、祁家延西、丹麻土族花儿会、於菟、安昭、轮子秋、盘绣、纳顿节、热贡六月会、婚礼、服饰

(5)达斡尔族:民歌、鲁日格勒舞、乌钦、传统曲棍球竞技、祭敖包(达斡尔族沃其贝)、婚俗、服饰

(6)仫佬族:依饭节

(7)布朗族:弹唱、蜂桶鼓舞

(8)撒拉族:骆驼泉传说、民歌、篱笆楼营造技艺、婚礼、服饰

(9)毛南族:打猴鼓舞、花竹帽编织技艺、肥套

(10)锡伯族:民间故事、民歌、贝伦舞、刺绣、满文锡伯文书法、弓箭制作技艺、西迁节、传统婚俗

(11)阿昌族:遮帕麻和遮咪麻、户撒刀锻制技艺

(12)普米族:搓蹉

(13)塔吉克族:民歌、鹰舞、马球、引水节和播种节、诺茹孜节、婚俗、服饰

(14)怒族:达比亚舞、仙女节

(15)乌孜别克族:埃希来、叶来、诺茹孜节

(16)俄罗斯族:民居营造技艺、巴斯克节

(17)鄂温克族:叙事民歌、萨满舞、抢枢、桦树皮制作技艺、驯鹿习俗、瑟宾节、服饰

(18)德昂族:达古达楞格莱标、浇花节

(19)保安族:腰刀锻制技艺

(20)裕固族:民歌、服饰、婚俗

(21)京族:独弦琴艺术、哈节

续表

(22)塔塔尔族:撒班节、诺茹孜节
(23)独龙族:卡雀哇节
(24)鄂伦春族:民歌(赞达仁)、摩苏昆、桦树皮制作技艺、桦树皮船制作技艺、狍皮制作技艺、古伦木沓节
(25)赫哲族:伊玛堪、鱼皮制作技艺、婚俗
(26)门巴族:拨羌姆、山南门巴戏
(27)珞巴族:始祖传说、服饰
(28)基诺族:基诺大鼓舞

第五节　加强人力资源开发

加大干部培养培训力度。拓宽人口较少民族人才选入机关事业单位的入口,注重人口较少民族地区基层领导干部和人口较少民族领导干部培养和使用。加强人口较少民族干部培训交流和挂职锻炼。(中央组织部、中央统战部、国家公务员局、国家民委、人力资源社会保障部)

加强各类人才队伍建设。引导和鼓励人口较少民族农村未继续升学并准备进入非农产业就业或进城务工的应届初高中毕业生接受职业培训,加强农村实用人才队伍建设,培育新型职业农民和农村实用人才带头人。加强对农牧民种养殖技术、传统手工艺、当家理财人、文化传承人、妇幼保健等培训,提高妇女参训比例,提升劳动者整体素质。加大对技能人才的技能提升培训力度,提高创新能力。加强专业技术人才培养和继续教育工作。(人力资源社会保障部、农业部、教育部、国务院扶贫办、全国妇联、国家民委)

专栏10　人口较少民族率先小康行动
在人口较少民族地区选择一批民族团结、和谐发展、率先小康样板县(乡、村),建设一批绿色产业、风情旅游、文化生态等各具特色的不同类型示范县(乡、村),打造一批山更绿、水更清、民更富、心更齐的美丽宜居示范点。(国家民委、国家发展改革委、农业部、国家旅游局)

第九章　加快少数民族特色村镇保护发展

第一节　保护改造民族特色民居

加强少数民族特色民居保护。制定少数民族特色村镇民居保护与发展技术导则，保护营造技法、建造技艺和传统建筑风格，保持与自然生态相协调、与民族文化相适应的村镇风貌，形成有民族特色的传统建筑群落。加强对具有历史文化价值古建筑的保护，筑牢安全屏障，修缮村镇内古建筑和特色民居。推进少数民族特色民居改造，旧民居改造注重保持民族传统建筑风格，新民居建设注重体现民族特色，改建特色民居内部空间格局和设施，适应现代生活需要，满足节能保温和抗震安居等要求。（国家民委、住房城乡建设部、国家发展改革委、文化部、国家文物局）

专栏11　少数民族特色民居保护与发展主要类型

少数民族特色民居是指具有当地民族特色、与周边自然环境相协调的民居建筑，包括传统民居和新建特色民居。按照分类保护的原则，结合各地实际，重点保护与发展以下三种类型：

（1）保存完好型。传统民居保存较好，村镇传统风貌完整。

（2）新老融合型。传统民居基本得到保存，新建民居民族特色鲜明，较好地实现了新老建筑融合。

（3）传承创新型。以新建建筑为主，民居民族特色鲜明，村镇建筑风貌与自然环境相协调，人居环境优美。

第二节　发展民族特色产业

加快特色产业发展。发挥少数民族特色村镇自然风光优美、民族风情浓郁、建筑风格独特的优势，促进特色产业发展与特色民居保护、民族文化传承、群众就业增收、生态环境保护、民族特色旅游融合发展。大力保护少数民族特色村镇特有农林牧品种资源，扩大农林牧业生产规模，发展特色农林牧产品深加工。加强特色村镇旅游基础设施建设，完善旅游服务功能，提高旅游接待能力和标准化服务水平，推动民族客栈地方标准建设，提升旅游发展品位。深入挖掘少数民族生产生活习俗等特色村镇文化资源，保护民族特色传统生产工艺，扶持具有民族特色、地域特点的传统小吃、手工艺品、旅游纪念品等产业发展。鼓励和支持有条件的村镇申报国家A级旅游景区和全国特色景观旅游名镇名村，打造一批在全国具有影响力的特色村镇旅游品牌。支持社会力量参与特色村镇开发、推介和宣传。（农业部、工业和信息化部、住房城乡建设部、国家林业局、国家旅游局、质检总局、文化部、国家文物局、国家民委、国家发展改革委、民政部、新闻出版广电总局）

第三节　改善特色村镇人居环境

加强人居环境综合整治。加快少数民族特色村镇道路建设，重点解决特色村镇与干线道路的公路连接和村内便道硬化。加强特色村镇饮水安全巩固提升工程建设，全面推进集中式供水。加强特色村镇农网改造，保障生产生活用电。推进特色村镇广播电视户户通工程，提高广播电视和宽带网络覆盖率。统筹改善特色村镇群众生产生活条件，全面推进农村生活垃圾和污水处理，实施硬化绿化美化亮化基础设施建设工程，推动改厕改圈改厨，加强消防、防洪、防震、便民利民商贸网点等配套设施建设。鼓励推广使用太阳能等清洁能源。建立健全村镇设施管护、环境卫生保洁等管理长效机制。（国家发展改革委、国家民委、水利部、国家能源局、新闻出版广电总局、国家林业局、工业和信息化部、农业部、环境保护部、公安部、商务部、住房城乡建设部）

第四节　传承发展特色村镇民族传统文化

加强特色村镇民族文化保护传承。重点抓好民族文化的静态保护与活态传承。推进民间文化艺术之乡建设，鼓励引导群众将民族语言、文化艺术、生产技艺、节庆活动和婚丧习俗融入日常生活，传承民族记忆。重视培养村镇乡土文化能人、民族民间文化传承人、少数民族非物质文化遗产项目代表性传承人，支持成立具有当地特色的各类群众文化团队。突出民族文化特色，为群众提供公共文化活动空间。支持开展唱民族歌曲、跳民族舞蹈、演民族戏剧等文化活动，增强特色村镇的文化特色和吸引力。支持传统村落文化保护传承。命名挂牌一批少数民族特色村镇、传统村落示范典型。（住房城乡建设部、国家文物局、体育总局、国家民委、文化部、人力资源社会保障部、国家发展改革委）

营造民族团结友爱的良好氛围。以发展民族风情旅游、民族特色产业为抓手，充分利用少数民族传统节庆活动、文艺演出、体育竞技、文化宣传栏、村规民约等多种形式，大力宣传党的民族政策、民族知识和民族法律法规，结合当地特点开展多种形式的民族团结进步创建活动，促进不同地区不同民族的群众相互欣赏、相互借鉴、相互交流、和谐共处。（国家民委、文化部、体育总局、中央宣传部）

专栏 12　少数民族特色村镇保护与发展

(1)少数民族特色村寨建设。遴选 2000 个基础条件较好、民族特色鲜明、发展成效突出、示范带动作用强的少数民族特色村寨,打造成为少数民族特色村寨建设典范。(国家民委)

(2)少数民族特色小镇试点。遴选 200 个基础条件良好、民族风情浓郁、发展潜力较大的少数民族特色小镇作为国家试点,打造成为全国少数民族特色小镇建设样板。(国家民委、住房城乡建设部、国家发展改革委、国家开发银行、中国农业发展银行)

(3)少数民族特色村镇廊带建设。选择环京津少数民族特色村镇示范带、内蒙古大兴安岭沿麓少数民族特色村镇示范带、辽宁环长白山满族特色村镇示范带、黑龙江三江沿岸赫哲族特色村镇示范带、浙江景宁环敕木山畲族特色村寨示范带、湖北清江土家族风情走廊、湖南湘西怀化土家族苗族侗族特色村寨示范带、桂西北少数民族特色村镇示范带、重庆渝东南土家族苗族特色村镇示范带、贵州黔西南布依族特色村镇示范带、云南边境民族风情走廊、川滇藏大香格里拉高原特色村镇示范带、西藏门巴族珞巴族特色村镇示范带、甘肃丝路少数民族特色村镇风情带、宁夏六盘山连片山区回族特色村镇示范带等地理单元和民族文化单元相对独立完整的特色村镇集中连片地区或廊带,加大投入力度,重点规划建设,整体进行保护,集中打造一批自然环境优美、民族特色鲜明的少数民族特色村镇示范廊带。(国家民委、国家发展改革委、住房城乡建设部、环境保护部)

第十章　深入开展民族团结进步创建活动

第一节　促进各民族交往交流交融

营造各族群众共居共学共事共乐的和谐环境。建设各民族共有精神家园,增强对中华文化认同,促进各民族相互了解、相互尊重、相互包容、相互欣赏、相互学习、相互帮助。推动建立相互嵌入式的社会结构和社区环境,完善政策导向,加强制度保障。深化对口支援和帮扶、定点扶贫、东西扶贫协作、区域合作和干部人才交流,完善有利于少数民族平等进入市场、就业就学、融入城市的政策,鼓励各族群众联合创业、扶贫济困、守望相助。促进各民族文化交融创新,广泛开展群众性互动交流,打造“中华民族一家亲”系列活动平台。建立健全与少数民族代表人士和知识分子沟通联系机制,充分发挥其在联系少数民族群众、维护民族团结和社会稳定等方面的特殊作用,共同推进民族团结进步事业。准确把握民族关系发展趋势和方向,依法妥善处理涉及民族因素的问题，综合运用法律、教育、协商、调解等方法化解，坚决纠正和杜绝违反党的民族政策、伤害民族感情的言行。增强各族干部群众识别大是大非、抵御国内外敌对势力思想渗透的能力，坚决依法打击破坏民族团结和制造民族分裂的违法犯罪行为。（民政部、国家发展改革委、财政部、住房城乡建设部、国务院扶贫办、工商总局、人力资源社会保障部、人民银行、中央宣传部、文化部、科技部、新闻出版广电总局、体育总局、中央统战部、公安部、国家民委）

第二节　推进民族团结进步创建示范区（单位）建设

深化新阶段民族团结进步创建工作。坚持"中华民族一家亲，同心共筑中国梦"总基调，以"建设小康同步、公共服务同质、法治保障同权、民族团结同心、社会和谐同创"为目标，加强各级各类民族团结进步示范区（单位）建设，重点打造一批全国民族团结进步创建示范区（单位），鼓励各地结合实际开展形式多样的民族团结进步创建活动。深入开展民族团结进步创建工作进机关、进企业、进乡镇、进社区、进学校、进宗教活动场所，拓展参与类型、参与范围。鼓励基层探索创新民族团结进步创建活动，积极推动协同创建，发挥好示范区（单位）的示范带动作用。（国家民委、中央统战部、国家发展改革委、财政部、国务院扶贫办、民政部、国务院国资委、教育部、国家宗教局）

第三节　加强民族团结进步宣传教育

培育中华民族共同体意识。深入开展爱国主义和民族团结教育，引导各族群众牢固树立"三个离不开"思想，不断增强"五个认同"，树立正确的国家观、民族观、宗教观、历史观、文化观。健全民族团结教育常态化机制，把民族团结教育纳入国民教育、干部教育、社会教育全过程，推进民族理论、民族政策、民族知识进教材、进课堂、进头脑。推进民族领域思想理论阵地、工作平台及学科建设，加强民族团结教师培训和教材资源建设，增强民族团结进步公共产品有效供给。创新民族团结进步宣传理念、方法和手段，扩大媒体和社会传播，拓展网上传播平台，实施"互联网＋民族团结"行动。健全民族团结进步模范表彰工作机制，大力培育、树立和宣传各级各类先进典型。加强民族团结进步教育基地建设，大力开展群众性主题实践教育活动，举办民族团结进步创建活动成果展。加强民族教育领域意识形态安全建设。（国家民委、中央宣传部、中央统战部、教育部、文化部、新闻出版广电总局、中央网信办、人力资源社会保障部、全国总工会、共青团中央、全国妇联）

第四节　完善民族团结进步创建支撑体系

强化民族团结进步创建制度保障。建立健全党政组织领导和部门协同机制、考核测评和验收机制、评审表彰和退出机制,推进民族团结进步创建工作精准化、规范化、社会化、法制化、常态化。明确“国家支持、省负总责、市县落实、分级联创、分类推进”工作方针,强化民族团结进步创建工作责任考核,建立民族团结进步创建工作督查制度。建立健全促进民族团结进步创建的政策、法规和工作体系。加强民族团结进步创建经费保障。(国家民委、中央宣传部、中央统战部、财政部、国家发展改革委)

专栏 13 民族团结进步创建

(1)民族团结进步创建保障行动。制定实施全国民族团结进步创建行动计划,出台新阶段创建工作指导意见,完善示范区(单位)创建测评体系和考核办法,建立民族团结进步创建活动激励机制。(国家民委、中央宣传部、中央统战部)

(2)民族团结进步教育基地建设。加快民族团结进步教育基地标准化、多样化、特色化建设,建立国家级、省级民族团结进步教育基地数据信息库,健全民族团结进步教育基地体系。(国家民委、中央宣传部、中央统战部)

(3)民族团结进步典型培树表彰活动。大力培育和树立各级各类先进典型,组织开展民族团结进步模范集体和模范个人表彰活动,表彰奖励各民族联合创业、扶贫济困、守望相助等方面典型。(国家民委、中央宣传部、中央统战部、人力资源社会保障部)

第十一章 创新民族事务治理体系

第一节 提升民族工作法治化水平

完善民族工作法律法规体系。坚持和完善民族区域自治制度,深入贯彻落实民族区域自治法,进一步完善配套法规,推动制定贯彻实施民族区域自治法的部门规章或规范性文件,促进宪法关于民族方面的规定在相关法律法规中贯彻落实。研究修订《城市民族工作条例》、《民族乡行政工作条例》等有关行政法规,研究制定少数民族文化遗产保护利用、少数民族传统医药保护等方面法规规章,提高依法管理民族事务能力和民族工作法治化水平。加强城市和散居地区民族工作法规建设。加强对民族法律法规执行情况的监督检查,建立健全监督检查机制。(国家民委、国务院法制办、文化部、国家中医药局)

加强民族法治宣传教育。实施“七五”普法规划,大力加强宪法和民族区域自治法宣传教育。加强对少数民族流动人口等群体的普法教育,强化各级

各类学校法治教育，引导各族群众自觉尊法学法守法用法。（国家民委、中央宣传部、司法部、公安部、教育部）

第二节 加强城市和散居地区民族工作

推进城市和散居地区民族工作制度化建设。引导建立相互嵌入式的社会结构和社区环境，建立以乡镇（街道）、社区、企事业单位、社会组织为依托的网格化管理模式，鼓励开展各民族结对帮扶、共度节庆等交流活动，推动城市民族工作规范化、社会化。充分尊重少数民族群众的风俗习惯和宗教信仰，依法保障和满足城市和散居地区少数民族群众饮食、节庆、婚嫁、丧葬等方面合法权益，严禁民族歧视。提升城市和散居地区清真食品保障能力，加强清真食品监管。支持城市和散居地区设立民族乡发展专项资金，加大对民族乡发展的帮扶力度。（国家民委、全国工商联、文化部、民政部、公安部、商务部、食品药品监管总局、质检总局、财政部、国家发展改革委、国家宗教局）

加强和改进少数民族流动人口服务管理工作。推进少数民族流动人口服务管理示范城市建设，完善城市少数民族流动人口服务管理协调合作、社会服务等机制，构建流出地和流入地信息互通、人员互动、共同负责的工作格局。加强少数民族流动人口信息统计，建立综合服务信息管理平台。完善工商管理、城市管理、社会服务等制度，建立健全有利于少数民族群众进入城市、融入城市的制度机制。保障各民族群众平等享有各项基本公共服务。（国家民委、民政部、司法部、公安部、国家统计局、人力资源社会保障部、教育部、工商总局、国家卫生计生委、全国总工会）

第三节 加强人才队伍建设

加强各级各类人才队伍建设。大力培养、大胆选拔、充分信任、放手使用少数民族干部，注重培养优秀中高级少数民族领导干部，培养长期在民族地区工作的汉族干部，保持干部队伍合理结构。加大民族地区少数民族干部与中央国家机关、东部地区干部双向交流力度。加强少数民族干部挂职锻炼和多岗位锻炼，选派一批骨干到中央国家机关、东部地区任职锻炼。加强培养少数民族专业技术人员、学科带头人，推出一批拔尖人才。支持民族地区实施院士后备人选培养、人才小高地建设，促进高端科技人才聚集发展。大力引进经济社会发展急需紧缺的专门人才，支持和吸引各类人才到民族地区发展、创业。继续开展民族地区专业技术人才特殊培养项目，培养涵盖农林水牧、科教文卫、环境保护等多行业、多领域的专业技术骨干人才。加大基层民族工作部门优秀人才培养选拔力度，强化激励机制，激发基层民族工作干部队伍活力。加强民族地区乡村干部、农村能人培训工作。加强贫困民族地区干部人才教育培养培训，大力实施边远贫困地区、边疆民族地区和革命老区人才支持计划、民族地区本土人才培养计划及少数民族贫困村创业致富带头人培训工程。依托党校、行政学院、普通高校和职业院校，加大少数民族和民族地区干部教育培训力度，支持中央和地方民族干部学院（校）及现场教学点建设。（中央组织部、中央统战部、国家民委、教育部、科技部、人力资源社会保障部、国家发展改革委、财政部、中国科协）

加强双语人才队伍建设。依托民族语文翻译机构、民族院校、民族地区高校等单位，培训熟练掌握国家通用语言文字和少数民族语言文字的双语干部人才。建立推动双语学习激励机制，支持少数民族干部学习国家通用语言，鼓励汉族干部学习少数民族语言。依托双语教学能力较强的民族院校和民族地区高校、党校、行政学院，加强少数民族和民族地区双语人才培养培训。健全少数民族汉语水平等级测试标准。（国家民委、教育部、中央组织部、国家公务员局）

第四节　加快民族事务管理服务能力建设

完善民族工作领导体制和工作机制。坚持民委委员制度，进一步发挥委员单位作用。加强民族工作部门建设，建立健全县级民族工作机制，加大人员、设备保障力度。加强民族工作信息化能力建设，提高民族事务管理服务现代化水平。充分利用大数据和云计算技术，加强少数民族和民族地区经济社会发展分析监测，开展民族事务战略性、趋势性、宏观性重大问题研判。完善民族工作决策机制、专家决策咨询委员会制度和研究成果转化机制。加强民族关系监测，建立健全预警监测体系和应急处理机制，妥善处理涉及民族因素的矛盾纠纷。开展少数民族经济社会调查基础性研究工作。（国家民委、中央组织部、财政部、中央网信办、工业和信息化部、国家统计局）

加强中国特色社会主义民族理论体系研究。依托有关科研机构，深入开展民族地区经济社会发展、民族区域自治、民族关系、城市民族工作、世界民族问题等重大问题研究。支持民族工作新型高端智库建设。办好国家民委民族问题研究项目评审、全国民族问题研究优秀成果和全国民族工作优秀调研成果评选等活动。（国家民委、中央宣传部、教育部、国家发展改革委）

专栏 14　民族事务治理能力提升行动

(1)民族工作智库建设。发挥民族院校服务国家宏观战略、服务民族地区经济社会发展的重要作用,打造一批高水平的民族理论政策研究基地。建设民族理论政策研究专家与成果数据库。支持开展民族问题调查研究。加强民族工作数据库建设。(国家民委、教育部、财政部、国家发展改革委)

(2)少数民族和民族地区干部教育培训。继续实施少数民族和民族地区领导干部培训项目,分期分批对自治州、自治县、边境县、人口较少民族、少数民族特色村镇、集中连片特困民族地区干部以及少数民族中青年干部、女干部进行培训,提升少数民族领导干部综合素质。(国家民委、中央组织部、中央统战部)

(3)民汉双语人才培养。支持双语人才培养培训基地和双语培养培训机构建设。加强双语精品课程和精品教材建设。开发建设双语学习载体和平台。(国家民委、中央组织部、教育部、国家公务员局、工业和信息化部、财政部、国家发展改革委)

(4)少数民族状况评估系统建设。利用现代信息技术,开展少数民族状况动态监测分析,建立民族事务治理数据信息平台,增强民族工作科学决策能力。(国家民委、工业和信息化部、财政部、国家发展改革委)

第十二章　发挥政策支撑作用

第一节　财政政策

充分考虑少数民族和民族地区贫困人口、交通状况、气候条件、生态环境等方面的公共支出成本差异,加大中央财政投入力度,完善财政一般性转移支付增长机制,一般性转移支付资金和相关专项转移支付资金进一步向民族地区倾斜,确保对民族地区转移支付在总盘子中的比重继续增加。建立健全各级支持少数民族发展的投入长效机制,通过现有资金渠道,重点支持贫困民族地区脱贫攻坚、少数民族事业、兴边富民行动、扶持人口较少民族发展等领域建设。充分兼顾民族地区利益,支持民族地区全面开展营改增试点。(财政部、国务院扶贫办、国家民委)

第二节　投资政策

加大中央投入力度。增加对民族地区特别是边远地区重大基础设施、重大基本公共服务项目、重大生态保护工程等投入。加大对民族地区人居环境整治、民族文化传承等领域项目投资力度,推进少数民族事业、兴边富民行动、人口较少民族等重点领域建设。国家在民族地区安排的农村公路、饮水安全巩固提升、流域治理、林业重点工程等公益性建设项目，取消县以下和集中连片特困地区市地州级配套资金。加大现有投资中产业结构调整专项对民族地区特色优势产业发展的支持力度。拓宽民间投资领域和范围，推动社会资本参与民族地区基础设施投资、建设和运营。鼓励国际金融组织和外国政府优惠贷款向民族地区倾斜。（国家发展改革委、财政部、国家民委、人民银行、商务部、水利部、中国民航局、中国铁路总公司）

第三节 金融政策

充分发挥政策性金融、开发性金融、商业性金融和合作性金融作用，加大银行业、证券业、保险业对民族地区支持力度，重点支持基础设施、特色优势产业、能源、环保、教育、文化、医疗卫生等领域建设。加大民族地区信贷投入力度，鼓励民族地区县域内银行业金融机构新吸收存款一定比例用于当地发放贷款，重点支持中小企业、民贸民品企业发展。鼓励符合条件的金融机构在民族地区设立分支机构，加大金融服务力度，努力消除基础金融服务空白乡镇。推动符合条件的民间资本在民族地区依法发起设立民营银行和消费金融公司，参与发起设立村镇银行。规范民族地区信托业发展，支持融资担保机构从事中小企业担保业务。积极支持民族地区符合条件的企业在沪深交易所上市或在“新三板”挂牌并融资，支持符合条件的民族地区上市、挂牌公司通过并购重组做优做强，促进民族地区上市、挂牌公司健康发展。继续暂免征收西藏、新疆、内蒙古、宁夏、广西等自治区“新三板”挂牌公司的挂牌费用，实行专人对接、专人审核制度，做到即报即审、即审即挂。支持民族地区企业通过发行公司债、企业债、非金融企业债务融资工具和资产支持证券等方式进行融资。利用私募基金、产业基金、区域性股权市场和期货市场，支持民族地区经济发展。积极培育民族地区保险市场，不断丰富保险产品，拓宽保险服务领域。推动民族地区开展巨灾保险试点并推广，支持开展农业保险、贷款保证保险等业务。完善信贷风险补偿机制。（人民银行、银监会、证监会、保监会）

第四节 产业政策

根据国家产业结构调整指导目录，引导和支持民族地区承接产业转移。对民族地区符合国家产业政策的产业转移项目，根据权限优先予以核准或备案。支持东部地区符合民族地区特点和生态环境要求的产业有序梯度转移，建立承接产业转移示范园区和区域性产业合作示范区，提升重点企业技术改造和创新能力，引导产业向优化升级、节能减排、绿色环保等方向发展。完善民族地区资源开发利益分配机制，优先布局能源资源及其加工转化类重大产业项目，提高能源资源加工和深加工比例，延长产业链，提高附加值。实施差别化产业政策，支持民族地区发展特色优势产业，适当下放核准权限。加强对民族地区资源型城市可持续发展的引导和支持。（国家发展改革委、工业和信息化部、财政部、国土资源部、科技部、国家能源局、环境保护部）

第五节　土地政策

进一步完善建设用地审批制度，保障民族地区重点工程建设用地。合理确定民族地区产业园区建设用地基准地价。实施差别化土地政策，土地利用年度计划指标向民族地区适度倾斜，适当增加民族地区未利用地计划指标。新增建设用地计划指标和城乡建设用地增减挂钩指标重点向国家扶贫开发工作重点县倾斜，允许开展易地扶贫搬迁的集中连片特困地区、国家扶贫开发工作重点县和贫困老区将城乡建设用地增减挂钩指标在省域范围内使用。探索民族地区在域外发展“飞地”园区。高标准基本农田建设任务和分配中央补助资金继续向民族地区倾斜。支持有条件民族贫困地区开展建设用地整治试点工作。（国土资源部、财政部、国务院扶贫办、农业部、环境保护部）

第六节　社会政策

改革完善边疆、山区、牧区、少数民族聚居地区少数民族考生高考加分优惠政策，继续实施高校少数民族预科班、民族班和少数民族高层次骨干人才计划等特殊招生政策。民族地区投资项目优先吸纳当地劳动力就业，对招收少数民族员工的企业，按规定积极落实就业扶持政策。推动创业担保贷款发放，促进民族地区重点人群和就业困难人员创业就业。推动更多符合条件的民族药品种和民族医诊疗项目纳入医保支付范围，允许民族药医疗机构制剂在民族区域内民族医医疗机构间调剂使用。支持少数民族非物质文化遗产传承人开展传习活动。（国家民委、教育部、人力资源社会保障部、人民银行、国家中医药局、国家卫生计生委、财政部、文化部、食品药品监管总局）

第七节　环境政策

结合实施国家主体功能区规划，率先在民族地区实行资源有偿使用制度和生态保护补偿制度，加快自然资源及其产品价格改革，全面实施资源税改革。合理调整资源开发收益分配政策，强化资源开发对民族地区发展的拉动效应。加大生态保护红线保护力度，逐步建立区域间生态保护补偿机制，重点支持国家禁止开发区域生态保护补偿试点地区和跨省流域生态保护补偿。建立健全民族地区生态保护补偿制度，加快制定出台生态保护补偿条例，逐步对水等自然资源征收资源税。支持民族地区开展森林碳汇参与温室气体自愿减排交易试点。（财政部、国家发展改革委、国土资源部、税务总局、环境保护部、国家林业局、水利部、农业部）

第八节　人才政策

中央国家机关及省级党政机关有计划招录少数民族公务员，继续实施民族地区招录少数民族公务员照顾政策，推动少数民族流动人口较多地区的窗口单位根据需要招录一定数量的少数民族公务员。支持内地高校毕业生到民族地区基层工作。支持高校少数民族毕业生到内地就业创业。加大选调生工作力度，鼓励高校优秀毕业生到民族地区基层锻炼成长。完善机关和事业单位人员工资待遇政策中涉及少数民族和民族地区的相关政策。加大对艰苦边远民族地区人才的政策倾斜力度，落实艰苦边远地区津贴动态调整机制，落实职务晋升、职称评定、职业资格考试、科研项目等方面的特殊政策。加大国家重大人才工程对民族地区支持力度，继续实施国家“千人计划”新疆、西藏项目，继续实施各类人才援藏援疆援青、博士服务团、“西部之光”访问学者、少数民族科技骨干特殊培养、文化名家暨“四个一批”人才工程。（国家公务员局、教育部、人力资源社会保障部、中央组织部、财政部、科技部、文化部、共青团中央、国家民委）

第九节　帮扶政策

鼓励经济较发达省市、大中城市、国有大中型企业采取多种形式支援民族地区加快发展。完善经济支援、产业支援、教育支援、干部支援、人才支援、科技支援等相结合的全面对口支援机制，创新支援方式，加大支援力度。继续实施中央国家机关及企事业单位等定点扶贫和对口支援。继续推进援疆、援藏、援青和对四省藏区的对口支援工作，指导各地进一步做好对口支援工作。继续推进中央企业与国家扶贫开发工作重点县的结对帮扶工作。鼓励社会各界参与支持民族地区公益活动及慈善捐助。（国家发展改革委、国务院国资委、教育部、中央组织部、人力资源社会保障部、科技部、国家民委、中央统战部、国务院扶贫办、民政部、中国科协）

第十三章　强化规划组织实施

第一节　加强组织领导

充分发挥国家民委委员单位和兼职委员在规划实施中的职能作用，建立规划实施领导机制和工作机制，协调解决规划实施过程中的重大问题，定期研究部署推进规划实施工作。充分调动各地各部门积极性，确立国家支持、省负总责、市县抓落实的工作方针，形成党委政府统一领导、有关部门各司其职、社会各方面通力协作的规划实施工作格局。（国家民委、国家发展改革委、教育部、科技部、工业和信息化部、公安部、民政部、财政部、人力资源社会保障部、国土资源部、环境保护部、住房城乡建设部、交通运输部、水利部、农业部、商务部、文化部、国家卫生计生委、人民银行、新闻出版广电总局、体育总局、国家旅游局、国家中医药局、国务院扶贫办）

第二节　明确责任分工

国家民委会同规划编制参加单位，负责制定规划实施方案，落实责任主体，明确工作进度，确保规划落到实处。省级人民政府要及时制定本地区配套规划或实施意见，分解落实工作责任，制定配套政策措施，认真抓好规划落实。对纳入本规划的工程项目，依法依规简化审批核准程序，优先保障规划选址、土地供应和融资安排，确保规划实施取得实效。（国家民委、国家发展改革委、教育部、工业和信息化部、财政部、住房城乡建设部、交通运输部、国土资源部、水利部、农业部、文化部、国家卫生计生委、人民银行、国家林业局、国家旅游局、国务院扶贫办）

第三节　强化督促检查

国家民委会同规划编制参加单位，加强对规划实施情况监督检查，建立规划实施情况年度报告制度，国家有关部门、省级人民政府配合做好相关工作。加强规划实施监测能力建设，建立综合评估指标体系，推进统计信息库建设，组织开展实施情况评估，定期向国务院报告。加强规划宣传，增强规划影响力，营造全社会共同关心支持少数民族和民族地区发展的良好氛围。（国家民委、国家发展改革委、教育部、工业和信息化部、财政部、住房城乡建设部、交通运输部、国土资源部、水利部、农业部、文化部、国家卫生计生委、人民银行、国家林业局、国家旅游局、国务院扶贫办、国家统计局、中央宣传部、新闻出版广电总局）

国务院办公厅关于印发生产者责任延伸制度推行方案的通知

(2016 年 12 月 25 日　国办发〔2016〕99 号)

《生产者责任延伸制度推行方案》已经国务院同意,现印发给你们,请认真贯彻执行。

生产者责任延伸制度推行方案

生产者责任延伸制度是指将生产者对其产品承担的资源环境责任从生产环节延伸到产品设计、流通消费、回收利用、废物处置等全生命周期的制度。实施生产者责任延伸制度,是加快生态文明建设和绿色循环低碳发展的内在要求,对推进供给侧结构性改革和制造业转型升级具有积极意义。近年来,我国在部分电器电子产品领域探索实行生产者责任延伸制度,取得了较好效果,有关经验做法应予复制和推广。为进一步推行生产者责任延伸制度,根据《中共中央 国务院关于印发〈生态文明体制改革总体方案〉的通知》要求,特制定以下方案。

一、总体要求

(一)指导思想。全面贯彻党的十八大和十八届三中、四中、五中、六中全会精神,按照党中央、国务院决策部署,紧紧围绕统筹推进"五位一体"总体布局和协调推进"四个全面"战略布局,牢固树立创新、协调、绿色、开放、共享的发展理念,加快建立生产者责任延伸的制度框架,不断完善配套政策法规体系,逐步形成责任明确、规范有序、监管有力的激励约束机制,通过开展产品生态设计、使用再生原料、保障废弃产品规范回收利用和安全处置、加强信息公开等,推动生产企业切实落实资源环境责任,提高产品的综合竞争力和资源环境效益,提升生态文明建设水平。

(二)基本原则。

政府推动,市场主导。充分发挥市场在资源配置中的决定性作用,更好发挥政府规划引导和政策支持作用,形成有利的体制机制和市场环境。

明晰责任,依法推进。强化法治思维,逐步完善生产者责任延伸制度相关法律法规和标准规范,依法依规明确产品全生命周期的资源环境责任。

有效激励,强化管理。创新激励约束机制,调动各方主体履行资源环境责任的积极性,形成可持续商业模式。加强生产者责任延伸制度实施的监督评价,不断提高管理水平。

试点先行,重点突破。合理确定生产者责任延伸制度的实施范围,把握实施的节点和力度。坚持边试点、边总结、边推广,逐步扩大实施范围,稳妥推进相关工作。

(三)工作目标。到2020年,生产者责任延伸制度相关政策体系初步形成,产品生态设计取得重大进展,重点品种的废弃产品规范回收与循环利用率平均达到40%。到2025年,生产者责任延伸制度相关法律法规基本完善,重点领域生产者责任延伸制度运行有序,产品生态设计普遍推行,重点产品的再生原料使用比例达到20%,废弃产品规范回收与循环利用率平均达到50%。

二、责任范围

(一)开展生态设计。生产企业要统筹考虑原辅材料选用、生产、包装、销售、使用、回收、处理等环节的资源环境影响,深入开展产品生态设计。具体包括轻量化、单一化、模块化、无(低)害化、易维护设计,以及延长寿命、绿色包装、节能降耗、循环利用等设计。

(二)使用再生原料。在保障产品质量性能和使用安全的前提下,鼓励生产企业加大再生原料的使用比例,实行绿色供应链管理,加强对上游原料企业的引导,研发推广再生原料检测和利用技术。

(三)规范回收利用。生产企业可通过自主回收、联合回收或委托回收等模式,规范回收废弃产品和包装,直接处置或由专业企业处置利用。产品回收处理责任也可以通过生产企业依法缴纳相关基金、对专业企业补贴的方式实现。

(四)加强信息公开。强化生产企业的信息公开责任,将产品质量、安全、耐用性、能效、有毒有害物质含量等内容作为强制公开信息,面向公众公开;将涉及零部件产品结构、拆解、废弃物回收、原材料组成等内容作为定向公开信息,面向废弃物回收、资源化利用主体公开。

三、重点任务

综合考虑产品市场规模、环境危害和资源化价值等因素,率先确定对电器电子、汽车、铅酸蓄电池和包装物等4类产品实施生产者责任延伸制度。在总结试点经验基础上,适时扩大产品品种和领域。

(一)电器电子产品。制定电器电子产品生产者责任延伸政策指引和评价标准,引导生产企业深入开展生态设计,优先应用再生原料,积极参与废弃电器电子产品回收和资源化利用。

支持生产企业建立废弃电器电子等产品的新型回收体系，通过依托销售网络建立逆向物流回收体系，选择商业街区、交通枢纽开展自主回收试点，运用“互联网＋”提升规范回收率，选择居民区、办公区探索加强垃圾清运与再生资源回收体系的衔接，大力促进废弃电器电子产品规范回收、利用和处置，保障数据信息安全。率先在北京市开展废弃电器电子产品新型回收利用体系建设试点，并逐步扩大回收利用废弃物范围。

完善废弃电器电子产品回收处理相关制度，科学设置废弃电器电子产品处理企业准入标准，及时评估废弃电器电子产品处理目录的实施效果并进行动态调整。加强废弃电器电子产品处理基金征收和使用管理，建立“以收定支、自我平衡”的机制。强化法律责任，完善申请条件，加强信息公开，进一步发挥基金对生产者责任延伸的激励约束作用。

（二）汽车产品。制定汽车产品生产者责任延伸政策指引，明确汽车生产企业的责任延伸评价标准，产品设计要考虑可回收性、可拆解性，优先使用再生原料、安全环保材料，将用于维修保养的技术信息、诊断设备向独立维修商（包括再制造企业）开放。鼓励生产企业利用售后服务网络与符合条件的拆解企业、再制造企业合作建立逆向回收利用体系，支持回收报废汽车，推广再制造产品。探索整合汽车生产、交易、维修、保险、报废等环节基础信息，逐步建立全国统一的汽车全生命周期信息管理体系，加强报废汽车产品回收利用管理。

建立电动汽车动力电池回收利用体系。电动汽车及动力电池生产企业应负责建立废旧电池回收网络，利用售后服务网络回收废旧电池，统计并发布回收信息，确保废旧电池规范回收利用和安全处置。动力电池生产企业应实行产品编码，建立全生命周期追溯系统。率先在深圳等城市开展电动汽车动力电池回收利用体系建设，并在全国逐步推广。

（三）铅酸蓄电池、饮料纸基复合包装。对铅酸蓄电池、饮料纸基复合包装等产业集中度较高、循环利用产业链比较完整的特定品种，在国家层面制定、分解落实回收利用目标，并建立完善统计、核查、评价、监督和目标调节等制度。

引导铅酸蓄电池生产企业建立产品全生命周期追溯系统，采取自主回收、联合回收或委托回收模式，通过生产企业自有销售渠道或专业企业在消费末端建立的网络回收铅酸蓄电池，支持采用“以旧换新”等方式提高回收率。备用电源蓄电池、储能用蓄电池报废后交给专业企业处置。探索完善生产企业集中收集和跨区域转运方式。率先在上海市建设铅酸蓄电池回收利用体系，规范处理利用采取“销一收一”模式回收的废铅酸蓄电池。

开展饮料纸基复合包装回收利用联盟试点。支持饮料纸基复合包装生产企业、灌装企业和循环利用企业按照市场化原则组成联盟，通过灌装企业销售渠道、现有再生资源回收体系、循环利用企业自建网络等途径，回收废弃的饮料纸基复合包装。鼓励生产企业根据回收量和利用水平，对回收链条薄弱环节给予技术、资金支持，推动实现回收利用目标。

四、保障措施

（一）加强信用评价。建立电器电子、汽车、铅酸蓄电池和包装物4类产品骨干生产企业落实生产者责任延伸的信用信息采集系统，并与全国信用信息共享平台对接，对严重失信企业实施跨部门联合惩戒。建立4类产品骨干生产企业履行生产者责任延伸情况的报告和公示制度，并率先在部分企业开展试点。建立生产者责任延伸的第三方信用认证评价制度，引入第三方机构对企业履责情况进行评价核证。定期发布生产者责任延伸制度实施情况报告。

（二）完善法规标准。加快修订循环经济促进法、报废汽车回收管理办法、废弃电器电子产品回收处理管理条例，适时制定铅酸蓄电池回收利用管理办法、新能源汽车动力电池回收利用暂行办法、强制回收产品和包装物名录及管理办法、生产者责任延伸评价管理办法。建立完善产品生态设计、回收利用、信息公开等方面标准规范，支持制定生产者责任延伸领域的团体标准。开展生态设计标准化试点。建立统一的绿色产品标准、认证、标识体系，将生态设计产品、再生产品、再制造产品纳入其中。

（三）加大政策支持。研究对开展生产者责任延伸试点的地区和相关企业创新支持方式，加大支持力度。鼓励采用政府和社会资本合作（PPP）模式、第三方服务方式吸引社会资本参与废弃产品回收利用。建立绿色金融体系，落实绿色信贷指引，引导银行业金融机构优先支持落实生产者责任延伸制度的企业，支持符合条件的企业发行绿色债券建设相关项目。通过国家科技计划（专项、基金等）统筹支持生态设计、绿色回收、再生原料检测等方面共性关键技术研发。支持生产企业、资源循环利用企业与科研院所、高等院校组建产学研技术创新联盟。

（四）严格执法监管。开展再生资源集散地专项整治，取缔非法回收站点。加强对报废汽车、废弃电器电子产品拆解企业的资质管理，规范对铅酸蓄电池等特殊品种的管理。严格执行相关法律法规和标准，依法依规处置达不到环境排放标准和安全标准的企业，查处无证经营行为。建立定期巡视和抽查制度，持续打击非法改装、拼装报废车和非法拆解电器电子产品等行为。

（五）积极示范引导。加大再生产品和原料的推广力度，发挥政府等公共机构的带头示范作用，实施绿色采购目标管理，扩大再生产品和原料应用，率先建立规范、通畅、高效的回收体系。遴选一批生产者责任延伸制度实施效果较好的项目进行示范推广。加强生产者责任延伸方面的舆论宣传，普及绿色循环发展理念，引导社会公众自觉规范交投废物，积极开展垃圾分类，提高生态文明意识。

各地区、各部门要高度重视推行生产者责任延伸制度的重要意义，加强组织领导，扎实推进工作。发展循环经济工作部际联席会议要把推行生产者责任延伸制度作为重要工作内容，加强顶层设计，统筹推进各项工作。国家发展改革委要细化实施方案，制定时间表、路线图，加强统筹协调和分类指导，重大情况及时向国务院报告。科技部、工业和信息化部、财政部、环境保护部、住房城乡建设部、商务部、人民银行、工商总局、质检总局、国务院法制办等部门要密切配合、形成合力，按照职责分工抓好落实。各地区要根据本地实际抓好具体实施，有力推进生产者责任延伸工作。

附件

重点任务分工及进度安排表

序号	重点任务	责任单位	时间进度安排
1	完善废弃电器电子产品回收处理制度	国家发展改革委、环境保护部、财政部在各自职责范围内分别负责	2017年底前提出方案
2	制定强制回收的产品和包装物名录及管理办法，确定特定品种的国家回收利用目标	国家发展改革委牵头，工业和信息化部、环境保护部、住房城乡建设部、财政部、商务部、质检总局参与	2018年完成
3	率先在北京市开展废弃电器电子产品新型回收利用体系建设试点	北京市组织实施，国务院有关部门加强指导	2017年启动
4	开展饮料纸基复合包装回收利用联盟试点	相关行业联盟组织实施，国务院有关部门加强指导	2017年启动
5	探索铅酸蓄电池生产商集中收集和跨区域转运方式	环境保护部牵头，国家发展改革委、工业和信息化部参与	2017年启动
6	在部分企业开展生态设计试点	工业和信息化部、国家发展改革委	持续推动
7	在部分企业开展电器电子、汽车产品生产者责任延伸试点，率先开展信用评价	工业和信息化部、科技部、财政部、商务部组织试点，国家发展改革委牵头组织信用评价	持续推动
8	率先在上海市建设铅酸蓄电池回收利用体系	上海市组织实施，国务院有关部门加强指导	2017年启动
9	建立电动汽车动力电池产品编码制度和全生命周期追溯系统	工业和信息化部、质检总局负责	2017年完成
10	支持建立铅酸蓄电池全生命周期追溯系统，推动实行统一的编码规范	工业和信息化部、质检总局、国家发展改革委负责	持续推进

续表

11	建设生产者责任延伸的信用信息采集系统，制定生产者责任延伸评价管理办法，并制定相应的政策指引	国家发展改革委牵头，工业和信息化部、环境保护部、商务部、人民银行参与	2019 年完成
12	修订《报废汽车回收管理办法》，规范报废汽车产品回收利用制度	国务院法制办、商务部牵头，工商总局、国家发展改革委、工业和信息化部等部门参与	2017 年完成
13	制定铅酸蓄电池回收利用管理办法	国家发展改革委牵头，工业和信息化部、环境保护部参与	2017 年完成
14	健全标准计量体系，建立认证评价制度	质检总局牵头，国务院相关部门参与	持续推进
15	研究对开展生产者责任延伸试点的地区和履行责任的生产企业的支持方式	国家发展改革委，财政部	持续推进
16	加大科技支持力度	科技部牵头，国家发展改革委、工业和信息化部、环境保护部参与	持续推进
17	加快建立再生产品和原料推广使用制度	国家发展改革委、工业和信息化部、财政部、环境保护部、质检总局	2018 年完成
18	实施绿色采购目标管理	财政部牵头，国务院相关部门参与	2019 年完成
19	加强宣传引导	国家发展改革委牵头，国务院各部门参与	持续推进
20	加强工作统筹规划和分类指导	国家发展改革委牵头，国务院各部门参与	持续推进

中共中央、国务院关于稳步推进农村集体产权制度改革的意见

（2016年12月26日）

为探索农村集体所有制有效实现形式，创新农村集体经济运行机制，保护农民集体资产权益，调动农民发展现代农业和建设社会主义新农村的积极性，现就稳步推进农村集体产权制度改革提出如下意见。

一、重大意义

（一）农村集体产权制度改革是巩固社会主义公有制、完善农村基本经营制度的必然要求。农村集体经济是集体成员利用集体所有的资源要素，通过合作与联合实现共同发展的一种经济形态，是社会主义公有制经济的重要形式。改革开放以来，农村实行以家庭承包经营为基础、统分结合的双层经营体制，极大解放和发展了农村社会生产力。适应健全社会主义市场经济体制新要求，不断深化农村集体产权制度改革，探索农村集体所有制有效实现形式，盘活农村集体资产，构建集体经济治理体系，形成既体现集体优越性又调动个人积极性的农村集体经济运行新机制，对于坚持中国特色社会主义道路，完善农村基本经营制度，增强集体经济发展活力，引领农民逐步实现共同富裕具有深远历史意义。

（二）农村集体产权制度改革是维护农民合法权益、增加农民财产性收入的重大举措。农村集体资产包括农民集体所有的土地、森林、山岭、草原、荒地、滩涂等资源性资产，用于经营的房屋、建筑物、机器设备、工具器具、农业基础设施、集体投资兴办的企业及其所持有的其他经济组织的资产份额、无形资产等经营性资产，用于公共服务的教育、科技、文化、卫生、体育等方面的非经营性资产。这三类资产是农村集体经济组织成员的主要财产，是农业农村发展的重要物质基础。适应城乡一体化发展新趋势，分类推进农村集体产权制度改革，在继续按照党中央、国务院已有部署抓好集体土地等资源性资产确权登记颁证，建立健全集体公益设施等非经营性资产统一运行管护机制的基础上，针对一些地方集体经营性资产归属不明、经营收益不清、分配不公开、成员的集体收益分配权缺乏保障等突出问题，着力推进经营性资产确权到户和股份合作制改革，对于切实维护农民合法权益，增加农民财产性收入，让广大农民分享改革发展成果，如期实现全面建成小康社会目标具有重大现实意义。

二、总体要求

（三）指导思想。全面贯彻党的十八大和十八届三中、四中、五中、六中全会精神，以邓小平理论、"三个代表"重要思想、科学发展观为指导，深入贯彻习近平总书记系列重要讲话精神和治国理政新理念新思想新战略，紧紧围绕统筹推进"五位一体"总体布局和协调推进"四个全面"战略布局，牢固树立新发展理念，认真落实党中央、国务院决策部署，以明晰农村集体产权归属、维护农村集体经济组织成员权利为目的，以推进集体经营性资产改革为重点任务，以发展股份合作等多种形式的合作与联合为导向，坚持农村土地集体所有，坚持家庭承包经营基础性地位，探索集体经济新的实现形式和运行机制，不断解放和发展农村社会生产力，促进农业发展、农民富裕、农村繁荣，为推进城乡协调发展、巩固党在农村的执政基础提供重要支撑和保障。

（四）基本原则

——把握正确改革方向。充分发挥市场在资源配置中的决定性作用和更好发挥政府作用，明确农村集体经济组织市场主体地位，完善农民对集体资产股份权能，把实现好、维护好、发展好广大农民的根本利益作为改革的出发点和落脚点，促进集体经济发展和农民持续增收。

——坚守法律政策底线。坚持农民集体所有不动摇，不能把集体经济改弱了、改小了、改垮了，防止集体资产流失；坚持农民权利不受损，不能把农民的财产权利改虚了、改少了、改没了，防止内部少数人控制和外部资本侵占。严格依法办事，妥善处理各种利益关系。

——尊重农民群众意愿。发挥农民主体作用，支持农民创新创造，把选择权交给农民，确保农民知情权、参与权、表达权、监督权，真正让农民成为改革的参与者和受益者。

——分类有序推进改革。根据集体资产的不同类型和不同地区条件确定改革任务，坚持分类实施、稳慎开展、有序推进，坚持先行试点、先易后难，不搞齐步走、不搞一刀切；坚持问题导向，确定改革的突破口和优先序，明确改革路径和方式，着力在关键环节和重点领域取得突破。

——坚持党的领导。坚持农村基层党组织的领导核心地位不动摇，围绕巩固党在农村的执政基础来谋划和实施农村集体产权制度改革，确保集体经济组织依法依规运行，逐步实现共同富裕。

（五）改革目标。通过改革，逐步构建归属清晰、权能完整、流转顺畅、保护严格的中国特色社会主义农村集体产权制度，保护和发展农民作为农村集体经济组织成员的合法权益。科学确认农村集体经济组织成员身份，明晰集体所有产权关系，发展新型集体经济；管好用好集体资产，建立符合市场经济要求的集体经济运行新机制,促进集体资产保值增值;落实农民的土地承包权、宅基地使用权、集体收益分配权和对集体经济活动的民主管理权利,形成有效维护农村集体经济组织成员权利的治理体系。

三、全面加强农村集体资产管理

(六)开展集体资产清产核资。这是顺利推进农村集体产权制度改革的基础和前提。要对集体所有的各类资产进行全面清产核资,摸清集体家底,健全管理制度,防止资产流失。在清产核资中,重点清查核实未承包到户的资源性资产和集体统一经营的经营性资产以及现金、债权债务等,查实存量、价值和使用情况,做到账证相符和账实相符。对清查出的没有登记入账或者核算不准确的,要经核对公示后登记入账或者调整账目;对长期借出或者未按规定手续租赁转让的,要清理收回或者补办手续;对侵占集体资金和资产的,要如数退赔,涉及违规违纪的移交纪检监察机关处理,构成犯罪的移交司法机关依法追究当事人的刑事责任。清产核资结果要向全体农村集体经济组织成员公示,并经成员大会或者代表大会确认。清产核资结束后,要建立健全集体资产登记、保管、使用、处置等制度,实行台账管理。各省级政府要对清产核资工作作出统一安排,从 2017 年开始,按照时间服从质量的要求逐步推进,力争用 3 年左右时间基本完成。

(七)明确集体资产所有权。在清产核资基础上,把农村集体资产的所有权确权到不同层级的农村集体经济组织成员集体,并依法由农村集体经济组织代表集体行使所有权。属于村农民集体所有的,由村集体经济组织代表集体行使所有权,未成立集体经济组织的由村民委员会代表集体行使所有权;分别属于村内两个以上农民集体所有的,由村内各该集体经济组织代表集体行使所有权,未成立集体经济组织的由村民小组代表集体行使所有权;属于乡镇农民集体所有的,由乡镇集体经济组织代表集体行使所有权。有集体统一经营资产的村(组),特别是城中村、城郊村、经济发达村等,应建立健全农村集体经济组织,并在村党组织的领导和村民委员会的支持下,按照法律法规行使集体资产所有权。集体资产所有权确权要严格按照产权归属进行,不能打乱原集体所有的界限。

(八)强化农村集体资产财务管理。加强农村集体资金资产资源监督管理,加强乡镇农村经营管理体系建设。修订完善农村集体经济组织财务会计制度,加快农村集体资产监督管理平台建设,推动农村集体资产财务管理制度化、规范化、信息化。稳定农村财会队伍,落实民主理财,规范财务公开,切实维护集体成员的监督管理权。加强农村集体经济组织审计监督,做好日常财务收支等定期审计,继续开展村干部任期和离任经济责任等专项审计,建立问题移交、定期通报和责任追究查处制度,防止侵占集体资产。对集体财务管理混乱的村,县级党委和政府要及时组织力量进行整顿,防止和纠正发生在群众身边的腐败行为。

四、由点及面开展集体经营性资产产权制度改革

(九)有序推进经营性资产股份合作制改革。将农村集体经营性资产以股份或者份额形式量化到本集体成员,作为其参加集体收益分配的基本依据。改革主要在有经营性资产的村镇,特别是城中村、城郊村和经济发达村开展。已经开展这项改革的村镇,要总结经验,健全制度,让农民有更多获得感;没有开展这项改革的村镇,可根据群众意愿和要求,由县级以上地方政府作出安排,先进行试点,再由点及面展开,力争用 5 年左右时间基本完成改革。农村集体经营性资产的股份合作制改革,不同于工商企业的股份制改造,要体现成员集体所有和特有的社区性,只能在农村集体经济组织内部进行。股权设置应以成员股为主,是否设置集体股由本集体经济组织成员民主讨论决定。股权管理提倡实行不随人口增减变动而调整的方式。改革后农村集体经济组织要完善治理机制,制定组织章程,涉及成员利益的重大事项实行民主决策,防止少数人操控。

(十)确认农村集体经济组织成员身份。依据有关法律法规,按照尊重历史、兼顾现实、程序规范、群众认可的原则,统筹考虑户籍关系、农村土地承包关系、对集体积累的贡献等因素,协调平衡各方利益,做好农村集体经济组织成员身份确认工作,解决成员边界不清的问题。改革试点中,要探索在群众民主协商基础上确认农村集体经济组织成员的具体程序、标准和管理办法,建立健全农村集体经济组织成员登记备案机制。成员身份的确认既要得到多数人认可,又要防止多数人侵犯少数人权益,切实保护妇女合法权益。提倡农村集体经济组织成员家庭今后的新增人口,通过分享家庭内拥有的集体资产权益的办法,按章程获得集体资产份额和集体成员身份。

(十一)保障农民集体资产股份权利。组织实施好赋予农民对集体资产股份占有、收益、有偿退出及抵押、担保、继承权改革试点。建立集体资产股权登记制度,记载农村集体经济组织成员持有的集体资产股份信息,出具股权证书。健全集体收益分配制度,明确公积金、公益金提取比例,把农民集体资产股份收益分配权落到实处。探索农民对集体资产股份有偿退出的条件和程序,现阶段农民持有的集体资产股份有偿退出不得突破本集体经济组织的范围,可以在本集体内部转让或者由本集体赎回。有关部门要研究制定集体资产股份抵押、担保贷款办法,指导农村集体经济组织制定农民持有集体资产股份继承的办法。及时总结试点经验,适时在面上推开。

五、因地制宜探索农村集体经济有效实现形式

（十二）发挥农村集体经济组织功能作用。农村集体经济组织是集体资产管理的主体，是特殊的经济组织，可以称为经济合作社，也可以称为股份经济合作社。现阶段可由县级以上地方政府主管部门负责向农村集体经济组织发放组织登记证书，农村集体经济组织可据此向有关部门办理银行开户等相关手续，以便开展经营管理活动。发挥好农村集体经济组织在管理集体资产、开发集体资源、发展集体经济、服务集体成员等方面的功能作用。在基层党组织领导下，探索明晰农村集体经济组织与村民委员会的职能关系，有效承担集体经济经营管理事务和村民自治事务。有需要且条件许可的地方，可以实行村民委员会事务和集体经济事务分离。妥善处理好村党组织、村民委员会和农村集体经济组织的关系。

（十三）维护农村集体经济组织合法权利。严格保护集体资产所有权，防止被虚置。农村承包土地经营权流转不得改变土地集体所有性质，不得违反耕地保护制度。以家庭承包方式承包的集体土地，采取转让、互换方式流转的，应在本集体经济组织内进行，且需经农村集体经济组织等发包方同意；采取出租（转包）或者其他方式流转经营权的，应报农村集体经济组织等发包方书面备案。在农村土地征收、集体经营性建设用地入市和宅基地制度改革试点中，探索正确处理国家、集体、农民三者利益分配关系的有效办法。对于经营性资产，要体现集体的维护、管理、运营权利；对于非经营性资产，不宜折股量化到户，要根据其不同投资来源和有关规定统一运行管护。

（十四）多种形式发展集体经济。从实际出发探索发展集体经济有效途径。农村集体经济组织可以利用未承包到户的集体“四荒”地（荒山、荒沟、荒丘、荒滩）、果园、养殖水面等资源，集中开发或者通过公开招投标等方式发展现代农业项目；可以利用生态环境和人文历史等资源发展休闲农业和乡村旅游；可以在符合规划前提下，探索利用闲置的各类房产设施、集体建设用地等，以自主开发、合资合作等方式发展相应产业。支持农村集体经济组织为农户和各类农业经营主体提供产前产中产后农业生产性服务。鼓励整合利用集体积累资金、政府帮扶资金等，通过入股或者参股农业产业化龙头企业、村与村合作、村企联手共建、扶贫开发等多种形式发展集体经济。

（十五）引导农村产权规范流转和交易。鼓励地方特别是县乡依托集体资产监督管理、土地经营权流转管理等平台，建立符合农村实际需要的产权流转交易市场，开展农村承包土地经营权、集体林权、“四荒”地使用权、农业类知识产权、农村集体经营性资产出租等流转交易。县级以上地方政府要根据农村产权要素性质、流转范围和交易需要，制定产权流转交易管理办法，健全市场

交易规则，完善运行机制，实行公开交易，加强农村产权流转交易服务和监督管理。维护进城落户农民土地承包权、宅基地使用权、集体收益分配权，在试点基础上探索支持引导其依法自愿有偿转让上述权益的有效办法。

六、切实加强党对农村集体产权制度改革的领导

（十六）强化组织领导。各级党委和政府要充分认识农村集体产权制度改革的重要性、复杂性、长期性，认真抓好中央改革部署的贯彻落实，既要鼓励创新、勇于试验，又要把控方向、有历史耐心，切实加强组织领导，积极稳妥推进改革。要建立省级全面负责、县级组织实施的领导体制和工作机制，地方各级党委书记特别是县乡党委书记要亲自挂帅，承担领导责任。各地要层层分解任务，落实工作措施，提出具体要求，创造保障条件，确保事有人管、责有人负，对于改革中遇到的矛盾和问题，要切实加以解决，涉及重大政策调整的，要及时向上级请示汇报，确保社会和谐稳定。

（十七）精心组织实施。农村集体产权制度改革工作由中央农村工作领导小组组织领导，农业部、中央农村工作领导小组办公室牵头实施。要梳理细化各项改革任务，明确任务承担单位，制定配套的分工实施方案，有关部门按职责抓好落实。各有关部门要加强调查研究和工作指导，及时做好政策评估，协调解决改革中遇到的困难和问题；农业等有关部门的干部要深入基层，加强政策解读和干部培训，编写通俗易懂的宣传材料，让基层干部群众全面了解改革精神和政策要求。加强监督检查，严肃查处和纠正弄虚作假、侵害集体经济组织及其成员权益等行为。注重改革的系统性、协同性，与正在推进的有关改革做好衔接，发挥改革的综合效应。

（十八）加大政策支持力度。清理废除各种阻碍农村集体经济发展的不合理规定，营造有利于推进农村集体产权制度改革的政策环境。农村集体经济组织承担大量农村社会公共服务支出，不同于一般经济组织，其成员按资产量化份额从集体获得的收益，也不同于一般投资所得，要研究制定支持农村集体产权制度改革的税收政策。在农村集体产权制度改革中，免征因权利人名称变更登记、资产产权变更登记涉及的契税，免征签订产权转移书据涉及的印花税，免收确权变更中的土地、房屋等不动产登记费。进一步完善财政引导、多元化投入共同扶持集体经济发展机制。对政府拨款、减免税费等形成的资产归农村集体经济组织所有，可以量化为集体成员持有的股份。逐步增加政府对农村的公共服务支出，减少农村集体经济组织的相应负担。完善金融机构对农村集体经济组织的融资、担保等政策，健全风险防范分担机制。统筹安排农村集体经济组织发展所需用地。

（十九）加强法治建设。健全适应社会主义市场经济体制要求、以公平为核心原则的农村产权保护法律制度。抓紧研究制定农村集体经济组织方面的法律,赋予农村集体经济组织法人资格,明确权利义务关系,依法维护农村集体经济组织及其成员的权益,保证农村集体经济组织平等使用生产要素,公平参与市场竞争,同等受到法律保护。抓紧修改农村土地承包方面的法律,赋予农民更加充分而有保障的土地权益。适时完善集体土地征收、集体经营性建设用地入市、宅基地管理等方面的法律制度。认真做好农村产权纠纷调解仲裁和司法救济工作。

国务院办公厅关于印发国家职业病防治规划(2016—2020年)的通知

(2016年12月26日　国办发〔2016〕100号)

《国家职业病防治规划(2016—2020年)》已经国务院同意,现印发给你们,请认真贯彻执行。

国家职业病防治规划(2016—2020年)

为加强职业病防治工作,切实保障劳动者职业健康权益,依据《中华人民共和国职业病防治法》,制定本规划。

一、职业病防治现状和问题

职业病防治事关劳动者身体健康和生命安全,事关经济发展和社会稳定大局。党中央、国务院高度重视职业病防治工作。《"健康中国2030"规划纲要》明确提出,要强化行业自律和监督管理职责,推动企业落实主体责任,推进职业病危害源头治理,预防和控制职业病发生。

《中华人民共和国职业病防治法》实施以来特别是《国家职业病防治规划(2009—2015年)》(国办发〔2009〕43号)印发以来,各地区、各有关部门依法履行职业病防治职责,强化行政监管,防治体系逐步健全,监督执法不断加强,源头治理和专项整治力度持续加大,用人单位危害劳动者健康的违法行为有所减少,工作场所职业卫生条件得到改善。职业病危害检测、评价与控制,职业健康检查以及职业病诊断、鉴定、救治水平不断提升,职业病防治机构、化学中毒和核辐射医疗救治基地建设得到加强,重大急性职业病危害事故明显减少。职业病防治宣传更加普及,全社会防治意识不断提高。

但是,当前我国职业病防治还面临着诸多问题和挑战。一是职业病危害依然严重。全国每年新报告职业病病例近3万例,分布在煤炭、化工、有色金属、轻工等不同行业,涉及企业数量多。二是用人单位主体责任落实不到位。部分用人单位主要负责人法治意识不强,对改善作业环境、提供防护用品、组织职业健康检查投入不足,农民工、劳务派遣人员等的职业病防护得不到有效保障。三是职业卫生监管和职业病防治服务能力不足。部分地区基层监管力量和防治工作基础薄弱,对危害信息掌握不全,对重点职业病及职业相关危害因素监测能力不足。四是新的职业病危害问题不容忽视。随着新技术、新工艺、新设备和新材料的广泛应用,新的职业病危害因素不断出现,对职业病防治工作提出新挑战。

二、总体要求

(一)指导思想。全面贯彻党的十八大和十八届三中、四中、五中、六中全会精神,深入学习贯彻习近平总书记系列重要讲话精神,认真落实党中央、国务院决策部署,紧紧围绕统筹推进"五位一体"总体布局和协调推进"四个全面"战略布局,牢固树立和贯彻落实创新、协调、绿色、开放、共享的发展理念,坚持正确的卫生与健康工作方针,强化政府监管职责,督促用人单位落实主体责任,提升职业病防治工作水平,鼓励全社会广泛参与,有效预防和控制职业病危害,切实保障劳动者职业健康权益,促进经济社会持续健康发展,为推进健康中国建设奠定重要基础。

(二)基本原则。

坚持依法防治。推进职业病防治工作法治化建设,建立健全配套法律、法规和标准,依法依规开展工作。落实法定防治职责,坚持管行业、管业务、管生产经营的同时必须管好职业病防治工作,建立用人单位诚信体系。

坚持源头治理。把握职业卫生发展规律,坚持预防为主、防治结合,以重点行业、重点职业病危害和重点人群为切入点,引导用人单位开展技术改造和转型升级,改善工作场所条件,从源头预防控制职业病危害。

坚持综合施策。统筹协调职业病防治工作涉及的方方面面,更加注重部门协调和资源共享,切实落实用人单位主体责任,提升劳动者个体防护意识,推动政府、用人单位、劳动者各负其责、协同联动,形成防治工作合力。

(三)规划目标。到2020年,建立健全用人单位负责、行政机关监管、行业自律、职工参与和社会监督的职业病防治工作格局。职业病防治法律、法规和标准体系基本完善,职业卫生监管水平明显提升,职业病防治服务能力显著增强,救治救助和工伤保险保障水平不断提高;职业病源头治理力度进一步加大,用人单位主体责任不断落实,工作场所作业环境有效改善,职业健康监护工作有序开展,劳动者的职业健康权益得到切实保障;接尘工龄不足5年的劳动者新发尘肺病报告例数占年度报告总例数的比例得到下降,重大急性职业病危害事故、慢性职业性化学中毒、急性职业性放射性疾病得到有效控制。

——用人单位主体责任不断落实。重点行业的用人单位职业病危害项目申报率达到85%以上,工作场所职业病危害因素定期检测率达到80%以上,接触职业病危害的劳动者在岗期间职业健康检查率达到90%以上,主要负责人、职业卫生管理人员职业卫生培训率均达到95%以上,医疗卫生机构放射工作人员个人剂量监测率达到90%以上。

——职业病防治体系基本健全。建立健全省、市、县三级职业病防治工作联席会议制度。设区的市至少应确定1家医疗卫生机构承担本辖区内职业病诊断工作,县级行政区域原则上至少确定1家医疗卫生机构承担本辖区职业健康检查工作。职业病防治服务网络和监管网络不断健全,职业卫生监管人员培训实现全覆盖。

——职业病监测能力不断提高。健全监测网络,开展重点职业病监测工作的县(区)覆盖率达到90%。提升职业病报告质量,职业病诊断机构报告率达到90%。初步建立职业病防治信息系统,实现部门间信息共享。

——劳动者健康权益得到保障。劳动者依法应参加工伤保险覆盖率达到80%以上,逐步实现工伤保险与基本医疗保险、大病保险、医疗救助、社会慈善、商业保险等有效衔接,切实减轻职业病病人负担。

三、主要任务

(一)强化源头治理。开展全国职业病危害调查,掌握产生职业病危害的用人单位基本情况,以及危害地区、行业、岗位、人群分布等基本信息。建立职业病危害严重的落后工艺、材料和设备淘汰、限制名录管理制度,推广有利于保护劳动者健康的新技术、新工艺、新设备和新材料。以职业性尘肺病、化学中毒为重点,在矿山、有色金属、冶金、建材等行业领域开展专项治理。严格源头控制,引导职业病危害严重的用人单位进行技术改造和转型升级。开展职业病危害治理帮扶行动,探索设立中小微型用人单位职业病防治公益性指导援助平台。加强对新发职业病危害的研究识别、评价与控制。

(二)落实用人单位主体责任。督促职业病危害严重的用人单位建立防治管理责任制,健全岗位责任体系,做到责任到位、投入到位、监管到位、防护到位、应急救援到位。推动企业依法设立职业卫生管理机构,配备专(兼)职管理人员和技术人员。通过经验推广、示范创建等方式,引导用人单位发挥主体作用,自主履行法定义务。帮助用人单位有针对性地开展职业卫生培训,提高主要负责人、管理人员和劳动者的职业病危害防护意识。督促用人单位落实建设项目职业病防护设施"三同时"(同时设计、同时施工、同时投入生产和使用)制度,加强对危害预评价、防护设施控制效果评价和竣工验收等环节的管理。改善作业环境,做好工作场所危害因素申报、日常监测、定期检测和个体防护用品管理等工作,严格执行工作场所职业病危害因素检测结果和防护措施公告制度,在产生严重危害的作业岗位设置警示标志和说明。指导用人单位建立完善职业健康监护制度,组织劳动者开展职业健康检查,配合开展职业病诊断与鉴定等工作。

(三)加大职业卫生监管执法力度。加强职业卫生监管网络建设,逐步健全监管执法队伍。大力提升基层监管水平,重点加强县、乡级职业卫生监管执法能力和装备建设。依法履行监管职责,督促用人单位加强对农民工、劳务派遣人员等职业病危害高风险人群的职业健康管理。扩大监督检查覆盖范围,加大对重点行业、重点企业、存在职业病危害的建设项目以及职业卫生技术服务机构、职业病诊断机构和职业健康检查机构的监督检查力度,开展职业卫生服务监督检查行动,严肃查处违法违规行为。对职业病危害严重、改造后仍无法达标的用人单位,严格依法责令停止产生职业病危害的作业,或者依照法定程序责令停建、关闭。建立用人单位和职业卫生技术服务机构"黑名单"制度,定期向社会公布并通报有关部门。注重发挥行业组织在职业卫生监管中的作用。

(四)提升防治服务水平。完善职业病防治服务网络,按照区域覆盖、合理配置的原则,加强基础设施建设,明确职业病防治机构的布局、规模、功能和数量。根据职责定位,充分发挥好各类疾病预防控制机构、职业病防治院所、综合性医院和专科医院职业病科在职业健康检查及职业病诊断、监测、评价、风险评估等方面的作用,健全分工协作、上下联动的工作机制。推动职业卫生工作重心下沉,逐步引导基层医疗卫生机构参与职业健康管理和健康促进工作。以农民工尘肺病为切入点,简化职业病诊断程序,优化服务流程,提高服务质量。加大投入力度,提升职业中毒和核辐射应急救治水平。充分调动社会力量的积极性,增加职业健康检查等服务供给,创新服务模式,满足劳动者和用人单位多层次、多样化的职业卫生服务需求。

(五)落实救助保障措施。规范用人单位劳动用工管理,依法签订劳动合同,督促用人单位在合同中明确劳动保护、劳动条件和职业病危害防护等内容。在重点行业中推行平等协商和签订劳动安全卫生专项集体合同制度,以非公有制企业为重点,督促劳动关系双方认真履行防治责任。督促用人单位按时足额缴纳工伤保险费,推行工伤保险费率与职业病危害程度挂钩浮动制度。做好工伤保险与基本医疗保险、大病保险、医疗救助、社会慈善、商业保险等有效衔接,及时让符合条件的职业病病人按规定享受大病保险待遇和纳入医疗救助范围,减轻病人医疗费用负担。将符合条件的尘肺病等职业病病人家庭及时纳入最低生活保障范围;对遭遇突发性、紧迫性、临时性基本生活困难的,按规定及时给予救助。

(六)推进防治信息化建设。改进职业病危害项目申报工作,建立统一、高效的职业卫生监督执法信息管理机制,推动执法工作公开透明。建立完善重点职业病与职业病危害因素监测、报告和管理网络。开展重点职业病监测和专项调查,持续、系统收集相关信息。规范职业病报告信息管理工作,提高上报信息的及时性、完整性和准确性。开展职业健康风险评估,掌握重点人群和重点行业发病特点、危害程度和发病趋势。加强部门间信息共享利用,及时交流用人单位职业病危害、劳动者职业健康和工伤保障等信息数据。将职业病防治纳入全民健康保障信息化工程,充分利用互联网、大数据、云计算等技术做好防治工作。

(七)开展宣传教育和健康促进。动员全社会参与,充分发挥主流媒体的权威性和新媒体的便捷性,广泛宣传职业病防治法律法规和相关标准,普及职业病危害防治知识。积极利用"职业病防治法宣传周"开展各种形式的宣传活动,提高宣传教育的针对性和实效性。督促用人单位重视工作场所的职业健康宣传教育工作。创新方式方法,开展健康促进试点,推动"健康企业"建设,营造有益于职业健康的环境。巩固健康教育成果,更新健康促进手段,及时应对产业转型、技术进步可能产生的职业健康新问题。

(八)加强科研及成果转化应用。鼓励和支持职业病防治基础性科研工作,推进发病机理研究,在重点人群和重点行业开展流行病学调查,开展早期职业健康损害、新发职业病危害因素和疾病负担等研究,为制定防治政策提供依据。重点攻关职业性尘肺病、化学中毒、噪声聋、放射性疾病等防治技术,以及粉尘、化学因素等快速检测技术。加快科技成果转化应用工作,推广以无毒代替有毒、低毒代替高毒等新技术、新工艺、新设备和新材料。加强国际合作,吸收、借鉴和推广国际先进科学技术和成功经验。

四、保障措施

(一)加强组织领导。各地区要高度重视职业病防治工作,将其纳入本地区国民经济和社会发展总体规划,健全职业病防治工作联席会议制度,加强统筹协调,多措并举,进一步提升职业病防治合力。完善职业病防治工作责任制,建立防治目标和责任考核制度,制定年度工作计划和实施方案,定期研究解决职业病防治中的重大问题。建立健全政府部门、用人单位和劳动者三方代表参与的职业病防治工作长效机制。

（二）落实部门责任。各有关部门要严格贯彻《中华人民共和国职业病防治法》，履行法定职责，加强协同配合，切实做好职业病防治工作。国家卫生计生委负责对职业病报告、职业健康检查、职业病诊断与鉴定、化学品毒性鉴定等工作进行监督管理，组织开展重点职业病监测、职业健康风险评估和专项调查，开展医疗卫生机构放射性职业病危害控制的监督管理。安全监管总局负责用人单位职业卫生监督检查工作，加强源头治理，负责建设项目职业病危害评价和职业卫生技术服务机构监管，调查处置职业卫生事件和事故，拟订高危粉尘作业、高毒和放射性作业等方面的行政法规，组织指导并监督检查用人单位职业卫生培训工作。中央宣传部负责组织新闻媒体做好职业病防治宣传、舆论引导和监督工作。国家发展改革委负责会同有关行业管理部门积极调整产业政策，限制和减少职业病危害严重的落后技术、工艺、设备和材料的使用，支持职业病防治机构的基础设施建设。科技部负责将职业病防治关键技术等研究纳入国家重点研究计划。工业和信息化部发挥行业管理职能作用，在行业规划、标准规范、技术改造、推动过剩产能退出、产业转型升级等方面统筹考虑职业病防治工作，促进企业提高职业病防治水平。民政部负责将用人单位不存在或无法确定劳动关系，且符合条件的职业病病人纳入医疗救助范围，将符合条件的职业病病人及其家庭纳入最低生活保障范围。财政部负责落实职业病防治的财政补助政策，保障职业病防治工作所需经费。人力资源社会保障部负责职业病病人的工伤保险待遇有关工作。国务院国资委配合有关部门督促指导中央企业依法开展职业病防治工作。全国总工会依法对职业病防治工作进行监督，参与职业病危害事故调查处理，反映劳动者职业健康方面的诉求，提出意见和建议，维护劳动者合法权益。

（三）加大经费投入。各地区要根据职业病防治形势，加大财政投入力度，合理安排防治工作所需经费，加强对任务完成情况和财政资金使用考核，提高资金使用效率。用人单位要根据实际情况，保障生产工艺技术改造、职业病危害预防和控制、工作场所检测评价、职业健康监护和职业卫生培训等费用。各地区要探索工伤保险基金在职业病预防、诊疗和康复中的作用，建立多元化的防治资金筹措机制，鼓励和引导社会资本投入职业病防治领域。

（四）健全法律法规和标准。进一步完善职业病防治法律法规。健全高危粉尘、高毒和医用辐射防护等特殊作业管理，以及职业病危害评价、职业健康检查、职业病诊断与鉴定等法律制度。制定职业病报告、职业健康管理等工作规范。完善重点职业病、职业性放射性疾病等监测和职业健康风险评估技术方案。健全用人单位职业病危害因素工程控制、个体职业防护、职业健康监护、职业病诊断等国家职业卫生标准和指南。

（五）加强人才队伍建设。各地区要强化职业病防治和技术服务专业队伍建设，重点加强疾病预防控制机构、职业病防治院所、综合性医院和专科医院职业病科等梯队建设，提高县、乡级职业卫生服务能力。探索建立注册职业卫生工程师制度。接触职业病危害因素劳动者多、危害程度严重的用人单位，要强化专（兼）职职业卫生技术人员储备。加大培训力度，重点加强对临床和公共卫生复合型人才的培养。

五、督导与评估

安全监管总局、国家卫生计生委要适时组织开展规划实施的督查和评价工作，2020 年组织规划实施的终期评估，结果报国务院。各地区要结合工作实际研究制定本地区职业病防治规划，明确阶段性目标和工作分工，加大督导检查力度，确保目标任务圆满完成。

国务院关于印发
“十三五”卫生与健康规划的通知

（2016 年 12 月 27 日　国发〔2016〕77 号）

现将《“十三五”卫生与健康规划》印发给你们，请认真贯彻执行。

“十三五”卫生与健康规划

为推进健康中国建设，根据《中华人民共和国国民经济和社会发展第十三个五年规划纲要》和《“健康中国 2030”规划纲要》，编制本规划。

一、规划背景

（一）“十二五”时期取得的成就。

“十二五”时期，深化医药卫生体制改革加快实施，卫生与健康事业获得长足发展，人民健康水平持续提高。2015 年人均预期寿命达到 76.34 岁，比 2010 年提高 1.51 岁，婴儿死亡率由 13.1‰下降到 8.1‰，5 岁以下儿童死亡率由 16.4‰下降到 10.7‰，孕产妇死亡率由 30/10 万下降到 20.1/10 万，居民主要健康指标总体上优于中高收入国家平均水平，人口年均自然增长率为 4.97‰，“十二五”卫生与健康事业有关规划确定的主要目标和任务如期完成。

医药卫生体制改革深入推进,取得重大进展和明显成效。全民医保体系加快健全,基本医保参保率保持在95%以上,城乡居民大病保险、重特大疾病医疗救助、疾病应急救助全面推开。公立医院改革稳步推进,县级公立医院综合改革全面实施,城市公立医院综合改革试点持续拓展深化,以省为单位实施综合医改试点取得积极进展。国家基本药物制度得到巩固完善,基层医疗卫生机构综合改革持续深化。社会办医加快发展。个人卫生支出占卫生总费用的比重由35.29%下降到29.27%。

医疗卫生服务体系不断完善,服务能力大幅提升。2015年,每千人口医疗卫生机构床位数增加到5.11张,执业(助理)医师数增加到2.22人,注册护士数增加到2.37人。医疗卫生机构基础设施条件持续改善。住院医师规范化培训制度初步建立,以全科医生为重点的基层医疗卫生人才队伍建设加快推进,2015年,每万人口全科医生数达到1.38人。有序推进分级诊疗制度建设,广泛开展"进一步改善医疗服务行动计划"等活动,初步建立预防化解医疗纠纷的长效机制。全面加强人口健康信息化建设。

生育政策逐步调整完善,计划生育服务管理改革统筹推进。平稳实施单独两孩政策。截至2015年底,近200万对单独夫妇提出再生育申请。研究启动全面两孩政策。妇幼保健和计划生育机构改革有序开展,计划生育服务管理改革扎实推进。出生人口性别比连续7年下降。国家免费孕前优生健康检查项目扩大到全国所有县(市、区),出生缺陷综合防治不断推进。流动人口免费计划生育服务覆盖率达到89.2%。

基本公共卫生服务均等化水平稳步提高,重大疾病防治成效显著。基本公共卫生服务人均经费补助标准提高到40元,服务内容增加到12类45项。艾滋病疫情控制在低流行水平,肺结核报告发病率下降到63.4/10万,所有血吸虫病流行县达到传播控制标准,基本消除或控制重点地方病危害。初步建立起慢性病防治体系,严重精神障碍防治网络不断完善。爱国卫生运动深入开展。居民健康素养水平稳步提升。推广血液筛查核酸检测,血液安全水平进一步提高。联防联控工作机制不断完善,成功防范和应对人感染禽流感等突发急性传染病和公共卫生事件。卫生计生综合监督执法进一步加强。食品安全标准与监测评估工作扎实推进。

中医药服务能力不断提升,中医药事业得到较快发展。多层次、广覆盖的中医药服务网络基本建立。基层中医药服务能力明显提升,全国超过95%的社区卫生服务中心、90%的乡镇卫生院、80%的社区卫生服务站、60%的村卫生室能够提供中医药服务。推动中医药科技进步,不断拓展中医药健康服务新业态。中医药"走出去"迈出重要步伐。

城乡居民健康差异进一步缩小，医疗卫生服务可及性、服务质量、服务效率和群众满意度显著提高，卫生与健康事业国际影响力凸显，为稳增长、促改革、调结构、惠民生作出了重要贡献，为全面建成小康社会、实现人人享有基本医疗卫生服务打下了坚实的基础。

（二）“十三五”时期面临的机遇和挑战。

党中央、国务院高度重视卫生与健康事业发展，提出推进健康中国建设，将卫生与健康事业发展摆在了经济社会发展全局的重要位置。人民群众对全面建成小康社会美好生活的追求激发多层次、多样化的健康需求，为健康服务业创造更为广阔的发展空间。全面依法治国深入推进，为提升卫生与健康治理体系和治理能力现代化水平提供坚实的法治保障。卫生与健康事业发展面临难得的历史机遇。

同时，卫生与健康事业发展也面临新的挑战。人口结构性问题日益突出，出生人口素质有待提高。全面两孩政策实施，老龄化进程加速，城镇化率不断提高，部分地区医疗卫生资源供需矛盾将更加突出。经济社会转型中居民生活环境与生活方式快速变化，慢性病成为主要的健康问题。重大传染病和重点寄生虫病等疾病威胁持续存在。境内外交流的日趋频繁加大传染病疫情和病媒生物输入风险。大气等环境污染和食品安全问题严重影响人民健康。经济发展进入新常态，互联网等新兴信息技术快速发展，要求卫生与健康领域加快转变发展方式，创新服务模式和管理方式。

此外，制约卫生与健康事业改革发展的内部结构性问题依然存在。一是资源总量不足、布局结构不合理尚未根本改变，优质医疗资源尤其缺乏。二是基层服务能力仍是突出的薄弱环节，基层医务人员技术水平亟待提高，服务设施和条件需要持续改善。三是深化改革需要进一步破解深层次的体制机制矛盾。四是计划生育工作思路和方法亟需转变。

二、指导思想和发展目标

（一）指导思想。高举中国特色社会主义伟大旗帜，全面贯彻党的十八大和十八届三中、四中、五中、六中全会精神，以马克思列宁主义、毛泽东思想、邓小平理论、“三个代表”重要思想、科学发展观为指导，深入贯彻习近平总书记系列重要讲话精神，紧紧围绕统筹推进“五位一体”总体布局和协调推进“四个全面”战略布局，认真落实党中央、国务院决策部署，牢固树立和贯彻落实创新、协调、绿色、开放、共享的发展理念，坚持以人民为中心的发展思想，坚持正确的卫生与健康工作方针，坚持计划生育基本国策，把人民健康放在优先发展的战略地位，以改革创新为动力，以促健康、转模式、强基层、重保障为着力点，更加注重预防为主和健康促进，更加注重工作重心下移和资源下沉，更加注重提高服务质量和水平，实现发展方式由以治病为中心向以健康为中心转变，显著提高人民健康水平，奋力推进健康中国建设。

（二）发展目标。到2020年，覆盖城乡居民的基本医疗卫生制度基本建立，实现人人享有基本医疗卫生服务，人均预期寿命在2015年基础上提高1岁。

——制度体系更加成熟定型。卫生计生法律制度进一步健全，治理体系和治理能力现代化水平不断提升，健康融入所有政策取得积极进展。

——健康服务体系持续完善。医疗卫生服务能力大幅提升，更好满足人民群众基本医疗卫生服务需求和多样化、多层次健康需求。

——疾病预防控制成效显著。预防为主，关口前移，普及健康生活方式，提升居民健康素养，有效控制健康危险因素，消除一批重大疾病。

——健康服务模式实现转变。机构间的分工协作更加紧密，家庭医生签约服务制度基本全覆盖，符合国情的分级诊疗制度基本建立。

——适度生育水平得到保持。全面两孩政策平稳实施，计划生育服务管理制度较为完善。

主要发展指标

领域	主要指标	单位	2020年	2015年	指标性质
健康水平	人均预期寿命	岁	>77.3	76.34	预期性
	孕产妇死亡率	/10万	<18	20.1	预期性
	婴儿死亡率	‰	<7.5	8.1	预期性
	5岁以下儿童死亡率	‰	<9.5	10.7	预期性
疾病防控	居民健康素养水平	%	>20	10	预期性
	以乡（镇、街道）为单位适龄儿童免疫规划疫苗接种率	%	>90	>90	约束性
	肺结核发病率	/10万	<58	63.4	预期性
	因心脑血管疾病、癌症、慢性呼吸系统疾病和糖尿病导致的过早死亡率	%	比2015年降低10%	18.5	预期性

续表

妇幼健康	孕产妇系统管理率	%	>90	>90	约束性
	3岁以下儿童系统管理率	%	>90	>90	约束性
	孕前优生健康检查目标人群覆盖率	%	>80	>80	预期性
医疗服务	三级医院平均住院日	天	<8	10.2	预期性
	院内感染发生率	%	<3.2	3.5	预期性
	30天再住院率	%	<2.4	2.65	预期性
	门诊处方抗菌药物使用率	%	<10	<11	预期性
计划生育	总人口	亿人	14.2左右	13.7	预期性
	总和生育率		1.8左右	1.5-1.6	预期性
	出生人口性别比		<112	113.5	约束性
医疗卫生服务体系	每千人口医疗卫生机构床位数	张	<6	5.11	预期性
	每千人口执业(助理)医师数	人	>2.5	2.22	预期性
	每千人口注册护士数	人	>3.14	2.37	预期性
	每万人口全科医生数	人	>2	1.38	约束性
	社会办医院床位占医院床位总数的比重	%	>30	19.4	预期性
医疗卫生保障政策	范围内住院费用基本医保支付比例	%	75左右	75左右	预期性
	个人卫生支出占卫生总费用的比重	%	28左右	29.27	约束性

三、主要任务

（一）加强重大疾病防治。

推进防治结合。建立专业公共卫生机构、综合性医院和专科医院、基层医疗卫生机构“三位一体”的重大疾病防控机制，信息共享、互联互通，推进慢性病和精神疾病防、治、管整体融合发展。落实医疗卫生机构承担公共卫生任务

的补偿政策，完善政府购买公共卫生服务机制。（国家卫生计生委、财政部负责）

实施慢性病综合防控。完善政府主导的慢性病综合防控协调机制，优化防控策略，建立以基层为重点的慢性病防控体系，加强国家综合防控示范区建设，覆盖全国15%以上的县（市、区）。加强脑卒中等慢性病的筛查和早期发现，针对高发地区重点癌种开展早诊早治工作，早诊率达到55%，提高5年生存率。全面实施35岁以上人群首诊测血压，逐步开展血压血糖升高、血脂异常、超重肥胖等慢性病高危人群的患病风险评估和干预指导，将口腔健康检查和肺功能检测纳入常规体检。高血压和糖尿病患者健康管理人数分别达到1亿人和3500万人。健全死因监测、肿瘤登记报告和慢性病与营养监测制度。加强伤害预防和干预。（国家卫生计生委负责）

加强重大传染病防治。加强传染病监测预警、预防控制能力建设，法定传染病报告率达到95%以上，及时做好疫情调查处置。降低全人群乙肝病毒感染率。加强艾滋病检测、干预和随访，最大限度发现感染者和病人，为所有符合条件且愿意接受治疗的感染者和病人提供抗病毒治疗，将疫情控制在低流行水平。开展肺结核综合防治服务试点，加大一般就诊者肺结核发现力度，强化重点人群主动筛查，加强耐多药肺结核筛查和监测，规范患者全程治疗管理。有效应对霍乱、流感、手足口病、麻疹等重点传染病疫情。实施以传染源控制为主的狂犬病、布病、禽流感等人畜共患病综合治理策略。消除麻风病危害。建立已控制严重传染病防控能力储备机制。（国家卫生计生委牵头，农业部等相关部门参与）加强口岸卫生检疫能力建设，加强境外传染病监测预警和应急处置，推动口岸疑似传染病旅客接受免费传染病检测，严防外来重大传染病传入。（质检总局负责）

强化精神疾病防治。加强严重精神障碍患者报告登记、服务管理和救治救助，在册的严重精神障碍患者管理率达到80%以上。逐步建立和完善精神障碍患者社区康复服务体系。开展焦虑、抑郁等常见精神障碍早期筛查和干预试点，抑郁症治疗率显著提高。加强心理健康服务。（国家卫生计生委牵头，公安部、民政部、中国残联等相关部门和单位参与）

实施扩大国家免疫规划。夯实常规免疫，做好补充免疫和查漏补种，推进接种门诊规范化建设，提升预防接种管理质量。在全国范围内开展脊灰灭活疫苗替代工作，继续维持无脊灰状态。根据防病工作需要，适时调整国家免疫规划疫苗种类，逐步将安全有效、财政可负担的疫苗纳入国家免疫规划。加强疫苗可预防传染病监测。探索建立预防接种异常反应补偿保险机制。改革完善第二类疫苗集中采购机制，加强疫苗冷链管理，推进疫苗全程追溯体系建

设,严禁销售非法疫苗。(国家卫生计生委牵头,财政部、食品药品监管总局、质检总局等相关部门参与)

做好重点寄生虫病及地方病防控工作。坚持以传染源控制为主的血吸虫病综合防治策略。加强登革热、疟疾等蚊媒传染病控制,全国实现消除疟疾目标。实施包虫病综合防治策略,基本控制包虫病流行。持续消除碘缺乏危害,人群碘营养总体处于适宜水平。保持基本消除大骨节病、克山病和燃煤污染型氟、砷中毒危害,有效控制饮水型地方性氟、砷中毒危害和饮茶型地氟病危害。(国家卫生计生委牵头,水利部、农业部等相关部门参与)

推进职业病防治工作。开展职业病危害普查和防控,加强尘肺病等重点职业病监测和职业健康风险评估。提高医用辐射防护监测与危害控制水平。提升医疗卫生机构职业病报告、职业健康检查和职业病诊断、鉴定、救治能力。加强职业人群健康教育,推动用人单位落实职业病防治主体责任,开展用人单位职业健康促进试点。(国家卫生计生委、安全监管总局负责)

加强突发事件卫生应急。加强突发公共卫生事件尤其是突发急性传染病综合监测、快速检测、风险评估和及时预警能力建设,提升突发事件卫生应急监测预警水平、应对能力和指挥效力,突发公共卫生事件预警信息响应率达到95%以上。加强卫生应急队伍建设,提高各级医疗卫生机构卫生应急准备和处置能力,鼠疫、人禽流感等突发急性传染病现场规范处置率达95%以上。完善重大自然灾害医学救援、突发公共卫生事件军地联防联控机制。建立并完善国家生物安全协调机制,倡导卫生应急社会参与。(国家卫生计生委、中央军委后勤保障部卫生局负责)

专栏1　重大疾病防治项目
慢性病综合防控:慢性病综合防控示范区,慢性病与营养监测及综合干预,癌症早诊早治,脑卒中、心血管病、慢性呼吸系统疾病筛查干预,高血压、糖尿病高危人群健康干预,重点人群口腔疾病综合干预。(国家卫生计生委负责) 重大传染病防控:艾滋病防控,结核病防控,流感和不明原因肺炎监测,手足口病、狂犬病、布病、流行性出血热、登革热、麻风病等传染病的监测及早期干预,突发急性传染病防控。(国家卫生计生委负责) 精神疾病防治:严重精神障碍患者管理治疗,心理健康服务,精神卫生综合管理试点。(国家卫生计生委负责) 扩大国家免疫规划:扩大国家免疫规划,急性弛缓性麻痹病例及麻疹、乙肝等疫苗可预防重点传染病监测。(国家卫生计生委负责) 重点寄生虫病及地方病防控:血吸虫病防控,疟疾、包虫病等重点寄生虫病防治,重点地方病防控。(国家卫生计生委负责)

续表

职业病防治:重点职业病监测与职业健康风险评估,职业性放射性疾病监测与职业健康风险评估,医疗卫生机构医用辐射防护监测。(国家卫生计生委负责) 基本公共卫生服务项目:居民健康档案、健康教育、预防接种、儿童健康管理、孕产妇健康管理、老年人健康管理、慢性病(高血压、Ⅱ型糖尿病)患者健康管理、严重精神障碍患者管理、结核病患者健康管理,中医药健康管理、卫生计生监督协管、传染病和突发公共卫生事件报告和处理等。(国家卫生计生委、国家中医药局、财政部负责)

(二)推动爱国卫生运动与健康促进。

着力改善城乡环境卫生面貌。深入推进卫生城镇创建,国家卫生城市比例提高到40%,国家卫生县城(乡镇)比例提高到5%。开展城乡环境卫生整洁行动,以城市环境卫生薄弱地段和农村垃圾污水处理、改厕为重点,完善城乡环境卫生基础设施和长效管理机制,加快推进农村生活污水治理和无害化卫生厕所建设,农村卫生厕所普及率达到85%以上,实施农村生活垃圾治理专项行动。加快实施农村饮水安全巩固提升工程,推动城镇供水设施向农村延伸,农村集中式供水卫生安全巡查覆盖90%以上的乡镇。科学防制病媒生物。推进多污染物综合防治和环境治理。加强大气污染综合治理,改善大气环境质量。推进重点流域水污染防治和土壤污染治理与修复。加强环境与健康综合监测和风险评估。(国家卫生计生委、环境保护部、住房城乡建设部、水利部负责)

全面推进健康城市和健康村镇建设。开展健康城市综合示范建设,形成可推广的健康城市建设模式。广泛开展健康社区、健康单位、健康学校、健康家庭建设,创新社会动员和群众参与工作方式,鼓励社会组织开展志愿服务、健康自我管理小组、社区健康讲堂等活动。开展健康城市建设效果评价,实现科学、动态管理。推进健康村镇建设,提高农村居民卫生素质和健康水平。健康城市和健康村镇工作体系基本健全,健康管理工作模式基本建立,建成一批健康城市建设示范市和健康村镇建设示范村镇。(国家卫生计生委负责)

深入开展全民健康教育和健康促进活动。广泛开展全民健康素养促进行动和健康中国行等活动,普及合理营养、合理用药、科学就医和灾害自救互救等知识,提高全民健康素养。加强健康科普规范化管理,建立健全健康知识和技能核心信息发布制度。倡导健康文明的生活方式,实施国民营养计划,引导群众加强自我健康管理,深入推进以减盐、减油、减糖、健康口腔、健康体重、健康骨骼为重点的全民健康生活方式行动,广泛宣传合理膳食、适量运动、戒烟限酒、心理平衡等健康科普知识,开展家庭和高危个体健康生活方式强化指导和干预。加强健康教育能力建设,推进医疗机构开展健康教育和健康促进工作。全面推进控烟履约工作,加快控烟立法,大力开展无烟环境建设,全面推进公共场所禁烟,强化戒烟服务,预防和控制被动吸烟。健全健康素养和烟草流行监测体系,15岁以上人群烟草使用流行率控制在25%以下。(国家卫生计生委牵头,中央宣传部、工业和信息化部、体育总局、国务院法制办等相关部门参与)

增强人民体质。推进基本公共体育服务体系建设,统筹建设全民健身场地设施,构建场地设施网络和城市社区15分钟健身圈,人均体育场地面积达到1.8平方米。推动公共体育设施免费或低收费开放,逐步对社会开放学校体育场馆等运动健身场所。广泛组织开展全民健身运动,大力发展群众健身休闲项目,鼓励实行工间健身制度,切实保证中小学生每天一小时校园体育活动。加强全民健身组织建设和人才培养。开展国民体质监测和全民健身活动状况调查,为群众提供个性化的科学健身指导服务,经常参加体育锻炼的人数达到4.35亿人。(体育总局、教育部负责)

专栏2　爱国卫生与健康促进项目

健康城市和健康村镇:健康城市与健康村镇综合试点,农村改厕,病媒生物监测,城乡环境卫生整治示范村建设。(国家卫生计生委负责)

环境健康危害因素监测:城乡饮用水卫生监测,农村环境卫生监测,公共场所健康危害因素监测,空气污染等对人群健康影响监测,人体生物监测。(国家卫生计生委负责)

全民健康生活方式:减少烟草危害行动,推广减盐、减油、减糖、健康体重、健康口腔、健康骨骼等专项行动。(国家卫生计生委负责)

健康教育:健康素养促进行动,健康中国行活动,健康家庭行动。(国家卫生计生委负责)

全民健身:全民健身场地设施建设,运动促进健康专项行动,青少年体育活动促进计划。(体育总局负责)

(三)加强妇幼卫生保健和生育服务。

保障妇幼健康。向孕产妇提供生育全过程的基本医疗保健服务,进一步提高孕产妇、新生儿危急重症救治能力,有效降低孕产妇死亡率和婴儿死亡率。加强高危孕产妇专案管理,预防艾滋病、梅毒、乙肝母婴传播,保障母婴安全。大力倡导婚检,继续实施免费孕前优生健康检查,落实出生缺陷三级预防措施,建立覆盖城乡,涵盖孕前、孕期、新生儿各阶段的出生缺陷防治服务制度,有效减少出生缺陷的发生。加大妇女常见病防治力度,妇女常见病定期筛查率达到80%以上,逐步扩大妇女"两癌"检查项目覆盖范围,提高宫颈癌和乳腺癌的早诊早治率。加强儿童疾病防治和意外伤害预防。大力推行母乳喂养，开展婴幼儿营养与喂养、生长发育及心理行为指导，扩大贫困地区儿童营养改善和新生儿疾病筛查项目覆盖范围，5岁以下儿童生长迟缓率控制在7%以下，低体重率降低到5%以下。加强计划生育技术服务，落实国家规定的免费计划生育技术服务基本项目，全面推行知情选择，普及避孕节育、优生优育和生殖健康知识，提高药具服务的可及性和便捷性，做好再生育技术服务指导，提高生殖健康水平。（国家卫生计生委、财政部负责）

关爱青少年健康。以中小学为重点，加强学校卫生工作。开展学生健康危害因素监测与评价，加强学生近视、龋齿、肥胖等常见病防治工作。加大学校健康教育与健康促进工作力度，将健康教育纳入国民教育体系。在总结好国家试点经验的基础上，实施农村义务教育学生营养改善计划，建立学生营养与健康监测评估制度，加大对学校集体供餐的食品安全和营养质量监管、指导力度。加强学校结核病、艾滋病等传染病防治和心理健康服务。关爱青少年生殖健康，减少非意愿妊娠。加强托幼机构卫生保健工作，托幼机构卫生保健指导实现全覆盖。（国家卫生计生委、教育部、食品药品监管总局负责）

（四）发展老年健康服务。

提高老年人健康素养。开展老年常见病、慢性病的健康指导和综合干预，推广以慢病管理、中医药和老年营养运动干预为主的适宜技术，65岁以上老年人健康管理率达到70%以上，有效改善老年人群营养健康状况，降低失能风险。开展长期护理保险试点，探索建立长期护理保险制度。开展老年心理健康和心理关怀服务。积极防治老年痴呆症。（国家卫生计生委、人力资源社会保障部、保监会负责）

健全老年健康服务体系。重点发展社区健康养老服务，提高基层医疗卫生机构为居家老年人提供上门服务的能力。所有医疗机构开设为老年人提供挂号、就医等便利服务的绿色通道，加强综合性医院老年病科建设。提高基层医疗卫生机构康复、护理床位占比，鼓励其根据服务需求增设老年养护、安宁疗护病床。完善治疗—康复—长期护理服务链，发展和加强康复、老年病、长期护理、慢性病管理、安宁疗护等接续性医疗机构。（国家卫生计生委负责）

推动医疗卫生与养老服务融合发展。统筹医疗卫生与养老服务资源，创新健康养老服务模式，建立健全医疗机构与养老机构之间的业务协作机制。鼓励二级以上综合性医院与养老机构开展对口支援、合作共建。推动二级以上综合性医院与老年护理院、康复疗养机构、养老机构内设医疗机构等之间的转诊与合作。支持养老机构按规定开办医疗机构，开展老年病、康复、护理、中医和安宁疗护等服务。推动中医药与养老结合，充分发挥中医药在养生保健和疾病康复领域优势。（国家卫生计生委、民政部牵头，国家中医药局参与）

（五）促进贫困人口等重点人群健康。

实施健康扶贫工程。保障贫困人口享有基本医疗卫生服务，努力防止因病致贫、因病返贫。对符合条件的贫困人口参加城乡居民基本医疗保险个人缴费部分按规定由财政给予补贴。新型农村合作医疗和大病保险制度对贫困人口实行政策倾斜，门诊统筹率先覆盖所有贫困地区。将贫困人口按规定纳入重特大疾病医疗救助范围。对患大病和慢性病的农村贫困人口进行分类救治。建立贫困人口健康卡。明显改善贫困地区医疗服务能力。实施军地三级医院与集中连片特困地区县和国家扶贫开发工作重点县县级医院稳定持续的一对一帮扶，深入推进二级以上医疗机构对口帮扶贫困县乡镇卫生院。积极促进远程医疗服务向贫困地区延伸。（国家卫生计生委牵头，国务院扶贫办、民政部、人力资源社会保障部、财政部、中央军委后勤保障部卫生局、保监会、国家中医药局等相关部门参与）

维护流动人口健康。按照常住人口（或服务人口）配置资源，将流动人口纳入流入地卫生计生服务体系。全面推进流动人口基本公共卫生计生服务均等化，流动人口目标人群基本公共卫生计生服务覆盖率达到90%。完善基本医保关系转移接续办法，提高流动人口医疗保障水平。做好流动人口聚居地突发公共卫生事件应对。广泛开展流动人口健康促进行动，提高流动人口健康素养水平。深化流动人口全国“一盘棋”机制建设。关怀关爱留守人群特别是留守儿童，在40个县开展留守儿童健康教育项目，促进社会融合。（国家卫生计生委、人力资源社会保障部、民政部负责）

确保残疾人享有健康服务。城乡残疾人普遍享有基本医疗保障，加大符合条件的低收入残疾人医疗救助力度，逐步将符合条件的残疾人医疗康复项目按规定纳入基本医疗保险支付范围。完善医疗卫生机构无障碍设施。实施精准康复服务行动，以残疾儿童和持证残疾人为重点，有康复需求的残疾人接受基本康复服务的比例达到80%。加强残疾人健康管理和社区康复。（中国残联、国家卫生计生委、人力资源社会保障部、民政部等相关部门和单位负责）

专栏3　重点人群健康改善项目
健康老龄化：老年人健康管理，老年心理健康与心理关怀，医养结合试点示范，长期护理保险试点。（国家卫生计生委、人力资源社会保障部、民政部负责）
健康妇幼：农村妇女“两癌”检查，计划生育技术服务基本项目和避孕药具，再生育技术服务，预防艾滋病、梅毒、乙肝母婴传播。（国家卫生计生委、财政部负责）
出生缺陷综合防治：农村夫妇免费孕前优生健康检查、增补叶酸预防神经管缺陷、孕期唐氏综合症产前筛查和产前诊断、新生儿疾病筛查、地中海贫血防控、先天性心脏病防治。（国家卫生计生委、财政部负责）

续表

青少年健康：学生健康危害因素和常见病监测及防治，心理健康教育。（国家卫生计生委、教育部负责） 健康扶贫：对符合条件的因病致贫人口提供医疗救助，省级巡回医疗队建设，三级医院与重点贫困县医院对口帮扶，二级以上医疗卫生机构对口帮扶贫困县卫生院。（国家卫生计生委、国务院扶贫办、民政部负责） 流动人口健康维护：流动人口基本公共卫生计生服务均等化、流动人口健康促进行动、流动人口卫生计生动态监测。（国家卫生计生委负责）

（六）完善计划生育政策。

实施全面两孩政策。合理配置妇幼保健、儿童照料、学前和中小学教育、社会保障等资源，满足新增公共服务需求。加强分类指导，鼓励按政策生育。做好政策调整前后计划生育政策和相关经济社会政策的衔接，维护群众的合法权益。加强政策解读和宣传倡导，依法依规查处政策外多孩生育，维护良好生育秩序。完善出生人口信息管理，加强出生人口监测预警，及时把握出生人口动态。（国家卫生计生委牵头，国家发展改革委、教育部、人力资源社会保障部等相关部门参与）

改革完善计划生育服务管理。统筹推进生育政策、服务管理制度、家庭发展支持体系和治理机制综合改革，推动人口和计划生育工作由控制人口数量为主向调控总量、提升素质和优化结构并举转变，由管理为主向更加注重服务家庭转变，由主要依靠政府力量向政府、社会和公民多元共治转变，更加注重宣传倡导、服务关怀、政策引导和依法行政。深入开展计划生育优质服务先进单位创建活动。加强计划生育服务管理能力建设，稳定基层工作网络和队伍。实行生育登记服务制度。全面推行网上办事和承诺制。充分发挥计划生育协会等群团组织和其他社会组织的作用，深化诚信计生和基层群众自治活动。（国家卫生计生委负责）

提高计划生育家庭发展能力。完善计划生育家庭奖励和扶助政策体系，加大对计划生育家庭的扶助力度，加强对计划生育特殊家庭的扶助和关爱。继续实施农村部分计划生育家庭奖励扶助制度和计划生育家庭特别扶助制度，实行扶助标准动态调整。在生育水平较高、生态环境脆弱、扶贫任务艰巨的西部地区，着力做好计划生育家庭奖励扶助等工作。坚持男女平等，严厉打击非医学需要的胎儿性别鉴定和选择性别人工终止妊娠行为，综合治理出生人口性别比偏高问题。深入开展关爱女孩行动，做好符合条件的计划生育女孩及女孩家庭扶助工作，提升计划生育女孩家庭发展能力。（国家卫生计生委、财政部负责）

坚持和完善计划生育目标管理责任制。坚持计划生育党政一把手亲自抓、负总责,坚持计划生育兼职委员和领导小组制度,强化各地区各部门齐抓共管的工作格局。建立健全与新时期形势任务相适应、科学合理、便捷高效的计划生育目标管理责任制考核体系和运行机制,落实"一票否决"。(国家卫生计生委负责)

专栏4 计划生育服务管理项目
计划生育服务管理:调整完善生育政策监测,基层计划生育服务管理能力建设,出生人口性别结构平衡促进,社会性别平等促进,农村部分计划生育家庭奖励扶助,计划生育家庭特别扶助,家庭发展追踪调查,创建幸福家庭活动。(国家卫生计生委、财政部负责)

(七)提升医疗服务水平。

实行分级诊疗。以提高基层医疗服务能力为重点,以常见病、多发病、慢性病分级诊疗为突破口,形成科学合理的就医秩序,基本实现基层首诊、双向转诊、急慢分治、上下联动。明确各级各类医疗机构诊疗服务功能定位,控制三级医院普通门诊规模,支持和引导病人优先到基层医疗卫生机构就诊,由基层医疗卫生机构逐步承担公立医院的普通门诊、稳定期和恢复期康复以及慢性病护理等服务。鼓励二级以上医院成立全科医学科。推进全科医生(家庭医生)能力提高及电子健康档案等工作,发挥全科医生(家庭医生)的居民健康"守门人"作用,实施家庭医生签约服务制度,优先覆盖老年人、孕产妇、儿童、残疾人等人群,以及高血压、糖尿病、结核病等慢性疾病和严重精神障碍患者等。推进和规范医师多点执业。完善不同级别医疗机构的医保差异化支付和价格政策,促进各级各类医疗卫生机构分工协作机制的建立。将军队医疗机构全面纳入分级诊疗体系。(国家卫生计生委牵头,国家发展改革委、人力资源社会保障部、中央军委后勤保障部卫生局等相关部门参与)

提高医疗质量安全水平。规范诊疗行为,全面实施临床路径,加强重大疾病规范化诊疗管理,保障医疗安全。加强药师队伍建设,实施遏制细菌耐药国家行动计划,以抗菌药物为重点推进合理用药,加强处方监管,提高临床用药的安全性、有效性。加强医疗质量监管,健全医疗技术临床应用管理制度。逐步完善国家、省级、地市级医疗质量控制网络。建立科学的医疗绩效评价机制以及医疗质量控制动态监测和反馈机制,健全医疗安全保障体系,实现医疗质量和医疗安全水平持续提升。持续提高护理技术水平,充分发挥护理在提升医疗质量中的积极作用。加强医师执业管理,健全医师定期考核制度。完善医疗机构登记和医师注册制度,采用电子证照等信息化手段,实现医疗执业活动动态、全过程管理。建立以控制不合理费用为重点的内审制度,规范医务人员医疗卫生服务行为。(国家卫生计生委、中央军委后勤保障部卫生局负责)

加强临床服务能力建设。加强对临床专科建设发展的规划引导和支持,提升临床专科整体服务能力与水平。加强临床重点专科建设,以发展优质医疗资源为目标,建设一批高水平临床专科,重点支持肿瘤、心脑血管、儿科、精神、感染、妇产等薄弱领域重点专科诊疗能力提升,发挥其示范、引领、带动和辐射作用,促进医疗服务体系协调发展。针对各省专科现状和发展需求加强薄弱专科能力建设,增加优质医疗资源总量,提升专科综合服务能力,降低省外就医率。加强县域内常见病、多发病相关专业,传染病、精神疾病及急诊急救、重症医学、血液透析、妇产科、儿科、中医等临床专科建设,全面提升县级公立医院综合能力,将县域内就诊率提高到90%左右,基本实现大病不出县。加强基层医疗卫生机构服务能力建设,提高常见病、多发病和慢性病的诊治、康复服务能力。进一步拓展中心乡镇卫生院的功能,提升急诊抢救、二级以下常规手术、正常分娩、高危孕产妇筛查、儿科等医疗服务能力。继续开展防盲治盲和防聋治聋工作。(国家卫生计生委、科技部负责)

改善医疗服务。优化诊区设施布局,营造温馨就诊环境。推进预约诊疗服务,有效分流就诊患者。合理调配诊疗资源,推行日间手术,加强急诊力量,畅通急诊绿色通道。发挥信息技术优势,推行电子病历,提供诊疗信息、费用结算、信息查询等服务,完善入院、出院、转院服务流程,改善患者就医体验。全面实施优质护理服务。大力推进医疗联合体内医疗机构检查、检验结果互认和同城同级医疗机构检查、检验结果互认工作。强化患者安全管理。推进社区卫生服务提升工程和建设群众满意乡镇卫生院活动。保持打击涉医违法犯罪行为的高压态势,健全院内调解、人民调解、司法调解、医疗风险分担机制有机结合的"三调解一保险"制度体系,妥善化解医疗纠纷,构建和谐医患关系。(国家卫生计生委、公安部、保监会负责)

完善血液供应保障机制。继续提高人口献血率,无偿献血人次数和献血量增长水平与当地医疗服务需求增长水平相适应。开展血液安全风险监测,巩固血液核酸检测全覆盖成果,健全血液质量控制和改进体系,推进临床合理用血。(国家卫生计生委负责)

专栏5　医疗服务改进项目

基层医疗卫生服务:电子健康档案,健康卡。(国家卫生计生委负责)

分级诊疗:慢性病一体化诊疗服务试点,家庭医生签约服务。(国家卫生计生委负责)

续表

医疗服务能力:临床专科能力建设。(国家卫生计生委、财政部负责) 医疗质量安全管理:医疗质量管理与控制体系建设,医院感染管理监测和质量持续改进,血液安全。(国家卫生计生委负责)

(八)推动中医药传承创新发展。

加强中医药传承创新。加快发展中医医疗服务,健全覆盖城乡的中医医疗服务体系,加强中医重点专科建设,创新中医医院服务模式。充分利用中医药技术方法和现代科学技术,提高危急重症、疑难复杂疾病的中医诊疗服务能力和中医优势病种的中医门诊诊疗服务能力。大力发展中医养生保健服务,推广中医养生保健技术与方法,促进中医养生保健机构规范发展。加强中医临床研究基地和科研机构建设,强化中医理论基础研究,推进中医药标准化、现代化。加强中医药传统知识保护,编撰出版《中华医藏》,建立中医药传统知识保护数据库。完善中医药人才培养体系,加快推进各层次各类型中医药人才培养,健全国医大师评选表彰制度,完善中医药人才评价机制。推进中医药文化传承和发展,弘扬中医药文化精髓,实施中医药健康文化素养提升工程。开展中药资源普查,加强中药资源保护利用,推进中药材规范化种植养殖,加强中药疗效与质量保障体系建设,健全中药材流通追溯机制,促进中药资源可持续发展,提升中药产业发展水平。积极发展民族医药事业。推广中医药适宜技术。(国家中医药局、国家卫生计生委、国家发展改革委、工业和信息化部、教育部、科技部、商务部、农业部负责)

推进中西医协调发展。健全中医药学与现代医学互为补充、惠及大众的中医药健康服务体系。加强中西医结合,促进中医药原创思维和现代快速发展的新技术、新方法有机结合,寻找防治疾病的创新路径和手段,促进中西医药协调发展。加强中西医临床协作,提高重大疑难病、急危重症临床疗效。加强高层次中西医结合人才培养,鼓励西医师全面、系统学习中医。中医类别医师可根据临床需要使用与专业相关的现代医药方法和技术,参加与自身专业相关的特殊准入医疗技术培训。支持非中医类别医师学习中医药理论知识和技能,并在临床实践中应用。实施基层中医药服务能力提升工程,提升基层西医和中医两种手段综合服务能力,力争使所有社区卫生服务机构、乡镇卫生院和70%的村卫生室具备与其功能相适应的中医药服务能力。(国家中医药局、国家卫生计生委、国家发展改革委负责)

专栏6　中医药传承与创新项目
中医药传承与创新:全面改善中医医院基础设施条件,支持中医馆建设。提升省级中医药机构科研能力。支持中医重点学科和重点专科(专病)建设。加强中医药人才培养。开展中药资源普查。实施中医药传承工程、中医临床优势培育工程、基层中医药服务能力提升工程。(国家中医药局、国家卫生计生委、国家发展改革委、教育部负责)

(九)强化综合监督执法与食品药品安全监管。

加强监督执法体系建设。改革和完善卫生计生综合监督行政执法工作,整合卫生计生执法资源,健全完善卫生计生监督执法体系,推动执法重心下移。完善常态化监管机制,加强事中事后监管,实行"双随机"抽查机制,加强全行业监管。建立健全国家重点监督抽检网络。强化依法行政,严格行政执法,提高卫生计生行政执法能力和水平。开展重要卫生计生法律法规落实情况监督检查。健全行政执法制度,围绕社会高度关注、涉及群众切身利益的卫生计生突出问题,大力开展专项整治、重点监督检查和经常性督导检查,严厉打击违法行为。建立健全监督执法责任制和责任追究制。加强卫生计生综合监督行政执法队伍建设。强化监督执法能力建设,完善监管信息系统,推进信息披露和公开,提高监督执法效率。建立健全行业诚信体系和失信联合惩戒机制,建立医药卫生行业"黑名单"制度。(国家卫生计生委负责)

强化食品药品安全监管。实施食品安全战略,完善食品安全法规制度。健全国家食品安全标准体系,完善标准管理制度,加快制定重金属、农药残留、兽药残留等重点食品安全标准,完成不少于300项标准的制定、修订。完善食品安全风险监测与评估工作网络,开展食品安全风险监测,推进食物消费量调查和总膳食研究,系统完成25项食品化学污染物等物质的风险评估。建立健全食品安全事故流行病学调查机制,食源性疾病监测报告网络覆盖县乡村。实施国家药品标准提高行动计划,开展仿制药质量和疗效一致性评价。健全药品医疗器械监管技术支撑体系,提高检验检测能力,提升对药品医疗器械不良反应事件的监测评价和风险预警水平。加强药物临床试验机构建设。健全严密高效、社会共治的食品药品安全治理体系。加大农村食品药品安全治理力度,完善对网络销售食品药品的监管。加强食品药品进口监管。(国家卫生计生委、食品药品监管总局、农业部、质检总局、中央军委后勤保障部卫生局负责)

专栏7 综合监督与食品安全项目
国家重点监督抽检网络建设：国家重点监督抽检，医疗机构医疗卫生和传染病防治监督抽检；公共场所、学校和供水单位公共卫生监督抽检；法律、法规落实情况监督检查；计划生育技术服务机构、采供血机构、放射卫生技术服务机构、消毒产品生产企业和涉水产品生产企业监督抽检。（国家卫生计生委负责） 食品安全标准与监测评估：食品安全标准体系建设，整合现有资源进行食品安全风险监测评估网络和食源性疾病监测报告网络与溯源平台建设，食源性疾病管理和食品安全事故流行病学调查能力建设。（国家卫生计生委负责）

（十）加快健康产业发展。

大力发展社会办医。鼓励社会力量兴办健康服务业，按照每千常住人口不低于1.5张床位为社会力量办医预留规划空间，同步预留诊疗科目设置和大型医用设备配置空间。个体诊所设置不受规划布局限制。优先支持举办非营利性医疗机构，推进非营利性民营医院和公立医院同等待遇。放宽社会力量举办医疗机构的服务领域要求，支持社会力量以多种形式参与健康服务。发展专业性医院管理集团，推动社会力量办医疗机构上水平发展。鼓励社会力量发展儿科、精神科、老年病、长期护理、口腔保健、康复、安宁疗护等资源稀缺及满足多元需求的服务。大力推动医师多点执业，鼓励医师到基层医疗卫生机构多点执业。大力发展第三方服务，引导发展专业的医学检验中心和影像中心等。公立医院资源丰富的地区，社会力量可以多种形式参与国有企业所办医疗机构等部分公立医院改制重组。鼓励公立医院与社会力量共同举办新的非营利性医疗机构，满足群众多层次医疗服务需求。强化行业监管和行业自律，规范市场秩序，保障医疗质量和安全。（国家卫生计生委、国家发展改革委、商务部、国务院国资委负责）

积极发展健康服务新业态。提高健康管理与促进服务水平。推动健康医疗旅游发展，开发有特色的中医药健康旅游产品，提升医疗服务的国际化水平。培育健康医疗大数据应用新业态。加强健康体检的规范化管理。发展中医药健康服务。打造一批知名品牌和良性循环的健康服务产业集群，并形成一定的国际竞争力。开拓发展国际旅行健康服务。（国家卫生计生委、质检总局、国家旅游局、国家中医药局负责）

加快发展商业健康保险。鼓励企业和个人通过参加商业保险及多种形式的补充保险解决基本医保之外的需求。鼓励商业保险机构积极开发与健康管理服务相关的健康保险产品，加强健康风险评估和干预。加快发展医疗责任保险、医疗意外保险，探索发展多种形式的医疗执业保险。（保监会负责）

创新发展药品、医疗器械等产业。鼓励创新药和临床急需品种上市。在加强行业规范的基础上,推动基因检测、细胞治疗等新技术的发展。引导企业提高创新质量,培育重大产品。支持企业兼并重组、强强联合,培育具有国际竞争力的大型企业,提高产业集中度。大力发展智能健康医疗装备。支持提升医疗设备的产业化能力和质量水平,推进发展应用。开发可穿戴生理信息监测设备、便携式诊断设备等移动医疗产品和可实现远程监护、诊断、治疗指导的远程医疗系统。(工业和信息化部、国家卫生计生委、食品药品监管总局、科技部、国家发展改革委负责)

专栏8　健康产业发展项目
健康服务业发展:社会办医示范机构、健康管理与促进服务示范机构、健康医疗旅游示范基地建设。(国家卫生计生委、国家发展改革委、财政部、国家旅游局负责)

(十一)加强卫生计生服务体系建设。

优化医疗卫生服务体系。统筹规划区域卫生资源,按照军民融合发展战略将军队医院纳入驻地有关规划,优化医疗卫生机构布局,推动京津冀医疗卫生协同发展,促进医疗资源向中西部地区倾斜、向基层和农村流动,缩小区域之间基本医疗卫生服务的差距。强基层、补短板,提高妇幼健康、公共卫生、肿瘤、精神、产科、儿科、康复、护理等急需领域医疗服务能力。构建整合型医疗卫生服务体系,提高资源使用效率,避免重复建设。(国家卫生计生委、中央军委后勤保障部卫生局负责)

推动公立医院科学发展。对新建城区、郊区、卫星城区等薄弱区域,政府要有计划、有步骤建设公立医疗卫生机构,满足群众基本医疗卫生需求。控制公立医院规模过快扩张。依托现有资源,合理规划与设置国家医学中心及国家、省级区域医疗中心,继续加强县级公立医院建设,改善县级医院业务用房和装备条件,提高服务能力。加强大型医用设备配置规划和准入管理,严控公立医院超常装备,逐步建立大型设备共用、共享、共管机制。(国家卫生计生委、国家发展改革委负责)

加强卫生应急体系建设。依托现有机构,布局建设国家紧急医学救援基地和区域紧急医学救援中心,构建陆海空立体化的紧急医学救援网络,完善核辐射和中毒紧急医学救援网络,切实提升重特大突发事件的紧急医学救援水平。提高突发急性传染病医疗救治能力。加强县乡两级急救体系建设。(国家卫生计生委、国家发展改革委、中央军委后勤保障部卫生局负责)

加强基层医疗卫生机构服务能力建设。以贫困地区为重点,加强乡镇卫生院、社区卫生服务机构标准化建设,提升基层医疗卫生服务能力和水平。推进乡镇卫生院和村卫生室一体化管理。每千常住人口基层医疗卫生机构床位数达到1.2张,重点加强护理、康复病床的设置。(国家卫生计生委负责)

加强专业公共卫生机构能力建设。加强疾病预防控制机构建设,实现每个省级疾病预防控制机构内有1个达到生物安全三级水平的实验室,有需要的地市级和县级疾病预防控制机构内有1个达到生物安全二级水平的实验室。建设完善检验检疫系统生物安全三级水平的实验室。提高精神专科服务能力。全面改善妇幼保健和计划生育服务机构的基础设施条件。提升妇幼健康服务机构在孕产保健、出生缺陷防治、儿童保健、妇女保健、计划生育方面的技术与服务能力。加强职业病防治能力、卫生计生综合监督执法能力和食品安全技术支持体系建设。加快改善血站业务用房条件。(国家卫生计生委、国家发展改革委、质检总局负责)

专栏9　卫生计生服务体系建设工程

贫困地区基层服务能力建设:以贫困地区为重点,支持县级医院(含中医医院)业务用房建设,推动乡镇卫生院建设,基层医疗卫生机构标准化达标率达到95%以上,打造30分钟基层医疗服务圈。(国家卫生计生委、国家发展改革委负责)

妇幼健康和计划生育服务能力建设:强化孕产妇和新生儿危急重症救治能力建设,支持省、地市、县三级妇幼健康服务机构服务能力建设,全面改善妇幼健康服务条件,新增产床8.9万张。(国家卫生计生委、国家发展改革委负责)

公共卫生服务能力建设:增强应急能力,依托现有机构建设国家移动应急平台和省级核辐射医疗救治基地。加强省级、地市级、县级疾病预防控制机构业务用房建设。加强省级职业病、传染病、地方病、结核病等防治机构基础设施建设。支持省级血液中心、地市级中心血站业务用房建设。(国家卫生计生委、国家发展改革委负责)

疑难病症诊治能力建设:在肿瘤、心脑血管、呼吸等薄弱领域,支持省部级综合或专科医院建设。(国家卫生计生委、国家发展改革委负责)

(十二)加强人才队伍建设。

优化人才队伍的规模与结构。医护比达到1∶1.25,市办及以上医院床护比不低于1∶0.6,每千常住人口公共卫生人员数达到0.83人,人才规模与我国人民群众健康服务需求相适应,城乡和区域医药卫生人才分布趋于合理,各类人才队伍统筹协调发展。(国家卫生计生委负责)

完善人才培养体系。加强医教协同,建立医学人才培养与卫生计生行业人才需求相适应的供需平衡机制,加强对医学院校设置、区域布局以及医学专业学科结构、学历层次、招生规模的宏观调控,增加人才短缺省份毕业生供给。支持有条件的高校增设儿科学、精神医学本科专业,支持高校根据行业需求合理确定儿科学、精神医学本科专业招生规模。加大对中西部地区高等医学院校的支持，缩小区域、院校和学科专业之间培养水平的差距。完善毕业后医学教育制度。全面实施住院医师规范化培训制度，扩大招收规模，重点向全科和儿科、精神科等急需紧缺专业倾斜，到2020年所有新进医疗岗位的临床医师均接受住院医师规范化培训。逐步建立专科医师规范化培训制度。加强培训基地和师资队伍建设。巩固完善继续医学教育制度，建设一批继续医学教育基地，全面提升各级各类卫生计生人员的职业综合素质和专业服务能力。基本建成院校教育、毕业后教育、继续教育三阶段有机衔接的标准化、规范化临床医学人才培养体系。院校教育质量显著提高，毕业后教育得到普及，继续教育实现全覆盖。（国家卫生计生委、教育部、财政部、人力资源社会保障部、国家中医药局负责）

加大人才培养力度。推进以全科医生为重点的基层医疗卫生队伍建设。制订优惠政策，为农村订单定向免费培养医学生。启动实施助理全科医生培训。继续实施基层医疗卫生机构全科医生特设岗位计划，优先安排特岗全科医生到集中连片特困地区乡镇卫生院工作。加强产科、儿科、精神、老年医学、药学、护理、急救、康复等各类紧缺人才以及生殖健康咨询师、护理员等技能型健康服务人才培养。加强高层次人才和公共卫生专业人才队伍建设。加强医院院长职业化培训。加强乡村医生队伍建设。（国家卫生计生委、教育部、财政部、人力资源社会保障部、国家中医药局负责）

创新人才使用、管理和评价机制。健全以聘用制度和岗位管理制度为重点的事业单位用人机制。建立符合医疗行业特点的人事薪酬制度，着力体现医务人员技术劳务价值，优化医务人员职业发展环境。健全基层及紧缺人才激励与约束机制，基层医疗卫生机构内部分配要向关键岗位、业务骨干和作出突出成绩的工作人员倾斜，缩小不同层级医疗卫生机构之间实际收入的差距。落实基层卫生专业技术人员职称评审政策，建立符合基层医疗卫生工作实际的人才评价机制。通过人才服务一体化、柔性引进等多种方式，建立完善城乡联动的人才管理和服务模式。创新公立医院机构编制管理方式，完善编制管理办法，积极探索开展公立医院编制管理改革试点，落实公立医院用人自主权。随着经济社会发展，逐步提高乡村医生待遇水平，完善乡村医生养老政策，稳定和优化村医队伍。（国家卫生计生委、人力资源社会保障部、中央编办、财政部负责）

专栏10　人才发展项目

以全科医生为重点的基层卫生计生人才能力建设：通过开展全科专业住院医师规范化培训、助理全科医生培训、全科医生转岗培训、农村订单定向医学生免费培养，培养培训全科医生。培训全科医学师资。加强城乡基层医疗卫生机构骨干人才培训。（国家卫生计生委、教育部、人力资源社会保障部、国家中医药局负责）

医师规范化培训：规范化培训住院医师50万名。加强规范化培训基地建设。启动专科医师规范化培训试点。培训住院医师师资。（国家卫生计生委、人力资源社会保障部、国家中医药局负责）

县级骨干医师培训：以儿科、妇产科、精神科、病理、康复、老年医学、院前急救等为重点，培训县级医院临床骨干医师，全面提高县级医院服务能力和水平。（国家卫生计生委负责）

完善生育政策服务人才保障：加大妇幼健康领域专业人才培养力度。广泛开展产科、儿科医务人员岗位培训和转岗培训，采取多种形式力争增加产科医生和助产士14万名。（国家卫生计生委负责）

医药卫生创新人才队伍建设：吸引、遴选和造就一批具有国际领先水平的医学领军人才，培养、造就新一代杰出中青年学术带头人，吸引、稳定和培养一批有志于医疗卫生事业的优秀青年骨干人才。支持国家优先发展学科和国际科技前沿领域优秀创新团队。（国家卫生计生委负责）

（十三）加强人口健康信息化建设。

促进人口健康信息互通共享。依托区域人口健康信息平台，实现电子健康档案和电子病历的连续记录以及不同级别、不同类别医疗机构之间的信息共享。全员人口信息、电子健康档案和电子病历三大数据库实现数据融合、动态交互和共享，基本覆盖全国人口并实现信息动态更新。建成统一权威、互联互通的国家、省级、地市级、县级人口健康信息平台，实现公共卫生、计划生育、医疗服务、医疗保障、药品供应、综合管理等六大业务应用系统的资源共享和业务协同。普及应用居民健康卡，积极推进居民健康卡与社会保障卡等公共服务卡的应用集成，实现居民健康管理和医疗服务一卡通用。依托国家电子政务网和政府数据共享交换平台，实现各级平台和各级各类卫生计生机构的互联互通和信息共享。建立完善人口健康信息化标准规范体系，强化标准规范的建设和应用管理。面向在线医疗健康信息服务，实施网络安全战略，加强信息安全防护体系建设。引导自主可控的标准化信息产品研制与应用。（国家卫生计生委、国家发展改革委、中央网信办、工业和信息化部、人力资源社会保障部负责）

积极推动健康医疗信息化新业态快速有序发展。全面实施“互联网＋”健康医疗益民服务,发展面向中西部和基层的远程医疗和线上线下相结合的智慧医疗,促进云计算、大数据、物联网、移动互联网、虚拟现实等信息技术与健康服务的深度融合,提升健康信息服务能力。鼓励建立区域远程医疗业务平台,推动优质医疗资源纵向流动,远程医疗服务覆盖50%以上的县(区、市)。全面深化健康医疗大数据应用。推进健康医疗行业治理、临床和科研、公共卫生大数据应用,加强健康医疗数据安全保障和患者隐私保护,积极应用物联网技术、可穿戴设备等,探索健康服务新模式,发展智慧健康医疗便民惠民服务,强化预防、治疗、康复的精细服务和居民连续的健康信息管理业务协同,提高服务能力和管理水平。积极发展疾病管理、居民健康管理等网络业务应用,推进网上预约、线上支付、在线随访、健康咨询和检查检验结果在线查询等服务。以居民电子健康档案为基础,整合居民健康管理及医疗信息资源,开展居民医疗健康信息服务,提高居民自我健康管理能力。完善统计制度,加强统计数据分析能力。(国家卫生计生委、国家发展改革委、中央网信办、工业和信息化部负责)

专栏11　人口健康信息化建设工程

人口健康信息化建设:按照填平补齐、查缺补漏的原则,完善省级、地市级、县级平台,实现省级与国家级平台对接,省内平台互联互通和业务协同。巩固完善传染病防控、预防接种、严重精神障碍等报告与管理工作,突出电子病历与电子健康档案信息动态更新。开展大数据和远程医疗应用试点。推进健康医疗大数据应用,加强区域临床医学健康数据示范工作,推动远程会诊、远程诊断(影像、病理、心电)、预约诊疗、双向转诊等惠民服务。(国家卫生计生委、国家发展改革委、中央网信办负责)

(十四)加强医学科技创新体系建设。

全面推进卫生与健康科技创新。围绕恶性肿瘤、心脑血管等重大疾病及罕见病等健康问题和健康产业发展需求,加强医学科学前沿基础研究、关键技术研发、成果转移转化、医药产品开发和适宜技术推广。启动实施面向2030年的健康保障重大工程,继续组织实施“重大新药创制”和“艾滋病和病毒性肝炎等重大传染病防治”两个国家科技重大专项,组织实施“精准医学研究”等一批国家重点研发计划,加快诊疗新技术、药品和医疗器械的研发和产业化,显著提高重大疾病防治和健康产业发展的科技支撑能力。加强转化医学国家重大科技基础设施、国家临床医学研究中心和协同研究网络建设,推动现有若干国家重点实验室等国家科研基地的能力提升,调整和完善委级重点实验室,逐步构建规范、整合、高效的医学科技基地平台体系。加强医学科技创新政策环境建设,健全创新人才培养、新技术评估、医学研究标准与规范、医学伦理与科研诚信、知识产权等保障机制,大幅提升医学科技成果转移转化率。发挥国家临床医学研究中心和协同研究网络的作用,促进适宜技术、诊疗指南和技术规范的普及推广。(科技部、国家卫生计生委、国家发展改革委负责)

专栏12　健康科技项目
健康科技重大项目和工程:健康保障重大工程,国家科技重大专项"重大新药创制"和"艾滋病和病毒性肝炎等重大传染病防治"专项;国家重点研发计划"精准医学研究"、"重大慢性非传染性疾病防控研究"、"生殖健康及重大出生缺陷防控研究"等重点专项;中国医学科学院医学与健康科技创新工程。(科技部、国家卫生计生委负责)
成果转化和适宜技术推广:健康科技成果转移转化行动,基层医疗卫生服务适宜技术推广。(科技部、国家卫生计生委负责)

四、保障措施

(一)全面深化医药卫生体制改革。实行医疗、医保、医药联动改革,建立健全覆盖城乡居民的基本医疗卫生制度。健全全民医疗保障制度。加强城乡居民大病保险、重特大疾病医疗救助工作,完善疾病应急救助制度。健全基本医保稳定可持续筹资和报销比例调整机制。整合城乡居民基本医保政策和经办管理。加快推进基本医保异地就医直接结算。全面推进公立医院综合改革。建立现代医院管理制度,完善医院法人治理机制和外部监管机制。控制医药费用不合理增长。健全药品供应保障机制,完善国家药物政策体系,巩固完善基本药物制度,建立药物临床综合评价体系,加强儿童、老年人等特殊人群基本用药保障。推进基本公共卫生服务均等化,完善国家基本公共卫生服务项目,继续实施国家重大公共卫生服务项目。巩固完善基层运行新机制。(国务院医改办、国家卫生计生委、国家发展改革委、财政部、人力资源社会保障部、食品药品监管总局、民政部等相关部门负责)

(二)建立公平有效可持续的筹资体系。进一步明确政府、社会与个人的卫生计生投入责任,完善合理分担机制,缓解个人就医经济负担。明确政府在提供公共卫生和基本医疗服务中的主导地位,加大政府卫生投入,保障人民群众的基本医疗卫生服务需求。鼓励和引导社会力量加大对卫生与健康事业的投入,形成投资主体多元化、投资方式多样化的办医体制。(国家卫生计生委、财政部、人力资源社会保障部负责)

(三)完善卫生计生法制体系。推动基本医疗卫生法立法工作。完善卫生计生法律法规体系,加强医疗、医药、医保、公共卫生、计划生育等重点领域法律法规的制修订工作。做好部门规章立改废释。加强规范性文件的合法性审查，健全依法决策机制。定期开展规章规范性文件清理和标准复审，维护医药卫生法律法规体系的协调性、一致性。健全卫生标准体系，促进强制性卫生标准的实施。深化行政审批制度改革，进一步推进简政放权、放管结合、优化服务改革，创新卫生计生行政管理方式，加快政府职能转变。推进行政审批规范化建设，严禁对已经取消的行政审批事项继续和变相审批，加强承接机构能力建设，确保取消下放事项落实到位。推进政务公开。（国务院法制办、国家卫生计生委、人力资源社会保障部、食品药品监管总局负责）

（四）强化宣传引导。加强正面宣传和典型宣传，增强社会对健康和卫生计生工作的普遍认知，争取各方面的有力支持，保障规划的有效实施。加强社会宣传工作，通过电视、广播、报纸和网络等媒体广泛宣传健康和卫生计生工作相关法律法规和面临的形势与挑战，提高社会各界对健康和卫生计生工作的重视程度。加强卫生计生普法宣传。大力弘扬和践行卫生计生职业精神，深入开展职业精神宣传推介专题活动。完善新闻发布制度和网上舆论工作体系，及时回应网上舆情和社会关切，加强网络舆论引导队伍建设，提升新闻宣传与舆论引导能力。发展健康文化，加强卫生计生文化建设和精神文明建设，建设卫生计生文化宣传基地和文化推广平台。（中央宣传部、国家卫生计生委、中央网信办负责）

（五）做好国际交流合作。制订中国全球卫生战略，实施适应不同国家、地区和组织特点的多层次、多渠道合作策略，提升我国在全球卫生外交中的影响力和国际话语权。积极推进“一带一路”建设中的卫生交流与合作。加强2030年可持续发展议程、全球卫生、医药卫生科研、人口与发展等领域的合作，引进卫生计生改革与发展所需的智力、技术等资源。创新工作模式，继续加强卫生援外工作。推进全球卫生人才培养和队伍建设。深化与港澳台地区的医疗卫生合作交流。推进南南合作。推动医疗设备和药品“走出去”。大力发展国际医疗健康服务贸易，加强中医药国际交流与合作。（国家卫生计生委、国家中医药局、国家发展改革委、商务部、食品药品监管总局负责）

（六）加强组织实施。各级政府要从全面建成小康社会、推进健康中国建设的高度，进一步提高认识，加强领导，将卫生与健康工作纳入重要议事日程。各有关部门要按照职责分工，细化目标，做好相关任务的实施工作。逐步建立健康影响评价评估制度。建立健全监测评价机制，国家卫生计生委负责牵头制订规划监测评估方案，并对规划实施进度和效果进行年度监测和中期、末期评估，监督重大项目的执行情况，及时发现实施中存在的问题，并研究解决对策。地方各级人民政府要定期组织对当地规划实施情况的检查督导，确保规划顺利实施。（国家卫生计生委牵头）

国务院关于印发“十三五”深化医药卫生体制改革规划的通知

（2016年12月27日　国发〔2016〕78号）

现将《“十三五”深化医药卫生体制改革规划》印发给你们，请认真贯彻执行。

“十三五”深化医药卫生体制改革规划

为全面深化医药卫生体制改革，推进健康中国建设，根据《中华人民共和国国民经济和社会发展第十三个五年规划纲要》、《中共中央 国务院关于深化医药卫生体制改革的意见》和《“健康中国2030”规划纲要》，编制本规划。

一、规划背景

“十二五”以来特别是党的十八大以来，在党中央、国务院的坚强领导下，各地区、各有关部门扎实推进医改各项工作，取得了重大进展和明显成效。全民医保体系加快健全，基本医保参保率保持在95%以上，城乡居民医保制度逐步整合，筹资和保障水平进一步提高，城乡居民大病保险、重特大疾病医疗救助、疾病应急救助全面推开，商业健康保险快速发展。县级公立医院综合改革全面实施，城市公立医院综合改革试点持续拓展深化，医疗服务和药品价格改革有序推进，公立医院管理体制和运行机制不断完善。分级诊疗制度建设加快推进，基层医疗卫生机构综合改革持续深化，医疗卫生机构分工协作逐步加强，基本公共卫生服务均等化水平稳步提高。国家基本药物制度得到巩固完善，药品流通领域改革力度不断加大，药品供应保障体系逐步健全。医教协同深化临床医学人才培养改革，住院医师规范化培训制度初步建立，以全科医生为重点的人才队伍建设不断加强，医务人员积极性得到进一步调动。医药卫生监管持续加强，信息化建设积极推进。中医药发展政策机制逐步完善，作用得到更好发挥，惠民效果进一步放大。健康服务业政策环境显著改善，社会办医加快发展。以省为单位实施综合医改试点，积累了有益经验。经过努力，2015年居民人均预期寿命比2010年提高了1.51岁，个人卫生支出占卫生总费用比重由35.29%下降到29.27%，80%以上的居民15分钟内能够到达最近的医疗点，人民健康水平总体上优于中高收入国家平均水平，医药费用不合理过快增长势头得到初步遏制，基本医疗卫生服务公平性、可及性显著提升。实践证明，深化医改方向正确、路径清晰、措施得力、成效显著，用较少的投入取得了较高的健康绩效，群众看病难、看病贵问题得到明显缓解，获得感不断增强，深化医改在国民经济和社会发展中的重要作用日益显现。

"十三五"时期是我国全面建成小康社会的决胜阶段，也是建立健全基本医疗卫生制度、推进健康中国建设的关键时期。当前，人民生活水平不断提高，健康需求日益增长，但我国卫生资源总量不足、结构不合理、分布不均衡、供给主体相对单一、基层服务能力薄弱等问题仍比较突出，维护和促进人民健康的制度体系仍需不断完善。特别是随着医改进入攻坚期和深水区，深层次体制机制矛盾的制约作用日益凸显，利益格局调整更加复杂，改革的整体性、系统性和协同性明显增强，任务更为艰巨。同时，我国经济发展进入新常态，工业化、城镇化、人口老龄化进程加快，以及疾病谱变化、生态环境和生活方式变化、医药技术创新等，都对深化医改提出了更高要求。面对新的形势和挑战，需要在巩固前期改革成果、认真总结经验的基础上，进一步统一思想、坚定信念、增强定力，进一步加强组织领导、制度创新和重点突破，推动医改由打好基础转向提升质量、由形成框架转向制度建设、由单项突破转向系统集成和综合推进，用中国式办法破解医改这个世界性难题，为保障人民健康、促进经济社会发展增添新动力。

二、指导思想、基本原则和主要目标

（一）指导思想。高举中国特色社会主义伟大旗帜，全面贯彻党的十八大和十八届三中、四中、五中、六中全会精神，以马克思列宁主义、毛泽东思想、邓小平理论、"三个代表"重要思想、科学发展观为指导，深入学习贯彻习近平总书记系列重要讲话精神，紧紧围绕统筹推进"五位一体"总体布局和协调推进"四个全面"战略布局，认真落实党中央、国务院决策部署，牢固树立和贯彻落实创新、协调、绿色、开放、共享的发展理念，坚持以人民为中心的发展思想，坚持正确的卫生与健康工作方针，树立大健康理念，全力推进卫生与健康领域理论创新、制度创新、管理创新、技术创新，加快建立符合国情的基本医疗卫生制度，实现发展方式由以治病为中心向以健康为中心转变，推进医药卫生治理体系和治理能力现代化，为推进健康中国建设、全面建成小康社会、实现"两个一百年"奋斗目标和中华民族伟大复兴中国梦提供坚实基础。

（二）基本原则。

坚持以人民健康为中心。把人民健康放在优先发展的战略地位，以公平可及、群众受益为目标，坚守底线、补齐短板，作出更有效的制度安排，维护基本医疗卫生服务的公益性，使全体人民在共建共享中有更多获得感。

坚持保基本、强基层、建机制。将基本医疗卫生制度作为公共产品向全民提供，推动医疗卫生工作重心下移、医疗卫生资源下沉，提升基层医疗卫生的职业吸引力和服务能力，以问题为导向推动制度创新和攻坚突破。

坚持政府主导与发挥市场机制作用相结合。在基本医疗卫生服务领域，坚持政府主导，落实政府责任，适当引入竞争机制。在非基本医疗卫生服务领域，发挥市场活力，加强规范引导，满足多样化、差异化、个性化健康需求。

坚持推进供给侧结构性改革。实行政事分开、管办分开、医药分开、营利性和非营利性分开，优化供给侧治理能力和要素配置，提升服务效率和质量。对需求侧进行科学引导，合理划分政府、社会、个人责任，促进社会共治。

坚持医疗、医保、医药联动改革。按照腾空间、调结构、保衔接的要求，统筹推进管理、价格、支付、薪酬等制度建设，提高政策衔接和系统集成能力。落实部门责任，解放思想、主动作为，以自我革命的精神推进改革，形成强大合力。

坚持突出重点、试点示范、循序推进。理清改革内在逻辑，突出重要领域和关键环节，及时总结推广地方经验，发挥重点改革的突破性作用和试点的带动效应。把握好改革的力度和节奏，注重统筹兼顾，积极稳妥推进改革。

（三）主要目标。到 2017 年，基本形成较为系统的基本医疗卫生制度政策框架。分级诊疗政策体系逐步完善，现代医院管理制度和综合监管制度建设加快推进，全民医疗保障制度更加高效，药品生产流通使用政策进一步健全。到 2020 年，普遍建立比较完善的公共卫生服务体系和医疗服务体系、比较健全的医疗保障体系、比较规范的药品供应保障体系和综合监管体系、比较科学的医疗卫生机构管理体制和运行机制。经过持续努力，基本建立覆盖城乡居民的基本医疗卫生制度，实现人人享有基本医疗卫生服务，基本适应人民群众多层次的医疗卫生需求，我国居民人均预期寿命比 2015 年提高 1 岁，孕产妇死亡率下降到 18/10 万，婴儿死亡率下降到 7.5‰，5 岁以下儿童死亡率下降到 9.5‰，主要健康指标居于中高收入国家前列，个人卫生支出占卫生总费用的比重下降到 28% 左右。

三、重点任务

“十三五”期间，要在分级诊疗、现代医院管理、全民医保、药品供应保障、综合监管等 5 项制度建设上取得新突破，同时统筹推进相关领域改革。

（一）建立科学合理的分级诊疗制度。坚持居民自愿、基层首诊、政策引导、创新机制，以家庭医生签约服务为重要手段，鼓励各地结合实际推行多种形式的分级诊疗模式，推动形成基层首诊、双向转诊、急慢分治、上下联动的就医新秩序。到 2017 年，分级诊疗政策体系逐步完善，85% 以上的地市开展试点。到 2020 年，分级诊疗模式逐步形成，基本建立符合国情的分级诊疗制度。

1. 健全完善医疗卫生服务体系。优化医疗卫生资源布局，明确各级各类医疗卫生机构功能定位，加强协作，推动功能整合和资源共享。合理控制公立综合性医院数量和规模。大力推进面向基层、偏远和欠发达地区的远程医疗服务体系建设，鼓励二、三级医院向基层医疗卫生机构提供远程服务，提升远程医疗服务能力，利用信息化手段促进医疗资源纵向流动，提高优质医疗资源可及性和医疗服务整体效率。推进大医院与基层医疗卫生机构、全科医生与专科医生的资源共享和业务协同，健全基于互联网、大数据技术的分级诊疗信息系统。鼓励社会力量举办医学检验机构、病理诊断机构、医学影像检查机构、消毒供应机构和血液净化机构，鼓励公立医院面向区域提供相关服务，实现区域资源共享。加强医疗质量控制，推进同级医疗机构间以及医疗机构与独立检查检验机构间检查检验结果互认。

实施中医药传承与创新工程，推动中医药服务资源与临床科研有机结合，加强中医适宜技术的应用，充分发挥中医药在“治未病”、重大疾病治疗和疾病康复中的重要作用。在基层中医药服务体系不健全、能力较弱的地区，将中医医院中医门诊诊疗服务纳入首诊范围。按照军民融合发展战略，将军队医疗机构全面纳入分级诊疗体系。建立健全突发急性传染病医疗救治网络，推进构建陆海空立体化的紧急医学救援网络。

2. 提升基层医疗卫生服务能力。以常见病、多发病的诊断和鉴别诊断为重点，强化乡镇卫生院、社区卫生服务中心基本医疗服务能力建设。提升乡镇卫生院开展急诊抢救、二级以下常规手术、正常分娩、高危孕产妇初筛、儿科、精神疾病、老年病、中医、康复等医疗服务能力。加强县级公立医院综合能力建设和学科建设，重点加强县域内常见病、多发病相关专业科室以及紧缺专业临床专科建设，进一步降低县域外就诊率。规范社区卫生服务管理，推动实施社区卫生服务提升工程。促进先进适宜技术的普及普惠。建立与开展分级诊疗工作相适应、能够满足基层医疗卫生机构实际需要的药品供应保障体系，实现药品使用的上下联动和相互衔接。通过鼓励大医院医师下基层、退休医生开诊所以及加强对口支援、实施远程医疗、推动建立医疗联合体等，把大医院的技术传到基层。实施基层中医药服务能力提升工程“十三五”行动计划。到 2020 年，力争所有社区卫生服务机构和乡镇卫生院以及 70% 的村卫生室具备中医药服务能力，同时具备相应的医疗康复能力。

完善基层管理和运行机制。强化基层医疗卫生机构法人主体地位，落实人事、经营、分配等方面自主权。进一步完善基层医疗卫生机构绩效工资制度，收支结余部分可按规定提取职工福利基金、奖励基金。巩固完善多渠道补偿机制，落实基层医疗卫生机构核定任务、核定收支、绩效考核补助的财务管理办法，加强绩效考核，既调动基层医疗卫生机构和医务人员积极性，又防止出现新的逐利行为。建立基层医疗卫生机构及负责人绩效评价机制，对机构负责人实行任期目标责任制，对其他人员突出岗位工作量、服务质量、行为规范、技术难度、风险程度和服务对象满意度等内容。鼓励有条件的地方实施乡村一体化管理。

3. *引导公立医院参与分级诊疗*。进一步完善和落实医保支付和医疗服务价格政策，调动三级公立医院参与分级诊疗的积极性和主动性，引导三级公立医院收治疑难复杂和危急重症患者，逐步下转常见病、多发病和疾病稳定期、恢复期患者。鼓励打破行政区域限制，推动医疗联合体建设，与医保、远程医疗等相结合，实现医疗资源有机结合、上下贯通。以资源共享和人才下沉为导向，将医疗联合体构建成为利益共同体、责任共同体、发展共同体，形成责、权、利明晰的区域协同服务模式。探索通过医师多点执业、加强基层医疗卫生机构药物配备、对纵向合作的医疗联合体等分工协作模式实行医保总额付费等方式，引导医疗联合体内部形成顺畅的转诊机制。

4. *推进形成诊疗—康复—长期护理连续服务模式*。明确医疗机构急慢分治服务流程，建立健全分工协作机制，畅通医院、基层医疗卫生机构、康复医院和护理院等慢性病医疗机构之间的转诊渠道，形成“小病在基层、大病到医院、康复回基层”的合理就医格局。城市大医院主要提供急危重症和疑难复杂疾病的诊疗服务，将诊断明确、病情稳定的慢性病患者、康复期患者转至下级医疗机构以及康复医院、护理院等慢性病医疗机构。基层医疗卫生机构和慢性病医疗机构为诊断明确、病情稳定的慢性病患者、康复期患者、老年病患者、晚期肿瘤患者、残疾人等提供治疗、康复、护理服务。显著增加慢性病医疗机构提供康复、长期护理服务的医疗资源。完善相关政策措施，逐步推行日间手术。探索建立长期护理保险制度。加强残疾人专业康复机构建设，建立医疗机构与残疾人专业康复机构密切配合、相互衔接的工作机制。

5. *科学合理引导群众就医需求*。建立健全家庭医生签约服务制度，通过提高基层服务能力、医保支付、价格调控、便民惠民等措施，鼓励城乡居民与基层医生或家庭医生团队签约。到2017年，家庭医生签约服务覆盖率达到30%以上，重点人群签约服务覆盖率达到60%以上。到2020年，力争将签约服务扩大到全人群，基本实现家庭医生签约服务制度全覆盖。

遵循医学科学规律，结合功能定位，明确县、乡两级医疗机构的医疗服务范围，对于超出功能定位和服务能力的疾病，为患者提供相应转诊服务。完善双向转诊程序，建立健全转诊指导目录，重点畅通向下转诊渠道，逐步实现不同级别、不同类别医疗机构之间有序转诊。完善不同级别医疗机构的医保差异化支付政策，适当提高基层医疗卫生机构医保支付比例，合理引导就医流向。对符合规定的转诊住院患者连续计算起付线。合理制定和调整医疗服务价格，对医疗机构落实功能定位、患者合理选择就医机构形成有效激励。

（二）建立科学有效的现代医院管理制度。深化县级公立医院综合改革，加快推进城市公立医院综合改革。到2017年，各级各类公立医院全面推开综合改革，初步建立决策、执行、监督相互协调、相互制衡、相互促进的管理体制和治理机制。到2020年，基本建立具有中国特色的权责清晰、管理科学、治理完善、运行高效、监督有力的现代医院管理制度，建立维护公益性、调动积极性、保障可持续的运行新机制和科学合理的补偿机制。

1. 完善公立医院管理体制。妥善处理医院和政府关系，实行政事分开和管办分开，推动医院管理模式和运行方式转变。加强政府在方向、政策、引导、规划、评价等方面的宏观管理，加大对医疗行为、医疗费用等方面监管力度，减少对医院人事编制、科室设定、岗位聘任、收入分配等的管理。逐步取消公立医院行政级别。合理界定政府作为出资人的举办监督职责和公立医院的自主运营管理权限。健全政府办医体制，积极探索公立医院管办分开的多种有效实现形式。采取有效措施，统筹协调政府办医职能，形成合力。加强对政府、军队和企事业单位等各类主体举办公立医院的全行业监管，明确各方职责、权利和义务。落实公立医院独立法人地位。健全公立医院法人治理机制，落实内部人事管理、机构设置、收入分配、副职推荐、中层干部任免、年度预算执行等自主权。实行院长负责制，完善院长选拔任用制度，实行院长任期制和任期目标责任制。公立医院依法制订章程。建立健全公立医院全面预算管理制度、成本核算制度、财务报告制度、总会计师制度、第三方审计制度和信息公开制度。

2. 建立规范高效的运行机制。取消药品加成（不含中药饮片），通过调整医疗服务价格、加大政府投入、改革支付方式、降低医院运行成本等，建立科学合理的补偿机制。逐步建立以成本和收入结构变化为基础的医疗服务价格动态调整机制，按照“总量控制、结构调整、有升有降、逐步到位”的原则，降低药品、医用耗材和大型医用设备检查治疗和检验等价格，重点提高诊疗、手术、康复、护理、中医等体现医务人员技术劳务价值的项目价格，加强分类指导，理顺不同级别医疗机构间和医疗服务项目的比价关系。通过规范诊疗行为、医保控费等降低药品、耗材等费用，严格控制不合理检查检验费用，为调整医疗服务价格腾出空间，并与医疗控费、薪酬制度、医保支付、分级诊疗等措施相衔接。放开特需医疗服务和其他市场竞争比较充分、个性化需求比较强的医疗服务价格，由医疗机构自主制定。继续推进公立医院后勤服务社会化。在公立医院综合改革中统筹考虑中医药特点，建立有利于中医药特色优势发挥的运行新机制。推进军队医院参与地方公立医院综合改革。规范公立医院改制，推进国有企业所属医院分离移交和改制试点，原则上政府举办的传染病院、精神病院、职业病防治院、妇幼保健院和妇产医院、儿童医院、中医医院（民族医院）等不进行改制。力争到2017年试点城市公立医院药占比（不含中药饮片）总体降到30%左右，百元医疗收入（不含药品收入）中消耗的卫生材料降到20元以下。

3. 建立符合医疗卫生行业特点的编制人事和薪酬制度。创新公立医院编制管理方式，完善编制管理办法，积极探索开展公立医院编制管理改革试点。在地方现有编制总量内，确定公立医院编制总量，逐步实行备案制，在部分大中城市三级甲等公立医院开展编制管理改革、实行人员总量管理试点。落实公立医院用人自主权，对急需引进的高层次人才、短缺专业人才以及具有高级专业技术职务或博士学位人员，可由医院采取考察的方式予以公开招聘。完善医疗机构与医务人员用人关系。

地方可以按国家有关规定，结合实际合理确定公立医院薪酬水平，逐步提高人员经费支出占业务支出的比例，并建立动态调整机制。对工作时间之外劳动较多、高层次医疗人才集聚、公益目标任务繁重、开展家庭医生签约服务的公立医疗机构在核定绩效工资总量时予以倾斜。在绩效工资分配上，重点向临床一线、业务骨干、关键岗位以及支援基层和有突出贡献的人员倾斜，做到多劳多得、优绩优酬。按照有关规定，公立医院可以探索实行目标年薪制和协议薪酬。公立医院主管部门对院长年度工作情况进行考核评价，确定院长薪酬水平，院长薪酬与医院工作人员绩效工资水平保持合理比例关系。

4. 建立以质量为核心、公益性为导向的医院考评机制。健全医院绩效评价体系，机构考核应涵盖社会效益、服务提供、质量安全、综合管理、可持续发展等内容，重视卫生应急、对口支援以及功能定位落实和分级诊疗实施情况等体现公益性的工作。将落实医改任务情况列入医院考核指标，强化医院和院长的主体责任。医务人员考核突出岗位工作量、服务质量、行为规范、技术难度、风险程度和服务对象满意度等指标，负责人考核还应包括职工满意度等内容。考核结果与政府投入、医保支付、人员职业发展等挂钩。

5. 控制公立医院医疗费用不合理增长。逐步健全公立医院医疗费用控制监测和考核机制。设定全国医疗费用增长控制目标，各省（区、市）根据不同地区医疗费用水平和增长幅度以及不同类别医院的功能定位等，分类确定控费要求并进行动态调整。以设区的市为单位向社会公开辖区内各医院的价格、医疗服务效率、次均医疗费用等信息，对医疗机构费用指标进行排序，定期公示排序结果。落实处方点评制度。卫生计生等有关部门对公立医院药品、高值医用耗材、大型医用设备检查等情况实施跟踪监测。到2017年，全国公立医院医疗费用增长幅度力争降到10%以下，到2020年，增长幅度稳定在合理水平。

（三）建立高效运行的全民医疗保障制度。按照保基本、兜底线、可持续的原则，围绕资金来源多元化、保障制度规范化、管理服务社会化三个关键环节，加大改革力度，建立高效运行的全民医疗保障体系。坚持精算平衡，完善筹资机制，以医保支付方式改革为抓手推动全民基本医保制度提质增效。建立起较为完善的基本医保、大病保险、医疗救助、疾病应急救助、商业健康保险和慈善救助衔接互动、相互联通机制。

1. 健全基本医保稳定可持续筹资和报销比例调整机制。完善医保缴费参保政策，厘清政府、单位、个人缴费责任，逐步建立稳定可持续的多渠道筹资机制，同经济社会发展水平、各方承受能力相适应。在继续加大财政投入、提高政府补助标准的同时，强化个人参保意识，适当提高个人缴费比重。逐步建立城乡居民医保个人缴费标准与居民收入相挂钩的动态筹资机制，使筹资标准、保障水平与经济社会发展水平相适应。到2020年，基本医保参保率稳定在95%以上。

健全与筹资水平相适应的基本医保待遇动态调整机制。明确医保待遇确定和调整的政策权限、调整依据和决策程序，避免待遇调整的随意性。明确基本医保的保障边界。合理确定基本医保待遇标准。结合医保基金预算管理全面推进付费总额控制。改进个人账户，开展门诊费用统筹。按照分级管理、责任共担、统筹调剂、预算考核的基本思路，加快提高基金统筹层次。全面巩固市级统筹，推动有条件的省份实行省级统筹。加快建立异地就医直接结算机制，推进基本医保全国联网和异地就医直接结算，加强参保地与就医地协作，方便群众结算，减少群众“跑腿”、“垫资”。建立健全异地转诊的政策措施，推动异地就医直接结算与促进医疗资源下沉、推动医疗联合体建设、建立分级诊疗制度衔接协调。到2017年，基本实现符合转诊规定的异地就医住院费用直接结算。到2020年，建立医保基金调剂平衡机制，逐步实现医保省级统筹，基本医保政策范围内报销比例稳定在75%左右。

2. 深化医保支付方式改革。健全医保支付机制和利益调控机制，实行精细化管理，激发医疗机构规范行为、控制成本、合理收治和转诊患者的内生动力。全面推行按病种付费为主，按人头、按床日、总额预付等多种付费方式相结合的复合型付费方式，鼓励实行按疾病诊断相关分组付费(DRGs)方式。对住院医疗服务主要按病种付费、按疾病诊断相关分组付费或按床日付费；对基层医疗服务可按人头付费，积极探索将按人头付费与高血压、糖尿病、血液透析等慢病管理相结合；对一些复杂病例和门诊费用可按项目付费、按人头付费。有条件的地区可将点数法与预算管理、按病种付费等相结合，促进医疗机构之间有序竞争和资源合理配置。健全各类医疗保险经办机构与医疗卫生机构之间公开、平等的谈判协商机制和风险分担机制。建立结余留用、合理超支分担的激励约束机制。建立健全支付方式改革相关的管理规范、技术支撑和政策配套，制定符合基本医疗需求的临床路径等行业技术标准，规范病历及病案首页的书写，全面夯实信息化管理基础，实现全国范围内医疗机构医疗服务项目名称和内涵、疾病分类编码、医疗服务操作编码的统一。继续落实对中医药服务的支持政策，逐步扩大纳入医保支付的医疗机构中药制剂和针灸、治疗性推拿等中医非药物诊疗技术范围，探索符合中医药服务特点的支付方式，鼓励提供和使用适宜的中医药服务。到2017年，国家选择部分地区开展按疾病诊断相关分组付费试点，鼓励各地积极完善按病种、按人头、按床日等多种付费方式。到2020年，医保支付方式改革逐步覆盖所有医疗机构和医疗服务，全国范围内普遍实施适应不同疾病、不同服务特点的多元复合式医保支付方式，按项目付费占比明显下降。

3. 推动基本医疗保险制度整合。在城乡居民基本医保实现覆盖范围、筹资政策、保障待遇、医保目录、定点管理、基金管理“六统一”的基础上，加快整合基本医保管理机构。理顺管理体制，统一基本医保行政管理职能。统一基本医保经办管理，可开展设立医保基金管理中心的试点，承担基金支付和管理，药品采购和费用结算，医保支付标准谈判，定点机构的协议管理和结算等职能。加大改革创新力度，进一步发挥医保对医疗费用不合理增长的控制作用。加快推进医保管办分开，提升医保经办机构法人化和专业化水平。创新经办服务模式，推动形成多元化竞争格局。

4. 健全重特大疾病保障机制。在全面实施城乡居民大病保险基础上，采取降低起付线、提高报销比例、合理确定合规医疗费用范围等措施，提高大病保险对困难群众支付的精准性。完善职工补充医疗保险政策。全面开展重特大疾病医疗救助工作，在做好低保对象、特困人员等医疗救助基础上，将低收入家庭的老年人、未成年人、重度残疾人、重病患者等低收入救助对象，以及因病致贫家庭重病患者纳入救助范围，发挥托底保障作用。积极引导社会慈善力量等多方参与。逐步形成医疗卫生机构与医保经办机构间数据共享的机制，推动基本医保、大病保险、医疗救助、疾病应急救助、商业健康保险有效衔接，全面提供“一站式”服务。

5. 推动商业健康保险发展。积极发挥商业健康保险机构在精算技术、专业服务和风险管理等方面的优势，鼓励和支持其参与医保经办服务，形成多元经办、多方竞争的新格局。在确保基金安全和有效监管的前提下，以政府购买服务方式委托具有资质的商业保险机构等社会力量参与基本医保的经办服务，承办城乡居民大病保险。按照政府采购的有关规定，选择商业保险机构等社会力量参与医保经办。加快发展医疗责任保险、医疗意外保险，探索发展多种形式的医疗执业保险。丰富健康保险产品，大力发展消费型健康保险，促进发展各类健康保险，强化健康保险的保障属性。鼓励保险公司开发中医药养生保健等各类商业健康保险产品，提供与其相结合的中医药特色健康管理服务。制定和完善财政税收等相关优惠政策，支持商业健康保险加快发展。鼓励企业和居民通过参加商业健康保险，解决基本医保之外的健康需求。

（四）建立规范有序的药品供应保障制度。实施药品生产、流通、使用全流程改革，调整利益驱动机制，破除以药补医，推动各级各类医疗机构全面配备、优先使用基本药物，建设符合国情的国家药物政策体系，理顺药品价格，促进医药产业结构调整和转型升级，保障药品安全有效、价格合理、供应充分。

1. 深化药品供应领域改革。通过市场倒逼和产业政策引导，推动企业提高创新和研发能力，促进做优做强，提高产业集中度，推动中药生产现代化和标准化，实现药品医疗器械质量达到或接近国际先进水平，打造中国标准和中国品牌。建立更加科学、高效的药品审评审批体系。加快推进仿制药质量和疗效一致性评价，鼓励创制新药，鼓励以临床价值为导向的药物创新。加快防治艾滋病、恶性肿瘤、重大传染病、罕见病等临床急需新药及儿童用药等的审评审批。淘汰疗效不确切、风险大于效益的品种。加强医疗器械创新，严格医疗器械审批。建立药品上市许可持有人制度。加快重大传染病用药、儿童用药的研发和生产。在国家基本药物目录（2012 年版）中，2007 年 10 月 1 日前批准上市的化学药品仿制药口服固体制剂应在 2018 年底前完成一致性评价。

解决好低价药、“救命药”、“孤儿药”以及儿童用药的供应问题。扶持低价药品生产，保障市场供应，保持药价基本稳定。建立健全短缺药品监测预警和分级应对机制，加快推进紧缺药品生产，支持建设小品种药物集中生产基地，继续开展用量小、临床必需、市场供应短缺药品的定点生产试点。完善儿童用药、卫生应急药品保障机制。对原料药市场供应不足的药品加强市场监测，鼓励提高生产能力。

2. 深化药品流通体制改革。加大药品、耗材流通行业结构调整力度，引导供应能力均衡配置，加快构建药品流通全国统一开放、竞争有序的市场格局，破除地方保护,形成现代流通新体系。推动药品流通企业兼并重组,整合药品经营企业仓储资源和运输资源,加快发展药品现代物流,鼓励区域药品配送城乡一体化。推动流通企业向智慧型医药服务商转型,建设和完善供应链集成系统,支持流通企业向供应链上下游延伸开展服务。应用流通大数据,拓展增值服务深度和广度,引导产业发展。鼓励绿色医药物流发展,发展第三方物流和冷链物流。支持药品、耗材零售企业开展多元化、差异化经营。推广应用现代物流管理与技术,规范医药电商发展,健全中药材现代流通网络与追溯体系,促进行业结构调整,提升行业透明度和效率。力争到2020年,基本建立药品出厂价格信息可追溯机制,形成1家年销售额超过5000亿元的超大型药品流通企业,药品批发百强企业年销售额占批发市场总额的90%以上。

3. 完善药品和高值医用耗材集中采购制度。完善以省(区、市)为单位的网上药品集中采购机制,落实公立医院药品分类采购,坚持集中带量采购原则,公立医院改革试点城市可采取以市为单位在省级药品集中采购平台上自行采购,鼓励跨区域联合采购和专科医院联合采购。做好基层和公立医院药品采购衔接。推进公共资源交易平台整合。每种药品采购的剂型原则上不超过3种,每种剂型对应的规格原则上不超过2种。实施药品采购"两票制"改革(生产企业到流通企业开一次发票,流通企业到医疗机构开一次发票),鼓励医院与药品生产企业直接结算药品货款、药品生产企业与配送企业结算配送费用,严格按合同回款。进一步提高医院在药品采购中的参与度,落实医疗机构药品、耗材采购主体地位,促进医疗机构主动控制药品、耗材价格。完善药品价格谈判机制,建立统分结合、协调联动的国家、省两级药品价格谈判制度。对部分专利药品、独家生产药品进行公开透明、多方参与的价格谈判,逐步增加国家谈判药品品种数量,并做好医保等政策衔接。将加快药品注册审批流程、专利申请、药物经济学评价等作为药品价格谈判的重要内容。对实行备案采购的重点药品,明确采购数量、开具处方的医生,由医疗机构负责人审批后向药品采购部门备案。加强国家药品供应保障综合管理信息平台和省级药品集中采购平台规范化建设,提高药品集中采购平台服务和监管能力,健全采购信息采集共享机制。

开展高值医用耗材、检验检测试剂、大型医疗设备集中采购。规范和推进高值医用耗材集中采购,统一高值医用耗材编码标准,区别不同情况推行高值医用耗材招标采购、谈判采购、直接挂网采购等方式,确保高值医用耗材采购各环节在阳光下运行。

4. 巩固完善基本药物制度。巩固政府办基层医疗卫生机构和村卫生室实施基本药物制度成果,推动基本药物在目录、标识、价格、配送、配备使用等方面实行统一政策。加强儿童、老年人、慢性病人、结核病人、严重精神障碍患者和重度残疾人等特殊人群基本用药保障。探索在基本药物遴选调整中纳入循证医学和药物经济学评价方法。在国家基本药物目录中坚持中西药并重。完善基本药物优先和合理使用制度,坚持基本药物主导地位。完善基本药物供应体系。

5. 完善国家药物政策体系。健全管理体制,建立国家药物政策协调机制。推动医药分开,采取综合措施切断医院和医务人员与药品、耗材间的利益链。医疗机构应按照药品通用名开具处方,并主动向患者提供,不得限制处方外流。探索医院门诊患者多渠道购药模式,患者可凭处方到零售药店购药。推动企业充分竞争和兼并重组,提高市场集中度,实现规模化、集约化和现代化经营。调整市场格局,使零售药店逐步成为向患者售药和提供药学服务的重要渠道。

进一步完善药品价格形成机制,强化价格、医保、采购等政策的衔接,坚持分类管理,实行不同的价格管理方式,逐步建立符合我国药品市场特点的药价管理体系。建立健全医保药品支付标准,结合仿制药质量和疗效一致性评价工作,逐步按通用名制定药品支付标准。完善国家医药储备体系,在应急保障的基础上,完善常态短缺药品储备。完善中药政策,加强中药材质量管理,鼓励中药饮片、民族药的临床应用。探索建立医院总药师制度,完善医疗机构和零售药店药师管理制度,结合医疗服务价格改革,体现药事服务价值。建立药物临床综合评价体系和儿童用药临床综合评价机制,提高合理用药水平。

(五)建立严格规范的综合监管制度。健全医药卫生法律体系,加快转变政府职能,完善与医药卫生事业发展相适应的监管模式,提高综合监管效率和水平,推进监管法制化和规范化,建立健全职责明确、分工协作、运行规范、科学有效的综合监管长效机制。

1. 深化医药卫生领域"放管服"改革。按照简政放权、放管结合、优化服务的要求,推进医药卫生领域行政审批制度改革。对确需保留的行政审批事项,建立清单制度并向社会公示。转变监管理念,创新监管机制和监管方式,更加注重加强事中事后监管,提升监管效能。优化政府服务,提高服务水平。促进医疗卫生机构转变服务模式,改善服务质量。

2. 构建多元化的监管体系。完善政府监管主导、第三方广泛参与、医疗卫生机构自我管理和社会监督为补充的多元化综合监管体系。加强部门联动,加大监管力度,切实防止和减少损害群众健康权益的违法违规行为。引导第三方依法依规参与监管工作。建立医疗卫生机构自我管理制度,加强内涵管理。利用信息化手段对所有医疗机构门诊、住院诊疗行为和费用开展全程监控和智能审核。加强医保智能审核技术应用,推动全国所有统筹地区应用智能监控系统,逐步实现对门诊、住院、购药等各类医疗服务行为的全面、及时、高效监控。健全全国药品信息公共服务平台,公开价格、质量等信息。建立健全社会共治机制,加大信息公开和宣传教育力度,拓宽公众参与监管的渠道,主动接受社会监督。

3. 强化全行业综合监管。健全医药卫生法律法规和标准,推动监管重心转向全行业监管。加快出台基本医疗卫生法,建立健全中医药法规,完善相关标准规范。实行属地化监督,加强基层监督机构规范化建设和能力建设,建立健全综合监管保障机制。开展综合监管试点。推行随机抽取检查对象、随机选派执法检查人员的"双随机"抽查,依法查处违法违规行为,抽查情况及查处结果及时向社会公开。建立违法违纪"黑名单"制度,对进入"黑名单"的机构和人员依法依规严肃处理,情节严重的坚决曝光。健全医疗机构绩效考评制度,对医疗机构的基本标准、服务质量、技术水平、管理水平等进行综合评价,确保各医疗机构的功能任务符合医疗机构设置规划要求。强化临床路径管理,完善技术规范,提高诊疗行为透明度。加强对非营利性社会办医疗机构产权归属、财务运营、资金结余使用等方面的监督管理,加强对营利性医疗机构盈利率的管控,加强医疗养生类节目和医疗广告监管,促进社会办医健康发展。到2020年,对各级各类医疗卫生机构监督检查实现100%覆盖。

完善基本医保基金监管制度,加大对骗保欺诈等医保违法行为的惩戒力度。完善医疗保险对医疗服务的监控机制,将监管对象由医疗机构延伸至医务人员。强化药品质量监管,进一步规范药品市场流通秩序。加强药品注册申请、审批和生产、销售的全程监管,建立完善药品信息追溯体系,形成全品种、全过程完整追溯与监管链条。加强药品有效期和包装材料管理,规范过期药品等废弃药品及包装材料的处置。严控药品购销渠道,严格票据管理,减少流通环节,净化流通环境。加强部门之间的配合,依法依规严厉打击药品注册申请中数据造假、制售假劣药品、挂靠经营、"走票"、商业贿赂、非法经营等违法犯罪行为。强化药品价格行为监管,建立健全药品价格信息监测预警和信息发布制度,积极引导行业组织和市场主体加强诚信建设,自觉维护市场价格秩序。加强对市场竞争不充分的药品和高值医用耗材的价格监管。对价格变动频繁、变动幅度较大的,适时开展专项调查,对价格垄断、欺诈、串通等违法行为依法予以查处。

4. 引导规范第三方评价和行业自律。完善相关政策制度,鼓励符合条件的第三方积极开展或参与评价标准的咨询、技术支持、考核评价等工作,推动医疗机构考核评价由政府主导逐步向独立第三方评价转变。充分发挥行业协会学会、高等院校、科研院所等作用，积极培育第三方评价机构。强化行业自律，推动行业组织建立健全行业管理规范和准则，规范成员行为。引导和规范医疗机构建立内审制度，加强自我管理和自查自纠，提高医疗服务质量，保障医疗安全。加强全国医疗卫生行业监管信息管理，为医疗机构开展业务以及提升服务质量、服务效率、满意度等提供有效监控依据。

（六）统筹推进相关领域改革。

1. 健全完善人才培养使用和激励评价机制。从提升和改善薪酬待遇、发展空间、执业环境、社会地位等方面入手，调动广大医务人员积极性、主动性和创造性，发挥医务人员改革主力军作用。健全医务人员培训培养制度，使每名医务人员都有接受继续教育和职业再培训的机会。创新人才培养机制，基本建成院校教育、毕业后教育、继续教育三阶段有机衔接的标准化、规范化临床医学人才培养体系。完善医学教育质量保障机制，到2020年，完成本科临床医学专业首轮认证工作，建立起具有中国特色与国际医学教育实质等效的医学专业认证制度。深化医学教育改革，深入推进卓越医生教育培养计划，加强医学相关专业人才培养。继续开展农村订单定向医学生免费培养工作。完善毕业后教育制度，到2020年，所有新进医疗岗位的本科及以上学历临床医师均接受住院医师规范化培训，初步建立专科医师规范化培训制度，重点为县级医疗机构和边远地市医院培养一批专科医师。推进基层药学人员培养使用。大力推进全科医生制度建设，加强以全科医生为重点的基层人才队伍建设，通过规范化培训、助理全科医生培训、转岗培训等多种途径加大全科医生培养培训力度。到2020年，初步建立起充满生机和活力的全科医生制度，基本形成统一规范的全科医生培养模式，城乡每万名居民有2－3名合格的全科医生，全科医生总数达到30万人以上。实施中医药传承与创新人才工程，促进中医药传承与发展，建立健全中医药师承教育制度。

创新卫生人才使用机制，完善岗位设置管理制度，推行公开招聘制度，实行全员聘用制度，实现人员分类管理。改善从业环境和薪酬待遇，促进医疗资源向中西部地区倾斜、向基层和农村流动。在总结评估的基础上，继续实施全科医生特岗计划。允许医疗卫生机构突破现行事业单位工资调控水平，允许医疗服务收入扣除成本并按规定提取各项基金后主要用于人员奖励，其中医疗服务收入的内涵和与绩效工资制度衔接的具体办法另行研究制定。合理确定医疗卫生机构编外人员待遇，逐步实现同岗同薪同待遇，激发广大医务人员活力。严禁给医务人员设定创收指标，医务人员薪酬不得与药品、耗材、检查、化验等业务收入挂钩。基层医疗卫生机构内部绩效分配可采取设立全科医生津贴等方式，向承担签约服务等临床一线任务的人员倾斜。落实艰苦边远地区津贴、乡镇工作补贴政策，绩效工资分配向基层倾斜。创新人才评价机制，改革完善以岗位职责要求为基础，以品德、能力、业绩为导向，符合卫生人才特点的科学化、社会化评价机制。完善职称晋升体系和职称晋升办法，增加医疗卫生机构中高级岗位比例并向基层倾斜，拓宽医务人员职业发展空间。关心重视村医队伍建设，合理提高待遇，结合实际建立乡村医生退出机制。鼓励医师到基层、边远地区、医疗资源稀缺地区和其他有需求的医疗机构多点执业。

建立卫生人员荣誉制度，弘扬广大卫生与健康工作者“敬佑生命、救死扶伤、甘于奉献、大爱无疆”的精神，做好“人民好医生”称号评选宣传工作，通过多种形式增强医务人员职业荣誉感。依法严厉打击涉医违法犯罪行为特别是伤害医务人员的暴力犯罪行为，坚决从严查处涉医突发案件，维护正常医疗秩序，保护医务人员安全。完善医疗纠纷调解机制，健全院内调解、人民调解、司法调解、医疗风险分担机制有机结合的“三调解一保险”制度体系，构建和谐医患关系。到2020年，医疗责任保险覆盖全国所有公立医院和80%以上的基层医疗卫生机构。

2. *加快形成多元办医格局*。持续开展健康领域大众创业、万众创新。鼓励社会力量兴办健康服务业，扩大健康服务相关支撑产业规模，优化健康服务业发展环境。健全非营利性和营利性医疗机构分类管理制度。进一步优化政策环境，督促各地落实在市场准入、社会保险定点、重点专科建设、职称评定、学术地位、医院评审等方面对所有医疗机构同等对待的政策措施。完善医师多点执业政策，改革医师执业注册制度。完善医疗资源规划调控方式，加快社会办医发展。允许公立医院根据规划和需求，与社会力量合作举办新的非营利性医疗机构，支持社会办医疗机构与公立医院加强合作，共享人才、技术、品牌。控制公立医院特需服务规模，提供特需服务的比例不超过全部医疗服务的10%。探索社会力量办营利性医院综合评价机制，鼓励社会力量投向满足群众多元需求的服务领域。鼓励和引导金融机构增加健康产业投入，探索无形资产质押和收益权质押贷款业务，鼓励发展健康消费信贷。支持符合条件的企业利用资本市场直接融资、发行债券和开展并购，鼓励引导风险投资。发挥商业健康保险资金长期投资优势，引导商业保险机构以出资新建等方式兴办医疗、养老、健康体检等健康服务机构。促进医疗与养老融合，发展健康养老产业。支持基层医疗卫生机构为老年人家庭提供签约医疗服务，建立健全医疗卫生机构与养老机构合作机制，支持养老机构开展康复护理、老年病和临终关怀服务，支持社会力量兴办医养结合机构。促进医疗与旅游融合，完善准入、运营、评价、监管等相关配套政策，加快推进健康旅游产业发展。促进互联网与健康融合，发展智慧健康产业。积极发展基于互联网的健康服务，促进云计算、大数据、移动互联网、物联网等信息技术与健康服务深度融合，为健康产业植入“智慧之芯”。促进中医药健康服务发展，推进中医药与养老、旅游等融合发展，实现中医药健康养生文化的创造性转化、创新性发展。到 2017 年，80% 以上的医疗机构开设为老年人提供挂号、就医等便利服务的绿色通道，50% 以上的养老机构能够以不同形式为入住老年人提供医疗卫生服务。到 2020 年，按照每千常住人口不低于 1.5 张床位为社会办医院预留规划空间，同步预留诊疗科目设置和大型医用设备配置空间；符合国情的医养结合体制机制和政策法规体系基本建立，所有医疗机构开设为老年人提供挂号、就医等便利服务的绿色通道，所有养老机构能够以不同形式为入住老年人提供医疗卫生服务。

3. 推进公共卫生服务体系建设。建立专业公共卫生机构与医疗机构、基层医疗卫生机构分工协作机制，健全基本公共卫生服务项目和重大公共卫生服务项目遴选机制。到 2020 年，基本公共卫生服务逐步均等化机制基本完善。推进政府购买公共卫生服务。完善公共卫生服务项目经费分配方式以及效果评价和激励约束机制，发挥专业公共卫生机构和医疗机构对项目实施的指导和考核作用，考核评价结果与服务经费拨付挂钩。建立健全专业公共卫生人员激励机制，人员和运行经费根据人员编制、经费标准、服务任务完成及考核情况由政府预算全额安排。鼓励防治结合类专业公共卫生机构通过提供预防保健和基本医疗服务获得合理收入，建立有利于防治结合的运行新机制。推进妇幼保健机构内部改革重组，实现保健和临床有机融合。在合理核定工作任务、成本支出的基础上，完善对医疗机构承担公共卫生服务任务的补偿机制。大力推进残疾人健康管理，加强残疾人社区康复。将更多成本合理、效果确切的中医药服务项目纳入基本公共卫生服务。完善现有药品政策，减轻艾滋病、结核病、严重精神障碍等重大疾病以及突发急性传染病患者的药品费用负担。推进居民健康卡、社会保障卡等应用集成，激活居民电子健康档案应用，推动预防、治疗、康复和健康管理一体化的电子健康服务。升级改造卫生应急平台体系，提升突发公共卫生事件早期发现水平。深入开展爱国卫生运动。

四、保障措施

（一）强化组织领导。各地要高度重视医改工作，由党委和政府主要负责同志或一位主要负责同志担任医改领导小组组长，亲自负责医改工作，充分发挥医改领导小组的统筹协调作用，统一推进医疗、医保、医药联动改革。坚持党总揽全局、协调各方，发挥各级党委（党组）领导核心作用，把医改纳入全面深化改革中同部署、同要求、同考核，为完成规划任务提供坚强保证。各地要依据本规划，结合实际制定具体实施方案，细化政策措施，精心组织实施。各有关部门要及时制定细化配套措施，加强协作配合，指导督促地方落实规划任务。

（二）强化责任落实。落实各级政府的领导责任、保障责任、管理责任、监督责任，建立责任落实和考核的刚性约束机制。加大政府卫生投入力度，到2020年，全面落实政府对符合区域卫生规划的公立医院投入政策，建立公立医院由服务收费和政府补助两个渠道补偿的新机制，细化落实政府对中医医院（民族医院）投入倾斜政策，逐步偿还和化解符合条件的公立医院长期债务。加强各级各类医药卫生机构党组织建设，强化基层党组织整体功能，在医改中发挥基层党组织战斗堡垒作用和党员先锋模范作用，增强改革执行力。

（三）强化改革探索。尊重和发扬基层首创精神，充分放权，鼓励地方锐意进取、因地制宜大胆探索，特别是针对一些矛盾和问题多、攻坚难度大的改革，主动作为、勇于攻坚，创造性开展工作。以省为单位深入实施综合医改试点，区域联动推进改革。建立完善常态化调研机制，加强对地方的指导，总结推广改革经验，及时将成熟经验上升为政策，努力做到下有所呼、上有所应。

（四）强化科技支撑。加强国家医药卫生科技创新体系建设，继续组织国家科技重大专项和重点研发计划项目，提升科技创新能力。依托各类重点实验室、国家临床医学研究中心和协同研究网络，大力推进临床诊疗指南和技术规范的研究和推广。加快科技成果转化和应用，提供更多满足人民群众健康需求的医药卫生技术和健康产品。

（五）强化国际合作。制订实施中国全球卫生战略，结合“一带一路”建设，建立完善国际交流合作机制，加强多双边交流合作，深入参与全球卫生治理，交流借鉴改革发展有益经验。搭建国际化公共服务平台，大力推进医疗卫生服务贸易发展，加快医疗卫生机构走出去步伐，扩大境外人员来华接受医疗卫生服务的规模。以中医药服务贸易为重点，以服务贸易标准为引领，提高中医药的全球影响力。

（六）强化督查评估。建立健全督查评估制度，充分发挥第三方评估作用，强化结果运用和激励问责。增强监测实时性和准确性，将监测结果运用到政策制定、执行、督查、整改全过程。国务院医改办会同相关部门对规划落实总体情况进行监督检查和评估分析，统筹研究解决规划实施过程中的重要问题，重大情况及时向国务院报告。支持民主党派、无党派人士围绕深化医改建言献策，就重要改革任务的落实开展民主监督。

（七）强化宣传引导。坚持正确的舆论导向，加强正面宣传和舆论引导，大力宣传医改进展成效、典型经验和先进人物，加强政策解读，及时回应社会关切，合理引导社会预期，提高群众对改革的知晓率和参与度，提高医务人员投身改革的积极性和能动性，营造全社会关心、理解和支持医改的良好氛围。发展健康文化，净化传播环境，加强健康知识传播，引导公众正确认识医学发展规律，树立正确的生命观念和就医理念，提升公众健康素养水平。加强思想政治工作，进一步引导树立良好医德医风，发扬医务人员职业精神。发挥统一战线优势，最大限度凝聚共识，推动医改向纵深发展。

附件：1. 到2017年深化医药卫生体制改革主要目标

2. 到2020年深化医药卫生体制改革主要目标

附件1

到2017年深化医药卫生体制改革主要目标

序号	指标内容
1	基本形成较为系统的基本医疗卫生制度政策框架
2	85%以上的地市开展分级诊疗试点，政策体系逐步完善
3	家庭医生签约服务覆盖率达到30%以上，重点人群签约服务覆盖率达到60%以上
4	各级各类公立医院全面推开综合改革，初步建立决策、执行、监督相互协调、相互制衡、相互促进的管理体制和治理机制
5	试点城市公立医院药占比（不含中药饮片）总体降到30%左右，百元医疗收入（不含药品收入）中消耗的卫生材料降到20元以下
6	公立医院医疗费用控制监测和考核机制逐步建立健全，全国公立医院医疗费用增长幅度力争降到10%以下
7	基本实现符合转诊规定的异地就医住院费用直接结算
8	国家选择部分地区开展按疾病诊断相关分组付费试点，鼓励各地积极完善按病种、按人头、按床日等多种付费方式

附件2

到2020年深化医药卫生体制改革主要目标

序号	指标内容
1	居民人均预期寿命比2015年提高1岁，孕产妇死亡率下降到18/10万，婴儿死亡率下降到7.5‰，5岁以下儿童死亡率下降到9.5‰

续表

2	个人卫生支出占卫生总费用的比重下降到28%左右
3	分级诊疗模式逐步形成,基本建立符合国情的分级诊疗制度
4	力争所有社区卫生服务机构和乡镇卫生院以及70%的村卫生室具备中医药服务能力,同时具备相应的医疗康复能力
5	力争将签约服务扩大到全人群,基本实现家庭医生签约服务制度全覆盖
6	基本建立具有中国特色的权责清晰、管理科学、治理完善、运行高效、监督有力的现代医院管理制度,建立维护公益性、调动积极性、保障可持续的运行新机制和科学合理的补偿机制
7	公立医院医疗费用增长幅度稳定在合理水平
8	基本医保参保率稳定在95%以上
9	建立医保基金调剂平衡机制,逐步实现医保省级统筹,基本医保政策范围内报销比例稳定在75%左右
10	医保支付方式改革逐步覆盖所有医疗机构和医疗服务,全国范围内普遍实施适应不同疾病、不同服务特点的多元复合式医保支付方式,按项目付费占比明显下降
11	基本建立药品出厂价格信息可追溯机制
12	形成1家年销售额超过5000亿元的超大型药品流通企业,药品批发百强企业年销售额占批发市场总额的90%以上
13	对各级各类医疗卫生机构监督检查实现100%覆盖
14	完成本科临床医学专业首轮认证工作,建立起具有中国特色与国际医学教育实质等效的医学专业认证制度
15	所有新进医疗岗位的本科及以上学历临床医师均接受住院医师规范化培训,初步建立专科医师规范化培训制度
16	城乡每万名居民有2-3名合格的全科医生,全科医生总数达到30万人以上
17	医疗责任保险覆盖全国所有公立医院和80%以上的基层医疗卫生机构
18	基本公共卫生服务逐步均等化的机制基本完善
19	全面落实政府对符合区域卫生规划的公立医院投入政策,建立公立医院由服务收费和政府补助两个渠道补偿的新机制,细化落实政府对中医医院(民族医院)投入倾斜政策,逐步偿还和化解符合条件的公立医院长期债务

国务院关于鼓励社会力量兴办教育促进民办教育健康发展的若干意见

(2016年12月29日　国发〔2016〕81号)

社会力量兴办教育是指各种社会力量以捐赠、出资、投资、合作等方式举办或者参与举办法律法规允许的各级各类学校和其他教育机构。改革开放以来,作为社会力量兴办教育主要形式的民办教育不断发展壮大,形成了从学前教育到高等教育、从学历教育到非学历教育,层次类型多样、充满生机活力的发展局面,有效增加了教育服务供给,为推动教育现代化、促进经济社会发展作出了积极贡献,已经成为社会主义教育事业的重要组成部分。同时,民办教育也面临许多制约发展的问题和困难。为鼓励社会力量兴办教育,促进民办教育健康发展,现提出如下意见。

一、总体要求

(一)指导思想。全面贯彻落实党的十八大和十八届三中、四中、五中、六中全会精神,深入贯彻习近平总书记系列重要讲话精神,按照"四个全面"战略布局和党中央、国务院决策部署,牢固树立并切实贯彻创新、协调、绿色、开放、共享五大发展理念,全面贯彻党的教育方针,坚持社会主义办学方向,坚持立德树人,培育和践行社会主义核心价值观。以实行分类管理为突破口,创新体制机制,完善扶持政策,加强规范管理,提高办学质量,进一步调动社会力量兴办教育的积极性,促进民办教育持续健康发展,培养德智体美全面发展的社会主义建设者和接班人。

(二)基本原则。

育人为本,德育为先。把立德树人作为根本任务,把理想信念教育摆在首要位置,形成全员、全过程、全方位育人的工作格局,提高学生服务国家服务人民的社会责任感、勇于探索的创新精神和善于解决问题的实践能力。

分类管理,公益导向。实行非营利性和营利性分类管理,实施差别化扶持政策,积极引导社会力量举办非营利性民办学校。坚持教育的公益属性,无论是非营利性民办学校还是营利性民办学校都要始终把社会效益放在首位。

优化环境,综合施策。统筹教育、登记、财政、土地、收费等相关政策,营造有利于民办教育发展的制度环境。

依法管理，规范办学。简政放权、放管结合、优化服务，依法履职，规范办学秩序，全面提高民办教育治理水平。

鼓励改革，上下联动。依靠改革创新推动发展，坚持顶层设计与基层创新相结合，共同破解民办教育改革发展难题和障碍。

二、加强党对民办学校的领导

（三）切实加强民办学校党的建设。全面加强民办学校党的思想建设、组织建设、作风建设、反腐倡廉建设、制度建设，增强政治意识、大局意识、核心意识、看齐意识。完善民办学校党组织设置，理顺民办学校党组织隶属关系，健全各级党组织工作保障机制，选好配强民办学校党组织负责人。民办学校党组织要发挥政治核心作用，强化思想引领，牢牢把握社会主义办学方向，牢牢把握党对民办学校意识形态工作的领导权、话语权，切实维护民办学校和谐稳定。民办高校党组织负责人兼任政府派驻学校的督导专员。实现学校基层党组织全覆盖、党建工作上水平，有效发挥基层党组织的战斗堡垒作用和共产党员的先锋模范作用。积极做好党员发展和教育管理服务工作。坚持党建带群建，加强民办学校共青团组织建设。各地要把民办学校党组织建设、党对民办学校的领导作为民办学校年度检查的重要内容。

（四）加强和改进民办学校思想政治教育工作。把思想政治教育工作纳入学校事业发展规划，把思想政治工作队伍建设纳入学校人才队伍培养规划，全面提升思想政治教育工作水平。切实加强思想政治理论课和思想品德课课程、教材、教师队伍建设，深入推进中国特色社会主义理论体系进教材、进课堂、进头脑，把社会主义核心价值观融入教育教学全过程、教书育人各环节，不断增强广大师生中国特色社会主义道路自信、理论自信、制度自信、文化自信。提高思想政治教育的针对性、实效性和吸引力、感染力，切实加强理想信念、爱国主义、集体主义、中国特色社会主义教育和中华优秀传统文化、革命传统文化、民族团结教育，引导学生树立正确的世界观、人生观、价值观。大力开展社会实践和志愿服务，积极开展心理健康教育。创新网络思想政治教育方式，大力弘扬主旋律、传播正能量，全面提高教书育人、实践育人、科研育人、管理育人、服务育人的水平。

三、创新体制机制

（五）建立分类管理制度。对民办学校（含其他民办教育机构）实行非营利性和营利性分类管理。非营利性民办学校举办者不取得办学收益，办学结余全部用于办学。营利性民办学校举办者可以取得办学收益，办学结余依据国家有关规定进行分配。民办学校依法享有法人财产权。

举办者自主选择举办非营利性民办学校或者营利性民办学校，依法依规办理登记。对现有民办学校按照举办者自愿的原则,通过政策引导,实现分类管理。

(六)建立差别化政策体系。国家积极鼓励和大力支持社会力量举办非营利性民办学校。各级人民政府要完善制度政策,在政府补贴、政府购买服务、基金奖励、捐资激励、土地划拨、税费减免等方面对非营利性民办学校给予扶持。各级人民政府可根据经济社会发展需要和公共服务需求,通过政府购买服务及税收优惠等方式对营利性民办学校给予支持。

(七)放宽办学准入条件。社会力量投入教育,只要是不属于法律法规禁止进入以及不损害第三方利益、社会公共利益、国家安全的领域,政府不得限制。政府制定准入负面清单,列出禁止和限制的办学行为。各地要重新梳理民办学校准入条件和程序,进一步简政放权,吸引更多的社会资源进入教育领域。

(八)拓宽办学筹资渠道。鼓励和吸引社会资金进入教育领域举办学校或者投入项目建设。创新教育投融资机制,多渠道吸引社会资金,扩大办学资金来源。鼓励金融机构在风险可控前提下开发适合民办学校特点的金融产品,探索办理民办学校未来经营收入、知识产权质押贷款业务,提供银行贷款、信托、融资租赁等多样化的金融服务。鼓励社会力量对非营利性民办学校给予捐赠。

(九)探索多元主体合作办学。推广政府和社会资本合作(PPP)模式,鼓励社会资本参与教育基础设施建设和运营管理、提供专业化服务。积极鼓励公办学校与民办学校相互购买管理服务、教学资源、科研成果。探索举办混合所有制职业院校,允许以资本、知识、技术、管理等要素参与办学并享有相应权利。鼓励营利性民办学校建立股权激励机制。

(十)健全学校退出机制。捐资举办的民办学校终止时,清偿后剩余财产统筹用于教育等社会事业。2016 年 11 月 7 日《全国人民代表大会常务委员会关于修改〈中华人民共和国民办教育促进法〉的决定》公布前设立的民办学校,选择登记为非营利性民办学校的,终止时,民办学校的财产依法清偿后有剩余的,按照国家有关规定给予出资者相应的补偿或者奖励,其余财产继续用于其他非营利性学校办学;选择登记为营利性民办学校的,应当进行财务清算,依法明确财产权属,终止时,民办学校的财产依法清偿后有剩余的,依照《中华人民共和国公司法》有关规定处理。具体办法由省、自治区、直辖市制定。2016 年 11 月 7 日后设立的民办学校终止时,财产处置按照有关规定和学校章程处理。各地要结合实际,健全民办学校退出机制,依法保护受教育者的合法权益。

四、完善扶持制度

(十一)加大财政投入力度。各级人民政府可按照《中华人民共和国预算法》、《中华人民共和国教育法》、《中华人民共和国民办教育促进法》等法律法规和制度要求,因地制宜,调整优化教育支出结构,加大对民办教育的扶持力度。财政扶持民办教育发展的资金要纳入预算,并向社会公开,接受审计和社会监督,提高资金使用效益。

(十二)创新财政扶持方式。地方各级人民政府应建立健全政府补贴制度,明确补贴的项目、对象、标准、用途。完善政府购买服务的标准和程序,建立绩效评价制度,制定向民办学校购买就读学位、课程教材、科研成果、职业培训、政策咨询等教育服务的具体政策措施。地方各级人民政府可按照国家关于基金会管理的规定设立民办教育发展基金,支持成立相应的基金会,组织开展各类有利于民办教育事业发展的活动。

(十三)落实同等资助政策。民办学校学生与公办学校学生按规定同等享受助学贷款、奖助学金等国家资助政策。各级人民政府应建立健全民办学校助学贷款业务扶持制度,提高民办学校家庭经济困难学生获得资助的比例。民办学校要建立健全奖助学金评定、发放等管理机制,应从学费收入中提取不少于5%的资金,用于奖励和资助学生。落实鼓励捐资助学的相关优惠政策措施,积极引导和鼓励企事业单位、社会组织和个人面向民办学校设立奖助学金,加大资助力度。

(十四)落实税费优惠等激励政策。民办学校按照国家有关规定享受相关税收优惠政策。对企业办的各类学校、幼儿园自用的房产、土地,免征房产税、城镇土地使用税。对企业支持教育事业的公益性捐赠支出,按照税法有关规定,在年度利润总额12%以内的部分,准予在计算应纳税所得额时扣除;对个人支持教育事业的公益性捐赠支出,按照税收法律法规及政策的相关规定在个人所得税前予以扣除。非营利性民办学校与公办学校享有同等待遇,按照税法规定进行免税资格认定后,免征非营利性收入的企业所得税。捐资建设校舍及开展表彰资助等活动的冠名依法尊重捐赠人意愿。民办学校用电、用水、用气、用热,执行与公办学校相同的价格政策。

(十五)实行差别化用地政策。民办学校建设用地按科教用地管理。非营利性民办学校享受公办学校同等政策,按划拨等方式供应土地。营利性民办学校按国家相应的政策供给土地。只有一个意向用地者的,可按协议方式供地。土地使用权人申请改变全部或者部分土地用途的,政府应当将申请改变用途的土地收回,按时价定价,重新依法供应。

(十六)实行分类收费政策。规范民办学校收费。非营利性民办学校收费,通过市场化改革试点,逐步实行市场调节价,具体政策由省级人民政府根据办学成本以及本地公办教育保障程度、民办学校发展情况等因素确定。营利性民办学校收费实行市场调节价，具体收费标准由民办学校自主确定。政府依法加强对民办学校收费行为的监管。

（十七）保障依法自主办学。扩大民办高等学校和中等职业学校专业设置自主权，鼓励学校根据国家战略需求和区域产业发展需要，依法依规设置和调整学科专业。民办中小学校在完成国家规定课程前提下，可自主开展教育教学活动。支持民办学校参与考试招生制度改革。社会声誉好、教学质量高、就业有保障的民办高等职业学校，可在核定的办学规模内自主确定招生范围和年度招生计划。中等以下层次民办学校按照国家有关规定，在核定的办学规模内，与当地公办学校同期面向社会自主招生。各地不得对民办学校跨区域招生设置障碍。

（十八）保障学校师生权益。完善学校、个人、政府合理分担的民办学校教职工社会保障机制。民办学校应依法为教职工足额缴纳社会保险费和住房公积金。鼓励民办学校按规定为教职工建立补充养老保险，改善教职工退休后的待遇。落实跨统筹地区社会保险关系转移接续政策，完善民办学校教师户籍迁移等方面的服务政策，探索建立民办学校教师人事代理制度和交流制度，促进教师合理流动。民办学校教师在资格认定、职务评聘、培养培训、评优表彰等方面与公办学校教师享有同等权利。非营利性民办学校教师享受当地公办学校同等的人才引进政策。民办学校学生在评奖评优、升学就业、社会优待、医疗保险等方面与同级同类公办学校学生享有同等权利。依法落实民办学校师生对学校办学管理的知情权、参与权，保障师生参与民主管理和民主监督的权利。完善民办学校师生争议处理机制，维护师生的合法权益。

五、加快现代学校制度建设

（十九）完善学校法人治理。民办学校要依法制定章程，按照章程管理学校。健全董事会（理事会）和监事（会）制度，董事会（理事会）和监事（会）成员依据学校章程规定的权限和程序共同参与学校的办学和管理。董事会（理事会）应当优化人员构成，由举办者或者其代表、校长、党组织负责人、教职工代表等共同组成。监事会中应当有党组织领导班子成员。探索实行独立董事（理事）、监事制度。健全党组织参与决策制度，积极推进“双向进入、交叉任职”，学校党组织领导班子成员通过法定程序进入学校决策机构和行政管理机构，党员校长、副校长等行政机构成员可按照党的有关规定进入党组织领导班子。学校党组织要支持学校决策机构和校长依法行使职权，督促其依法治教、规范管理。完善校长选聘机制，依法保障校长行使管理权。民办学校校长应熟悉教育及相关法律法规，具有5年以上教育管理经验和良好办学业绩，个人信用状况良好。学校关键管理岗位实行亲属回避制度。完善教职工代表大会和学生代表大会制度。

（二十）健全资产管理和财务会计制度。民办学校应当明确产权关系，建立健全资产管理制度。民办学校举办者应依法履行出资义务，将出资用于办学的土地、校舍和其他资产足额过户到学校名下。存续期间，民办学校对举办者投入学校的资产、国有资产、受赠的财产以及办学积累享有法人财产权，任何组织和个人不得侵占、挪用、抽逃。进一步规范民办学校会计核算，建立健全第三方审计制度。非营利性和营利性民办学校按照登记的法人属性，根据国家有关规定执行相应的会计制度。民办学校要明晰财务管理，依法设置会计账簿。民办学校应将举办者出资、政府补助、受赠、收费、办学积累等各类资产分类登记入账，定期开展资产清查，并将清查结果向社会公布。各地要探索制定符合民办学校特点的财务管理办法，完善民办学校年度财务、决算报告和预算报告报备制度。

（二十一）规范学校办学行为。民办学校要诚实守信、规范办学。办学条件应符合国家和地方规定的设置标准和有关要求，在校生数要控制在审批机关核定的办学规模内。要按照国家和地方有关规定做好宣传、招生工作，招生简章和广告须经审批机关备案。具有举办学历教育资格的民办学校，应按国家有关规定做好学籍管理工作，对招收的学历教育学生，学习期满成绩合格的颁发毕业证书，未达到学历教育要求的发给结业证书或者其他学业证书；对符合学位授予条件的学生，颁发相应的学位证书。各类民办学校对招收的非学历教育学生，发给结业证书或者培训合格证书。

（二十二）落实安全管理责任。民办学校应遵守国家有关安全法律、法规和规章，重视校园安全工作，确保校园安全技术防范系统建设符合国家和地方有关标准，学校选址和校舍建筑符合国家抗震设防、消防技术等相关标准。建立健全安全管理制度和应急机制，制定和完善突发事件应急预案，定期开展安全检查、巡查，及时发现和消除安全隐患。加强学生和教职员工安全教育培训，定期开展针对上课、课间、午休等不同场景的安全演练，提高师生安全意识和逃生自救能力。建立安全工作组织机构，配备学校内部安全保卫人员，明确安全工作职责。

六、提高教育教学质量

（二十三）明确学校办学定位。积极引导民办学校服务社会需求，更新办学理念，深化教育教学改革，创新办学模式，加强内涵建设，提高办学质量。学前教育阶段鼓励举办普惠性民办幼儿园，坚持科学保教，防止和纠正“小学化”现象。中小学校要执行国家课程方案和课程标准，坚持特色办学优质发展，满足多样化需求。职业院校应明确技术技能人才培养定位，服务区域经济和产业发展，深化产教融合、校企合作，提高技术技能型人才培养水平。鼓励举办应用技术类本科高等学校，培养适应经济结构调整、产业转型升级和新产业、新业态、新商业模式需要的人才。充分发挥民办教育在完善终身教育体系、构建学习型社会中的积极作用。

（二十四）加强教师队伍建设。各级人民政府和民办学校要把教师队伍建设作为提高教育教学质量的重要任务。各地要将民办学校教师队伍建设纳入教师队伍建设整体规划。民办学校要着力加强教师思想政治工作，建立健全教育、宣传、考核、监督与奖惩相结合的师德建设长效机制，全面提升教师师德素养。加强辅导员、班主任队伍建设。加强教学研究活动，重视青年教师培养，加大教师培训力度，不断提高教师的业务能力和水平。学校要在学费收入中安排一定比例资金用于教师培训。要关心教师工作和生活，提高教师工资和福利待遇。吸引各类高层次人才到民办学校任教，做到事业留人、感情留人、待遇留人。

（二十五）引进培育优质教育资源。鼓励支持高水平有特色民办学校培育优质学科、专业、课程、师资、管理，整体提升教育教学质量，着力打造一批具有国际影响力和竞争力的民办教育品牌，着力培养一批有理想、有境界、有情怀、有担当的民办教育家。允许民办高等学校和中等职业学校与世界高水平同类学校在学科、专业、课程建设以及人才培养等方面开展交流。

七、提高管理服务水平

（二十六）强化部门协调机制。各级人民政府要将发展民办教育纳入经济社会发展和教育事业整体规划，加强制度建设、标准制定、政策实施、统筹协调等工作，积极推进民办教育改革发展。国务院建立由教育部牵头，中央编办、国家发展改革委、公安部、民政部、财政部、人力资源社会保障部、国土资源部、住房城乡建设部、人民银行、税务总局、工商总局、银监会、证监会等部门参加的部际联席会议制度，协调解决民办教育发展中的重点难点问题，不断完善制度政策，优化民办教育发展环境。各地也应建立相应的部门协调机制。要将鼓励支持社会力量兴办教育作为考核各级人民政府改进公共服务方式的重要内容。

（二十七）改进政府管理方式。各级人民政府和行政管理部门要积极转变职能，减少事前审批，加强事中事后监管，提高政府管理服务水平。进一步清理涉及民办教育的行政许可事项，向社会公布权力清单、责任清单，严禁法外设权。改进许可方式，简化许可流程，明确工作时限，规范行政许可工作。建立民办教育管理信息系统，推广电子政务和网上办事，逐步实现日常管理事项网上并联办理，及时主动公开行政审批事项，提高服务效率，接受社会监督。

（二十八）健全监督管理机制。加强民办教育管理机构建设，强化民办教育督导，完善民办学校年度报告和年度检查制度。加强对新设立民办学校举办者的资格审查。完善民办学校财务会计制度、内部控制制度、审计监督制度，加强风险防范。推进民办教育信息公开，建立民办学校信息强制公开制度。建立违规失信惩戒机制，将违规办学的学校及其举办者和负责人纳入“黑名单”，规范学校办学行为。健全联合执法机制，加大对违法违规办学行为的查处力度。大力推进管办评分离，建立民办学校第三方质量认证和评估制度。民办学校行政管理部门根据评估结果，对办学质量不合格的民办学校予以警告、限期整改直至取消办学资格。

（二十九）发挥行业组织作用。积极培育民办教育行业组织，支持行业组织在行业自律、交流合作、协同创新、履行社会责任等方面发挥桥梁和纽带作用。依托各类专业机构开展民办学校咨询服务等工作。支持非营利性民办高等学校联盟等行业组织及其他教育中介组织在引导民办学校坚持公益性办学、创新人才培养模式、提升人才培养质量等方面发挥作用。

（三十）切实加强宣传引导。深入推进民办教育综合改革，鼓励地方和学校先行先试，总结推广试点地区和学校的成功做法和先进经验。加大对民办教育的宣传力度，按照国家有关规定奖励和表彰对民办教育改革发展作出突出贡献的集体和个人，树立民办教育良好社会形象，努力营造全社会共同关心、共同支持社会力量兴办教育的良好氛围。

鼓励社会力量兴办教育，促进民办教育健康发展，是一项事关当前、又利长远的重要任务。国务院有关部门要进一步解放思想，凝聚共识，加强领导，周密部署，切实落实鼓励社会力量兴办教育的各项政策措施。地方各级人民政府要根据本意见，因地制宜，积极探索，稳步推进，抓紧制定出台符合地方实际的实施意见和配套措施。

国务院关于全民所有自然资源资产有偿使用制度改革的指导意见

（2016 年 12 月 29 日　国发〔2016〕82 号）

全民所有自然资源是宪法和法律规定属于国家所有的各类自然资源，主要包括国有土地资源、水资源、矿产资源、国有森林资源、国有草原资源、海域海岛资源等。自然资源资产有偿使用制度是生态文明制度体系的一项核心制度。改革开放以来，我国全民所有自然资源资产有偿使用制度逐步建立，在促进自然资源保护和合理利用、维护所有者权益方面发挥了积极作用，但由于有偿使用制度不完善、监管力度不足，还存在市场配置资源的决定性作用发挥不充分、所有权人不到位、所有权人权益不落实等突出问题。按照生态文明体制改革总体部署，为健全完善全民所有自然资源资产有偿使用制度，现提出以下意见。

一、总体要求

（一）指导思想。全面贯彻党的十八大和十八届三中、四中、五中、六中全会精神，深入贯彻习近平总书记系列重要讲话精神和治国理政新理念新思想新战略，认真落实党中央、国务院决策部署，统筹推进"五位一体"总体布局和协调推进"四个全面"战略布局，牢固树立和贯彻落实创新、协调、绿色、开放、共享的发展理念，坚持发挥市场配置资源的决定性作用和更好发挥政府作用，以保护优先、合理利用、维护权益和解决问题为导向，以依法管理、用途管制为前提，以明晰产权、丰富权能为基础，以市场配置、完善规则为重点，以开展试点、健全法制为路径，以创新方式、加强监管为保障，加快建立健全全民所有自然资源资产有偿使用制度，努力提升自然资源保护和合理利用水平，切实维护国家所有者权益，为建设美丽中国提供重要制度保障。

（二）基本原则。

保护优先、合理利用。树立尊重自然、顺应自然、保护自然的理念，坚持保护和发展相统一，在发展中保护、在保护中发展。正确处理资源保护与开发利用的关系，对需要严格保护的自然资源，严禁开发利用；对可开发利用的全民所有自然资源，使用者要遵守用途管制，履行保护和合理利用自然资源的法定义务。除国家法律和政策规定可划拨或无偿使用的情形外，全面实行有偿使用，切实增强使用者合理利用和有效保护自然资源的意识和内在动力。

两权分离、扩权赋能。适应经济社会发展多元化需求和自然资源资产多用途属性，在坚持全民所有制的前提下，创新全民所有自然资源资产所有权实现形式，推动所有权和使用权分离，完善全民所有自然资源资产使用权体系，丰富自然资源资产使用权权利类型，适度扩大使用权的出让、转让、出租、担保、入股等权能，夯实全民所有自然资源资产有偿使用的权利基础。

市场配置、完善规则。充分发挥市场配置资源的决定性作用，按照公开、公平、公正和竞争择优的要求，明确全民所有自然资源资产有偿使用准入条件、方式和程序，鼓励竞争性出让，规范协议出让，支持探索多样化有偿使用方式，推动将全民所有自然资源资产有偿使用逐步纳入统一的公共资源交易平台，完善全民所有自然资源资产价格评估方法和管理制度，构建完善价格形成机制，建立健全有偿使用信息公开和服务制度，确保国家所有者权益得到充分有效维护。

明确权责、分级行使。全民所有自然资源资产有偿使用试点可依照现行法律规定和管理体制，明确全民所有自然资源资产有偿处置的主体，在试点地区可结合实际，合理划分中央和地方政府对全民所有自然资源资产的处置权限，创新管理体制，明确和落实主体责任，实现效率和公平相统一。

创新方式、强化监管。建立健全市场主体信用评价制度，强化自然资源主管部门和财政等部门协同，发挥纪检监察、司法、审计等机构作用，完善国家自然资源资产管理体制和自然资源监管体制，创新管理方式方法，健全完善责任追究机制，实现对全民所有自然资源资产有偿使用全程动态有效监管，确保将有效保护和合理利用资源、维护国家所有者权益的各项要求落到实处。

(三)主要目标。到2020年，基本建立产权明晰、权能丰富、规则完善、监管有效、权益落实的全民所有自然资源资产有偿使用制度，使全民所有自然资源资产使用权体系更加完善，市场配置资源的决定性作用和政府的服务监管作用充分发挥，所有者和使用者权益得到切实维护，自然资源保护和合理利用水平显著提升，实现自然资源开发利用和保护的生态、经济、社会效益相统一。

二、各领域重点任务

(四)完善国有土地资源有偿使用制度。全面落实规划土地功能分区和保护利用的要求，优化土地利用布局，规范经营性土地有偿使用。对生态功能重要的国有土地，要坚持保护优先，其中依照法律规定和规划允许进行经营性开发利用的，应设立更加严格的审批条件和程序，并全面实行有偿使用，切实防止无偿或过度占用。完善国有建设用地有偿使用制度。扩大国有建设用地有偿使用范围，加快修订《划拨用地目录》。完善国有建设用地使用权权能和有偿使用方式。鼓励可以使用划拨用地的公共服务项目有偿使用国有建设用地。事业单位等改制为企业的，允许实行国有企业改制土地资产处置政策。探索建立国有农用地有偿使用制度。明晰国有农用地使用权，明确国有农用地的使用方式、供应方式、范围、期限、条件和程序。对国有农场、林场(区)、牧场改革中涉及的国有农用地，参照国有企业改制土地资产处置相关规定，采取国有农用地使用权出让、租赁、作价出资(入股)、划拨、授权经营等方式处置。通过有偿方式取得的国有建设用地、农用地使用权，可以转让、出租、作价出资(入股)、担保等。

(五)完善水资源有偿使用制度。落实最严格水资源管理制度，严守水资源开发利用控制、用水效率控制、水功能区限制纳污三条红线，强化水资源节约利用与保护，加强水资源监控。维持江河的合理流量和湖泊、水库以及地下水体的合理水位，维护水体生态功能。健全水资源费征收制度，综合考虑当地水资源状况、经济发展水平、社会承受能力以及不同产业和行业取用水的差别特点，区分地表水和地下水，支持低消耗用水、鼓励回收利用水、限制超量取用水，合理调整水资源费征收标准，大幅提高地下水特别是水资源紧缺和超采地区的地下水水资源费征收标准，严格控制和合理利用地下水。严格水资源费征收管理，按照规定的征收范围、对象、标准和程序征收，确保应收尽收，任何单位和个人不得擅自减免、缓征或停征水资源费。推进水资源税改革试点。鼓励通过依法规范设立的水权交易平台开展水权交易，区域水权交易或者交易量较大的取水权交易应通过水权交易平台公开公平公正进行，充分发挥市场在水资源配置中的作用。

（六）完善矿产资源有偿使用制度。全面落实禁止和限制设立探矿权、采矿权的有关规定，强化矿产资源保护。改革完善矿产资源有偿使用制度，明确矿产资源国家所有者权益的具体实现形式，建立矿产资源国家权益金制度。完善矿业权有偿出让制度，在矿业权出让环节，取消探矿权价款、采矿权价款，征收矿业权出让收益。进一步扩大矿业权竞争性出让范围，除协议出让等特殊情形外，对所有矿业权一律以招标、拍卖、挂牌方式出让。严格限制矿业权协议出让，规范协议出让管理，严格协议出让的具体情形和范围。完善矿业权分级分类出让制度，合理划分各级国土资源部门的矿业权出让审批权限。完善矿业权有偿占用制度，在矿业权占有环节，将探矿权、采矿权使用费调整为矿业权占用费。合理确定探矿权占用费收取标准，建立累进动态调整机制，利用经济手段有效遏制“圈而不探”等行为。根据矿产品价格变动情况和经济发展需要，适时调整采矿权占用费标准。完善矿产资源税费制度，落实全面推进资源税改革的要求，提高矿产资源综合利用效率，促进资源合理开发利用和有效保护。

（七）建立国有森林资源有偿使用制度。严格执行森林资源保护政策，充分发挥森林资源在生态建设中的主体作用。国有天然林和公益林、国家公园、自然保护区、风景名胜区、森林公园、国家湿地公园、国家沙漠公园的国有林地和林木资源资产不得出让。对确需经营利用的森林资源资产，确定有偿使用的范围、期限、条件、程序和方式。对国有森林经营单位的国有林地使用权，原则上按照划拨用地方式管理。研究制定国有林区、林场改革涉及的国有林地使用权有偿使用的具体办法。推进国有林地使用权确权登记工作，切实维护国有林区、国有林场确权登记颁证成果的权威性和合法性。通过租赁、特许经营等方式积极发展森林旅游。本着尊重历史、照顾现实的原则，全面清理规范已经发生的国有森林资源流转行为。

（八）建立国有草原资源有偿使用制度。依法依规严格保护草原生态，健全基本草原保护制度，任何单位和个人不得擅自征用、占用基本草原或改变其用途，严控建设占用和非牧使用。全民所有制单位改制涉及的国有划拨草原使用权，按照国有农用地改革政策实行有偿使用。稳定和完善国有草原承包经营制度，规范国有草原承包经营权流转。对已确定给农村集体经济组织使用的国有草原，继续依照现有土地承包经营方式落实国有草原承包经营权。国有草原承包经营权向农村集体经济组织以外单位和个人流转的，应按有关规定实行有偿使用。加快推进国有草原确权登记颁证工作。

（九）完善海域海岛有偿使用制度。完善海域有偿使用制度。坚持生态优先，严格落实海洋国土空间的生态保护红线，提高用海生态门槛。严格实行围填海总量控制制度，确保大陆自然岸线保有率不低于35%。完善海域有偿使用分级、分类管理制度，适应经济社会发展多元化需求，完善海域使用权出让、转让、抵押、出租、作价出资（入股）等权能。坚持多种有偿出让方式并举，逐步提高经营性用海市场化出让比例，明确市场化出让范围、方式和程序，完善海域使用权出让价格评估制度和技术标准，将生态环境损害成本纳入价格形成机制。调整海域使用金征收标准，完善海域等级、海域使用金征收范围和方式，建立海域使用金征收标准动态调整机制。开展海域资源现状调查与评价，科学评估海域生态价值、资源价值和开发潜力。完善无居民海岛有偿使用制度。坚持科学规划、保护优先、合理开发、永续利用，严格生态保护措施，避免破坏海岛及其周边海域生态系统，严控无居民海岛自然岸线开发利用，禁止开发利用领海基点保护范围内海岛区域和海洋自然保护区核心区及缓冲区、海洋特别保护区的重点保护区和预留区以及具有特殊保护价值的无居民海岛。明确无居民海岛有偿使用的范围、条件、程序和权利体系，完善无居民海岛使用权出让制度，探索赋予无居民海岛使用权依法转让、出租等权能。研究制定无居民海岛使用权招标、拍卖、挂牌出让有关规定。鼓励地方结合实际推进旅游娱乐、工业等经营性用岛采取招标、拍卖、挂牌等市场化方式出让。建立完善无居民海岛使用权出让价格评估管理制度和技术标准，建立无居民海岛使用权出让最低价标准动态调整机制。

三、加大改革统筹协调和组织实施力度

（十）加强与相关改革的衔接协调。推进全民所有自然资源资产有偿使用制度改革，要切实加强与自然资源产权制度、自然资源统一确权登记制度、国土空间用途管制制度、空间规划体系、自然资源管理体制、资源税费制度、生态保护补偿制度、创新政府配置资源方式、统一的公共资源交易平台建设、政府资产报告制度等相关改革的衔接协调，增强改革的系统性、整体性和协同性。

（十一）系统部署改革试点。稳妥推进矿业权出让制度等各相关改革试点。试点重点在国家生态文明试验区、健全国家自然资源资产管理体制试点地区和其他具备条件的地区进行，其中确需突破现行法律、行政法规、国务院文件和国务院批准的部门规章的，要按程序报批，取得授权后实施。各相关部门要加强指导，做好总结评估，发现问题及时纠偏。

（十二）统筹推进法治建设。立足生态文明体制改革全局，以完善全民所有自然资源资产使用权体系和有偿使用制度为重点，推进完善土地、水、矿产、森林、草原、海域、无居民海岛等全民所有自然资源资产有偿使用的法律法规体系。开展对全民所有自然资源资产有偿使用不规范行为的清理排查。对于法律制度完善的，要及时纠正不规范行为和违法行为。对于法律存在缺位或不完善的，各地区、各部门要在发现问题、总结经验的基础上，按程序推动相关法律法规立改废释。

（十三）协同开展资产清查核算。以各类自然资源调查评价和统计监测为基础，推进全民所有自然资源资产清查核算，研究完善相关指标体系、标准规范和技术规程，做好与自然资源资产负债表编制工作的衔接，建立全民所有自然资源资产目录清单、台账和动态更新机制，全面、准确、及时掌握我国全民所有自然资源资产"家底"，为全面推进有偿使用和监管提供依据。

（十四）强化组织实施。各地区、各部门要高度重视，充分认识全民所有自然资源资产有偿使用制度改革对于生态文明建设的重要意义，切实加强组织领导和细化落实，按照党中央、国务院关于生态文明体制改革总体部署和本意见要求，抓紧研究制定具体实施方案。地方各级政府要结合实际，加强研究和探索，为深化全民所有自然资源资产有偿使用制度改革提供实践支撑。各有关部门要按照职责分工，各司其职，密切配合，明确责任主体和时间进度，加强协调指导，确保各具体领域改革任务落到实处。国土资源部要牵头建立部际协调机制，加强对全民所有自然资源资产有偿使用制度改革工作的统筹指导和督促落实，及时研究改革中出现的新情况、新问题，重大问题和工作进展情况及时向国务院报告。

国务院办公厅关于印发国家综合防灾减灾规划（2016—2020年）的通知

（2016年12月29日　国办发〔2016〕104号）

《国家综合防灾减灾规划（2016—2020年）》已经国务院同意，现印发给你们，请认真贯彻执行。

国家综合防灾减灾规划（2016—2020年）

防灾减灾救灾工作事关人民群众生命财产安全，事关社会和谐稳定，是衡量执政党领导力、检验政府执行力、评判国家动员力、彰显民族凝聚力的一个重要方面。为贯彻落实党中央、国务院关于加强防灾减灾救灾工作的决策部署，提高全社会抵御自然灾害的综合防范能力，切实维护人民群众生命财产安全，为全面建成小康社会提供坚实保障，依据《中华人民共和国国民经济和社会发展第十三个五年规划纲要》以及有关法律法规，制定本规划。

一、现状与形势

（一）“十二五”时期防灾减灾救灾工作成效。

“十二五”时期是我国防灾减灾救灾事业发展很不平凡的五年，各类自然灾害多发频发，相继发生了长江中下游严重夏伏旱、京津冀特大洪涝、四川芦山地震、甘肃岷县漳县地震、黑龙江松花江嫩江流域性大洪水、“威马逊”超强台风、云南鲁甸地震等重特大自然灾害。面对复杂严峻的自然灾害形势，党中央、国务院坚强领导、科学决策，各地区、各有关部门认真负责、各司其职、密切配合、协调联动，大力加强防灾减灾能力建设，有力有序有效开展抗灾救灾工作，取得了显著成效。与“十五”和“十一五”时期历年平均值相比，“十二五”时期因灾死亡失踪人口较大幅度下降，紧急转移安置人口、倒塌房屋数量、农作物受灾面积、直接经济损失占国内生产总值的比重分别减少22.6%、75.6%、38.8%、13.2%。

“十二五”时期，较好完成了规划确定的主要目标任务，各方面取得积极进展。一是体制机制更加健全，工作合力显著增强。统一领导、分级负责、属地为主、社会力量广泛参与的灾害管理体制逐步健全，灾害应急响应、灾情会商、专家咨询、信息共享和社会动员机制逐步完善。二是防灾减灾救灾基础更加巩固，综合防范能力明显提升。制定、修订了一批自然灾害法律法规和应急预案，防灾减灾救灾队伍建设、救灾物资储备和灾害监测预警站网建设得到加强，高分卫星、北斗导航和无人机等高新技术装备广泛应用，重大水利工程、气象水文基础设施、地质灾害隐患整治、应急避难场所、农村危房改造等工程建设大力推进，设防水平大幅提升。三是应急救援体系更加完善，自然灾害处置有力有序有效。大力加强应急救援专业队伍和应急救援能力建设，及时启动灾害应急响应，妥善应对了多次重大自然灾害。四是宣传教育更加普及，社会防灾减灾意识全面提升。以"防灾减灾日"等为契机，积极开展丰富多彩、形式多样的科普宣教活动，防灾减灾意识日益深入人心，社会公众自救互救技能不断增强，全国综合减灾示范社区创建范围不断扩大，城乡社区防灾减灾救灾能力进一步提升。五是国际交流合作更加深入，"减灾外交"成效明显。与有关国家、联合国机构、区域组织等建立了良好的合作关系，向有关国家提供了力所能及的紧急人道主义援助，并实施了防灾监测、灾后重建、防灾减灾能力建设等援助项目，积极参与国际减灾框架谈判、联合国大会和联合国经济及社会理事会人道主义决议磋商等，务实合作不断加深，有效服务了外交战略大局，充分彰显了我负责任大国形象。

（二）"十三五"时期防灾减灾救灾工作形势。

"十三五"时期是我国全面建成小康社会的决胜阶段，也是全面提升防灾减灾救灾能力的关键时期，面临诸多新形势、新任务与新挑战。一是灾情形势复杂多变。受全球气候变化等自然和经济社会因素耦合影响，"十三五"时期极端天气气候事件及其次生衍生灾害呈增加趋势，破坏性地震仍处于频发多发时期，自然灾害的突发性、异常性和复杂性有所增加。二是防灾减灾救灾基础依然薄弱。重救灾轻减灾思想还比较普遍，一些地方城市高风险、农村不设防的状况尚未根本改变，基层抵御灾害的能力仍显薄弱，革命老区、民族地区、边疆地区和贫困地区因灾致贫、返贫等问题尤为突出。防灾减灾救灾体制机制与经济社会发展仍不完全适应，应对自然灾害的综合性立法和相关领域立法滞后，能力建设存在短板，社会力量和市场机制作用尚未得到充分发挥，宣传教育不够深入。三是经济社会发展提出了更高要求。如期实现"十三五"时期经济社会发展总体目标，健全公共安全体系，都要求加快推进防灾减灾救灾体制机制改革。四是国际防灾减灾救灾合作任务不断加重。国际社会普遍认识到防灾减灾救灾是全人类的共同任务，更加关注防灾减灾救灾与经济社会发展、应对全球气候变化和消除贫困的关系,更加重视加强多灾种综合风险防范能力建设。同时,国际社会更加期待我国在防灾减灾救灾领域发挥更大作用。

二、指导思想、基本原则与规划目标

(一)指导思想。

全面贯彻党的十八大和十八届三中、四中、五中、六中全会精神,深入学习贯彻习近平总书记系列重要讲话精神,落实党中央、国务院关于防灾减灾救灾的决策部署,紧紧围绕统筹推进"五位一体"总体布局和协调推进"四个全面"战略布局,牢固树立和贯彻落实新发展理念,坚持以人民为中心的发展思想,正确处理人和自然的关系,正确处理防灾减灾救灾和经济社会发展的关系,坚持以防为主、防抗救相结合,坚持常态减灾和非常态救灾相统一,努力实现从注重灾后救助向注重灾前预防转变、从应对单一灾种向综合减灾转变、从减少灾害损失向减轻灾害风险转变,着力构建与经济社会发展新阶段相适应的防灾减灾救灾体制机制,全面提升全社会抵御自然灾害的综合防范能力,切实维护人民群众生命财产安全,为全面建成小康社会提供坚实保障。

(二)基本原则。

以人为本,协调发展。坚持以人为本,把确保人民群众生命安全放在首位,保障受灾群众基本生活,增强全民防灾减灾意识,提升公众自救互救技能,切实减少人员伤亡和财产损失。遵循自然规律,通过减轻灾害风险促进经济社会可持续发展。

预防为主,综合减灾。突出灾害风险管理,着重加强自然灾害监测预报预警、风险评估、工程防御、宣传教育等预防工作,坚持防灾抗灾救灾过程有机统一,综合运用各类资源和多种手段,强化统筹协调,推进各领域、全过程的灾害管理工作。

分级负责,属地为主。根据灾害造成的人员伤亡、财产损失和社会影响等因素,及时启动相应应急响应,中央发挥统筹指导和支持作用,各级党委和政府分级负责,地方就近指挥、强化协调并在救灾中发挥主体作用、承担主体责任。

依法应对,科学减灾。坚持法治思维,依法行政,提高防灾减灾救灾工作法治化、规范化、现代化水平。强化科技创新,有效提高防灾减灾救灾科技支撑能力和水平。

政府主导,社会参与。坚持各级政府在防灾减灾救灾工作中的主导地位,充分发挥市场机制和社会力量的重要作用,加强政府与社会力量、市场机制的协同配合,形成工作合力。

（三）规划目标。

1. 防灾减灾救灾体制机制进一步健全，法律法规体系进一步完善。

2. 将防灾减灾救灾工作纳入各级国民经济和社会发展总体规划。

3. 年均因灾直接经济损失占国内生产总值的比例控制在1.3%以内，年均每百万人口因灾死亡率控制在1.3以内。

4. 建立并完善多灾种综合监测预报预警信息发布平台，信息发布的准确性、时效性和社会公众覆盖率显著提高。

5. 提高重要基础设施和基本公共服务设施的灾害设防水平，特别要有效降低学校、医院等设施因灾造成的损毁程度。

6. 建成中央、省、市、县、乡五级救灾物资储备体系，确保自然灾害发生12小时之内受灾人员基本生活得到有效救助。完善自然灾害救助政策，达到与全面小康社会相适应的自然灾害救助水平。

7. 增创5000个全国综合减灾示范社区，开展全国综合减灾示范县（市、区）创建试点工作。全国每个城乡社区确保有1名灾害信息员。

8. 防灾减灾知识社会公众普及率显著提高，实现在校学生全面普及。防灾减灾科技和教育水平明显提升。

9. 扩大防灾减灾救灾对外合作与援助，建立包容性、建设性的合作模式。

三、主要任务

（一）完善防灾减灾救灾法律制度。

加强综合立法研究，加快形成以专项法律法规为骨干、相关应急预案和技术标准配套的防灾减灾救灾法律法规标准体系，明确政府、学校、医院、部队、企业、社会组织和公众在防灾减灾救灾工作中的责任和义务。

加强自然灾害监测预报预警、灾害防御、应急准备、紧急救援、转移安置、生活救助、医疗卫生救援、恢复重建等领域的立法工作，统筹推进单一灾种法律法规和地方性法规的制定、修订工作，完善自然灾害应急预案体系和标准体系。

（二）健全防灾减灾救灾体制机制。

完善中央层面自然灾害管理体制机制，加强各级减灾委员会及其办公室的统筹指导和综合协调职能，充分发挥主要灾种防灾减灾救灾指挥机构的防范部署与应急指挥作用。明确中央与地方应对自然灾害的事权划分，强化地方党委和政府的主体责任。

强化各级政府的防灾减灾救灾责任意识，提高各级领导干部的风险防范能力和应急决策水平。加强有关部门之间、部门与地方之间协调配合和应急联动，统筹城乡防灾减灾救灾工作，完善自然灾害监测预报预警机制，健全防灾减灾救灾信息资源获取和共享机制。完善军地联合组织指挥、救援力量调用、物资储运调配等应急协调联动机制。建立风险防范、灾后救助、损失评估、恢复重建和社会动员等长效机制。完善防灾减灾基础设施建设、生活保障安排、物资装备储备等方面的财政投入以及恢复重建资金筹措机制。研究制定应急救援社会化有偿服务、物资装备征用补偿、救援人员人身安全保险和伤亡抚恤政策。

(三)加强灾害监测预报预警与风险防范能力建设。

加快气象、水文、地震、地质、测绘地理信息、农业、林业、海洋、草原、野生动物疫病疫源等灾害地面监测站网和国家民用空间基础设施建设,构建防灾减灾卫星星座,加强多灾种和灾害链综合监测,提高自然灾害早期识别能力。加强自然灾害早期预警、风险评估信息共享与发布能力建设,进一步完善国家突发事件预警信息发布系统,显著提高灾害预警信息发布的准确性、时效性和社会公众覆盖率。

开展以县为单位的全国自然灾害风险与减灾能力调查,建设国家自然灾害风险数据库,形成支撑自然灾害风险管理的全要素数据资源体系。完善国家、区域、社区自然灾害综合风险评估指标体系和技术方法,推进自然灾害综合风险评估、隐患排查治理。

推进综合灾情和救灾信息报送与服务网络平台建设,统筹发展灾害信息员队伍,提高政府灾情信息报送与服务的全面性、及时性、准确性和规范性。完善重特大自然灾害损失综合评估制度和技术方法体系。探索建立区域与基层社区综合减灾能力的社会化评估机制。

(四)加强灾害应急处置与恢复重建能力建设。

完善自然灾害救助政策,加快推动各地区制定本地区受灾人员救助标准,切实保障受灾人员基本生活。加强救灾应急专业队伍建设,完善以军队、武警部队为突击力量,以公安消防等专业队伍为骨干力量,以地方和基层应急救援队伍、社会应急救援队伍为辅助力量,以专家智库为决策支撑的灾害应急处置力量体系。

健全救灾物资储备体系,完善救灾物资储备管理制度、运行机制和储备模式,科学规划、稳步推进各级救灾物资储备库(点)建设和应急商品数据库建设,加强救灾物资储备体系与应急物流体系衔接,提升物资储备调运信息化管理水平。加快推进救灾应急装备设备研发与产业化推广,推进救灾物资装备生产能力储备建设,加强地方各级应急装备设备的储备、管理和使用,优先为多灾易灾地区配备应急装备设备。

进一步完善中央统筹指导、地方作为主体、群众广泛参与的灾后重建工作机制。坚持科学重建、民生优先，统筹做好恢复重建规划编制、技术指导、政策支持等工作。将城乡居民住房恢复重建摆在突出和优先位置，加快恢复完善公共服务体系，大力推广绿色建筑标准和节能节材环保技术，加大恢复重建质量监督和监管力度，把灾区建设得更安全、更美好。

（五）加强工程防灾减灾能力建设。

加强防汛抗旱、防震减灾、防风抗潮、防寒保畜、防沙治沙、野生动物疫病防控、生态环境治理、生物灾害防治等防灾减灾骨干工程建设，提高自然灾害工程防御能力。加强江河湖泊治理骨干工程建设，继续推进大江大河大湖堤防加固、河道治理、控制性枢纽和蓄滞洪区建设。加快中小河流治理、病险水库水闸除险加固等工程建设，推进重点海堤达标建设。加强城市防洪防涝与调蓄设施建设，加强农业、林业防灾减灾基础设施建设以及牧区草原防灾减灾工程建设。做好山洪灾害防治和抗旱水源工程建设工作。

提高城市建筑和基础设施抗灾能力。继续实施公共基础设施安全加固工程，重点提升学校、医院等人员密集场所安全水平，幼儿园、中小学校舍达到重点设防类抗震设防标准，提高重大建设工程、生命线工程的抗灾能力和设防水平。实施交通设施灾害防治工程，提升重大交通基础设施抗灾能力。推动开展城市既有住房抗震加固，提升城市住房抗震设防水平和抗灾能力。

结合扶贫开发、新农村建设、危房改造、灾后恢复重建等，推进实施自然灾害高风险区农村困难群众危房与土坯房改造，提升农村住房设防水平和抗灾能力。推进实施自然灾害隐患点重点治理和居民搬迁避让工程。

（六）加强防灾减灾救灾科技支撑能力建设。

落实创新驱动发展战略，加强防灾减灾救灾科技资源统筹和顶层设计，完善专家咨询制度。以科技创新驱动和人才培养为导向，加快建设各级地方减灾中心，推进灾害监测预警与风险防范科技发展，充分发挥现代科技在防灾减灾救灾中的支撑作用。

加强基础理论研究和关键技术研发，着力揭示重大自然灾害及灾害链的孕育、发生、演变、时空分布等规律和致灾机理，推进“互联网+”、大数据、物联网、云计算、地理信息、移动通信等新理念新技术新方法的应用，提高灾害模拟仿真、分析预测、信息获取、应急通信与保障能力。加强灾害监测预报预警、风险与损失评估、社会影响评估、应急处置与恢复重建等关键技术研发。健全产学研协同创新机制，推进军民融合，加强科技平台建设，加大科技成果转化和推广应用力度，引导防灾减灾救灾新技术、新产品、新装备、新服务发展。继续推进防灾减灾救灾标准体系建设，提高标准化水平。

（七）加强区域和城乡基层防灾减灾救灾能力建设。

围绕实施区域发展总体战略和落实“一带一路”建设、京津冀协同发展、长江经济带发展等重大战略，推进国家重点城市群、重要经济带和灾害高风险区域的防灾减灾救灾能力建设。加强规划引导，完善区域防灾减灾救灾体制机制，协调开展区域灾害风险调查、监测预报预警、工程防灾减灾、应急处置联动、技术标准制定等防灾减灾救灾能力建设的试点示范工作。加强城市大型综合应急避难场所和多灾易灾县（市、区）应急避难场所建设。

开展社区灾害风险识别与评估，编制社区灾害风险图，加强社区灾害应急预案编制和演练，加强社区救灾应急物资储备和志愿者队伍建设。深入推进综合减灾示范社区创建工作，开展全国综合减灾示范县（市、区）创建试点工作。推动制定家庭防灾减灾救灾与应急物资储备指南和标准，鼓励和支持以家庭为单元储备灾害应急物品，提升家庭和邻里自救互救能力。

（八）发挥市场和社会力量在防灾减灾救灾中的作用。

发挥保险等市场机制作用，完善应对灾害的金融支持体系，扩大居民住房灾害保险、农业保险覆盖面，加快建立巨灾保险制度。积极引入市场力量参与灾害治理，培育和提高市场主体参与灾害治理的能力，鼓励各地区探索巨灾风险的市场化分担模式，提升灾害治理水平。

加强对社会力量参与防灾减灾救灾工作的引导和支持，完善社会力量参与防灾减灾救灾政策，健全动员协调机制，建立服务平台。加快研究和推进政府购买防灾减灾救灾社会服务等相关措施。加强救灾捐赠管理，健全救灾捐赠需求发布与信息导向机制，完善救灾捐赠款物使用信息公开、效果评估和社会监督机制。

（九）加强防灾减灾宣传教育。

完善政府部门、社会力量和新闻媒体等合作开展防灾减灾宣传教育的工作机制。将防灾减灾教育纳入国民教育体系，推进灾害风险管理相关学科建设和人才培养。推动全社会树立“减轻灾害风险就是发展、减少灾害损失也是增长”的理念，努力营造防灾减灾良好文化氛围。

开发针对不同社会群体的防灾减灾科普读物、教材、动漫、游戏、影视剧等宣传教育产品，充分发挥微博、微信和客户端等新媒体的作用。加强防灾减灾科普宣传教育基地、网络教育平台等建设。充分利用“防灾减灾日”、“国际减灾日”等节点，弘扬防灾减灾文化，面向社会公众广泛开展知识宣讲、技能培训、案例解说、应急演练等多种形式的宣传教育活动，提升全民防灾减灾意识和自救互救技能。

（十）推进防灾减灾救灾国际交流合作。

结合国家总体外交战略的实施以及推进“一带一路”建设的部署，统筹考虑国内国际两种资源、两个能力，推动落实联合国2030年可持续发展议程和《2015－2030年仙台减轻灾害风险框架》，与有关国家、联合国机构、区域组织广泛开展防灾减灾救灾领域合作，重点加强灾害监测预报预警、信息共享、风险调查评估、紧急人道主义援助和恢复重建等方面的务实合作。研究推进国际减轻灾害风险中心建设。积极承担防灾减灾救灾国际责任，为发展中国家提供更多的人力资源培训、装备设备配置、政策技术咨询、发展规划编制等方面支持，彰显我负责任大国形象。

四、重大项目

（一）自然灾害综合评估业务平台建设工程。

以重大自然灾害风险防范、应急救助与恢复重建等防灾减灾救灾决策需求为牵引，建立灾害风险与损失评估技术标准、工作规范和模型参数库。研发多源异构的灾害大数据融合、信息挖掘与智能化管理技术，建设全国自然灾害综合数据库管理系统。建立灾害综合风险调查与评估技术方法，研发系统平台，并在灾害频发多发地区开展灾害综合风险调查与评估试点工作，形成灾害风险快速识别、信息沟通与实时共享、综合评估、物资配置与调度等决策支持能力。建立并完善灾害损失与社会影响评估技术方法，突破灾害快速评估和综合损失评估关键技术，建立灾害综合损失评估系统。建立重大自然灾害灾后恢复重建选址和重建进度评估技术体系，建设灾后恢复重建决策支持系统。基本形成面向中央及省级救灾决策与社会公共服务的多灾种全过程评估的数据和技术支撑能力。

（二）民用空间基础设施减灾应用系统工程。

依托民用空间基础设施建设，面向国家防灾减灾救灾需求，建立健全防灾减灾卫星星座减灾应用标准规范、技术方法、业务模式与产品体系。建设防灾减灾卫星星座减灾应用系统，实现军民卫星数据融合应用，具备自然灾害全要素、全过程的综合监测与研判能力，提高灾害风险评估与损失评估的自动化、定量化和精准化水平。在重点区域开展“天空地”一体化综合应用示范，带动区域和省级卫星减灾应用能力发展。建立卫星减灾应用信息综合服务平台，具备产品定制和全球化服务能力，为我国周边及“一带一路”沿线国家提供灾害遥感监测信息服务。

（三）全国自然灾害救助物资储备体系建设工程。

采取新建、改扩建和代储等方式，因地制宜，统筹推进，形成分级管理、反应迅速、布局合理、规模适度、种类齐全、功能完备、保障有力的中央、省、市、县、乡五级救灾物资储备体系。科学确定各级救灾物资储备品种及规模，形成多级救灾物资储备网络。进一步优化中央救灾物资储备库布局，支持中西部多灾易灾地区的地市级和县级救灾物资储备库建设，多灾易灾城乡社区视情设置救灾物资储存室，形成全覆盖能力。

通过协议储备、依托企业代储、生产能力储备和家庭储备等多种方式，构建多元救灾物资储备体系。完善救灾物资紧急调拨的跨部门、跨区域、军地间应急协调联动机制。充分发挥科技支撑引领作用，推进救灾物资储备管理信息化建设，实现对救灾物资入库、存储、出库、运输和分发等全过程的智能化管理，提高救灾物资管理的信息化、网络化和智能化水平，救灾物资调运更加高效快捷有序。

（四）应急避难场所建设工程。

编制应急避难场所建设指导意见，明确基本功能和增强功能，推动各地区开展示范性应急避难场所建设，并完善应急避难场所建设标准规范。结合区域和城乡规划，在京津冀、长三角、珠三角等国家重点城市群，根据人口分布、城市布局、区域特点和灾害特征，建设若干能够覆盖一定范围，具备应急避险、应急指挥和救援功能的大型综合应急避难场所。结合人口和灾害隐患点分布，在每个省份分别选择若干典型自然灾害多发县（市、区），新建或改扩建城乡应急避难场所。建设应急避难场所信息综合管理与服务平台，实现对应急避难场所功能区、应急物资、人员安置和运行状态等管理与评估，面向社会公众提供避险救援、宣传教育和引导服务。

（五）防灾减灾科普工程。

开发针对不同社会群体的防灾减灾科普读物和学习教材，普及防灾减灾知识，提升社会公众防灾减灾意识和自救互救技能。制定防灾减灾科普宣传教育基地建设规范，推动地方结合实际新建或改扩建融宣传教育、展览体验、演练实训等功能于一体的防灾减灾科普宣传教育基地。建设防灾减灾数字图书馆，打造开放式网络共享交流平台，为公众提供知识查询、浏览及推送等服务。开发动漫、游戏、影视剧等防灾减灾文化产品，开展有特色的防灾减灾科普活动。

五、保障措施

（一）加强组织领导，形成工作合力。

国家减灾委员会负责本规划实施的统筹协调。各地区、各有关部门要高度重视，加强组织领导，完善工作机制，切实落实责任，确保规划任务有序推进、目标如期实现。各地区要根据本规划要求、结合本地区实际，制定相关综合防灾减灾规划，相关部门规划要加强与本规划有关内容的衔接与协调。

（二）加强资金保障，畅通投入渠道。

完善防灾减灾救灾资金投入机制，拓宽资金投入渠道，加大防灾减灾基础设施建设、重大工程建设、科学研究、人才培养、技术研发、科普宣传和教育培训等方面的经费投入。完善防灾减灾救灾经费保障机制，加强资金使用的管理与监督。按照党中央、国务院关于打赢脱贫攻坚战的决策部署，加大对革命老区、民族地区、边疆地区和贫困地区防灾减灾救灾工作的支持力度。

（三）加强人才培养，提升队伍素质。

加强防灾减灾救灾科学研究、工程技术、抢险救灾和行政管理等方面的人才培养，强化基层灾害信息员、社会工作者和志愿者等队伍建设，扩充人才队伍数量，优化人才队伍结构，提高人才队伍素质，形成一支结构合理、素质优良、专业过硬的防灾减灾救灾人才队伍。

（四）加强跟踪评估，强化监督管理。

国家减灾委员会建立规划实施跟踪评估制度，加强对本规划实施情况的跟踪分析和监督检查。国家减灾委员会各成员单位和各省级人民政府要加强对本规划相关内容落实情况的评估。国家减灾委员会办公室要制定本规划实施分工方案，明确相关部门职责，并做好规划实施情况总体评估工作，将评估结果报国务院。

国务院关于印发国家人口发展规划（2016—2030年）的通知

（2016年12月30日　国发〔2016〕87号）

现将《国家人口发展规划（2016— 2030年）》印发给你们，请认真贯彻执行。

国家人口发展规划（2016— 2030年）

人口问题始终是人类社会共同面对的基础性、全局性和战略性问题。为积极有效应对我国人口趋势性变化及其对经济社会发展产生的深刻影响，促进人口长期均衡发展，根据《中华人民共和国人口与计划生育法》、《中华人民共和国国民经济和社会发展第十三个五年规划纲要》和《中共中央 国务院关于实施全面两孩政策改革完善计划生育服务管理的决定》精神,特编制本规划。本规划旨在阐明规划期内国家人口发展的总体要求、主要目标、战略导向和工作任务,是指导今后15年全国人口发展的纲领性文件,是全面做好人口和计划生育工作的重要依据,并为经济社会发展宏观决策提供支撑。

第一章 规划背景
——人口发展的关键转折期

进入21世纪后,我国人口发展的内在动力和外部条件发生了显著改变,出现重要转折性变化。准确把握人口变化趋势性特征,深刻认识这些变化对人口安全和经济社会发展带来的挑战,对于谋划好人口长期发展具有重大意义。

第一节 人口现状

我国全面推行计划生育40多年来,人口过快增长得到有效控制,人口再生产类型实现历史性转变,对资源环境的压力有效缓解,有力促进了经济发展、社会进步和民生改善,为现代化建设提供了重要保障和基础性支撑,为全面建成小康社会奠定了坚实基础。"十二五"时期,根据我国人口发展变化趋势,党中央、国务院审时度势作出调整完善生育政策的重大决策部署,深化计划生育服务管理改革,人口和计划生育工作取得了新成效。

——人口总量平稳增长。"十二五"期间年均自然增长率保持在5‰左右,2015年末总人口为13.75亿人。

——人口结构不断变化。出生人口性别比连续下降至113.51,60岁及以上老年人口占比达到16.1%,15—59岁劳动年龄人口于2011年达到峰值后持续下降,家庭户均人口规模减少。

——人口素质稳步提升。人均预期寿命提高到76.34岁。孕产妇死亡率和婴儿死亡率分别降至20.1/10万和8.1‰,提前实现联合国千年发展目标。劳动年龄人口平均受教育年限达到10.23年。

——人口城乡结构发生重大变化。常住人口城镇化率从2010年的49.95%提升至2015年的56.1%,流动人口从2.21亿人增加到2.47亿人。

——重点人群保障水平不断提高。2015年农村贫困人口为5575万人,较2010年减少了66.3%。老年人、残疾人等群体社会保障体系和公共服务体系逐步健全。家庭发展能力得到增强。

第二节　发展态势

根据联合国《世界人口展望:2015 年修订版》预测,今后较长时期内世界人口将保持上升趋势,人口总量将从 2015 年的 73 亿上升到 2030 年的 85 亿,2050 年接近 100 亿,发展中国家人口占比继续上升,中国人口占比持续下降。世界多数国家已经或正在步入老龄化社会,中国老龄化水平及增长速度将明显高于世界平均水平。

我国人口发展既符合世界一般性规律,又具有自身特点,今后 15 年人口变动的主要趋势是:

——人口总规模增长惯性减弱,2030 年前后达到峰值。实施全面两孩政策后,“十三五”时期出生人口有所增多,“十四五”以后受育龄妇女数量减少及人口老龄化带来的死亡率上升影响,人口增长势能减弱。总人口将在 2030 年前后达到峰值,此后持续下降。

——劳动年龄人口波动下降,劳动力老化程度加重。劳动年龄人口在“十三五”后期出现短暂小幅回升后,2021— 2030 年间将以较快速度减少。劳动年龄人口趋于老化,到 2030 年,45— 59 岁大龄劳动力占比将达到 36% 左右。

——老龄化程度不断加深,少儿比重呈下降趋势。“十三五”时期,60 岁及以上老年人口平稳增长,2021— 2030 年增长速度将明显加快,到 2030 年占比将达到 25% 左右,其中 80 岁及以上高龄老年人口总量不断增加。0— 14 岁少儿人口占比下降,到 2030 年降至 17% 左右。

——人口流动仍然活跃,人口集聚进一步增强。预计 2016— 2030 年,农村向城镇累计转移人口约 2 亿人,转移势头有所减弱,城镇化水平持续提高。以“瑷珲—腾冲线”为界的全国人口分布基本格局保持不变,但人口将持续向沿江、沿海、铁路沿线地区聚集,城市群人口集聚度加大。

——出生人口性别比逐渐回归正常,家庭呈现多样化趋势。伴随经济社会发展以及生育政策调整完善等,出生人口性别比呈稳步下降态势。核心家庭(由已婚夫妇及其未婚子女组成的家庭)和直系家庭(由父母同一个已婚子女及其配偶、子女组成的家庭)是主要的家庭形式,单人家庭、单亲家庭以及“丁克家庭”的比例将逐步提高。

——少数民族人口增加,地区间人口变化不平衡。2015 年我国少数民族人口总量为 1. 17 亿,占比 8. 5% ,少数民族生育率高于全国平均水平,人口比例还将进一步提高。在一些民族地区各民族人口发展不均衡,一些边境地区青壮年人口流失比较严重。

第三节 问题和挑战

今后15年我国人口发展进入深度转型阶段，人口自身的安全以及人口与经济、社会等外部系统关系的平衡都将面临不可忽视的问题和挑战。

——实现适度生育水平压力较大。我国生育率已较长时期处于更替水平以下，虽然实施全面两孩政策后生育率有望出现短期回升，但受生育行为选择变化等因素影响，从长期看生育水平存在走低的风险。

——老龄化加速的不利影响加大。人口老龄化加快会明显加大社会保障和公共服务压力，凸显劳动力有效供给约束，人口红利减弱，持续影响社会活力、创新动力和经济潜在增长率。

——人口合理有序流动仍面临体制机制障碍。城乡、区域间人口流动仍面临户籍、财政、土地等改革不到位形成的制度性约束，人口集聚与产业集聚不同步、公共服务资源配置与常住人口不衔接、人口城镇化滞后于土地城镇化等问题依然突出，不利于有效支撑国家重大区域战略实施。

——人口与资源环境承载能力始终处于紧平衡状态。本世纪中叶前我国人口总量将保持在13亿以上，人口对粮食供给的压力持续存在，人口与水资源短缺的矛盾始终突出，人口与能源消费的平衡关系十分紧张。边境地区人口安全问题需高度关注。

——家庭发展和社会稳定的隐患不断积聚。小型化和空巢化家庭抗风险能力低，养老抚幼、疾病照料、精神慰藉等问题日益突出。出生人口性别比长期失衡积累的社会风险不容忽视。

总的看，未来15年特别是2021—2030年，我国人口发展进入关键转折期，但人口众多的基本国情不会根本改变，人口对经济社会发展的压力不会根本改变，人口与资源环境的紧张关系不会根本改变。既面临诸多问题和潜在风险挑战，同时继续存在劳动力总量充裕、仍处于人口红利期等有利条件，统筹解决人口问题有较大的回旋空间。完善人口发展战略和政策体系，促进人口长期均衡发展，最大限度地发挥人口对经济社会发展的能动作用，对全面建成小康社会、实现中华民族伟大复兴的中国梦，具有重大现实意义和深远历史意义。

第二章 总体思路

——实施人口均衡发展国家战略

面对人口发展重大趋势性变化，必须把人口均衡发展作为重大国家战略，加强统筹谋划，把握人口发展的有利因素，积极有效应对风险挑战，努力实现人口自身均衡发展，并与经济社会、资源环境协调发展。

第一节　总体要求

高举中国特色社会主义伟大旗帜，以马克思列宁主义、毛泽东思想、邓小平理论、“三个代表”重要思想、科学发展观为指导，全面贯彻党的十八大和十八届三中、四中、五中、六中全会精神，深入贯彻习近平总书记系列重要讲话精神，认真落实党中央、国务院决策部署，紧紧围绕统筹推进“五位一体”总体布局和协调推进“四个全面”战略布局，牢固树立和贯彻落实创新、协调、绿色、开放、共享的发展理念，以促进人口均衡发展为主线，立足战略统筹，强化人口发展的战略地位和基础作用，坚持计划生育基本国策，鼓励按政策生育，充分发挥全面两孩政策效应，综合施策，创造有利于发展的人口总量势能、结构红利和素质资本叠加优势，促进人口与经济社会、资源环境协调可持续发展，为全面建成小康社会、实现中华民族伟大复兴的中国梦提供坚实基础和持久动力。

要坚持以下原则：

——坚持综合决策。切实将人口融入经济社会政策，在经济社会发展战略规划计划、经济结构战略性调整、投资项目和生产力布局、城乡区域关系协调、可持续发展等重大决策中，充分考虑人口因素，不断健全人口与发展综合决策机制。

——突出以人为本。坚持以人民为中心的发展思想，优先投资于人的全面发展，建立健全面向全人群、覆盖全生命周期的人口政策体系，促进共同参与、共享发展，增强人民群众获得感和幸福感。

——强化正向调节。尊重人口规律，顺应经济社会发展要求和群众根本利益，完善服务保障政策，将生育水平调控并维持在适度区间，推动人口结构优化调整、人口素质不断提升、人口流动更加有序，持续增强人口资源禀赋。

——加强风险防范。加强超前谋划和战略预判，重视把握人口各要素之间，以及人口与经济社会、资源环境等外部要素间的相互关系，提早防范和综合应对潜在的人口系统内安全问题和系统间的安全挑战，切实保障人口安全。

——深化改革创新。积极转变人口调控理念和方法，统筹推进生育政策、计划生育服务管理制度、家庭发展支持体系和治理机制综合改革，完善人口预测预报预警机制，健全重大决策人口影响评估制度。

第二节　主要目标

到2020年，全面两孩政策效应充分发挥，生育水平适度提高，人口素质不断改善,结构逐步优化,分布更加合理。到2030年,人口自身均衡发展的态势基本形成,人口与经济社会、资源环境的协调程度进一步提高。

——人口总量。总和生育率逐步提升并稳定在适度水平,2020年全国总人口达到14.2亿人左右,2030年达到14.5亿人左右。

——人口结构。出生人口性别比趋于正常,性别结构持续改善。劳动力资源保持有效供给,人口红利持续释放。

——人口素质。出生缺陷得到有效防控,人口健康水平和人均预期寿命持续提高,劳动年龄人口平均受教育年限进一步增加,人才队伍不断壮大。

——人口分布。常住人口城镇化率稳步提升,户籍人口城镇化率加快提高,主要城市群集聚人口能力增强。人口流动合理有序,人口分布与区域发展、主体功能布局、城市群发展、产业集聚的协调度达到更高水平。

——重点人群。民生保障体系更加健全,老年人、妇女、儿童、残疾人、贫困人口等群体的基本权益得到有效保障,生活水平持续提高,共建共享能力明显增强。

专栏1　预期发展目标

领　域	主要指标	单位	2015年	2020年	2030年
人口总量	全国总人口	亿人	13.75	14.2	14.5
	总和生育率		1.5–1.6	1.8	1.8
人口结构	出生人口性别比		113.5	≤112	107
人口素质	人均预期寿命	岁	76.3	77.3	79
	劳动年龄人口平均受教育年限	年	10.23	10.8	11.8
人口分布	常住人口城镇化率	%	56.1	60	70

第三节　战略导向

实现人口发展目标,必须从经济社会全局高度和国家中长期发展层面谋划人口工作,深入实施国家人口均衡发展战略,明确并贯彻以下战略导向:

——注重人口内部各要素相均衡。推动人口发展从控制人口数量为主向调控总量、优化结构和提升素质并举转变。推进全面两孩政策实施,平缓人口总量变动态势,避免人口达到峰值后快速下降,发挥政策最大效应。加强出生人口性别比治理,促进社会性别平等。切实提高出生人口素质,努力挖掘各年龄段人口潜能,推动人口红利向人才红利转变。

——注重人口与经济发展相互动。准确把握经济发展对人口变动的影响，综合施策缓解经济因素带来的生育率下降等人口发展问题。统筹城乡区域协调发展，统筹技术、产业、公共服务、就业同步扩散，引导人口与经济布局有效对接。充分发挥人口能动作用，为经济增长提供有效人力资本支撑和内需支撑。实施积极的老龄化政策，防范和化解对经济增长的不利影响。

——注重人口与社会发展相协调。完善国家基本公共服务制度体系，推动基本公共服务常住人口全覆盖，有序推进农业转移人口市民化。着力补齐重点人群发展短板，构建多层次养老服务体系，保障妇女儿童、残疾人合法权益，实施贫困人口精准脱贫，促进社会公平正义。尊重个人和家庭在人口发展中的主体地位，坚持权利义务对等，推动人口工作由主要依靠政府力量向政府、社会和公民多元共治转变。

——注重人口与资源环境相适应。根据不同主体功能区定位要求，健全差别化的人口政策，多措并举引导人口向优化开发和重点开发区域适度集聚，支持鼓励限制开发和禁止开发区域的人口自愿迁出，严格控制超大、特大城市人口规模。加大环境治理与保护力度，可持续开发利用自然资源，推动形成绿色发展方式和生活方式，着力增强人口承载能力。

第三章　推动实现适度生育水平

——延续人口总量势能优势

适度生育水平是维持人口良性再生产的重要前提。要针对人口变动态势，做好超前谋划和政策储备，健全生育服务和家庭发展支持体系，引导生育水平提升并稳定在适度区间，保持和发挥人口总量势能优势，促进人口自身均衡发展。

第一节　健全生育政策调控机制

坚持计划生育基本国策，实施全面两孩政策。坚持党政一把手亲自抓、负总责，落实和完善计划生育目标管理责任制。改革完善计划生育服务管理，实行生育登记服务，优化服务流程，推行网上办事，进一步简政便民。密切关注生育水平过高和过低地区人口发展态势，加强分类指导，因地制宜、综合施策，积极发挥计生协会等社会组织作用，引导群众负责任、有计划、按政策生育。积极推进实施各民族平等的计划生育政策，促进同区域内不同民族的均衡发展。科学评估经济增长和社会发展对生育行为的影响，做好全面两孩政策效果跟踪评估，密切监测生育水平变动态势，做好政策储备，完善计划生育政策。

第二节　合理配置公共服务资源

健全妇幼健康计划生育服务体系，提升妇幼健康和计划生育服务能力。实施妇幼健康计划生育服务保障工程，通过增加供给、优化结构、挖掘潜力，强化孕产妇和新生儿危急重症救治能力建设，进一步降低孕产妇和婴儿死亡率。做好优生优育全程服务，为妇女儿童提供优质的孕前优生健康检查、住院分娩、母婴保健、避孕节育、儿童预防接种等服务，做好流动孕产妇和儿童跨地区保健服务以及避孕节育的接续。加强出生缺陷综合防治，开展出生缺陷发生机理和防治技术研究，推进新生儿疾病筛查、诊断和治疗工作。加强妇幼保健计划生育服务管理能力建设。

加强科学预测，合理规划配置儿童照料、学前和中小学教育、社会保障等资源，满足新增公共服务需求。引导和鼓励社会力量举办非营利性妇女儿童医院、普惠性托儿所和幼儿园等服务机构。鼓励和推广社区或邻里开展幼儿照顾的志愿服务。推进生育保险和基本医疗保险合并实施，确保职工生育期间的生育保险待遇不变。在大型公共场所、公共交通工具、旅游景区景点等设置母婴室或婴儿护理台，保障母婴权益。

专栏2　妇幼健康计划生育服务保障工程
向孕产妇提供覆盖生育全过程的基本医疗保健服务，实行生育登记服务制度，加强出生人口监测预测，继续实施免费孕前优生健康检查，落实国家规定的计划生育基本技术服务。继续实施扩大国家免疫规划，按规定提供孕产期保健和儿童保健服务。扩大农村妇女“两癌”（宫颈癌、乳腺癌）检查项目覆盖范围。全面改善妇幼健康服务条件，支持省、市、县三级妇幼健康服务机构能力建设，提升孕产妇和新生儿危急重症救治能力。2020年前力争新增产床8.9万张，增加产科医生和助产士14万名。

第三节　完善家庭发展支持体系

建立完善包括生育支持、幼儿养育、青少年发展、老人赡养、病残照料、善后服务等在内的家庭发展政策。完善税收、抚育、教育、社会保障、住房等政策，减轻生养子女家庭负担。完善计划生育奖励假制度和配偶陪产假制度。鼓励雇主为孕期和哺乳期妇女提供灵活的工作时间安排及必要的便利条件。支持妇女生育后重返工作岗位。增强社区幼儿照料、托老日间照料和居家养老等服务功能。完善殡葬基本公共服务。加强家庭信息采集和管理，为家庭发展政策的制定和实施提供依据。大力发展家庭服务业。加强婚姻家庭辅导，推进新型家庭文化建设，开展幸福家庭创建活动。

加大对计划生育家庭的扶助力度，对全面两孩政策实施前的独生子女家庭和农村计划生育双女家庭，继续实行现行各项奖励扶助政策，在社会保障、集体收益分配、就业创业、新农村建设等方面予以倾斜。完善计划生育家庭特别扶助制度，加大对残疾人家庭、贫困家庭、计划生育特殊家庭、老年空巢家庭、单亲家庭等的帮扶支持力度，充分发挥社会工作服务机构和社会工作者的专业作用。

第四章　增加劳动力有效供给

——注重人口与经济良性互动

综合应对劳动年龄人口总量下降和结构老化趋势，全面提升劳动力质量，挖掘劳动力供给潜能，加强与就业政策和劳动力市场建设的有机衔接，为经济社会发展提供有效人力资本支撑。

第一节　提升新增劳动力质量

努力适应经济向形态更高级、分工更精细、结构更合理演进，发展方式向依靠持续的知识积累、技术进步、劳动力素质提升转变，着力培养具有国际竞争力的创新型、应用型、高技能、高素质大中专毕业生和技能劳动者，提高新增劳动力供给质量。加快完善国民教育体系，不断提高基本公共教育服务均等化水平，2020 年普及高中阶段教育，迈入高等教育普及化门槛（毛入学率达到50%），2030 年达到更高普及水平，劳动年龄人口平均受教育年限进一步提升。全面提高教育质量，切实提升大中专毕业生就业创业能力。优化人才培养机制，促进人才培养链与产业链、创新链有机衔接。深入推进协同育人，深化产教融合、校企合作，大力培养应用型人才和技术技能人才。全面提升高校创新人才培养能力，建设好一批世界一流大学和一流学科，深化高校创新创业教育改革，增强毕业生社会责任感、创新精神和实践能力。建设面向人人的就业创业服务平台。实施高校毕业生就业创业促进计划，建立涵盖毕业生校内校外各阶段、求职就业各环节、创新创业全过程的服务体系。

第二节　挖掘劳动者工作潜能

提升就业能力，推动农村劳动力转型。面向现代农业发展，构建有效的新型职业农民培育制度体系，加快推动传统农民成为新型职业农民，建立高素质现代农业生产经营者队伍。持续推进农业富余劳动力进城务工并稳定生活，落实农业转移人口就业扶持政策，实施新生代农民工职业技能提升计划，健全职业培训、就业服务、劳动维权“三位一体”的工作机制。凝聚政府与市场合力，优化环境并健全支持政策，建设一批返乡创业园区和县乡特色产业带，为外出务工人员返乡创业创造条件。

促进劳动者人力资本积累。通过全方位投资人力资本，充分发挥劳动者工作潜能。大力发展继续教育，强化企业在职工培训中的主体作用，完善以就业技能、岗位技能提升和创业为主的培训体系，持续提升企业职工劳动技能和工作效能。提升劳动者健康素质，全面开展职业健康服务，落实职业健康检查制度，加强职业病防治。强化职业劳动安全教育。支持大龄劳动力就业创业，加强大龄劳动力职业培训，提高就业技能和市场竞争力，避免其过早退出就业市场。

专栏3　大龄劳动力人力资本开发行动
适应我国老龄化发展趋势，积极借鉴国际有益经验，通过教育培训、健康服务、就业促进等方式鼓励大龄失业人员回归劳动力市场。探索建立养老金长缴多得的激励约束机制；加强大龄劳动力在岗继续教育培训，落实完善职业培训补贴、职业技能鉴定补贴等政策，支持大龄劳动力提升就业技能；加强职业健康服务，提高大龄劳动力健康水平；落实税收优惠、社会保险补贴、创业担保贷款等扶持政策，鼓励各类企业吸纳大龄失业人员就业；加强公共就业服务网络平台建设，为大龄失业人员提供更多个性化职业指导、职业介绍、政策咨询等公共就业服务；结合大龄失业人员特点，提供更多非全职就业、志愿服务和社区工作等岗位。

第三节　积极开发老年人力资源

充分发挥老年人参与经济社会活动的主观能动性和积极作用。实施渐进式延迟退休年龄政策，逐步完善职工退休年龄政策，有效挖掘开发老年人力资源。大力发展老年教育培训。鼓励专业技术领域人才延长工作年限，积极发挥其在科学研究、学术交流和咨询服务等方面的作用。鼓励老年人积极参与家庭发展、互助养老、社区治理、社会公益等活动，继续发挥余热并实现个人价值。

第四节　有效利用国际人才资源

树立人力资源开发利用全球视野，实施更积极、更开放、更有效的国际人才培养和引进政策。制定并完善出入境和长期居留、税收、保险、住房、就医、子女入学、配偶安置等配套措施，加快推进简化“绿卡”办理手续，大力吸引海外高层次人才回国或来华创新创业。完善外国人永久居留制度,放宽技术技能型人才取得永久居留资格的条件,探索实行技术移民并逐步形成完善有效的政策体系。支持外国人才申报和参与国家级科研项目,更加严格有效保护知识产权,维护创造发明人的合法权益。发展国际人才市场,培育一批国际人才中介服务机构。结合国家"一带一路"建设战略实施和国际产能合作,鼓励有条件的企业、高校、科研院所"走出去"培养和吸引使用当地优秀人才。积极开展高水平的国际合作办学,创新人才国际联合培养模式。开发国(境)外优质教育培训资源,完善出国(境)培训管理制度和措施,进一步提高出国(境)培训质量。

第五章　优化人口空间布局

——促进人口与资源环境永续共生

推动城乡人口协调发展,完善以城市群为主体形态的人口空间布局,促进人口分布与国家区域发展战略相适应,引导人口有序流动和合理分布,实现人口与资源环境永续共生。

第一节　持续推进人口城镇化

加快推进以人为核心的城镇化,引导人口流动的合理预期,畅通落户渠道,到2020年实现1亿左右农业转移人口和其他常住人口在城镇落户,全面提高城镇化质量。按照尊重意愿、自主选择、因地制宜、分步推进、存量优先、带动增量的原则,区分超大、特大和大中小城市以及建制镇,实施差别化落户政策,促进有能力在城镇稳定就业和生活的农业转移人口举家进城落户。将具备条件的县和特大镇有序设置为市,增加中小城市数量,优化大中城市市辖区规模和结构,拓展农业转移人口就近城镇化空间。

专栏4　推动1亿非户籍人口在城市落户方案

2016—2020年,户籍人口城镇化率年均提高1个百分点以上,年均转户1300万人以上。

进一步拓宽落户通道。除极少数超大城市外,全面放宽农业转移人口落户条件。调整完善超大城市和特大城市落户政策,区分城市的主城区、郊区、新区等区域,分类制定落户政策,重点解决符合条件的普通劳动者落户问题。调整完善大中城市落户政策,大中城市均不得采取购买房屋、投资纳税等方式设置落户限制。

续表

制定实施配套政策。加大对农业转移人口市民化的财政支持力度并建立动态调整机制,建立财政性建设资金对吸纳农业转移人口较多城市基础设施投资的补助机制,建立城镇建设用地增加规模与吸纳农业转移人口落户数量挂钩机制。顺应农民保留土地承包权、流转土地经营权的意愿,实行所有权、承包权、经营权分置并行,探索建立进城落户农民土地承包权、宅基地使用权、集体收益分配权维护和自愿有偿退出机制。完善城镇基本公共服务政策,确保城市新老居民同城同待遇。

第二节　推动城市群人口集聚

以城市群为主体形态促进大中小城市和小城镇协调发展,优化提升东部地区城市群,培育发展中西部地区城市群,推动人口合理集聚。对京津冀、长三角、珠三角等城市群,要严格控制超大城市和特大城市人口规模,有序引导人口向中小城市集聚。对长江中游、成渝地区等城市群,要进一步做大做强中心城市,加强对周边欠发达地区的辐射带动作用,打造全国重要的人口集聚区。对山东半岛、海峡西岸、辽中南等东部地区城市群,要进一步加强区域内大中小城市联动发展,增强对中西部转移人口的吸引力。对哈长、中原、关中、北部湾、山西中部、呼包鄂榆、黔中、滇中、兰西、宁夏沿黄、天山北坡等城市群,要加快形成更多支撑区域发展的增长极,引导区域内人口就近集聚。力争今后 15 年上述 19 个城市群集聚的常住人口占全国比重稳步提升,特别是城镇人口总量占比增幅更高。

第三节　改善人口资源环境紧平衡

制定和完善与主体功能区相配套的人口政策。要统筹考虑国家战略意图和区域资源禀赋,在开展资源环境承载能力评价的基础上,科学确定不同主体功能区可承载的人口数量,实行差别化人口调节政策。对人居环境不适宜人类常年生活和居住的地区,实施限制人口迁入政策,有序推进生态移民。对人居环境临界适宜的地区,基本稳定人口规模,鼓励人口向重点市镇收缩集聚。对人居环境适宜和资源环境承载力不超载的地区,重视提高人口城镇化质量,培育人口集聚的空间载体,引导产业集聚,增强人口吸纳能力。

促进人口绿色发展。实施人口绿色发展计划,积极应对人口与资源环境的紧张矛盾,增强人口承载能力。大力推行创新驱动、资源集约节约、低碳环保的绿色生产方式,推广绿色低碳技术和产品,严格限制高耗能、高污染行业发展,节约集约利用土地、水和能源等资源,促进资源循环利用。积极倡导简约适度、绿色低碳、文明节约的生活方式,推广绿色建筑,鼓励绿色出行。

保障边境地区人口安全。要从维护国家安全的高度,多措并举稳住边境人口适度规模,优化人口结构和分布。统筹运用人口发展、产业促进、转移支付、公共服务和社会管理等政策,努力扩大就业、增加边民收入、提高公共服务水平,让边境各族群众安居乐业。加强人口跨境流动管理,促进边境地区繁荣发展。

第四节　完善人口流动政策体系

深化户籍制度改革,切实保障进城落户农业转移人口与城镇居民享有同等权利和义务。全面实施居住证制度,推进居住证制度覆盖全部未落户城镇常住人口,保障居住证持有人享有国家规定的各项基本公共服务和办事便利。鼓励地方各级政府根据本地实际不断扩大对居住证持有人的公共服务范围并提高服务标准。以人口为基本要素,完善公共服务资源配置,使基本公共服务设施布局、供给规模与人口分布、环境交通相适应,增强基本公共服务对人口集聚和吸纳能力的支撑。深化财政制度改革,建立农业转移人口市民化成本分担机制。深化农村集体产权制度改革,探索建立进城落户农民土地承包权、宅基地使用权、集体收益分配权维护和自愿有偿退出机制。研究完善支撑东北地区等老工业基地全面振兴的人口发展政策,适应西部大开发要求鼓励人口向西部地区迁移。健全全国流动人口分布、生存发展状况的动态监测体系,完善流动人口服务管理体制机制。

第六章　促进重点人群共享发展

——推动人口与社会和谐共进

老年人、妇女、儿童、残疾人和贫困人口,是人口发展中必须特别关注的重点人群。要构建管长远的制度框架,制定有针对性的政策措施,创造条件让重点人群共享发展成果,促进社会和谐与公平正义。

第一节　积极应对人口老龄化

针对人口老龄化程度不断加深的趋势,要加强顶层设计,做到及早应对、科学应对、综合应对。坚持持续、健康、参与、公平的原则,加快构建以社会保障、养老服务、健康支持、宜居环境为核心的应对老龄化制度框架,完善以人口政策、人才开发、就业促进、社会参与为支撑的政策体系。建立更加公平可持续的社会保障制度,加快城乡居民全覆盖,逐步提高基本养老和基本医疗保险统筹层次，确保基金安全可持续运行。大力发展企业年金、职业年金、个人储蓄性养老保险和商业医疗保险，在试点基础上推出个人税收递延型养老保险。探索建立长期护理保险制度，开展长期护理保险试点。全面建立针对经济困难高龄、失能老年人的补贴制度，做好与长期护理保险的衔接。加快完善以居家为基础、社区为依托、机构为补充、医养结合的养老服务体系，增加养老服务和产品供给。建设预防、医疗、康复、护理、安宁疗护等相衔接的覆盖全生命周期的医疗服务体系，强化对老年常见病、慢性病的健康指导和综合干预，提升中医保健、体检体测、体育健身等健康管理水平。完善家庭养老支持措施，建设无障碍的老年友好型社区和城市，营造良好社会氛围，形成敬老、养老、助老的社会风尚。

第二节　促进妇女全面发展和未成年人保护

坚持男女平等基本国策，将性别平等全面纳入法律体系和公共政策，促进融入社会文化，切实保障妇女合法权益，消除性别歧视，提高妇女的社会参与能力和生命健康质量。加强出生人口性别比综合治理，营造男女平等、尊重女性、保护女童的社会氛围，加大打击非医学需要的胎儿性别鉴定和选择性别的人工终止妊娠行为力度。深入开展关爱女孩行动，改善女孩生存环境，建立健全有利于女孩家庭发展的帮扶支持政策体系。

坚持儿童优先原则，完善未成年人保护和儿童福利体系。探索适合国情的儿童早期综合发展指导模式，发展适度普惠型儿童福利制度。统筹推进农村留守儿童关爱和困境儿童保障工作，建立未成年人保护响应机制，构建以家庭监护为基础、国家监护为保障、社会监督为补充的保障制度，加强对流浪未成年人的救助保护，完善儿童收养制度。加强儿童健康干预和儿科诊疗能力建设，改善贫困地区儿童营养状况。

第三节　保障残疾人合法权益

增强残疾人制度化保障服务能力，全面实施困难残疾人生活补贴制度和重度残疾人护理补贴制度，建立残疾儿童康复救助制度，有条件的地方对贫困残疾人、重度残疾人基本型康复辅助器具配置和家庭无障碍改造给予补贴。健全残疾人托养照料和康复服务体系，大力开展社区康复，为贫困残疾人和重度残疾人提供基本康复服务。健全残疾人教育体系，对家庭经济困难的残疾儿童实行 12 年免费教育，对残疾儿童普惠性学前教育予以资助，对有劳动能力和就业意愿的残疾人按规定提供免费就业创业服务。发展残疾人文体事业，推动公共文化体育场所免费或低收费向残疾人开放。加强残疾人友好环境建设，完善城乡无障碍设施，推动信息无障碍发布。发展残疾人慈善事业和服务产业，培育服务残疾人的社会组织和企业，积极引入新的业态和科技成果。

第四节　实现贫困人口精准脱贫

加大脱贫攻坚力度，坚持精准扶贫、精准脱贫的基本方略，通过发展生产、易地搬迁、生态补偿、教育支持、医疗救助、低保兜底等有效措施，确保到2020年我国现行标准下农村贫困人口实现脱贫，贫困县全部摘帽，解决区域性整体贫困。根据经济社会发展水平，完善贫困标准动态调整机制。适应可持续发展新阶段新要求，完善贫困人口精准识别、精准扶持和精准脱贫的长效机制。探索建立符合国情的贫困人口治理体系，推动扶贫开发由主要解决绝对贫困向缓解相对贫困转变，由主要解决农村贫困向统筹解决城乡贫困转变，实现全体人民共同迈入全面小康社会、共同迈向现代化。

第七章　规划实施

——完善人口与发展综合决策机制

本规划由国务院有关部门和地方各级政府组织实施。各地区、各部门要高度重视、求真务实、开拓创新、攻坚克难，确保规划目标和任务顺利完成。

第一节　强化人口数据支撑

发挥人口基础信息对决策的支撑作用，切实推进人口基础信息共建共享。推动人口健康信息化建设，加强人口基础信息采集和统计工作，加快国家人口基础信息库建设，整合分散在教育、公安、民政、人力资源社会保障、卫生计生、统计等部门的人口数据和信息资源，实现就学升学、户籍管理、婚姻家庭、殡葬事务、就业创业、生育和健康、人口普查和抽样调查等人口基础信息的互联互通、动态更新和综合集成。加强人口数据开发和开放利用，为政府部门、企事业单位、社会公众做好人口信息服务。

第二节　建立人口预测预报制度

结合世界人口预测前沿技术方法，研发适合我国的人口预测技术和模型。在人口普查和抽样调查的基础上，加强人口中长期预测。健全人口动态监测和评估体系，科学监测和评估人口变动情况及趋势影响。建立常态化的人口预测预报机制，定期发布国家人口预测报告。推进分区域的人口预测预报工作。

第三节　开展重大决策人口影响评估

以现有人口计划为基础，完善年度人口发展形势会商机制，监测评估人口变动情况及趋势影响，提出重大人口发展政策建议。科学预测和分析人口因素对重大决策、重大改革和重大工程建设的影响，促进相关经济社会政策与人口政策有效衔接。加强与国家高端智库合作，完善重大人口政策咨询机制，提高决策科学合理性。在社会稳定风险评估框架内，试点增加人口风险评估内容，建立重点评价清单。科学评估经济增长和社会发展对人口的影响，加强人口安全风险防控，做好政策预研预案储备。

第四节　健全规划实施机制

加强组织领导。建立健全国家促进人口发展工作协调机制。加强人口战略研究，统筹重大政策研究制定，协调解决人口发展中的重大问题。国家发展改革委要牵头推进规划实施和相关政策落实，监督检查规划实施情况。各有关部门要切实履行职责，根据本规划提出的各项任务和政策措施，研究制定配套政策和具体实施方案，推动相关专项规划与本规划的衔接协调。地方各级政府要全面贯彻落实本规划，编制本地区的人口发展规划，建立健全工作机制，把规划的重点任务落到实处。

做好宣传引导。坚持正确的舆论导向，深入开展人口国情、人口规划和人口政策的宣传解读，及时解答社会各界关注的热点问题，主动回应社会关切，合理引导社会预期。充分发挥各类媒体的作用，深入开展群众喜闻乐见的宣传活动，为政策实施营造良好舆论氛围。

推进国际合作。加强世界人口发展趋势研究，积极开展人口发展领域国际合作，促进人口老龄化、国际减贫等政策交流与合作，引导人口发展领域国际规则制定。推动落实 2030 年可持续发展议程涉人口领域目标。对外宣介我国人口政策及计划生育的成就和经验，为我国人口发展营造良好国际环境。

开展监测评估。国家发展改革委牵头建立规划实施动态监测、定期通报制度，加强对规划实施情况的跟踪分析，定期组织对规划实施情况的评估，及时发现和解决规划执行过程中存在的突出问题，以 5 年为期定期组织对本规划实施情况的评估，确保规划各项任务落到实处。

国务院办公厅关于印发知识产权综合管理改革试点总体方案的通知

（2016年12月30日　国办发〔2016〕106号）

《知识产权综合管理改革试点总体方案》已经国务院同意，现印发给你们，请认真贯彻执行。

知识产权综合管理改革试点总体方案

推进知识产权综合管理改革是深化知识产权领域改革、破解知识产权支撑创新驱动发展瓶颈制约的关键，对于切实解决地方知识产权管理体制机制不完善、保护不够严格、服务能力不强、对创新驱动发展战略缺乏强有力支撑等突出问题具有重要意义。按照《国务院关于新形势下加快知识产权强国建设的若干意见》（国发〔2015〕71号）和《中央全面深化改革领导小组2016年工作要点》要求，为充分发挥有条件的地方在知识产权综合管理改革方面的先行探索和示范带动作用，制定本方案。

一、总体要求

（一）指导思想。全面贯彻党的十八大和十八届三中、四中、五中、六中全会精神，深入贯彻习近平总书记系列重要讲话精神，围绕统筹推进“五位一体”总体布局和协调推进“四个全面”战略布局，牢固树立和贯彻落实创新、协调、绿色、开放、共享的发展理念，按照党中央、国务院决策部署，深化知识产权领域改革，依法严格保护知识产权，打通知识产权创造、运用、保护、管理、服务全链条，构建便民利民的知识产权公共服务体系，探索支撑创新发展的知识产权运行机制，有效发挥知识产权制度激励创新的基本保障作用，保障和激励大众创业、万众创新，助推经济发展提质增效和产业结构转型升级。

（二）基本原则。

——问题导向。集中资源和力量破解制约知识产权支撑创新驱动发展的难题，因地制宜，实施知识产权综合管理，实行严格的知识产权保护，提升知识产权管理水平。

——紧扣发展。紧贴经济转型发展的重大需求，以改革促发展，充分发挥专利、商标、版权等知识产权的引领作用，有效发挥自主品牌消费对经济增长的拉动作用，激励创新创业，推动供需结构升级。

——统筹推进。统筹中央改革部署与地方改革需求，在有条件的地方开展知识产权综合管理改革试点，及时总结提炼，形成可复制经验，适时推广实施。

——大胆创新。注重顶层设计与基层探索相结合，突破妨碍知识产权发展的思想观念制约，尊重基层首创精神，激发全社会创新活力，允许多种类型、多种模式的改革探索和试验。

（三）试点布局和试点期限。根据国家实施创新驱动发展战略总体部署和重点区域发展战略布局，结合地方知识产权事业发展水平和创新驱动发展对知识产权综合管理改革的需求，选择若干个创新成果多、经济转型步伐快、发挥知识产权引领作用和推动供需结构升级成效显著的地方，开展知识产权综合管理改革试点。改革试点地方选择条件：(1)经济发展步入创新驱动转型窗口期，创新资源和创新活动集聚度高，专利、商标、版权等知识产权数量质量居于全国前列；(2)设有或纳入国家统筹的国家自主创新示范区、国家综合配套改革试验区、全面创新改革试验区、自由贸易试验区等各类国家级改革创新试验区和国家战略规划重点区域，或设有知识产权法院的地方；(3)知识产权战略推动地区经济发展成效显著，知识产权管理体制和市场监管体制机制改革走在前面，知识产权行政执法力量较强，知识产权行政执法效能突出。具体试点地方由国家知识产权局会同工商总局、新闻出版广电总局（国家版权局）等部门尽快研究共同确定。试点期限为1年。

（四）工作目标。通过在试点地方深化知识产权综合管理改革，推动形成权界清晰、分工合理、责权一致、运转高效、法治保障的知识产权体制机制。通过深化简政放权、放管结合、优化服务改革，实现知识产权行政管理更加顺畅、执法保护体系进一步完善、知识产权市场监管和公共服务水平明显提升，有力促进大众创业、万众创新，加快知识产权强国建设，为全面建成小康社会提供有力支撑。

二、主要任务

（一）建立高效的知识产权综合管理体制。鼓励多种类型、多种模式的改革探索。科学划分知识产权部门政策引导、公共服务、市场监管职责，探索有效可行的知识产权管理体制机制。按照推进综合执法的要求，减少层次，提高效率，有效避免多层次多头执法。按照实行严格的知识产权保护的要求，结合综合行政执法体制改革，整合优化执法资源，统筹知识产权综合行政执法，避免出现版权执法的重复交叉。加强知识产权工作领导协调机制以及商标战略实施、软件正版化等工作机制建设，做好与知识产权司法工作特别是知识产权法院的衔接。

（二）构建便民利民的知识产权公共服务体系。坚持法定职责必须为、法无授权不可为的原则，大力推行知识产权权力清单、责任清单、负面清单制度，并实行动态管理。加大知识产权领域简政放权力度，强化依法行政，坚持放管结合，合理减少审批和管理事项。放宽专利代理机构准入条件限制，加强知识产权服务机构事中事后监管，完善执业信息披露制度。整合知识产权公共服务资源，优化知识产权公共服务供给，实现知识产权信息等各类服务的便利化、集约化、高效化。加强统筹规划和行业管理，完善知识产权交易市场。加强知识产权维权援助服务，完善知识产权维权援助机制，构建体系完备、运转高效的知识产权维权援助网络。

（三）提升综合运用知识产权促进创新驱动发展的能力。探索支撑创新发展的知识产权运行机制，构建促进市场主体创新发展的知识产权服务体系。建立健全知识产权评议、专利导航机制，完善知识产权风险预警体系，提升区域创新发展决策水平。统筹制定实施知识产权密集型产业促进政策，培育知识产权密集型产业成为新的经济增长点。指导市场主体综合运用专利、商标和版权组合策略，全方位、立体化地保护产品、技术、工业设计等的知识产权。引导市场主体综合运营知识产权，促进知识产权领域军民融合发展，加快药品等领域过期专利技术的有效应用，提升知识产权价值，加速知识产权转化运用。

三、组织实施

（一）加强组织领导。国家知识产权局要牵头会同工商总局、新闻出版广电总局（国家版权局）等部门加强对知识产权综合管理改革试点工作的指导，统筹协调改革试点中的重大政策问题。各试点地方要建立由政府主要领导负责的协调推进机制，将知识产权综合管理改革试点工作纳入重点改革任务，因地制宜研究制定改革试点具体实施方案，积极推进落实改革试点任务。各试点地方具体实施方案应于试点地方确定后两个月内印发实施。

（二）强化政策保障。针对改革试点任务部署和需求，各有关部门要积极研究制定支持改革试点的政策措施。各试点地方政府要按照改革任务要求，研究制定配套政策措施，做好与有关部门的衔接和协调，形成工作合力。

（三）做好评估推广。国家知识产权局要会同工商总局、新闻出版广电总局（国家版权局）等部门做好试点地方改革推进的督促检查和考核评估工作。根据改革试点评估情况，对取得实质效果和成功经验的改革举措，及时提出推广建议，报国务院批准后在更大范围推广。

各有关部门和地方要按照本方案精神，统一思想，密切配合，强化全局和责任意识，勇于创新，主动改革，积极作为，抓好落实，确保改革试点工作取得实效。要及时总结、宣传改革试点进展和成效，加强试点地方工作交流，强化舆论引导，营造有利于知识产权综合管理改革的良好社会环境。

中共中央、国务院关于深入推进农业供给侧结构性改革加快培育农业农村发展新动能的若干意见

（2016年12月31日）

经过多年不懈努力，我国农业农村发展不断迈上新台阶，已进入新的历史阶段。农业的主要矛盾由总量不足转变为结构性矛盾，突出表现为阶段性供过于求和供给不足并存，矛盾的主要方面在供给侧。近几年，我国在农业转方式、调结构、促改革等方面进行积极探索，为进一步推进农业转型升级打下一定基础，但农产品供求结构失衡、要素配置不合理、资源环境压力大、农民收入持续增长乏力等问题仍很突出，增加产量与提升品质、成本攀升与价格低迷、库存高企与销售不畅、小生产与大市场、国内外价格倒挂等矛盾亟待破解。必须顺应新形势新要求，坚持问题导向，调整工作重心，深入推进农业供给侧结构性改革，加快培育农业农村发展新动能，开创农业现代化建设新局面。

推进农业供给侧结构性改革，要在确保国家粮食安全的基础上，紧紧围绕市场需求变化，以增加农民收入、保障有效供给为主要目标，以提高农业供给质量为主攻方向，以体制改革和机制创新为根本途径，优化农业产业体系、生产体系、经营体系，提高土地产出率、资源利用率、劳动生产率，促进农业农村发展由过度依赖资源消耗、主要满足量的需求，向追求绿色生态可持续、更加注重满足质的需求转变。

推进农业供给侧结构性改革是一个长期过程，处理好政府和市场关系、协调好各方面利益，面临许多重大考验。必须直面困难和挑战，坚定不移推进改革，勇于承受改革阵痛，尽力降低改革成本，积极防范改革风险，确保粮食生产能力不降低、农民增收势头不逆转、农村稳定不出问题。

2017年农业农村工作，要全面贯彻党的十八大和十八届三中、四中、五中、六中全会精神，以邓小平理论、“三个代表”重要思想、科学发展观为指导，深入贯彻习近平总书记系列重要讲话精神和治国理政新理念新思想新战略，坚持

新发展理念，协调推进农业现代化与新型城镇化，以推进农业供给侧结构性改革为主线，围绕农业增效、农民增收、农村增绿，加强科技创新引领，加快结构调整步伐，加大农村改革力度，提高农业综合效益和竞争力，推动社会主义新农村建设取得新的进展，力争农村全面小康建设迈出更大步伐。

一、优化产品产业结构，着力推进农业提质增效

1. 统筹调整粮经饲种植结构。按照稳粮、优经、扩饲的要求，加快构建粮经饲协调发展的三元种植结构。粮食作物要稳定水稻、小麦生产，确保口粮绝对安全，重点发展优质稻米和强筋弱筋小麦，继续调减非优势区籽粒玉米，增加优质食用大豆、薯类、杂粮杂豆等。经济作物要优化品种品质和区域布局，巩固主产区棉花、油料、糖料生产，促进园艺作物增值增效。饲料作物要扩大种植面积，发展青贮玉米、苜蓿等优质牧草，大力培育现代饲草料产业体系。加快北方农牧交错带结构调整，形成以养带种、牧林农复合、草果菜结合的种植结构。继续开展粮改饲、粮改豆补贴试点。

2. 发展规模高效养殖业。稳定生猪生产，优化南方水网地区生猪养殖区域布局，引导产能向环境容量大的地区和玉米主产区转移。加快品种改良，大力发展牛羊等草食畜牧业。全面振兴奶业，重点支持适度规模的家庭牧场，引导扩大生鲜乳消费，严格执行复原乳标识制度，培育国产优质品牌。合理确定湖泊水库等内陆水域养殖规模，推动水产养殖减量增效。推进稻田综合种养和低洼盐碱地养殖。完善江河湖海限捕、禁捕时限和区域，率先在长江流域水生生物保护区实现全面禁捕。科学有序开发滩涂资源。支持集约化海水健康养殖，发展现代化海洋牧场，加强区域协同保护，合理控制近海捕捞。积极发展远洋渔业。建立海洋渔业资源总量管理制度，规范各类渔业用海活动，支持渔民减船转产。

3. 做大做强优势特色产业。实施优势特色农业提质增效行动计划，促进杂粮杂豆、蔬菜瓜果、茶叶蚕桑、花卉苗木、食用菌、中药材和特色养殖等产业提档升级，把地方土特产和小品种做成带动农民增收的大产业。大力发展木本粮油等特色经济林、珍贵树种用材林、花卉竹藤、森林食品等绿色产业。实施森林生态标志产品建设工程。开展特色农产品标准化生产示范，建设一批地理标志农产品和原产地保护基地。推进区域农产品公用品牌建设，支持地方以优势企业和行业协会为依托打造区域特色品牌，引入现代要素改造提升传统名优品牌。

4. 进一步优化农业区域布局。以主体功能区规划和优势农产品布局规划为依托，科学合理划定稻谷、小麦、玉米粮食生产功能区和大豆、棉花、油菜籽、糖料蔗、天然橡胶等重要农产品生产保护区。功能区和保护区内地块全部建档立册、上图入库，实现信息化精准化管理。抓紧研究制定功能区和保护区建设标准，完善激励机制和支持政策，层层落实建设管护主体责任。制定特色农产品优势区建设规划，建立评价标准和技术支撑体系，鼓励各地争创园艺产品、畜产品、水产品、林特产品等特色农产品优势区。

5. 全面提升农产品质量和食品安全水平。坚持质量兴农，实施农业标准化战略，突出优质、安全、绿色导向，健全农产品质量和食品安全标准体系。支持新型农业经营主体申请“三品一标”认证，推进农产品商标注册便利化，强化品牌保护。引导企业争取国际有机农产品认证，加快提升国内绿色、有机农产品认证的权威性和影响力。切实加强产地环境保护和源头治理，推行农业良好生产规范，推广生产记录台账制度，严格执行农业投入品生产销售使用有关规定。深入开展农兽药残留超标特别是养殖业滥用抗生素治理，严厉打击违禁超限量使用农兽药、非法添加和超范围超限量使用食品添加剂等行为。健全农产品质量和食品安全监管体制，强化风险分级管理和属地责任，加大抽检监测力度。建立全程可追溯、互联共享的追溯监管综合服务平台。鼓励生产经营主体投保食品安全责任险。抓紧修订农产品质量安全法。

6. 积极发展适度规模经营。大力培育新型农业经营主体和服务主体，通过经营权流转、股份合作、代耕代种、土地托管等多种方式，加快发展土地流转型、服务带动型等多种形式规模经营。积极引导农民在自愿基础上，通过村组内互换并地等方式，实现按户连片耕种。完善家庭农场认定办法，扶持规模适度的家庭农场。加强农民合作社规范化建设，积极发展生产、供销、信用“三位一体”综合合作。总结推广农业生产全程社会化服务试点经验，扶持培育农机作业、农田灌排、统防统治、烘干仓储等经营性服务组织。支持供销、邮政、农机等系统发挥为农服务综合平台作用，促进传统农资流通网点向现代农资综合服务商转型。鼓励地方探索土地流转履约保证保险。研究建立农业适度规模经营评价指标体系，引导规模经营健康发展。

7. 建设现代农业产业园。以规模化种养基地为基础，依托农业产业化龙头企业带动，聚集现代生产要素，建设“生产 + 加工 + 科技”的现代农业产业园，发挥技术集成、产业融合、创业平台、核心辐射等功能作用。科学制定产业园规划，统筹布局生产、加工、物流、研发、示范、服务等功能板块。鼓励地方统筹使用高标准农田建设、农业综合开发、现代农业生产发展等相关项目资金，集中建设产业园基础设施和配套服务体系。吸引龙头企业和科研机构建设运营产业园，发展设施农业、精准农业、精深加工、现代营销，带动新型农业经营主体和农户专业化、标准化、集约化生产，推动农业全环节升级、全链条增值。鼓励农户和返乡下乡人员通过订单农业、股份合作、入园创业就业等多种方式，参与建设，分享收益。

8. 创造良好农产品国际贸易环境。统筹利用国际市场，优化国内农产品供给结构，健全公平竞争的农产品进口市场环境。健全农产品贸易反补贴、反倾销和保障措施法律法规，依法对进口农产品开展贸易救济调查。鼓励扩大优势农产品出口，加大海外推介力度。加强农业对外合作，推动农业走出去。以“一带一路”沿线及周边国家和地区为重点，支持农业企业开展跨国经营，建立境外生产基地和加工、仓储物流设施，培育具有国际竞争力的大企业大集团。积极参与国际贸易规则和国际标准的制定修订，推进农产品认证结果互认工作。深入开展农产品反走私综合治理，实施专项打击行动。

二、推行绿色生产方式，增强农业可持续发展能力

9. 推进农业清洁生产。深入推进化肥农药零增长行动，开展有机肥替代化肥试点，促进农业节本增效。建立健全化肥农药行业生产监管及产品追溯系统，严格行业准入管理。大力推行高效生态循环的种养模式，加快畜禽粪便集中处理，推动规模化大型沼气健康发展。以县为单位推进农业废弃物资源化利用试点，探索建立可持续运营管理机制。鼓励各地加大农作物秸秆综合利用支持力度，健全秸秆多元化利用补贴机制。继续开展地膜清洁生产试点示范。推进国家农业可持续发展试验示范区创建。

10. 大规模实施农业节水工程。把农业节水作为方向性、战略性大事来抓，加快完善国家支持农业节水政策体系。加大大中型灌排骨干工程节水改造与建设力度，同步完善田间节水设施，建设现代化灌区。大力实施区域规模化高效节水灌溉行动，集中建成一批高效节水灌溉工程。稳步推进牧区高效节水灌溉饲草料地建设，严格限制生态脆弱地区抽取地下水灌溉人工草场。建立健全农业节水技术产品标准体系。加快开发种类齐全、系列配套、性能可靠的节水灌溉技术和产品，大力普及喷灌、滴灌等节水灌溉技术，加大水肥一体化等农艺节水推广力度。全面推进农业水价综合改革，落实地方政府主体责任，加快建立合理水价形成机制和节水激励机制。全面推行用水定额管理，开展县域节水型社会建设达标考核。实施第三次全国水资源调查评价。

11. 集中治理农业环境突出问题。实施耕地、草原、河湖休养生息规划。开展土壤污染状况详查，深入实施土壤污染防治行动计划，继续开展重金属污染耕地修复及种植结构调整试点。扩大农业面源污染综合治理试点范围。加大东北黑土地保护支持力度。推进耕地轮作休耕制度试点，合理设定补助标准。支持地方重点开展设施农业土壤改良，增加土壤有机质。扩大华北地下水超采区综合治理范围。加快新一轮退耕还林还草工程实施进度。上一轮退耕还林补助政策期满后，将符合条件的退耕还生态林分别纳入中央和地方森林生态效益补偿范围。继续实施退牧还草工程。推进北方农牧交错带已垦草原治理。实施湿地保护修复工程。

12. 加强重大生态工程建设。推进山水林田湖整体保护、系统修复、综合治理,加快构建国家生态安全屏障。全面推进大规模国土绿化行动。启动长江经济带重大生态修复工程,把共抓大保护、不搞大开发的要求落到实处。继续实施林业重点生态工程,推动森林质量精准提升工程建设。完善全面停止天然林商业性采伐补助政策。加快推进国家公园建设。加强国家储备林基地建设。推进沙化土地封禁与修复治理。加大野生动植物和珍稀种质资源保护力度,推进濒危野生动植物抢救性保护及自然保护区建设。加强重点区域水土流失综合治理和水生态修复治理,继续开展江河湖库水系连通工程建设。

三、壮大新产业新业态,拓展农业产业链价值链

13. 大力发展乡村休闲旅游产业。充分发挥乡村各类物质与非物质资源富集的独特优势,利用“旅游+”、“生态+”等模式,推进农业、林业与旅游、教育、文化、康养等产业深度融合。丰富乡村旅游业态和产品,打造各类主题乡村旅游目的地和精品线路,发展富有乡村特色的民宿和养生养老基地。鼓励农村集体经济组织创办乡村旅游合作社,或与社会资本联办乡村旅游企业。多渠道筹集建设资金,大力改善休闲农业、乡村旅游、森林康养公共服务设施条件,在重点村优先实现宽带全覆盖。完善休闲农业、乡村旅游行业标准,建立健全食品安全、消防安全、环境保护等监管规范。支持传统村落保护,维护少数民族特色村寨整体风貌,有条件的地区实行连片保护和适度开发。

14. 推进农村电商发展。促进新型农业经营主体、加工流通企业与电商企业全面对接融合,推动线上线下互动发展。加快建立健全适应农产品电商发展的标准体系。支持农产品电商平台和乡村电商服务站点建设。推动商贸、供销、邮政、电商互联互通,加强从村到乡镇的物流体系建设,实施快递下乡工程。深入实施电子商务进农村综合示范。鼓励地方规范发展电商产业园,聚集品牌推广、物流集散、人才培养、技术支持、质量安全等功能服务。全面实施信息进村入户工程,开展整省推进示范。完善全国农产品流通骨干网络,加快构建公益性农产品市场体系,加强农产品产地预冷等冷链物流基础设施网络建设,完善鲜活农产品直供直销体系。推进“互联网+”现代农业行动。

15. 加快发展现代食品产业。引导加工企业向主产区、优势产区、产业园区集中,在优势农产品产地打造食品加工产业集群。加大食品加工业技术改造支持力度,开发拥有自主知识产权的生产加工设备。鼓励食品企业设立研发机构,围绕“原字号”开发市场适销对路的新产品。实施主食加工业提升行动,积极推进传统主食工业化、规模化生产,大力发展方便食品、休闲食品、速冻食品、马铃薯主食产品。加强新食品原料、药食同源食品开发和应用。大力推广"生产基地+中央厨房+餐饮门店"、"生产基地+加工企业+商超销售"等产销模式。加强现代生物和营养强化技术研究,挖掘开发具有保健功能的食品。健全保健食品、特殊医学用途食品、婴幼儿配方乳粉注册备案制度。完善农产品产地初加工补助政策。

16. 培育宜居宜业特色村镇。围绕有基础、有特色、有潜力的产业,建设一批农业文化旅游"三位一体"、生产生活生态同步改善、一产二产三产深度融合的特色村镇。支持各地加强特色村镇产业支撑、基础设施、公共服务、环境风貌等建设。打造"一村一品"升级版,发展各具特色的专业村。支持有条件的乡村建设以农民合作社为主要载体、让农民充分参与和受益,集循环农业、创意农业、农事体验于一体的田园综合体,通过农业综合开发、农村综合改革转移支付等渠道开展试点示范。深入实施农村产业融合发展试点示范工程,支持建设一批农村产业融合发展示范园。

四、强化科技创新驱动,引领现代农业加快发展

17. 加强农业科技研发。适应农业转方式调结构新要求,调整农业科技创新方向和重点。整合科技创新资源,完善国家农业科技创新体系和现代农业产业技术体系,建立一批现代农业产业科技创新中心和农业科技创新联盟,推进资源开放共享与服务平台基地建设。加强农业科技基础前沿研究,提升原始创新能力。建设国家农业高新技术产业开发区。加大实施种业自主创新重大工程和主要农作物良种联合攻关力度,加快适宜机械化生产、优质高产多抗广适新品种选育。加强中低产田改良、经济作物、草食畜牧业、海洋牧场、智慧农业、农林产品精深加工、仓储物流等科技研发。加快研发适宜丘陵山区、设施农业、畜禽水产养殖的农机装备,提升农机核心零部件自主研发能力。支持地方开展特色优势产业技术研发。

18. 强化农业科技推广。创新公益性农技推广服务方式,引入项目管理机制,推行政府购买服务,支持各类社会力量广泛参与农业科技推广。鼓励地方建立农科教产学研一体化农业技术推广联盟,支持农技推广人员与家庭农场、农民合作社、龙头企业开展技术合作。深入推进绿色高产高效创建,重点推广优质专用品种和节本降耗、循环利用技术模式。实施智慧农业工程,推进农业物联网试验示范和农业装备智能化。发展智慧气象,提高气象灾害监测预报预警水平。深入推行科技特派员制度,打造一批"星创天地"。加强农村科普公共服务建设。

19. 完善农业科技创新激励机制。加快落实科技成果转化收益、科技人员兼职取酬等制度规定。通过"后补助"等方式支持农业科技创新。实施农业科研杰出人才培养计划,深入推进科研成果权益改革试点。发展面向市场的新型农业技术研发、成果转化和产业孵化机构。完善符合农业科技创新规律的基础研究支持方式,建立差别化农业科技评价制度。加强农业知识产权保护和运用。

20. 提升农业科技园区建设水平。科学制定园区规划,突出科技创新、研发应用、试验示范、科技服务与培训等功能,建设农业科技成果转化中心、科技人员创业平台、高新技术产业孵化基地,打造现代农业创新高地。支持园区产学研合作建立各类研发机构、测试检测中心、院士专家工作站、技术交易机构等科研和服务平台。支持园区企业和科研机构结合区域实际,开展特色优势产业关键共性技术研发和推广。完善国家农业科技园区管理办法和监测评价机制。

21. 开发农村人力资源。重点围绕新型职业农民培育、农民工职业技能提升,整合各渠道培训资金资源,建立政府主导、部门协作、统筹安排、产业带动的培训机制。探索政府购买服务等办法,发挥企业培训主体作用,提高农民工技能培训针对性和实效性。优化农业从业者结构,深入推进现代青年农场主、林场主培养计划和新型农业经营主体带头人轮训计划,探索培育农业职业经理人,培养适应现代农业发展需要的新农民。鼓励高等学校、职业院校开设乡村规划建设、乡村住宅设计等相关专业和课程,培养一批专业人才,扶持一批乡村工匠。

五、补齐农业农村短板,夯实农村共享发展基础

22. 持续加强农田基本建设。深入实施藏粮于地、藏粮于技战略,严守耕地红线,保护优化粮食产能。全面落实永久基本农田特殊保护政策措施,实施耕地质量保护和提升行动,持续推进中低产田改造。加快高标准农田建设,提高建设质量。有条件的地区可以将晒场、烘干、机具库棚、有机肥积造等配套设施纳入高标准农田建设范围。引导金融机构对高标准农田建设提供信贷支持。允许通过土地整治增加的耕地作为占补平衡补充耕地的指标在省域内调剂,按规定或合同约定取得指标调剂收益。推进重大水利工程建设,抓紧修复水毁灾损农业设施和水利工程,加强水利薄弱环节和"五小水利"工程建设。因地制宜推进平原地区农村机井油改电。

23. 深入开展农村人居环境治理和美丽宜居乡村建设。推进农村生活垃圾治理专项行动,促进垃圾分类和资源化利用,选择适宜模式开展农村生活污水治理,加大力度支持农村环境集中连片综合治理和改厕。开展城乡垃圾乱排乱放集中排查整治行动。实施农村新能源行动,推进光伏发电,逐步扩大农村电力、燃气和清洁型煤供给。加快修订村庄和集镇规划建设管理条例,大力推进县域乡村建设规划编制工作。推动建筑设计下乡,开展田园建筑示范。深入开展建好、管好、护好、运营好农村公路工作,深化农村公路管养体制改革,积极推进城乡交通运输一体化。实施农村饮水安全巩固提升工程和新一轮农村电网改造升级工程。完善农村危房改造政策,提高补助标准,集中支持建档立卡贫困户、低保户、分散供养特困人员和贫困残疾人家庭等重点对象。开展农村地区枯井、河塘、饮用水、自建房、客运和校车等方面安全隐患排查治理工作。推进光纤到村建设,加快实现4G网络农村全覆盖。推进建制村直接通邮。开展农村人居环境和美丽宜居乡村示范创建。加强农村公共文化服务体系建设,统筹实施重点文化惠民项目,完善基层综合性文化服务设施,在农村地区深入开展送地方戏活动。支持重要农业文化遗产保护。

24. 提升农村基本公共服务水平。全面落实城乡统一、重在农村的义务教育经费保障机制,加强乡村教师队伍建设。继续提高城乡居民基本医疗保险筹资水平,加快推进城乡居民医保制度整合,推进基本医保全国联网和异地就医结算。加强农村基层卫生人才培养。完善农村低保对象认定办法,科学合理确定农村低保标准。扎实推进农村低保制度与扶贫开发政策有效衔接,做好农村低保兜底工作。完善城乡居民养老保险筹资和保障机制。健全农村留守儿童和妇女、老人、残疾人关爱服务体系。

25. 扎实推进脱贫攻坚。进一步推进精准扶贫各项政策措施落地生根,确保2017年再脱贫1000万人以上。深入推进重大扶贫工程,强化脱贫攻坚支撑保障体系,统筹安排使用扶贫资源,注重提高脱贫质量,激发贫困人口脱贫致富积极性主动性,建立健全稳定脱贫长效机制。加强扶贫资金监督管理,在所有贫困县开展涉农资金整合。严格执行脱贫攻坚考核监督和督查巡查等制度,全面落实责任。坚决制止扶贫工作中的形式主义做法,不搞层层加码,严禁弄虚作假,务求脱贫攻坚取得实效。

六、加大农村改革力度,激活农业农村内生发展动力

26. 深化粮食等重要农产品价格形成机制和收储制度改革。坚持并完善稻谷、小麦最低收购价政策,合理调整最低收购价水平,形成合理比价关系。坚定推进玉米市场定价、价补分离改革,健全生产者补贴制度,鼓励多元市场主体入市收购,防止出现卖粮难。采取综合措施促进过腹转化、加工转化,多渠道拓展消费需求,加快消化玉米等库存。调整完善新疆棉花目标价格政策,改进补贴方式。调整大豆目标价格政策。科学确定粮食等重要农产品国家储备规模,优化中央储备粮品种结构和区域布局,改革完善中央储备粮管理体制,充分发挥政策性职能作用,严格政策性粮食监督管理,严防跑冒滴漏,确保储存安全。支持家庭农场、农民合作社科学储粮。

27. 完善农业补贴制度。进一步提高农业补贴政策的指向性和精准性,重点补主产区、适度规模经营、农民收入、绿色生态。深入推进农业"三项补贴"制度改革。完善粮食主产区利益补偿机制,稳定产粮大县奖励政策,调整产粮大省奖励资金使用范围,盘活粮食风险基金。完善农机购置补贴政策,加大对粮棉油糖和饲草料生产全程机械化所需机具的补贴力度。深入实施新一轮草原生态保护补助奖励政策。健全林业补贴政策,扩大湿地生态效益补偿实施范围。

28. 改革财政支农投入机制。坚持把农业农村作为财政支出的优先保障领域,确保农业农村投入适度增加,着力优化投入结构,创新使用方式,提升支农效能。固定资产投资继续向农业农村倾斜。发挥规划统筹引领作用,多层次多形式推进涉农资金整合。推进专项转移支付预算编制环节源头整合改革,探索实行"大专项+任务清单"管理方式。创新财政资金使用方式,推广政府和社会资本合作,实行以奖代补和贴息,支持建立担保机制,鼓励地方建立风险补偿基金,撬动金融和社会资本更多投向农业农村。建立健全全国农业信贷担保体系,推进省级信贷担保机构向市县延伸,支持有条件的市县尽快建立担保机构,实现实质性运营。拓宽农业农村基础设施投融资渠道,支持社会资本以特许经营、参股控股等方式参与农林水利、农垦等项目建设运营。鼓励地方政府和社会资本设立各类农业农村发展投资基金。加大地方政府债券支持农村基础设施建设力度。在符合有关法律和规定的前提下,探索以市场化方式筹集资金,用于农业农村建设。研究制定引导和规范工商资本投资农业农村的具体意见。对各级财政支持的各类小型项目,优先安排农村集体经济组织、农民合作组织等作为建设管护主体,强化农民参与和全程监督。

29. 加快农村金融创新。强化激励约束机制,确保"三农"贷款投放持续增长。支持金融机构增加县域网点,适当下放县域分支机构业务审批权限。对涉农业务较多的金融机构,进一步完善差别化考核办法。落实涉农贷款增量奖励政策。支持农村商业银行、农村合作银行、村镇银行等农村中小金融机构立足县域,加大服务"三农"力度,健全内部控制和风险管理制度。规范发展农村资金互助组织,严格落实监管主体和责任。开展农民合作社内部信用合作试点,鼓励发展农业互助保险。支持国家开发银行创新信贷投放方式。完善农业发展银行风险补偿机制和资本金补充制度,加大对粮食多元市场主体入市收购的信贷支持力度。深化农业银行三农金融事业部改革,对达标县域机构执行优惠的存款准备金率。加快完善邮储银行三农金融事业部运作机制,研究给予相关优惠政策。抓紧研究制定农村信用社省联社改革方案。优化村镇银行设立模式,提高县市覆盖面。鼓励金融机构积极利用互联网技术,为农业经营主体提供小额存贷款、支付结算和保险等金融服务。推进信用户、信用村、信用乡镇创建。支持金融机构开展适合新型农业经营主体的订单融资和应收账款融资业务。深入推进承包土地的经营权和农民住房财产权抵押贷款试点，探索开展大型农机具、农业生产设施抵押贷款业务。加快农村各类资源资产权属认定，推动部门确权信息与银行业金融机构联网共享。持续推进农业保险扩面、增品、提标，开发满足新型农业经营主体需求的保险产品，采取以奖代补方式支持地方开展特色农产品保险。鼓励地方多渠道筹集资金，支持扩大农产品价格指数保险试点。探索建立农产品收入保险制度。支持符合条件的涉农企业上市融资、发行债券、兼并重组。在健全风险阻断机制前提下，完善财政与金融支农协作模式。鼓励金融机构发行"三农"专项金融债。扩大银行与保险公司合作，发展保证保险贷款产品。深入推进农产品期货、期权市场建设，积极引导涉农企业利用期货、期权管理市场风险，稳步扩大"保险+期货"试点。严厉打击农村非法集资和金融诈骗。积极推动农村金融立法。

30. 深化农村集体产权制度改革。落实农村土地集体所有权、农户承包权、土地经营权"三权分置"办法。加快推进农村承包地确权登记颁证，扩大整省试点范围。统筹协调推进农村土地征收、集体经营性建设用地入市、宅基地制度改革试点。全面加快"房地一体"的农村宅基地和集体建设用地确权登记颁证工作。认真总结农村宅基地制度改革试点经验，在充分保障农户宅基地用益物权、防止外部资本侵占控制的前提下，落实宅基地集体所有权，维护农户依法取得的宅基地占有和使用权，探索农村集体组织以出租、合作等方式盘活利用空闲农房及宅基地，增加农民财产性收入。允许地方多渠道筹集资金，按规定用于村集体对进城落户农民自愿退出承包地、宅基地的补偿。抓紧研究制定农村集体经济组织相关法律，赋予农村集体经济组织法人资格。全面开展农村集体资产清产核资。稳妥有序、由点及面推进农村集体经营性资产股份合作制改革，确认成员身份，量化经营性资产，保障农民集体资产权利。从实际出发探索发展集体经济有效途径，鼓励地方开展资源变资产、资金变股金、农民变股东等改革，增强集体经济发展活力和实力。研究制定支持农村集体产权制度改革的税收政策。深化集体林权制度改革。加快水权水市场建设，推进水资源使用权确权和进场交易。加快农村产权交易市场建设。

31. 探索建立农业农村发展用地保障机制。优化城乡建设用地布局，合理安排农业农村各业用地。完善新增建设用地保障机制，将年度新增建设用地计划指标确定一定比例用于支持农村新产业新业态发展。加快编制村级土地利用规划。在控制农村建设用地总量、不占用永久基本农田前提下，加大盘活农村存量建设用地力度。允许通过村庄整治、宅基地整理等节约的建设用地采取入股、联营等方式,重点支持乡村休闲旅游养老等产业和农村三产融合发展,严禁违法违规开发房地产或建私人庄园会所。完善农业用地政策,积极支持农产品冷链、初加工、休闲采摘、仓储等设施建设。改进耕地占补平衡管理办法,严格落实耕地占补平衡责任,探索对资源匮乏省份补充耕地实行国家统筹。

32. 健全农业劳动力转移就业和农村创业创新体制。完善城乡劳动者平等就业制度,健全农业劳动力转移就业服务体系,鼓励多渠道就业,切实保障农民工合法权益,着力解决新生代、身患职业病等农民工群体面临的突出问题。支持进城农民工返乡创业,带动现代农业和农村新产业新业态发展。鼓励高校毕业生、企业主、农业科技人员、留学归国人员等各类人才回乡下乡创业创新,将现代科技、生产方式和经营模式引入农村。整合落实支持农村创业创新的市场准入、财政税收、金融服务、用地用电、创业培训、社会保障等方面优惠政策。鼓励各地建立返乡创业园、创业孵化基地、创客服务平台,开设开放式服务窗口,提供一站式服务。

33. 统筹推进农村各项改革。继续深化供销合作社综合改革,增强为农服务能力。稳步推进国有林区和国有林场改革,加快转型升级。深化农垦改革,培育具有竞争力的现代农业企业集团。深化经济发达镇行政管理体制改革。全面推行河长制,确保2018年年底前全面建立省市县乡四级河长体系。扩大水资源税改革试点。继续加强农村改革试验区和国家现代农业示范区工作。开展农村综合性改革试点试验。尊重农民实践创造,鼓励基层先行先试,完善激励机制和容错机制。加强对农村各类改革试点试验的指导督查,及时总结可复制可推广经验,推动相关政策出台和法律法规修改,为推进农业供给侧结构性改革提供法治保障。扎实做好第三次全国农业普查工作。

各级党委和政府必须始终坚持把解决好“三农”问题作为全党工作重中之重不动摇,重农强农调子不能变、力度不能减,切实把认识和行动统一到中央决策部署上来,把农业农村工作的重心转移到推进农业供给侧结构性改革上来,落实到政策制定、工作部署、财力投放、干部配备等各个方面。要深入贯彻党的十八届六中全会精神,切实增强“四个意识”,将全面从严治党要求落实到农村基层,严格落实农村基层党建工作责任制,坚持整乡推进、整县提升,切实加强农村基层党组织建设,全面规范农村基层党组织生活,持续整顿软弱涣散村党组织,选好管好用好农村基层党组织带头人,实行村党组织书记县级备案管理,强化村级组织运转经费保障,发展壮大村级集体经济。扎实推进抓党建促脱贫攻坚工作,充分发挥村党组织第一书记的重要作用。县乡纪委要把查处侵害群众利益的不正之风和腐败问题作为主要工作任务。加强农民负担监管。完善村党组织领导的村民自治有效实现形式,加强村务监督委员会建设,健全务实管用的村务监督机制，开展以村民小组、自然村为基本单元的村民自治试点工作。深化农村社区建设试点。培育与社会主义核心价值观相契合、与社会主义新农村建设相适应的优良家风、文明乡风和新乡贤文化。提升农民思想道德和科学文化素质，加强农村移风易俗工作，引导群众抵制婚丧嫁娶大操大办、人情债等陈规陋习。强化农村社会治安管理、法律宣传教育服务和信访工作。加大“三农”工作宣传力度，为农村改革发展稳定营造良好氛围。

让我们更加紧密团结在以习近平同志为核心的党中央周围，锐意进取，攻坚克难，扎实推进农业供给侧结构性改革，以优异成绩迎接党的十九大召开！

国务院办公厅关于印发“菜篮子”市长负责制考核办法的通知

（2017 年 1 月 3 日　国办发〔2017〕1 号）

《“菜篮子”市长负责制考核办法》已经国务院同意，现印发给你们，请认真贯彻执行。

“菜篮子”市长负责制考核办法

第一条　为强化“菜篮子”市长负责制，全面加强“菜篮子”工程建设，根据党中央、国务院有关文件规定，制定本办法。

第二条　考核工作坚持重点考核与全面推进相结合、自评自查与综合评定相结合、过程监管与结果考评相结合、定量评价与定性评估相结合的原则。

第三条　由农业部牵头，会同国家发展改革委、财政部、国土资源部、环境保护部、交通运输部、商务部、国家卫生计生委、工商总局、食品药品监管总局、银监会、证监会、保监会等“菜篮子”食品管理部际联席会议（以下简称联席会议）其他成员单位，负责考核直辖市、计划单列市和省会城市等 36 个城市“菜篮子”市长负责制落实情况。

第四条　考核内容包括“菜篮子”产品生产能力、市场流通能力、质量安全监管能力、调控保障能力和市民满意度五个方面。生产能力考核蔬菜播种面积、产量和肉类产量等；市场流通能力考核批发市场规划布局、建设和零售网点密度等；质量安全监管能力考核“菜篮子”产品质量安全监管情况、质量安全水平和追溯体系建设等；调控保障能力考核“菜篮子”工程调控政策、价格涨幅、储备制度建设、管理体系建设、信息监测预警与发布平台建设等；市民满意度考核市民对“菜篮子”工程建设的满意程度。

第五条 考核工作每两年开展一次。考核采用评分制，满分为100分。考核结果分为4个等级，得分90分以上为优秀，75分以上90分以下为良好，60分以上75分以下为合格，60分以下为不合格（以上包括本数，以下不包括本数）。考核期内发生“菜篮子”产品质量安全突发事件的，考核结果为不合格。

第六条 考核采取以下步骤：

（一）自我评价。各直辖市、计划单列市和省会城市对考核期内“菜篮子”市长负责制落实情况进行全面总结和自评，形成自查报告，于次年5月底前按程序报送农业部。

（二）初步评定。联席会议对自查报告进行评估，并结合日常监督检查情况，形成初评报告。

（三）抽查考核。联席会议按照20%的比例确定抽查城市，并组成若干工作组，进行实地考核，形成抽查考核报告。

（四）综合评定。联席会议对初评报告和抽查考核报告进行审议，确定考核结果等级，形成综合考核报告，于7月底前由农业部向国务院报告。

（五）结果反馈。考核结果由农业部向各省（区、市）人民政府反馈，并抄送中央组织部。

第七条 考核结果作为市政府主要负责人和领导班子政绩考核的内容之一。对连续两次考核结果为优秀的城市，给予通报表扬。考核结果为不合格的城市，要提出限期整改措施。

第八条 被考核城市要对所提供的有关文件和资料的真实性负责。对在考核中弄虚作假的城市，经调查核实后取消考核成绩并在全国范围内通报批评，对直接责任人依法依规追究责任。

第九条 农业部会同联席会议其他成员单位根据本办法，制定实施细则，进一步明确各项考核指标计算方法和评分标准，细化考核流程和要求，确保考核工作公平公正。

第十条 各省（区）人民政府参照本办法，结合当地实际制定考核办法，负责考核本行政区域内其他地级城市“菜篮子”市长负责制落实情况。

第十一条 本办法自印发之日起施行。

中共中央、国务院关于加强耕地保护和改进占补平衡的意见

（2017年1月9日）

耕地是我国最为宝贵的资源，关系十几亿人吃饭大事，必须保护好，绝不能有闪失。近年来，按照党中央、国务院决策部署，各地区各有关部门积极采取措施，强化主体责任，严格落实占补平衡制度，严守耕地红线，耕地保护工作取得显著成效。当前，我国经济发展进入新常态，新型工业化、城镇化建设深入推进，耕地后备资源不断减少，实现耕地占补平衡、占优补优的难度日趋加大，激励约束机制尚不健全，耕地保护面临多重压力。为进一步加强耕地保护和改进占补平衡工作，现提出如下意见。

一、总体要求

（一）指导思想。全面贯彻党的十八大和十八届三中、四中、五中、六中全会精神，深入贯彻习近平总书记系列重要讲话精神和治国理政新理念新思想新战略，紧紧围绕统筹推进“五位一体”总体布局和协调推进“四个全面”战略布局，牢固树立新发展理念，按照党中央、国务院决策部署，坚守土地公有制性质不改变、耕地红线不突破、农民利益不受损三条底线，坚持最严格的耕地保护制度和最严格的节约用地制度，像保护大熊猫一样保护耕地，着力加强耕地数量、质量、生态“三位一体”保护，着力加强耕地管控、建设、激励多措并举保护，采取更加有力措施，依法加强耕地占补平衡规范管理，落实藏粮于地、藏粮于技战略，提高粮食综合生产能力，保障国家粮食安全，为实现“两个一百年”奋斗目标、实现中华民族伟大复兴中国梦构筑坚实的资源基础。

（二）基本原则

——坚持严保严管。强化耕地保护意识，强化土地用途管制，强化耕地质量保护与提升，坚决防止耕地占补平衡中补充耕地数量不到位、补充耕地质量不到位的问题，坚决防止占多补少、占优补劣、占水田补旱地的现象。已经确定的耕地红线绝不能突破，已经划定的城市周边永久基本农田绝不能随便占用。

——坚持节约优先。统筹利用存量和新增建设用地，严控增量、盘活存量、优化结构、提高效率，实行建设用地总量和强度双控，提高土地节约集约利用水平，以更少的土地投入支撑经济社会可持续发展。

——坚持统筹协调。充分发挥市场配置资源的决定性作用和更好发挥政府作用,强化耕地保护主体责任,健全利益调节机制,激励约束并举,完善监管考核制度,实现耕地保护与经济社会发展、生态文明建设相统筹,耕地保护责权利相统一。

——坚持改革创新。适应经济发展新常态和供给侧结构性改革要求,突出问题导向,完善永久基本农田管控体系,改进耕地占补平衡管理方式,实行占补平衡差别化管理政策,拓宽补充耕地途径和资金渠道,不断完善耕地保护和占补平衡制度,把握好经济发展与耕地保护的关系。

(三)总体目标。牢牢守住耕地红线,确保实有耕地数量基本稳定、质量有提升。到2020年,全国耕地保有量不少于18.65亿亩,永久基本农田保护面积不少于15.46亿亩,确保建成8亿亩、力争建成10亿亩高标准农田,稳步提高粮食综合生产能力,为确保谷物基本自给、口粮绝对安全提供资源保障。耕地保护制度和占补平衡政策体系不断完善,促进形成保护更加有力、执行更加顺畅、管理更加高效的耕地保护新格局。

二、严格控制建设占用耕地

(四)加强土地规划管控和用途管制。充分发挥土地利用总体规划的整体管控作用,从严核定新增建设用地规模,优化建设用地布局,从严控制建设占用耕地特别是优质耕地。实行新增建设用地计划安排与土地节约集约利用水平、补充耕地能力挂钩,对建设用地存量规模较大、利用粗放、补充耕地能力不足的区域,适当调减新增建设用地计划。探索建立土地用途转用许可制,强化非农建设占用耕地的转用管控。

(五)严格永久基本农田划定和保护。全面完成永久基本农田划定,将永久基本农田划定作为土地利用总体规划的规定内容,在规划批准前先行核定并上图入库、落地到户,并与农村土地承包经营权确权登记相结合,将永久基本农田记载到农村土地承包经营权证书上。粮食生产功能区和重要农产品生产保护区范围内的耕地要优先划入永久基本农田,实行重点保护。永久基本农田一经划定,任何单位和个人不得擅自占用或改变用途。强化永久基本农田对各类建设布局的约束,各地区各有关部门在编制城乡建设、基础设施、生态建设等相关规划,推进多规合一过程中,应当与永久基本农田布局充分衔接,原则上不得突破永久基本农田边界。一般建设项目不得占用永久基本农田,重大建设项目选址确实难以避让永久基本农田的,在可行性研究阶段,必须对占用的必要性、合理性和补划方案的可行性进行严格论证,通过国土资源部用地预审;农用地转用和土地征收依法依规报国务院批准。严禁通过擅自调整县乡土地利用总体规划,规避占用永久基本农田的审批。

（六）以节约集约用地缓解建设占用耕地压力。实施建设用地总量和强度双控行动，逐级落实“十三五”时期建设用地总量和单位国内生产总值占用建设用地面积下降的目标任务。盘活利用存量建设用地，推进建设用地二级市场改革试点，促进城镇低效用地再开发，引导产能过剩行业和“僵尸企业”用地退出、转产和兼并重组。完善土地使用标准体系，规范建设项目节地评价，推广应用节地技术和节地模式，强化节约集约用地目标考核和约束，推动有条件的地区实现建设用地减量化或零增长，促进新增建设不占或尽量少占耕地。

三、改进耕地占补平衡管理

（七）严格落实耕地占补平衡责任。完善耕地占补平衡责任落实机制。非农建设占用耕地的，建设单位必须依法履行补充耕地义务，无法自行补充数量、质量相当耕地的，应当按规定足额缴纳耕地开垦费。地方各级政府负责组织实施土地整治，通过土地整理、复垦、开发等推进高标准农田建设，增加耕地数量、提升耕地质量，以县域自行平衡为主、省域内调剂为辅、国家适度统筹为补充，落实补充耕地任务。各省（自治区、直辖市）政府要依据土地整治新增耕地平均成本和占用耕地质量状况等，制定差别化的耕地开垦费标准。对经依法批准占用永久基本农田的，缴费标准按照当地耕地开垦费最高标准的两倍执行。

（八）大力实施土地整治，落实补充耕地任务。各省（自治区、直辖市）政府负责统筹落实本地区年度补充耕地任务，确保省域内建设占用耕地及时保质保量补充到位。拓展补充耕地途径，统筹实施土地整治、高标准农田建设、城乡建设用地增减挂钩、历史遗留工矿废弃地复垦等，新增耕地经核定后可用于落实补充耕地任务。在严格保护生态前提下，科学划定宜耕土地后备资源范围，禁止开垦严重沙化土地，禁止在25度以上陡坡开垦耕地，禁止违规毁林开垦耕地。鼓励地方统筹使用相关资金实施土地整治和高标准农田建设。充分发挥财政资金作用，鼓励采取政府和社会资本合作（PPP）模式、以奖代补等方式，引导农村集体经济组织、农民和新型农业经营主体等，根据土地整治规划投资或参与土地整治项目，多渠道落实补充耕地任务。

（九）规范省域内补充耕地指标调剂管理。县（市、区）政府无法在本行政辖区内实现耕地占补平衡的，可在市域内相邻的县（市、区）调剂补充，仍无法实现耕地占补平衡的，可在省域内资源条件相似的地区调剂补充。各省（自治区、直辖市）要规范补充耕地指标调剂管理，完善价格形成机制，综合考虑补充耕地成本、资源保护补偿和管护费用等因素，制定调剂指导价格。

（十）探索补充耕地国家统筹。根据各地资源环境承载状况、耕地后备资源条件、土地整治新增耕地潜力等，分类实施补充耕地国家统筹。耕地后备资源严重匮乏的直辖市,新增建设占用耕地后,新开垦耕地数量不足以补充所占耕地数量的,可向国务院申请国家统筹;资源环境条件严重约束、补充耕地能力严重不足的省份,对由于实施国家重大建设项目造成的补充耕地缺口,可向国务院申请国家统筹。经国务院批准后,有关省份按规定标准向中央财政缴纳跨省补充耕地资金,中央财政统筹安排落实国家统筹补充耕地任务所需经费,在耕地后备资源丰富省份落实补充耕地任务。跨省补充耕地资金收取标准综合考虑补充耕地成本、资源保护补偿、管护费用及区域差异等因素确定,具体办法由财政部会同国土资源部另行制定。

(十一)严格补充耕地检查验收。市县政府要加强对土地整治和高标准农田建设项目的全程管理,规范项目规划设计,强化项目日常监管和施工监理。做好项目竣工验收,严格新增耕地数量认定,依据相关技术规程评定新增耕地质量。经验收合格的新增耕地,应当及时在年度土地利用变更调查中进行地类变更。省级政府要做好对市县补充耕地的检查复核,确保数量质量到位。

四、推进耕地质量提升和保护

(十二)大规模建设高标准农田。各省(自治区、直辖市)要根据全国高标准农田建设总体规划和全国土地整治规划的安排,逐级分解高标准农田建设任务,统一建设标准、统一上图入库、统一监管考核。建立政府主导、社会参与的工作机制,以财政资金引导社会资本参与高标准农田建设,充分调动各方积极性。加强高标准农田后期管护,按照谁使用、谁管护和谁受益、谁负责的原则,落实高标准农田基础设施管护责任。高标准农田建设情况要统一纳入国土资源遥感监测"一张图"和综合监管平台,实行在线监管,统一评估考核。

(十三)实施耕地质量保护与提升行动。全面推进建设占用耕地耕作层剥离再利用,市县政府要切实督促建设单位落实责任,将相关费用列入建设项目投资预算,提高补充耕地质量。将中低质量的耕地纳入高标准农田建设范围,实施提质改造,在确保补充耕地数量的同时,提高耕地质量,严格落实占补平衡、占优补优。加强新增耕地后期培肥改良,综合采取工程、生物、农艺等措施,开展退化耕地综合治理、污染耕地阻控修复等,加速土壤熟化提质,实施测土配方施肥,强化土壤肥力保护,有效提高耕地产能。

(十四)统筹推进耕地休养生息。对25度以上坡耕地、严重沙化耕地、重要水源地15-25度坡耕地、严重污染耕地等有序开展退耕还林还草,不得将确需退耕还林还草的耕地划为永久基本农田,不得将已退耕还林还草的土地纳入土地整治项目,不得擅自将永久基本农田、土地整治新增耕地和坡改梯耕地纳入退耕范围。积极稳妥推进耕地轮作休耕试点,加强轮作休耕耕地管理,不得减少或破坏耕地,不得改变耕地地类,不得削弱农业综合生产能力;加大轮作休耕耕地保护和改造力度,优先纳入高标准农田建设范围。因地制宜实行免耕少耕、深松浅翻、深施肥料、粮豆轮作套作的保护性耕作制度,提高土壤有机质含量,平衡土壤养分,实现用地与养地结合,多措并举保护提升耕地产能。

(十五)加强耕地质量调查评价与监测。建立健全耕地质量和耕地产能评价制度,完善评价指标体系和评价方法,定期对全国耕地质量和耕地产能水平进行全面评价并发布评价结果。完善土地调查监测体系和耕地质量监测网络,开展耕地质量年度监测成果更新。

五、健全耕地保护补偿机制

(十六)加强对耕地保护责任主体的补偿激励。积极推进中央和地方各级涉农资金整合,综合考虑耕地保护面积、耕地质量状况、粮食播种面积、粮食产量和粮食商品率,以及耕地保护任务量等因素,统筹安排资金,按照谁保护、谁受益的原则,加大耕地保护补偿力度。鼓励地方统筹安排财政资金,对承担耕地保护任务的农村集体经济组织和农户给予奖补。奖补资金发放要与耕地保护责任落实情况挂钩,主要用于农田基础设施后期管护与修缮、地力培育、耕地保护管理等。

(十七)实行跨地区补充耕地的利益调节。在生态条件允许的前提下,支持耕地后备资源丰富的国家重点扶贫地区有序推进土地整治增加耕地,补充耕地指标可对口向省域内经济发达地区调剂,补充耕地指标调剂收益由县级政府通过预算安排用于耕地保护、农业生产和农村经济社会发展。省(自治区、直辖市)政府统筹耕地保护和区域协调发展,支持占用耕地地区在支付补充耕地指标调剂费用基础上,通过实施产业转移、支持基础设施建设等多种方式,对口扶持补充耕地地区,调动补充耕地地区保护耕地的积极性。

六、强化保障措施和监管考核

(十八)加强组织领导。各地区各有关部门要按照本意见精神,抓紧研究制定贯彻落实具体方案,强化耕地保护工作责任和保障措施。建立党委领导、政府负责、部门协同、公众参与、上下联动的共同责任机制,地方各级党委和政府要树立保护耕地的强烈意识,切实担负起主体责任,采取积极有效措施,严格源头控制,强化过程监管,确保本行政区域内耕地保护责任目标全面落实;地方各级政府主要负责人要承担起耕地保护第一责任人的责任,组织相关部门按照职责分工履职尽责,充分调动农村集体经济组织、农民和新型农业经营主体保护耕地的积极性,形成保护耕地合力。

(十九)严格监督检查。完善国土资源遥感监测"一张图"和综合监管平台,扩大全天候遥感监测范围,对永久基本农田实行动态监测,加强对土地整治过程中的生态环境保护，强化耕地保护全流程监管。加强耕地保护信息化建设，建立耕地保护数据与信息部门共享机制。健全土地执法联动协作机制，严肃查处土地违法违规行为。国家土地督察机构要加强对省级政府实施土地利用总体规划、履行耕地保护目标责任、健全耕地保护制度等情况的监督检查。

（二十）完善责任目标考核制度。完善省级政府耕地保护责任目标考核办法，全面检查和考核耕地与永久基本农田保护情况、高标准农田建设任务完成情况、补充耕地任务完成情况、耕地占补平衡落实情况等。经国务院批准，国土资源部会同农业部、国家统计局等有关部门下达省级政府耕地保护责任目标，作为考核依据。各省级政府要层层分解耕地保护任务，落实耕地保护责任目标，完善考核制度和奖惩机制。耕地保护责任目标考核结果作为领导干部实绩考核、生态文明建设目标评价考核的重要内容。探索编制土地资源资产负债表，完善耕地保护责任考核体系。实行耕地保护党政同责，对履职不力、监管不严、失职渎职的，依纪依规追究党政领导责任。

国务院关于印发国家教育事业发展“十三五”规划的通知

（2017 年 1 月 10 日　国发〔2017〕4 号）

现将《国家教育事业发展“十三五”规划》印发给你们，请认真贯彻执行。

国家教育事业发展“十三五”规划

“十三五”时期是全面建成小康社会决胜阶段。为加快推进教育现代化，依据《中华人民共和国国民经济和社会发展第十三个五年规划纲要》和《国家中长期教育改革和发展规划纲要（2010—2020 年）》（以下简称《教育规划纲要》），制定本规划。

一、以新理念引领教育现代化

（一）发展环境。

“十二五”时期特别是党的十八大以来，按照党中央、国务院决策部署，我国教育改革发展取得了显著成就，社会主义核心价值观教育深入推进，立德树人根本任务有效落实，学生思想道德素质持续向好，教育现代化取得新进展，为促进经济发展、社会和谐、文化繁荣作出重要贡献。

教育总体发展水平进入世界中上行列。九年义务教育全面普及，进入均衡发展新阶段，学前三年毛入园率提前实现《教育规划纲要》2020年目标，高中阶段教育基本普及，基本公共教育服务体系和现代职业教育体系基本确立，高等教育大众化水平显著提升，继续教育持续发展，全民终身学习的态势初步形成。教育质量稳步提升，我国学生在经济合作与发展组织开展的国际学生评估项目中表现良好，我国成为国际工程联盟本科教育互认协议成员，一批高校和学科世界排名显著提升。

教育公平取得重要进展。城乡和区域教育发展差距进一步缩小，大中城市义务教育阶段“择校热”有所缓解，国家助学制度更加完善，农村义务教育学生营养改善计划深入实施，贫困地区学生的体质健康得到改善，进城务工人员随迁子女、农村留守儿童、残疾学生受教育权利得到更好保障，中西部地区特别是农村学生接受优质高等教育的机会明显增加。

服务经济社会发展能力显著增强。职业学校每年输送近1000万名技术技能人才，开展培训上亿人次。普通本科高校累计输送2000多万名专业人才。高等学校牵头承担了一大批国家重大科学研究任务和重大工程项目，产出了一大批服务国家战略、具有国际影响力的标志性研究成果，技术转移和成果转化成效明显。

教育发展能力显著提升。教育投入实现历史性突破，2012年首次实现国家财政性教育经费占国内生产总值4%的目标，生均拨款制度逐步建立，各级各类学校特别是农村学校办学条件有较大改善，教师队伍素质进一步提高，教育信息化全面推进。教育对外开放水平显著提升，国际影响力稳步增强。教育体制改革取得重要进展，人才培养体制、办学体制、管理体制、评价体制、保障体制改革全面深化，一些重点领域和环节取得突破性进展。考试招生制度改革全面启动，现代教育督导体系进一步完善。

总体来看，《教育规划纲要》确定的阶段性目标如期实现，教育事业发展“十二五”规划圆满收官，我国教育进入提高质量、优化结构、促进公平的新阶段。

专栏1 教育事业发展“十二五”规划主要目标实现情况			
指 标	单 位	“十二五”规划目标	2015年实现情况
学前教育			
在园幼儿数	万人	3700	4265
学前三年毛入园率	%	65.0	75.0
九年义务教育			
在校生	万人	16100	14004
巩固率	%	93.0	93.0
高中阶段教育			
在校生	万人	4500	4038
其中:中等职业教育	万人	2250	1657
毛入学率	%	87.0	87.0
高等教育			
在学总规模	万人	3350	3647
在校生	万人	3080	3452
其中:研究生	万人	170	191
毛入学率	%	36.0	40.0
人力资源开发			
新增劳动力平均受教育年限	年	13.3	13.3
主要劳动年龄人口接受高等教育的比例	%	15.0	16.9

注:1. 高等教育在校生含普通本专科、成人本专科和全日制研究生在校生。

2. 研究生数为全日制研究生在校生数。

3. 主要劳动年龄人口指20－59岁人口。

“十三五”时期,我国发展仍处于可以大有作为的重要战略机遇期,也面临诸多矛盾叠加、风险隐患增多的严峻挑战。有效应对各种风险和挑战,不断开拓发展新境界,对实现教育现代化提出了前所未有的新任务、新要求。

从国际看,世界多极化、经济全球化、文化多样化、社会信息化深入发展,国际金融危机深层次影响在相当长时期依然存在,新一轮科技革命和产业变革蓄势待发,互联网、云计算、大数据、智能机器人、三维(3D)打印等现代技术深刻改变着人类的思维、生产、生活和学习方式,国际竞争日趋激烈,人才培养与争夺成为焦点。优先发展教育,构建现代教育体系,建设学习型社会,培养大批创新人才,已成为人类共同面临的重大课题和应对诸多复杂挑战、实现可持续发展的关键。

从国内看，统筹推动“五位一体”总体布局和协调推进“四个全面”战略布局，贯彻落实创新、协调、绿色、开放、共享的新发展理念，实现2020年全面建成小康社会目标，深化供给侧结构性改革，保持经济中高速增长，深入实施创新驱动发展战略，推进大众创业万众创新，实施“中国制造2025”和“一带一路”建设等战略，迫切需要教育优化人才培养结构，加快培养各类紧缺人才。保障基本民生，实现全体人民共同迈入全面小康社会，迫切要求完善基本公共教育服务体系。新型城镇化加快推进，人民群众生活水平和质量普遍提高，生育政策调整，学龄人口、劳动年龄人口规模结构改变，人口老龄化速度加快，教育需求发生结构性变化，对高质量、多样化的教育需求日益增长，教育体系、结构和布局面临深刻挑战。无论从当前推进经济转型升级，还是从长远促进经济和社会协调发展看，都需要抓住教育这一最基础环节，推进优先发展，提高国家发展水平。

从教育领域看，当今世界教育正在发生革命性变化。确保包容、公平和有质量的教育，促进全民享有终身学习机会，成为世界教育发展新目标。教育与经济社会发展的结合更加紧密，以学习者为中心，注重能力培养，促进人的全面发展，全民学习、终身学习、个性化学习的理念日益深入人心。教育模式、形态、内容和学习方式正在发生深刻变革，教育治理呈现出多方合作、广泛参与的特点。要清醒地看到，我国教育改革发展虽然取得了显著成就，但尚不能完全适应人的全面发展和经济社会发展需要，仍存在一些突出问题，主要表现为：科学的教育理念尚未牢固确立，促进学生全面发展的育人模式与环境有待完善，产教融合、科教融合的协同培养机制尚未形成，学生创新创业能力的培养有待加强；教育发展还存在不平衡、不协调的问题，城乡、区域之间教育差距仍较大，优质教育资源总量不足、布局不合理，学前教育、职业教育、继续教育仍是教育体系中的突出短板，人才培养的类型、层次和学科专业结构与社会需求不够契合；教师队伍素质和结构不能适应提升质量与促进公平的新要求；学校办学活力不强，促进和规范社会力量参与举办教育的法律制度和政策体系亟待完善，多方参与教育治理和评价的体制机制还不健全；教育对外开放的水平不够高；教育优先发展地位需进一步巩固。

人才成就未来，教育成就梦想。人才和人力是国家最大的资源，今天培养的人才将是实现第二个百年奋斗目标的主力军，教育必须承担起实现中华民族伟大复兴中国梦赋予的历史使命，毫不动摇地坚持中国特色社会主义教育发展道路，不断深化对中国特色社会主义教育发展规律的认识，树立科学的教育发展观、质量观、人才观，以更加奋发有为的精神状态和踏石留印、抓铁有痕的工作作风，勇于实践，善于创新，不断实现改革新突破，迈上发展新台阶。

（二）指导思想。

全面贯彻党的十八大和十八届三中、四中、五中、六中全会精神，以马克思列宁主义、毛泽东思想、邓小平理论、“三个代表”重要思想、科学发展观为指导，深入贯彻习近平总书记系列重要讲话精神，认真落实党中央、国务院决策部署，紧紧围绕“五位一体”总体布局和“四个全面”战略布局，树立道路自信、理论自信、制度自信、文化自信，以创新、协调、绿色、开放、共享的发展理念统领教育改革发展，坚持党的领导，坚持社会主义办学方向，全面贯彻党的教育方针，全面深化教育改革，着力提高教育质量，着力优化教育结构，着力促进教育公平，加快推进教育现代化，推动创新型国家和人才强国建设，为全面建成小康社会和实现中华民族伟大复兴的中国梦作出更大贡献。

（三）基本原则。

推进教育改革发展，实现更高质量、更加公平、更有效率、更可持续的发展，完成国家赋予的历史使命和战略任务，必须遵循以下基本原则：

坚持优先发展。人是国家发展的核心要素。要坚持把教育摆在优先发展的战略地位，充分发挥教育的基础性、先导性、全局性作用，更加注重教育和人力资源开发，加大投资于人的力度，面向现代化，面向世界，面向未来，超前规划，优先发展，加速人力资本积累，为国家和民族的未来奠基。

坚持立德树人。把立德树人作为教育的根本任务，培养德智体美全面发展的社会主义建设者和接班人。要遵循教书育人规律、遵循学生成长规律，以学生为主体，以教师为主导，创新育人模式，培育和践行社会主义核心价值观，不断提高学生思想水平、政治觉悟、道德品质、文化素养，让学生成为德才兼备、全面发展的人才。

坚持服务导向。服务国家发展和人民群众是对教育改革发展的基本要求。教育发展要适应中国特色社会主义现代化建设需要，服务全面建成小康社会和中华民族伟大复兴目标，主动适应和引领经济发展新常态，为国家现代化建设厚植人才优势，培育创新动力。要不断满足广大人民群众对更高质量、更为多样教育的需求，优先解决人民群众关心的重点、热点、难点和焦点问题。

坚持促进公平。教育的公平性是社会主义本质要求，要发展社会主义，逐步实现人民共同富裕，教育公平是基础。注重有教无类，让全体人民、每个家庭的孩子都有机会接受比较好的教育，让教育改革发展成果更好地惠及最广大人民群众。突出精准扶贫，面向中西部地区特别是边远、贫困地区，加大对家庭经济困难学生帮扶力度。

坚持改革创新。改革创新是发展的根本动力。要不断深化教育综合改革，将顶层设计和实践探索有机结合，充分调动基层特别是广大学校、师生的积极性、主动性和创造性，创新体制机制和人才培养模式；要统筹利用国内国际教育资源，广泛借鉴吸收国际先进经验，进一步提升教育对外开放水平，通过改革创新和对外开放解决难题、激发活力、推动发展。

坚持依法治教。法治是实现教育现代化的可靠保障。要坚持依法行政、依法办学、依法执教，更加注重运用法治思维和法治方式推动教育改革发展，更加注重教育法律法规体系和执法体制机制建设，更加注重保障广大人民群众受教育权利和广大师生权益，更加注重保障人民群众对教育改革发展的知情权、参与权和监督权，依法推进教育治理能力现代化，为教育发展创造良好的法治环境。

坚持党的领导。办好中国特色社会主义教育事业关键在党，必须牢牢掌握党对教育工作的领导权，坚持正确的政治方向，掌握教育领域意识形态工作的主导权，着力加强教育系统党的思想建设、组织建设、作风建设、反腐倡廉建设、制度建设，增强政治意识、大局意识、核心意识、看齐意识，强化基层党组织的创造力、凝聚力、战斗力，为教育改革发展提供坚强的政治保证和组织保障。

（四）主要目标。

"十三五"时期教育改革发展的总目标是：教育现代化取得重要进展，教育总体实力和国际影响力显著增强，推动我国迈入人力资源强国和人才强国行列，为实现中国教育现代化 2030 远景目标奠定坚实基础。

全民终身学习机会进一步扩大。形成更加适应全民学习、终身学习的现代教育体系，现代职业教育体系更加完善。学前教育机会显著增加，义务教育普及成果进一步巩固提升，普及高中阶段教育，高等教育发展进入普及化阶段，继续教育参与率明显提升，学习型社会建设迈上新台阶。

教育质量全面提升。教师素质进一步提高，学校办学条件明显改善，教育信息化实现新突破，形成信息技术与教育融合创新发展的新局面，学习的便捷性和灵活性明显增强。教育教学改革取得重要进展，学生的思想道德素质、科学文化素质、身心健康素质明显提高，社会责任感、法治意识、创新精神和实践能力显著增强，学业水平和自主学习、终身学习能力全面提升。

教育发展成果更公平地惠及全民。完成教育脱贫攻坚任务，精准扶贫、精准脱贫的效果充分显现。实现家庭经济困难学生资助全覆盖，困难群体、妇女儿童平等受教育权利得到更好保障。义务教育实现基本均衡的县（市、区）比例达到 95%，城乡、区域、学校之间差距进一步缩小，建成覆盖城乡、更加均衡的基本公共教育服务体系。人民群众高质量、个性化、多样化的学习需求得到更好满足。

人才供给和高校创新能力明显提升。创新型、复合型、应用型和技术技能型人才培养比例显著提高，人才培养结构更趋合理。各类人才服务国家和区域经济社会发展、参与国际竞争的能力显著增强。提高高等教育发展水平，若干所大学和一批学科进入世界一流行列，若干学科进入世界一流学科前列，在高校建成一批服务国家战略的创新基地和新型智库，创新服务能力全面提升，涌现一批重大创新成果，促进培育新动能，推动文化繁荣和社会进步，增强国家核心竞争力。

教育体系制度更加成熟定型。教育法律法规体系和执法体制机制更加健全，教育标准、监管、评价、督导、投入保障、教师队伍建设等基础性制度体系更加完善，社会力量举办教育、参与教育改革发展的制度更加完备有效。基本实现管办评分离，形成政府依法管理、学校依法自主办学、社会各界依法参与和监督的格局，教育治理体系和治理能力现代化水平明显提升。

专栏2　教育事业发展和人力资源开发“十三五”主要目标

指　标	2015年	2020年	属　性
学前教育			
在园幼儿数（万人）	4265	4500	预期性
学前三年毛入园率（%）	75.0	85.0	预期性
九年义务教育			
在校生（万人）	14004	15000	预期性
巩固率（%）	93.0	95.0	约束性
高中阶段教育			
在校生（万人）	4038	4130	预期性
其中：中等职业教育	1657	1870	预期性
毛入学率（%）	87.0	90.0	预期性
高等教育			
在学总规模（万人）	3647	3850	预期性
在校生（万人）	3511	3680	预期性
其中：研究生（万人）（含全日制和非全日制研究生）	250[191]	290[230]	预期性
其中：普通本专科（万人）	2625	2655	预期性
毛入学率（%）	40.0	50.0	预期性
继续教育			
从业人员继续教育（万人次）		35000	预期性
人力资源开发			
新增劳动力平均受教育年限（年）	13.3	13.5	预期性

注：1. 高等教育在校生含普通本专科、成人本专科、全日制和非全日制研究生在校生。

2. [ ]内为全日制研究生在校生数。

（五）主题主线。

贯彻落实新发展理念，全面实现"十三五"时期教育改革发展目标，必须紧紧围绕全面提高教育质量这个主题，把立德树人作为根本任务，全面实施素质教育，积极培育和践行社会主义核心价值观，更新育人理念，创新育人方式，改善育人生态，提高教师素质，建立健全各级各类教育质量保障体系，全面提升育人水平。

必须把教育的结构性改革作为主线，主动适应经济社会发展和人民群众的需求。统筹利用好、布局好各类教育资源，突出保基本、补短板、促公平，公共教育资源配置向薄弱地区、薄弱学校、薄弱环节和困难人群倾斜，推动区域、城乡协调发展，着力提高基本公共教育服务的覆盖面和质量水平；优化人才供给结构，加快高中阶段教育普及进程，推动高等教育分类发展，大力发展现代职业教育和继续教育，加快培养经济社会发展急需人才；创新教育供给方式，大力发展民办教育，拓展教育新形态，以教育信息化推动教育现代化，积极促进信息技术与教育的融合创新发展，努力构建网络化、数字化、个性化、终身化的教育体系，形成人人皆学、处处能学、时时可学的学习环境；改革教育治理体系，深化简政放权、放管结合、优化服务改革，落实学校办学自主权，加快现代学校制度建设；扩大社会参与，提高教育开放水平，整体提升教育服务经济社会发展的能力。

二、全面落实立德树人根本任务

（一）提升学生思想道德水平。

把思想政治工作贯穿教育教学全过程。加强系统谋划和顶层设计，以社会主义核心价值观为引领，科学制定不同年龄阶段和各级各类教育的德育工作目标，实现全员育人、全过程育人、全方位育人。充分发挥品德课、思想政治理论课主渠道作用，深入挖掘课程教材的育人作用，系统推进课程改革和教材修订，推动中国特色社会主义理论体系进教材、进课堂、进头脑，使大中小学德育和思想政治教育由浅入深、分层递进、有机衔接。积极开展少先队和党团组织教育活动。广泛运用情境教学、现场教学、社会实践等方式，关注学生情感体验过程，引导和组织学生通过各种社会实践活动践行社会主义核心价值观，开展自我教育。加强网络环境下的德育工作，强化网络阵地建设，采取多种方式引导学生全面理解、正确对待重大理论和社会热点问题，增强是非辨别能力。充分发挥教师对学生的言传身教、行为引导作用，邀请党政领导干部到学校作形势报告，广泛聘请各行各业先进典型、优秀家长和老干部、老战士、老专家、老教师、老模范等到学校作专题报告，担任思想政治教育兼职教师，强化示范引领效应，使社会主义核心价值观内化于心、外化于行。

着力加强爱国主义教育。坚持爱国和爱党、爱社会主义相统一，创新形式，丰富载体，把爱国主义教育有机融入教育教学各环节，贯穿国民教育全过程。加强爱国主义教育基地建设，开辟爱国主义教育校外课堂，推动各级各类学校积极创造条件，开设以爱国主义为主题内容的选修课和专题讲座，发挥主题党日、团日、班会等载体作用，结合重要纪念日和传统节日开展爱国主义教育，加强国情教育、历史教育特别是党史、国史、改革开放史、社会主义发展史教育，大力推进对国旗、国歌、国徽的礼仪教育。广泛开展民族团结进步教育，强化“五个认同”和“三个离不开”思想，促进各族学生交往交流交融，筑牢各族师生中华民族共同体思想基础，引导青少年学生树立和坚持正确的国家观、民族观、宗教观、历史观、文化观，增强中华民族归属感、认同感、尊严感、荣誉感。

努力增强学生社会责任感。协同加强青少年社会公德、职业道德、家庭美德教育，努力培养学生高尚品格和担当精神。引导学生以国家富强、人民幸福为己任，树立自觉投身于中国特色社会主义伟大实践的宏伟志向。

积极开展法治教育。落实《青少年法治教育大纲》，把法治教育纳入国民教育体系，在中小学设立法治知识课程。加强法治教育实践基地建设，加强宪法教育，多种形式普及法律知识，开展法治实践教育，培养学生的法治意识和素养。

专栏3　落实立德树人根本任务

全面构建“全员育人、全过程育人、全方位育人”体系。深化课程教学改革。加强学校实践教育条件和校外实习实践基地建设。建立健全国家机关、企事业单位和社会团体接收大学生实习实训制度。完善课程、教材、教学方式和评价方法。开发多媒体课程、电子书和动画等德育资源，通过校园网站和互联网平台广为传播。提升青少年身心健康水平和学校美育工作水平。开展文明校园创建活动，实施学生志愿服务行动。加强马克思主义理论学科建设，推动马克思主义理论研究和建设工程重点教材编审和使用，实施马克思主义理论人才重点支持培养计划和青年马克思主义者培养工程。实施高校思想政治理论课建设体系创新计划。实施大学生思想政治教育质量提升工程。

（二）培养学生创新创业精神与能力。

从中小学做起，注重激发学生学习兴趣、科学兴趣和创新意识，加强科学方法的训练，逐步培养学生逻辑思维与辩证思维的能力。研究制定中小学生科学素质标准，充分利用各类社会科技教育资源，大力开展校内外结合的科技教育活动，加强对学生科学素质、信息素养和创新能力的培养。鼓励高等学校和职业学校建设学生创新创业服务平台，完善创新创业教育课程体系和管理制度，引导鼓励学生积极参与创新活动和创业实践，强化毕业论文、毕业设计的创新创业导向，开展创新创业竞赛，营造创新创业校园文化。支持本科生和研究生提前进入企业开展创新活动，鼓励高校通过无偿许可的方式向学生授权使用科技成果，引导学生创新创业。鼓励各省级政府统筹区域内高校、企业、产业园区、孵化基地、风险投资基金等资源，扶持大学生创业。

（三）强化学生实践动手能力。

践行知行合一，将实践教学作为深化教学改革的关键环节，丰富实践育人有效载体，广泛开展社会调查、生产劳动、志愿服务、公益活动、科技发明和勤工助学等社会实践活动，深化学生对书本知识的认识。加强劳动教育，充分发挥劳动综合育人功能。制定中小学生综合实践活动指导纲要，注重增强学生实践体验，鼓励有条件的地区开展中小学生研学旅行和各种形式的夏令营、冬令营活动。建设一批具有良好示范带动作用的研学旅游基地和目的地。构建学生志愿服务工作体系，把志愿服务纳入社会实践活动课程，组织学生开展志愿服务活动和其他社会实践主题活动，建立学生志愿服务记录档案，把志愿服务纳入学生综合素质评价内容。支持高校广泛开展大学生实践活动，引导大学生走出校门、深入基层，广泛宣传党的方针政策和中国特色社会主义理论，促进学生了解社会、认识国情、增长才干。

（四）塑造学生强健体魄。

加强和改进学校体育卫生工作。以全面增强学生体质和意志品质为目标，全面加强学校体育工作。将体质改善情况作为教育质量监测和教育评价的重要内容，开展健康学校创建工作，完善青少年体质健康监测体系，健全大中小学生健康体检制度。加强中小学校体育装备，改革体育教学、训练和竞赛体系，因地制宜强化体育课和课外锻炼，大力扶持校园足球、冰雪运动等各类体育社团发展，推动体育传统项目学校、体育特色学校建设，广泛开展各级学校体育联赛和民间传统体育比赛，着力推动高校加强大学生体育锻炼，广泛开展课外体育锻炼活动，大力培养学生运动兴趣、运动技能、运动习惯，基本实现学生熟练掌握一项以上运动技能的目标。全面加强幼儿园、中小学的卫生与健康工作，加大健康知识宣传力度，提高学生主动防病意识。推动各地采取针对性措施，降低学生近视发生率。注重各级各类学校心理教师队伍建设，进一步完善学生心理健康服务体系，在学校普遍开展心理健康教育，提高学生心理健康意识和心理保健能力，培养身心健康、体魄强健、意志坚强的一代新人。

（五）提高学生文化修养。

坚持以美育人、以文化人。以提高学生艺术素养、陶冶高尚情操、培育深厚民族情感、激发创新意识为导向，构建科学的美育课程体系，改进学校美育教学，鼓励特色发展，统筹整合学校与社会美育资源，健全美育评价机制，推动开齐开足艺术课程，开展艺术类第二课堂教育活动，将艺术实践活动纳入课程管理，促进每个学生形成一两项艺术特长和爱好。积极引导学生阅读欣赏中外文学艺术经典，鼓励高雅艺术进校园、非物质文化遗产进校园、民族民间优秀文化进校园。开展校训、家训育人活动。充分利用图书馆、博物馆、文化馆等各类文化资源，广泛开展中华民族优秀传统文化、革命文化、社会主义先进文化教育，培育青少年学生文化认同和文化自信。加强多元文化教育和国际理解教育，提升跨文化沟通能力。

（六）增强学生生态文明素养。

强化生态文明教育，将生态文明理念融入教育全过程，鼓励学校开发生态文明相关课程，加强资源环境方面的国情与世情教育，普及生态文明法律法规和科学知识。广泛开展可持续发展教育，深化节水、节电、节粮教育，引导学生厉行节约、反对浪费，树立尊重自然、顺应自然和保护自然的生态文明意识，形成可持续发展理念、知识和能力，践行勤俭节约、绿色低碳、文明健康的生活方式，引领社会绿色风尚。

（七）提高学生综合国防素质。

将国防教育纳入国民教育体系，充分发挥国防教育的综合育人功能，丰富学校国家安全教育和国防教育内容，创新教育形式，探索开展中小学国防教育综合社会实践和示范校创建活动试点，继续推动国防教育特色学校建设，充分发挥军营开放日、军事夏令营等平台作用，提高国防教育效果。加强高等学校军事理论教学，加强高等学校和高中阶段学校学生军事技能训练，拓展学生军训综合育人功能，提升青少年国防意识和军事素养。

三、改革创新驱动教育发展

（一）着力推进教育教学改革。

推进基础教育课程与教学改革。加强对课程教材建设的顶层设计，修订国家基础教育课程方案和课程标准，体现学生发展核心素养要求，完善教材审查审定和使用监测制度，打造具有科学性、时代性、民族性的基础教育课程教材体系。全面开展课程实施监测和管理。支持有条件的地方推行小班化教学，鼓励普通高中实行“选课制”、“走班制”，开设多样优质的选修课程。推动合作探究式学习，倡导任务驱动学习，提高学生分析解决问题的能力。支持有条件的普通高中与高等学校、科研院所开展有效合作，推进创新人才培养。继续推进中学生科技创新后备人才培养计划、全国青少年高校科学营等活动，积极试点探索大学先修课程。落实《幼儿园教育指导纲要》、《3－6岁儿童学习与发展指南》，坚持以游戏为基本活动，培养幼儿健康体魄、良好生活与行为习惯，促进幼儿身心和谐发展。

推行产教融合的职业教育模式。坚持面向市场、服务发展、促进就业的办学方向,科学确定各层次各类型职业教育培养目标,创新技术技能人才培养模式。推行校企一体化育人,推进“订单式”培养、工学交替培养,积极推动校企联合招生、联合培养的现代学徒制。率先在大中型企业开展产教融合试点,推动行业企业与学校共建人才培养基地、技术创新基地、科技服务基地。鼓励学校、行业、企业、科研机构、社会组织等组建职业教育集团,实现教育链和产业链有机融合。建立健全对接产业发展中高端水平的职业教育教学标准体系。以增强学生核心素养、技术技能水平和可持续发展能力为重点,统筹规划课程与教材建设,对接最新行业、职业标准和岗位规范,优化专业课程结构,更新教学内容。强化课堂教学、实习、实训的融合,普及推广项目教学、案例教学、情境教学等教学模式。完善职业学校教学工作诊断与改进制度。引导行业企业深度参与专业教学、顶岗实习、岗位资格认证等方面的标准制定和教学评价。积极推行“双证书”制度,统筹相关课程考试考核与职业技能鉴定。支持在符合条件的职业学校设立职业技能鉴定所(站),完善职业学校合格毕业生取得相应职业资格证书的办法。规范职业学校办学行为,严格落实专业教学标准,防止以升学为目标组织教学。

深化本科教育教学改革。实行产学研用协同育人,探索通识教育和专业教育相结合的人才培养方式,推行模块化通识教育,促进文理交融。继续推进基础学科拔尖学生培养试验计划。推动高校针对不同层次、不同类型人才培养的特点,改进专业培养方案,构建科学的课程体系和学习支持体系。建立支持和奖励机制,激励教师面向经济社会新需求,强化课程研发、教材编写、教学成果推广,及时将最新科研成果、企业先进技术等转化为教学内容。探索建立适应弹性学习、学分制和主辅修制的教学管理制度,逐步扩大学生自主选择专业、课程和教师的权利。推行以学生为中心的启发式、合作式、参与式和研讨式学习方式,加强个性化培养。改进教学评价机制和学生考核机制。全面落实教授给本科生上课制度,建立约束激励机制,调动教师投入本科教学、不断探索教学新技术新方法新形态的积极性。推动高校统筹使用相关经费,加大对课程建设、教学改革的常态化投入,强化实验、实训、实习环节,建立高校与企业、行业、科研机构、社区等合作育人机制,全面提升高等学校教学水平。

推动研究生培养机制改革。扩大高校学术团队招收研究生的自主权,适度提高应届优秀本科毕业生直接攻读博士学位的比例,加强重大基础研究、重大科研攻关方向、重大工程领域、重大社会问题研究的博士研究生培养,紧密结合承担国家和区域重大科研任务,强化博士生原始创新能力,加快培养科技创新前沿的领军人才。支持在职人员以非全日制方式攻读专业硕士学位,鼓励跨学科攻读专业硕士学位。加强联合培养基地建设，探索专业学位研究生开放式培养模式，推行“双导师”等行业企业联合培养机制，结合承担行业企业实际科研生产项目，加快培养能够解决一线实际问题、宽口径的高层次复合型人才。健全以科学与工程技术研究为主导的导师责任制和导师项目资助制。推动高校加强研究生课程建设，强化研究生课程的系统性和前沿性，加强不同培养阶段课程的衔接，提升研究生课程教学质量。

（二）深化考试招生制度改革。

加大高校考试招生制度改革实施力度。积极创造条件，稳妥推进普通高校考试招生制度综合改革试点，逐步在全国推广实施高考综合改革方案，探索基于统一高考和高中学业水平考试成绩、参考综合素质评价的多元录取机制。完善高中学业水平考试，覆盖国家规定的所有学习科目，加强命题和考试的组织保障，确保考试安全有序、成绩真实可信。规范高中学生综合素质评价，确保学生综合素质档案真实可靠。深化考试内容改革，着重考查学生独立思考和运用所学知识分析问题、解决问题的能力。大幅减少并严格控制考试加分项目，规范并公开自主招生办法、考核程序和录取结果。创造条件淡化并逐步取消录取批次，推进并完善平行志愿投档方式。探索研究生多元化招生选拔机制。确保国家教育考试安全。深入实施高校招生阳光工程，健全分级负责、规范有效的信息公开制度。加强考试招生全程监督，加大查处违规行为力度。

推进高职院校分类考试，突出“文化素质+职业技能”评价方式。高等职业学校招收有工作经验的学生，应当将工作实绩和能力作为重要的录取依据。健全学前教育、护理等领域和专业实行初中毕业起点、中高职贯通培养的考试招生办法。健全技术技能人才系统培养的招生制度。

完善中小学入学制度。合理设置学校或学区，保障入学需求，完善义务教育免试就近入学制度。改进高中阶段学校考试招生方式，逐步建立基于初中学业水平考试成绩、结合综合素质评价的普通高中招生录取机制，合理分配优质普通高中招生名额。进一步完善进城务工人员随迁子女就学和在流入地升学考试的政策措施。

（三）激发学校办学活力。

加快现代大学制度和各类学校管理制度建设。全面落实“一校一章程”。加强对新设立学校和升格、更名、合并、分立的高等学校的章程核准工作，建立和完善各级各类学校依章办学的管理制度和监督办法，推动学校依法依章治校。完善公办高等学校党委领导下的校长负责制和中小学、中等职业学校校长负责制，进一步明确职责分工、议事规则。深化学校管理人员职员制改革，建立符合学校特点的管理制度，鼓励高校推进内设机构取消行政级别试点，克服行政化倾向。拓展师生参与学校民主治理的渠道和途径,学校重大决策和涉及师生利益的重大政策应当经教职工代表大会民主讨论,发挥学生代表大会的桥梁纽带作用。加强中小学家长委员会建设,完善高等学校、职业学校理事会制度。切实实行学术民主,保障高等学校学术委员会、职业学校专家委员会履行职责。

落实学校办学自主权。建立健全各部门统筹推进落实学校办学自主权的会商机制。统筹推进高校综合改革,改革学位授权审核机制,落实高校学科专业设置自主权;改革高校编制及岗位管理制度,积极探索实行高校人员总量管理,落实高校岗位管理自主权;自主制定招聘条件和标准,自主公开招聘人才,根据岗位设置方案和管理办法自主做好人员聘后管理,落实高校用人自主权;下放教师职称评审权,改进教师职称评审方法,落实高校教师职称评审自主权;健全符合现代大学特点的薪酬分配制度,扩大高校薪酬分配自主权;精简对高校经费使用的考核评估,扩大项目资金统筹使用权,落实高校经费使用管理自主权;简化高校建设项目审批程序,扩大基本建设项目自主权;改进高校政府采购管理,优化进口仪器采购服务,落实高校科研仪器设备采购自主权;根据学术交流、教育教学和参与国际合作的需要,改进相关管理制度,为高校教师因公出国、参会提供便利。推动高等学校进一步向院系放权。扩大职业学校在招生、专业设置和调整、教师评聘、资源配置、收入分配、校企合作等方面的办学自主权。进一步落实和扩大中小学在教学工作、资源配置、人事管理等方面的自主权。

(四)统筹推进世界一流大学和一流学科建设。

以中国特色、世界一流为核心,以支撑创新驱动发展战略、服务经济社会发展为导向,坚持建设与改革并重,以学科为基础、以绩效为杠杆,统筹高校整体建设和学科建设,鼓励和支持不同类型的高水平大学和学科差别化发展,支持拥有多个国内领先、国际前沿高水平学科的大学,全面建设进入世界一流大学行列或前列;支持拥有若干国内前列、在国际同类院校中居于优势地位的高水平学科的大学,通过学科建设带动学校进入世界同类大学前列;支持拥有某一高水平学科的大学,通过建设进入该学科的世界一流行列或前列。支持省级政府根据国家建设布局,结合经济社会发展需求和基础条件,自主推动区域内高等学校建设高水平大学和优势学科,积极探索不同类型、不同层次高等学校的一流建设之路。

创新建设机制,鼓励公平竞争,强化目标管理,增强建设实效。创新支持方式,综合考虑建设高校基础、学科类别及发展水平等,通过不同途径给予相应经费支持,动员各方力量积极参与一流大学和一流学科建设,增强高等学校财务自主权和统筹安排经费的能力。坚持公开透明，实施动态监测，制定科学合理的绩效评价办法，开展中期评价和第三方评估，强化社会监督。建立退出机制，打破身份固化，形成激励约束机制，激发高校的建设活力。改革完善高等学校创新能力提升计划（“2011计划”）组织实施方式，推动高校面向国家重大需求多学科交叉融合、校所企协同创新。

专栏4　世界一流大学和一流学科建设

加强总体规划，引导分类发展，科学合理布局，坚持扶优扶新、扶需扶特，支持处于国内领先地位、在国际上具有较强竞争力、对经济社会发展具有重大作用、具备进入世界一流行列或前列基础和实力的大学，支持建设100个左右学科，重点支持一批接近或达到世界先进水平的学科，加强建设关系国家安全和重大利益的学科，重点布局一批国家急需、支撑产业转型升级和区域发展的学科，积极发展一批新兴学科、交叉学科，覆盖哲学社会科学、自然科学、工程技术等重点领域，努力形成支撑国家长远发展的建设体系，大力提升国家自主创新能力和核心竞争力。每五年一个建设周期，建设高校及学科实行开放竞争、动态调整。

提升高等学校创新能力。围绕国家发展重大需求，按照“国家急需、世界一流、制度先进、贡献突出”的总体要求，创新体制机制，深化高校与高校、科研院所、行业企业和国外科研机构的合作，汇聚创新资源和要素，构建协同创新的新模式，全面提升高等学校的人才、学科、科研三位一体创新能力，抢占世界科技创新制高点。

（五）强化高校创新体系建设。

全面提升高校科技创新能力。推动高等学校全面参与国家创新体系建设，在优化布局、分类整合的基础上，统筹研究建设国家级科研基地，组织和支持高校积极参加国家科技计划（专项、基金等）和国家级科技创新基地建设，承接国家重大科研项目。优化高校基础研究环境，充分发挥学科、人才优势，凝练主攻方向，聚焦重大科学问题和战略技术问题开展基础技术、前沿技术、非对称技术、“杀手锏”技术、颠覆性技术研究，以基础性的突破带动全局性的创新。支持高校根据国家对外科技合作总体部署，提出并牵头组织、深度参与国际大科学计划和大科学工程。支持高校图书馆建设知识产权信息服务中心，为促进高校创新提供服务。

深化高校科研体制改革。完善中央高校基本科研业务费制度，形成经费长效支持机制，鼓励有条件的地区设立地方高校基本科研业务费，支持研究型大学开展自由探索的基础研究。落实高校科研项目预算调整、间接费用统筹使用、劳务费分配管理、结转结余资金按规定使用等自主权。探索实行充分体现人才创新价值和特点的经费使用管理办法，进一步发挥科研项目资金的引导激励作用，明确劳务费开支范围和标准，提高间接费用比重，加大绩效激励力度。推动高校切实履行法人责任,健全科研经费内部管理办法。多种形式加强高校科研队伍建设,建立健全教师在岗兼职、离岗创业等制度。设置特定的创新科研岗位,聘用海外学者、国内同行和研究生,组织科学创新团队。改革科研评价制度,建立以创新质量、贡献、绩效为导向的分类评价体系。完善同行专家遴选机制和专家库,加强评价专家的自律和责任追究。

深化全方位协同创新。支持高校探索建立基于互联网的科研组织模式,开展跨学校、跨学科、跨领域、跨国界的协同创新。健全产学研协同创新机制,支持高校与行业企业、科研院所联合建设创新中心和创新平台,组建产业技术创新战略联盟,面向社会和企业开放科研基础设施和创新资源,开展产业关键共性技术以及核心基础零部件(元器件)、基础软件、先进基础工艺、关键基础材料和产业技术基础的开发攻关,以增强我国产业核心竞争力。支持高校加强国际合作联合实验室建设,建设世界一流实验室,推进产业技术国际创新合作,积极融入全球创新网络。继续实施高校学科创新引智计划。

完善高校哲学社会科学体系。坚持马克思主义指导地位,实施以育人育才为中心的高校哲学社会科学整体发展战略,把中国特色社会主义理论体系贯穿研究和教学全过程,构筑学生、学术、学科一体的综合发展体系,建立科学权威、公开透明的哲学社会科学成果评价体系,努力形成中国特色、中国风格、中国气派的学科体系、学术体系、话语体系。积极参与马克思主义理论研究和建设工程,通过开展合作研究等方式积极参与哲学社会科学创新工程,深入实施高校哲学社会科学繁荣计划。坚持以人民为中心的研究导向,加强对党中央治国理政新理念新思想新战略的研究阐释,深入开展重大现实问题、重大理论问题、重大实践经验总结研究。积极参与实施国家哲学社会科学人才工程,加大相关人才计划对哲学社会科学人才的支持力度。完善高校哲学社会科学研究创新平台体系,加强高校马克思主义学院建设,重点建好一批高校人文社会科学重点研究基地、专题数据库和文科实验室。推进中国特色新型高校智库建设。加强国别和区域重点研究基地建设。支持高校建立海外中国学术研究中心,参与和设立国际性学术组织,建设一批优秀外文学术网站和学术期刊。

专栏 5　中国特色新型高校智库建设推进计划

统筹规划高校各类科研机构、人才团队和项目设置,建立形式多样、结构合理的高校智库。深化高校人文社会科学重点研究基地综合改革,重点建设一批国家急需、特色鲜明、制度创新、引领发展的专业化高端智库。建立咨政研究核心人才库,培养一批复合型智库人才和咨政研究团队。拓展成果应用渠道,支持高校举办高层智库论坛,打造智库成果发布品牌。

促进高校科技成果转化。探索完善科研成果、知识产权的归属及利益分配机制,赋予高校科技成果使用、处置和收益管理自主权,调动高校、科研机构和行业企业共同参与应用研究和成果转化的积极性。健全技术转移应用机制,鼓励有条件的高校建立知识产权运营、科技成果转化的专门队伍,形成科技成果转化和知识产权保护、应用的有效机制,推动建立完善有利于科技成果转化的评价体系。建好一批大学科技园、产业创意园和试验区,孵化和扶植一批科技与文化骨干企业。

(六)促进和规范民办教育发展。

推进民办学校分类管理。建立非营利性与营利性民办学校分类管理政策体系,实行差别化扶持,加强分类指导和规范管理,推动各类民办学校明确法人属性,明晰产权归属。建立健全政府补贴、政府购买服务、助学贷款、基金奖励、捐资激励等制度,引导社会力量举办非营利性民办学校。推动民办学校适应经济社会发展需要,更新办学理念,深化教育教学改革,提高办学质量。鼓励公办学校、民办学校开展人才交流和深度合作。保障民办学校依法自主办学,完善法人治理结构,健全收费制度、资产管理和财务会计制度,建立教育质量监测、财务监管、风险防控和退出机制,规范民办学校办学秩序,防范办学风险。

鼓励社会力量进入教育领域。拓展社会力量参与教育发展的渠道和范围。建立更加透明的教育行业准入标准,强化监测监管,鼓励社会力量和民间资本通过多种方式举办学校和教育机构,提供多样化教育产品和服务。发挥市场机制的作用,支持培育教育新业态,扩大教育需求与消费。研究制定相关规范和管理办法,鼓励教育服务外包,引导社会力量为学校提供信息化课程包、实训实习、教师培训、管理支持、质量监测、就业指导等专业化服务,作为政府教育服务的重要补充。

(七)积极发展“互联网+教育”。

加快完善制度环境。制定在线教育和数字教育资源质量标准,推动建立数字教育资源的准入和监管机制,完善数字教育资源知识产权保护机制,鼓励企业和其他社会力量开发数字教育资源,形成公平有序的市场环境,培育社会化的数字教育资源服务市场,探索建立“互联网+教育”管理规范,发展互联网教育服务新业态。出台教育数据管理规定,健全安全管理制度,形成教育数据资源开放共享制度机制,确保网络安全与教育资源内容安全。创建一流网络安全学院,加强国家网络安全人才和创新基地建设,形成网络安全人才培养、技术创新、产业发展的良性生态环境。

进一步改善基础条件。加快推进“宽带网络校校通”,完善学校教育信息化基础设施,加强“无线校园”建设,基本实现各级各类学校宽带网络全覆盖和网络教学环境的普及,具备条件的城镇学校实现无线网络全覆盖,鼓励具备条件的学校配置师生用教学终端。完善国家教育资源公共服务平台,推动形成覆盖全国、互联互通、协同服务的数字教育资源公共服务体系。完善国家教育管理公共服务平台,积极推动国家教育资源与教育管理平台的整合集成和协同发展。广泛应用区域教育云等模式,积极推动各级各类学校建设基于统一数据标准的信息管理平台,实现各类数据伴随式收集和集成化管理,形成支撑教育教学和管理的教育云服务体系。推动职业学校网络仿真实训环境建设。推动高校建立基于互联网、云计算技术的科研协作平台。

全力推动信息技术与教育教学深度融合。建设课程教学与应用服务有机结合的优质在线开放课程和资源库,全面推进“优质资源班班通”,鼓励教师利用信息技术提升教学水平、创新教学模式,利用翻转课堂、混合式教学等多种方式用好优质数字资源。深入推进“网络学习空间人人通”,形成线上线下有机结合的网络化泛在学习新模式。引导学校与教师依托网络学习空间记录学生学习过程,进行教学综合分析,创新教学管理方式。鼓励学校利用大数据技术开展对教育教学活动和学生行为数据的收集、分析和反馈,为推动个性化学习和针对性教学提供支持。支持各级各类学校建设智慧校园,综合利用互联网、大数据、人工智能和虚拟现实技术探索未来教育教学新模式。鼓励高等学校基于互联网开展学历与非学历继续教育。

推进优质教育资源共建共享。着力加强“名师课堂”、“名校网络课堂”、“专递课堂”、“在线开放课程”等信息化教育教学和教师教研新模式的探索与推广,加快优质教育资源向农村、边远、贫困、民族地区覆盖;积极鼓励高等学校和职业学校依托优势学科专业开发具有竞争力的在线开放课程,制定在线开放课程教学质量评价标准和学分认定管理办法,将在线课程纳入培养方案和教学计划。鼓励学校或地方通过与具备资质的企业合作、采用线上线下结合等方式,推动在线开放资源平台建设和移动教育应用软件研发。整合各类优质教育资源,推进资源普遍开放共享,鼓励师生共建共享优质资源,加快推动教育服务模式和学习方式的变革。

专栏 6　推进“互联网 + 教育”发展

继续推进“三通两平台”建设与应用,推进数字教育资源普遍开放共享。面向教育发展落后地区和特殊人群,提供公益性数字教育资源服务。加快教育大数据建设与开放共享。发展现代远程教育和在线教育,实施“互联网 + 教育培训”行动,支持“互联网 + 教育”教学新模式,发展“互联网 + 教育”服务新业态。

四、协调推进教育结构调整

（一）推进区域教育协调发展。

优化教育资源区域布局。科学规划、分类指导、统筹推进东部、中部、西部和东北地区教育发展。新增教育资源重点向革命老区、民族地区、边疆地区、集中连片特困地区倾斜。推动东部地区率先实现教育现代化。支持东北地区加快提升教育服务支撑老工业基地全面振兴的能力。加快中西部地区教育发展，优化顶层设计，整合工程项目，加强最薄弱环节，深入实施中西部高等教育振兴计划和中西部高校基础能力建设工程，支持中西部本科高校改善办学条件，提高办学水平，办好一批高水平大学，立足中西部经济社会发展实际，大力发展职业教育，增加中西部优质教育资源，提升教育发展综合实力，进一步缩小与东部发达地区差距。继续实施支援中西部地区招生协作计划、农村和贫困地区定向招生专项计划，扩大农村贫困地区学生接受优质高等教育机会。进一步支持赣南等原中央苏区和其他重点贫困革命老区教育发展。

支持国家重大区域发展战略实施。推动"一带一路"建设相关省区市教育合作。加大对"一带一路"建设核心区高等教育和职业教育发展的支持力度。落实京津冀协同发展战略，探索跨行政区划的教育协同发展体制机制，推动三省市教育协同发展，有序疏解北京非首都功能。加强长江经济带教育互联互通，完善区域教育协作机制，引导高等教育、职业教育资源布局与产业由东向西梯度转移相衔接。支持国家重点改革试验区教育创新，及时总结推广试点经验并制度化。

（二）优化城乡基础教育布局。

统筹规划城乡教育发展。完善城乡教育布局规划制度和学校布局调整机制，强化省级人民政府对基础教育的统筹规划，以县为基础，建立健全与常住人口变化趋势和空间布局相适应的城乡学校布局建设机制，合理规划学校服务半径。统筹城乡学校布局和建设规模，严控超大规模学校建设，有序扩大城镇学前教育、义务教育资源。城镇新建居住区配建学校、幼儿园实行"交钥匙"工程，促进学校、幼儿园与住宅项目同步规划、同步建设、同步交付使用。加强重点小城镇、城乡结合部、新建城区和城镇危旧房改造区学校建设，增加城镇义务教育学位和乡镇学校寄宿床位，到2020年基本消除56人以上"大班额"。统筹推进县域内城乡义务教育一体化改革发展，实现常住人口基本公共教育服务全覆盖。

加强农村学校布局规划。在交通便利、公共服务成型的农村地区合理布局义务教育学校。针对地广人稀地区、山区、海岛等特殊困难地区人民群众就学需求，合理布局并办好一批寄宿制学校、边境地区学校，保留并办好必要的小规模学校和教学点,努力保障学生就近入学、接受有质量的教育。合理制定闲置校园校舍综合利用方案,优先用于教育事业发展。

(三)加快发展现代职业教育。

完善职业学校布局结构。强化地市级人民政府对中等职业教育的统筹规划,根据城镇化和产业布局调整完善职业学校布局,根据产业发展对技术技能人才的需求优化职业教育体系结构。鼓励产业经济发达地区做好县域内中等职业学校布局规划。新增高等职业学校主要向中小城市、产业集聚区布局。在人口集中和产业发展需要的贫困地区建好一批中等职业学校,重点支持贫困地区建设好符合当地经济社会发展需要的中等职业学校。根据各主体功能区的定位,推动区域内职业学校科学定位,使每一所职业学校集中力量办好当地经济社会发展需要的特色优势专业(集群)。着力建设一批服务现代产业发展和扶贫开发等重点工作领域的高水平职业学校,形成国家重点行业都有骨干职业学校支撑的技术技能人才培养格局,服务产业结构调整优化。

提升职业学校基础能力。分类制定职业学校办学标准,实施现代职业教育质量提升计划等项目,提升职业学校办学条件特别是实习实训条件和"双师型"教师队伍建设水平。鼓励社会力量参与举办职业教育。按照鼓励竞争、扶优扶强的原则,通过与行业企业合作,集中力量建设一批高水平职业学校。支持东中西部地区职业学校加强对口合作,通过联合办学、委托管理、集团化办学等形式,提升专业建设、课程开发、学校管理水平。

专栏7　高水平职业学校建设

围绕深化产教融合、校企合作、工学结合主线,支持100所左右高等职业学校和1000所左右中等职业学校建设,改善基本办学和实习实训条件,强化国家重点领域产业和区域支柱产业相关专业建设,重点提升学校服务学历教育、社区教育、职工教育培训等能力,建成一批人才培养、科技创新、专业建设与产业融合发展的高水平职业学校。

强化大国工匠后备人才培养。着力提升职业学校人才培养质量,加强职业精神培育,推进产业文化、优秀企业文化、职业文化进校园进课堂,促进职业技能和职业精神高度融合,着力培养崇尚劳动、敬业守信、精益求精、敢于创新的工匠精神。推动职业学校与行业企业共建技术工艺和产品研发中心、实验实训平台、技能大师工作室等,完善职业学校学生技能竞赛制度,统筹职业学校教学体系和竞赛体系,建立健全大国工匠优秀后备人才早期发现、选拔和培养制度。打通职业教育人才培养通道,让职业学校学生的技术技能可以通过不断深造得到发展。

（四）调整高等教育结构。

推进高等教育分类发展、合理布局。推动地方开展高等学校分类管理改革试点，以人才培养定位为基础建立高等教育分类体系，研究制定高校分类设置、分类指导、分类拨款、分类评估等制度，努力形成高等学校科学定位、特色发展的局面。改进高等院校设置和招生计划管理办法，探索建立高校办学条件预警机制和退出机制，引导地方着力办好现有高校，强化省级人民政府对高等教育的统筹规划，新增高等教育资源向新的城镇化地区、产业集聚区、边境城市延伸。优先发展应用技术类型高校、小规模有特色学院。加快建成一批为地方经济和社会发展服务的高水平应用型高等学校和高等职业学校。根据高等学校设置制度规定，将符合条件的技师学院纳入高等学校序列。

推动具备条件的普通本科高校向应用型转变。推动各地开展转型发展试点，加强对改革试点的统筹指导，加快推进配套制度改革，总结推广试点典型经验。充分发挥试点高校改革创新的主动性、积极性和示范引领作用，引导高校从治理结构、专业体系、课程内容、教学方式、师资结构等方面进行全方位、系统性的改革，把办学思路真正转到服务地方经济社会发展上来，把办学定位转到培养应用型和技术技能型人才上来，转到增强学生就业创业能力上来，把办学模式转到产教融合、校企合作上来，到“十三五”末，建成一批直接为区域发展和产业振兴服务的中国特色高水平应用型高校，形成科学合理的高等教育结构。

专栏8　应用型本科高校建设
支持一批地方应用型本科高校建设，重点加强实验实训实习环境、平台和基地建设，鼓励吸引行业企业参与，建设产教融合、校企合作、产学研一体的实验实训实习设施，推动技术技能人才培养和应用技术创新。

提高应用型、技术技能型和复合型人才培养比重。新增高等教育招生计划主要向应用型、技术技能型人才培养倾斜。稳步扩大研究生培养规模。扩大专业学位硕士研究生培养比例，积极稳妥推进博士专业学位研究生培养，新增计划主要用于紧缺人才培养。加快发展新兴学科、交叉学科。推进军民融合，改革完善依托国民教育培养军事人才的政策制度，做好普通高校国防生培养工作，扩大高等学校与军队合作培养军地两用人才规模。

（五）大力发展继续教育。

加快构建终身教育制度。制定国家资历框架，建立个人学习账号和学分累计制度。统筹协调各相关部门，建立各类继续教育基本统计制度。建立多种学习成果认证平台。探索高中后教育全面实行学分制，实行弹性学制和学习者自主选课。探索建立与完全学分制相适应的高校教育教学、课程设置、学籍管理、按学分收费等各项制度，推动各类高等学校之间以课程为基础开展学分认定和转换。创新高等教育自学考试学分认定和转换，完善不同专业、不同主考院校的学分认定和转换，推动高等教育自学考试认可高等学校课程学分，探索将高等教育自学考试学分转换为高等学校学分。探索非学历教育学习成果认定和转换，使各种非学历学习成果通过一定的标准和程序，经过高等学校和自考机构认定后，可转换成相应的课程学分，认定标准由高等学校自主制定。允许学习者通过课堂学习、在线学习、自学等方式获得学分，建立健全职业教育与普通教育、学历教育与非学历教育、职前教育与职后教育沟通衔接的机制，逐步扩大高等学校招收有实践经历人员的比例，制定不同人群接受教育的资助制度，使所有公民都有机会通过直接升学、先就业再升学、边就业边学习等多种方式不断发展。

专栏9　建立学分银行和信息化平台

完善学习成果认证制度，通过部分地区率先探索、以点带面的方式，推进国家学分银行建设，为每一位学习者提供能够记录、存储自己的学习经历和成果的个人学习账号，对学习者的各类学习成果进行统一的认证与核算，使其在各个阶段通过各种途径获得的学分可以得到积累或转换。被认定的学分，可累计作为获取学历证书、职业资格证书或培训证书的凭证。

加强继续教育平台建设。明确各类高等学校和职业学校发展继续教育的职责任务、考核标准，推动高等学校和职业学校进一步开放办学，面向城乡从业人员广泛开展教育培训服务，特别是面向行业企业，持续开展职工继续教育，重点增强职工的职业理想，提高职业道德、技术技能、管理水平以及学历层次。加强顶层设计，完善自学考试制度，办好开放大学，提供优质继续教育资源。继续办好各类成人教育机构。支持办好企业大学和企事业单位职工继续教育基地，鼓励各类社会培训机构依法开展教育培训活动。充分发挥成人、社区教育机构、县级职业教育中心、农业广播电视学校的作用，使之成为区域职业教育与培训、技术推广、扶贫开发和社会生活教育的开放平台，健全遍布城乡的继续教育网络。

统筹扩大继续教育服务。强化省级、地市级政府对继续教育的统筹规划，加快构建政府、企业、社会共同参与的终身学习激励机制，建设覆盖全国城乡、开放便捷的终身学习公共服务体系。整合继续教育资源，基于社会工作岗位需求，向学习者提供教育培训“技能包”。重视开展面向现役和退役军人的继续教育，着力落实好退役大学生士兵专项硕士研究生招生计划等政策。整合资源，健全城乡一体的社区教育办学网络，广泛开展城乡社区教育，促进学校教育资源服务社区居民。推动学习型城市建设。持续开展“全民终身学习活动周”，倡导全民阅读。推进老年教育机构逐步纳入地方公共服务体系，完善老年人学习服务体系，办好老年大学，有效扩大老年教育资源供给。

专栏10　发展继续教育

建立面向全民的终身学习成果认证、积累与转换公共服务平台。为进城定居农民工、新型职业农民、现代产业工人和退役军人等重点人群提供学历和非学历继续教育，推进实施农民继续教育，支持农民通过半工半读方式就近接受职业教育和培训。实施农民工学历与能力提升行动计划，资助150万名符合入学条件的农民工接受本、专科学历继续教育。

（六）加快培养现代产业急需人才。

加快学科专业结构调整。扩大高等学校和职业学校专业设置自主权，除对涉及国家安全、公共安全和人身安全等特殊行业的学科和专业实行国家管理外，学校依法自主设置专业。加强专业设置政策引导，及时修订中职、本专科专业目录和研究生学科目录，调减社会需求不足的长线专业。推动高校加快新兴交叉学科建设，通过专业改造等方式设置复合型专业。发挥行业协会与行业职业教育教学指导委员会作用，探索建立多部门协同的人才需求预测机制，完善资源配置机制和评估评价机制等，引导学校围绕科技创新和经济社会发展需要设置专业，形成办学特色。

专栏11　服务现代产业的新兴学科专业集群建设

建设一大批以校企合作为基础，集人才培养、继续教育、科研创新、科技服务于一体的专业集群，校企联合开发课程和教学资源，联合培养培训师资队伍，共建实验实训实习基地。优先在北京、上海、武汉等地建设一批集成电路实训基地，构建我国集成电路人才培养学科专业集群，加快人才培养和产业关键技术研发。

大力培养现代农业人才。加大对涉农学科专业的投入力度和学生资助力度，推进涉农学科、专业现代化。深化农业人才培养模式改革，加快培养现代农业领军人才、高技能人才和新型职业农民。充分发挥农业院校在新型职业农民培育、农业科技创新、农业技术推广应用等方面的重要作用，形成与现代农业发展相适应的农业人才培养和农业技术创新推广网络。

加快培养战略性新兴产业急需人才。面向“中国制造2025”重点领域，支持高水平大学加强制造业相关核心技术学科、专业建设，支持职业学校开设先进装备制造和基础制造相关专业。继续实施专业技术人才知识更新工程和先进制造卓越工程师培养计划，加快培养急需工程技术人才。扩大节能环保、新一代信息技术、生物、高端装备制造、新能源、新材料和新能源汽车等战略性新兴产业人才培养规模。服务国家“互联网+”行动、大数据战略，打破传统学科、专业局限，大力发展移动互联网、云计算、大数据、物联网、智能硬件、集成电路等新兴学科专业，加快培养信息技术与产业升级、技术创新和社会服务融合发展的复合型人才。

加强现代服务业和社会管理服务人才培养。完善生产性和生活性服务业人才培养体系，加快培养研发设计、知识产权、检验检测、现代物流、电子商务、金融、涉外法律、国际交流、旅游、健康、体育以及涉老等领域的新型专业人才。完善全科医学人才培养体系，为贫困地区和农村基层定向免费培养全科医学人才。加强儿科等紧缺人才培养，支持儿科医疗资源短缺的地区在有条件的高校举办儿科学本科专业。支持建设康复大学，加快培养康复人才。加强专业社会工作人才培养。积极推动公安院校、公安专业人才招录培养制度改革，加强公安专业人才培养。

五、协同营造良好育人生态

（一）优化校园育人环境。

加强校园文化建设。加强和改进学校管理和课堂教学管理，严格课堂纪律、考试纪律、生活纪律，树立良好校风校纪。广泛开展文明校园创建，开展形式多样、健康向上、格调高雅的校园文化活动，推进“一校一品”校园文化建设，引导各级各类学校建设特色校园文化。加强校园网络内容建设，打造若干具有广泛影响的核心价值观主题教育网站和网络互动社区。整合利用资源，探索学校和社会文化基础设施共建共享。继续推进乡村学校少年宫建设。

创建平安校园。开展教育系统稳定风险评估和监测。加强教育系统防灾减灾能力建设。加快学校危旧房改造，消除校舍安全隐患。巩固高等学校后勤改革成果，健全各级各类学校后勤保障机制。完善学校重大突发事件快速反应机制，健全学校安全管理制度，推进学校公共安全视频监控建设及联网应用工作，加强人防、物防、技防设施建设，确保学校食品、人身、设施和活动安全。构建预防和惩治“校园欺凌”的有效机制，防范校园恶性安全事件。探索建立学生意外伤害援助制度，完善事故处理和涉校涉生矛盾纠纷仲裁、调解机制，依法维护学校正常教育教学秩序和师生合法权益。

（二）改善社会育人环境。

建立政府、学校、社会、家庭全面参与的协同育人工作机制。落实政府主导责任，坚持正确的舆论导向，壮大主流思想舆论，创新和改进网上宣传，把握网络传播规律,充分利用微博、微信等新媒体、新手段,为青少年提供内容健康向上、具有艺术魅力的精神产品,弘扬主旋律,激发正能量,加强教育公益宣传,引导社会树立正确的教育观、人才观,营造良好舆论环境。开展青年网络文明志愿行动,参与监督和遏制网上违法和不良信息传播,营造清朗网络空间。开展校园及周边文化环境综合治理行动,严禁经营性网吧向未成年人提供服务。促进企事业单位和社区履行教育责任,充分利用各类教育资源,积极参与举办职业教育与培训及育人活动,主动为学生实习、实训和社会实践提供条件和便利。认真执行就业准入制度,促进企业提高技术技能人才收入水平。明确家庭教育责任,强化家长教育,普及家庭教育常识,引导父母做好学生的第一任老师,促进青少年人格养成、心理健康成长。

优化语言文字环境。实施国家通用语言文字普及攻坚工程。强化对社会用语用字的监督检查和教育引导。基本普及国家通用语言文字,各级各类学校国家通用语言文字普及率达到95%,语言文字使用规范化程度全部达标。推进中国语言资源保护工程和语言文字规范标准建设。加强语言文字信息化关键技术研究与应用。推进国家手语和盲文规范化建设,加快规范和推广国家通用手语和盲文。加大中华经典资源库建设工作力度。广泛开展中华经典诵读、规范汉字书写等系列活动。继续办好弘扬传播中华优秀语言文化的品牌节目,打造中国语言文化传播品牌。

(三)构建教育诚信环境。

着力加强诚信教育,把诚信教育纳入人才培养各环节,引导学生养成诚实守信的道德品质。完善诚信考试管理体系,充实国家教育考试诚信档案数据库,将有关信用记录纳入全国信用信息共享平台,加大对考试违纪、论文抄袭、学历学位造假等失信违约行为的监督和处罚力度。建立健全定向培养学生履约情况记录与违约惩戒机制。

(四)建立科学评价体系。

充分发挥教育评价对科学育人的导向作用,把促进人的全面发展、适应经济社会发展作为评价教育质量的根本标准。全面改进各级各类教育评价体系,注重考查学生适应社会发展和终身发展的能力,防止单纯以升学率考核学校和教师、单纯以分数评价学生。探索实行利益攸关方共同参与的开放式评价,完善评价结果公开机制。

推进基础教育质量综合评价改革。面向未来,明确各学段学生发展核心素养,实施基于核心素养的教学评价,促进学生全面发展和可持续发展。构建教育质量综合评价指标体系,把学生的品德、学业、身心发展水平和兴趣特长养成等作为评价学校教育质量的主要内容。建立学业负担监测机制,切实减轻中小学生过重课业负担。

构建科学的职业教育评价制度。将学习者职业道德、技术技能水平和就业创业能力作为评价的主要内容,强化实习实训环节的评价。支持行业组织开展职业学校人才培养质量评估,完善学校、行业、企业、研究机构和其他社会组织共同参与的职业教育质量评价机制。完善职业教育质量年度报告制度。鼓励企业、用人单位开展毕业生就业质量、满意度等评价。提升人才培养和行业需求的吻合度。

改进高校人才培养质量评价。按照培养有理想、有追求、有担当、有作为、有品质、有修养大学生的目标要求,实施教学质量国家标准,规范专业领域人才培养基本要求,鼓励行业部门(协会)制定人才评价标准,推动高校制定各专业人才培养标准和评价办法。坚持思想道德修养和文化知识学习、创新思维和实践能力、全面发展和个性发展紧密结合,坚持高校学生学习过程性和结果性评价相结合,严格课程考核标准和管理,探索基于真实任务的评价方法,注重考核学生运用知识系统分析问题和解决问题的能力。

(五)建设绿色校园。

加强节约型校园建设。推动在教育系统实施能效水效领跑者引领行动。开展绿色校园建设试点。修订和落实学校建设标准,强化绿色节能环保要求。提高学校节能水平,加强节能运行管理和监督评价,探索建立学校用电、用能、用水等资源利用统计和报告公示制度,制定垃圾回收管理办法。完善评价监管措施,形成有利于节约的约束和激励机制,使学校能最大限度地节约各类资源,保护环境并减少污染。鼓励引导有条件的地区和学校应用新能源、新技术。

建设美丽校园。加强校园绿化和环境美化。完善校园环境安全标准,严格对学校土壤、水源、建筑和装修材料、教学仪器设备、体育设施器材、室内空气等的环保检测与管理,为师生提供安全、绿色、健康的教学和生活环境。

六、统筹推动教育开放

(一)优化教育对外开放布局。

实施共建"一带一路"教育行动。积极倡议"一带一路"沿线各国构建教育共同体,开展教育互联互通、人才培养培训、丝路合作机制建设等方面重点合作,对接沿线各国意愿,互鉴先进教育经验,共享优质教育资源。设立"丝绸之路"中国政府奖学金。加强与"一带一路"沿线国家学校学历互认、师生互换,建立更加密切的教育合作交流机制。支持有条件的高校和职业学校配合企业走出去,建立办学机构、研发机构。

分类推进教育国际合作交流。加强与大国、周边国家、发展中国家教育务实合作,形成重点推进、合作共赢的教育对外开放局面。以优质资源请进来为重点,深化与发达国家教育合作交流;以教育走出去为重点,扩大与发展中国家教育合作交流。加强与东南亚、非洲国家教育合作。增进新欧亚大陆桥、中国—中亚—西亚、中巴、孟中印缅、中蒙俄等重要廊道及澜湄合作机制下的区域教育合作交流。加强与有关国家语言人才培养合作,加快培养各类非通用语种人才。

打造区域教育对外开放特色。支持东部地区整体提升教育对外开放水平,率先办出中国特色、世界水平的现代教育。加大政策倾斜力度,支持中西部地区、东北地区不断扩大教育对外开放的广度和深度。引导沿边地区利用地缘优势,推进与周边国家教育合作交流。

专栏12　推进共建"一带一路"教育行动
在中国政府奖学金中设立"丝绸之路"项目。对接"一带一路"沿线国家和地区,遴选一批具备一定学科专业、国际交流和人才培养、国别研究基础的高校和职业学校,建设一批"一带一路"人才培养基地,专门培养高素质复合型人才,从"一带一路"沿线国家和地区高校吸引研究相关国家经济、文化、法律等领域的专家学者来华任教,开展"一带一路"国别教育、语言文字、经济、法律、文化、政策等决策咨询研究。实施"一带一路"建设外语非通用语种人才培养专项,支持具备条件的高校开设一批外语非通用语种新专业,培养外语非通用语种人才。

(二)提升教育开放层次和水平。

提高留学教育质量。优化出国留学服务工作,健全留学人员信息化管理服务机制,完善留学人员管理服务体系。加强统筹规划,完善派遣政策,充分发挥国家公派留学对高端人才培养的调控补给作用,加快培养国家战略急需人才。实施留学中国计划,打造"留学中国"品牌。建立来华留学质量标准和保障体系,提高师资和课程的国际化水平,加强来华留学管理与监督,提升来华留学服务水平,稳步扩大来华留学规模。更好发挥中国政府奖学金的引领作用,创新奖学金管理模式,加强精英人群培养。做好来华留学校友工作。

深化中外学校间交流与合作。支持有条件的中小学校与国外学校建立友好学校关系,开展多渠道对外文化教育交流,拓展国际视野。支持职业学校和应用型高校引进国(境)外高水平专家和优质课程资源,鼓励中外职业学校教师互派、学生互换。支持研究型大学与世界一流大学和学术机构开展高水平人才联合培养及科学联合攻关,依托优势学科举办高水平国际学术论坛,打造高端国际学术交流合作平台。完善高校教师和科研人员出国交流、国际会议、外事接待等管理制度,开展大中小学校长和骨干教师海外研修培训,鼓励支持教师更广泛更深入地参加国际学术交流与合作。

提升中外合作办学质量。加强中外合作办学管理,完善准入制度,简化审批程序,完善评估认证,强化退出机制,加强信息公开,健全质量保障体系。建立合作办学成功经验共享机制,突出合作办学对学校教学改革的推动作用。重点围绕国家急需的自然科学与工程科学类专业建设,引进国外优质教育资源,建设一批示范性合作办学机构和项目,鼓励和支持职业学校与国外一流职业学校开展合作办学,培养高水平技术技能人才,鼓励研究型大学与世界一流大学在优势学科领域合作举办非独立设置的二级学院,共建研究机构,建设一流学科,推动国内高校和职业学校提升办学水平。

(三)积极参与全球教育治理。

深化多边教育合作。推动与联合国教科文组织建立高层定期磋商机制,巩固提升合作水平。完善上海合作组织、亚太经合组织等多边教育部长会议机制,完善金砖国家教育合作机制,拓展亚太经合组织等平台的教育合作空间,以学分互认为重点,推动学生交流,深入参与相关多边教育行动。完善国际组织人才培养机制,有计划地培养推荐优秀人才到国际组织任职。

深度参与国际教育规则制定。加强对各类国际重大教育规则的研究,充分利用国际组织平台,主动在全球教育发展议题上提出新主张、新倡议和新方案。创新方式,推广我国教育评估认证标准和教育改革发展的经验,强化我国在国际教育治理中的负责任形象。

开展教育国际援助。进一步做好教育对外援助,重点投资于人、援助于人、惠及于人。统筹利用国家和民间资源,加快对外教育培训中心和教育援外基地建设,为发展中国家培养培训管理人员、教师、学者和各级各类技术技能人才。积极开展优质教学仪器设备、整体教学方案、配套师资培训一体化援助。结合我国对外援助项目,鼓励教师与青年学生到发展中国家参与项目建设和提供志愿者服务。

(四)统筹推进中外人文交流。

完善中外人文交流机制。发挥人文交流在国家对外工作大局中的支柱作用,深化中俄、中美、中英、中欧、中法、中印尼人文交流,加强部门间协同,整合凝聚社会力量,打造一批中外人文交流品牌项目,推动形成机制多层次和区域全覆盖的人文交流良好格局。整合搭建政府间教育磋商、教育领域专业人士务实合作、教师学生友好往来平台。拓展政府间语言学习交换项目,联合更多国家开发语言互通共享课程,推进与世界各国语言互通,提升讲好中国故事、传播中国理念的能力。

办好孔子学院。坚持相互尊重、友好协商、平等互利,完善孔子学院布局。

大力加强中方合作院校支撑能力建设,建立健全汉语国际教育学科体系,着力打造一支高素质院长和教师专职队伍,大力培养各国本土汉语师资。办好孔子学院院长学院、示范孔子学院、网络孔子学院,鼓励中资机构、社会组织等参与孔子学院建设,不断提升孔子学院(课堂)的办学质量和水平。深入实施"孔子新汉学计划",深化与世界各国语言文化交流,支持各国将汉语纳入本国国民教育体系,更加广泛地学习和使用汉语。

(五)深化内地和港澳、大陆和台湾地区教育合作交流。

完善内地和港澳教育合作与交流机制。支持港澳加强青少年学生中国历史文化和国情教育,加强内地与港澳在师资、课程、教材、教学、考试评价、督导等领域合作。积极创造条件大力吸引港澳学生到内地就学。提升内地与港澳教育交流合作水平,创新方式、扩大规模、加强利益关联、促进优势互补,推动内地和港澳教育共同发展。

打造大陆和台湾地区教育合作交流平台。支持两岸教育工作者交流教育发展理念。加强学生交流互访。扩大两岸高校学历互认范围。做好招收台湾学生来大陆学习和大陆学生赴台就学工作。完善两岸语言文字交流合作机制。

七、全面提升教育发展共享水平

(一)打赢教育脱贫攻坚战。

全面推进教育精准扶贫、精准脱贫。对接农村贫困人口建档立卡数据库,提高教育扶贫精准度,让贫困家庭子女都能接受公平有质量的教育,阻断贫困代际传递。进一步完善贫困县的教育扶持政策,相关教育项目优先支持贫困县。鼓励地方扩大营养改善计划试点范围,中央财政给予奖补支持,实现集中连片特困地区县、国家扶贫开发工作重点县全覆盖。免除公办普通高中建档立卡等家庭经济困难学生(含非建档立卡的家庭经济困难残疾学生、农村低保家庭学生、农村特困救助供养学生)学杂费,加大对贫困家庭大学生的资助力度。继续对农村和贫困地区学生接受高等教育给予倾斜,让更多困难家庭孩子能够受到良好教育,拥有更多上升通道。

加大职业教育脱贫力度。启动实施职教圆梦行动计划,省级教育行政部门统筹协调国家示范和国家重点中职学校,选择就业好的专业,单列招生计划,针对建档立卡贫困家庭子女招生,确保至少掌握一门实用技能,提升贫困家庭自我发展的"造血"能力。实施中等职业教育协作计划,支持建档立卡贫困家庭初中毕业生到省(区、市)外经济较发达地区接受中等职业教育。

强化教育对口支援。实施教育扶贫结对帮扶行动,推进省内城镇中小学、优质幼儿园对口帮扶农村中小学、幼儿园,实现每一所贫困地区学校都有对口支援学校。鼓励高水平大学尤其是东部高校扩大对口支援中西部高校范围，加强东部职教集团和国家职业教育改革示范校对口帮扶集中连片特困地区职业学校。继续推进定点联系滇西边境山区工作。

专栏 13　教育脱贫攻坚行动计划
省级政府统筹学前教育资金向贫困县倾斜。支持各地 2017 年底前完成贫困县全面改善农村义务教育薄弱学校基本办学条件任务。加快发展职业教育，因地制宜，分类推进，让贫困地区每个劳动者都有机会接受适应就业创业需求的职业教育和培训。实现家庭经济困难学生资助全覆盖。

（二）促进义务教育均衡优质发展。

推动县域内均衡发展。加快推进县域内城乡义务教育学校建设标准统一、教师编制标准统一、生均公用经费基准定额统一、基本装备配置标准统一和“两免一补”政策城乡全覆盖，基本实现县域校际资源均衡配置。完善校长教师轮岗交流机制和保障机制，推进城乡校长教师交流轮岗制度化、常态化。推广集团化办学、强校带弱校、委托管理、学区制管理、学校联盟、九年一贯制学校等办学形式，加速扩大优质教育资源覆盖面，大力提升乡村及薄弱地区义务教育质量。在确保 2020 年全国基本实现县域内义务教育均衡发展的基础上，推动有条件的地区实现市域内均衡发展。

缩小区域差距。省级政府加强统筹，缩小省域内义务教育发展水平差距。各地要因地制宜建立完善义务教育学校建设基本标准，科学推进城乡义务教育公办学校标准化建设，改善薄弱学校和寄宿制学校办学条件。严禁利用财政资金建设超标准豪华学校，杜绝政绩工程、形象工程。推动东中西部义务教育发展更加均衡，提高中西部地区义务教育质量和保障水平，缩小与东部发达地区的差距。

巩固提高普及水平。着力提升辍学现象比较集中的农村、边远、贫困和民族地区教育质量。建立义务教育巩固率监测系统，全面落实控辍保学责任制，建立行政督促复学机制，推动政府、学校、家庭、福利机构、共青团组织和社区联保联控。建立帮扶学习困难学生的责任制度，因地制宜促进农村初中普职教育融合，提供多种成长通道，妥善解决农村学生上学远和寄宿生家校往返交通问题。加大对贫困生帮扶力度，努力不让一个孩子掉队。加快实现义务教育学校管理标准化，整体提升义务教育质量。

（三）加快发展学前教育。

继续扩大普惠性学前教育资源，基本解决“入园难”问题。以区县为单位实施学前教育行动计划及后续行动。支持企事业单位和集体办园，扩大公办学前教育资源。完善普惠性民办幼儿园扶持政策,鼓励地方通过政府购买服务、补贴租金、培训教师等方式,加快民办普惠性幼儿园发展。发展0-3岁婴幼儿早期教育,探索建立以幼儿园和妇幼保健机构为依托,面向社区、指导家长的公益性婴幼儿早期教育服务模式。

提高幼儿园保育教育质量。健全学前教育管理体制,强化省级政府的统筹责任,落实县级政府发展学前教育和幼儿园监管的主体责任。加大对贫困地区、民族地区学前教育薄弱环节的扶持力度。建立学前教育质量评估监管体系,落实《幼儿园工作规程》,加强对各类幼儿园准入、安全、师资、收费、卫生保健及质量等方面的日常指导和监管,落实信息公示制度,强化社会监督。着力提升学前教育教师、保育员素质。

(四)普及高中阶段教育。

巩固提高中等职业教育发展水平。在义务教育阶段开展职业启蒙教育。保持普通高中和中等职业教育招生规模大体相当,在中西部地区以中等职业教育为重点发展高中阶段教育。加强中等职业教育基础能力建设,重点改善贫困地区和薄弱中等职业学校基本办学条件。调整优化资源配置,统筹办好一批中等职业学校。建立中等职业学校与普通高中统筹招生制度和统一招生平台,扩大优质中等职业学校招生的区域范围和招生规模。

促进普通高中多样化发展。继续支持贫困地区和民族地区普通高中建设。探索综合高中、特色高中等多种模式,促进学校特色发展,为学生提供更多选择机会。推动地方适应高考制度改革和教学改革需要,加强普通高中办学条件和师资配置,确保开齐、开足、开好相关课程。推进普通高中学生发展指导制度建设。推动地方政府制定普通高中生均拨款标准,补足公办普通高中取消"三限生"(根据限分数、限人数、限钱数政策而录取的学生)政策后的经费缺口。对已纳入存量地方政府债务清理甄别结果的普通高中债务,按照地方政府债务管理政策予以偿还。

(五)加快发展民族教育。

加快提高民族地区教育发展水平。加快民族地区普惠性幼儿园建设,民族地区学前三年毛入园率达到70%以上。着力提高民族地区义务教育均衡发展水平,努力消除辍学现象。加快发展符合民族地区实际的中等职业教育,继续在四省藏区推行"9+3"中职免费教育模式,提高民族地区高中阶段教育普及水平。改善民族地区职业学校办学条件,扶持发展民族优秀传统文化、现代农牧业等特色优势专业。适当提高东中部省市职业学校招收民族地区学生的比例。积极支持民族地区优化高等学校布局,提高高等学校办学水平,鼓励支持民族地区和东中部省市双向扩大高校招生规模,扩大高等教育入学机会。

鼓励在民族地区的中央企业和对口援建项目吸纳当地普通高校、职业学校少数民族毕业生就业。继续做好教育对口支援新疆、西藏和四省藏区工作。对南疆等教育基础薄弱的民族地区给予特殊支持。

科学稳妥推行双语教育。加强民族地区国家通用语言文字教育,确保少数民族学生基本掌握和使用国家通用语言文字,提高少数民族语言文字教学水平,鼓励民族地区汉族师生学习少数民族语言文字,鼓励各少数民族师生之间相互学习语言文字。研究完善双语教师任职条件和评价标准。支持双语教师培养培训、教学研究、教材开发和出版,加强对少数民族文字教材的指导监管。建立健全双语教育督导评估和监测机制。

办好内地民族班。进一步加强内地民族班建设,改善办学条件。强化管理服务,探索推进混班教学、混合住宿,在内地民族班开展"走班制"等多种教学管理模式试点,促进内地民族班学生尽快融入当地学习、生活,严格考核标准,完善淘汰机制,不断提高内地民族班办学水平。

专栏 14　支持民族教育发展

加强双语教师培养培训,建设一批双语教师培养培训基地,通过特岗计划、定向培养、引导内地民族班高校毕业生到农村中小学担任双语教师等方式,补充新疆、西藏、四省藏区双语教师。加强少数民族高端人才培养,培养一批政治素质高、学术造诣深、具有国际影响力和话语权的少数民族优秀人才。落实少数民族高层次骨干人才培养计划,相关工程计划向民族地区倾斜。继续办好内地民族班,加强教育督导评估和质量监测,健全与双语教学配套的升学、考试等政策措施。办好民族院校。

(六)保障困难群体受教育权利。

办好特殊教育。继续实施好特殊教育提升计划,完善特殊教育学校布局。完善随班就读支持保障政策体系,重点支持贫困地区和农村地区普通中小学开展随班就读,推行融合教育。以区县为单位,精准施策,全面普及残疾儿童少年义务教育。推动特殊教育学校和残疾儿童康复机构积极创造条件,开展残疾儿童学前教育。加快发展以职业教育为主的残疾人高中阶段教育。为家庭经济困难的残疾儿童和残疾青少年提供包括义务教育、高中阶段教育在内的 12 年免费教育。完善高等学校和职业学校招收残疾学生政策。逐步健全特殊教育课程教材体系、学校基本办学标准。实行轻中度残疾学生随班就读,中重度残疾学生在特教学校就读,为极重度残疾学生送教上门。促进教育与康复相结合,注重残疾学生潜能开发和缺陷补偿,强化职业素养和职业技能培养,加强残疾学生专业学习、就业等方面支持保障服务,促进残疾学生更好融入社会。

实现家庭经济困难学生资助全覆盖。健全更加精准的教育资助体系，确保应助尽助。建立健全以学籍为基础的全国学生资助信息管理系统，加强与人口、民政、扶贫等部门信息系统的对接。根据经济发展水平和财力状况，适时调整资助标准。优先保障特殊困难群体。逐步分类推进中等职业教育免除学杂费。不断完善国家助学金制度和助学贷款政策。

做好随迁子女教育工作。将进城务工人员随迁子女教育纳入城镇发展规划和财政保障范围。实行“两免一补”资金和生均公用经费基准定额资金随学生流动可携带。适应户籍制度改革要求，推动建立以居住证为主要依据的随迁子女入学办法，简化优化入学办理流程和证件要求，保障符合条件的随迁子女都能在公办学校或政府购买服务的民办学校就学，特大城市和随迁子女特别集中的地方可根据实际制定随迁子女入学的具体办法。实行混合编班和统一管理，帮助随迁子女融入学校和社区。进一步完善随迁子女接受义务教育后在流入地参加升学考试的政策措施。

加强对留守儿童的关爱保护。健全服务体系，突出关爱重点，建立台账，掌握情况，实行更加人性化、精细化的服务政策，重点加强对无人监护和双亲在外留守儿童的关心、照顾和救助。加大学校教育关爱力度，建立学校校长、教师联系帮扶校内农村留守儿童的机制。明确强化家庭和家长的法定教育责任，鼓励父母取得居住证的适龄儿童随父母在工作地入学。加强寄宿制学校建设，进一步改善学习生活条件，创新关爱与教育形式，加强心理辅导、法治教育和安全教育。

（七）大力促进高校毕业生就业创业。

实施高校毕业生就业创业促进计划。加强对毕业生的思想教育和就业引导，围绕国家重大发展战略拓宽就业渠道，引导鼓励毕业生面向基层就业和自主创业，做好基层就业项目、大学生征兵和大学生志愿服务西部计划等重点工作。进一步完善就业创业服务体系，充分利用“互联网+就业”新模式，建立精准就业服务机制，提高高校就业创业指导水平和服务能力。进一步加大对就业困难毕业生帮扶力度，重点帮助家庭经济困难、少数民族、农村生源、残疾毕业生等各类就业困难群体就业创业，实现更加充分更高质量的就业创业。

专栏15　提升基本公共教育服务能力

以中西部地区、贫困地区和民族地区为重点，补齐基本公共教育服务短板。加强普惠性幼儿园建设，重点保障中西部农村适龄儿童和实施全面两孩政策新增适龄儿童入园需求。加强义务教育学校标准化建设，全面改善贫困地区义务教育薄弱学校基本办学条件，逐步实现未达标城乡义务教育学校校舍、场所的标准化，重点支持革命

续表

老区、民族地区、边疆地区和集中连片特困地区。实施高中阶段教育普及攻坚，在中西部集中连片特困县、国家扶贫开发工作重点县、民族地区县、革命老区县新建、改扩建一批办学条件达标的普通高中和中等职业学校，增加高中阶段教育资源。30 万人口以下未建设特殊教育学校的县可根据实际需要支持接收随班就读残疾学生较多的普通学校设立特殊教育资源教室（中心）。鼓励有条件的地区试点建设孤独症儿童少年特殊教育学校（部）。依托现有特殊教育和职业教育资源，每个省（区、市）集中力量办好至少一所面向全省（区、市）招生的残疾人中等职业学校、一所盲生高中、一所聋生高中。支持招收残疾学生较多的普通学校建设资源教室，扩大特殊教育规模。

八、着力加强教师队伍建设

（一）加强师德师风建设。

落实大中小学师德师风建设长效机制。坚持教书和育人相统一、言传和身教相统一、潜心问道和关注社会相统一、学术自由和学术规范相统一，引导广大教师以德立身、以德立学、以德施教。开展多种形式的师德教育，把教师职业理想、职业道德、法治、心理健康等教育融入培养、培训和管理的全过程，推动各地各校出台具体的实施细则和办法，构筑覆盖各级各类学校的师德建设制度网络，推动学校针对师德建设突出问题开展自查自纠，学校领导干部带头，全面加强教师队伍学风、教风、作风建设，努力建设一支有理想信念、有道德情操、有扎实学识、有仁爱之心的教师队伍。

加强教师思想政治工作。创新工作手段和载体，开辟思想教育新阵地，抓好骨干教师和学科带头人培训，组织广大教师开展多种形式的社会实践活动，了解国情、社情、民情，引导广大教师带头践行社会主义核心价值观，增进对中国特色社会主义的思想认同、政治认同、理论认同和情感认同。加大对新入职教师、海外留学归国教师的国情国史教育力度。大力宣传和表彰优秀教师、师德标兵，提升教师职业的崇高感和荣誉感。

完善师德师风考评监督机制。将师德师风建设作为学校工作考核和教育质量督导评估的重要内容，把师德师风表现作为教师考评的首要内容，建立个人自评、学生测评、同事互评、单位考评等多种形式相结合的考核机制，构建学校、教师、学生、家长和社会多方参与的师德师风监督体系。完善师德表彰奖励制度，将师德表现作为评奖评优的首要条件。依法依规加大对各类违反师德和学术不端行为的查处力度，对考核不合格的教师在职称评审、岗位聘用、评优奖励等环节实行一票否决制，将表现恶劣的清除出教师队伍。建立师德事件及舆情快速反应机制，及时掌握师德师风信息动态，及时纠正不良倾向和问题。

（二）提升教师能力素质。

推进教师教育综合改革。加强教师教育体系建设，办好一批师范院校和师范专业，改进教师培养机制、模式、课程，探索建立教师教育质量监测评估制度。做好师范类专业认证试点工作。完善高校、地方政府、中小学“三位一体”的协同育人机制，加强师范生教育实践和教师教育师资队伍建设。全面推动教师教育改革创新，着力提高教师培养质量。继续实施卓越教师培养计划，扩大教育硕士招生规模，培养高层次中小学和中等职业学校教师。

完善教师校长培训体系。落实中小学教师校长五年一周期不少于360学时的全员培训制度，实施新一周期教师校长全员培训。建立培训学分与教师管理结合机制，构建教师校长培训学分银行，加强教师校长网络研修社区建设。加强县级教师培训机构能力建设，整合高等学校、县级教师发展中心和中小学校优质资源，建立中小学教师校长专业发展支持服务体系。加强职业学校“双师型”教师队伍建设，组织专业课教师定期参加企业实践，完善校企共建“双师型”教师培养培训体系。推进高校青年教师专业发展，加强新入职教师岗前培训，建立健全高校教师继续教育与培训制度，重点提高教育教学能力。加强特殊教育教师培养，提高特殊教育教师教育教学能力。健全和强化各级各类学校教研制度和机构，加强教研队伍建设，发挥教学名师和优秀教师的示范引领作用，鼓励青年教师参与教学团队、创新团队。开展教师信息化教育教学培训，提高教师和管理人员信息技术应用能力。全面开展依法治教和教育信息化领导力培训，提升校长和教育行政管理人员现代教育治理的意识和能力素养。注重专业培训，提高少先队辅导员和大学辅导员队伍工作水平。

培养造就教学名师。在国家和省两级认定一批教学名师，鼓励教学名师交流讲学，在全国各地带动造就一大批高水平教学人才。吸引优秀教师到中西部农村任教。鼓励教师在实践中大胆探索，创新教育模式和教育方法，形成教学特色，造就一批教育家。

（三）吸引一流人才从教。

吸引优秀毕业生从教。完善师范院校提前批次录取的办法。完善免费师范生制度体系，吸引优秀学生读师范当老师。鼓励重点高校为非师范专业学生提供教师教育课程服务，畅通非师范专业毕业生从教通道。落实完善毕业生到乡村学校服务的学费代偿政策，吸引优秀毕业生到中小学和中等职业学校特别是农村学校任教。

大力引进行业企业一流人才。允许高校和职业学校设立一定比例的流动岗位，吸引具有创新实践经验的企业家、高科技人才及各类高级专业人才兼职任教。鼓励应用型高校和职业学校聘请具有实践经验的专业技术人员、高技能人才、民族民间文化传承人担任兼职教师或专业带头人。力争到2020年，应用型高校和职业学校有一大批行业企业认可的领军人才。

建设高校一流人才队伍。加快推进人才发展体制机制改革，优化人才发展环境，充分激发人才创新创业活力。落实好“千人计划”、“万人计划”等重大人才工程，深入实施“长江学者奖励计划”。改进人才培养支持机制，大力培养引进学科领军人才、高层次科技创新人才和青年拔尖人才。实行更积极、更开放、更有效的人才引进政策，对国家急需紧缺的特殊人才，开辟专门渠道，实行特殊政策，实现精准引进。完善引才配套政策，解决引进人才的任职、社会保障、户籍、子女教育等问题。配合外国人永久居留制度改革，健全外籍教师资格认证、服务管理等制度。加大对中西部地区、人文社科领域和青年人才支持力度。

培养造就一支高素质学校领导人员队伍。坚持党管干部原则，坚持德才兼备、以德为先的用人标准，充分结合学校特点，遵循领导人员成长规律，选拔任用讲政治、懂教育、善管理、敢担当、作风正的优秀人才担任学校领导班子成员。出台高等学校领导人员管理暂行办法，严格任职资格条件，健全选拔任用制度，拓展选人用人视野；加强领导人员培养教育和后备人才队伍建设，统筹推进交流，完善激励保障机制，加强人文关怀，造就一批国内外知名的大学校长和教育家。出台中小学校领导人员管理暂行办法，明确任职资格条件，规范选拔任用工作，完善考核评价机制，加强激励保障，建立和推行中小学校长职级制；支持学校领导人员依法依规履行职责，鼓励在实践中大胆探索创新，形成教学特色和办学风格，造就一批优秀中小学校长和教育家。

（四）优化教师资源配置。

加强乡村教师队伍建设。推动省级政府建立统筹规划、统一选拔的乡村教师补充机制。逐步扩大农村教师特岗计划实施规模，鼓励地方政府和师范院校加强本土化培养，采取多种方式定向培养“一专多能”的乡村教师。探索建立新聘教师农村学校任教服务期制度，将在乡村学校或薄弱学校任教经历作为城镇中小学教师晋升高级教师的必要条件。鼓励支持教学效果好、身体健康的退休特级教师、高级教师到乡村学校支教讲学。推动地方实行城乡统一的中小学教职工编制标准，对村小学和教学点采取生师比和班师比相结合的方式核定教职工编制。全面落实集中连片特困地区乡村教师生活补助政策，依据学校艰苦边远程度实行差别化的补助标准。建立乡村教师荣誉制度，对长期在乡村学校任教的优秀教师按照国家有关规定进行表彰。

加快补充紧缺教师。推动落实幼儿园教职工配备标准，建立幼儿园教师动态补充机制，并鼓励通过政府购买岗位等方式解决幼儿园教师和保育员、保健员短缺问题，着力补足配齐幼儿园教职工。实行义务教育教师编制城乡、区域统筹和动态管理，县级教育行政部门在核定的教职工编制总额和岗位总量内，按照班额、生源等情况，充分考虑乡村小规模学校、寄宿制学校和城镇学校的实际需要，统筹分配各校教职工编制和岗位数量，并报同级机构编制部门和财政部门备案，着力解决乡村教师结构性缺员和城镇师资不足问题。配齐特殊教育教师。根据职业教育特点核定公办职业学校教职工编制，引导地方采取多种方式定向培养，加大贫困地区中等职业学校教师队伍补充力度。面向人才培养结构调整需要，优化高等学校教师结构，鼓励高等学校加大聘用具有其他学校学习工作和行业企业工作经历教师的力度。

（五）完善教师管理制度。

严格教师职业准入。健全教师专业标准，明确师德和心理健康要求，完善教师资格制度。依照科学合理、分类指导原则，依法实施中小学教师资格考试制度，进行中小学教师定期登记。幼儿园新入职教师须取得幼儿园教师资格证，深化义务教育阶段教师"县管校聘"管理改革，探索将行业企业从业经历作为取得职业学校专业课教师资格的必要条件，将新入职教师岗前培训和教学实习作为取得高等学校教师资格的必备条件。

完善教师职称制度。实行教师职称评审与岗位聘用相结合的办法，全面推开中小学教师职务（职称）制度改革，在中小学设置正高级教师职务（职称），推进中等职业学校教师职务（职称）制度改革，探索在中等职业学校设置正高级职务（职称）。建立具有职业教育特点的职业学校职务（职称）评审制度。畅通民办学校教师申报参加职务（职称）评审渠道。

改进教师考核评价制度。加快研制各级各类教师队伍建设标准。建立符合大中小学教师岗位特点的评价机制，深入推进高校教师考核评价制度改革，坚持德才兼备，以实际能力为衡量标准，注重凭能力、实绩和贡献评价人才，克服唯学历、唯职称、唯论文等倾向，引导高校教师潜心教书育人，围绕国家战略需求开展科学研究。

专栏16　加强教师队伍建设

落实乡村教师支持计划，努力造就一支素质优良、甘于奉献、扎根乡村的教师队伍。继续实施"国培计划"，集中支持中西部乡村教师校长培训。实施中西部中小学首席教师岗位计划，遴选师德高尚、教学水平高、带动能力强的优秀教师，组织开展教育教学研究，带动当地教师整体水平提升。建设乡村教师周转宿舍，保障农村特岗教师、支教交流教师、农村寄宿制学校管理教师等必要的住宿生活条件。加强贫困地区中等职业学校教师补充，引导地方采取多种方式定向培养。加快高校高层次人才队伍建设。

九、加快推进教育治理现代化

（一）推进政府职能转变。

深化教育行政审批制度改革。建立教育行政权力清单和责任清单制度，全面公开教育及相关政府部门职能、法律依据、实施主体、职责权限、管理流程、监督方式等事项。减少教育行政审批事项，对保留的教育行政审批要简化程序，加强信息公开，方便基层和群众办事。强化事中事后监管。严格控制对各级各类学校的项目评审、教育评估、人才评价和检查事项，强化服务功能。

优化政府服务。努力为学校提供必要的专业性指导和服务，重点加强教学指导、教师培训、基建保障、校园安全纠纷调处、就业信息、质量监测评估诊断、教育涉外机构信息、教育教学基本资源等方面服务，积极探索为学校、教师、学生服务的新途径、新方式。

健全民主决策机制。把公众参与、专家论证、风险评估、合法性审查、集体讨论决定作为重大教育决策法定程序。充分发挥国家教育咨询委员会作用。多形式多渠道听取公众和社会各界对重大教育决策的意见建议。建立科研咨询支撑行政决策的机制，加强教育智库建设，提升教育科研水平，强化教育政策储备研究。

（二）构建有效监管体系。

加强教育标准工作。完善教育标准研制、审定、复审机制。加快完善国家教育标准体系，完善各级各类学校教育质量标准，健全各级各类学校建设、教育装备、教师队伍建设、教育投入、教育信息化、教育督导、学校运行、语言文字等标准。推进教育标准实施和监督。

完善教育质量监测制度。健全国家教育质量评估监测机构，继续实施国家义务教育质量监测。探索建立学前教育、特殊教育质量监测评价体系。鼓励行业企业根据职业技能标准开展职业教育质量监测，分行业定期对职业教育质量进行监测评估，建立健全职业教育质量保障体系。逐步扩大工程、医学等高等教育认证范围。分类开展普通高等学校教育教学评估工作。完善研究生教育质量评估，继续做好博士、硕士学位论文抽检，完善学位点淘汰退出机制，严肃处理论文造假行为。探索学校根据标准自定规则程序、政府监管落实情况的机制。建立基于大数据分析的质量监测机制。强化监管结果运用，建立公开承诺、权责一体、违者退出的机制。

进一步完善教育督导制度。完善督政、督学、评估监测制度体系。依法健全教育督导机构，完善督学资格准入、持证履职、聘任考核、聘期管理等制度，强化教育督导队伍建设。加强学校视导员队伍建设，建立地方政府履行教育职责督导制度，完善教育重大政策专项督导制度。完善教育督导报告发布制度，加大教育督导公开和问责力度。进一步健全督导制度，充分发挥督导促进教育改革发展的作用。

强化社会监督评价。加大信息公开力度，建立健全信息公开评议制度，推动各级教育行政部门依法、及时、全面、准确地向社会公开各项政策和重要事项，依法接受各级人大和政协监督。完善学校各类信息公开制度，保障教职工、学生、社会公众对学校重大事项和重要制度的知情权，接受社会特别是利益攸关方的监督。高校本科教学评估报告、专业评估报告、教学质量年度报告、就业质量年度报告、教学质量常态监测数据、学业质量监测结果向社会公开。充分利用全媒体拓宽信息公开的途径和范围，更充分地保证人民群众教育知情权和监督权，发挥舆论监督包括互联网监督作用，运用网络了解民意、感知社会态势、畅通沟通渠道、辅助科学决策。加强对第三方教育质量评估的监督指导，培育专业教育评价机构。鼓励行业企业、专业机构和社会组织规范开展教育评价和决策咨询，大力培育专业服务机构，委托专业机构和社会组织开展评价。

健全教育管理监测体系。加强和改进教育统计，完善教育数据信息国家服务平台，建立学生基础数据库和终身电子学籍档案等各类教育基础数据库，破除信息壁垒，构建全国教育信息资源共享体系。完善教育现代化进程监测体系和教育科学决策服务系统建设。推动各级教育行政部门和学校开展深度数据挖掘和分析，运用互联网、大数据提升教育治理水平，更好地服务公众和政府决策。

（三）全面推进依法治教。

完善教育法律法规体系。推动修订职业教育法、残疾人教育条例，加快修订教师法、学位条例，推进学前教育法、终身学习法、学校安全条例、国家教育考试条例的研究起草工作，加快制修订教育规章。

全面推进依法行政。加大教育行政执法力度，遵循法定职权与程序，运用行政指导、行政处罚、行政强制等手段，依法纠正学校和教育机构的违法违规行为，保障教育法律和政策有效实施。及时查处违反教育法律法规、侵害受教育者权益、扰乱教育秩序等行为，依法维护学校、学生、教师和举办者的权益。建立教育重大决策合法性审查机制、重大决策终身责任追究制度及责任倒查机制。

大力推进依法治校。推动学校建立章程配套制度及落实机制，健全各种办事程序、内部机构组织规则、议事规则。健全符合法治原则的教育救济制度。建立健全学校法律顾问制度。强化学校依法办学意识，健全依法治校评价指标体系，深入开展依法治校示范学校创建活动。开展学校领导干部、职能部门工作人员依法治校能力培训，全面提高教师依法执教的意识与能力。

（四）完善教育投入机制。

优先保障教育投入。坚持把教育作为各级人民政府财政支出重点领域给予优先保障，保证国家财政性教育经费支出占国内生产总值的比例一般不低于4%。更加注重通过加强政策设计、制度设计、标准设计带动投入，健全保证财政教育投入持续稳定增长的长效机制，确保财政一般公共预算教育支出逐年只增不减，确保按在校学生人数平均的一般公共预算教育支出逐年只增不减。到2020年，各省要制定和落实区域内各级教育生均财政拨款基本标准。健全教育经费统计体系，推动地方建立教育经费统计监测公告制度。

完善教育经费投入机制。根据各类教育事业的不同特点和发展改革实际需要以及财力可能，进一步完善各类教育预算拨款制度和投入机制，合理确定并适时提高相关拨款标准和投入水平。义务教育全面纳入公共财政保障范围，建立城乡统一、重在农村的义务教育经费保障机制。非义务教育实行以政府投入为主、受教育者合理分担、其他多种渠道筹措经费的投入机制。改革完善高校预算拨款制度，优化项目支出与基本支出结构，支持高校内涵发展、提高质量。规范中央对地方的教育转移支付，着力加强重点地区、关键领域和薄弱环节。落实对个人和企业捐赠教育的税收优惠政策，鼓励社会资本加大教育投入力度。

完善非义务教育阶段成本分担机制。建立公办学校学费标准根据培养成本、经济发展状况和群众承受能力，按照规定程序动态调整的机制。非营利性民办学校收费，通过市场化改革试点，逐步实现市场调节价，具体政策由省级人民政府根据办学成本以及本地公办教育保障程度、民办学校发展情况等因素确定。营利性民办学校收费实行市场调节价，具体收费标准由民办学校自主确定。政府依法加强对民办学校收费行为的监管。

加强经费使用管理和国有资产管理。科学编制教育中期财政规划和年度预算，加强项目库管理，硬化预算约束，健全预算绩效管理机制，加强绩效评价结果应用，确保教育经费发挥最大效益。加强教育经费监管，推行高等学校总会计师制度，提升经费管理专业化水平。加快实施学校内部控制制度，加强内部审计，强化审计结果运用。加大学校财务信息公开力度，主动接受社会监督。加强国有资产管理，盘活各类资产存量，规范资产处置行为，提高资产使用效率。

十、加强和改进教育系统党的建设

（一）落实全面从严治党主体责任。

完善全面从严治党责任落实机制。理顺领导管理体制，明晰政治责任要求，切实把全面从严治党责任向基层延伸。推动各级党组织建立完善党建工作责任制。明确党组织主体责任和党组织书记第一责任以及分管责任人的直接责任，强化班子成员“党政同责、一岗双责”，强化问责追责，坚持党建工作与中心工作一起谋划、一起部署、一起考核，在机关和高校开展基层党组织书记抓基层党建工作述职评议考核，逐层传导压力，逐级落实责任。推动教育系统各级党组织把“三严三实”要求贯穿于党建工作始终，用好监督执纪“四种形态”，从严要求、管理和监督干部，把党要管党、全面从严治党落到实处。切实贯彻落实中央八项规定精神，持之以恒深入纠正“四风”问题和教育行风问题。强化党内监督，加强巡视工作和纪检监察工作。

（二）加强教育系统思想政治建设。

深入学习贯彻习近平总书记系列重要讲话精神和治国理政新理念新思想新战略，完善“两学一做”学习教育常态化、长效化机制，用党的最新理论成果武装头脑，始终在思想上政治上行动上同以习近平同志为核心的党中央保持高度一致。全面加强党对教育工作的领导。落实教育系统各级党委（党组）意识形态工作责任，建立完善定期研究意识形态工作机制，加强对学校意识形态工作的联系指导，开展意识形态工作专项巡视和督查，强化对重点难点问题的研究和党内情况通报，明确意识形态工作问责机制。切实加强意识形态阵地管理，在教育政策制定、教材编写审查选用、教学科研管理、教育媒体管理、对外合作交流等业务工作中，把握正确政治方向，强化思想引领，巩固壮大主流思想文化。做好党员干部教育管理和知识分子工作，着力提升党员干部师生的思想政治素质。

（三）加强基层党组织和党员队伍建设。

扩大党的组织和工作覆盖面。加大各级各类学校党组织组建力度，优化组织设置，理顺隶属关系，选好管好党组织书记，加大党务干部培训力度，定期排查整顿软弱涣散基层党组织，提升党组织政治功能和服务水平，充分发挥战斗堡垒作用。立足思想建党，深入贯彻《关于新形势下党内政治生活的若干准则》，加强和规范党内政治生活，认真落实“三会一课”、民主生活会和组织生活会、党员党性分析和民主评议、主题党日活动等制度，督促党员按规定缴纳党费，规范党员党籍和组织关系管理，引导党员增强主体意识和党性观念，严守政治纪律和政治规矩，充分发挥先锋模范作用。推进制度治党，着力构建系统完备的党的建设制度体系，从严落实教育系统机关党建工作制度，完善各级各类学校党建工作管理体制和运行机制，健全组织体系、骨干力量、党建责任制、发展党员和党员教育、管理、服务等制度，使制度规范覆盖到基层党组织建设的神经末梢。出台加强高校教师党支部建设的规范性文件和高校学生党建工作标准。注重发展优秀中青年教师和学术骨干入党,认真做好在高校学生中发展党员工作,进一步提高新发展党员的政治素质。公办高等学校以坚持和完善党委领导下的校长负责制为根本,充分发挥党委在学校改革发展中的领导核心作用。探索完善高等学校院系领导体制和运行机制,强化院系党委(党总支)的政治功能与作用。中小学校党组织要在学校各项工作中发挥政治核心作用,推进中小学校党组织和党的工作全覆盖。高度重视民办高校、中外合作办学中党的建设和思想政治工作,建立健全党组织,建立党组织参与决策和监督机制,探索党组织发挥政治核心作用的有效途径。强化党外人士思想政治引导,加强党外代表人士队伍建设,充分发挥党外知识分子作用,进一步加强和改进高校统战工作。以加强基层党建带动学校工会、共青团等群团组织和学生会组织建设。

(四)加强教育系统党风廉政建设。

落实党风廉政建设主体责任和监督责任。以尊崇《中国共产党章程》为核心,以贯彻《中国共产党廉洁自律准则》、《中国共产党纪律处分条例》、《中国共产党问责条例》、《中国共产党党内监督条例》为重点,全面从严教育管理监督干部,坚持把纪律和规矩挺在前面。强化教育系统党员干部党章党规党纪意识,落实廉政风险防控举措,健全反腐倡廉制度,严格执行党风廉政建设责任制,加强监督执纪问责。聚焦主业、深化"转职能、转方式、转作风",加大执纪审查力度,锲而不舍正风肃纪,以案说纪,加强警示教育作用。完善教育系统惩治和预防腐败体系,大力推进廉政文化进校园,推动构建不敢腐、不能腐、不想腐的有效机制,努力营造风清气正的良好政治生态。

十一、组织实施

(一)落实责任分工。

建立规划实施责任制。对改革和发展的重点任务,制定时间表、路线图、任务书。强化与年度计划和各级教育规划的有效衔接,科学制定政策和配置公共资源,精心组织实施重大工程项目,将规划提出的目标、任务、政策、举措落到实处。

(二)协同实施规划。

加强相关部门间的协调配合,建立各有关部门共同研究解决教育发展问题的机制。加大省级政府统筹权,推动地方各级党委政府加强对教育规划实施的统筹领导,做好发展战略、主要目标、重点任务、重大工程项目与本规划的衔接,科学制定符合本地实际的发展目标和具体政策措施,将本规划总体部署落实到本地规划和政策中。鼓励社会广泛参与规划实施。引导社会各界和广大人民群众采取多种形式和办法,支持学校建设,参与学校管理,积极为教育发展贡献力量。充分发挥群团组织、社会组织在促进青少年健康成长等方面的积极作用。加强与新闻媒体合作,及时全面向社会传递教育改革发展的信息,引导形成社会各界和广大人民群众共同关心、支持和参与教育发展与改革的局面。

(三)鼓励探索创新。

推动基层创新实施规划。完善试点改革制度,推动综合改革和专项改革相结合,加快重点领域和关键环节改革步伐。加强分类指导,建立激励机制,保护和激发基层首创精神,鼓励各地大胆实践、积极探索、创造经验。深入挖掘教育综合改革宝贵经验特别是基层创新经验,不断探索实施规划的有效机制。

(四)加强督促检查。

加强督查监测。将规划实施情况作为督促检查各级教育行政部门和学校工作的重要内容。建立规划实施监测评估机制,组织对规划实施情况开展跟踪监测和中期评估,及时发现问题,优化实施策略,出台针对性政策,调整规划目标、任务与政策措施。

加强社会监督。推动各级教育行政部门定期发布教育改革发展动态和规划实施情况,及时向社会公布规划实施进展状况,主动接受家长、社会、媒体的监督,将社会各界对规划的意见和建议作为规划调整的重要依据,确保规划总体目标任务如期完成。

(本文有删减)

国务院关于扩大对外开放积极利用外资若干措施的通知

(2017年1月12日　国发〔2017〕5号)

利用外资是我国对外开放基本国策和开放型经济体制的重要组成部分,在经济发展和深化改革进程中发挥了积极作用。当前,全球跨国投资和产业转移呈现新趋势,我国经济深度融入世界经济,经济发展进入新常态,利用外资面临新形势新任务。为深入贯彻落实《中共中央 国务院关于构建开放型经济新体制的若干意见》,进一步积极利用外资,营造优良营商环境,继续深化简政放权、放管结合、优化服务改革,降低制度性交易成本,实现互利共赢,现将有关事宜通知如下:

一、进一步扩大对外开放

（一）以开放发展理念为指导，推动新一轮高水平对外开放。修订《外商投资产业指导目录》及相关政策法规，放宽服务业、制造业、采矿业等领域外资准入限制。支持外资参与创新驱动发展战略实施、制造业转型升级和海外人才在华创业发展。（国家发展改革委、商务部牵头）

（二）服务业重点放宽银行类金融机构、证券公司、证券投资基金管理公司、期货公司、保险机构、保险中介机构外资准入限制，放开会计审计、建筑设计、评级服务等领域外资准入限制，推进电信、互联网、文化、教育、交通运输等领域有序开放。（国家发展改革委、商务部牵头，教育部、工业和信息化部、财政部、人力资源社会保障部、住房城乡建设部、交通运输部、文化部、人民银行、新闻出版广电总局、国家网信办、银监会、证监会、保监会等按职责分工负责）

（三）制造业重点取消轨道交通设备制造、摩托车制造、燃料乙醇生产、油脂加工等领域外资准入限制。采矿业放宽油页岩、油砂、页岩气等非常规油气以及矿产资源领域外资准入限制。石油、天然气领域对外合作项目由审批制改为备案制。（国家发展改革委、商务部牵头，工业和信息化部、国土资源部、国家粮食局、国家能源局等按职责分工负责）

（四）外商投资企业和内资企业同等适用"中国制造2025"战略政策措施。鼓励外商投资高端制造、智能制造、绿色制造等，以及工业设计和创意、工程咨询、现代物流、检验检测认证等生产性服务业，改造提升传统产业。（国家发展改革委、工业和信息化部、商务部、质检总局等按职责分工负责）

（五）支持外资依法依规以特许经营方式参与基础设施建设，包括能源、交通、水利、环保、市政公用工程等。相关支持政策同等适用于外资特许经营项目建设运营。（国家发展改革委、财政部、住房城乡建设部、交通运输部、水利部、人民银行等按职责分工负责）

（六）支持内外资企业、科研机构开展研发合作。支持外商投资企业建设研发中心、企业技术中心，申报设立博士后科研工作站。根据对等原则，允许外商投资企业参与承担国家科技计划项目。外商投资企业同等适用研发费用加计扣除、高新技术企业、研发中心等优惠政策。（国家发展改革委、科技部、财政部、人力资源社会保障部、商务部、税务总局等按职责分工负责）

（七）支持海外高层次人才在华创业发展。对持有外国人永久居留证的外籍高层次人才创办科技型企业，给予中国籍公民同等待遇。对外籍高层次人才及其外籍配偶、子女申请办理多次签证或者居留证件的，依法依规提供便利。（科技部、公安部、人力资源社会保障部、国家外专局等按职责分工负责）

二、进一步创造公平竞争环境

（八）各部门制定外资政策，要按照《国务院关于在市场体系建设中建立公平竞争审查制度的意见》（国发〔2016〕34 号）规定进行公平竞争审查，原则上应公开征求意见，重要事项要报请国务院批准。各地区各部门要严格贯彻执行国家政策法规，确保政策法规执行的一致性，不得擅自增加对外商投资企业的限制。（各省、自治区、直辖市人民政府和国务院部门按职责分工负责）

（九）除法律法规有明确规定或确需境外投资者提供信息外，有关部门要按照内外资企业统一标准、统一时限的原则，审核外商投资企业业务牌照和资质申请，促进内外资企业一视同仁、公平竞争。（各省、自治区、直辖市人民政府和国务院有关部门按职责分工负责）

（十）促进内外资企业公平参与我国标准化工作。进一步深化标准化工作改革，提高标准制修订的透明度和开放度。推进标准制修订全过程信息公开，强化标准制修订过程中的信息共享和社会监督。（国家标准委牵头）

（十一）深化政府采购改革，坚持公开透明、公平竞争原则，依法依规对外商投资企业在我国境内生产的产品一视同仁、平等对待，促进内外资企业公平参与政府采购招投标。（财政部牵头）

（十二）依法依规严格保护外商投资企业知识产权。健全知识产权执法机制，加强知识产权执法、维权援助和仲裁调解工作。加强知识产权对外合作机制建设，推动相关国际组织在我国设立知识产权仲裁和调解分中心。（商务部、工商总局、国家知识产权局、国家版权局等按职责分工负责）

（十三）支持外商投资企业拓宽融资渠道。外商投资企业可以依法依规在主板、中小企业板、创业板上市，在新三板挂牌，以及发行企业债券、公司债券、可转换债券和运用非金融企业债务融资工具进行融资。（国家发展改革委、商务部、人民银行、证监会等按职责分工负责）

（十四）深化外商投资企业注册资本制度改革。除法律、行政法规另有规定外，取消外商投资公司的最低注册资本要求，落实内外资企业统一的注册资本制度。（国家发展改革委、商务部、工商总局等按职责分工负责）

三、进一步加强吸引外资工作

（十五）各地区要按照创新、协调、绿色、开放、共享的发展理念，结合地方实际，积极开展投资促进活动。允许地方政府在法定权限范围内制定出台招商引资优惠政策，支持对就业、经济发展、技术创新贡献大的项目，降低企业投资和运营成本，依法保护外商投资企业及其投资者权益，营造良好的投资环境。（各省、自治区、直辖市人民政府按职责分工负责）

（十六）支持中西部地区、东北地区承接外资产业转移。修订《中西部地区外商投资优势产业目录》，扩大中西部地区、东北地区鼓励外商投资产业范围。对符合条件的西部地区鼓励类产业外商投资企业实行企业所得税优惠政策。向中西部地区、东北地区转移的外商投资企业享受国家支持产业转移与加工贸易的资金、土地等优惠政策。对东部地区外商投资企业转移到中西部地区、东北地区的，人力资源社会保障部门要依申请及时办理社会保险异地转移接续。（国家发展改革委、商务部牵头，工业和信息化部、财政部、人力资源社会保障部、国土资源部、税务总局等按职责分工负责）

（十七）支持外商投资项目用地。外商投资企业与内资企业同等适用相关用地政策。继续对集约用地的鼓励类外商投资工业项目优先供应土地，在确定土地出让底价时可按不低于所在地土地等别相对应全国工业用地出让最低价标准的70%执行。（国土资源部牵头）

（十八）推进外资跨国公司本外币资金集中运营管理改革。积极吸引跨国公司在我国设立地区总部和采购中心、结算中心等功能性机构，允许外资跨国公司开展本外币资金集中运营，促进资金双向流动，提高资金使用效率和投资便利化水平。（人民银行、国家外汇局等按职责分工负责）

（十九）完善外商投资企业外债管理制度。统一内外资企业外债管理，改进企业外汇管理，提高外商投资企业境外融资能力和便利度。（国家发展改革委、商务部、人民银行、国家外汇局等按职责分工负责）

（二十）深化外商投资管理体制改革。推进对外商投资全面实施准入前国民待遇加负面清单管理模式，简化外商投资项目管理程序和外商投资企业设立、变更管理程序。推进审批环节并联办理，缩短海关登记、申领发票等环节办理时间。加大电子政务建设力度，推行一口受理、限时办结、进度可查询，提升外商投资管理信息化水平。推进自由贸易试验区建设，在更大范围推广复制经验。（国家发展改革委、商务部、海关总署、税务总局、工商总局等按职责分工负责）

各地区、各部门要充分认识新形势下做好利用外资工作的重要意义，高度重视，主动作为，强化责任，密切协作，国家发展改革委、商务部要会同有关部门加强督促检查，确保各项政策措施落到实处。结合各项政策措施实施，大力创造更加开放、便利、透明的营商环境，积极吸引外商投资以及先进技术和管理经验，稳定外商投资规模和速度，提高利用外资水平和质量，着力推动新一轮高水平对外开放，以开放促改革、促发展。

国务院关于印发“十三五”市场监管规划的通知

（2017年1月12日　国发〔2017〕6号）

现将《“十三五”市场监管规划》印发给你们，请认真贯彻执行。

“十三五”市场监管规划

“十三五”时期，是全面建成小康社会决胜阶段，是我国经济转型和体制完善的关键时期。加强和改善市场监管，是政府职能转变的重要方向，是维护市场公平竞争、充分激发市场活力和创造力的重要保障，是国家治理体系和治理能力现代化的重要任务。本规划是市场监管的综合性、基础性和战略性规划，强调从维护全国统一大市场出发，从维护市场公平竞争出发，从维护广大消费者权益出发，对市场秩序、市场环境进行综合监管，为市场监管提供一个明确的框架，给广大市场主体一个清晰的信号和稳定的预期，形成综合监管与行业领域专业监管、社会协同监管分工协作、优势互补、相互促进的市场监管格局。

第一章　规划编制背景

一、市场监管的成效与问题

“十二五”时期特别是党的十八大以来，党中央、国务院高度重视市场监管工作，明确把市场监管作为政府的重要职能。各地区、各部门按照简政放权、放管结合、优化服务改革部署，以商事制度改革为突破口，市场监管改革创新取得显著成效，促进了大众创业、万众创新。

商事制度改革取得突破性进展。针对百姓投资创业面临的难点问题，转变政府职能，减少行政审批，大力推进“先照后证”和工商登记制度改革。将注册资本实缴制改为认缴登记制，降低创办企业的资金门槛。将企业年检制改为年报公示制，增强了企业责任意识、信用意识。简化市场主体住所（经营场所）登记，释放住所存量资源。开展名称登记改革，推进电子营业执照和全程电子化登记管理,提高服务效率。实施“五证合一、一照一码”改革,推动相关证照整合。市场主体数量快速增长,我国成为世界上拥有市场主体数量最多的国家。

*市场监管新机制逐步建立。*精简事前审批,加强事中事后监管,探索市场监管新模式。建立以信用为核心的新型监管机制,强化企业自我约束功能。建立企业信息公示制度、经营异常名录制度和严重违法失信企业名单制度,实施“双随机、一公开”监管,依托全国信用信息共享平台建立政府部门之间信息共享与联合惩戒机制,建设国家企业信用信息公示系统和“信用中国”网站。通过信用监管机制,提高信息透明度,降低市场交易风险,减少政府监管成本,提高经济运行效率。

*市场监管体制改革取得初步成效。*针对权责交叉、多头执法等问题,推进行政执法体制改革,整合执法主体,相对集中执法权,推进综合执法。各地积极探索综合执法改革,优化执法资源,形成监管合力,提高基层监管效率。同时,确定了“谁审批、谁监管,谁主管、谁监管”的原则,明确了行业主管部门的监管职责。

*市场监管法律法规体系逐步完善。*按照全面依法治国、建设法治政府的要求,加强市场监管法治建设。制修订公司法、消费者权益保护法、特种设备安全法、商标法、广告法等,基本形成比较完备的市场监管法律法规体系,运用法治思维和法治方式加强市场监管的能力不断提升。

*市场秩序和市场环境不断改善。*强化生产经营者主体责任,依法规范生产、经营、交易行为,加强质量标准管理,产品质量监督抽查合格率不断提高。加强消费品、食品药品质量安全监管,对消费品实现从生产到流通的全过程管理。消费环境不断改善,消费者权益保护迈上新台阶。中国消费者协会和各类消协组织不断发展,成为维护消费者权益的重要力量。改进和加强竞争执法,加大反垄断和反不正当竞争执法力度,加强市场价格行为监管,加强网络市场、电子商务等新领域监管,积极开展监督检查,打击传销和规范直销,打击侵犯知识产权、制售假冒伪劣商品的行为,产品和服务质量不断提升,市场经济秩序进一步好转。

当前我国正处于经济转型和体制完善的过程中,虽然市场监管取得突出成效,但市场秩序、市场环境还存在一些矛盾和问题。主要是,假冒伪劣、虚假宣传、盗版侵权、价格违法行为和食品药品安全等问题多发,企业的主体责任意识不强,消费者维权难;市场竞争不充分与过度竞争并存,垄断现象与不正当竞争行为时有发生,尤其是行业垄断、地方保护、市场分割等问题比较突出;市场信用体系不健全,信用意识淡薄,各种失信行为比较普遍;行业协会、中介组织监督和约束作用发挥不够，公众监督比较缺乏，推进社会共治不足；行政审批仍较多，百姓投资创业的环节多、程序复杂，市场准入门槛较高；政府职能转变不到位，市场监管体制机制不适应经济发展的需要等。这些问题，影响着市场机制作用的发挥，影响着资源的优化配置，影响着我国经济的健康发展。

二、加强和改善市场监管的重要意义

在全球经济格局调整和竞争优势重塑的重要时期，在我国经济转型和体制完善的关键时期，加强和改善市场监管具有重要意义。

*加强和改善市场监管，是完善社会主义市场经济体制的迫切需要。*我国社会主义市场经济体制已经初步建立，但仍存在不少问题。主要是，市场秩序不规范，以不正当手段谋取经济利益的现象广泛存在；生产要素市场发展滞后，要素闲置和大量有效需求得不到满足并存；市场规则不统一，部门和地方保护主义大量存在；市场竞争不充分，阻碍优胜劣汰和结构调整；等等。这些问题不解决，完善的社会主义市场经济体制难以形成，迫切需要加强和改善市场监管，破除制约体制完善的各种障碍。

*加强和改善市场监管，是加快政府职能转变的迫切需要。*发挥市场配置资源的决定性作用和更好发挥政府作用，关键要按照市场化改革方向，深化行政体制改革，转变政府职能，创新政府管理。政府要从发展的主体转为推动发展的主体，加强市场监管，营造公平竞争的市场环境。目前，市场监管的任务越来越重，要通过科学高效的市场监管，维护市场经济的繁荣发展，这是国家治理体系和治理能力现代化的客观要求，是市场经济条件下履行好政府职能的重要方向。

*加强和改善市场监管，是推进供给侧结构性改革的迫切需要。*落实好化解过剩产能、淘汰“僵尸企业”、培育新产业新动能等一系列任务，迫切需要加强和改善市场监管，充分发挥市场的力量。只有打击各种假冒伪劣、侵害企业权益行为，才能为诚信企业的发展腾出市场空间。只有促进优胜劣汰，形成“僵尸企业”退出机制，才能减少社会资源消耗，促进产业转型升级。只有鼓励竞争，形成有利于大众创业、万众创新的市场环境，才能为经济发展提供新活力。只有改革扭曲市场竞争的政策和制度安排，消除地方保护和行政垄断，才能充分发挥我国统一大市场的优势和潜力。

*加强和改善市场监管，是适应科技革命和产业变革新趋势的迫切需要。*以大数据、云计算等为代表的新一轮科技革命和产业变革，促进了技术、资源、产业和市场的跨时空、跨领域融合，网络经济、分享经济、众创空间、线上线下互动等新产业、新业态、新模式不断涌现，颠覆了许多传统的生产经营模式和消费模式，对市场监管提出了新要求、新挑战。市场经济在繁荣发展，市场监

管也要与时俱进、开拓创新，不断探索市场监管新机制，才能更好地适应发展变化的需要。

总之，要深刻认识“十三五”时期我国市场监管面临的新形势新任务新挑战，强化改革意识，增强创新精神，扩大开放视野，用现代理念引领市场监管，用现代科技武装市场监管，用现代监管方式推进市场监管，积极探索具有中国特色、符合时代要求的市场监管新模式，为各类市场主体营造公平竞争的发展环境。

第二章　总体思路

按照国家“十三五”时期的总体部署，准确把握经济发展规律和市场监管趋势，立足当前，着眼长远，统筹谋划，有序推进，充分发挥市场监管在改革发展大局中的重要作用，为市场经济的高效运行提供保障。

一、指导思想

全面贯彻党的十八大和十八届三中、四中、五中、六中全会精神，深入贯彻习近平总书记系列重要讲话精神和治国理政新理念新思想新战略，认真落实党中央、国务院决策部署，统筹推进“五位一体”总体布局和协调推进“四个全面”战略布局，牢固树立和贯彻落实创新、协调、绿色、开放、共享的发展理念，以深化商事制度改革为突破口，围绕营造良好的市场准入环境、市场竞争环境和市场消费环境，树立现代市场监管理念，改革市场监管体制，创新市场监管机制，强化市场综合监管，提升市场监管的科学性和有效性，促进经济社会持续健康发展。

——*激发市场活力*。市场经济的内在活力是经济持续增长的重要动力，是经济走向繁荣的重要基础。要改变传统“管”的观念，把激发市场活力和创造力作为市场监管的重要方向，深化商事制度改革，破除各种体制障碍，营造有利于大众创业、万众创新的市场环境，服务市场主体，服务改革发展大局。

——*规范市场秩序*。完善的市场经济是有活力、有秩序的。没有活力，市场经济就失去了生机；没有秩序，市场经济就失去了保障。要把规范市场秩序、维护公平竞争作为市场监管的重要着力点，坚持放活和管好相结合，做到放而不乱、活而有序，为企业优胜劣汰和产业转型升级提供保障。

——*维护消费者权益*。保护好消费者权益，保护好人民群众利益，是实现共享发展的本质要求。要树立消费者至上的理念，把维护消费者权益放在市场监管的核心位置，提高人民群众幸福感和获得感。把强化消费维权、改善消费环境，作为推进供给侧结构性改革、实现供给与需求两端发力的重要举措。

——提高监管效率。提高市场运行效率,必须提高市场监管效率。要强化成本意识,增强效能观念,把提高监管效率作为市场监管的基本要求,改变传统的无限监管理念,改革传统的人盯人、普遍撒网的烦苛监管方式,推动市场监管的改革创新。

——强化全球视野。在经济全球化进程中,市场监管理念、监管模式已经成为影响国家竞争力和国际影响力的重要因素。要与我国经济发展全球化趋势相适应,按照提高我国在全球治理中制度性话语权的要求,用国际视野审视市场监管规则的制定和市场监管执法效应,不断提升市场监管的国际化水平。

二、主要目标

到2020年,按照全面建成小康社会和完善社会主义市场经济体制的要求,围绕建设统一开放、竞争有序、诚信守法、监管有力的现代市场体系,完善商事制度框架,健全竞争政策体系,初步形成科学高效的市场监管体系,构建以法治为基础、企业自律和社会共治为支撑的市场监管新格局,形成有利于创业创新、诚信守法、公平竞争的市场环境,形成便利化、国际化、法治化的营商环境。具体目标是:

——宽松便捷的市场准入环境基本形成。市场准入制度进一步完善,公平统一、开放透明的市场准入规则基本形成。各种行政审批大幅削减,商事登记前置、后置审批事项大幅减少,各类不必要的证照基本取消。百姓投资办企业时间缩减,新增市场主体持续增长、活跃发展,新设企业生命周期延长,千人企业数量显著提高。

——公平有序的市场竞争环境基本形成。全国统一的市场监管规则基本形成,多头监管、重复执法基本消除,全国统一大市场进一步完善。反垄断和反不正当竞争执法成效显著,侵权假冒、地方保护、行业垄断得到有效治理,公平竞争、优胜劣汰机制基本建立,市场秩序明显改善,商标品牌作用充分发挥,市场主体质量显著提升。

——安全放心的市场消费环境基本形成。消费维权的法律体系进一步完善,消费维权机制进一步健全。全国统一的消费投诉举报网络平台基本形成,消费维权的便利程度大幅度提高。消费者协会和其他消费者组织发展壮大,消费维权社会化水平明显提高。商品和服务消费的质量安全水平全面提升,消费满意度持续提高。

——权威高效的市场监管体制机制基本建立。市场监管综合执法体制改革全面完成,市场监管格局进一步完善,形成统一规范、权责明确、公正高效、法治保障的市场监管和反垄断执法体系。信用监管、大数据监管以及多元共治等新型监管机制进一步完善。

三、主要原则

——坚持依法依规监管。对各类市场主体一视同仁,依法依规实施公平公正监管,平等保护各类市场主体合法权益。要运用法治思维和法治方式履行市场监管职责,全面实施清单管理制度,通过权力清单明确法无授权不可为,通过责任清单明确法定职责必须为,通过负面清单明确法无禁止即可为,没有法律依据不能随意检查,规范政府部门自由裁量权,推进市场监管的制度化、规范化、法治化。

——坚持简约监管。按照简政放权、放管结合、优化服务改革要求,坚持"简"字当头,实行简约高效的监管方式,消除不必要的管制,革除不合时宜的陈规旧制,打破不合理的条条框框,砍掉束缚创业创新的繁文缛节,减轻企业负担,减少社会成本。

——坚持审慎监管。适应新技术、新产业、新业态、新模式蓬勃发展的趋势,围绕鼓励创新、促进创业,探索科学高效的监管机制和方式方法,实行包容式监管,改革传统监管模式,推动创新经济繁荣发展。对潜在风险大、社会风险高的领域,要严格监管,消除风险隐患。

——坚持综合监管。适应科技创新、产业融合、跨界发展的大趋势,克服相互分割、多头执法、标准不一等痼疾,推进市场监管领域综合执法,建立综合监管体系,发挥各种监管资源的综合效益。加强信息共享,强化部门上下统筹,建立健全跨部门、跨区域执法联动响应和协作机制,消除监管盲点,降低执法成本。

——坚持智慧监管。适应新一轮科技革命和产业变革趋势,适应市场主体活跃发展的客观要求,充分发挥新科技在市场监管中的作用。运用大数据等推动监管创新,依托互联网、大数据技术,打造市场监管大数据平台,推动"互联网+监管",提高市场监管智能化水平。

——坚持协同监管。市场监管要改变政府大包大揽的传统方式,明确企业的主体责任,推动市场主体自我约束、诚信经营,改变"政府急、企业不急"、"消费者无奈、经营者无惧"的弊端。充分发挥信用体系的约束作用、行业组织的自律作用以及消费者组织、社会舆论和公众的监督作用,实现社会共治。

第三章　市场监管重点任务

围绕供给侧结构性改革,供给需求两端发力,全面深化商事制度改革,加强事中事后监管,把改善市场准入环境、市场竞争环境和市场消费环境作为市场监管重点,为经济发展营造良好的市场环境和具有国际竞争力的营商环境。

一、营造宽松便捷的市场准入环境

推进行政审批制度改革,转变政府职能,减少行政审批,激发百姓创业创新热情,促进市场主体持续较快增长,为经济发展注入新活力新动力。

(一)改革市场准入制度。

放宽市场准入。改革各种审批限制,建立统一公开透明的市场准入制度,为投资创业创造公平的准入环境。凡是法律法规未明确禁入的行业和领域,都允许各类市场主体进入。凡是已向外资开放或承诺开放的领域,都向国内民间资本放开。凡是影响民间资本公平进入和竞争的不合理障碍,都予以取消。破除民间投资进入电力、电信、交通、油气、市政公用、养老、医疗、教育等领域的不合理限制和隐性壁垒,取消对民间资本单独设置的附加条件和歧视性条款,保障民间资本的合法权益。建立完善市场准入负面清单制度,对关系人民群众生命财产安全、国家安全、公共安全、生态环境安全等领域,明确市场准入的质量安全、环境和技术等标准,明确市场准入领域和规则。对外商投资实行准入前国民待遇加负面清单的管理模式,逐步减少限制外资进入的领域,培育和扩大国际合作新优势。健全完善相关领域的国家安全审查制度。

深化"先照后证"改革。改革"审批经济"的传统观念,进一步削减各类生产许可证、经营许可证和资质认定,最大限度缩减政府审批范围。加大改革力度,继续削减商事登记前置、后置审批,化解"领照容易、领证难"的矛盾。除涉及人民群众生命财产安全、文化安全和国家安全等的审批事项外,一律放给市场、放给社会,充分发挥市场的调节作用和社会管理功能。完善商事登记前置、后置审批事项目录管理,适时动态调整完善。简化、整合和规范投资项目审批,实行"一站式"网上并联审批,明确标准、缩短流程、限时办结。深化上海"证照分离"改革试点,总结经验,适时向全国推广。

(二)深化商事登记制度改革。

推进"多证合一"改革。改革多部门对市场主体的重复审批、重复管理,提高社会投资创业效率。全面实施"五证合一、一照一码"改革,推进"多证合一",在更大范围、更深层次实现信息共享和业务协同,为企业开办和成长提供便利化服务。做好个体工商户营业执照和税务登记证整合,促进个体私营经济健康发展。通过改革,使营业执照成为企业唯一"身份证",统一社会信用代码成为企业唯一身份代码。鼓励各地方、有关部门进一步整合各类证照管理,鼓励地方开展证照联办,进一步精减材料手续、精减流程时间。各部门要加强衔接配合,积极推动相关法律、法规的修改完善。建立政企合作机制,支持创业创新孵化机构丰富对企业的服务。对标国际营商环境先进水平,建立开办企业时间统计通报制度,大幅度缩减企业开办时间。研究建立新生市场主体统计调查、监测分析制度。

提高便利化服务水平。改革企业名称核准制度，赋予企业名称自主选择权。除涉及前置审批事项或企业名称核准与企业设立登记不在同一机关外，逐步实现企业名称不再实行预先核准。向社会开放企业名称数据库，完善企业名称管理规范，丰富名称资源。增强企业变更名称的便捷性，提高办理效率。建立企业名称争议处理机制，完善企业名称与驰名商标、注册商标权利冲突解决机制，维护企业合法权益。强化不适宜名称强制纠正机制，维护社会公序良俗。推进企业集团登记制度改革，取消不合理限制。加快推进企业全程电子化登记，提高信息化、便利化水平。推动电子营业执照改革试点，扩大电子营业执照应用范围。

服务创业创新大潮。推进商事登记制度改革，支持创业创新发展。对民间投资进入自然资源开发、环境保护、能源、交通、市政公用事业等领域，除法律法规有明确规定的外，取消最低注册资本、股东结构、股份比例等限制。鼓励创新型公司的发展，在一些创业创新试点地区，在符合法律法规规定的前提下，探索灵活的登记模式。顺应众创空间、创新工场等多样化创业创新孵化平台的发展，支持开展"一址多照"、"一照多址"、工位注册、集群注册、商务秘书公司等多样化改革探索。总结推广自由贸易试验区以及国家自主创新示范区的改革成果，允许具备条件的电商企业实行"一城一号"。对连锁企业设立非企业法人门店和配送中心，所在地政府及有关部门不得设置障碍。

保障企业登记自主权。尊重企业自主经营的权利，允许企业根据实际需要选择组织形式和注册地。除法律法规明确规定外，不得限制企业依法注册登记，不得限制企业必须采取某种组织形式，不得限制企业依法变更其组织形式、住所和注册地，不得限制企业必须在某地登记注册，不得为企业自由迁移设置障碍。除特殊规定外，对已经在其他地方取得营业执照的企业，不得要求其在本地开展经营活动时必须设立子公司。

（三）完善企业退出机制。

完善简易注销机制。简化和完善企业、个体工商户注销流程，构建便捷有序的市场退出机制。探索对资产数额不大、经营地域不广的企业实行简易破产程序。试行对个体工商户、未开业企业以及无债权债务企业实行简易注销程序。

建立强制退出机制。配合去产能、去库存，加大对"僵尸企业"清理力度，释放社会资源。对长期未履行年报义务、长期缺乏有效联系方式、长期无生产经营活动、严重侵害消费者权益等严重违法失信企业探索建立强制退出市场制度。对违反法律法规禁止性规定或达不到节能环保、安全生产、食品药品、工程质量等强制性标准的市场主体,依法予以取缔,吊销相关证照。

形成优胜劣汰长效机制。消除地方保护、行政干预和各种违规补贴,通过市场竞争形成劣势企业的正常退出机制,化解行业性、区域性市场风险。依据法律法规规定,鼓励通过兼并重组、债务重组、破产清算等方式优化资源配置。在一些创新密集区和高科技领域,探索与便捷准入相适应的灵活的企业退出机制,培育创新文化。

(四)为小微企业创造良好环境。

继续研究完善支持小微企业发展的财税优惠政策和金融政策,加快构建中小企业征信体系,发挥国家中小企业发展基金作用,落实完善对小微企业的收费减免政策。

充分发挥国务院促进中小企业发展工作领导小组及其办公室的作用,强化政策协同。梳理已发布的有关支持创业创新发展的各项政策措施,推动“双创”发展,培育“双创”支撑平台,打造“双创”示范基地和城市,促进各项政策惠及更多的小微企业。

充分发挥小微企业名录的作用,拓展小微企业名录功能,完善小微企业名录系统,促进扶持政策宣传和实施。对长期拖欠小微企业货款的大中型企业,经司法认定后,依照相关规定实施联合惩戒,并通过国家企业信用信息公示系统公示。

鼓励各地结合实际制定扶持小微企业发展的政策措施,完善服务体系,创新发展措施和机制,有针对性地提供政策、信息、法律、人才、场地等全方位服务。运用大数据等手段,跟踪分析小微企业特别是新设小微企业运行情况,为完善相关政策提供支持。

二、营造公平有序的市场竞争环境

坚持放管结合,加强事中事后监管,规范企业生产经营行为,维护公平竞争,维护市场秩序,强化市场经营安全,改善市场主体经营发展环境,发挥我国统一大市场的优势和潜力,为企业优胜劣汰和产业转型升级提供保障。

(一)维护全国统一大市场。

按照市场经济发展规律,完善市场监管和服务,促进企业自主经营、公平竞争,消费者自由选择、自主消费,商品和要素自由流动、平等交换,加快形成统一开放、竞争有序的全国统一大市场。

清除统一大市场障碍。按照构建全国统一大市场的要求,废除妨碍全国统一市场和公平竞争的规定和做法,清除针对特定行业的不合理补贴政策,打破制约商品要素流动和服务供给的地区分割、行业垄断和市场壁垒,保证各类市场主体依法平等使用生产要素、公平参与市场竞争。严禁对外地企业、产品和服务设置歧视性准入条件，各地区凡是对本地企业开放的市场领域，不得限制外地企业进入，严禁设置限制企业跨地区经营发展的规定。

健全统一市场监管规则。强化市场规则的统一性、市场监管执法的统一性，建立统一协调的执法体制、执法规则和执法程序，提高市场监管的公开性和透明度。地区性、行业性市场监管规则，不得分割全国统一大市场、限制其发展。

推动市场开放共享。鼓励市场创新，发挥现代科技和商业模式的改革效应，促进区域市场开放、行业资源共享，提高全国市场开放度。发挥现代流通对全国统一大市场的促进作用，通过大市场培育大产业、促进大发展。建立统一市场评价体系和发布机制，推动全国统一大市场建设。

（二）加强重点领域市场监管。

把握经济发展的趋势和特点，对一些影响范围广、涉及百姓利益的市场领域，加强监管方式创新，依法规范企业生产经营行为，促进市场健康发展。

加强网络市场监管。坚持创新和规范并重，完善网络市场规制体系，促进网络市场健康发展。加强对网络售假、虚假宣传、虚假促销、刷单炒信、恶意诋毁等违法行为的治理，净化网络市场环境。加强对社交电商、手机应用软件商城等新模式，以及农村电商、跨境电商和服务电商等新业态的监管。强化网络交易平台的责任，规范网络商品和服务经营者行为，推动网络身份认证、网店实名制，保障网络经营活动的规范性和可追溯性。创新网络市场监管机制，完善网络市场监管部际联席会议制度。推进线上线下一体化监管，探索建立风险监测、网上抽查、源头追溯、属地查处、信用管理、电子商务产品质量监督机制，完善网络经营主体数据库，鼓励消费者开展网络监督评议。加强网络市场发展趋势研判，及时完善法律法规，防范网络交易风险。

打击传销、规范直销。强化各级政府责任，加强部门执法联动，通过实施平安建设考核评价、全国文明城市测评等，开展重点区域专项整治，加大打击传销力度。加强对网络传销的查处，遏制网络传销蔓延势头。加强对新形势下假借"微商"、"电商"、"消费投资"等名义开展新型传销的研判，加强风险预警提示和防范，强化案例宣传教育，提高公众识别和防范传销的能力。加强直销企业监管，促进企业规范经营，依法查处直销违法违规行为。

加强广告监管。在支持广告业创新发展的同时，依法强化广告市场监管。围绕食品、医疗、药品、医疗器械、保健食品等重点商品或服务，加大虚假违法广告整治力度。严格规范互联网广告，依法惩处虚假违法广告行为。坚持广告宣传正确导向，严厉打击违背社会良好风尚和造成不良影响的广告，弘扬社会主义核心价值观和中华民族优秀传统文化。创新广告监管方式，加强广告监管平台和互联网广告监测平台建设，健全广告监测制度体系。实施广告信用评价制度，建立违法广告预警机制，完善广告市场主体失信惩戒机制。充分发挥广告行业组织的作用，强化广告经营者、发布者主体责任，引导行业自律，促进行业发展。

*加强相关领域规范管理。*规范商品交易市场主体经营行为，推动商品质量合格、自律制度健全，深化诚信市场创建活动，积极推进市场诚信体系建设。依法依规开展成品油质量抽检，加大案件查办力度。做好旅游、野生动物保护、拍卖、文物、粮食等领域规范管理。加强合同监管，加大打击合同欺诈力度，强化经纪人监管。加强对中介服务机构的监督管理，规范收费服务行为。加强会计监管，规范市场主体会计核算和信息披露。加大注册会计师行业监管力度，优化会计师事务所执业环境，推动有效履行社会审计监督职能。强化对企业和会计师事务所的监督检查，严肃惩处会计违法违规行为。加强“扫黄打非”和打击非法集资、电信网络犯罪等社会综合治理工作。

*加强特种设备安全监管。*按照“谁使用、谁管理、谁负责”的原则，强化特种设备使用单位主体责任，建立以多元共治为特征、以风险管理为主线的特种设备安全治理体系。完善特种设备法规标准体系与运行保障机制，健全安全监管制度，实施重点监督检查制度。加强重点使用单位和薄弱环节的安全监察，创新企业主体责任落实机制，完善特种设备隐患排查治理和安全防控体系。根据不同设备、不同环节的安全风险和公共性程度，推进生产环节、使用环节行政许可改革。以电梯、移动式压力容器、气瓶等产品为重点，建立生产单位、使用单位、检验检测机构特种设备数据报告制度，实现特种设备质量安全信息全生命周期可追溯。推进电梯等特种设备安全监管方式改革，构建锅炉安全、节能、环保三位一体的监管体系。强化安全监管能力建设，推进特种设备技术检查机构设置，加强基层安全监察人员培训。提升特种设备风险监测和检验检测能力，建立特种设备风险预警与应急处置平台。鼓励发挥第三方专业服务机构的作用，培育新型服务市场。

（三）强化竞争执法力度。

针对市场竞争中的突出问题，强化反垄断和反不正当竞争执法力度，严厉打击侵犯知识产权和制售假冒伪劣商品等违法行为，净化市场环境。

*加强反垄断和反不正当竞争执法。*加大反垄断法、反不正当竞争法、价格法等执法力度，严肃查处达成实施垄断协议、滥用市场支配地位行为。依法制止滥用行政权力排除、限制竞争行为，依法做好经营者集中反垄断审查工作，保障市场公平竞争、维护消费者权益。针对经济发展中的突出问题，把公用企业、依法实行专营专卖的行业作为监管重点，加强对供水、供电、供气、烟草、邮

政等行业的监管，严厉打击滥收费用、强迫交易、搭售商品、附加不合理交易条件等限制竞争和垄断行为。促进医疗、养老、教育等民生领域公平竞争、健康发展。针对经济发展的新趋势，加强网络市场、分享经济以及高技术领域市场监管，制止滥用知识产权排除和限制竞争、阻碍创新行为。加强对与百姓生活密切相关的商品和服务价格垄断、价格欺诈行为的监管，全面放开竞争性领域商品和服务价格。严厉打击仿冒、虚假宣传、价格欺诈、商业贿赂、违法有奖销售、侵犯商业秘密、经营无合法来源进口货物等不正当竞争行为。对公用事业和公共基础设施领域，要引入竞争机制，放开自然垄断行业竞争性业务。

打击制售假冒伪劣商品违法行为。围绕保障和改善民生，加大对与百姓生活密切相关、涉及人身财产安全的日常消费品的打假力度，严惩不符合强制性标准、掺杂掺假、以假充真、以次充好、以不合格产品冒充合格产品等违法行为。强化对利用互联网销售假冒伪劣商品和传播制假售假违法信息的监管。加大对城乡结合部、农村假冒伪劣的打击力度，加强对食品药品、农资、家用电器、儿童用品等商品市场的整治，对列入强制性产品认证目录的产品未经认证擅自出厂、销售、进口或者在其他经营活动中使用的行为，加强执法查处。强化假冒伪劣源头治理，建立商品生产、流通、销售全链条监管机制，完善重点产品追溯制度，构建清晰可追溯的责任体系。探索惩罚性巨额赔偿制度，严厉查处制售假冒伪劣商品违法行为，增强打击侵权假冒违法行为的震慑力。明确地方政府对本地打击假冒伪劣工作的领导责任，严格责任追究和奖惩约束。

（四）推动质量监管。

围绕质量强国战略，完善国家计量体系，发挥计量对质量发展的支撑和保障作用，加快质量安全标准与国际标准接轨，发挥标准的引领和规范作用，发挥认证认可检验检测传递信任的证明作用，推动产品和服务质量向国际高端水平迈进。

完善国家计量体系。紧盯国际发展前沿，建立一批高准确度、高稳定性量子计量基准；紧贴战略性新兴产业、高新技术产业等重点领域需求，突破一批关键测量技术，研制一批新型标准物质，不断完善国家计量基标准体系。推动重大测量基础设施和计量科技创新基地建设，按照“全产业链、全量传链、全寿命周期和产业前瞻性”建设思路以及“中心、平台、联盟”整体发展路径，构建国家产业计量测试体系。创新计量监管模式，完善计量法律法规体系、计量监管体系和诚信计量体系。深入推进计量技术机构改革，探索推进计量校准市场和校准机构建设的有效途径，规范计量校准市场，满足社会对量值溯源和校准服务的需求。以贸易便利化、服务外贸进出口、密切国际合作、促进装备走出去为目标，实施计量走出去的国际化发展战略，为建立和维护中国制造、中国创造、中国质量和中国品牌在海外的良好声誉保驾护航。

强化标准体系。改革创新标准制定方式,完善产品和服务质量标准体系。整合精简强制性标准,严格限定在保障人身健康和生命财产安全、国家安全、公共安全、生态环境安全和满足社会经济管理基本要求的范围内,对于强制性标准,市场主体必须严格执行,市场监管部门必须严格监管。优化完善推荐性标准,推动向政府职责范围内的公益类标准过渡。鼓励社会团体制定团体标准,并参与国家标准、行业标准制定。完善企业标准体系,鼓励企业制定高于国家标准或行业标准的企业标准,鼓励领先企业创建国际标准。鼓励组建标准联盟,参与国际标准制定,推动特色优势领域标准国际化,推动与主要贸易国之间加大标准互认力度。适应经济发展趋势,加强服务标准体系建设。加强新产业新业态标准的研究制定,发挥标准的引领规范作用。

健全认证认可检验检测体系。加强认证认可检验检测能力建设,推进检验检测认证机构市场化改革,支持第三方检验检测认证服务发展。完善政府购买检验检测认证服务制度,健全在市场准入、市场监督和行政执法中采信认证认可检验检测结果的措施和办法。加强创新,攻克关键技术,提高现场快速智能识别和定性定量分析的检测技术水平。加快提升认证认可检验检测服务市场监管能力,推进其在电商、微商等新兴领域的广泛应用。加强强制性产品认证,维护质量安全底线。加强自愿性产品、服务、管理体系认证,筑牢质量品牌提升基础。加强检验检测认证品牌建设。深化国际合作,推进国际互认。

强化产品质量和服务监管。落实产品质量法、消费者权益保护法等法律法规,加强产品服务质量监管。严厉查处质量低劣、违反强制性标准、存在质量和安全风险的产品,坚决遏制质量安全事故。加强质量安全日常监管,对重点领域、重点区域、重点商品,加大质量抽检力度,推进线上线下一体化监管。强化全过程质量安全管理与风险监控,对食品、药品、农产品、日用消费品、特种设备、地理标志保护产品等关系人民群众生命财产安全的重要产品加强监督管理,建立健全产品质量追溯体系,形成来源可查、去向可追、责任可究的信息链条。实施质量强国战略,强化企业的主体责任,实行企业产品和服务标准自我声明公开和监督制度,建立完善缺陷产品召回制度、产品事故强制报告制度、产品质量风险监控及风险调查制度,建立商品质量惩罚性赔偿制度,对相关企业、责任人实行市场禁入,增强企业提升质量的内在动力和外部压力。健全服务质量治理与促进体系,推广优质服务承诺标志与管理制度。建立质量信用信息收集和发布制度,形成区域和行业质量安全监测预警机制,防范化解产品服务的质量安全风险。

（五）实施商标品牌战略。

围绕品牌经济发展，完善商标注册和管理机制，加强商标品牌法律保护和服务能力建设，充分发挥商标对经济社会发展的促进作用。

推进商标品牌建设。实施商标品牌战略，提高产品服务的品牌价值和影响力，推动中国产品向中国品牌转变。引导企业增强商标品牌意识，发挥企业品牌建设的主体作用。加强对中小企业自主商标、战略性新兴产业商标品牌的培育，推动中华老字号改革创新发展。加强产业集群和区域品牌建设，加强对集体商标和证明商标的管理与保护，运用农产品商标和地理标志推进精准扶贫，开展全国知名品牌创建示范区建设工作，提升区域品牌价值。完善商标服务体系，推进商标注册便利化改革，委托地方受理商标注册申请，优化商标注册流程，完善审查机制，推进商标注册全程电子化。提升商标品牌服务能力，培育一批具有较强影响力的专业服务机构，加强人才培养，建立完善商标品牌评价体系，开展商标品牌评价。加强商标品牌推广和标准制定，鼓励开展国际交流合作，加强自主商标品牌海外保护，提升国际竞争力。

强化商标知识产权等保护。加大对商标、地理标志、知名商品特有名称等保护力度，打击侵犯知识产权和企业合法权益的行为，切实保护商标专用权，加强品牌商誉保护。加强互联网、电子商务、大数据等领域知识产权保护与云服务规则研究，完善相关法律法规。强化商标信用监管，将故意侵犯商标权、假冒商标、违法商标代理行为等纳入全国信用信息共享平台和国家企业信用信息公示系统，加大失信惩戒力度。加强商标代理市场秩序整治，促进商标代理行业自律。

三、营造安全放心的市场消费环境

顺应百姓消费水平提升、消费结构升级趋势，建立从生产、流通到消费全过程的商品质量监管机制，强化消费者权益保护，为百姓营造安全放心的消费环境，提振百姓消费信心。发挥消费的引领作用，通过扩大新消费，带动新投资，培育新产业，形成新动能，促进经济发展良性循环。

（一）加强日常消费领域市场监管。

适应百姓消费品质提升的迫切要求，加强质量标准和品牌的引导和约束功能，提高产品和服务质量，缩小国内标准和国际先进标准的差距，提高重点领域主要消费品国际标准一致性程度，逐步实现出口产品与国内销售产品同标准、同质量。

加强食品药品质量安全监管。健全统一权威的食品药品安全监管体系，落实最严谨的标准、最严格的监管、最严厉的处罚、最严肃的问责，实施好国家食品药品安全相关规划。健全食品药品安全领域消费维权机制，加强消费维权制度建设，简化消费争议处理程序，推动完善食品药品消费公益诉讼机制，充分发挥消费者组织作用，提高百姓食品药品消费维权效率。

加强日用消费品监管。强化服装、日用百货、家用电器、建材等质量监管，查处经销无商品名称、无厂名、无厂址等“三无”产品和以假充真、以次充好等损害消费者权益行为。规范家用电器、汽车销售及售后服务市场，明确电动车、老年代步车等交通工具的管理理念和监管规则，完善服务标准，清理整顿虚假售后服务网点。加强对名牌服装、手表、洁具、箱包等品牌商品的监管，规范跨境电子商务经营行为。

加强日常服务消费维权。对百姓住房等大宗消费，要结合去库存，促进房地产市场健康发展，规范购房市场和住房租赁及二手房市场，规范中介服务，加强家装建材质量监管，打击虚假信息、价格欺诈和不公平合同格式条款，保障业主权利，保护购房者和承租者的权益。加强供水、供电、供气、供暖、广播电视、通信、交通运输、银行业、医疗等公用事业领域消费监管，提高服务质量，维护消费者权益。

(二)加强新消费领域市场监管。

把握百姓消费升级的发展趋势，针对新的消费领域、新的消费模式和新的消费热点，着眼关键环节和风险点，创新监管思维和监管方式，加强市场监管的前瞻性，消除消费隐患，促进新消费市场健康发展。

加强新消费领域维权。规范电商、微商等新消费领域，强化电商平台、社交平台、搜索引擎等法律责任，打击利用互联网制假售假、虚假宣传等侵害消费者权益的行为，净化网络商品市场，落实网络、电视、电话、邮购等方式销售商品的七日无理由退货制度。强化电信运营商、虚拟运营商的法律责任与社会责任，严惩不良企业利用频道、号码资源进行欺诈的行为。加强对消费者个人信息的保护，加大对违法出售、提供、获取消费者个人信息的处罚力度。

加强新消费领域监管。创新对网约车、房屋分享等新业态的监管，完善服务标准和规范，建立鼓励发展和有效规范相结合的监管机制。加强对平衡车、小型无人机等智能休闲产品的引导和规范，督促生产企业完善质量安全标准，取缔无技术资质、无规范标准的生产经营行为，防范安全风险。加强对旅游、文化、教育、快递、健身等新兴服务消费的监管，完善服务质量标准，强化服务品质保障，做好服务价格监管。加强对预付卡消费的规范，强化对预付卡企业资金管理、备案机制、退费解约等关键环节的监督检查，保障消费安全。

(三)加强重点人群消费维权。

维护老年人消费权益。丰富老年人消费需求，加大对老年保健食品、健康用品、休闲旅游等领域虚假宣传、消费欺诈的整治力度，清除消费陷阱。提高老年用品设计、制造标准,确保老年用品的安全性、便捷性和适用性。规范基本生活照料、康复护理、精神慰藉、文化服务等养老服务设施,提高服务质量,满足日益增长的养老服务需求。

维护未成年人消费权益。加强对婴幼儿用品的监管,提高产品质量安全标准,加大对婴幼儿奶粉、食品、服装、玩具等的抽查检验力度,严厉打击制售假冒伪劣商品,确保婴幼儿消费安全。加强学校体育设施器材、文化用品的质量安全监管,为未成年人健康成长提供保障。加强对康复治疗、特殊教育市场监管,严格经营资质和服务标准,严厉查处无照无证经营、超范围经营等不法行为。

(四)加强农村市场监管。

按照全面建成小康社会的目标要求,坚持普惠性、均等化发展方向,把加强农村、农民的消费维权作为重要任务,提高城乡消费维权的均等化水平。

加强农村消费市场监管。开展农村日常消费品质量安全检查,防止把农村作为假冒伪劣商品的倾销地。围绕重要节庆时点和春耕、夏种等重要时段,突出城乡结合部、偏远乡镇等重点区域,对农副产品市场、农业生产资料市场等商品交易市场开展综合治理,推动诚信示范市场建设,维护农村市场秩序。以日常大宗生活消费品为重点,针对假冒伪劣和侵权易发多发的商品,从生产源头、流通渠道和消费终端进行全方位整治。结合农村电商发展,在消费网点设立消费投诉点,方便农民就近投诉维权。

保障农业生产安全。围绕重点品种和相应农时,以"打假、护农、增收"为目标,加强对农机、农药、肥料、农膜、种子、兽药、饲料等涉农商品质量监管,开展农资产品抽检,严厉打击假劣农资坑农害农行为,切实保护农民权益。深入开展"合同帮农"、"红盾护农"等专项执法,指导农资经营者完善进货查验、票据管理等制度,推动农资商品质量可追溯,建立维护农村市场秩序的长效机制。

(五)健全消费维权机制。

针对百姓维权难、维权成本高,企业侵权成本低、赔付难等突出问题,完善消费维权机制,强化企业主体责任,加大企业违法侵权成本,提高百姓维权效率。

完善消费投诉举报平台。按照便利消费者投诉的要求,建立全国统一的消费者投诉举报互联网平台,优化提升食品药品、质量安全、价格投诉等重点领域消费投诉举报平台功能,建立消费投诉、消费维权公开公示制度。推进"12315"进商场、进超市、进市场、进企业、进景区工作向基层和新领域延伸,建立覆盖城乡的基层消费投诉举报网络。推进"12315"与相关行业、系统消费者申诉平台的衔接与联动。加强消费者权益保护指挥调度系统建设，强化统筹协调、考核督办、提示警示和应急指挥。

健全消费争议处理机制。探索建立消费纠纷多元化解机制，简化消费争议处理程序，提高消费者维权效率。鼓励经营者建立小额消费争议快速和解机制，督促指导经营者主动与消费者协商和解。鼓励社会力量建立消费仲裁机构，完善消费仲裁程序。鼓励小额消费纠纷案件通过小额诉讼程序一审终审，快速处理小额消费纠纷。推动完善消费公益诉讼机制，维护消费群体的合法权益。推动人民调解、行政调解与司法调解有机衔接，完善诉讼、仲裁与调解对接机制。完善消费领域惩罚性赔偿制度，大幅度提高消费者权益损害赔偿力度，强化以消费者为核心的社会监督机制，使消费者成为消费秩序的有力监督者和维护者。

加强消费维权制度建设。完善消费者权益保护法相关配套法规规章，推动调整现行法律法规中不利于消费者权益保护的规定，充分发挥消费者权益保护工作部际联席会议制度的作用。推动在全国范围内开展放心消费创建活动，提高消费环境安全度、经营者诚信度和消费者满意度。鼓励行业组织开展诚信自律等行业信用建设，完善银行、证券、保险及其他金融或金融相关行业，以及电信、快递、教育等领域消费者权益保护制度，建立跨行业、跨领域的消费争议处理和监管执法合作机制。加强国际和地区间消费者权益保护交流与合作，加快建立跨境消费者权益保护机制。

强化生产经营者主体责任。建立“谁生产谁负责、谁销售谁负责”的责任制，明确消费维权的责任链条，提高企业违法成本。健全消费品生产、运输、销售、消费全链条可追溯体系，实现产品可追溯、责任可追查。严格落实企业“三包”制度和缺陷产品召回制度，完善产品质量担保责任，对问题产品采取修理、更换、退货、损害赔偿等措施。严格规范生产经营者价格行为，落实明码标价和收费公示制度。建立产品质量和服务保证金制度，全面推行消费争议先行赔付。完善汽车、家电等耐用消费品举证责任倒置制度。在产品“三包”、重点消费品等领域实施产品质量安全责任保险制度，加强第三方专业监管和服务。

发挥消费者组织的作用。充分发挥消费者协会等组织在维护消费者权益方面的作用。推动扩大公益诉讼的主体范围，增加诉讼类型，针对垄断行业、公用事业、新兴领域以及涉及百姓消费利益的重大事件，加大公益诉讼力度。开展比较试验和体验式调查等消费引导，及时公布权威性调查报告，提高消费者自我保护能力。积极参与有关消费者权益的立法立标工作，反映消费者意见。加强基层消协组织建设，强化消协履职保障。发挥消费者协会专家委员会、消费者协会律师团和消费维权志愿者的作用，为消费者提供专业化消费咨询服务，加大法律援助力度，维护弱势群体利益。加强消费教育引导，提供消费指南，开展风险警示，引导科学理性消费。

第四章　健全市场监管体制机制

要与时俱进、开拓创新，不断完善市场监管体制机制，创新市场监管方式方法，适应市场经济发展变化趋势，提高市场监管的科学性和有效性。

一、强化竞争政策实施

竞争政策是推动市场经济繁荣发展的重要政策体系，具有规范市场秩序、维护公平竞争、鼓励市场创新、推动体制改革、提升市场效率和社会效益的重要作用。

（一）强化竞争政策基础性地位。

要以完善社会主义市场经济体制为目标，强化竞争政策在国家政策体系中的基础性地位，健全竞争政策体系，完善竞争法律制度，明确竞争优先目标，建立政策协调机制，倡导竞争文化，推动竞争政策有效实施。发挥国务院反垄断委员会在研究拟订有关竞争政策、评估市场竞争状况、制定反垄断指南、协调反垄断行政执法等方面的职责。

发挥竞争政策的基础性作用，把竞争政策贯穿到经济发展的全过程，推动我国经济转型和体制完善。把竞争政策作为制定经济政策的重要基础，以国家中长期战略规划为导向，充分尊重市场，充分发挥市场的力量，实行竞争中立制度，避免对市场机制的扭曲，影响资源优化配置。把竞争政策作为制定改革政策的重要导向，按照全面市场化改革方向，准确把握改革方向和改革举措，推进垄断行业改革，破除传统体制、传统管理模式的束缚，避免压抑市场创新、抑制发展活力。把竞争政策作为完善法律法规的重要指引，按照全面依法治国的要求，不断完善竞争法律制度，为市场经济高效运行提供法律保障，打破固有利益格局，避免部门分割和地方保护法制化。把竞争政策作为社会文化的重要倡导，形成与社会主义市场经济发展相适应的竞争文化，改革传统计划经济思维和惯性，规范和约束政府行为，推进创业创新、诚信守法、公平竞争。

（二）完善公平竞争审查制度。

把规范和约束政府行为作为实施竞争政策的重要任务。实施并完善公平竞争审查制度，研究制定公平竞争审查实施细则，指导政策制定机关开展公平竞争审查和相关政策措施清理工作，保障公平竞争审查制度有序实施。推动产业政策从选择性向功能性转型，建立产业政策与竞争政策的协调机制。开展公平竞争审查制度效应分析，对政策制定机关开展的公平竞争审查成效进行跟踪评估,及时总结经验并发现问题,推动制度不断完善。在条件成熟时适时组织开展第三方评估,提高公平竞争审查的公正性、科学性和规范性。与公平竞争审查制度的事前审查相呼应,建立公平竞争后评估制度,对已经出台的政策措施进行公平竞争评估,对不合理的政策安排进行相应调整完善。

(三)积极倡导竞争文化。

倡导竞争文化,形成推动竞争政策实施的良好氛围。在各级政府部门全面普及竞争政策理论,以更好地推动市场经济建设,消除不公平竞争对经济发展的危害。加大竞争政策宣传力度,使各类企业更好地了解市场竞争规则,积极主动面向市场,改变依赖政府优惠政策支持的倾向,使企业成为真正的市场主体,强化经济发展的微观基础。发挥新闻媒体特别是网络新媒体的作用,采取多种形式宣传普及竞争政策的目标任务和政策工具,加强竞争执法案例的分析解读,推动竞争政策的有效实施。

二、健全企业信用监管机制

健全企业信用监管机制,强化企业责任意识,增强企业自我约束机制,让信用创造财富,用信用积累财富,发挥信用在经济运行中的基础性作用,促进社会信用体系建设。

(一)完善企业信息公示制度。

完善企业信息公示制度,提高企业信息透明度,增强企业之间的交易安全,降低市场交易风险,提高经济运行效率。适时修改完善《企业信息公示暂行条例》,明确企业信息公示的责任和义务,提高企业年报的公示率和年报信息的准确性。指导市场主体及时公示即时信息,强化对与市场监管有关的出资、行政许可和受到行政处罚等信息的公示。政府部门要提高市场监管行政执法的公开性和透明度,及时公示对企业的行政处罚信息。支持利用新媒体等多渠道公示市场主体信用信息,为社会公众查询信息提供便捷高效的服务。

(二)强化企业信息归集机制。

企业信息归集是实现企业信用监管、协同监管、联合惩戒和社会共治的基础。加强信息整合,建立涉企信用信息归集机制,整合各部门涉企信息资源,解决企业信息碎片化、分散化、区域化的问题。建立企业财务会计报表单一来源制度。依托国家企业信用信息公示系统,将企业基础信息和政府部门在履职过程中形成的行政许可、行政处罚及其他监管信息,全部归集到企业名下,形成企业的全景多维画像。建立跨部门信息交换机制,依托全国信用信息共享平台和国家企业信用信息公示系统,推动政府及相关部门及时、有效地交换共享信息,打破信息"孤岛"。健全信息归集机制,完善企业信息归集办法,定期公布涉企信息归集资源目录,制定信息归集标准规范,提升信息归集的统一调度处理能力和互联互通的协同能力。

（三）健全信用约束和失信联合惩戒机制。

发挥企业信用监管的作用，推动企业诚信经营。建立市场主体准入前信用承诺制度，将信用承诺纳入市场主体信用记录。完善经营异常名录、严重违法失信企业名单制度，在各地区、各部门“黑名单”管理基础上，形成统一的“黑名单”管理规范。完善法定代表人、相关负责人及高级管理人员任职限制制度，将信用信息作为惩戒失信市场主体的重要依据。实行跨部门信用联合惩戒，加大对失信企业惩治力度，对具有不良信用记录的失信市场主体，在经营、投融资、取得政府供应土地、进出口、出入境、注册新公司、工程招投标、政府采购、获得荣誉、安全许可、生产许可、从业任职资格、资质审核等方面，依法予以限制或禁止。实行企业信用风险分类管理，依据企业信用记录，发布企业风险提示，加强分类监管和风险预防。建立企业信用修复机制，鼓励企业重塑信用。

（四）全面推行“双随机、一公开”监管。

推进监管方式改革，提高政府部门对企业监管的规范性、公正性和透明度。改革传统的巡查监管方式，建立健全“双随机、一公开”监管机制，全面推行“双随机、一公开”跨部门联合检查和监管全覆盖。在一些综合执法领域，要建立部门协同、联合监管的工作机制，加强对基层工作的统筹指导，提高执法效能。鼓励地方把“双随机、一公开”扩展到相关政府部门、扩展到对市场主体的各项检查事项上，建立政府部门的“随机联查”制度，发挥跨部门联合惩戒的作用，切实减轻分散检查对企业造成的负担。

三、加强大数据监管

以市场监管信息化推动市场监管现代化，充分运用大数据等新一代信息技术，增强大数据运用能力，实现“互联网＋”背景下的监管创新，降低监管成本，提高监管效率，增强市场监管的智慧化、精准化水平。

（一）加强大数据广泛应用。

加强大数据综合分析，整合工商登记、质量安全监管、食品安全、竞争执法、消费维权、企业公示和涉企信息等数据资源，研究构建大数据监管模型，加强对市场环境的监测分析、预测预警，提高市场监管的针对性、科学性和时效性。加强对市场主体经营行为和运行规律的分析，对高风险领域建立市场风险监测预警机制，防范行业性、系统性、区域性风险。在工商登记、质量安全监管、竞争执法、消费维权等领域率先开展大数据示范应用，建设市场监管大数据实验室，推进统一的市场监管综合执法平台建设。加强市场监管数据与宏观经济数据的关联应用，定期形成市场环境形势分析报告，为宏观决策提供依据。运用大数据资源科学研究制定市场监管政策和制度，对监管对象、市场和社会反应进行预测，并就可能出现的风险提出预案。加强对市场监管政策和制度实施效果的跟踪监测，定期评估并根据需要及时调整。

（二）加强大数据基础设施建设。

适应大数据监管趋势要求，推动“互联网+监管”信息化建设，提高政府信用监管的信息化水平。加强国家企业信用信息公示系统建设，按照“全国一体、纵向贯通、横向互联、资源共享、规范统一”的要求，强化顶层设计，结合地方实际，建立完善企业信用信息汇集、共享和利用的国家级一体化信息平台。加强大数据资源体系建设，加快建设国家法人单位基础信息库、全国动物疫病监测和疫情系统，完善市场监管平台建设。依托全国信用信息共享平台和国家企业信用信息公示系统，健全部门信息共享交换机制，进一步加强“信用中国”网站建设。建立大数据标准体系，研究制定有关大数据的基础标准、技术标准、应用标准和管理标准等。加快建立政府信息采集、存储、公开、共享、使用、质量保障和安全管理的技术标准。引导建立企业间信息共享交换的标准规范。建立健全信息安全保障体系，切实保护国家信息安全以及公民、法人和其他组织信息安全。

（三）发展大数据信用服务市场。

积极稳妥推动市场监管数据向社会开放，明确政府统筹利用市场主体大数据的权限及范围，构建政府和社会互动的信息应用机制。加强与企业、社会机构合作，通过政府采购、服务外包、社会众包等多种方式，依托专业企业开展市场监管大数据应用，降低市场监管成本。发展各类信用服务机构，鼓励征信机构、消费者协会、互联网企业、行业组织等社会力量依法采集企业信用信息，建立覆盖各领域、各环节的市场主体信用记录，提供更多的信用产品和服务，扩大信用报告在市场监管和公共服务领域中的应用。加强信用服务市场监管，提高信用服务行业的市场公信力和社会影响力，打击虚假评价信息，培育有公信力、有国际影响力的信用服务机构。通过政府信息公开和数据开放、社会信息资源开放共享，提高市场主体生产经营活动的透明度，为新闻媒体、行业组织、利益相关主体和消费者共同参与对市场主体的监督创造条件。

四、完善市场监管体制

按照加强和改善市场监管的要求，进一步理顺市场监管体制，完善监管机制，优化执法资源，统一执法规则，建立协调配合、运转高效的市场监管体制机制，形成大市场、大监管、大服务的新格局。

（一）推进综合执法。

综合执法改革是市场监管改革的重要方向和重点任务，必须科学谋划、统筹推进。研究制定深化地方市场监管领域综合执法改革的政策思路，指导各地规范有序开展综合执法改革，大力推动市场综合监管。大力推进市、县综合行政执法，在总结县级层面经验做法基础上，积极推进地市层面综合执法，尽快完成市、县市场监管综合执法改革。按照市场统一性和执法统一性的要求，从完善政府管理架构、强化治理能力出发，加强市场监管体制改革的顶层设计，明确全国市场监管体制改革的方向。合理确定综合执法范围，探索有效的改革模式，统一执法资格和执法标准，提高综合执法效能。“十三五”期间，形成统一规范、权责明确、公正高效、法治保障的市场监管和反垄断执法体系。

（二）强化部门联动。

依法充分发挥综合监管和行业监管作用，建立综合监管部门和行业监管部门联动的工作机制，形成优势互补、分工协作、沟通顺畅、齐抓共管的监管格局。按照“谁审批、谁监管，谁主管、谁监管”的原则，健全行业监管机构和队伍，充分发挥行业监管部门的作用，履行专业监管职责，进一步规范行业领域市场秩序。综合监管部门要强化市场秩序、市场环境的综合监管，维护全国统一大市场，维护公平竞争的市场机制，维护广大消费者合法权益，推动市场经济繁荣发展。建立健全行业监管部门和综合监管部门的协调配合机制，行业监管部门没有专门执法力量或执法力量不足的，应充分发挥综合监管部门市场监管骨干作用，推动跨行业、跨区域执法协作，形成促进行业发展和统一市场协同发展的格局。完善不同层级部门之间执法联动机制，科学划分不同层级的执法权限，增强纵向联动执法合力。

（三）加强基层建设。

按照市场监管执法重心下移的要求，推动人财物等资源向基层倾斜，加强基层执法能力建设。充实执法力量，加强业务培训，优化基层干部年龄结构和知识结构，建设高素质、专业化的执法队伍。推行行政执法类、专业技术类公务员分类改革，完善市场监管人员激励机制。研究制定基层执法装备配备标准，合理保障基层装备投入，配备执法记录仪、检验检测设备等先进设备，提高现代科技手段在执法办案中的应用水平。应结合实际需要和财力可能，统筹安排基层执法能力建设经费，并通过优化支出结构、提高资金使用效益予以合理保障。

（四）推动社会共治。

顺应现代治理趋势，努力构建“企业自治、行业自律、社会监督、政府监管”的社会共治新机制。强化生产经营者的主体责任，企业要履行好质量管理、营销宣传、售后服务、安全生产等方面的义务，引导企业成为行业秩序、市场环境的监督者和维护者，培育有社会责任的市场主体。引导非公经济组织加强党建、团建工作，自觉依法依规经营。结合行业组织改革，加强行业组织行业自治功能，鼓励参与制定行业标准和行业自律规范，建立行业诚信体系，充分发挥服务企业发展、规范行业主体行为、维护行业秩序的重要作用。充分利用认证认可检验检测等第三方技术手段,为市场监管执法提供技术支撑。积极推动社会共治立法,明晰社会共治主体的权利和义务,加强社会公众、中介机构、新闻媒体等对市场秩序的监督,发挥消费者对生产经营活动的直接监督作用,健全激励和保护消费者制度,构筑全方位市场监管新格局。

五、推动市场监管法治建设

适应市场监管工作新需要,加强市场监管法治建设,完善法律法规体系,推进依法行政,强化执法能力保障,确保市场监管有法可依、执法必严、清正廉洁、公正为民。

(一)完善法律法规。

根据市场监管实际需要和行政审批制度改革情况,加快市场监管法律法规体系建设,完善商事法律制度。完善市场监管重点领域立法,研究推动市场竞争、产品质量、外国投资、电子商务等领域的立法。夯实商事制度改革法治基础,适时推动反不正当竞争法、标准化法、无证无照经营查处办法等法律、行政法规的制修订工作,加强相关配套规章的制定、修改和废止工作。

(二)规范执法行为。

坚持法定职责必须为,严格依法履行职责。市场监管部门依照法定权限和程序行使权力、履行职责。建立科学监管的规则和方法,优化细化执法工作流程,解决不执法、乱执法、执法扰民等问题。完善行政执法程序和制度,全面落实行政执法责任制。建立行政执法自由裁量基准制度,严格限定和合理规范自由裁量权的行使。健全行政执法调查取证、告知、罚没收入管理等制度。严格执行重大行政执法决定法制审核制度,完善规范性文件制定程序,落实合法性审查制度。建立健全法律顾问制度。按照"谁执法谁普法"的普法要求,建立常态化的普法教育机制,开展法治宣传教育,营造良好的法治环境。

(三)强化执法监督。

推行地方各级市场监管部门权力清单制度,依法公开权力运行流程。实行行政执法公示制度,公示行政审批事项目录,公开审批依据、程序、申报条件,公开监测、抽查和监管执法的依据、内容和结果。强化执法考核和行政问责,综合运用监察、审计、行政复议等方式,加强对行政机关不作为、乱作为、以罚代管等违法违规行为的监督。完善内部层级监督和专门监督,建立常态化监督制度,加强行政执法事中事后监督。开展法治建设评价工作,改进上级市场监管机关对下级机关的监督。

(四)加强行政执法与刑事司法衔接。

完善案件移送标准和程序,严格执行执法协作相关规定,解决有案不移、有案难移问题。建立和加强市场监管部门、公安机关、检察机关间案情通报机制。市场监管部门发现违法行为涉嫌犯罪的，要及时依法移送公安机关并抄送同级检察机关，严禁以罚代刑、罚过放行。推进市场监管行政执法与刑事司法信息共享系统建设，实现违法犯罪案件信息互联互通。

第五章 规划组织实施

落实本规划提出的目标任务，要履行好各部门、地方各级政府的职责，充分激发各类市场主体、广大消费者、行业组织和社会媒体的积极性，形成市场监管合力。

一、加强组织协调

各部门、各地方要转变观念、提高认识，把加强和改善市场监管作为推动改革、促进发展的一项重大任务，切实抓实抓好。建立市场监管部际联席会议制度，加强组织领导，密切协调配合，健全工作机制，强化部门协同和上下联动，统筹推进规划明确的重要任务和改革部署，全面实现规划目标。加强国际交流，强化国际人才培养，积极参与国际规则制定。组织开展规划的宣传和解读工作，为规划实施营造良好的舆论氛围。

二、明确责任分工

各部门、各地方要积极探索、大胆创新、勇于改革，运用创新性思维、改革性举措，创造性地落实好规划任务。各部门要强化责任意识，树立大局观念，按照职责分工，各司其职，密切配合，把规划提出的目标任务纳入年度工作部署，明确时间表、路线图，扎实推进规划的实施。地方各级政府要切实转变观念，把加强市场监管作为改善地方经济发展环境、推动地方经济繁荣发展的重要保障，把规划目标任务纳入政府工作部署予以落实。相关社会组织和行业协会要按照规划要求，积极参与，主动作为，发挥作用。要发挥市场监管专家委员会以及有关专家学者的作用，加强竞争政策智库建设，针对规划中的重点难点问题，加强理论研究和对策研究，促进重大决策的科学化和民主化。

三、强化督查考核

建立规划实施跟踪评估和绩效考核机制，推动规划有效落实。加强对规划实施情况的动态监测与总结，每年向国务院报送规划实施情况报告，总结规划实施进展，提出推进规划实施建议。各部门和各地方相应做好本领域、本地方的规划落实情况报告。在规划实施中期组织开展评估工作，并将评估结果纳入政府综合评价和绩效考核范畴，建立规划实施长效机制。

国务院关于第三批取消中央指定地方实施行政许可事项的决定

（2017 年 1 月 12 日　国发〔2017〕7 号）

经研究论证，国务院决定第三批取消 39 项中央指定地方实施的行政许可事项。另有 14 项依据有关法律设立的行政许可事项，国务院将依照法定程序提请全国人民代表大会常务委员会修订相关法律规定。

各地区、各部门要抓紧做好事中事后监管措施的落实和衔接工作，明确责任主体和工作方法，切实提高行政审批改革的系统性、协同性、针对性和有效性。

附件

国务院决定第三批取消中央指定地方实施的行政许可事项目录（共计 39 项）

序号	项目名称	审批部门	设定依据	加强事中事后监管措施
1	棉花加工资格认定	省级发展改革、工商行政管理、质量技术监督部门	《棉花质量监督管理条例》 《棉花加工资格认定和市场管理暂行办法》（国家发展改革委、工商总局、质检总局令 2006 年第 49 号）	取消审批后，质检总局、国家发展改革委等部门要按照职责分工，进一步健全棉花加工抽检、预警机制，健全质量追溯体系，加强棉花加工企业诚信体系建设，加大违法责任追究力度。
2	普通中小学、幼儿园、中等职业学校（含民办）章程核准	省、市、县级教育行政部门	《中华人民共和国教育法》 《中华人民共和国民办教育促进法》 《全面推进依法治校实施纲要》（教政法〔2012〕9 号）	取消审批后，在学校设立审批过程中严格把关。地方教育行政部门要通过明确章程规范标准、制定范本、加强随机抽查等方式，对学校章程进行管理。

续表

3	自费出国留学中介服务机构资格认定	省级教育行政部门	《国务院对确需保留的行政审批项目设定行政许可的决定》《国务院关于第六批取消和调整行政审批项目的决定》(国发〔2012〕52号)	取消审批后,教育部要会同工商总局研究制定相关合同示范文本,加强对自费出国留学中介服务机构的规范、指导和服务。要发挥行业组织的行业自律和行业规范的作用。教育、工商等部门要在相应职责范围内加强事中事后监管,依法查处违法行为。
4	高等学校副教授评审权审批	省级教育行政部门	《国务院对确需保留的行政审批项目设定行政许可的决定》《国务院关于第六批取消和调整行政审批项目的决定》(国发〔2012〕52号)	取消审批后,教育部要制定相关管理办法,规范监管。教育行政部门要通过开展随机抽查、畅通投诉举报渠道等方式,加强事中事后监管。
5	民办学校招生简章和广告备案核准	省、市、县级教育行政部门	《中华人民共和国民办教育促进法》《民办高等学校办学管理若干规定》(教育部令2007年第25号,2015年11月10日予以修改)《独立学院设置与管理办法》(教育部令2008年第26号,2015年11月10日予以修改)	取消审批后,实行事后备案管理。教育行政部门要加大检查力度,畅通投诉举报渠道,依法查处违法行为。

续表

6	生产无线电发射设备型号核准初审	省级无线电管理机构	《中华人民共和国无线电管理条例》 《信息产业部关于加强无线电发射设备管理的通告》(信部无〔1999〕363号) 《关于改进无线电发射设备型号核准审查工作的通知》(工信无函〔2008〕103号)	取消地方初审后,工业和信息化部直接受理审批,直接承担相应责任,并通过“双随机”抽查,加强型号生产一致性监督检查。
7	食盐准运许可	省级盐业主管机构	《食盐专营办法》	取消审批后,盐业主管机构要按照《国务院关于印发盐业体制改革方案的通知》(国发〔2016〕25号)“完善食盐专业化监管体制”的具体要求,做好食盐管理与监督等事中事后监管工作。
8	食盐中添加营养强化剂或药物许可	省级盐业主管机构、卫生计生行政部门	《盐业管理条例》	取消审批后,食品药品监管总局要加大《中华人民共和国食品安全法》执法力度,规范生产经营者在食盐中添加营养强化剂的行为。各级食品药品监督管理部门要加强事中事后监管,对违法生产行为实施行政处罚,涉嫌犯罪的移送司法机关。
9	公章刻制审批	县级公安机关	《印铸刻字业暂行管理规则》	取消审批后,实行公章刻制备案管理,继续保留公安机关对公章刻制企业的审批。要修订《印铸刻字业暂行管理规则》,明确监管标准、要求和处罚措施,要求公章刻制企业在刻制公章后,将用章单位、公章刻制申请人、印模等基本信息报公安机关备案。公安机关要加强事中事后监管,建立统一的公章治安管理信息系统,逐步实现公章刻制网上备案、信息采集及公众查询。

续表

10	香港、澳门律师担任内地律师事务所法律顾问核准	省级司法行政主管部门	《国务院对确需保留的行政审批项目设定行政许可的决定》	取消审批后,实行备案管理。司法行政主管部门要通过备案了解掌握内地律师事务所聘用的港澳律师信息,进一步完善日常管理。
11	在环保部门管理的地方级自然保护区的实验区开展参观、旅游活动审批	省级环境保护行政主管部门	《中华人民共和国自然保护区条例》	取消审批后,环境保护行政主管部门要研究制定相关标准和技术规范,编制保护区生态旅游专项规划,加强规划环评和建设项目环评,防止不合理的旅游开发活动。要加强对保护区内旅游开发活动的监督检查,依法查处违法旅游开发建设活动。
12	物业服务企业二级及以下资质认定	省、市级住房城乡建设主管部门	《物业管理条例》《物业服务企业资质管理办法》(建设部令2004年第125号,2007年11月26日、2015年5月4日予以修改)	取消审批后,住房城乡建设部要研究制定物业服务标准规范,通过建立黑名单制度、信息公开、推动行业自律等方式,加强事中事后监管。
13	在历史文化名城、名镇、名村保护范围内进行相关活动方案的审批	城市、县城乡规划主管部门、文物主管部门	《历史文化名城名镇名村保护条例》	取消审批后,城乡规划主管部门、文物主管部门要强化名城、名镇、名村保护,在规划中对相关建设和活动提出保护要求,加大规划执行监督力度,并采取随机抽查等方式,加强对保护范围内相关活动的监管。

续表

14	水利施工图设计文件审批	省、市、县级水行政主管部门	《建设工程质量管理条例》 《建设工程勘察设计管理条例》	取消审批后，水行政主管部门要强化水利工程初步设计审查、工程验收，对工程质量严格把关。要加强巡查检查，发现问题及时督促整改，对出现设计质量问题的，严肃追究有关单位和人员的责任，处理结果记入水利建设市场主体信用体系黑名单。
15	在堤防上新建建筑物及设施竣工验收	省、市、县级河道主管机关	《中华人民共和国河道管理条例》	取消审批后，河道主管机关在参加河道管理范围内建筑物和设施竣工验收时，要对河道和堤防安全严格把关。要加强巡查检查，发现问题及时督促整改，对出现质量问题的，严肃追究有关单位和人员的责任，处理结果记入水利建设市场主体信用体系黑名单。
16	水利工程采用没有国家技术标准的新技术、新材料审定	省级水行政主管部门	《建设工程勘察设计管理条例》	取消审批后，水行政主管部门要强化水利工程初步设计审查、工程验收，对工程质量严格把关。
17	重大动物疫病病料采集审批	省级兽医行政主管部门	《重大动物疫情应急条例》 《国务院关于取消和下放一批行政审批项目的决定》（国发〔2013〕44号）	取消审批后，兽医行政主管部门要强化“从事高致病性或疑似高致病性病原微生物实验活动审批”，严格把关。农业部要加快制定实施《动物疫情报告、通报和公布管理办法》，进一步加强和规范动物疫情管理工作，防控动物疫病风险。

续表

18	在渔港内的航道、港池、锚地和停泊区从事捕捞、养殖等生产活动审批	市、县级渔政渔港监督管理机关	《中华人民共和国渔港水域交通安全管理条例》	取消审批后，渔政渔港监督管理机关要严格执行“在渔港内的航道、港池、锚地和停泊区，禁止从事有碍海上交通安全的捕捞、养殖等生产活动”的规定，加大执法监督力度，加强政策宣传，畅通举报渠道，加强日常巡查检查，严格查处违法违规行为。
19	境内申请肥料临时登记	省级农业行政主管部门	《中华人民共和国农业法》 《肥料登记管理办法》（农业部令2000年第32号，2004年7月1日予以修改）	取消审批后，农业行政主管部门直接受理肥料登记申请，要加大肥料打假力度，对肥料产品质量开展“双随机”抽查，并将抽查结果向社会公布。
20	国内农业转基因生物标识审查	省、市、县级农业行政主管部门	《农业转基因生物安全管理条例》 《农业转基因生物标识管理办法》（农业部令2002年第10号，2004年7月1日予以修改）	取消审批后，农业部要强化“农业转基因生物安全审批”，严格把关。农业行政主管部门要通过开展随机抽查、设立举报平台、建立黑名单制度等方式，加强对农业转基因生物标识的监督检查，及时公开不按规定标识的企业信息。
21	从境外引进蚕遗传资源初审	省级畜牧兽医行政主管部门	《中华人民共和国畜牧法》	取消地方初审后，农业部直接受理审批，直接承担相应责任，并进一步明确各级畜牧兽医行政主管部门的监管责任。
22	在渔业行政主管部门管理的自然保护区的实验区开展参观、旅游活动审批	省级渔业行政主管部门	《中华人民共和国自然保护区条例》 《国务院关于第六批取消和调整行政审批项目的决定》（国发〔2012〕52号）	取消审批后，渔业行政主管部门要在制定自然保护区总体规划和管理制度时提出具体要求，加大对保护区管理机构执行规划和制度的监督力度，同时完善应急预案，通过畅通举报渠道、开展随机抽查等方式加强监管。

续表

23	药物临床试验机构资格认定初审	省级卫生计生行政部门	《中华人民共和国药品管理法》 《药物临床试验机构资格认定办法（试行）》（国食药监安〔2004〕44号）	取消地方初审后，食品药品监管总局直接受理审批，审批时征求国家卫生计生委意见，并进一步明确各自责任。
24	机动车安全技术检验机构检验资格许可	省级质量技术监督部门	《中华人民共和国道路交通安全法实施条例》 《机动车安全技术检验机构监督管理办法》（质检总局令2009年第121号）	取消审批后，质量技术监督部门要强化"为社会提供公证数据的产品质量检验机构计量认证"，对机动车安全技术检验机构严格把关，采用监督检查、能力验证、投诉处理、信息公开等多种方式，加强事中事后监管。
25	复印打印业务审批	省、市、县级新闻出版广电行政部门	《印刷业管理条例》 《印刷业经营者资格条件暂行规定》（新闻出版总署2001年第15号令，2015年8月28日予以修改）	取消审批后，新闻出版广电行政部门要建立完善相关举报制度，开展随机抽查、定期检查等，加强事中事后监管，发现复印打印含有反动、淫秽、迷信内容和国家明令禁止的其他内容等违法违规行为，依法进行查处。
26	非电子出版物出版单位委托电子出版物复制单位复制计算机软件、电子媒体非卖品审批	省级新闻出版广电行政部门	《国务院对确需保留的行政审批项目设定行政许可的决定》	取消审批后，新闻出版广电行政部门要在电子出版物非卖品内容、标识等方面加强监管，明确非卖品内容应限于公益宣传、企事业单位宣传、交流、商品介绍，在非卖品载体印刷标识面及装帧的显著位置注明电子出版物非卖品的制作单位和复制单位，加强对电子出版物复制单位的监督检查，依法查处违法行为。

续表

27	药用辅料（不含新药用辅料和进口药用辅料）注册	省级食品药品监督管理部门	《国务院对确需保留的行政审批项目设定行政许可的决定》	取消审批后，将药用辅料注册纳入药品审批一并办理。食品药品监管总局要明确，药品注册申请人所在地食品药品监督管理部门应加强延伸监管，将药用辅料生产企业纳入日常监管范围。
28	互联网药品交易服务企业（第三方平台除外）审批	省级食品药品监督管理部门	《国务院对确需保留的行政审批项目设定行政许可的决定》	取消审批后，食品药品监督管理部门要强化“药品生产企业许可”、“药品批发企业许可”、“药品零售企业许可”，对互联网药品交易服务企业严格把关。要建立网上信息发布系统，方便公众查询，指导公众安全用药，同时建立网上售药监测机制，加强监督检查，依法查处违法行为。
29	药物临床试验机构资格认定初审	省级食品药品监督管理部门	《中华人民共和国药品管理法》 《药物临床试验机构资格认定办法（试行）》（国食药监安〔2004〕44号）	取消地方初审后，食品药品监管总局直接受理审批，审批时征求国家卫生计生委意见，并进一步明确各自责任。
30	在非疫区进行植物检疫对象研究审批	省级林业行政主管部门	《植物检疫条例》 《国务院关于第三批取消和调整行政审批项目的决定》（国发〔2004〕16号）	取消审批后，林业行政主管部门要严格执行“对植物检疫对象的研究，不得在检疫对象的非疫区进行”的规定，加大执法力度，加强宣传引导，对进行植物检疫对象研究的单位加强监管，禁止将植物检疫对象活体带入非疫区，畅通投诉举报渠道，对违法行为严格处罚。
31	采集国家一级保护野生植物初审	省级林业行政主管部门	《中华人民共和国野生植物保护条例》	取消地方初审后，国家林业局直接受理审批，直接承担相应责任，并进一步明确各级林业行政主管部门的监管责任。

续表

32	出口国家重点保护野生植物或进出口中国参加的国际公约限制进出口的野生植物初审	省级林业行政主管部门	《中华人民共和国野生植物保护条例》	取消地方初审后，国家林业局直接受理审批，直接承担相应责任，并进一步明确各级林业行政主管部门的监管责任。林业行政主管部门要采取专项检查、随机抽查等方式，加强事中事后监管。
33	营造林工程监理员职业资格审核	省级林业行政主管部门	《中华人民共和国劳动法》 《国务院关于取消和下放一批行政审批项目的决定》（国发〔2014〕5号）	取消审批后，林业行政主管部门要加强对营造林工程质量的监管，建立营造林工程诚信档案并向社会公布。
34	采集或采伐国家重点保护的天然种质资源初审	省级林业行政主管部门	《中华人民共和国种子法》 国家林业局公告（2006年第6号）	取消地方初审后，国家林业局直接受理审批，直接承担相应责任，并进一步明确各级林业行政主管部门的监管责任。要对被许可人开展随机抽查，确保其按照采集或采伐国家重点保护林木天然种质资源审批内容开展相关活动，加强国家林木种质资源库日常管理，避免林木种质资源流失。
35	废弃物海洋倾倒许可证核发	省级海洋行政主管部门	《中华人民共和国海洋环境保护法》 《委托签发废弃物海洋倾倒许可证管理办法》（国土资源部令2004年第25号）	取消委托地方的许可后，国家海洋局直接受理审批，直接承担相应责任。要完善并公布禁止倾倒、经批准方可倾倒的废弃物目录，明确倾倒废弃物的海域范围，加强巡查检查，及时查处违法行为。

续表

36	在海洋行政主管部门管理的地方级自然保护区的实验区开展参观、旅游活动审批	省级海洋行政主管部门	《中华人民共和国自然保护区条例》	取消审批后，海洋行政主管部门要在制定自然保护区总体规划和管理制度时提出具体要求，加大对保护区管理机构执行规划和制度的监督力度，改进管理方式，畅通举报渠道，开展随机抽查，加强对在保护区开展相关活动的监管。
37	在古建筑内安装电器设备审批	省、市、县级文物行政主管部门、公安机关	《国务院对确需保留的行政审批项目设定行政许可的决定》	取消审批后，国家文物局、公安部要修改完善《古建筑消防管理规则》，研究制定古建筑电器火灾防范相关标准，指导地方文物行政主管部门和公安机关加强对古建筑防火安全的监督检查和日常监管，督促古建筑管理使用单位和产权人制定实施各项防火安全制度，定期组织防火安全检查，及时整改风险隐患，真正落实消防安全主体责任。
38	在古建筑内设置生产用火审批	省、市、县级文物行政主管部门、公安机关	《国务院对确需保留的行政审批项目设定行政许可的决定》	取消审批后，国家文物局、公安部要修改完善《古建筑消防管理规则》，研究制定古建筑电器火灾防范相关标准，指导地方文物行政主管部门和公安机关加强对古建筑防火安全的监督检查和日常监管，督促古建筑管理使用单位和产权人制定实施各项防火安全制度，定期组织防火安全检查，及时整改风险隐患，真正落实消防安全主体责任。

续表

39	对国家文物局关于馆藏一级文物修复、复制、拓印审批的初审	省级文物行政主管部门	《中华人民共和国文物保护法实施条例》	取消地方初审后,国家文物局直接受理审批,直接承担相应责任,并进一步明确各级文物行政主管部门的监管责任。

国务院关于第三批清理规范国务院部门行政审批中介服务事项的决定

(2017 年 1 月 12 日　国发〔2017〕8 号)

经研究论证,国务院决定第三批清理规范 17 项国务院部门行政审批中介服务事项,不再作为行政审批的受理条件。另有 2 项涉及修改法律的中介服务事项,国务院将依照法定程序提请全国人民代表大会常务委员会修订相关法律规定;另有 1 项涉及修改《内地与香港关于建立更紧密经贸关系的安排》和《内地与澳门关于建立更紧密经贸关系的安排》的中介服务事项,国务院有关部门将按程序与香港、澳门特别行政区政府磋商,修改补充相关安排。

各有关部门要认真做好清理规范行政审批中介服务事项的落实工作,加快配套改革和相关制度建设,加强事中事后监管,保障行政审批质量和效率。对于涉及公共安全的行政审批事项,中介服务清理规范后,要进一步强化相关监管措施,确保安全责任落实到位。

附件

国务院决定第三批清理规范的
国务院部门行政审批中介服务事项目录

（共计 17 项）

序号	中介服务事项名称	涉及的审批事项项目名称	审批部门	中介服务设定依据	中介服务实施机构	处理决定
1	固定资产投资项目节能评估文件编制	固定资产投资项目节能评估和审查	国家发展改革委	《固定资产投资项目节能评估和审查暂行办法》（国家发展改革委令 2010 年第 6 号） 注：审批工作中要求申请人委托有关机构出具固定资产投资项目节能评估文件	有相应能力的编制机构	申请人可按要求自行编制节能评估文件，也可委托有关机构编制，审批部门不得以任何形式要求申请人必须委托特定中介机构提供服务；保留审批部门现有的固定资产投资项目节能评估文件技术评估、评审
2	无线电发射设备型号核准测试	无线电发射设备型号核准	工业和信息化部	《信息产业部关于加强无线电发射设备管理的通告》（信部无〔1999〕363 号） 注：审批工作中要求申请人委托有关机构编制型号核准测试报告	国家无线电监测中心检测中心等 12 家单位	不再要求申请人进行无线电发射设备型号核准测试，改由审批部门委托有关机构开展无线电发射设备型号核准测试

续表

3	台湾居民申请法律职业资格户籍誊本或户口名簿复印件公证	法律职业资格认定	司法部	《台湾居民参加国家司法考试若干规定》(司法部令第110号)	台湾地区公证机构	不再要求申请人提供户籍誊本或户口名簿复印件公证;申请人按要求提交能够证明其身份的有关材料并承诺其真实性,审批部门严格审核,加强与相关部门的信息沟通,做好对申请人身份信息的核查工作
4	申请中国委托公证人资格(香港)所需的学历、经历证明文件公证	中国委托公证人资格(香港)审批	司法部	《中国委托公证人(香港)管理办法》(司法部令第69号)	香港律师会,中国委托公证人	不再要求申请人提供学历、经历证明文件公证;申请人按要求提交能够证明其学历、经历情况的有关材料并承诺其真实性,审批部门严格审核,加强与相关部门的信息沟通,做好对申请人学历、经历等信息的核查工作
5	申请中国委托公证人资格(澳门)所需的学历、经历证明文件公证	中国委托公证人资格(澳门)审批	司法部	注:审批工作中要求申请人委托有关机构对学历、经历证明文件进行公证	澳门律师会,公证机构	不再要求申请人提供学历、经历证明文件公证;申请人按要求提交能够证明其学历、经历情况的有关材料并承诺其真实性,审批部门严格审核,加强与相关部门的信息沟通,做好对申请人学历、经历等信息的核查工作

续表

6	境外公司申请向我国出口农业转基因生物用作加工原料所需的安全检测（成分、环境和食用）	境外研发商首次申请农业转基因生物安全证书（农业转基因生物研究、试验、生产、经营和进口审批的子项）	农业部	《农业转基因生物安全管理条例》《农业转基因生物进口安全管理办法》（农业部令2002年第9号，2004年7月1日予以修改）	通过认证的、有资质的农业转基因生物技术检测机构	不再要求申请人进行转基因生物安全检测，改由审批部门委托有关机构开展转基因生物安全检测
7	农业转基因生物安全检测（成分、环境和食用）	农业转基因生物安全证书（生产应用）（农业转基因生物研究、试验、生产、经营和进口审批的子项）	农业部	《农业转基因生物安全管理条例》《农业转基因生物安全评价管理办法》（农业部令2002年第8号，2004年7月1日、2007年11月8日、2016年7月25日予以修改）	通过认证的、有资质的农业转基因生物技术检测机构	不再要求申请人进行转基因生物安全检测，改由审批部门委托有关机构开展转基因生物安全检测
8	特种设备生产单位鉴定评审	特种设备生产单位许可（移动式压力容器、气瓶充装单位许可除外）	质检总局	《特种设备行政许可实施办法（试行）》（国质检锅〔2003〕172号） 注：审批工作中要求申请人委托有关机构开展鉴定评审	审批部门公布的鉴定评审机构	不再要求申请人进行特种设备生产实地条件鉴定评审，改由审批部门委托有关机构开展特种设备生产实地条件鉴定评审

续表

9	特种设备检验检测机构鉴定评审	特种设备检验、检测机构（气瓶检验机构除外）核准	质检总局	《中华人民共和国特种设备安全法》《特种设备检验检测机构核准规则》（TSG Z7001－2004）注：审批工作中要求申请人委托有关机构开展鉴定评审	审批部门公布的鉴定评审机构	不再要求申请人进行特种设备检验检测机构鉴定评审，改由审批部门委托有关机构开展特种设备检验检测机构鉴定评审
10	特种设备检验检测人员考试	特种设备检验检测人员资格认定	质检总局	《特种设备安全监察条例》《特种设备检验人员考核规则》（TSG Z8002－2013）注：审批工作中要求申请人委托有关考试机构提供考试服务	审批部门公布的考试机构	不再要求申请人委托有关机构提供考试服务，改由审批部门委托有关机构对申请人进行考试
11	金属冶炼建设项目安全预评价报告编制	矿山、金属冶炼建设项目和用于生产、储存危险物品的建设项目的安全设施设计审查	安全监管总局	《中华人民共和国安全生产法》注：审批工作中要求申请人委托有关机构出具金属冶炼建设项目安全预评价报告	冶金、有色安全评价甲级机构	申请人可按要求自行编制安全预评价报告，也可委托有关机构编制，审批部门不得以任何形式要求申请人必须委托特定中介机构提供服务；审批部门完善审核标准，申请人按审核标准提供初步设计阶段安全设施设计文件，审批部门按标准和要求对安全设施设计文件进行严格审查

续表

12	煤矿建设项目安全预评价报告编制	矿山、金属冶炼建设项目和用于生产、储存危险物品的建设项目的安全设施设计审查	安全监管总局	《中华人民共和国安全生产法》注：审批工作中要求申请人委托有关机构出具煤矿建设项目安全预评价报告	具有煤矿安全评价甲级资质的单位	申请人可按要求自行编制安全预评价报告，也可委托有关机构编制，审批部门不得以任何形式要求申请人必须委托特定中介机构提供服务；审批部门完善审核标准，申请人按审核标准提供初步设计阶段安全设施设计文件，审批部门按标准和要求对安全设施设计文件进行严格审查
13	铁路运输基础设备生产企业安全度等级认证	铁路运输基础设备生产企业审批	国家铁路局	《铁路运输基础设备生产企业审批办法》（交通运输部令2013年第21号）《铁路通信信号设备生产企业审批实施细则》（国铁设备监〔2014〕15号）	国家认监委认证的第三方专业技术机构	不再要求申请人提供安全度等级认证证书；申请人按规定建立完善的安全管理制度并提交相关材料，审批部门按标准和要求严格审查

续表

14	铁路运输基础设备生产企业质量管理体系认证	铁路运输基础设备生产企业审批	国家铁路局	《铁路运输基础设备生产企业审批办法》（交通运输部令2013年第21号） 《铁路牵引供电设备生产企业审批实施细则》（国铁设备监〔2014〕13号） 《铁路道岔设备生产企业审批实施细则》（国铁设备监〔2014〕14号） 《铁路通信信号设备生产企业审批实施细则》（国铁设备监〔2014〕15号）	国家认监委认证的第三方专业技术机构	不再要求申请人提供质量管理体系认证证书；申请人按规定建立完善的产品质量保证体系并提供相关材料，审批部门按标准和要求严格审查
15	铁路机车车辆驾驶证申请人委托医疗机构开展职业健康检查	铁路机车车辆驾驶人员资格许可	国家铁路局	《铁路机车车辆驾驶人员资格许可办法》（交通运输部令2013年第14号）	县级或部队团级以上医疗机构	不再要求申请人委托有关机构提供职业健康检查服务，改由审批部门委托有关机构对申请人进行职业健康检查
16	铁路机车车辆设计、制造、维修或进口质量管理体系认证	铁路机车车辆设计、制造、维修或进口许可	国家铁路局	《铁路机车车辆设计制造维修进口许可办法》（交通运输部令2013年第13号）	国家认监委认证的第三方专业技术机构	不再要求申请人提供质量管理体系认证证书；申请人按规定建立完善的产品质量保证体系并提供相关材料，审批部门按标准和要求严格审查

续表

17	被清算的外资金融机构提取生息资产审批所需的清算报告编制	被清算的外资金融机构提取生息资产审批	银监会	《中华人民共和国外资银行管理条例实施细则》(银监会令2015年第7号)《中国银监会外资银行行政许可事项实施办法》(银监会令2015年第4号)	会计师事务所	根据《国务院关于取消13项国务院部门行政许可事项的决定》(国发〔2016〕10号),该行政审批事项已取消,该中介服务事项相应取消

国务院办公厅关于印发安全生产"十三五"规划的通知

(2017年1月12日　国办发〔2017〕3号)

《安全生产"十三五"规划》已经国务院同意,现印发给你们,请认真贯彻执行。

安全生产"十三五"规划

为贯彻落实党中央、国务院关于加强安全生产工作的决策部署,根据《中华人民共和国安全生产法》等法律法规和《中华人民共和国国民经济和社会发展第十三个五年规划纲要》,制定本规划。

一、面临的形势

(一)新进展。

"十二五"期间,党中央、国务院高度重视、大力加强和改进安全生产工作,推动经济社会科学发展、安全发展。党的十八大以来,习近平总书记作出一系列重要指示,深刻阐述了安全生产的重要意义、思想理念、方针政策和工作要求,强调必须坚守发展决不能以牺牲安全为代价这条不可逾越的红线,明确要求"党政同责、一岗双责、齐抓共管、失职追责"。李克强总理多次作出重要批示,强调要以对人民群众生命高度负责的态度,坚持预防为主、标本兼治,以更有效的举措和更完善的制度,切实落实和强化安全生产责任,筑牢安全防线。习近平总书记和李克强总理的重要指示批示,为我国安全生产工作提供了新的理论指导和行动指南。各地区、各有关部门和单位坚决贯彻落实党中央、国务院决策部署,进一步健全安全生产法律法规和政策措施,严格落实安全生产责任,全面加强安全生产监督管理,不断强化安全生产隐患排查治理和重点行业领域专项整治,深入开展安全生产大检查,严肃查处各类生产安全事故,大力推进依法治安和科技强安,加快安全生产基础保障能力建设,推动了安全生产形势持续稳定好转,全面完成了安全生产"十二五"规划目标任务。全国生产安全事故总量连续5年下降,2015年各类事故起数和死亡人数较2010年分别下降22.5%和16.8%,其中重特大事故起数和死亡人数分别下降55.3%和46.6%。

(二)新挑战。

"十三五"时期,我国仍处于新型工业化、城镇化持续推进的过程中,安全生产工作面临许多挑战。一是经济社会发展、城乡和区域发展不平衡,安全监管体制机制不完善,全社会安全意识、法治意识不强等深层次问题没有得到根本解决。二是生产经营规模不断扩大,矿山、化工等高危行业比重大,落后工艺、技术、装备和产能大量存在,各类事故隐患和安全风险交织叠加,安全生产基础依然薄弱。三是城市规模日益扩大,结构日趋复杂,城市建设、轨道交通、油气输送管道、危旧房屋、玻璃幕墙、电梯设备以及人员密集场所等安全风险突出,城市安全管理难度增大。四是传统和新型生产经营方式并存,新工艺、新装备、新材料、新技术广泛应用,新业态大量涌现,增加了事故成因的数量,复合型事故有所增多,重特大事故由传统高危行业领域向其他行业领域蔓延。五是安全监管监察能力与经济社会发展不相适应,企业主体责任不落实、监管环节有漏洞、法律法规不健全、执法监督不到位等问题依然突出,安全监管执法的规范化、权威性亟待增强。

(三)新机遇。

"十三五"时期,安全生产工作面临许多有利条件和发展机遇。一是党中央、国务院高度重视安全生产工作,作出了一系列重大决策部署,深入推进安全生产领域改革发展,为安全生产提供了强大政策支持;地方各级党委政府加强领导、强化监管,狠抓安全生产责任落实,为安全生产工作提供了有力的组织保障。二是随着"四个全面"战略布局持续推进,五大发展理念深入人心,社会治理能力不断提高,全社会文明素质、安全意识和法治观念加快提升,安全发展的社会环境进一步优化。三是经济社会发展提质增效、产业结构优化升级、科技创新快速发展，将加快淘汰落后工艺、技术、装备和产能，有利于降低安全风险，提高本质安全水平。四是人民群众日益增长的安全需求，以及全社会对安全生产工作的高度关注，为推动安全生产工作提供了巨大动力和能量。

二、指导思想、基本原则和规划目标

（一）指导思想。

全面贯彻党的十八大和十八届三中、四中、五中、六中全会精神，深入学习贯彻习近平总书记系列重要讲话精神，认真落实党中央、国务院决策部署，紧紧围绕统筹推进"五位一体"总体布局和协调推进"四个全面"战略布局，弘扬安全发展理念，遵循安全生产客观规律，主动适应经济发展新常态，科学统筹经济社会发展与安全生产，坚持改革创新、依法监管、源头防范、系统治理，着力完善体制机制，着力健全责任体系，着力加强法治建设，着力强化基础保障，大力提升整体安全生产水平，有效防范遏制各类生产安全事故，为全面建成小康社会创造良好稳定的安全生产环境。

（二）基本原则。

改革引领，创新驱动。坚持目标导向和问题导向，全面推进安全生产领域改革发展，加快安全生产理论创新、制度创新、体制创新、机制创新、科技创新和文化创新，推动安全生产与经济社会协调发展。

依法治理，系统建设。弘扬社会主义法治精神，坚持运用法治思维和法治方式，完善安全生产法律法规标准体系，强化执法的严肃性、权威性，发挥科学技术的保障作用，推进科技支撑、应急救援和宣教培训等体系建设。

预防为主，源头管控。实施安全发展战略，把安全生产贯穿于规划、设计、建设、管理、生产、经营等各环节，严格安全生产市场准入，不断完善风险分级管控和隐患排查治理双重预防机制，有效控制事故风险。

社会协同，齐抓共管。完善"党政统一领导、部门依法监管、企业全面负责、群众参与监督、全社会广泛支持"的安全生产工作格局，综合运用法律、行政、经济、市场等手段，不断提升安全生产社会共治的能力与水平。

（三）规划目标。

到2020年，安全生产理论体系更加完善，安全生产责任体系更加严密，安全监管体制机制基本成熟，安全生产法律法规标准体系更加健全，全社会安全文明程度明显提升，事故总量显著减少，重特大事故得到有效遏制，职业病危害防治取得积极进展，安全生产总体水平与全面建成小康社会目标相适应。

专栏1 “十三五”安全生产指标		
序号	指标名称	降幅
1	生产安全事故起数	10%
2	生产安全事故死亡人数	10%
3	重特大事故起数	20%
4	重特大事故死亡人数	22%
5	亿元国内生产总值生产安全事故死亡率	30%
6	工矿商贸就业人员十万人生产安全事故死亡率	19%
7	煤矿百万吨死亡率	15%
8	营运车辆万车死亡率	6%
9	万台特种设备死亡人数	20%
注:降幅为2020年末较2015年末下降的幅度。		

三、主要任务

(一)构建更加严密的责任体系。

1. 强化企业主体责任。

落实企业主要负责人对本单位安全生产和职业健康工作的全面责任,完善落实混合所有制、境外中资企业安全生产责任。督促企业依法设置安全生产管理机构,配备安全生产管理人员和注册安全工程师。严格实行企业全员安全生产责任制,明确各岗位的责任人员、责任范围和考核标准,加强对安全生产责任制落实情况的监督考核。完善企业从业人员安全生产教育培训制度。严格执行新建改建扩建工程项目安全设施、职业健康“三同时”(同时设计、同时施工、同时投入生产和使用)制度。制定安全风险辨识与管理指南,完善重大危险源登记建档、检测、评估、监控制度。健全隐患分类分级标准,建立隐患排查治理第三方评价制度以及隐患自查自改自报的管理制度。严格落实企业安全生产条件,保障安全投入,推动企业安全生产标准化达标升级,实现安全管理、操作行为、设备设施、作业环境标准化。鼓励企业建立与国际接轨的安全管理体系。

2. 落实安全监督管理责任。

坚持“党政同责、一岗双责、齐抓共管、失职追责”和“管行业必须管安全、管业务必须管安全、管生产经营必须管安全”,强化地方各级党委、政府对安全生产工作的领导,把安全生产列入重要议事日程,纳入本地区经济社会发展总体规划，推动安全生产与经济社会协调发展。厘清安全生产综合监管与行业监管的关系，依法依规制定安全生产权力和责任清单，明确省、市、县负有安全生产监督管理职责部门的执法责任和监管范围，落实各有关部门的安全监管责任。完善矿山、危险化学品、道路交通、海洋石油等重点行业领域安全监管体制。落实开发区、工业园区、港区、风景区等功能区安全监管责任。健全联合执法、派驻执法、委托执法等机制，消除监管盲区和监管漏洞，解决交叉执法、重复执法等问题。

3. 严格目标考核与责任追究。

实行党政领导干部任期安全生产责任制，严格各级人民政府对同级安全生产委员会成员单位和下级政府的安全生产工作责任考核。把安全生产纳入经济社会发展和干部政绩业绩考核评价体系，加大安全生产工作的考核权重，严格落实“一票否决”制度。建立安全生产巡查制度，督促各部门和下级政府履职尽责。加快企业安全生产诚信体系建设，完善安全生产不良信用记录及失信行为惩戒机制，在项目核准、政府供应土地、资金政策等方面加大对失信企业的惩治力度。建立生产安全事故重大责任人员职业禁入制度。推动企业建立安全生产责任量化评估结果与薪酬挂钩制度。

（二）强化安全生产依法治理。

1. 完善法律法规标准体系。

加强安全生产立法顶层设计，制定安全生产中长期立法规划，增强安全生产法制建设的系统性。建立健全安全生产法律法规立改废释并举的工作协调机制，实行安全生产法律法规执行效果评估制度。加强安全生产与职业健康法律法规衔接融合。加快制修订社会高度关注、实践急需、条件相对成熟的重点行业领域专项和配套法规。加强安全生产地方性法规建设，推动将生产经营过程中极易导致重特大生产安全事故的违法行为纳入刑事追究范围，提高违法成本。完善安全生产法律法规解读、公众互动交流信息平台，健全普法宣传教育机制。

专栏2　安全生产法律法规制修订重点
推动危险化学品安全法、安全生产法实施条例、生产安全事故应急条例、高危粉尘作业与高毒作业职业卫生监督管理条例、电梯安全条例等制定工作，以及矿山安全法、道路交通安全法、海上交通安全法、消防法、铁路法、安全生产许可证条例、煤矿安全监察条例、烟花爆竹安全管理条例、生产安全事故报告和调查处理条例、道路交通安全法实施条例、内河交通安全管理条例、水库大坝安全管理条例等修订工作。

建立以强制性标准为主体、推荐性标准为补充的安全生产标准体系。根

据安全生产执法结果、事故原因分析和新工艺技术装备应用等情况，及时制修订相关技术标准。鼓励有条件的地区、协会、企业率先制定新产品、新工艺、新业态的安全生产技术标准。支持企业制定高于国家、行业、地方标准的安全生产标准。建立与“一带一路”沿线国家安全生产标准的对标衔接机制。

专栏3　安全生产标准制修订重点
煤矿、非煤矿山、危险化学品、金属冶炼、新型煤化工、高铁运输、城市轨道交通、海洋石油、太阳能发电、地热发电、海洋能发电、城市地下综合管廊、安全防护距离、交通安全设施、个体防护装备、页岩气和煤层气开发、重大事故隐患判定、安全风险分级管控、职业病危害控制、安全生产应急管理、粉尘防爆、化工新工艺准入、油气输送管网建设与运行、风电建设与运行、人工影响天气作业等方面的安全生产标准。

2. 加大监管执法力度。

完善安全监管监察执法的制度规范，确定执法的主体、方式、程序、频次和覆盖面。统一安全生产执法标志标识和制式服装。健全执法标准，规范执法文书。建立安全生产行政执法裁量基准制度。建立定区域、定人员、定责任的安全监管监察执法机制。加强对安全生产强制性标准执行情况的监管监察执法。实行安全生产与职业卫生一体化监管执法。完善安全生产行政执法与刑事司法衔接机制，健全线索通报、案件移送、协助调查等制度，依法惩治安全生产领域的违法行为。全面落实行政执法责任制，建立执法行为审议和重大行政执法决策机制，评估执法效果，防止滥用职权。健全执法全过程记录和信息公开制度，公开执法检查内容、过程和结果，定期发布重点监管对象名录。改进事故调查处理工作，完善事故调查处理规则，加强技术与原因分析，强化事故查处挂牌督办、提级调查等措施，落实事故整改措施监督检查和总结评估制度。

3. 健全审批许可制度。

深化行政审批和安全准入改革，简化程序，严格标准。编制安全生产行政审批事项服务指南，制定审查工作细则，规范行政审批的程序、标准和内容，及时公开行政审批事项的受理、进展情况和结果。推动安全生产同类审批事项合并审查。改革安全生产专业技术服务机构资质管理办法，明晰各级安全监管监察部门、生产经营单位和专业技术服务机构的职责。加快培育安全生产专业技术服务机构，严格专业技术服务机构和人员从业规范。健全专业技术服务机构服务信息公开、资质条件公告、守信激励和失信惩戒等制度，加强日常监督检查。建立政府购买安全生产服务制度，引入第三方提供安全监管监察执法技术支撑。实行企业自主选择专业技术服务机构。专业技术服务机构依法执业并对技术服务结果负责。

4. 提高监管监察执法效能。

制定安全监管监察能力建设标准,实施安全监管监察能力建设规划。完善各级安全监管监察部门执法工作条件,加快形成与监督检查、取证听证、调查处理全过程相配套的执法能力。建立与经济社会发展、企业数量、安全形势相适应的执法力量配备以及工作经费和条件保障机制。严格执法人员资格管理,制定安全监管监察执法人员选拔和专业能力标准,建立以依法履职为核心的执法人员能力评价体系。定期开展安全监管监察执法效果评估。强化安全生产基层执法力量,优化安全监管监察执法人员结构。开展以现场实操为主的基层执法人员实训,每3年对全国安全监管监察执法人员轮训一遍。

(三)坚决遏制重特大事故。

加快构建风险等级管控、隐患排查治理两条防线,对重点领域、重点区域、重点部位、重点环节和重大危险源,采取有效的技术、工程和管理控制措施,健全监测预警应急机制,切实降低重特大事故发生频次和危害后果,最大限度减少人员伤亡和财产损失。

煤矿:依法推动高瓦斯、煤与瓦斯突出、水文地质条件复杂且不清、冲击地压等灾害严重的不安全矿井有序退出。完善基于区域特征、煤种煤质、安全生产条件、产能等因素的小煤矿淘汰退出机制。新建、改扩建、整合技改矿井全面实现采掘机械化。优化井下生产布局,减少井下作业人员。推进煤矿致灾因素排查治理。强化煤矿安全监测监控和瓦斯超限风险管控,优先推行瓦斯抽采、区域治理,促进煤矿瓦斯规模化抽采利用。构建水害防治工作体系,落实"防、堵、疏、排、截"五项综合治理措施,提升基础、技术、现场和应急管理水平。强化煤矿粉尘防控,推进煤矿粉尘"抑、减、捕"等源头治理。加强对爆炸性粉尘的管理和监测监控,严格对明火、自燃及机电设备等高温热源的排查管控,杜绝重大灾害隐患的牵引叠加。推动企业健全矿井风险防控技术体系,建立矿井重大灾害预警、设备故障诊断系统。

专栏4　煤矿重大灾害治理重点

瓦斯:通风系统不完善、不可靠,抽采系统能力不足,瓦斯治理不到位,防突措施不落实,瓦斯超限作业,监控系统功能不全等。

水害:水文地质条件不清,探放水未落实"三专"(专业人员、专用设备、专门队伍)要求,承压水超前治理不到位,未按规定留设或开采防隔水煤柱等。

冲击地压:冲击地压矿井采掘布局不合理,未进行冲击地压预测预报,未有效实施解危措施等。

粉尘:粉尘防控体系落实不到位,粉尘检测检验和防治标准不健全,粉尘监测监控系统不完善,粉尘防治技术措施实施不到位等。

非煤矿山：完善非煤矿山隐患排查治理体系，开展采空区、病库、危库、险库和“头顶库”专项治理。开展非煤矿山安全生产基本数据普查，推动非煤矿山图纸电子化。制定危险性较大设备检测检验、风险分级监管、尾矿库注销等制度。严格执行主要矿种最小开采规模、最低服务年限准入标准。实行矿山外包用工安全责任清单化管理。鼓励对地下矿山采空区实施超前探测、对大水矿山实施井下帷幕注浆、对高陡边坡开展安全监测。推广尾矿井下充填、干式排尾，开展尾矿综合利用，建设无尾矿山。探索建立海域采矿安全风险防范体系。

危险化学品：推进重点地区制定化工行业安全发展规划。加快实施人口密集区域危险化学品和化工企业生产、仓储场所安全搬迁工程。开展危险化学品专项整治和综合治理。推进化工园区和涉及危险化学品的重大风险功能区区域定量风险评估，科学确定风险容量，推动实现区域安全管理一体化。强化高风险工艺、高危物质、重大危险源管控。健全危险化学品生产、储存、使用、经营、运输和废弃处置等环节的信息共享机制。建立危险化学品发货和装载查验、登记、核准制度。加强危险化学品建设项目立项、规划选址、设计、建设、试生产和运行监管。完善危险化学品分类分级监管机制。推进新工艺安全风险分析和评估。建立化工安全仪表系统安全标志认证制度。推行全球化学品统一分类和标签制度。

专栏5　危险化学品事故防范重点
重点部位：化学品仓储区、城区内化学品输送管线、油气站等易燃易爆剧毒设施；大型石化、煤化等生产装置；国家重要油气储运设施等重大危险源。 重点环节：动火、受限空间作业、检维修、设备置换、开停车、试生产、变更管理。

烟花爆竹：严格烟花爆竹生产准入条件，完善烟花爆竹生产企业关闭转产扶持奖励政策，坚决淘汰不具备安全生产条件的烟花爆竹生产企业，推动安全生产基础薄弱的非主产区企业退出生产。推动烟花爆竹生产企业开展“三库四防”（中转库、药物总库、成品总库以及防爆、防火、防雷、防静电）建设，实现关键危险场所智能化监控。推动骨干、优势企业升级改造，实现重点涉药工序机械化生产和人机、人药隔离操作。严格执行产品流向登记和信息化管理制度，加强黑火药等A级产品管控。推动烟花爆竹产销融合、经营连锁和运输专业化。

工贸行业：推动工贸企业健全安全管理体系，实行分类分级差异化监管。完善受限空间、交叉检修等作业安全操作规范。深化金属冶炼、粉尘防爆、涉氨制冷等重点领域环节专项治理。在冶金企业、涉危涉爆场所推广高危工艺智能化控制和在线监测监控。推动劳动密集型企业作业场所科学布局,实施空间物理隔离和安全技术改造。

专栏6　工贸行业事故防范重点
粉尘涉爆:除尘系统、作业场所积尘。 金属冶炼:高温液态金属吊运、冶金煤气。 涉氨制冷:快速冻结装置、氨直接蒸发制冷空调系统。

道路交通:开展道路交通安全隐患专项治理。落实新建、改扩建道路建设项目安全设施"三同时"制度,推广新建、改扩建道路建设项目安全风险评估制度。加强班线途经道路的安全适应性评估。完善客货运输车辆安全配置标准。开展车辆运输车、液体危险货物运输车等安全治理。强化电动车辆生产、销售、登记、上路行驶等环节的安全监管,严禁未经许可非法生产低速电动车等车辆。加强对道路运输重点管控车辆及其驾驶人的动态监管。完善危险货物运输安全管理和监督检查体系。落实接驳运输、按规定时间停车休息等制度。规范非营运大客车注册登记管理,严厉打击非法改装、非法营运、超速超员、超限超载等违法行为。改革大中型客货车驾驶人职业培训考试机制,加强营运客货车驾驶人职业教育。

专栏7　道路交通事故防范重点
重点管控的车辆类型:危险货物运输车辆、长途客车、旅游包车、校车、重型载货汽车、低速载货汽车和面包车。 事故防范的重点路段:急弯陡坡、临水临崖、连续下坡、团雾多发路段,隧道桥梁,"公跨铁"立交、平交道口。

城市运行安全:统筹城市地上地下建设规划,落实安全保障条件。实施城市安全风险源普查,开展城市安全风险评估。完善城市燃气等各类管网,以及排水防涝、垃圾处理、交通、气象等基础设施建设、运行和管理标准。建设供电、供水、排水、供气、道路桥梁、地下工程等城市重要基础设施安全管理平台。加强对城市隐蔽性设施、地上地下管廊、渣土消纳场等的监测监控。建立大型工程安全技术风险防控机制,开展城市公共设施、老旧建筑隐患综合治理。加强轨道交通设备设施状态和运营状况监测,合理控制客流承载量。严格审批、管控大型群众性活动,完善人员密集场所避难逃生设施。

消防：推动城市、县城、全国重点镇和经济发达镇制修订城乡消防规划。开展消防队标准化建设，配齐配足灭火和应急救援车辆、器材和消防员个人防护装备。推动乡镇按标准建立专职或志愿消防队，构建覆盖城乡的灭火救援力量体系。开展易燃易爆单位、人员密集场所、高层建筑、大型综合体建筑、大型批发集贸市场、物流仓储等区域火灾隐患治理。推行消防安全标准化管理。提升大中小学、幼儿园、医院、养老机构、客运站(码头)等人员密集场所消防安全水平。依法推广家庭火灾报警和逃生装置。

建筑施工：完善建筑施工安全管理制度，强化建设、勘察、设计、施工和工程监理安全责任。加强施工现场安全管理，严厉打击建筑施工转包、违法发包分包和违反工程建设强制性标准等行为。强化深基坑、高支模等危险性较大的分部分项工程安全管理。严格建筑勘察、设计、施工和监理单位资质管理，严禁无资质或超越资质等级范围承揽业务。建立市场准入、违规行为查处、诚信体系建设、施工事故处罚相结合的管理制度。

专栏8　建筑施工事故防范重点

重点部位：大跨度桥梁及复杂隧道、高边坡及高挡墙、高架管线、围堰等。

关键环节：基坑支护及降水工程、结构拆除、土石方开挖、脚手架及模板支撑、起重吊装及安装拆卸工程、爆破拆除等。

水上交通：在重点航运海域、流域、内湖、水库、旅游景区建立极端气象、海洋、地质灾害综合预警防控机制。提高客船稳性、消防逃生等方面安全技术标准，严禁在客船改造中降低稳性。完善船岸通信导航监控系统布局，建设集约化、协同化、智能化的综合指挥系统。加强水上安全监管、应急处置、人员搜救和航海保障能力建设。

渔业船舶：严格渔船初次检验、营运检验和船用产品检验制度。开展渔船设计、修造企业能力评估。推进渔船更新改造和标准化。完善渔船渔港动态监管信息系统，对渔业通信基站进行升级优化。推动海洋渔船(含远洋渔船)配备防碰撞自动识别系统、北斗终端等安全通信导航设备，提升渔船装备管理和信息化水平。

特种设备：创新企业主体责任落实机制，健全分类安全监管制度，实施重点监督检查制度。完善特种设备隐患排查治理和安全防控体系，开展高风险和涉及民生的电梯、起重机械、大型游乐设施等特种设备隐患专项治理。以电梯、气瓶、移动式压力容器等产品为重点，建立生产单位、使用单位、检验检测机构特种设备数据报告制度，实现特种设备质量安全信息全生命周期可追溯。

建立特种设备风险预警与应急处置平台，提升特种设备风险监测、预警和应急处置能力。

民用爆炸物品：加强民爆物品生产、流通、使用等关键环节的安全管控。推广民爆物品生产、销售、运输、储存、爆破作业、清退或炸药现场混装等一体化服务模式。以工业炸药、工业雷管为重点，推进机器人和智能成套装备在民爆行业的应用，减少民爆物品生产危险作业场所操作人员和危险品储存数量。

电力：推进电力企业安全风险预控体系建设，建立安全风险分级预警管控制度。建立电力安全协同管控机制，加强电力建设安全监管，落实电力设计单位、施工企业、工程监理企业以及发电企业、电网企业、电力用户等各方面的安全责任。健全电网安全风险分级、分类、排查管控机制，完善电网大面积停电情况下应急会商决策和社会联动机制。健全电力事故警示通报和约谈制度。加强水电站大坝的安全风险预控。强化煤电超低排放和节能改造安全监管。

铁路交通：推进铁路线路安全保护区划定和管理工作。加强“公跨铁”立交桥和铁路沿线安全综合治理。严格铁路施工、维修、设备制造、新线开通、危险货物运输等环节安全管控。加快铁路道口“平改立”，消除城区铁路平交道口，推进线路封闭工作。强化高铁设备运行状态数据的监测、采集和运用，严控高速铁路、长大桥梁、长大隧道安全风险。

民航运输：加快航空安全保障体系建设，提高航空安全监控、技术装备支撑和应急处置等能力。推进《中国民航航空安全方案》实施，完善民航业安全绩效评估系统，健全航空安全预警预防机制。规范通用航空作业管理，完善安全管理机制。健全适航审定组织体系。强化危险品运输安全管理。开展安保审计和航空安保管理体系建设。

农业机械：深入开展“平安农机”创建活动。完善农机注册登记制度。改革农机安全检验制度。加强农机驾驶操作人员安全培训和考核，逐步提高驾驶人员持证率。加强对重点农业机械、重要农时、农机合作社和农机大户的安全监管。推广先进适用的农机安全执法、检验、驾驶人考试、事故调查处理装备。

（四）推进职业病危害源头治理。

1. 夯实职业病危害防护基础。

开展职业病危害基本情况普查。完善职业病危害项目申报信息网络，构建职业病危害信息动态更新机制，健全职业卫生信息监测和统计制度。将职业病危害防治纳入企业安全生产标准化范围，推进职业卫生基础建设。加大职业病危害防治资金投入，加大对重点行业领域小微型企业职业病危害治理的支持和帮扶力度。加快职业病防治新工艺、新技术、新设备、新材料的推广应用。强化用人单位职业卫生管理,推动企业建立职业卫生监督员制度。完善职业卫生监管执法基本装备指导目录。严格执行职业病危害项目申报、工作场所职业病危害因素检测结果和防护措施公告制度,到2020年重点行业用人单位主要负责人和职业卫生管理人员的职业卫生培训率均达到95%以上。

2. 加强作业场所职业病危害管控。

突出作业场所高危粉尘和高毒物质危害预防和控制,有效遏制尘肺病和职业中毒。开展职业病危害风险评估,建立分类分级监管机制,强化职业病危害高风险企业重点监管。建立职业病危害防治名录管理制度,依法限制或淘汰职业病危害严重的技术、工艺、设备、材料,推动职业病危害严重企业技术改造、转型升级或淘汰退出。开展矿山、化工、金属冶炼、建材、电子制造等重点行业领域职业卫生专项治理。严格落实作业场所职业病危害告知、日常监测、定期报告、防护保障和健康体检等制度措施。

专栏9 职业病危害治理重点

重点行业:矿山、化工、金属冶炼、陶瓷生产、耐火材料、电子制造。

重点作业:采掘、粉碎、打磨、焊接、喷涂、刷胶、电镀。

重点因素:煤(岩)尘、石棉尘、矽尘、苯、正己烷、二氯乙烷。

3. 提高防治技术支撑水平。

构建国家、省、市、县四级职业病危害防治技术支撑网络。开展职业病危害因素鉴别分析、人体损伤鉴定等基础性研究,研发推广典型职业病危害作业的预防控制关键技术与装备,加快培育职业病危害防治专业队伍。加强职业病危害因素现场识别、职业病诊断鉴定技术保障、职业病综合治疗和康复能力建设。建设全国职业卫生大数据平台。建立国家职业卫生管理人员服务管理网络。

(五)强化安全科技引领保障。

1. 加强安全科技研发。

制定安全生产科技创新规划,建立政府、企业、社会多方参与的安全技术研发体系。组建基础理论研究协同创新团队,强化重特大事故防控理论研究。通过国家科技计划(专项、基金等)统筹支持安全科技研发工作,推进重大共性关键技术及装备研发。加快提升安全生产重点实验室和技术创新中心自主创新能力。完善安全生产智库体系。健全重点科技资源共享机制,强化安全生产关键成果储备。建立企业与科研院校联合实施的安全技术创新引导机制,形成产学研用战略联盟。

专栏 10　安全生产科技研发重点方向

煤矿重大灾害风险判识及监控预警；超大规模矿山提升运输系统及自动化控制；露天矿山高陡边坡安全监测预警；深海石油天然气安全开采；危险货物港口、化工园区多灾害耦合风险评估与防控；化工工艺装备监测预警与事故防控；危险化学品火灾高效灭火材料及装备；在役油气输送管道风险动态快速监测预警；危险化学品泄漏高灵敏快速检测；危险化学品水上应急处置技术；重点车辆危险驾驶行为辨识与干预；道路交通事故检验鉴定与综合重建技术；高铁运行安全监测监控、防破坏和灾害预警；尘肺病与职业中毒防治；粉尘爆炸事故防控；高危作业场所人员安全行为自动识别；安全监管监察智能化。

2. 推动科技成果转化。

继续开展安全产业示范园区创建，制定安全科技成果转化和产业化指导意见以及国家安全生产装备发展指导目录，加快淘汰不符合安全标准、安全性能低下、职业病危害严重、危及安全生产的工艺技术和装备，提升安全生产保障能力。完善安全科技成果转化激励制度，健全安全科技成果评估和市场定价机制，建立市场主导的安全技术转移体系。健全安全生产新工艺、新技术、新装备推广应用的市场激励和政府补助机制。建设安全生产科技成果转化推广平台和孵化创新基地。在矿山、危险化学品等高危行业领域实施“机械化换人、自动化减人”，推广应用工业机器人、智能装备等，减少危险岗位人员数量和人员操作，到2020年底矿山、危险化学品等重点行业领域机械化程度达到80%以上。建立中小企业安全生产和职业病危害防治技术推广服务体系，鼓励研发机构与企业共建安全生产工艺技术协同创新联盟。

专栏 11　安全生产工艺技术推广重点

大型矿山自动化开采；中小型矿山机械化开采；井下大型固定设施无人值守；矿山地压灾害监测与治理；中小型金属非金属矿山采掘设备；油气田硫化氢防护监测；高含硫油品加工安全技术；危险化学品库区雷电预警系统；高陡边坡坝体位移监测预警系统；柔性施压快速封堵技术与装备；水电站大坝安全在线监控；尘源自动跟踪喷雾降尘、吹吸式通风等尘毒危害治理技术装备；高毒物质替代技术；小型移动应急指挥系统；高铁、长大铁路隧道和桥梁专用铁路救援设备；客运车辆、危险化学品运输车辆安全防控技术；高速公路重大交通事故应急指挥决策系统。

3. 推进安全生产信息化建设。

推进信息技术与安全生产的深度融合，统一安全生产信息化标准，依托国家电子政务网络平台，完善安全生产信息基础设施和网络系统。全面推进安全监管监察部门安全生产大数据等信息技术应用，构建国家、省、市、县四级重大危险源管理体系，实现跨部门、跨地区数据资源共享共用，提升重大危险源监测、隐患排查、风险管控、应急处置等预警监控能力。推动矿山、金属冶炼等高危企业建设安全生产智能装备、在线监测监控、隐患自查自改自报等安全管理信息系统。推进危险化学品、民爆物品、烟花爆竹等企业建设全过程信息化追溯体系。鼓励中小企业通过购买信息化服务提高安全生产管理水平。

（六）提高应急救援处置效能。

1. 健全先期响应机制。

建立企业安全风险评估及全员告知制度。完善企业、政府的总体应急预案和重点岗位、重点部位现场应急处置方案。加强高危企业制度化、全员化、多形式的应急演练，提升事故先期处置和自救互救能力。推动高危行业领域规模以上企业专兼职应急救援队伍建设及应急物资装备配备。建设应急演练情景库，开展重特大生产安全事故情景构建。建立企业内部监测预警、态势研判及与政府、周边企业的信息通报、资源互助机制。落实预案管理及响应责任，加强政企预案衔接与联动。建立应急准备能力评估和专家技术咨询制度。

2. 增强现场应对能力。

完善事故现场救援统一指挥机制，建立事故现场应急救援指挥官制度。建立应急现场危害识别、监测与评估机制，规范事故现场救援管理程序，明确安全防范措施。推进安全生产应急救援联动指挥平台建设，强化各级应急救援机构与事故现场的远程通信指挥保障。加强应急救援基础数据库建设，建立应急救援信息动态采集、决策分析机制。健全应急救援队伍与装备调用制度。建立京津冀、长江经济带、泛珠三角、丝绸之路沿线等地区应急救援资源共享及联合处置机制。

3. 统筹应急资源保障。

加快应急救援队伍和基地建设，规范地方骨干、基层应急救援队伍建设及装备配备，加强配套管理与维护保养。健全安全生产应急救援社会化运行模式，培育市场化、专业化应急救援组织。强化安全生产应急救援实训演练，提高安全生产应急管理和救援指挥专业人员素养。完善安全生产应急物资储备与调运制度，加强应急物资装备实物储备、市场储备和生产能力储备。

专栏 12　应急救援体系建设重点

行业领域：危险化学品、油气输送管道、矿山、高速铁路、高速公路、高含硫油气田、城市输供电系统、城市燃气管网等。

救援能力：人员快速搜救、大型油气储罐灭火、大功率排水、大口径钻进、大负荷稳定供电、仿真模拟、实训演练、通信指挥及决策、事故紧急医疗救援、应急物资及装备储备和调运等。

（七）提高全社会安全文明程度。

1. 强化舆论宣传引导。

深化安全生产理论研究。建立行业领域、区域安全生产综合评价体系。定期发布国家安全生产白皮书。鼓励主流媒体开办安全生产节目、栏目，加大安全生产公益宣传、知识技能培训、案例警示教育等工作力度。加强微博、微信和客户端建设，形成新媒体传播模式。推动传统媒体与新兴媒体融合发展，构建以“传媒云集市、信息高速路、卫星互联网”为标志的安全生产新闻宣传渠道。开展“安全生产月”、“安全生产万里行”等宣传活动。制定实施安全生产新闻宣传专业人才成长规划，加强新闻发言人、安全生产理论专家、通讯员和社会监督员等队伍建设。加强舆论引导，坚持正确舆论导向，规范网上信息传播技术，建立重特大事故舆情收集、分析研判和快速响应机制。

2. 提升全民安全素质。

将安全知识普及纳入国民教育体系，加强中小学安全教育。完善安全生产现代职业教育制度。支持高等学校和中等职业学校加强安全相关学科专业建设。引导有关企业、高等学校构建供需互动的安全主体专业毕业生安全岗位就业机制。实施安全生产卓越工程师培养计划，加强安全科技领军人才队伍建设，建立体现安全智力劳动价值的薪酬分配机制。构建责任明确、载体多样、管理规范的安全培训体系，完善安全生产考试考核基础条件，健全安全培训专业师资库，完善培训教材和考核标准。推进领导干部安全培训办学体制、运行机制、内容方式、师资管理改革，持续开展党政领导干部安全生产专题培训。建立高危企业主要负责人、安全生产管理人员定期复训考核制度。加强高危行业生产一线技能人才安全生产培训，建立健全全覆盖、多层次、经常性的产业工人安全生产培训制度。建立高危行业农民工岗前强制性安全培训制度。

3. 大力倡导安全文化。

鼓励和引导社会力量参与安全文化产品创作和推广。广泛开展面向群众的安全教育活动，推动安全知识、安全常识进企业、进学校、进机关、进社区、进农村、进家庭。深化与“一带一路”沿线国家的安全文化交流合作，建立多渠道、多层次的沟通交流机制。推动安全文化示范企业、安全发展示范城市等建设。强化汽车站、火车站、大型广场、大型商场、重点旅游景区等公共场所的安全文化建设。创新安全文化服务设施运行机制，推动安全文化设施向社会公众开放。

四、重点工程

（一）监管监察能力建设工程。

为各级安全监管监察部门补充配备执法装备、执法车辆以及制式服装，完善基础工作条件。建立国家、区域安全监管监察执法效果综合评估考核机制。建设完善国家安全监管监察执法综合实训华北、中南、西南、华南基地。建设安全生产行政审批“一库四平台”(行政审批项目库,网上审批运行平台、政务公开服务平台、法制监督平台、电子监察平台)和安全生产诚信系统。

(二)信息预警监控能力建设工程。

建设全国安全生产信息大数据平台。推动矿山等高危行业企业建设安全生产数据采集上报与信息管理系统,改造升级在线监测监控系统。完善国家主干公路网交通安全防控监测信息系统。建设渔船渔港动态监管、海洋渔业通信、应急救助和海洋渔船(含远洋渔船)船位监测系统。完善渔船集中检验监察平台。推进航空运输卫星通信信息监控能力建设。

(三)风险防控能力建设工程。

推动企业安全生产标准化达标升级。推进煤矿安全技术改造;创建煤矿煤层气(瓦斯)高效抽采和梯级利用、粉尘治理,兼并重组煤矿水文地质普查,以及大中型煤矿机械化、自动化、信息化和智能化融合等示范企业;建设智慧矿山。实施非煤矿山采空区和“头顶库”隐患治理;推动开采深度超过 800 米的矿井建设在线地压监测系统。开展油气输送管道安全隐患整治攻坚,建设国家油气输送管道地理信息系统;实施危险化学品重大危险源普查与监控。创建金属冶炼、粉尘防爆、液氨制冷等重点领域隐患治理示范企业。推进公路安全生命防护工程建设。加快深远海搜救、探测、打捞和航空安全保障能力建设。实施重点水域、重点港口、重点船舶以及重要基础设施隐患治理。加强高速铁路安全防护。完善内河重要航运枢纽安全设施。

(四)职业病危害治理能力建设工程。

开展全国职业病危害状况普查、重点行业领域职业病危害检测详查。实施以高危粉尘作业和高毒作业职业病危害为重点的专项治理。建设区域职业病危害防治平台。完善职业病危害基础研究平台、省级职业病危害检测与物证分析实验室。

(五)城市安全能力建设工程。

实施危险化学品和化工企业生产、仓储安全搬迁,到 2020 年现有位于城镇内人口密集区域的危险化学品生产企业全部启动搬迁改造,完成大型城市城区内安全距离不达标的危险化学品仓储企业搬迁。建设城市安全运行数据综合管理系统。实施区域火灾隐患综合治理。完善城镇建成区消防站、消防装备、市政消火栓等基础设施。推动老旧电梯更新改造。

(六)科技支撑能力建设工程。

在高危行业领域创建“机械化换人、自动化减人”示范企业。建设完善国家矿山、危险化学品、职业病危害、城市安全、应急救援等行业领域重大事故防控技术支撑基地。建设安全监管监察执法装备创新研发基地和矿山物联网安全认证与检测平台。完善矿用产品安全准入验证分析中心实验室。建设具备宣传教育、实操实训、预测预警、检测检验和应急救援功能的省级综合技术支撑基地。

(七)应急救援能力建设工程。

建设国家安全生产应急救援综合指挥平台和应急通信保障系统。建设重点行业和区域安全生产应急救援联动指挥决策平台。建成国家安全生产应急救援综合实训演练基地,建设危险化学品和油气输送管道应急救援基地,完善国家、区域矿山应急救援基地,健全国家矿山医疗救护体系。推进国家陆地搜寻与救护基地建设和高危行业应急救援骨干队伍、基层应急救援队伍建设,加强安全生产应急救援物资储备库建设。

(八)文化服务能力建设工程。

建设国家安全生产新闻宣传数字传播系统和安全生产新闻宣传综合平台。建成安全生产网络学院和远程教育培训平台。完善"安全科学与工程"一级学科。实施全民安全素质提升工程和企业产业工人安全生产能力提升工程。建设安全生产主题公园、主题街道、安全体验馆和安全教育基地。

五、规划实施保障

(一)落实目标责任。

加强组织领导,明确分工责任,强化规划实施的协调管理。各地区、各有关部门要制定规划实施方案,分解落实规划的主要任务和目标指标,明确责任主体,确定工作时序和重点,出台配套政策措施,推动实施规划重点工程。要以规划为引领,推动生产经营单位安全生产主体责任到位、安全投入到位、安全培训到位、安全管理到位、应急救援到位。各级安全生产委员会要充分发挥协调作用,及时掌握本地区规划目标和任务完成进度,研究解决跨部门、跨行业的安全生产重大问题。

(二)完善投入机制。

积极营造有利于各类投资主体公平有序竞争的安全投入环境,促进安全生产优势要素合理流动和有效配置。加强中央、地方财政安全生产预防及应急等专项资金使用管理,重点支持油气输送管道隐患治理、安全生产信息体系建设、应急救援基地建设等相关工作。鼓励采用政府和社会资本合作、投资补助等多种方式,吸引社会资本参与有合理回报和一定投资回收能力的安全基础设施项目建设和重大安全科技攻关。鼓励金融机构对生产经营单位技术改造项目给予信贷支持。

（三）强化政策保障。

统筹谋划安全生产政策措施，着力破解影响安全发展的重点难点问题。完善淘汰落后产能及不具备安全生产条件企业整顿关闭、重点煤矿安全升级改造、重大灾害治理、烟花爆竹企业退出转产政策。支持加快非煤矿山企业实施采空区治理、尾矿综合利用、油气输送管道隐患治理等方面工作。拓宽渔业互助保险和渔业保险覆盖范围。完善安全生产专用设备企业所得税优惠目录。健全企业安全生产费用提取与使用管理制度，建立企业安全生产责任保险制度。完善工伤保险与工伤事故及职业病预防相结合的机制，合理确立工伤保险基金工伤预防费的提取比例，充分发挥工伤保险浮动费率机制的作用。制定应急救援社会化有偿服务和应急救援人员因救援导致伤亡的人身保险保障、伤亡抚恤、褒奖等政策，探索研究应急救援物资装备征用补偿机制。

（四）加强评估考核。

做好有关国家专项规划、部门规划和地方规划与本规划的衔接，确保规划目标一致、任务统一、工程同步、政策配套。各地区、各有关部门要制定规划实施考核办法及执行评价指标体系，加强对规划实施情况的动态监测。健全规划实施的社会监督机制，鼓励社会公众积极参与规划实施评议。安全监管总局要在 2018 年牵头开展规划中期评估，并根据评估结果，及时对规划范围、主要目标、重点任务进行动态调整，优化政策措施和实施方案；在 2020 年对规划最终实施情况进行评估并向社会公布结果。

国务院办公厅关于创新管理优化服务培育壮大经济发展新动能加快新旧动能接续转换的意见

（2017 年 1 月 13 日　国办发〔2017〕4 号）

当今世界，新一轮科技革命和产业变革呈现多领域、跨学科、群体性突破新态势，正在向经济社会各领域广泛深入渗透。我国经济发展进入新常态，创新驱动发展战略深入实施，大众创业万众创新蓬勃兴起，诸多新产业、新业态蕴含巨大发展潜力，呈现技术更迭快、业态多元化、产业融合化、组织网络化、发展个性化、要素成果分享化等新特征，以技术创新为引领，以新技术新产业新业态新模式为核心，以知识、技术、信息、数据等新生产要素为支撑的经济发展新动能正在形成。加快培育壮大新动能、改造提升传统动能是促进经济结构转型和实体经济升级的重要途径，也是推进供给侧结构性改革的重要着力点。为落实党中央、国务院决策部署，破解制约新动能成长和传统动能改造提升的体制机制障碍、强化制度创新和培育壮大经济发展新动能、加快新旧动能接续转换，经国务院同意，现提出以下意见。

一、总体要求

随着全球创新创业进入高度密集活跃期，人才、知识、技术、资本等创新资源全球流动的速度、范围和规模达到空前水平，创新模式发生重大变化，生产、流通、分配、消费的新模式快速形成。在经济发展新动能加快壮大的同时，技术创新供给不足、制度创新供给不够等制约因素凸显，特别是一些经济领域管理规则已经不适应新的发展趋势，迫切需要加快制度创新步伐，营造包容支持创业创新和推动传统产业提质增效的制度环境。

（一）指导思想。

牢固树立和贯彻落实创新、协调、绿色、开放、共享的发展理念，坚持以推进供给侧结构性改革为主线，着力振兴实体经济，深入实施创新驱动发展战略，大力推进大众创业万众创新；深化简政放权、放管结合、优化服务改革，进一步优化公共服务、创新行政管理，与时俱进、顺势而为、主动求变，促进制度创新与技术创新的融合互动、供给与需求的有效衔接、新动能培育与传统动能改造提升的协调互动。

（二）基本原则。

——突出改革引领。强化从供给侧突破的意识，发挥市场在资源配置中的决定性作用，进一步激活市场机制，放宽政策限制，主动改变不适宜的监管理念、管理模式和政策体系，加快人才、金融、技术等要素市场改革，维护公平竞争，打破新主体进入市场的制度瓶颈，扩大群众就业和创造财富新空间。

——实施创新驱动。强化鼓励创新、宽容失败的意识。摆脱跟随发展的路径依赖，着力原始创新和颠覆性创新，保护和激发干事创业的积极性和创造性，主动构建激发创新活力、推广创新成果、支持业态创新的体制机制，以更大的力度促进知识和智力资源尽快实现经济价值，加快塑造更多依靠创新驱动、更多发挥先发优势的引领型发展新格局。

——优化服务理念。强化主动服务、效率优先的意识，更好发挥政府在新动能培育中的作用。大幅减少事前行政审批、健全事中事后监管，变管理为服务，进一步提升行政审批、法规调整、政策支持、标准规范、资源开放等方面政府服务的科学性、灵活性和针对性。创新服务机制，推进重心下移，及时主动解决阻碍新动能释放的矛盾问题，提供更加便捷高效的政府服务。

——着力融合发展。强化向实体经济聚力发力的意识，提升新动能对传统动能的带动作用。以提高质量和核心竞争力为中心,加快利用新技术、新业态改造提升传统产业,创造更多适应市场需求的新产品、新模式,促进覆盖一二三产业的实体经济蓬勃发展。

——坚持底线思维。强化开放共治与防控风险并重的意识,推进以信用管理为基础,以防范区域性、系统性风险和保护消费者合法权益为底线的新型管理模式,为释放新动能创造更加广阔的空间。

(三)目标任务。

构建形成适应新产业新业态发展规律、满足新动能集聚需要的政策法规和制度环境。创新驱动发展的体制环境更加完备,全社会创业创新生态持续优化,人才、技术、知识、数据资源更加雄厚,有利于新供给与新需求衔接的市场机制基本形成,政府服务的响应速度和水平大幅提升,包容和支持创新发展的管理体系基本建立。

通过一段时间努力,以分享经济、信息经济、生物经济、绿色经济、创意经济、智能制造经济为阶段性重点的新兴经济业态逐步成为新的增长引擎。制造业新模式、农业新业态、服务业新领域得到拓展深化,产品和服务价值链大幅提升,传统动能焕发新活力。新旧动能实现平稳接续、协同发力,资源配置效率和全要素生产率大幅提升,实体经济发展质量和核心竞争力显著提高,支撑经济保持中高速增长、迈向中高端水平,在全球范围内优化配置创新资源,在更高水平上开展对外合作,新的经济发展动力得到强化,新的经济结构和增长格局逐步形成。

二、提高政府服务的能力和水平

主动适应新动能加速成长和传统动能改造提升的需要,加快转变政府职能,为加快实施创新驱动发展战略、推进大众创业万众创新清障搭台,优化服务流程,拓展发展空间,提高服务新兴经济领域市场主体的快速响应能力和水平。

(四)提高行政审批服务效能。

优化对新兴经济领域市场主体的审批服务。适应新兴经济领域市场主体变化快、业态新、规模小等特点,及时将新业态、新产业纳入统计调查、支持政策清单。进一步深化商事制度改革,推进工商注册便利化,扩大简易注销试点。简化商标注册手续,优化注册流程,完善审查机制。优先对新业态实行“证照分离”改革试点。在工商登记中推进“多证合一”,取消不必要的行业门槛限制,消除隐性壁垒,切实解决“准入不准营”问题。全面应用全国投资项目在线审批监管平台。研究推广对不需要新增建设用地的技术改造升级项目实行承诺备案管理制度。推广“互联网+政务服务”,普及网上预约、审批、咨询,全面实行并联审批、阳光审批、限时办结等制度，提高审批协同性，持续改进对小微企业、初创企业的服务，通过有效的简政放权进一步释放发展新动能。（国家发展改革委、工业和信息化部、工商总局、国家统计局等部门按职责分工负责）

（五）加快法规政策标准动态调整。

推进法规制度适应性变革。强化“立改废”协调，抓紧修改、废止阻碍新产业新业态发展的规定。各主管部门要对制约新产业新业态发展的规定进行清理，及时提出修改、废止或暂时停止实施法律、行政法规的具体建议方案和理由，按程序报批后实施。涉及现行法律修改、废止或暂时停止实施的，由国务院提请全国人大或其常务委员会修改、废止或暂时停止实施；涉及行政法规修改、废止或暂时停止实施的，由国务院决定修改、废止或暂时停止实施，并及时向社会公布。根据新动能成熟程度，合理制定新的法规规定，确保相关监管职权法定、市场行为有法可依。（国务院法制办牵头负责）

建立相关标准动态调整机制。发挥企业标准、团体标准的积极作用和认证认可对标准调整的推动作用，建立适应技术更迭和产业变革要求的标准动态调整和快速响应机制。及时向全社会公开相关标准制定和修订情况。（质检总局牵头负责）

放宽新兴经济领域政策限制。优化多层次资本市场发行上市及挂牌条件。实现信用评价与税收便利服务挂钩，将优惠政策由备案管理和事前审批，逐渐向加强事中事后监管转变，提高中小企业优惠政策获得感。健全适应新兴经济领域融合发展的生产核算等制度。在部分新兴经济领域探索实施特殊管理股制度。（国家发展改革委、科技部、工业和信息化部、财政部、税务总局、工商总局、证监会、国务院法制办等部门按职责分工负责）

完善新业态就业社保政策。适应新业态的就业和用工特点，调整完善就业、劳动用工和社会保险等法规政策。完善各类灵活就业人员参加社会保险的办法和管理措施，制定完善相应的个人申报登记办法、个人缴费办法和资格审查办法。（人力资源社会保障部牵头负责）

（六）鼓励有条件的地方先行先试。

推进新兴经济领域的权责下移试点。依托全面创新改革试验区域和国家自主创新示范区、国家综合配套改革试验区、自由贸易试验区等区域，按程序经全国人大或其常务委员会授权，允许地方按法定程序暂停执行国家相关法律法规制度，支持地方在物流、教育、旅游等领域系统性风险小的方面，结合本地实际研究出台有利于发展新产业新业态的地方性管理制度。构建网络化、多渠道、互动式的新动能发展瓶颈问题收集反馈机制，根据企业发展的不同阶段和不同困难,因地制宜研究解决涉及的政策问题。强化改革试点评估评价,适时修订产业管理和支持政策。推动地方在质量技术等基础方面改革创新,支持打造新产业新业态区域品牌。(国家发展改革委、教育部、科技部、交通运输部、商务部、质检总局、国务院法制办、国家旅游局等部门按职责分工负责)

(七)提高创业创新服务效率。

建立创业创新绩效评价和容错试错机制。建立有利于提升创业创新效率的科研管理、资产管理和破产清算等制度体系。研究建立有利于国有企业、国有资本从事创业投资的容错机制,出台激励国有企业加大研发投入力度、参与国家重大科技项目的措施办法。(国家发展改革委、教育部、科技部、财政部、国务院国资委等部门按职责分工负责)

提升面向创业创新主体的服务水平。为企业开办和成长"点对点"提供政策、信息、法律、人才、场地等全方位服务,密切跟踪新生市场主体经营发展情况,促进新生市场主体增势不减、活跃度上升。打破制约企业跨所有制、跨行业创新合作的限制,促进生产要素和生产流程共享,加快跨界融合、系统整合的创业创新生态圈建设。强化对重大科研设施和仪器、科研数据信息等开放共享的考核评价和政策激励机制。支持和鼓励有条件的质检技术机构面向社会开放,为各类科技园、孵化器、众创空间等提供全生命周期质量技术基础服务。(国家发展改革委、科技部、工业和信息化部、人力资源社会保障部、质检总局等部门按职责分工负责)

推进双创相关改革试验。建设好双创示范基地,汇聚各方力量合作搭建全要素、全创新链资源集聚的双创服务平台,实现科技研发、专业知识、工匠技能合作共享,树立区域、高校、企业双创发展样板,探索支持创业创新的有效做法,形成可复制、可推广的经验。积极打造制造业双创平台。促进众创空间专业化发展,进一步释放全社会创业创新活力。(推进大众创业万众创新部际联席会议成员单位按职责分工负责)

完善知识产权保护制度。进一步加大知识产权执法力度,提高知识产权侵权代价和违法成本,震慑违法侵权行为。研究完善新模式新业态创新成果保护制度,探索在线创意、研发设计、众创众包等新领域知识产权保护新途径。(国家知识产权局牵头负责)

三、探索包容创新的审慎监管制度

在新兴经济领域贯彻更加包容和鼓励创新的治理理念,推动从处理具体事项的细则式管理转变为事先设置安全阀及红线的触发式管理。加强协同配合、鼓励多方参与,引导新产业新业态健康有序发展,释放经济发展新动能,促进传统领域管理创新、转型升级。

（八）建立公平开放的市场准入制度。

完善以负面清单为主的产业准入制度。对未纳入负面清单管理的行业、领域、业务等，各类市场主体皆可依法平等进入。针对新技术、新产业、新业态、新模式，本着降低创业门槛的原则，不急于纳入负面清单管理。进一步放开增值电信业务和基础电信运营领域准入。推进药品上市许可持有人制度试点。充分考虑分享经济特殊性，按照包容发展的原则，审慎研究信息中介服务平台企业的行业准入办法，加强事中事后监管。根据教育培训、健康医疗、交通出行等领域新业态的特征，调整优化准入标准，创新监管方式，鼓励商业模式创新。（国家发展改革委、教育部、工业和信息化部、交通运输部、商务部、国家卫生计生委、工商总局、质检总局、食品药品监管总局、银监会、证监会、保监会等部门按职责分工负责）

（九）健全信用约束机制。

按照强化信用约束和协同监管的要求，加快社会信用领域立法。完善全国信用信息共享平台和国家企业信用信息公示系统，规范市场主体诚信档案和信用信息采集、归集、公示、评价、应用、服务体系，加大失信行为曝光力度，强化失信联合惩戒，增强信用管理威慑力。（国家发展改革委、人民银行牵头负责）

（十）探索动态包容审慎监管制度。

坚持建设发展与管理管控相结合，量身定做监管制度，逐步完善已形成规模、影响力较大的新产业新业态的监管制度体系。探索对跨界融合新产品、新服务、新业态的部门协同监管。实现信息互换、监管互认、执法互助，形成线上监管与线下管理协同配合、产品质量与应用安全协同监管的体制。（国家发展改革委、工业和信息化部、公安部、交通运输部、文化部、人民银行、海关总署、税务总局、工商总局、质检总局、新闻出版广电总局、食品药品监管总局、国家知识产权局、国家网信办等部门按职责分工负责）

针对新产业新业态的发展需要，加强对现有法规规定的修订和解释工作。推动出台电子商务法，以及个人信息保护、数据资源管理、新能源发电并网等新的法律法规规定。（国家发展改革委、环境保护部、商务部、国务院法制办、国家网信办、国家能源局等部门按职责分工负责）

建立适应互联网传播和用户创造内容趋势的新媒体内容监管机制。建立适应互联网条件下金融创新发展的金融监管机制。（国家发展改革委、文化部、人民银行、新闻出版广电总局、国家网信办、银监会、证监会、保监会等部门按职责分工负责）

优化创新药物和创新医疗器械审评审批程序，聘请更多有国际审评审批经验的专家学者参与评估和决策，加强审评队伍建设。加快制定新型诊疗技术临床应用技术规范，建立适应新技术新业态发展需要的新型管理机制。优化检验检疫流程，按照风险管控理念，调整监管方式，对出入境生物医药类特殊物品简化审批环节，优化审批流程，提高审批效率，完善事中事后监管。（国家卫生计生委、质检总局、食品药品监管总局等部门按职责分工负责）

推行动态审慎监管。包容处于发展初期的新业态发展。提高行业自律管理水平和能力，搭建企业与政府监管部门沟通协调桥梁，不断促进规范发展。在敏感领域，根据行业和企业申请对处于研发阶段、缺乏成熟标准或完全不适应现有监管体系的产品、服务开展并行研究和监测分析，同步研究科学有效的监管方法。（工业和信息化部、商务部、国家卫生计生委、工商总局、质检总局、食品药品监管总局、国家网信办、银监会、证监会、保监会等部门按职责分工负责）

（十一）完善风险管控体系。

优化风险管理机制。完善产业风险预警和分析体系，强化风险处置决策机制，提高对新兴经济领域潜在风险敏感性和突发情况快速处置能力。加强技术成熟度和技术风险评估。强化市场主体责任，加大惩罚性赔偿力度。（国家发展改革委、科技部、工业和信息化部、商务部、国务院法制办等部门按职责分工负责）

提高信息化治理水平。加强在线、移动、大数据监管能力和队伍建设，增强网上技术侦查、新产品检验检测、金融领域新风险防范、网络信息技术产品和服务安全审查等技术水平。完善公共管理和决策工具体系，缩短风险监测信息反馈周期。（国家发展改革委、工业和信息化部、人民银行、质检总局、国家网信办、银监会、证监会、保监会等部门按职责分工负责）

（十二）构建多方参与的治理体系。

促进监管机构和社会力量相互协作，完善新产业新业态治理结构。明确平台企业参与治理的法律依据，确定平台企业在知识产权保护、质量管理、信息内容管理、协助申报纳税、社会保障、网络安全等方面的责任和义务，建立政企合作事中事后监管新模式。针对分享经济发展带来的劳动者和消费者权益保护新问题，建立政府、平台、行业组织、劳动者、消费者共同参与的规则协商、利益分配和权益保障新机制。调动第三方、同业、公众、媒体等监督力量，形成社会力量共同参与治理的格局。（国家发展改革委、人力资源社会保障部、工商总局、新闻出版广电总局、税务总局、国务院法制办、国家网信办等部门按职责分工负责）

四、激发新生产要素流动的活力

培育新动能需要新的要素支撑。要加快相关领域改革，促进知识、技术、信息、数据等新生产要素合理流动、有效集聚，充分发挥其放大社会生产力的乘数效应。加速新技术新业态向传统领域融合渗透，全面改造提升传统动能。

（十三）完善智力要素集聚流动机制。

激发人才流动活力。创新事业单位编制管理办法，完善相应的配套保障机制，破除制约高素质人才流动的体制机制障碍，赋予教师、医生、科研人员等更大的流动自主权。建立有利于国有企业在人力资源管理方面进行创客化、平台化改造的制度。各类城市都要在户籍或居住证等方面为新兴经济领域市场主体录用人才提供便利。建立健全有竞争力的人才吸引制度，解决海外回国（来华）人才办理户籍、投资置业、签证居留等方面的实际困难。（中央编办、教育部、科技部、公安部、财政部、人力资源社会保障部、农业部、国家卫生计生委、国务院国资委等部门按职责分工负责）

营造有利于创新型企业家发展的良好环境。激励勇于创新、敢于拼搏的企业家精神，依法保护创新收益和财产权。完善职业经理人市场，探索职业经理人社会化评价机制，建设专业化、市场化、国际化的职业经理人队伍。（国家发展改革委、科技部、国务院国资委等部门按职责分工负责）

营造有利于跨界融合研究团队成长的氛围。创新体制机制，突破院所和学科管理限制，在人工智能、区块链、能源互联网、智能制造、大数据应用、基因工程、数字创意等交叉融合领域，构建若干产业创新中心和创新网络。建成一批具有国际水平、突出学科交叉和协同创新的科研基地，着力推动跨界融合的颠覆性创新活动。（国家发展改革委、教育部、科技部、中科院等部门按职责分工负责）

（十四）完善数据资源开放共享制度。

强化公共数据资源共享。完善政务信息资源共享管理办法，建成国家数据共享交换平台和全国统一的政务信息服务平台，开展全国政务信息资源普查，形成动态更新的政务信息资源目录，打破“数据烟囱”和“信息孤岛”，以共享为原则，加强政务信息资源统筹管理。建立国务院部门之间和中央与地方政府之间的数据沟通和分享机制。（国家发展改革委牵头负责）

健全政府信息公开和企业信息披露制度。根据数据安全属性，依据有关规定，积极稳妥地向社会开放政府数据。制定严格的个人信息保护法规和大数据安全监管制度，严厉打击非法泄露个人信息行为。（促进大数据发展部际联席会议成员单位按职责分工负责）

（十五）强化科技成果加速转化应用机制。

推动科技成果有效转移转化。按照市场规则，优化高校和科研机构科技成果转移转化流程和办法，促进成果转化和科研人员创业。支持知识产权中介服务机构发展。充分利用发明专利申请优先审查制度，建立专利审批快速通道，便利技术市场交易，建立有利于科研人员利用科技成果进行创业的利益分配机制，形成科研成果转化的有效激励。（科技部、国家知识产权局牵头负责）

缩短科技成果转化周期。建立利用财政资金形成的科技成果包向社会定期发布推广制度。鼓励支持企业与高校、科研机构结成新型研发组织，在高校和科研机构建立市场化运作的科技成果转化平台，完善科技成果市场化转化机制。通过政府购买服务等方式加大对科技类社会服务机构的支持力度，强化对新技术、新产品、新成果导入阶段的金融支持，落实财税支持政策。（科技部、财政部、农业部、人民银行、税务总局等部门按职责分工负责）

（十六）创新新技术新业态改造提升传统产业的模式。

深入实施"中国制造2025"，促进制造业研发、生产、管理、服务模式变革，提高制造业质量和效益。开展"中国制造2025"城市（群）试点示范。增强制造业创新能力，夯实工业基础，构建以智能制造为重点的新型制造体系。发展工业互联网等新基础设施。支持制造业与互联网融合发展新型生产方式，促进从生产型制造向服务型制造转变，构建供给与需求精准衔接的机制。（工业和信息化部牵头负责）

加快推进"互联网+"行动，充分发挥我国互联网的规模优势和应用优势，加速推动互联网应用由消费领域向生产领域拓展，积极拓展物联网、云计算、下一代互联网、新一代移动通信等网络信息技术在设计、生产、运营等核心环节的深入应用，发展网络化研发、智能化生产、协同化制造和个性化服务。营造开放包容的发展环境，着力做优存量、提升增量，支持发展分享经济，探索以开放共享为特征的产业发展新模式。（国家发展改革委牵头负责）

编制重点技术改造升级项目导向计划，引导社会资金、资源等要素投向，采取产业投资基金等多种方式支持企业技术改造。针对不同领域，统筹采取多种模式，提升国家支持技术改造资金的使用效益。持续优化社会资本投资技术改造的政策环境。（国家发展改革委、工业和信息化部牵头负责）

加快推进农村一二三产业融合发展，延伸产业链，拓展多种功能，构建形成交叉融合的产业体系。利用互联网等新技术提升农业生产、经营、管理和服务水平。推动农业与旅游、教育、文化等产业深度融合，壮大农村新产业新业态，拓展农业新价值链。逐步建立农副产品、农资质量安全追溯体系。创新公益性农技推广服务方式，鼓励地方建立农科教、产学研一体化农业技术推广联盟。（国家发展改革委、农业部牵头负责）

利用新技术推进服务业转型升级。加快建设跨行业、跨区域的物流信息服务平台，提升仓储智能化水平和冷链物流服务水平，发展物流新模式，推动降本增效和创新发展。鼓励传统商贸流通企业积极利用物联网、移动互联网、地理位置服务、大数据等信息技术提升流通效率和服务质量。发挥龙头企业作用，支持实体零售企业与电子商务企业优势互补，整合服务资源，促进线上线下融合发展。加快推动传统媒体与新兴媒体深度融合，提升文化企业网络服务能力。（国家发展改革委、商务部、文化部等部门按职责分工负责）

五、强化支撑保障机制建设

适应新动能培育和传统动能改造提升的新规律和新趋势，在组织保障、政府采购、金融支持、统计分析等方面，调整相关政策和制度安排，更好服务新产业新业态健康发展。

（十七）构建统筹协调的组织支撑。

强化顶层设计和系统谋划。优化新产业新业态的行业管理和产业发展资源配置，健全新兴经济领域协调机制，强化分享经济、生命科学、绿色经济、智能制造、创新金融服务等方面的统筹协调，强化立法、执法和产业发展等职能的衔接。（国家发展改革委、中央编办牵头负责）

协同推进相关工作。各地区、各部门要积极研究涉及本地区、本领域的新动能发展问题，分领域制定培育壮大新动能工作方案。健全对有关地区、部门落实培育新动能相关政策措施情况和开展先行先试、探索创新情况的监督检查机制。加强对新动能发展的舆论宣传，引导正确认识、回应社会关切、防止不当炒作，营造健康发展环境。（国家发展改革委会同有关方面牵头负责）

（十八）完善采购等支持新技术应用的政策措施。

强化政府采购支持创新的机制。制定符合国际规则的创新产品和服务采购支持政策。在满足提供公共服务和机构自身运转基本需求的前提下，加大对初创企业提供的新产品、新技术、新服务的采购力度。探索首购、订购等非招标方式，扩大前沿领域创新产品和服务的率先示范应用。（财政部牵头负责）

在政府部门和国有企业招投标活动中，不得以企业经营年限、注册资金等资质要求变相歧视新创办企业，逐步加大对新创办企业的支持。（国家发展改革委牵头负责）

完善优先应用新技术新产品的支持机制。深化医保支付方式改革，调整完善国家医保目录，及时将符合条件的创新药物按规定纳入目录范围，支持通过采用性价比高、疗效确定的创新药物降低医疗费用，大力发展商业医疗保险。面向新产业新业态发展需求，落实和完善首台（套）重大技术装备使用等鼓励政策。推进大型智能设备融资租赁。建立全面接纳高比例新能源电力的新型电力系统，出台全额保障性收购管理细则。强化产品、技术、工程、服务

“走出去”的协调互动，创新方式支持和拓展我国有竞争力的新技术、新产品海外应用。（国家发展改革委、工业和信息化部、财政部、人力资源社会保障部、商务部、银监会、保监会、国家能源局等部门按职责分工负责）

（十九）优化金融支持体系。

调整完善创业投资法规政策，激励引导创投机构加大对新创办企业的投入比重。充分发挥政府各类创业投资引导基金和产业投资基金作用，对符合投向的新兴经济领域创新型企业给予支持。加大多层次资本市场对新兴经济企业股权、债权融资的支持力度。建立健全知识产权质押登记公示系统，研究设立国家级无形资产转让交易平台。（国家发展改革委、财政部、人民银行、工商总局、银监会、证监会等部门按职责分工负责）

（二十）完善统计调查支撑机制。

建立完善新兴经济领域市场主体统计调查和监测分析制度，强化新产业新业态数据搜集、处理、发布和共享工作。修订完善《国民经济行业分类》及有关分类标准，以适应培育壮大新动能需要。打造跟踪分析新兴经济领域运行的统一数据平台。加强对分享经济等新兴经济活动的核算，科学测算评估新兴经济活动在经济增长、资源节约、劳动就业、收入税收等方面的贡献。构建反映新兴经济活动的指标体系，研究建立并择时发布反映全貌和动态变化的新兴经济活动发展指数，提供趋势性数据和预警分析支撑。（国家统计局牵头）

各地区、各部门要充分认识加快培育壮大经济发展新动能的重要性、紧迫性和艰巨性，把思想、认识和行动统一到党中央、国务院决策部署上来，认真履职尽责、密切协调配合、主动担当作为、加强督查检查，切实把本意见提出的各项任务措施落到实处，为进一步激发市场活力和动力、加快新旧动能接续转换营造良好制度环境。

国务院办公厅关于进一步加强疫苗流通和预防接种管理工作的意见

（2017年1月15日　国办发〔2017〕5号）

预防接种是预防控制传染病最经济、最有效的措施，对于保障人民群众生命安全和身体健康具有十分重要的意义。为进一步加强疫苗流通和预防接种管理，确保疫苗质量和接种安全，经国务院同意，现提出以下意见：

一、完善疫苗管理工作机制

（一）健全国家免疫规划疫苗调整机制。国家卫生计生委要建立国家免疫规划专家咨询委员会；根据防病工作需要组织疾病预防控制机构开展疫苗针对疾病监测，综合评估相关疾病负担和疫苗安全性、有效性、卫生经济学评价、生产供应能力等因素，经专家咨询委员会论证通过后，会同财政部提出将有关疫苗纳入或退出国家免疫规划的建议，报国务院批准后公布实施。逐步推动将安全、有效、财政可负担的第二类疫苗纳入国家免疫规划，使群众享受到更加优质的接种服务。

（二）完善预防接种异常反应补偿机制。各地区要加强疑似预防接种异常反应监测和报告工作，提高预防接种异常反应调查诊断及鉴定水平。鼓励建立通过商业保险等形式对预防接种异常反应受种者予以补偿的机制，逐步建立包括基础保险、补充保险在内的多层次保险补偿体系，提高预防接种异常反应补偿效率。在预防接种异常反应补偿保险机制建立前，应当按现有规定开展补偿工作。国家卫生计生委要会同相关部门在总结预防接种异常反应补偿保险试点工作经验的基础上，制定完善预防接种异常反应补偿机制的指导意见。

（三）建立疫苗流通和预防接种管理部际联席会议制度。国家卫生计生委、食品药品监管总局会同相关部门建立疫苗流通和预防接种管理部际联席会议制度，加强政策协调与衔接，及时通报工作进展与信息，共同研究解决存在的突出问题，协同应对重大突发事件，形成工作合力。各省（区、市）要根据本地区实际健全疫苗流通和预防接种管理协调机制。

二、促进疫苗自主研发和质量提升

支持新型疫苗特别是多联多价疫苗的研发和产业化，加强产业技术创新战略联盟等机制建设，通过国家科技计划（专项、基金等）、科技重大专项等科研项目支持符合条件的疫苗研发工作。坚持国家免疫规划疫苗、常规疫苗和应急疫苗等重点疫苗立足国内生产的原则，鼓励和支持国内疫苗生产企业规模化生产，确保重点疫苗的产能储备能够满足重大公共卫生事件应对需要。促进疫苗生产企业提高质量管理水平和规范生产能力，持续提升疫苗产品质量。

三、加强疫苗流通全过程管理

（一）规范疫苗集中采购工作。各地区要尽快将疫苗纳入省级公共资源交易平台，按照公开透明、竞争择优、公平交易的原则实行网上集中采购。省级疾病预防控制机构要汇总本地区第二类疫苗需求，在省级公共资源交易平台通过直接挂网、招标或谈判议价等方式形成合理采购价格，由县级疾病预防控制机构向疫苗生产企业采购后供应给本地区的接种单位。质检总局要加强对出入境预防接种工作的管理，做好出入境人员接种所需疫苗的采购、储存、使用等各项工作。

（二）加强疫苗冷链配送管理。国家卫生计生委、食品药品监管总局要按照《疫苗流通和预防接种管理条例》相关规定，及时修改完善疫苗储存和运输管理规范，指导建立健全疫苗冷链配送管理体系，加强冷链储运过程的规范化管理。省级卫生计生、食品药品监管部门要指导疫苗生产企业选择确有较好冷链储运条件的配送企业，发挥集中配送的效率优势。疫苗生产企业可采取“干线运输+区域仓储+区域配送”的分段接力方式配送疫苗，干线运输可委托专业冷链运输企业，区域仓储和区域配送可委托具备冷链储运条件的配送企业。各省（区、市）人民政府要结合本地区实际研究采取有效措施，确保偏远地区疫苗及时配送。

（三）加强疫苗全程追溯管理。食品药品监管总局要会同国家卫生计生委加快推进疫苗追溯信息系统建设，采取信息化手段，加强疫苗生产、流通和使用全过程追溯管理。国家卫生计生委要依托全民健康保障信息化工程，加快推进全国预防接种信息管理系统建设，逐步实现不同地区预防接种信息的交换与共享。

（四）加强疫苗监管能力建设。各地区要加强食品药品监管部门检查、检验工作力量，推进建立职业化、专业化药品检查员队伍，加强规范化培训，提高检查专业化水平。逐步提高省级药品检验机构的疫苗检验能力。

四、规范预防接种管理

（一）加强第二类疫苗接种统筹管理。省级疾病预防控制机构要根据本地区疾病监测信息和疾病预防控制需要，组织开展第二类疫苗的评价、遴选，提出第二类疫苗使用品目等。县级卫生计生行政部门根据服务人口和服务范围等因素，确定辖区内接种单位，并向社会公布。原则上农村地区实行以乡镇为单位的集中接种模式。要加强社区、乡镇预防接种门诊规范化、信息化建设，严格规范村级接种单位服务行为，不得违规开展预防接种。对于偏远、交通不便地区，要通过加强乡镇卫生院流动服务，提高预防接种的可及性，保证预防接种质量。

（二）加强接种单位规范化建设。各地区要结合本地区实际，依法推进接种单位规范化建设，规范接种单位设置、人员资质、预防接种设施条件、冷链管理、疑似预防接种异常反应监测处理以及预防接种告知、记录、报告和宣传工作等。接种单位应当在接种场所显著位置公示使用的疫苗品种、禁忌、接种方法、一般反应和异常反应，以及第二类疫苗的价格和接种服务收费标准。

（三）强化预防接种能力建设。加强公共卫生医师培训，提高专业技术水平。加强公立医院、乡镇卫生院和社区卫生服务中心预防保健科室(公共卫生科室)建设,充实技术力量,落实预防接种等公共卫生职责。医疗卫生机构承担预防接种职责与任务的医务人员要通过县级卫生计生行政部门组织的预防接种专业培训并考核合格。

(四)加强技术指导和考核评估。卫生计生行政部门要加强预防接种工作考核,并将考核结果作为划拨基本公共卫生服务项目补助资金的重要依据。疾病预防控制机构要加强对基层医疗卫生机构预防接种工作的技术指导,组织开展本地区预防接种工作人员培训。

五、落实保障措施

(一)保障疾病预防控制机构人员编制。各地区、各有关部门要认真落实关于疾病预防控制中心机构编制标准的有关规定,在编制总量范围内,落实各级疾病预防控制机构人员编制。采取公开招聘、培训等措施提高疾病预防控制队伍的整体素质。

(二)建立稳定的疾病预防控制机构投入机制。地方各级人民政府要落实支出责任,根据疾病预防控制事业发展需要和发展建设规划,足额安排疾病预防控制机构基本建设、设备购置特别是冷链系统和信息化建设等发展建设支出。统筹考虑第二类疫苗管理模式变化等因素,科学合理核定疾病预防控制机构的人员经费、公用经费和业务经费,足额列入预算,由同级财政予以保障,服务性收入按收支两条线纳入预算管理。

(三)完善疾病预防控制机构绩效工资制度。根据疾病预防控制机构职业风险高等特点,科学核定疾病预防控制机构绩效工资总量。建立科学合理的绩效考核制度,形成与岗位职责、工作业绩、实际贡献相联系的考核分配机制。按照国家有关规定,落实疾病预防控制人员各项津贴补贴政策。

(四)完善预防接种相关价格政策。各省(区、市)价格主管部门要科学合理核定接种单位第二类疫苗接种服务费标准。各地区要尽快落实本省(区、市)有关规定,做好县级疾病预防控制机构向接种单位收取第二类疫苗储存运输费的相关工作。

(五)加强宣传引导。要充分发挥传统媒体和新媒体的平台作用,强化疫苗流通和预防接种知识的普及宣传,重点宣传预防接种的重要性、安全性、有效性,引导群众参与预防接种工作,提高疫苗接种率。健全预防接种信息发布机制,强化舆情监测,积极回应社会和公众关切,营造良好社会氛围。

六、强化监督检查

各省(区、市)人民政府要结合工作实际制定具体贯彻办法,落实属地管理责任,加强组织领导,将预防接种等疾病预防控制工作情况、对疾病预防控制机构财政政策落实情况等纳入政府考核内容，加大监督检查力度，依法有序做好疫苗流通和预防接种各项工作。国家卫生计生委、食品药品监管总局要会同有关部门加强监督检查，适时开展专项督查，重要情况及时报告国务院。

国务院办公厅关于印发生育保险和职工基本医疗保险合并实施试点方案的通知

（2017年1月19日　国办发〔2017〕6号）

《生育保险和职工基本医疗保险合并实施试点方案》已经国务院同意，现印发给你们，请试点地区和各有关部门加强组织领导，认真贯彻执行。

生育保险和职工基本医疗保险合并实施试点方案

为贯彻落实党的十八届五中全会精神和《中华人民共和国国民经济和社会发展第十三个五年规划纲要》，根据《全国人民代表大会常务委员会关于授权国务院在河北省邯郸市等12个试点城市行政区域暂时调整适用〈中华人民共和国社会保险法〉有关规定的决定》，现就做好生育保险和职工基本医疗保险（以下统称两项保险）合并实施试点工作制定以下方案。

一、总体要求

（一）指导思想。全面贯彻党的十八大和十八届三中、四中、五中、六中全会精神，深入贯彻习近平总书记系列重要讲话精神和治国理政新理念新思想新战略，认真落实党中央、国务院决策部署，统筹推进"五位一体"总体布局和协调推进"四个全面"战略布局，牢固树立和贯彻落实创新、协调、绿色、开放、共享的发展理念，遵循保留险种、保障待遇、统一管理、降低成本的总体思路，推进两项保险合并实施，通过整合两项保险基金及管理资源，强化基金共济能力，提升管理综合效能，降低管理运行成本。

（二）主要目标。2017年6月底前启动试点，试点期限为一年左右。通过先行试点探索适应我国经济发展水平、优化保险管理资源、促进两项保险合并实施的制度体系和运行机制。

二、试点地区

根据实际情况和有关工作基础，在河北省邯郸市、山西省晋中市、辽宁省沈阳市、江苏省泰州市、安徽省合肥市、山东省威海市、河南省郑州市、湖南省岳阳市、广东省珠海市、重庆市、四川省内江市、云南省昆明市开展两项保险合并实施试点。未纳入试点地区不得自行开展试点工作。

三、试点内容

（一）统一参保登记。参加职工基本医疗保险的在职职工同步参加生育保险。实施过程中要完善参保范围，结合全民参保登记计划摸清底数，促进实现应保尽保。

（二）统一基金征缴和管理。生育保险基金并入职工基本医疗保险基金，统一征缴。试点期间，可按照用人单位参加生育保险和职工基本医疗保险的缴费比例之和确定新的用人单位职工基本医疗保险费率，个人不缴纳生育保险费。同时，根据职工基本医疗保险基金支出情况和生育待遇的需求，按照收支平衡的原则，建立职工基本医疗保险费率确定和调整机制。

职工基本医疗保险基金严格执行社会保险基金财务制度，两项保险合并实施的统筹地区，不再单列生育保险基金收入，在职工基本医疗保险统筹基金待遇支出中设置生育待遇支出项目。探索建立健全基金风险预警机制，坚持基金收支运行情况公开，加强内部控制，强化基金行政监督和社会监督，确保基金安全运行。

（三）统一医疗服务管理。两项保险合并实施后实行统一定点医疗服务管理。医疗保险经办机构与定点医疗机构签订相关医疗服务协议时，要将生育医疗服务有关要求和指标增加到协议内容中，并充分利用协议管理，强化对生育医疗服务的监控。执行职工基本医疗保险、工伤保险、生育保险药品目录以及基本医疗保险诊疗项目和医疗服务设施范围。生育医疗费用原则上实行医疗保险经办机构与定点医疗机构直接结算。

（四）统一经办和信息服务。两项保险合并实施后，要统一经办管理，规范经办流程。生育保险经办管理统一由职工基本医疗保险经办机构负责，工作经费列入同级财政预算。充分利用医疗保险信息系统平台，实行信息系统一体化运行。原有生育保险医疗费结算平台可暂时保留，待条件成熟后并入医疗保险结算平台。完善统计信息系统，确保及时准确反映生育待遇享受人员、基金运行、待遇支付等方面情况。

（五）职工生育期间的生育保险待遇不变。生育保险待遇包括《中华人民共和国社会保险法》规定的生育医疗费用和生育津贴，所需资金从职工基本医疗保险基金中支付。生育津贴支付期限按照《女职工劳动保护特别规定》等法律法规规定的产假期限执行。

四、保障措施

（一）加强组织领导。两项保险合并实施是党中央、国务院作出的一项重要部署，也是推动建立更加公平更可持续社会保障制度的重要内容。试点城市所在省份要高度重视，加强领导，密切配合，推动试点工作有序进行。人力资源社会保障部、财政部、国家卫生计生委要会同有关方面加强对试点地区的工作指导，及时研究解决试点中的困难和问题。试点省份和有关部门要加强沟通协调，共同推进相关工作。

（二）精心组织实施。试点城市要高度重视两项保险合并实施工作，按照本试点方案确定的主要目标、试点措施等要求，根据当地生育保险和职工基本医疗保险参保人群差异、基金支付能力、待遇保障水平等因素进行综合分析和研究，周密设计试点实施方案，确保参保人员相关待遇不降低、基金收支平衡，保证平稳过渡。2017 年 6 月底前各试点城市要制定试点实施方案并组织实施。

（三）加强政策宣传。试点城市要坚持正确的舆论导向，准确解读相关政策，大力宣传两项保险合并实施的重要意义，让社会公众充分了解合并实施不会影响参保人员享受相关待遇，且有利于提高基金共济能力、减轻用人单位事务性负担、提高管理效率，为推动两项保险合并实施创造良好的社会氛围。

（四）做好总结评估。各试点城市要及时总结经验，试点过程中发现的重要问题和有效做法请及时报送人力资源社会保障部、财政部、国家卫生计生委，为全面推开两项保险合并实施工作奠定基础。人力资源社会保障部、财政部、国家卫生计生委要对试点期间各项改革措施执行情况、实施效果、群众满意程度等内容进行全面总结评估，并向国务院报告。

国务院办公厅关于促进开发区改革和创新发展的若干意见

（2017 年 1 月 19 日　国办发〔2017〕7 号）

开发区建设是我国改革开放的成功实践，对促进体制改革、改善投资环境、引导产业集聚、发展开放型经济发挥了不可替代的作用，开发区已成为推动我国工业化、城镇化快速发展和对外开放的重要平台。当前，全球经济和产业格局正在发生深刻变化，我国经济发展进入新常态，面对新形势，必须进一步发挥开发区作为改革开放排头兵的作用，形成新的集聚效应和增长动力，引领经济结构优化调整和发展方式转变。为深入贯彻落实《中共中央 国务院关于构建开放型经济新体制的若干意见》，经国务院同意，现就促进开发区改革和创新发展提出以下意见。

一、总体要求

（一）指导思想。全面贯彻党的十八大和十八届三中、四中、五中、六中全会精神，深入贯彻习近平总书记系列重要讲话精神和治国理政新理念新思想新战略，认真落实党中央、国务院决策部署，紧紧围绕统筹推进“五位一体”总体布局和协调推进“四个全面”战略布局，牢固树立创新、协调、绿色、开放、共享的发展理念，加强对各类开发区的统筹规划，加快开发区转型升级，促进开发区体制机制创新，完善开发区管理制度和政策体系，进一步增强开发区功能优势，把各类开发区建设成为新型工业化发展的引领区、高水平营商环境的示范区、大众创业万众创新的集聚区、开放型经济和体制创新的先行区，推进供给侧结构性改革，形成经济增长的新动力。

（二）基本原则。坚持改革创新。强化开发区精简高效的管理特色，创新开发区运营模式，以改革创新激发新时期开发区发展的动力和活力。坚持规划引领。完善开发区空间布局和数量规模，形成布局合理、错位发展、功能协调的全国开发区发展格局，切实提高经济发展质量和效益。坚持集聚集约。完善公共设施和服务体系，引导工业项目向开发区集中，促进产业集聚、资源集约、绿色发展，切实发挥开发区规模经济效应。坚持发展导向。构建促进开发区发展的长效机制，以规范促发展，正确把握发展和规范的关系，不断探索开发区发展新路径、新经验。

二、优化开发区形态和布局

（三）科学把握开发区功能定位。开发区要坚持以产业发展为主，成为本地区制造业、高新技术产业和生产性服务业集聚发展平台，成为实施制造强国战略和创新驱动发展战略的重要载体。开发区要科学规划功能布局，突出生产功能，统筹生活区、商务区、办公区等城市功能建设，促进新型城镇化发展。开发区要继续把优化营商环境作为首要任务，着力为企业投资经营提供优质高效的服务、配套完备的设施、共享便捷的资源，着力推进经济体制改革和政府职能转变。

（四）明确各类开发区发展方向。经济技术开发区、高新技术产业开发区、海关特殊监管区域等国家级开发区要发挥示范引领作用，突出先进制造业、战略性新兴产业、加工贸易等产业特色，主动对接国际通行规则，建设具有国际竞争力的高水平园区，打造具有国际影响力的园区品牌。经济开发区、工业园区、高新技术产业园区等省级开发区要依托区域资源优势，推动产业要素集聚，提升营商环境国际化水平，向主导产业明确、延伸产业链条、综合配套完备的方向发展，成为区域经济增长极，带动区域经济结构优化升级。

（五）推动各区域开发区协调发展。推进东部地区现有开发区转型升级，增强开发区发展的内生动力，培育有全球影响力的制造研发基地，提高我国产业在全球价值链中的地位。支持中西部地区、东北地区进一步完善开发区软硬件环境，加强开发区承接产业转移的能力建设，增强产业发展动力。鼓励东部地区开发区输出品牌、人才、技术、资金和管理经验，按照优势互补、产业联动、市场导向、利益共享的原则，与中西部地区、东北地区合作共建开发区。围绕"一带一路"建设、京津冀协同发展、长江经济带发展，推动沿海沿江沿线开发区良性互动发展，建设一批具有辐射带动效应的转型升级示范开发区，引导产业优化布局和分工协作。

三、加快开发区转型升级

（六）推进开发区创新驱动发展。开发区要贯彻落实创新驱动发展战略，促进科技创新、制度创新，吸引集聚创新资源，提高创新服务水平，推动由要素驱动向创新驱动转变。支持开发区内企业技术中心建设，在有条件的开发区优先布局工程（技术）研究中心、工程实验室、国家（部门）重点实验室、国家地方联合创新平台、制造业创新中心。鼓励开发区加快发展众创空间、大学科技园、科技企业孵化器等创业服务平台，构建公共技术服务平台，设立科技创新发展基金、创业投资基金、产业投资基金，完善融资、咨询、培训、场所等创新服务，培育创新创业生态，创新人才培养和引进机制，营造大众创业、万众创新良好氛围。支持有条件的国家高新技术产业开发区创建国家自主创新示范区，为在全国范围内完善科技创新政策提供可复制经验。

（七）加快开发区产业结构优化。开发区要适应新一轮产业变革趋势，加快实施"中国制造2025"战略，通过优化园区功能、强化产业链条、扶持重大项目、支持科技研发、腾笼换鸟等措施，支持传统制造业通过技术改造向中高端迈进，促进信息技术与制造业结合；主动培育高端装备、机器人、新一代信息技术、生物技术、新能源、新材料、数字创意等战略性新兴产业；促进生产型制造向服务型制造转变，大力发展研发设计、科技咨询、第三方物流、知识产权服务、检验检测认证、融资租赁、人力资源服务等生产性服务业。以开发区为载体，努力形成一批战略性新兴产业集聚区、国家高（新）技术产业（化）基地、国家新型工业化产业示范基地，打造世界级产业集群。

（八）促进开发区开放型经济发展。开发区要不断提高对外开放水平，继续发挥开放型经济主力军作用。支持开发区完善外贸综合服务体系和促进体系，鼓励开发区积极吸引外商投资和承接国际产业转移。支持开发区内符合条件的跨国企业集团开展跨境双向人民币资金池业务。允许符合条件的开发区内企业在全口径外债和资本流动审慎管理框架下，通过贷款、发行债券等形式从境外融入本外币资金。促进海关特殊监管区域整合优化，将符合条件的出口加工区、保税港区等类型的海关特殊监管区域逐步整合为综合保税区。

（九）推动开发区实现绿色发展。开发区要积极推行低碳化、循环化、集约化发展，推进产业耦合，推广合同能源管理模式，积极参加全国碳交易市场建设和运行。鼓励开发区推进绿色工厂建设，实现厂房集约化、原料无害化、生产洁净化、废物资源化、能源低碳化。推进园区循环化改造，按照循环经济"减量化、再利用、资源化"的理念，推动企业循环式生产、产业循环式组合，搭建资源共享、废物处理、服务高效的公共平台，促进废物交换利用、能量梯级利用、水的分类利用和循环使用，实现绿色循环低碳发展。

（十）提升开发区基础设施水平。开发区基础设施建设要整体规划，配套电力、燃气、供热、供水、通信、道路、消防、防汛、人防、治污等设施，并将为企业服务的公共信息、技术、物流等服务平台和必要的社会事业建设项目统一纳入整体规划。推进海绵型开发区建设，增强防涝能力。开发区新建道路要按规划同步建设地下综合管廊，加快实施既有路面城市电网、通信网络架空线入地工程。推进实施"互联网＋"行动，建设智慧、智能园区。积极利用专项建设基金，鼓励政策性、开发性、商业性金融机构创新金融产品和服务，支持开发区基础设施建设。

四、全面深化开发区体制改革

（十一）完善开发区管理体制。开发区管理机构作为所在地人民政府的派出机关，要按照精简高效的原则，进一步整合归并内设机构，集中精力抓好经济管理和投资服务，焕发体制机制活力。各地要加强对开发区与行政区的统筹协调，完善开发区财政预算管理和独立核算机制，充分依托所在地各级人民政府开展社会管理、公共服务和市场监管，减少向开发区派驻的部门，逐步理顺开发区与代管乡镇、街道的关系，依据行政区划管理有关规定确定开发区管理机构管辖范围。对于开发区管理机构与行政区人民政府合并的开发区，应完善政府职能设置，体现开发区精简高效的管理特点。对于区域合作共建的开发区，共建双方应理顺管理、投入、分配机制。各类开发区要积极推行政企分开、政资分开，实行管理机构与开发运营企业分离。各地要及时总结开发区发展经验，积极探索开发区法规规章建设。

（十二）促进开发区整合优化发展。各省（区、市）人民政府要积极探索建立开发区统一协调机制，避免开发区同质化和低水平恶性竞争，形成各具特色、差异化的开发区发展格局。鼓励以国家级开发区和发展水平高的省级开发区为主体，整合区位相邻、相近的开发区，对小而散的各类开发区进行清理、整合、撤销，建立统一的管理机构、实行统一管理。被整合的开发区的地区生产总值、财政收入等经济统计数据，可按属地原则进行分成。对于位于中心城区、工业比重低的开发区，积极推动向城市综合功能区转型。

（十三）提高开发区行政管理效能。各省（区、市）人民政府要加大简政放权力度，将能够下放的经济管理权限，依照法定程序下放给开发区。对于开发区内企业投资经营过程中需要由所在地人民政府有关部门逐级转报的审批事项，探索取消预审环节，简化申报程序，可由开发区管理机构直接向审批部门转报。对于具有公共属性的审批事项，探索由开发区内企业分别申报调整为以开发区为单位进行整体申报或转报。科学制定开发区权责清单，优化开发区行政管理流程，积极推进并联审批、网上办理等模式创新，提高审批效率。

（十四）做好开发区投资促进工作。开发区要把投资促进作为重要任务，推进相关体制机制创新，营造国际化营商环境。鼓励开发区设立综合服务平台，为投资者提供行政审批一站式服务。开发区要积极主动开展招商引资活动，创新招商引资方式，从政府主导向政府招商与市场化招商相结合转变，加强招商引资人员培训，提升招商引资工作专业化水平。开发区可结合产业发展方向，在政策允许和权限范围内制定相应的招商引资优惠政策。

（十五）推进开发区建设和运营模式创新。引导社会资本参与开发区建设，探索多元化的开发区运营模式。支持以各种所有制企业为主体，按照国家有关规定投资建设、运营开发区，或者托管现有的开发区，享受开发区相关政策。鼓励以政府和社会资本合作（PPP）模式进行开发区公共服务、基础设施类项目建设，鼓励社会资本在现有的开发区中投资建设、运营特色产业园，积极探索合作办园区的发展模式。支持符合条件的开发区开发运营企业在境内外上市、发行债券融资。充分发挥开发区相关协会组织作用，制订开发区服务规范，促进开发区自律发展。

五、完善开发区土地利用机制

（十六）优化开发区土地利用政策。对发展较好、用地集约的开发区，在安排年度新增建设用地指标时给予适度倾斜。适应开发区转型升级需要，加强开发区公共配套服务、基础设施建设等用地保障，提高生产性服务业用地比例，适当增加生活性服务业用地供给。利用存量工业房产发展生产性服务业以及兴办创客空间、创新工场等众创空间的，可在 5 年内继续按原用途和土地权利类型使用土地，5 年期满或涉及转让需办理相关用地手续的，可按新用途、新权利类型、市场价，以协议方式办理。允许工业用地使用权人按照有关规定经批准后对土地进行再开发，涉及原划拨土地使用权转让需补办出让手续的，可采取规定方式办理并按照市场价缴纳土地出让价款。

（十七）严格开发区土地利用管理。各类开发区用地均须纳入所在市、县用地统一供应管理，并依据开发区用地和建设规划，合理确定用地结构。严格执行土地出让制度和用地标准、国家工业项目建设用地控制指标。推动开发区集约利用土地、提高土地利用效率，从建设用地开发强度、土地投资强度、人均用地指标的管控和综合效益等方面加强开发区土地集约利用评价。积极推行在开发区建设多层标准厂房，并充分利用地下空间。

六、完善开发区管理制度

（十八）加强开发区发展的规划指导。开发区建设应符合国民经济和社会发展规划、主体功能区规划、土地利用总体规划、城镇体系规划、城市总体规划和生态环境保护规划。提升开发区规划水平，增强规划的科学性和权威性，促进“多规合一”。为促进各类开发区合理有序良性发展，各省（区、市）人民政府要组织编制开发区总体发展规划，综合考虑本地区经济发展现状、资源和环境条件、产业基础和特点，科学确定开发区的区域布局，明确开发区的数量、产业定位、管理体制和未来发展方向。

（十九）规范开发区设立、扩区和升级管理。各省（区、市）人民政府要根据开发区总体发展规划和当地经济发展需要，稳步有序推进开发区设立、扩区和升级工作，原则上每个县（市、区）的开发区不超过1家。限制开发区域原则上不得建设开发区，禁止开发区域严禁建设开发区。对于按照核准面积和用途已基本建成的现有开发区，在达到依法、合理、集约用地标准后，方可申请扩区。发展较好的省级开发区可按规定程序升级为国家级开发区。

（二十）完善开发区审批程序和公告制度。国家级开发区的设立、扩区和省级开发区升级为国家级开发区，由省（区、市）人民政府向国务院提出申请，由科技部、商务部、海关总署等会同有关部门共同研究、通盘考虑，提出审核意见报国务院审批。省级开发区的设立、扩区、调区，由所在地人民政府提出申请，报省（区、市）人民政府审批，并报国务院备案。国家发展改革委会同国土资源部、住房城乡建设部等部门定期修订全国开发区审核公告目录，向社会公布符合条件的开发区名称、面积、主导产业等，接受社会监督。

（二十一）强化开发区环境、资源、安全监管。开发区布局和建设必须依法执行环境影响评价制度，在空间布局、总量管控、环境准入等方面运用环境影响评价成果，对入区企业或项目设定环境准入要求，积极推行环境污染第三方治理。落实最严格水资源管理制度，实行水资源消耗总量和强度双控，严格执行水资源论证制度，严格水土保持监督管理，防控废弃渣土水土流失危害，加强节约用水管理。推动现有开发区全面完成污水集中处理,新建开发区必须同步配套污水集中处理设施和污染在线监控系统。开发区规划、建设要加强安全管理,严格执行安全设施“三同时”制度,强化安全执法能力建设和安全监管责任体系建设。加强开发区各相关规划的衔接,严格落实安全生产和环境保护所需的防护距离,促进产业发展与人居环境相和谐。

(二十二)完善开发区评价考核制度。有关主管部门和各省(区、市)人民政府要建立健全开发区综合评价考核体系,统计部门要积极支持建立健全开发区统计体系,全面反映开发区的开发程度、产业集聚度、技术创新能力、创新创业环境、单位土地投资强度、产出率、带动就业能力、经济效益、环境保护、循环经济发展水平、能源利用效率、低碳发展、社会效益、债务风险等情况。

(二十三)建立开发区动态管理机制。开发区考核结果要与奖惩措施挂钩,对考核结果好的开发区优先考虑扩区、升级,加大政策支持力度;对考核结果不合格的开发区,要限制新增土地指标,提出警告,限期整改;对整改不力,特别是长期圈占土地、开发程度低的开发区,要核减面积或予以降级、撤销,不允许纳入全国开发区审核公告目录。

加强新形势下开发区的改革发展,是适应我国经济发展新常态、加快转变经济发展方式的重要举措,对于推进供给侧结构性改革、推动经济持续健康发展具有重要意义。各地区、各部门要高度重视,上下配合,按照职责分工,加强对开发区工作的指导和监督,营造有利的政策环境,共同开创开发区持续健康发展的新局面。

国务院办公厅关于印发中国遏制与防治艾滋病“十三五”行动计划的通知

(2017 年 1 月 19 日　国办发〔2017〕8 号)

《中国遏制与防治艾滋病“十三五”行动计划》已经国务院同意,现印发给你们,请认真贯彻执行。

中国遏制与防治艾滋病“十三五”行动计划

为落实《“健康中国2030”规划纲要》和深化医药卫生体制改革部署，进一步推进艾滋病防治工作，切实维护广大人民群众身体健康，制定本行动计划。

一、防治现状

“十二五”期间，各地区、各部门认真贯彻党中央、国务院决策部署，落实艾滋病防治各项措施，取得了显著进展。艾滋病检测力度持续加大，经注射吸毒传播、输血传播和母婴传播得到有效控制，艾滋病病毒感染者和病人（以下简称感染者和病人）发现率提高68.1%，病死率降低57.0%，重点地区疫情快速上升势头得到基本遏制，全国整体疫情控制在低流行水平，受艾滋病影响人群生活质量不断提高，社会歧视进一步减轻，基本实现了《中国遏制与防治艾滋病“十二五”行动计划》总体目标。

目前，我国艾滋病流行形势依然严峻，防治工作中新老问题和难点问题并存，防治任务更加艰巨。尚有一定数量的感染者和病人未被检测发现，性传播成为最主要传播途径，男性同性性行为人群感染率持续升高，青年学生感染人数增加较快，卖淫嫖娼等违法犯罪活动、合成毒品滥用及不安全性行为在一定范围存在等诸多因素加大了艾滋病传播风险，社交新媒体的普遍使用增强了易感染艾滋病行为的隐蔽性，人口频繁流动增加了预防干预难度。部分地区和部门对防治工作重视不足，政策落实不到位，防治技术手段有限，防治能力尚不能满足工作需要，社会组织等社会力量参与防治的作用发挥还不够充分，仍需要长期不懈做好艾滋病防治各项工作。

二、总体要求

（一）指导思想。全面贯彻党的十八大和十八届三中、四中、五中、六中全会精神，深入学习贯彻习近平总书记系列重要讲话精神，紧紧围绕统筹推进“五位一体”总体布局和协调推进“四个全面”战略布局，认真落实党中央、国务院决策部署，牢固树立和贯彻落实创新、协调、绿色、开放、共享的发展理念，坚持正确的卫生与健康工作方针，全面落实法定防治职责，巩固当前防治成果，充分利用新技术、新方法，进一步提高防治成效，不断降低艾滋病疫情流行水平，保障人民群众身体健康，奋力推进健康中国建设。

（二）工作原则。坚持政府组织领导、部门各负其责、全社会共同参与；坚持预防为主、防治结合、依法防治、科学防治；坚持综合治理、突出重点、分类指导。

（三）工作目标。最大限度发现感染者和病人，有效控制性传播，持续减少注射吸毒传播、输血传播和母婴传播，进一步降低病死率，逐步提高感染者和病人生存质量，不断减少社会歧视，将我国艾滋病疫情继续控制在低流行水平。

1. 居民艾滋病防治知识知晓率达85%以上。流动人口、青年学生、监管场所被监管人员等重点人群以及易感染艾滋病危险行为人群防治知识知晓率均达90%以上。

2. 男性同性性行为人群艾滋病相关危险行为减少10%以上，其他性传播危险行为人群感染率控制在0.5%以下。参加戒毒药物维持治疗人员年新发感染率控制在0.3%以下。

3. 夫妻一方感染艾滋病家庭的配偶传播率下降到1%以下。艾滋病母婴传播率下降到4%以下。

4. 经诊断发现并知晓自身感染状况的感染者和病人比例达90%以上。符合治疗条件的感染者和病人接受抗病毒治疗比例达90%以上，接受抗病毒治疗的感染者和病人治疗成功率达90%以上，累计接受中医药治疗的人数比2015年增加一倍。

三、防治措施

（一）提高宣传教育针对性，增强公众艾滋病防治意识。加强艾滋病防治宣传教育，根据不同人群特点，开发适宜的宣传材料，提高信息针对性和可接受性。充分发挥社会公众人物影响和互联网、微博、微信等新媒体作用，开展艾滋病疫情信息交流与警示、感染风险评估、在线咨询等活动，增强宣传效果。

1. 深入开展大众人群宣传教育。强化社会主义核心价值观宣传，弘扬中华民族传统美德，引导大众自觉抵制卖淫嫖娼等社会丑恶现象，营造不歧视感染者和病人的社会氛围。宣传、网信、新闻出版广电、卫生计生等部门要充分发挥新闻媒体作用，指导将艾滋病防治宣传列入日常工作计划，每月至少开展1次艾滋病防治公益宣传。各级党校、行政学院、团校等要让学员在校期间接受艾滋病防治知识和政策专题培训。民族事务管理、文化、农业、科技等部门要结合少数民族风俗习惯和社会主义新农村建设以及支农、惠农等活动，开展艾滋病防治宣传教育工作。居（村）民委员会要利用城乡社区综合服务设施，采取大众喜闻乐见的方式开展艾滋病防治宣传，引导健全村规民约，倡导公序良俗。工会、共青团、妇联、红十字会、工商联等单位要深入开展“职工红丝带健康行动”、“青春红丝带”、“妇女‘面对面’宣传教育”和“红丝带健康包”等专项行动。

2. 持续加强重点人群宣传教育。对于流动人口、青年学生、老年人、出国劳务人员、监管场所被监管人员等重点人群，应当强化艾滋病感染风险及道德法治教育，提高自我防护能力，避免和减少易感染艾滋病行为。教育、卫生计生和共青团等部门和单位要将性道德、性责任、预防和拒绝不安全性行为作为教育重点，督促学校落实预防艾滋病专题教育任务，积极发挥学生社团、青年志愿者和学生家长的作用，加强学校预防艾滋病和性健康的宣传教育。建立健全学校艾滋病疫情通报制度和定期会商机制，开展高校预防艾滋病教育试点工作并逐步推广。卫生计生、民政、工商和工商联等部门和单位要重点加强流动人口集中的用工单位和居住社区的艾滋病防治宣传工作。人力资源社会保障部门要将艾滋病防治宣传纳入农村劳动力转移培训等职业培训内容。交通运输、质检等部门要利用机场、车站、码头、口岸等场所进行多种形式的艾滋病防治宣传。公安、司法行政等部门要将艾滋病防治宣传纳入监管场所教育内容。公安、司法行政、卫生计生、食品药品监管等部门要将预防艾滋病与禁毒工作相结合，加强合成毒品和滥用物质危害的宣传教育。民政、文化、卫生计生等部门要进一步丰富老年人业余文化生活。

（二）提高综合干预实效性，有效控制性传播和注射吸毒传播。

1. 强化社会综合治理。要依法严厉打击卖淫嫖娼、聚众淫乱、吸毒贩毒等违法犯罪活动，加大城乡结合部、农村等薄弱地区打击力度，依法从重处罚容留与艾滋病传播危险行为相关活动的场所和人员。公安部门要落实与艾滋病有关案件的举报和立案处理程序，严厉打击利用感染者身份的违法犯罪活动。公安、卫生计生、食品药品监管等部门要密切监测药物滥用情况，及时将易促进艾滋病传播的滥用物质纳入合成毒品管控范围，依法打击滥用物质的生产、流通和使用行为。宣传、文化、公安、新闻出版广电、网信及通信主管部门要加强网络管理，结合打击网络传播淫秽色情信息等专项行动，及时清理传播色情信息、从事色情和毒品交易的网络平台和社交媒体。

2. 着力控制性传播。加强易感染艾滋病危险行为人群的警示教育和法制宣传，突出疫情和危害严重性、有效防治措施等，促使其避免和减少易感染艾滋病危险行为。工商、质检、旅游、文化、卫生计生等部门要全面落实宾馆等公共场所摆放安全套有关规定，采取措施提高安全套可及性和使用率。男性同性性传播疫情上升较快的大中城市应加强疫情和危险因素监测，开展信息互通、协同干预等联防联控工作，采取医学、心理、社会、文化等手段，探索适合国情的综合干预策略。卫生计生部门要对夫妻一方感染艾滋病家庭全面实施综合干预措施，降低家庭内传播。要加强性病防治，及时对性病病人进行规范化诊断治疗，为性病就诊者提供艾滋病检测咨询服务，对感染者和病人开展性病筛查。

3. 持续减少注射吸毒传播。保持禁毒工作的高压态势，进一步减缓新吸毒人员的增加速度，将艾滋病防治与禁毒工作紧密结合，减少注射吸毒传播艾滋病。公安、卫生计生、司法行政、民政、人力资源社会保障等部门要创新吸毒人员服务管理，最大限度地有效管控吸毒人员，开展针对性的戒毒治疗、康复指导和救助服务，帮助他们戒断毒瘾回归社会。对于适合戒毒药物维持治疗的吸毒人员，应当及时转介到戒毒药物维持治疗机构。卫生计生、公安、食品药品监管等部门要进一步做好戒毒药物维持治疗工作的组织协调、信息交流和监督管理，维护治疗机构秩序，提高服务质量和防治效果。注射吸毒人员相对集中地区应当根据实际情况，增设戒毒药物维持治疗门诊或延伸服药点。戒毒药物维持治疗难以覆盖的地区应当继续开展清洁针具交换工作。

（三）提高检测咨询可及性和随访服务规范性，最大限度发现感染者和减少传播。

1. 扩大检测服务范围。卫生计生、质检、公安、司法行政、发展改革、财政等部门要支持进一步健全实验室网络，构建布局合理、方便快捷的艾滋病自愿咨询检测网络，根据需要设置艾滋病确证检测实验室，提高检测能力。县级以上医疗机构、妇幼保健机构、疾病预防控制机构应当具备实验室艾滋病检测能力，疫情严重地区的社区卫生服务机构和乡镇卫生院应当具备快速检测能力。各地级市和疫情严重的县（市、区）应当具备确证检测能力。有条件的监管场所和检验检疫机构应当设立艾滋病检测实验室或快速检测点。检测机构要主动为有感染艾滋病风险人员提供检测咨询服务。疫情严重地区要将艾滋病、性病检测咨询纳入婚前自愿医学检查和重点公共场所服务人员健康体检。公安、司法行政、卫生计生部门要加强合作，为打击卖淫嫖娼、聚众淫乱、吸毒贩毒活动中抓获人员以及监管场所被监管人员提供艾滋病检测服务。检测机构要创新服务方式，强化主动服务意识，通过网络、电话预约等多种手段，方便有意愿人群接受检测服务。探索通过药店、网络销售检测试剂等方式开展艾滋病自我检测，建立健全与随访服务等工作衔接的机制。

2. 提高随访服务质量。卫生计生部门要按照常住地管理原则，组织疾病预防控制机构、医疗机构、基层医疗卫生机构和社会组织开展随访服务。要切实提高首次随访工作质量，强化对感染者和病人的心理支持、行为干预及检测、医学咨询和转介等工作，告知其合法权益、责任义务和相关政策法规，督促他们及时将感染情况告知与其有性关系者，并动员开展检测。结合定期随访工作，对感染者和病人的行为及健康状况进行科学评估，提供针对性的随访干预服务。做好流动感染者和病人随访服务，建立健全流出地、流入地疾病预防控制机构转介机制。公安、司法行政、卫生计生等部门要做好监管场所感染者和病人告知及医学咨询、心理支持、出入监管场所转介等随访服务。卫生计生、外交、教育、公安、质检、外专等部门要完善对在华外籍感染者的宣传教育、检测咨询、随访干预、治疗管理等相关防治政策。

3. 加强疫情监测研判。医疗卫生机构要严格依法及时报告艾滋病疫情。卫生计生部门要根据艾滋病疫情和危险因素情况，及时调整、优化监测点设置，加强数据收集，提高监测数据质量。质检部门要对出入境人员开展艾滋病监测，及时向卫生计生部门通报疫情。卫生计生部门要强化艾滋病疫情和耐药监测、信息分析和利用，及时向有关部门提供相关信息，为科学决策提供依据，做好疫情和政务信息公开，回应社会关切。

（四）全面落实核酸检测和预防母婴传播工作，持续减少输血传播和母婴传播。

1. 落实血液筛查核酸检测工作。卫生计生、发展改革、财政等部门要完善血站服务体系，合理规划设置血站核酸检测实验室，供应临床的血液全部按规定经过艾滋病病毒、乙肝病毒、丙肝病毒核酸检测。做好核酸检测实验室质量控制，加强信息化建设，有效降低血液残余风险度。建立健全无偿献血长效工作机制，提高固定无偿献血者比例，采取有效措施减少易感染艾滋病危险行为人群献血。公安、卫生计生等部门要依法严厉打击非法采供血液（血浆）和组织他人出卖血液（血浆）活动。出入境检验检疫机构要加强对入出境人体组织、血液、血液制品和生物制品检疫。卫生计生部门要加强对各类医疗卫生机构院内感染控制的培训和管理，做好艾滋病职业暴露处置和调查工作，加强工作人员安全防护。

2. 落实预防母婴传播工作。卫生计生部门要以妇幼健康服务网络为平台，将预防艾滋病、梅毒和乙肝母婴传播工作与妇幼健康服务工作有机结合，重点提高经济发展落后、偏远、少数民族地区开展预防母婴传播服务的能力，促进孕产妇及时接受孕期检查和住院分娩，在预防母婴传播工作全面覆盖的基础上提高服务质量。医疗卫生机构应当结合婚前保健、孕前保健、孕产期保健、儿童和青少年保健、性病防治等常规医疗保健服务开展预防艾滋病、梅毒和乙肝母婴传播的健康教育和咨询指导，引导新婚人群、孕产妇尽早接受相关检测，对感染艾滋病、梅毒和乙肝的孕产妇及所生儿童提供治疗、预防性用药、监测、随访、转介等系列干预服务。

（五）全面落实救治救助政策，挽救感染者和病人生命并提高生活质量。

1. 全力推进抗病毒治疗工作。卫生计生部门要对有意愿且无治疗禁忌症的感染者和病人实施抗病毒治疗。按照就近治疗原则，科学合理设置抗病毒治疗定点医疗机构，优化艾滋病检测、咨询、诊断、治疗等工作流程，提高感染者和病人治疗可及性和及时性。疫情严重地区要推广从诊断到治疗“一站式”服务。抗病毒治疗定点医疗机构要严格执行有关诊疗指南,进一步规范治疗管理,加强耐药检测和病情监测,及时更换药物和处理药物不良反应,提高治疗质量和效果。要加强感染者和病人中结核病等机会性感染疾病的筛查、诊断和治疗工作。传染病防治机构、公共卫生机构、承担感染者和病人综合医疗服务的定点医疗机构等要建立健全与抗病毒治疗定点医疗机构的转诊制度,保障感染者和病人得到及时、规范的抗病毒治疗。加强流动人口中感染者和病人治疗工作,探索建立异地治疗工作机制和保障机制。公安、司法行政、卫生计生等部门要密切配合,为监管场所内符合条件的感染者和病人提供规范化治疗。

2. 逐步扩大中医药治疗规模。中医药、卫生计生等部门要充分发挥中医药在防治艾滋病工作中的作用,健全中医药参与艾滋病防治诊疗工作机制,研究形成中西医综合治疗方案,扩大中医药治疗覆盖面。疫情严重地区和有较好工作基础地区要开展中西医综合治疗试点,逐步扩大试点规模。

3. 加强合法权益保障。要依法保障感染者和病人就医、就业、入学等合法权益。卫生计生部门要根据艾滋病疫情变化,适时调整承担综合医疗服务工作的定点医疗机构。疫情严重地区要适当增加定点医疗机构数量,优化布局,保障感染者和病人就医需要。医疗卫生机构要强化首诊(问)负责制,对诊疗服务中发现的感染者和病人,做好接诊、转诊和相关处置工作,不得以任何理由推诿或者拒绝诊治。民政、人力资源社会保障、卫生计生、财政等部门要认真落实社会保障政策,加强相关社会福利、社会保险、社会救助等政策衔接,确保感染者和病人基本医疗、基本养老、基本生活保障等权益。教育、卫生计生等部门要密切配合,保障受艾滋病影响儿童接受教育的合法权益。

4. 强化救助政策落实。要建立孤儿基本生活最低养育标准自然增长机制,为艾滋病致孤儿童和感染儿童及时、足额发放基本生活费,并加强规范管理和信息化建设,鼓励有条件地区为受艾滋病影响儿童提供必要保障。民政、卫生计生、红十字会、工商联等部门和单位要加强对生活困难感染者和病人生活救助,将政府救助与社会关爱相结合,加强对感染者和病人爱心帮扶、情感支持、临终关怀等工作。扶贫、卫生计生等部门要将艾滋病防治与扶贫开发相结合,按照精准扶贫要求,对艾滋病疫情严重的贫困地区加大扶贫开发力度,支持符合扶贫条件、有劳动能力的感染者和病人开展力所能及的生产活动,共享经济和社会发展成果。公安、司法行政、卫生计生、民政等部门要做好违法犯罪感染者和病人回归社会后的治疗、救助等衔接工作。

（六）全面落实培育引导措施，激发社会组织参与活力。

1. 发挥社会组织独特优势。要按照创新社会治理体制总体要求，发挥社会组织易于接触特殊人群、工作方式灵活等优势，将社会力量参与艾滋病防治工作纳入整体防治工作计划。卫生计生、财政、民政等部门要鼓励、支持社会组织在易感染艾滋病危险行为人群干预、感染者和病人随访服务、关怀救助等领域开展工作。医疗卫生机构要与社会组织密切合作，加强技术指导，建立信息沟通、业务考核等工作制度，实现防治工作有效衔接。社会组织应当在医疗卫生机构指导下，在易感染艾滋病危险行为人群中开展健康教育、安全套推广、艾滋病咨询和动员检测、艾滋病性病诊疗和戒毒药物维持治疗转介等服务，在感染者和病人中开展心理支持、安全性行为教育和治疗依从性教育等服务，动员感染者和病人的配偶或与其有性关系者主动检测。

2. 发挥社会组织参与艾滋病防治基金引导作用。卫生计生、财政、民政等部门要通过多渠道筹资，扩大社会组织参与艾滋病防治基金规模并完善管理。依据公平、公开、公正原则，通过择优竞争方式，支持具备条件、信誉良好的社会组织开展工作，发挥社会组织孵化基地的作用，培育并支持社区社会组织参与艾滋病防治工作。加强基金项目管理，建立监督评价机制，确保资金安全，提高项目成效。要组织、动员和支持社会组织申请基金项目，合理设置社会组织孵化基地，加强培训和扶持，促进符合条件的社会组织登记，强化对社会组织的监督与管理，逐步提高社会组织参与艾滋病防治的工作能力。要引导社会组织不断加强自身能力建设，积极申请地方政府的购买艾滋病防治服务项目，并做好项目实施。

3. 动员社会力量广泛参与。发挥工会、共青团、妇联、红十字会、工商联等单位在艾滋病防治工作中的作用。制定并实施优惠政策，动员和支持企业、基金会、有关组织和志愿者开展与艾滋病防治相关的社会宣传、捐款捐物、扶贫救助等公益活动。

四、保障措施

（一）强化组织领导，落实防治责任。各地区要对本行政区域内的艾滋病综合防治工作负总责，进一步加强组织领导，将防治工作纳入政府工作重要议事日程和考核内容，制定符合本地区疫情特点和工作实际的防治规划，定期分析和研判艾滋病流行形势，落实管理责任制，明确部门职责、工作目标和工作任务。要充分发挥地方各级防治艾滋病工作委员会等协调机制作用，加强对防治工作的统筹协调，形成防治合力。疫情严重地区要实行政府一把手负责制，进一步完善艾滋病防治工作机制，有效控制疫情。要认真开展艾滋病综合防治示范区建设工作，探索适合我国不同流行水平、不同传播特点的工作模式，着力解决重点难点问题，增强防治效果。各有关部门要落实防治职责，将艾滋病防治纳入本部门日常工作，制定年度工作计划，建立考核制度。

（二）加强队伍建设，提高防治能力。各地区要根据本地艾滋病防治需要，进一步优化医院、基层医疗卫生、疾病预防控制、妇幼保健、采供血等机构的职责分工和衔接机制，提高整体防治水平。加强艾滋病防治专业队伍建设，提高疾病预防控制机构的疫情分析研判和防治效果评价能力，配齐配强专业人员，加强培训，提高防治能力。要完善承担艾滋病防治任务定点医院补偿机制，按照国家有关规定，落实艾滋病防治人员卫生防疫津贴、医疗卫生津贴等特殊岗位津贴补贴，在绩效工资分配上适当进行倾斜，为防治队伍正常履职尽责提供保障。

（三）加大投入力度，保障防治经费和药品供应。各级政府要根据卫生投入政策，合理安排艾滋病防治经费，逐步加大投入力度，提高资金使用效益。要探索通过政府购买服务等方式支持开展艾滋病防治工作。卫生计生、财政、发展改革等部门要对疫情严重地区、中西部贫困地区的艾滋病防治工作给予重点支持，对中医药治疗艾滋病工作给予扶持。卫生计生、工业和信息化、科技、商务、食品药品监管、知识产权、发展改革、中医药等部门要建立会商机制，加强艾滋病防治药物研发，促进专利实施与运用，加快注册审批，保障药品生产供应。卫生计生、财政、税务、海关等部门要依据相关政策规定适时调整免费抗病毒治疗药品目录，落实相关税收优惠政策。逐步将艾滋病药品采购纳入公共资源交易平台，通过招标采购或国家药品价格谈判机制完善采购供应模式，创新支付、配送服务方式，确保价格合理、配送及时、保障供应、质量安全。

（四）加强科研与国际合作，提升防治水平。科技、卫生计生等部门要按照科技计划管理改革要求，统筹研究部署艾滋病相关重点科研工作。结合"艾滋病和病毒性肝炎等重大传染病防治"、"重大新药创制"科技重大专项和自然科学基金项目等实施，组织科研攻关，重点开展艾滋病疫苗、新型诊断试剂及耐药检测技术、预防母婴传播技术及易感染艾滋病危险行为人群感染预防控制策略、创新药物及二线药物仿制、临床及中西医综合治疗方案优化等研究，力争在防控关键环节取得突破。加大以问题为导向的应用性研究力度，加快成果转化及推广应用，为防治工作提供技术支撑。卫生计生等部门要加强国际合作，借鉴和吸收国际先进理念和防治经验。建立健全与周边国家的合作机制，及时交流疫情及防控信息，共同做好边境地区艾滋病防治工作。开展与国际组织、其他发展中国家的合作交流，通过提供技术支持等方式，推广中国艾滋病防治经验，扩大国际影响。

五、督导与评估

国务院防治艾滋病工作委员会办公室要制订本行动计划督导与评估方案，组织相关部门开展督导检查，在“十三五”末组织或委托第三方开展评估工作。各地区、各有关部门要对本行动计划实施进展、质量和成效进行督导与评估，将重点任务落实情况作为督查督办的重要事项，确保本行动计划各项任务得到贯彻落实。

国务院办公厅关于规范发展区域性股权市场的通知

（2017 年 1 月 20 日　国办发〔2017〕11 号）

规范发展区域性股权市场是完善多层次资本市场体系的重要举措，在推进供给侧结构性改革、促进大众创业万众创新、服务创新驱动发展战略、降低企业杠杆率等方面具有重要意义。为贯彻落实党中央、国务院决策部署，推动多层次资本市场长期稳定健康发展，防范和化解金融风险，支持实体经济特别是中小微企业发展，保护投资者合法权益，经国务院同意，现就规范发展区域性股权市场有关事项通知如下：

一、区域性股权市场是主要服务于所在省级行政区域内中小微企业的私募股权市场，是多层次资本市场体系的重要组成部分，是地方人民政府扶持中小微企业政策措施的综合运用平台。要处理好监管与发展的关系，按照既有利于规范、又有利于发展的要求，积极稳妥推进区域性股权市场规范发展，防范和化解金融风险，有序扩大和更加便利中小微企业融资。

二、区域性股权市场由所在地省级人民政府按规定实施监管，并承担相应风险处置责任。证监会要依法依规履职尽责，加强对省级人民政府开展区域性股权市场监管工作的指导、协调和监督。省级人民政府要根据相关金融政策法规，在职责范围内制定具体实施细则和操作办法，建立健全监管机制，指定具体部门承担日常监管职责，不断提升监管能力，依法查处违法违规行为。证监会负责制定统一的区域性股权市场业务及监管规则，对市场规范运作情况进行监督检查，对可能出现的金融风险进行预警提示和处置督导。证监会要对省级人民政府的监管能力和条件进行审慎评估，加强监管培训，采取有效措施，促使地方监管能力与市场发展状况相适应。证监会等国务院有关部门和省级人民政府要加强监管协同，防止监管空白和监管套利，严厉打击各类违法违规行为，维护市场秩序，切实保护投资者合法权益，防范和化解金融风险，促进区域性股权市场健康稳定发展。

三、区域性股权市场运营机构（以下简称运营机构）负责组织区域性股权市场的活动，对市场参与者进行自律管理，保障市场规范稳定运行。运营机构名单由省级人民政府实施管理并予以公告，同时向证监会备案。本通知印发前，省、自治区、直辖市、计划单列市行政区域内已设立运营机构的，不再设立；尚未设立运营机构的，可设立一家；已设立两家及以上运营机构的，省级人民政府要积极稳妥推动整合为一家，证监会要予以指导督促。

四、区域性股权市场的各项活动应遵守法律法规和证监会制定的业务及监管规则。在区域性股权市场发行或转让证券的，限于股票、可转换为股票的公司债券以及国务院有关部门按程序认可的其他证券，不得违规发行或转让私募债券；不得采用广告、公开劝诱等公开或变相公开方式发行证券，不得以任何形式非法集资；不得采取集中竞价、做市商等集中交易方式进行证券转让，投资者买入后卖出或卖出后买入同一证券的时间间隔不得少于五个交易日；除法律、行政法规另有规定外，单只证券持有人累计不得超过法律、行政法规规定的私募证券持有人数量上限；证券持有人名册和登记过户记录必须真实、准确、完整，不得隐匿、伪造、篡改或毁损。在区域性股权市场进行有限责任公司股权融资或转让的，不得违反本通知相关规定。

五、区域性股权市场实行合格投资者制度。合格投资者应是依法设立且具备一定条件的法人机构、合伙企业，金融机构依法管理的投资性计划，以及具备较强风险承受能力且金融资产不低于五十万元人民币的自然人。不得通过拆分、代持等方式变相突破合格投资者标准或单只私募证券持有人数量上限。鼓励支持区域性股权市场采取措施，吸引所在省级行政区域内的合格投资者参与。

六、区域性股权市场的信息系统应符合有关法律法规和证监会制定的信息技术管理规范。运营机构及开立投资者账户、办理登记结算业务的有关机构应按照规定向所在地省级人民政府和证监会报送信息，并将有关信息系统与证监会指定的监管信息系统进行对接。

七、区域性股权市场不得为所在省级行政区域外的企业私募证券或股权的融资、转让提供服务。对不符合本条规定的区域性股权市场，省级人民政府要按规定限期清理，妥善解决跨区域经营问题。运营机构所在地和企业所在地省级人民政府要签订协议，明确清理过程中的监管责任，防范和化解可能产生的风险。

八、国务院有关部门和地方人民政府要在职责范围内采取必要措施，为区域性股权市场规范健康发展创造良好环境，逐步建成融资功能完备、服务方式灵活、运行安全规范、投资者合法权益得到充分保护的区域性股权市场。国务院有关部门出台相关政策措施，可选择运行安全规范、具有较强风险管理能力的区域性股权市场先行先试。

国务院关于印发“十三五”促进就业规划的通知

（2017 年 1 月 26 日　国发〔2017〕10 号）

现将《“十三五”促进就业规划》印发给你们，请认真贯彻执行。

“十三五”促进就业规划

“十二五”以来，面对复杂严峻的国内外形势，党中央、国务院准确把握发展大势，不断创新宏观调控思路和方式，全面深化改革，激发了经济发展内生动力和就业创业活力，就业规模不断扩大、结构持续优化，创业带动就业能力显著增强，劳动者素质明显提高，就业质量进一步提升。

“十三五”时期，做好促进就业工作机遇和挑战并存。一方面，我国发展仍处于可以大有作为的重要战略机遇期，新型工业化、信息化、城镇化、农业现代化孕育巨大发展潜力，新一轮科技革命和产业变革正在兴起，新兴产业、新兴业态吸纳就业能力不断增强，大众创业、万众创新催生更多新的就业增长点，为促进就业奠定了更加坚实的物质基础。另一方面，国际经济形势依然复杂多变，国内一些长期积累的深层次矛盾逐步显现，经济发展新常态和供给侧结构性改革对促进就业提出了新的要求，劳动者素质结构与经济社会发展需求不相适应、结构性就业矛盾突出等问题凸显。就业是最大的民生，也是经济发展最基本的支撑。坚持实施就业优先战略，全面提升劳动者就业创业能力，实现比较充分和高质量的就业，是培育经济发展新动能、推动经济转型升级的内在要求，对发挥人的创造能力、促进群众增收和保障基本生活、适应人们对自身价值的追求具有十分重要的意义。

本规划依据《中华人民共和国国民经济和社会发展第十三个五年规划纲要》编制，旨在进一步加强战略引领、明确主要任务、细化政策重点，是“十三五”时期指导全国促进就业工作的战略性、综合性、基础性规划。

一、总体要求

(一)指导思想。

全面贯彻党的十八大和十八届三中、四中、五中、六中全会精神,深入贯彻习近平总书记系列重要讲话精神和治国理政新理念新思想新战略,认真落实党中央、国务院决策部署,统筹推进“五位一体”总体布局和协调推进“四个全面”战略布局,牢固树立和贯彻落实创新、协调、绿色、开放、共享的发展理念,推进供给侧结构性改革,实施就业优先战略和人才优先发展战略,把实施积极的就业政策摆在更加突出的位置,贯彻劳动者自主就业、市场调节就业、政府促进就业和鼓励创业的方针,不断提升劳动者素质,强化各类政策协同机制、优化社会资本带动机制、完善就业创业服务机制、健全劳动关系协调机制、构建就业形势综合监测机制,实现比较充分和更高质量的就业,为全面建成小康社会提供强大支撑。

(二)基本原则。

——坚持总量与结构并重。既要着眼于我国人口众多的基本国情,高度重视总量问题,又要从区域、行业、人群分化的实际出发,聚焦关键环节,抓住主要矛盾,坚持分类施策、精准发力,着力解决日益突出的结构性就业矛盾。

——坚持供需两端发力。既要加快培育经济发展新动能,大力发展吸纳就业能力强的产业,不断增强经济发展创造就业岗位能力,优化人力资源市场需求结构,又要坚持需求导向,加强人力资源开发,促进劳动者素质持续提升,改善人力资源市场供给侧结构。

——坚持就业政策与宏观政策协调。既要建立就业政策与宏观经济政策统筹的工作机制,积极扶持就业新形态,不断拓展就业新空间,又要密切关注就业形势变化,加强政策储备,以比较充分和更高质量的就业促进经济平稳运行。

——坚持统筹发挥市场与政府作用。既要优化环境,健全机制,加快消除制度性、体制性障碍,充分发挥市场在促进就业中的决定性作用,又要提高基本公共就业创业服务能力,更好发挥政府作用。

——坚持普惠性与差别化相结合。既要加快建立公平普惠的政策制度,健全人力资源市场体系,维护劳动者提升自身素质、参与就业创业的平等权利,又要坚持突出重点,完善和落实支持政策,扎实做好就业托底工作,帮助就业重点群体和困难群体提升技能、就业创业。

(三)主要目标。

到2020年,要实现以下目标:

就业规模稳步扩大,就业质量进一步提升。“十三五”时期城镇新增就业

5000万人以上，全国城镇登记失业率控制在5%以内，高校毕业生、农民工等重点人群就业形势基本稳定。促进贫困人口就业，带动1000万人脱贫。服务业从业人员、城镇就业人员所占比重不断提高，就业结构持续优化。城乡均等的公共就业创业服务体系更加健全，劳动者权益保护制度不断完善，企业劳动合同签订率保持在90%以上，工资收入合理增长，就业质量进一步提升。

创业环境显著改善，带动就业能力持续增强。促进创业政策体系不断完善，服务能力明显提升，各类劳动者创业创富通道更加畅通，全社会支持创业、参与创业的积极性显著提高，创业成功率明显提升，创业带动创新、促进就业增收能力持续增强。

人力资源结构不断优化，劳动者就业创业能力明显提高。劳动年龄人口平均受教育年限达到10.8年，新增劳动力平均受教育年限达到13.5年，劳动者素质普遍提高，适应就业形势变化能力不断增强。全国技能劳动者总量达到约1.7亿人，其中高技能人才总量达到5500万人、占技能劳动者总量的比重达到32%，技术技能人才短缺状况有效缓解。

二、增强经济发展创造就业岗位能力

坚持就业优先战略，既要以大众创业、万众创新和新动能培育带动就业，也要保护和改造提升能带动就业的传统动能，引导劳动密集型企业向中西部和东北地区转移，大力发展制造业和服务业，通过创造多样化需求带动就业，在新旧动能接续转换中促进就业。

（四）积极培育新的就业增长点。

大力发展新兴产业新兴业态，不断拓展新兴就业领域。紧紧把握全球科技革命和产业变革重大机遇，深入实施创新驱动发展战略，不断优化政策组合，大力发展新一代信息技术、高端装备、新材料、生物、新能源汽车、新能源、节能环保、数字创意等战略性新兴产业，拓展产业发展新空间，创造就业新领域。推进新产品、新服务应用示范，加快产业化进程，持续释放吸纳就业潜力。积极探索和创新监管方式，创造更加宽松的环境，加快发展平台经济等新经济形态，催生更多微经济主体，培育更多跨界融合、面向未来的就业创业沃土，开发更多新型就业模式。编制出台共享经济发展指南，通过放宽市场准入、创新监管手段、引导多方治理等优化环境，完善消费者权益保护等相关政策，促进共享经济健康发展。健全就业、劳动保障等相关制度，支持发展就业新形态。

专栏1　支持发展共享经济下的新型就业模式
1. 营造有利于共享经济加快发展的政策环境。加快完善风险控制、信用体系、质量安全、社会保障等政策法规，保障各方合法权益，促进社会资源通过共享实现高效充分利用，支持共享经济加快发展。 2. 完善支持劳动者参与共享经济就业创业的政策措施。支持符合条件、经工商登记注册的共享经济创业人员，按规定享受现行就业创业扶持政策。加快完善用工、工资支付等相关制度，引导和支持更多劳动者参与共享经济下的就业创业活动。加强劳动人事争议调解仲裁和劳动保障监察，切实保护劳动者合法权益。

积极发展吸纳就业能力强的产业和企业，创造更多就业机会。加快发展民生刚性需求大、国际竞争优势明显的轻工业等劳动密集型制造业。鼓励发展家庭手工业，创造更多居家灵活就业机会。开展加快发展现代服务业行动，不断拓展服务业发展广度和深度，鼓励发展就业容量大、门槛低的家政护理等生活性服务业。扩大市场准入范围，落实降税减负等扶持政策，促进中小企业加快发展，培育特色产业集群，带动更多就业。营造公平开放的市场环境，鼓励中小企业利用电商平台等多种方式开拓市场，促进中小企业融入全球产业链和价值链，在发展壮大中持续拓展就业空间。综合运用差别化存款准备金率、再贷款、信贷政策导向效果评估等多种政策工具，引导金融机构开展应收账款融资、动产融资、供应链融资等创新业务，优化小微企业融资环境。鼓励符合条件的金融机构在依法合规、风险可控的前提下，发行小微企业金融债券和小微企业相关信贷资产证券化产品，进一步盘活存量资产，加大小微企业信贷投放力度，增强其吸纳就业能力。

加快发展现代农业，扩大职业农民就业空间。推进农业、林业产业链和价值链建设，着力构建现代农业和林业产业体系、生产体系、经营体系，推动粮经饲统筹、农林牧渔结合、种养加一体、一二三产业融合发展，创造更多职业农民就业机会。完善政策支持体系，积极发展农业生产性服务业、农产品深加工和储运，推动发展"互联网＋现代农业"，大力发展农产品电子商务、休闲农业、创意农业、森林体验、森林康养和乡村旅游等新业态，加快培育专业大户、家庭农场、农民合作社、农业企业等新型农业经营主体，扩大职业农民就业规模。

完善创新创造利益回报机制，激发经济升级和扩大就业内生动力。深化收入分配制度改革，不断强化收入分配政策的激励导向。分类施策，支持劳动者以知识、技术、管理、技能等创新要素按贡献参与分配，实行股权、期权等中长期激励政策，以市场价值回报人才价值，全面激发劳动者创业创新热情，加快新旧发展动能转换，实现经济中高速增长、产业迈向中高端水平，不断拓宽就业空间。

专栏2　城乡居民增收行动
1. 技能人才增收行动。发挥企业主体作用，提升技能人才待遇；完善技术工人薪酬激励机制。贯通职业资格、学历等认证渠道；营造崇尚技能的社会氛围，培养造就更多技术工人。 2. 新型职业农民增收行动。将培育新型职业农民纳入国家教育培训发展规划，提高职业农民增收能力，创造更多就业空间，拓展增收渠道。 3. 科研人员增收行动。保障合理的基本薪酬水平，提高就业质量；落实中央财政科研项目资金管理有关政策，发挥科研项目资金的激励引导作用。健全绩效评价和奖励机制，激励创业创新。 4. 小微创业者增收行动。深化简政放权、放管结合、优化服务改革，释放市场活力，降低市场准入门槛，健全创业成果利益分配机制，打通创业创富通道。 5. 企业经营管理人员增收行动。在国有企业建立职业经理人制度，采取多种方式探索完善中长期激励机制；为非公经济组织重点营造公平、公正、透明、稳定的法治环境，依法平等保护财产权。 6. 基层干部队伍增收行动。完善基层干部队伍薪酬制度；实现对不同地区、不同岗位的差别化激励，充分调动基层干部队伍积极性。 7. 有劳动能力的困难群体增收行动。鼓励有劳动能力的困难群体提升人力资本，主动参加生产劳动，通过自身努力增加收入。

（五）着力缓解困难地区困难行业就业压力。

加快困难地区脱困步伐，创造更多就地就近就业机会。指导和推动资源枯竭城市等困难地区培育发展劳动密集型接续产业。研究制定支持产业衰退地区振兴发展的指导意见，通过落实财政、投资、金融、土地等支持政策，促进产业衰退地区发展接续产业，增强吸纳就业能力。发挥区域比较优势，引导符合条件的劳动密集型企业特别是高附加值的劳动密集型企业向中西部地区和东北地区转移，创造更多就地就近就业机会。对去产能任务重、待岗职工多、失业风险大的地区，开展就业援助专项行动。

专栏3　重点地区促进就业专项行动
1. 东北老工业基地促进就业行动。组织实施东北地区人才就业专项行动。加大高素质技术技能人才培养和引进力度，在东北地区组织开展老工业基地产业转型技术技能人才双元培育改革试点。加强专业培训，做好高校毕业生就业和失业人员再就业工作，帮助就业困难人员实现就业，确保零就业家庭实现至少一人就业。加强对东北地区就业形势的研判和监测预警。

续表

2. 资源枯竭城市和独立工矿区促进就业行动。支持资源枯竭城市重点发展一批接续替代产业,吸纳失业矿工、棚户区改造回迁居民再就业。开展采煤沉陷区综合治理。加大力度实施独立工矿区改造搬迁工程,支持矿区基础设施、公共服务设施和接续替代产业平台改造建设,通过矿区转型发展创造更多就业机会。
3. 产业衰退地区促进就业行动。发挥产业基础好和产业工人素质高的优势,积极承接有利于延伸产业链、提高技术水平和资源综合利用的产业。全面开展城区老工业区搬迁改造,统筹推进企业搬迁改造和新兴产业培育,提升老工业区就业吸纳能力。建设一批产业转型升级示范区和示范园区,提供宜居宜业的创业创新环境,打造承接中高端人才回流和专业人才就业的重要平台载体。
4. 国有林场和国有林区促进就业行动。推进重点国有林区深山远山职工搬迁以及国有林场撤并整合和职工搬迁,通过中央基建投资支持大小兴安岭和长白山林区接续替代产业发展,在保护好原生态和不破坏森林资源的前提下,支持发展吸纳就业能力强的种养业、林下特色产业、北药产业、生态文化旅游业、商贸服务业,加强园区基础设施建设,推动林区打造产业竞争新优势,进一步扩大就业和再就业。
5. 困难地区就业援助行动。针对因经济结构调整或重大自然灾害而形成的就业困难地区,发挥部门职能优势,动员群团组织力量,搭建政企合作平台,促进重点群体就业创业。

推动困难行业传统产业转型发展,稳定现有用工需求。通过化解过剩产能、淘汰落后产能、落实减税降费政策、加快分离国有企业办社会职能等综合措施,推动钢铁、煤炭等行业转型发展,稳定用工需求。实施制造业重大技术改造升级工程,加快新一代信息技术与制造业的深度融合,提高产品科技含量和附加值,推动传统制造业由生产型向生产服务型转变,延伸产业链条,增加就业岗位。合理降低实体经济企业融资、人工、能源、物流等成本,落实减轻企业税费负担各项措施,加快转型升级步伐,增强经济持续稳定增长动力,扩大用工需求。同步推进产业结构调整和劳动者技能转换,在转型发展中不断增强吸纳就业能力。

三、提升创业带动就业能力

坚持深化"放管服"改革,不断优化创业环境,畅通创业创富通道,激发全社会支持创业、参与创业的积极性,不断增强创业带动就业能力。

(六)畅通创业创富通道。

加快形成有利于劳动者参与创业的政策环境。深化行政审批制度改革、收费管理制度改革、商事制度改革,创新监管方式,优化政府服务,降低市场准入门槛和制度性交易成本,破除制约劳动者创业的体制机制障碍。拓宽创业投融资渠道,管好用好创业担保贷款,合理增加贴息资金投入,扩大担保基金规模。鼓励金融机构充分依托互联网信息技术，通过大数据、交叉信息验证等方式，科学评估还款能力，优化贷款审批流程，提升网络平台创业主体和小微企业创业主体贷款的便捷性和可获得性。落实促进高校毕业生、退役军人、残疾人、登记失业人员等群体创业的税费优惠政策。加大对初创企业的场地支持、设施提供、房租减免、住房优惠等政策扶持力度，降低创业成本。

调动劳动者创业创富积极性。加快落实高校、科研院所等专业技术人员离岗创业政策，鼓励科技、教育、文化等专业人才转变观念，发挥知识和技术优势，成为创业的引领者。积极推进投贷联动试点，探索符合科创企业发展需求的金融服务模式，促进更多科技人才就业创业。支持大中专毕业生转变择业观念，自立自强，成为创业的生力军。研究实施留学人员回国创业创新启动支持计划。进一步放宽外国人才申请签证、工作许可、居留许可和永久居留证的条件，简化开办企业审批流程，加大创业启动资金支持力度，完善子女入学、医疗、住房等配套政策，吸引更多境外高端人才来华创业创新。大力支持农民工等人员返乡下乡创业。引导城镇失业人员等其他各类人员以创业促就业。引导高校开展创业创新训练计划，激发大学生创业创新动力。在全社会大力弘扬创业风尚，培育创业意识，营造鼓励创业、宽容失败的社会氛围。

专栏4　创业创新人才引进计划

1. 加大引进力度。支持设立引进外国人才创业创新试验基地，提供政策支持和优化服务，吸引世界各地创业创新人才聚集。

2. 完善政策措施。组建优秀青年创业导师队伍，为来华创业青年提供政策解读、创业项目推荐、信息咨询等服务。

3. 提升服务能力。搭建孵化增值服务平台，整合创业创新服务资源，不断提升服务的针对性和有效性。

专栏5　结合新型城镇化开展支持农民工等人员返乡创业试点

1. 分类实施试点。按照分类实施、有序推进的原则，以县为主体因地制宜开展培育产业集群、发展农村电商、促进转型脱困、带动扶贫增收、加快民族地区发展等返乡创业试点工作。

2. 完善返乡创业政策。落实相关税费优惠政策，支持试点地区加快出台降低门槛、财政支持、金融服务等创新性政策措施，营造良好的创业环境。支持部分试点地区开展“两权”（农村承包土地的经营权、农民住房财产权）抵押贷款试点。组织开展鼓励农民工等人员返乡创业三年行动计划，大力推进返乡农民工等人员创业培训工作。

续表

3. 优化返乡创业环境。支持部分试点地区建设公共实训基地,提高培训能力;加强交通、物流、电信等基础设施建设,优化发展环境。支持试点地区发展农产品加工、乡村旅游、休闲农业等相关产业。

(七)扩大创业带动就业效应。

强化创业服务,提高创业成功率。统筹规划、合理布局,建设一批各具特色、高水平的区域、高校和科研院所、企业"双创"示范基地,提升创业服务能力。推广新型孵化模式,加快发展众创空间,建设一批创业孵化基地和创业园区,提供项目开发、开业指导、融资等一条龙服务,支持劳动者成功创业。建设小微企业创业创新基地,形成线上与线下、孵化与投资相结合的开放式综合服务载体,为小微企业创业兴业提供低成本、便利化、全要素服务。推动乡村旅游创客示范基地建设。打造"预孵化 + 孵化器 + 加速器 + 稳定器"的梯级孵化体系,根据创业主体不同阶段、不同需求,提供有针对性的专业化、差别化、定制化指导服务,促进创业企业加快发展。规范发展区域性股权市场,为创业企业提供直接融资服务。推进知识产权交易,加快建设全国知识产权运营公共服务平台。推动重点实验室、科技园等平台资源向社会开放。探索建立志愿者服务机制,组建高素质辅导师队伍。建立健全课堂教学、自主学习、结合实践、指导帮扶、文化引领融为一体的创业创新教育培训体系。构建面向人人的创业服务平台,深入推进创业型城市创建活动,积极培育创业生态系统。

专栏6　创业培训计划
1. 健全培训制度。建立培训对象甄选制度,完善创业意愿识别和能力短板诊断机制。建立健全培训绩效考评制度,对创业培训工作成效实施第三方评估。 2. 创新培训模式。开发针对不同创业群体、不同阶段创业活动的创业培训项目。积极探索创业培训与技能培训、区域产业相结合的培训模式。试点推广"慕课"等"互联网 +"创业培训新模式,大规模开展开放式在线培训。加强远程公益创业培训。研究探索通过"创业券"、"创新券"等方式提供创业培训服务。深入实施高校毕业生就业创业促进计划和技能就业专项行动,鼓励高等院校、职业院校学生在校期间开展创业竞赛、技能竞赛、创业实训等"试创业"实践活动和电子商务培训活动,并按规定将其纳入创业培训政策支持范围。 3. 加强课程开发。以创业活动不同阶段、不同业态的知识技能需求为导向,构建多层次、模块化的创业培训课程体系。鼓励有条件的地区以政府和社会资本合作(PPP)模式组织开发新领域、新业态的创业培训课程并实施创业培训。加强创业培训师资队伍建设,吸纳社会专业人士加入创业培训专家队伍。

续表

4. 规范机构发展。建立健全政府购买服务机制，鼓励和引导各类优质教育培训资源投入创业培训。

健全传导扩散机制，增强创业带动能力。打通“创业－创新－经济和就业增长点”培育链条，统筹产业链、创新链、资金链和政策链，大力支持培育一批吸纳就业能力强的创新型创业企业。完善新兴产业和现代服务业发展政策，鼓励大型互联网企业、行业领军企业通过网络平台向各类创业创新主体开放技术、开发、营销、推广等资源，打通科技和经济结合的通道，加强创业创新资源共享与合作，切实将人才优势和科技优势转化为产业优势和经济优势。鼓励发展“互联网＋创业”，支持“自组织、自激励、自就业”的创业模式，强化创业带动就业、促进增收效应。

四、加强重点群体就业保障能力

坚持突出重点，加快完善更加积极的就业政策，统筹做好高校毕业生等重点群体就业工作，兜住民生底线。

（八）切实做好高校毕业生就业工作。

拓展高校毕业生就业领域。继续把高校毕业生就业摆在就业工作首位，多方位拓宽就业领域。在产业结构调整中，着力支持科技含量高的智力密集型产业特别是战略性新兴产业、现代服务业以及各类新业态、新模式加快发展，开发更多适合高校毕业生的高质量就业岗位。

引导和鼓励高校毕业生到基层就业。结合政府购买基层公共管理和社会服务开发岗位，统筹实施基层服务项目，落实学费代偿、资金补贴、税费减免等扶持政策，进一步引导和鼓励高校毕业生到城乡基层、中西部地区、中小微企业就业。健全基层服务保障机制，畅通流动渠道，拓展扎根基层高校毕业生职业发展通道。

增强高校毕业生就业服务能力。深入实施高校毕业生就业创业促进计划，健全高校毕业生就业创业服务体系，创新就业信息服务方式方法，注重运用“互联网＋就业”模式，加强就业市场供需衔接和精准帮扶。加大就业见习力度，做好困难毕业生就业帮扶工作。

（九）促进农村劳动力转移就业。

拓宽农村劳动力转移就业渠道。建立健全城乡劳动者平等就业制度，引导农村劳动力外出就业、就地就近就业。推进农村劳动力转移就业示范基地建设，结合推进新型城镇化建设，合理引导产业梯度转移，创造更多适合农村劳动力转移就业的机会。加强部分行政村劳动力转移就业监测。

促进农村贫困劳动力转移就业。按照政府推动、市场主导的原则，加强劳务协作，积极促进农村建档立卡贫困人口和非建档立卡的农村低保对象、贫困残疾人中的劳动力稳定就业和转移就业。建立健全劳务输出对接机制，提高劳务输出就业脱贫的组织化程度。输出地要摸清底数，准确掌握建档立卡贫困人口和非建档立卡的农村低保对象、贫困残疾人中有就业意愿和劳动能力的未就业人员以及已就业人员基本情况，因人因需提供技能培训和就业服务。输入地要动员企业参与，实现人岗对接，保障稳定就业。引导金融机构创新金融服务体制机制，积极开展扶贫小额信贷、助学贷款、易地扶贫搬迁贷款等业务，支持贫困人口通过发展生产实现就业创业。依据建档立卡贫困人口和非建档立卡的农村低保对象、贫困残疾人信息数据精准识别帮扶对象，建立台账，制订计划，实施"春潮行动"、技能脱贫千校行动。

（十）统筹其他群体就业。

强化困难群体就业援助。健全就业援助制度，完善就业援助政策，鼓励企业吸纳困难人员就业。对就业困难人员和零就业家庭成员开展实名制动态管理和分类帮扶，提供一对一就业援助，做到零就业家庭"产生一户、援助一户、消除一户、稳定一户"，确保零就业家庭动态清零。通过公益性岗位托底帮扶一批确实难以通过市场就业的大龄就业困难人员、零就业家庭人员，实现最低生活保障家庭中有劳动能力的成员至少有一人就业。加强社会救助与就业联动，对实现就业的低保对象，在核算其家庭收入时，可扣减必要的就业成本，并通过"低保渐退"等措施，增强其就业意愿和就业稳定性。

高度重视化解过剩产能职工安置工作。将职工安置摆在化解过剩产能工作的突出位置。坚持企业主体、地方组织、依法依规的原则，分类施策，精准发力，拓宽分流渠道，加强转岗再就业帮扶，做好去产能企业职工安置工作。安置过程中要发挥好职工代表大会、厂务公开等民主管理制度的作用。落实通过失业保险基金发放稳岗补贴等扶持政策，引导钢铁、煤炭等行业困难企业以协商薪酬、灵活工时、培训转岗等方式稳定现有工作岗位。充分发挥中央奖补资金作用，通过转岗就业创业、托底安置、内部退养等多种方式妥善安置职工。

做好特定群体就业工作。做好军队转业干部和退役士兵的接收安置工作。高度重视青年群体就业工作，采取有针对性的措施帮助其就业创业。统筹做好残疾人、少数民族劳动者、退役运动员、戒毒康复人员、刑满释放人员等群体就业工作。消除针对特定群体的就业歧视，营造公平就业环境。

专栏7　重点人群就业促进计划

1. 高校毕业生就业创业促进计划。适应高校毕业生就业创业新需要，将就业创业有机融合，建立涵盖学校内外各阶段、求职就业各环节、就业创业全过程的服务体系。健全未就业毕业生实名数据库，为高校毕业生提供就业信息、职业指导和就业见习等就业服务。普及创业教育，加强职业培训。加强部门之间工作衔接、信息共享，推动高校毕业生就业创业。

2. 实施高校毕业生基层服务项目。统筹实施大学生村官、农村教师特岗计划、“三支一扶”计划、志愿服务西部计划和农技特岗计划等专门项目，选拔派遣高校毕业生到基层服务。规范项目管理，加强人员培养使用，强化日常考核监督，切实发挥项目示范引领作用。

3. 促进农村劳动力转移就业。坚持统筹城乡就业，多渠道开发就业岗位，落实扶持政策，加强职业培训和就业创业服务，优化就业创业环境，加强形势分析和就业监测，促进农村富余劳动力有序外出就业、就地就近就业和返乡创业，着力稳定和扩大农民工就业规模。

4. 做好化解过剩产能职工安置工作。以钢铁、煤炭等行业为重点，实施再就业帮扶行动，对确实要离开企业的劳动者，普遍开展转岗培训或技能提升培训，免费提供就业创业服务，落实职业培训补贴等扶持政策，促进其自主创业和转岗就业。对距法定退休年龄五年以内、再就业有困难的职工，经其本人自愿选择和企业同意，可实行内部退养，由企业发放生活费并缴纳基本养老和医疗保险费单位缴纳部分，个人按规定缴费。

5. 推进就业扶贫。通过精准对接、劳务协作和政策扶持，促进有就业意愿和就业能力的未就业贫困人口和非建档立卡的农村低保对象、贫困残疾人转移就业，促进已实现就业的建档立卡贫困人口和非建档立卡的农村低保对象、贫困残疾人稳定就业。组织全国千所左右省级重点以上技工院校开展技能脱贫千校行动，实现“教育培训一人、就业创业一人、脱贫致富一户”的目标。实施职业教育东西协作行动计划，以职业教育和培训为重点，瞄准建档立卡贫困人口和非建档立卡的农村低保对象、贫困残疾人精准发力，促进就业脱贫。通过就业带动促进1000万贫困人口脱贫。

6. 实施就业援助。加大企业吸纳困难群体就业的扶持力度，规范公益性岗位开发管理，畅通进出通道。大力推进残疾人按比例就业。完善就业援助制度，实施精细化的分类帮扶和实名制动态管理，缩短长期失业者失业周期。

五、提高人力资源市场供求匹配能力

坚持发挥市场在人力资源配置中的决定性作用，深化改革，加强监管，提高服务能力，不断提升人力资源市场供求匹配效率。

（十一）规范人力资源市场秩序。

健全人力资源市场体系。加快建立统一开放、竞争有序的人力资源市场体系,打破城乡、地区、行业分割和身份、性别歧视,完善市场运行规则,规范招人用人制度,消除影响平等就业的制度障碍。增强劳动力市场灵活性,促进劳动力在地区、行业、企业之间自由流动。推进人力资源市场信用体系和标准体系建设,加强人力资源市场管理信息平台建设。推进户籍制度改革,积极稳妥将有稳定劳动关系并在城镇居住一定年限的农民工及其家属逐步转为城镇居民。

加大监管力度。健全人力资源市场法律法规体系,尊重劳动者和用人单位市场主体地位,依法保障其合法权益。依法规范实施人力资源市场行政许可,进一步简化优化审批流程,提高服务的便捷性和可及性。加强人力资源市场事中事后监管,实施随机抽查监管,建立年度报告公示制度,探索运用新兴信息技术提升监管效能。强化日常监督检查,开展人力资源市场秩序清理整顿专项行动,严厉查处相关违法违规行为。充分发挥各类人力资源服务机构、行业协会和社会力量的监督作用,积极推进社会协同共治。

(十二)提升人力资源市场供求匹配效率。

提高公共就业服务能力。合理保障就业创业服务经费、配备工作人员。加快建立职业指导员、职业信息分析专业人员、劳动保障专理员、劳动人事争议调解员仲裁员、劳动保障监察协管员、劳动关系协调员等专业工作人员队伍。完善普惠性就业服务制度,推进服务均等化。综合运用就业服务新技术新方法,指导劳动者规划职业生涯,提高求职就业能力。不断优化服务流程,完善服务功能,推进就业服务项目化,提高就业服务质量和效率。完善就业信息服务制度,建立信息互联互通机制,搭建共享发布平台,开展就业信息分析利用,引导劳动者求职和用人单位招聘。加快公共就业服务信息化建设,推动大数据等新技术应用,到2020年,全面建成省级集中的公共就业服务信息系统和公共就业创业服务平台,充分运用网站、移动应用、自助终端、“12333”热线、微信等渠道,打造线上线下一体的服务体系。开展公共就业创业服务示范城市建设,引导就业服务发展。

大力发展人力资源服务业。以产业引导、政策扶持和环境营造为重点,规范发展人事代理、人才推荐、人员培训、劳务派遣等人力资源服务。加强统筹规划和政策引导,依托重大项目和龙头企业,培育创新发展、符合市场需求的人力资源服务产业园。鼓励创新,实施“互联网+人力资源服务”行动,培育壮大人力资源服务产业。加强人力资源服务业从业人员职业培训,加快全国人力资源市场供求信息监测和发布制度建设。

专栏8　人力资源服务业发展推进计划

1. 人力资源服务机构建设。重点培育一批有核心产品、成长性好、竞争力强的企业集团，推动人力资源服务产品创新、管理创新和服务创新。推进人力资源服务业和互联网技术融合，开展“互联网＋人力资源服务”行动。

2. 人力资源服务产业园建设。加强顶层设计，建设一批有特色、有规模、有活力、有效益的人力资源服务产业园，充分发挥园区集聚发展和辐射带动作用。

3. 人力资源服务队伍建设。开展人力资源服务机构经营管理人员培训，加大人力资源服务业高层次人才培养和引进力度。实施人力资源服务业领军人才培养计划。

六、强化劳动者素质提升能力

坚持人才优先，健全劳动者素质提升长效机制，加快培育更高技能水平、更好专业素养和敬业精神、更强创新能力和创业精神的劳动者队伍，着力缓解结构性就业矛盾。

（十三）提升人才培养质量。

加快教育结构调整。适应经济社会发展需求变化，引导高校构建与学校定位和办学特色相匹配的学科专业体系，增设经济社会发展和民生改善急需专业，更新升级传统专业，优化人才培养结构。充分发挥行业组织作用，建立专业设置、学生就业与重点产业人才需求相衔接的预测预警机制。继续深入实施基础学科拔尖学生培养试验计划，支持高水平研究型大学依托优势基础学科建设国家青年英才培训基地。加强服务行业发展的特色人才培养。加快建立高等学校分类体系，鼓励不同层次、类型的高校牢牢把握人才需求方向，统筹研究型、应用型、复合型等各类人才培养。鼓励具备条件的地方普通本科院校向应用型转变，培养更多技术技能型人才。推进职业教育与普通教育分类管理，探索建立国家资历框架，引导各级各类职业院校科学定位、办出特色。在优化布局基础上，改善职业院校基本办学条件，建设一批高水平的职业院校和骨干专业，加快培育大批具有专业技能与工匠精神的高素质劳动者和人才。健全公平公正、多元投入、规范高效的国家资助政策体系，保障职业院校家庭经济困难学生完成学业。完善顶层设计，研究制定规范发展继续教育的政策制度。

深化教学改革。推动职业院校、本科高校与行业企业共同实施全流程协同育人，共同开展教育教学、组织质量评价。全面建立职业院校教学工作诊断与改进制度。建立全国高校继续教育质量报告制度，强化高校继续教育责任主体意识，加强事中事后监管。深化专业、课程、教材体系改革，加强教材规划、管理和审查，推动课程内容与职业标准、教学过程与生产过程有效对接，及时调整、更新教学内容和教学方式，强化实践教学。建立和完善现代学校制度，落实学校在人事管理、教师评聘、收入分配等方面的办学自主权，支持职业院校、本科高校自主聘用有丰富实践经验的人员担任专兼职教师，加快建设“双师型”教师队伍。制定实施企业参与职业教育的激励政策、有利于校企人员双向交流的人事管理政策，落实学生实习政策，全面推进现代学徒制试点工作，深入推进职业教育集团化办学，推动学校与企业合作建设一批共建共享的实训基地。

完善终身学习服务体系。充分发挥各级各类学校的优势，加强终身教育制度建设。提供更多继续教育和职业技能培训课程，发展在线教育和远程教育，积极发挥高校继续教育数字化资源开放和在线教育联盟作用，为全体社会成员提供多次选择、多种路径的终身学习机会。进一步办好开放大学。鼓励高等学校招收有实践经历人员，支持社会成员通过直接升学、先就业再升学、边就业边学习等多种方式不断发展。科学设置评估考核指标，加快构建全程化、模块化、多元化的终身学习成果评价体系，增强终身学习质量保障能力，提高社会成员终身学习积极性。

（十四）提高劳动者职业技能。

完善职业技能培训制度。适应经济转型要求，推动职业培训转型升级，进一步扩大培训规模。研究建立终身职业技能培训制度，提高劳动者就业创业能力。建立健全以企业、职业院校和各类培训机构为依托，以就业技能培训、岗位技能提升培训和创业培训为主要形式，覆盖全体、贯穿终身的培训体系。调动各方积极性，加快推行工学一体、企业新型学徒制、“互联网+”等培训模式。创新职业培训方式，实行国家基本职业培训包制度，规范管理，提高补贴标准，增强职业培训的针对性和有效性。完善职业技能培训财政资金补贴方式，对建档立卡贫困人口和非建档立卡的农村低保对象、贫困残疾人等符合条件人员，探索采取整建制购买培训项目、直补培训机构等方式，提高培训效果。探索建立重点产业职业技能培训需求指导目录制度，加大对指导目录内培训项目的补贴力度。建立国家职业资格目录清单管理制度，清单之外一律不得许可和认定职业资格，清单之内除准入类职业资格外一律不得与就业创业挂钩。构建科学设置、规范运行、依法监管的国家职业资格框架和管理服务体系。建立培训、鉴定、就业分工合作机制，以及培训信息发布、质量评价和保障机制。

健全劳动者技能提升激励机制。提高技术工人待遇，定期开展高技能人才评选表彰活动。完善技能人才与同等学历、职称人员享受平等待遇政策，落实积分落户、招聘录用、岗位聘任、职务职级晋升、职称评定、薪酬、学习进修、休假体检等待遇，全面加强技能人才激励工作。

增强公共实训能力。突出建设重点，科学合理布局，在整合资源基础上，统筹建设若干区域性大型实训基地、一批地市级综合型实训基地和县级地方产业特色型实训基地，构筑布局合理、定位明确、功能突出、信息互通、协调发展的职业技能实训基地网络，不断提升公共实训能力。采取中央基建投资补助等多种形式，鼓励和引导保险资金等社会资本通过设立职业技能培训产业发展基金等多种途径，参与支持公共实训基地建设。

提升重点人群职业技能。实施高技能人才振兴计划和专业技术人才知识更新工程，突出“高精尖缺”导向，大力发展技工教育，培训急需紧缺人才。开展贫困家庭子女、未升学初高中毕业生、农民工、失业人员和转岗职工、退役军人、残疾人免费接受职业培训行动。组织实施化解过剩产能企业职工、高校毕业生、新生代农民工等重大专项培训计划。实施全员质量素质提升工程。加快实施新型职业农民培育工程，建立教育培训、规范管理和政策扶持相衔接的制度体系。发挥企业主体作用，开展岗位技能提升培训，按照职工工资总额的1.5% - 2.5%足额提取教育培训经费，专项用于职工特别是一线职工教育培训。

专栏9　新型职业农民培育工程

1. 健全培育机制。加快建立农业行政主管部门负责，农业广播电视学校、涉农院校、农民合作社、农业产业化龙头企业、农业技术推广机构以及其他各类市场主体多方参与、适度竞争的多元培育机制，强化新型职业农民培育示范，到2020年，实现新型职业农民培育工程覆盖全国所有农业县(市、区)。

2. 创新培育模式。促进教学内容与生产实际、教学安排与农时农事、理论教学与实践实习紧密结合，允许分阶段完成培训。采取送教下乡、半农半读、弹性学制等形式，鼓励农民接受中高等职业教育，培养高层次新型职业农民。建设新型职业农民培育信息化平台，为新型职业农民提供在线学习、跟踪指导等服务。

3. 加大支持力度。创新新型职业农民培训财政支持方式，加强财政资金使用监管，着力提高培训效果。采取融资担保等措施，加大对新型职业农民的政策扶持力度。推动有条件的新型职业农民按规定参加养老、医疗等社会保险。

4. 壮大新型职业农民队伍。实施现代青年农场主培养计划和农村青年创业致富“领头雁”培养计划，吸引年轻人务农创业。实施新型农业经营主体带头人轮训计划，“十三五”时期将新型农业经营主体带头人轮训一遍。强化管理服务和政策扶持，培养一批有文化、懂技术、善经营、会管理的新型职业农民。

(十五)培养良好职业素养。

加强职业道德建设。引导劳动者遵守纪律、诚实守信，自觉履行劳动义务，依法理性维护自身权益。将职业道德教育贯穿于教育培训全过程。引导企业加强职业文化建设，弘扬良好职业行为习惯，推动劳动者形成“干一行、爱一行"的职业理念。

强化职业发展和就业指导教育。普遍开设职业发展与就业指导课程，建立专业化、全程化的就业指导教学体系，增强毕业生特别是高校毕业生自我评估能力、职业开发能力及择业能力，切实转变就业观念。加强就业指导教师培训和实践锻炼，创新教学方法，进一步提高教学效果。

培育工匠精神。充分发挥院校、企业、工会等各方积极性，将培育工匠精神融入到教育培训、企业文化建设等各领域各环节，大力培养劳动者精益求精的职业素质。完善激励机制，培树先进典型，营造尊重劳动、尊重工匠的良好社会氛围，提高劳动者培育工匠精神的自主性。

七、构建更有力的保障支撑体系

不断强化各类政策协同机制、优化社会资本带动机制、完善就业创业服务机制、健全劳动关系协调机制、构建就业形势综合监测机制，加快落实规划重点任务。

（十六）强化各类政策协同机制。

坚持实施就业优先战略，充分发挥就业目标的引导作用，统筹制定国民经济和社会发展总体规划，统筹考虑宏观调控的重点和节奏。将促就业稳就业作为宏观经济政策的优先目标，加快完善更加积极的就业政策体系，加强就业政策与财税、货币、产业、投资、贸易等宏观经济政策以及人才、教育、培训、社保等社会政策的统筹协调，形成有利于促进就业的宏观政策体系。各级政府要积极调整财政支出结构，合理加大促进就业相关资金筹集力度，提高财政资金支持就业创业效益，保障就业管理和服务高效运转。实施支持就业创业的税收优惠政策，促进符合条件的重点群体就业创业。鼓励和引导各类金融机构加大对就业创业的金融支持。建立投资带动就业等宏观经济政策的就业影响评估机制。健全促进就业工作机制，完善考核指标体系，加大就业创业指标考核权重，强化政府促进就业责任。加强对就业工作进度和各项目标任务完成情况的督促检查，对就业创业工作成效明显的地方加大激励支持力度，对工作不力的予以问责。坚持底线思维，加强联防联控、相机抉择，建立突发事件应对机制，确保就业形势总体稳定。

（十七）优化社会资本带动机制。

统筹发挥好市场和政府"两只手"的作用，创新服务供给模式，通过政府和社会资本合作（PPP）等多种形式，有序有效引导并带动社会资本扩大就业创业服务供给。推动政府向社会力量购买更多基本公共就业创业服务，提升专业化服务水平。鼓励多元主体办学，引导行业企业、社会团体、科研机构和公民个人积极参与举办职业教育，重点支持举办非营利性职业院校，探索发展股份制、混合所有制职业院校，探索公办和社会力量举办的职业院校相互委托管理和购买服务机制。出台实施细则，落实土地供给、资质许可等具体办法，支持社会资本兴办教育和培训机构。落实政府购买培训相关政策，建立政府资金投入与管理制度，逐步形成培训机构自主开展培训、劳动者自主选择培训机构、政府提供资金支持和依法监管的职业技能培训运行机制。

（十八）完善就业创业服务机制。

加强基层公共就业创业服务平台建设，健全覆盖城乡的公共就业创业服务体系，完善运行管理机制。推进公共就业信息服务平台建设，完善全国就业信息监测制度，建立部门和省级就业信息资源库，实现就业管理和就业服务工作全程信息化。加快创业培训信息化管理平台建设，实现数据、信息、资源联通共享。健全人才流动公共服务体系，加快推进流动人员人事档案信息化建设。探索建立与国际接轨的全球人才招聘制度。加强“金保工程”建设，加快社会保险信息互联互通进程，进一步提高社会保险关系转移接续服务能力。完善公共就业创业和教育培训服务效能第三方评估机制。

（十九）健全劳动关系协调机制。

完善劳动标准体系。全面实行劳动合同制度。推行集体协商和集体合同制度。完善协调劳动关系三方机制。健全最低工资增长机制，建立统一规范的企业薪酬调查和信息发布制度，完善企业工资决定和正常增长机制、工资支付保障长效机制。完善劳动保障监察机制，加强劳动保障监察执法能力建设。加强劳动争议调解仲裁工作规范化、标准化、专业化、信息化建设，加快劳动争议调解仲裁服务体系建设，建立健全重大集体劳动争议应急调处机制和仲裁特别程序。

（二十）构建就业形势综合监测机制。

健全就业统计指标体系，完善统计口径和调查方法，建立有关就业新形态、创业情况的统计监测指标，更加全面反映就业创业情况。做好就业统计调查保障工作。建立就业统计数据质量核查机制，加强与社会保险等其他数据校核比对。进一步加强就业形势分析研判，健全就业形势定期综合会商评估工作机制。加强部门与研究机构、市场分析机构的密切协作，建立就业数据与宏观经济、行业经营等数据以及社会机构相关数据交叉比对机制，提高就业形势监测和分析能力。建立全国性的劳动力市场价格监测体系，及时掌握不同地区、重点行业的就业形势与收入变化等情况。建立完善失业监测预警机制，及时掌握监测企业人员变动情况及趋势，适时发布预警信息。

八、组织实施

（二十一）加强部门协调，明确职责分工。

各有关部门要高度重视促进就业工作，切实履行好促进就业鼓励创业的职责，不断完善促进就业创业的政策措施，健全工作机制，明确任务分工，加强跟踪调度，协调解决重大问题，确保本规划重点任务、主要措施有效落实。

（二十二）加强上下联动，压实各方责任。

各地区、各有关部门要结合实际，围绕规划主要任务，进一步细化目标措施，抓好贯彻落实。省级人民政府对辖区内规划实施工作负总责，确保规划重点任务和工程建设落到实处。

（二十三）加强督促检查，抓好规划评估。

国家发展改革委、人力资源社会保障部要会同有关部门建立督促检查制度，开展规划实施情况年度监测，组织规划实施中期和终期评估，重大情况及时上报国务院。

附件：重点任务分工方案

附件

重点任务分工方案

序号	重　点　工　作	负　责　单　位
1	紧紧把握全球科技革命和产业变革重大机遇，深入实施创新驱动发展战略，不断优化政策组合，大力发展新一代信息技术、高端装备、新材料、生物、新能源汽车、新能源、节能环保、数字创意等战略性新兴产业，拓展产业发展新空间，创造就业新领域。	国家发展改革委、科技部、工业和信息化部等按职责分工负责
2	积极探索和创新监管方式，创造更加宽松的环境，加快发展平台经济等新经济形态，催生更多微经济主体，培育更多跨界融合、面向未来的就业创业沃土，开发更多新型就业模式。	国家发展改革委、工商总局、工业和信息化部、商务部、人力资源社会保障部等按职责分工负责
3	编制出台共享经济发展指南，通过放宽市场准入、创新监管手段、引导多方治理等优化环境，完善消费者权益保护等相关政策，促进共享经济健康发展。	国家发展改革委牵头负责
4	健全就业、劳动保障等相关制度，支持发展就业新形态。	人力资源社会保障部牵头负责
5	开展加快发展现代服务业行动，不断拓展服务业发展广度和深度，鼓励发展就业容量大、门槛低的家政护理等生活性服务业。	国家发展改革委牵头负责

续表

6	综合运用差别化存款准备金率、再贷款、信贷政策导向效果评估等多种政策工具,引导金融机构开展应收账款融资、动产融资、供应链融资等创新业务,优化小微企业融资环境。鼓励符合条件的金融机构在依法合规、风险可控的前提下,发行小微企业金融债券和小微企业相关信贷资产证券化产品,进一步盘活存量资产,加大小微企业信贷投放,增强其吸纳就业能力。	人民银行、银监会牵头负责
7	推进农业、林业产业链和价值链建设,着力构建现代农业和林业产业体系、生产体系、经营体系,推动粮经饲统筹、农林牧渔结合、种养加一体、一二三产业融合发展,创造更多职业农民就业机会。	农业部、国家发展改革委、国家林业局按职责分工负责
8	完善政策支持体系,积极发展农业生产性服务业、农产品深加工和储运,推动发展“互联网 + 现代农业”,大力发展农产品电子商务、休闲农业、创意农业、森林体验、森林康养和乡村旅游等新业态,加快培育专业大户、家庭农场、农民合作社、农业企业等新型农业经营主体,扩大职业农民就业规模。	农业部、国家发展改革委、国家林业局、国家旅游局等按职责分工负责
9	分类施策,支持劳动者以知识、技术、管理、技能等创新要素按贡献参与分配,实行股权、期权等中长期激励政策,以市场价值回报人才价值,全面激发劳动者创业创新热情。	国家发展改革委、人力资源社会保障部、科技部、财政部等按职责分工负责
10	开展城乡居民增收行动。	国家发展改革委牵头负责
11	指导和推动资源枯竭城市等困难地区培育发展劳动密集型接续产业。研究制定支持产业衰退地区振兴发展的指导意见,通过落实财政、投资、金融、土地等支持政策,促进产业衰退地区发展接续产业,增强吸纳就业能力。	国家发展改革委牵头负责
12	开展重点地区促进就业专项行动。	国家发展改革委、人力资源社会保障部按职责分工负责

续表

13	实施制造业重大技术改造升级工程,加快新一代信息技术与制造业的深度融合,提高产品科技含量和附加值,推动传统制造业由生产型向生产服务型转变,延伸产业链条,增加就业岗位。	国家发展改革委牵头,工业和信息化部、科技部按职责分工负责
14	同步推进产业结构调整和劳动者技能转换,在转型发展中不断增强吸纳就业能力。	国家发展改革委、人力资源社会保障部牵头负责
15	拓宽创业投融资渠道,管好用好创业担保贷款,合理增加贴息资金投入,扩大担保基金规模。鼓励金融机构充分依托互联网信息技术,通过大数据、交叉信息验证等方式,科学评估还款能力,优化贷款审批流程,提升网络平台创业主体和小微企业创业主体贷款的便捷性和可获得性。	人力资源社会保障部、国家发展改革委、财政部、人民银行、银监会等按职责分工负责
16	加快落实高校、科研院所等专业技术人员离岗创业政策,鼓励科技、教育、文化等专业人才转变观念,发挥知识和技术优势,成为创业的引领者。积极推进投贷联动试点,探索符合科创企业发展需求的金融服务模式,促进更多科技人才就业创业。	国家发展改革委、教育部、科技部、人力资源社会保障部、人民银行等按职责分工负责
17	进一步放宽外国人才申请签证、工作许可、居留许可和永久居留证的条件,简化开办企业审批流程,加大创业启动资金支持力度,完善子女入学、医疗、住房等配套政策,吸引更多境外高端人才来华创业创新。	国家外专局、人力资源社会保障部牵头,外交部、公安部、工商总局、教育部、国家卫生计生委、住房城乡建设部等按职责分工负责
18	实施创业创新人才引进计划。	国家外专局、人力资源社会保障部牵头负责

续表

19	结合新型城镇化开展支持农民工等人员返乡创业试点。	国家发展改革委牵头,工业和信息化部、财政部、人力资源社会保障部、国土资源部、住房城乡建设部、交通运输部、农业部、商务部、人民银行、国家林业局等按职责分工负责
20	统筹规划、合理布局,建设一批各具特色、高水平的区域、高校和科研院所、企业"双创"示范基地,提升创业服务能力。	国家发展改革委牵头负责
21	推广新型孵化模式,加快发展众创空间,建设一批创业孵化基地和创业园区,提供项目开发、开业指导、融资等一条龙服务,支持劳动者成功创业。	科技部牵头负责
22	建设小微企业创业创新基地,形成线上与线下、孵化与投资相结合的开放式综合服务载体,为小微企业创业兴业提供低成本、便利化、全要素服务。	工业和信息化部牵头负责
23	规范发展区域性股权市场,为创业企业提供直接融资服务。推进知识产权交易,加快建设全国知识产权运营公共服务平台。推动重点实验室、科技园等平台资源向社会开放。	证监会、国家知识产权局、科技部等按职责分工负责
24	构建面向人人的创业服务平台,深入推进创业型城市创建活动,积极培育创业生态系统。实施创业培训计划。	人力资源社会保障部牵头负责
25	打通"创业-创新-经济和就业增长点"培育链条,统筹产业链、创新链、资金链和政策链,大力支持培育一批吸纳就业能力强的创新型创业企业。	国家发展改革委牵头,工业和信息化部、科技部、商务部等按职责分工负责
26	完善新兴产业和现代服务业发展政策,鼓励大型互联网企业、行业领军企业通过网络平台向各类创业创新主体开放技术、开发、营销、推广等资源,打通科技和经济结合的通道,加强创业创新资源共享与合作,切实将人才优势和科技优势转化为产业优势和经济优势。	国家发展改革委、工业和信息化部、科技部等按职责分工负责

续表

27	在产业结构调整中，着力支持科技含量高的智力密集型产业特别是战略性新兴产业、现代服务业以及各类新业态、新模式加快发展，开发更多适合高校毕业生的高质量就业岗位。	国家发展改革委、工业和信息化部、科技部、商务部等按职责分工负责
28	结合政府购买基层公共管理和社会服务开发岗位，统筹实施基层服务项目，落实学费代偿、资金补贴、税费减免等扶持政策，进一步引导和鼓励高校毕业生到城乡基层、中西部地区、中小微企业就业。健全基层服务保障机制，畅通流动渠道，拓展扎根基层高校毕业生职业发展通道。	人力资源社会保障部、教育部牵头负责
29	深入实施高校毕业生就业创业促进计划，健全高校毕业生就业创业服务体系，创新就业信息服务方式方法，注重运用“互联网＋就业”模式，加强就业市场供需衔接和精准帮扶。	人力资源社会保障部、教育部牵头负责
30	推进农村劳动力转移就业示范基地建设，结合推进新型城镇化建设，合理引导产业梯度转移，创造更多适合农村劳动力转移就业的机会。加强部分行政村劳动力转移就业监测。	国家发展改革委、农业部、人力资源社会保障部等按职责分工负责
31	按照政府推动、市场主导的原则，加强劳务协作，积极促进农村建档立卡贫困人口和非建档立卡的农村低保对象、贫困残疾人中的劳动力稳定就业和转移就业。	人力资源社会保障部、国务院扶贫办、民政部、中国残联按职责分工负责
32	对就业困难人员和零就业家庭成员开展实名制动态管理和分类帮扶，提供一对一就业援助，做到零就业家庭“产生一户、援助一户、消除一户、稳定一户”，确保零就业家庭动态清零。通过公益性岗位托底帮扶一批确实难以通过市场就业的大龄就业困难人员、零就业家庭人员，实现最低生活保障家庭中有劳动能力的成员至少有一人就业。加强社会救助与就业联动，对实现就业的低保对象，在核算其家庭收入时，可扣减必要的就业成本，并通过“低保渐退”等措施，增强其就业意愿和就业稳定性。	人力资源社会保障部、民政部按职责分工负责

续表

33	将职工安置摆在化解过剩产能工作的突出位置。坚持企业主体、地方组织、依法依规的原则,分类施策,精准发力,拓宽分流渠道,加强转岗再就业帮扶,做好去产能企业职工安置工作。	人力资源社会保障部、国务院国资委牵头负责
34	实施重点人群就业促进计划。	人力资源社会保障部牵头负责
35	加快建立统一开放、竞争有序的人力资源市场体系,打破城乡、地区、行业分割和身份、性别歧视,完善市场运行规则,规范招人用人制度,消除影响平等就业的制度障碍。增强劳动力市场灵活性,促进劳动力在地区、行业、企业之间自由流动。推进人力资源市场信用体系和标准体系建设,加强人力资源市场管理信息平台建设。	人力资源社会保障部牵头负责
36	实施人力资源服务业发展推进计划。	人力资源社会保障部牵头,国家发展改革委、工业和信息化部按职责分工负责
37	适应经济社会发展需求变化,引导高校构建与学校定位和办学特色相匹配的学科专业体系,增设经济社会发展和民生改善急需专业,更新升级传统专业,优化人才培养结构。充分发挥行业组织作用,建立专业设置、学生就业与重点产业人才需求相衔接的预测预警机制。	教育部牵头,人力资源社会保障部、国家发展改革委按职责分工负责
38	加快建立高等学校分类体系,鼓励不同层次、类型的高校牢牢把握人才需求方向,统筹研究型、应用型、复合型等各类人才培养。鼓励具备条件的地方普通本科院校向应用型转变,培养更多技术技能型人才。	教育部牵头负责
39	健全公平公正、多元投入、规范高效的国家资助政策体系,保障职业院校家庭经济困难学生完成学业。	财政部牵头,国家发展改革委、教育部、人力资源社会保障部按职责分工负责
40	建立全国高校继续教育质量报告制度,强化高校继续教育责任主体意识,加强事中事后监管。	教育部牵头负责

续表

41	深化专业、课程、教材体系改革,加强教材规划、管理和审查,推动课程内容与职业标准、教学过程与生产过程有效对接,及时调整、更新教学内容和教学方式,强化实践教学。	教育部牵头负责
42	建立和完善现代学校制度,落实学校在人事管理、教师评聘、收入分配等方面的办学自主权,支持职业院校、本科高校自主聘用有丰富实践经验的人员担任专兼职教师,加快建设“双师型”教师队伍。	教育部牵头负责
43	制定实施企业参与职业教育的激励政策、有利于校企人员双向交流的人事管理政策,落实学生实习政策,全面推进现代学徒制试点工作,深入推进职业教育集团化办学,推动学校与企业合作建设一批共建共享的实训基地。	教育部牵头,国家发展改革委、人力资源社会保障部、财政部、国务院国资委等按职责分工负责
44	充分发挥各级各类学校的优势,加强终身教育制度建设。	教育部牵头负责
45	研究建立终身职业技能培训制度。加快推行工学一体、企业新型学徒制、“互联网 +”等培训模式。创新职业培训方式,实行国家基本职业培训包制度,规范管理,提高补贴标准,增强职业培训的针对性和有效性。完善职业技能培训财政资金补贴方式,对建档立卡贫困人口和非建档立卡的农村低保对象、贫困残疾人等符合条件人员,探索采取整建制购买培训项目、直补培训机构等方式,提高培训效果。探索建立重点产业职业技能培训需求指导目录制度,加大对指导目录内培训项目的补贴力度。建立国家职业资格目录清单管理制度,清单之外一律不得许可和认定职业资格,清单之内除准入类职业资格外一律不得与就业创业挂钩。构建科学设置、规范运行、依法监管的国家职业资格框架和管理服务体系。建立培训、鉴定、就业分工合作机制,以及培训信息发布、质量评价和保障机制。	人力资源社会保障部牵头负责
46	完善技能人才与同等学历、职称人员享受平等待遇政策,落实积分落户、招聘录用、岗位聘任、职务职级晋升、职称评定、薪酬、学习进修、休假体检等待遇,全面加强技能人才激励工作。	人力资源社会保障部牵头负责

续表

47	突出建设重点,科学合理布局,在整合资源基础上,统筹建设若干区域性大型实训基地、一批地市级综合型实训基地和县级地方产业特色型实训基地,构筑布局合理、定位明确、功能突出、信息互通、协调发展的职业技能实训基地网络,不断提升公共实训能力。	国家发展改革委、人力资源社会保障部牵头负责
48	实施高技能人才振兴计划和专业技术人才知识更新工程,突出"高精尖缺"导向,大力发展技工教育,培训急需紧缺人才。开展贫困家庭子女、未升学初高中毕业生、农民工、失业人员和转岗职工、退役军人、残疾人免费接受职业培训行动。组织实施化解过剩产能企业职工、高校毕业生、新生代农民工等重大专项培训计划。	人力资源社会保障部牵头负责
49	加快实施新型职业农民培育工程,建立教育培训、规范管理和政策扶持相衔接的制度体系。	农业部牵头负责
50	加强职业道德建设。强化职业发展和就业指导教育。培育工匠精神。	人力资源社会保障部、教育部、国务院国资委、全国总工会、共青团中央等按职责分工负责
51	坚持实施就业优先战略,充分发挥就业目标的引导作用,统筹制定国民经济和社会发展总体规划,统筹考虑宏观调控的重点和节奏。	国家发展改革委、人力资源社会保障部、财政部、人民银行等按职责分工负责
52	健全促进就业工作机制,完善考核指标体系,加大就业创业指标考核权重,强化政府促进就业责任。加强对就业工作进度和各项目标任务完成情况的督促检查,对就业创业工作成效明显的地方加大激励支持力度,对工作不力的予以问责。	人力资源社会保障部牵头负责
53	统筹发挥好市场和政府"两只手"的作用,创新服务供给模式,通过政府和社会资本合作(PPP)等多种形式,有序有效引导并带动社会资本扩大就业创业服务供给。推动政府向社会力量购买更多基本公共就业创业服务,提升专业化服务水平。	人力资源社会保障部牵头负责

续表

54	鼓励多元主体办学，引导行业企业、社会团体、科研机构和公民个人积极参与举办职业教育，重点支持举办非营利性职业院校，探索发展股份制、混合所有制职业院校，探索公办和社会力量举办的职业院校相互委托管理和购买服务机制。	教育部、人力资源社会保障部按职责分工负责
55	出台实施细则，落实土地供给、资质许可等具体办法，支持社会资本兴办教育和培训机构。	教育部、人力资源社会保障部、国土资源部、国家发展改革委等按职责分工负责
56	落实政府购买培训相关政策，建立政府资金投入与管理制度，逐步形成培训机构自主开展培训、劳动者自主选择培训机构、政府提供资金支持和依法监管的职业技能培训运行机制。	人力资源社会保障部、财政部牵头负责
57	推进公共就业信息服务平台建设，完善全国就业信息监测制度，建立部门和省级就业信息资源库，实现就业管理和就业服务工作全程信息化。加快创业培训信息化管理平台建设，实现数据、信息、资源联通共享。健全人才流动公共服务体系，加快推进流动人员人事档案信息化建设。探索建立与国际接轨的全球人才招聘制度。	人力资源社会保障部、国家外专局按职责分工负责
58	完善劳动保障监察机制，加强劳动保障监察执法能力建设。加强劳动争议调解仲裁工作规范化、标准化、专业化、信息化建设，加快劳动争议调解仲裁服务体系建设，建立健全重大集体劳动争议应急调处机制和仲裁特别程序。	人力资源社会保障部牵头负责
59	健全就业统计指标体系，完善统计口径和调查方法，建立有关就业新形态、创业情况的统计监测指标，更加全面反映就业创业情况。做好就业统计调查保障工作。建立就业统计数据质量核查机制，加强与社会保险等其他数据校核比对。	国家统计局牵头负责

续表

60	进一步加强就业形势分析研判，健全就业形势定期综合会商评估工作机制。加强部门与研究机构、市场分析机构的密切协作，建立就业数据与宏观经济、行业经营等数据以及社会机构相关数据交叉比对机制，提高就业形势监测和分析能力。	国家发展改革委、人力资源社会保障部牵头负责
61	建立全国性的劳动力市场价格监测体系，及时掌握不同地区、重点行业的就业形势与收入变化等情况。	国家发展改革委、人力资源社会保障部按职责分工负责
62	建立完善失业监测预警机制，及时掌握监测企业人员变动情况及趋势，适时发布预警信息。	人力资源社会保障部牵头负责

国务院办公厅关于加强困难群众基本生活保障有关工作的通知

（2017 年 1 月 26 日　国办发〔2017〕15 号）

在党中央、国务院的坚强领导下，近年来困难群众基本生活保障制度不断健全、水平稳步提升。同时，也存在部分保障政策衔接不够、保障水平与群众需求相比存在一定差距等问题。为进一步加强困难群众基本生活保障工作，经国务院同意，现通知如下：

一、进一步提高对困难群众基本生活保障工作重要性的认识

党中央、国务院历来高度重视困难群众基本生活保障工作，近年来先后出台了《社会救助暂行办法》以及临时救助、农村留守儿童关爱保护、困境儿童保障、特困人员救助供养等政策措施，全面实施了困难残疾人生活补贴和重度残疾人护理补贴制度，高效有序应对了各类重特大自然灾害，有效保障了各类困难群众的基本生活。进一步做好困难群众基本生活保障工作，是维护社会公平、防止冲破道德底线的基本要求，也是补上民生短板、促进社会和谐的内在需要。尽管近年来我国财政收入增速放缓，但是对困难群众的保障水平不能降低、力度不能减弱、工作不能放松。各地各有关部门要认真落实党中央、国务院关于社会政策要托底的部署要求和守住底线、突出重点、完善制度、引导舆论的民生工作思路，进一步加大困难群众基本生活保障工作力度，织密织牢民生兜底保障安全网。

二、进一步加强对重点群体的基本生活保障

各地要加大受灾群众困难排查力度,调整完善自然灾害生活救助政策,做好自然灾害应急救助。加快灾区倒损民房恢复重建,对2016年因遭受特大洪涝灾害仍住在临时安置住所的受灾群众,2017年要全部帮助解决住房问题。进一步落实临时救助制度,建立完善部门联动和快速响应机制,做好救急难工作,及时解决好群众遭遇的突发性、紧迫性、临时性基本生活困难。开展农村贫困人口大病专项救治活动。提高失能半失能特困人员的集中供养比例,将符合特困人员救助供养有关规定的残疾人纳入救助供养范围。统筹推进农村留守儿童和困境儿童保障工作,改善孤儿和贫困残疾儿童等群体的保障条件。鼓励有条件的地方合理提高困难残疾人生活补贴和重度残疾人护理补贴标准。

三、进一步加大困难群众基本生活保障资金投入

各级财政在一般性转移支付中,要把保障困难群众基本生活放在优先位置,确保政府投入只增不减。中央财政已拨付的救助补助资金要抓紧到位。优化财政支出结构、科学合理编制困难群众生活保障资金预算,增加资金有效供给,提升资金使用效益。落实社会救助和保障标准与物价上涨挂钩联动机制,防止物价波动影响困难群众基本生活。加强资金使用管理绩效评价,推进资金使用管理公示公开,建立健全资金监管机制。完善社会救助家庭经济状况核对机制,做好救助对象准确识别,提高资金使用的精准性和有效性。

四、进一步加强对困难群众基本生活保障工作的组织领导

各有关部门要密切协作,进一步完善政策措施,加强制度衔接和工作衔接,共同做好困难群众基本生活保障工作。发挥好全国社会救助部际联席会议等机制的作用,强化资源统筹、部门联动。各级政府要把困难群众基本生活保障工作作为优先安排,进一步加强领导。全国各县(市、区)都要建立健全由政府负责人牵头,民政部门负责,发展改革、教育、财政、人力资源社会保障、住房城乡建设、卫生计生、扶贫、残联等部门和单位参加的困难群众基本生活保障工作协调机制,定期研究解决本地区各类困难群众基本生活保障问题,确保党中央、国务院相关决策部署更好地落实到基层。各地区要完善"一门受理、协同办理"机制,确保困难群众求助有门、受助及时。推行政府购买社会救助服务,加强基层社会救助经办服务能力。

近期,各地要进一步扎实做好困难群众帮扶救助工作,真正做到解民忧、暖民心。精心组织、广泛开展春节期间对困难群众的走访慰问活动,切实解决低保家庭、建档立卡贫困户、特困人员、贫困残疾人、困难优抚安置对象等困难群众生活的实际问题。全力保障灾区群众生产生活，抓紧发放救灾救助款物。加强各级福利院、特困人员供养机构、救助管理机构等安全管理，切实消除火灾等安全隐患，提升服务保障水平。抓住春节期间外出务工人员集中返乡时机，引导外出务工父母切实履行对农村留守儿童和困境儿童的监护责任和抚养义务。加强生活无着流浪乞讨人员救助，在露宿人员集中地区设立开放式救助点和临时庇护避寒场所，确保生活无着流浪乞讨人员有饭吃、有衣穿、有场所避寒，给困难群众更多关爱和温暖。

国务院部门规章

中华人民共和国植物新品种保护名录（林业部分）（第六批）

（2016 年 10 月 26 日国家林业局令第 43 号公布　自 2016 年 11 月 30 日起施行　国法备字［2017000138］号）

序号	种或者属名	学名（Latin name）
1	栀子属	Gardenia J. Ellis
2	悬铃木属	Platanus L.
3	蚊母树属	Distylium Siebold et Zucc.
4	南天竹属	Nandina Thunb.
5	火棘属	Pyracantha M. Roem.
6	红千层属	Callistemon R. Br.
7	羊蹄甲属	Bauhinia L.
8	红花荷属	Rhodoleia Champ. ex Hook.

固定资产投资项目节能审查办法

（2016 年 11 月 27 日国家发展和改革委员会令第 44 号公布　自 2017 年 1 月 1 日起施行　国法备字［2017000211］号）

第一条　为促进固定资产投资项目科学合理利用能源，从源头上杜绝能源浪费，提高能源利用效率，加强能源消费总量管理，根据《中华人民共和国节约能源法》、《中华人民共和国行政许可法》、《公共机构节能条例》，制定本办法。

第二条 本办法适用于各级人民政府投资主管部门管理的在我国境内建设的固定资产投资项目。本办法所称节能审查，是指根据节能法律法规、政策标准等，对项目节能情况进行审查并形成审查意见的行为。

第三条 固定资产投资项目节能审查意见是项目开工建设、竣工验收和运营管理的重要依据。政府投资项目，建设单位在报送项目可行性研究报告前，需取得节能审查机关出具的节能审查意见。企业投资项目，建设单位需在开工建设前取得节能审查机关出具的节能审查意见。未按本办法规定进行节能审查，或节能审查未通过的项目，建设单位不得开工建设，已经建成的不得投入生产、使用。

第四条 国家发展改革委负责制定节能审查的相关管理办法，组织编制技术标准、规范和指南，开展业务培训，依据各地能源消耗总量和强度目标完成情况，对各地新上重大高耗能项目的节能审查工作进行督导。

第五条 固定资产投资项目节能审查由地方节能审查机关负责。

国家发展改革委核报国务院审批以及国家发展改革委审批的政府投资项目，建设单位在报送项目可行性研究报告前，需取得省级节能审查机关出具的节能审查意见。国家发展改革委核报国务院核准以及国家发展改革委核准的企业投资项目，建设单位需在开工建设前取得省级节能审查机关出具的节能审查意见。

年综合能源消费量5000吨标准煤以上（改扩建项目按照建成投产后年综合能源消费增量计算，电力折算系数按当量值，下同）的固定资产投资项目，其节能审查由省级节能审查机关负责。其他固定资产投资项目，其节能审查管理权限由省级节能审查机关依据实际情况自行决定。

第六条 年综合能源消费量不满1000吨标准煤，且年电力消费量不满500万千瓦时的固定资产投资项目，以及用能工艺简单、节能潜力小的行业（具体行业目录由国家发展改革委制定并公布）的固定资产投资项目应按照相关节能标准、规范建设，不再单独进行节能审查。

第七条 建设单位应编制固定资产投资项目节能报告。项目节能报告应包括下列内容：分析评价依据；项目建设方案的节能分析和比选，包括总平面布置、生产工艺、用能工艺、用能设备和能源计量器具等方面；选取节能效果好、技术经济可行的节能技术和管理措施；项目能源消费量、能源消费结构、能源效率等方面的分析；对所在地完成能源消耗总量和强度目标、煤炭消费减量替代目标的影响等方面的分析评价。

第八条 节能审查机关受理节能报告后,应委托有关机构进行评审,形成评审意见,作为节能审查的重要依据。节能审查应依据项目是否符合节能有关法律法规、标准规范、政策;项目用能分析是否客观准确,方法是否科学,结论是否准确;节能措施是否合理可行;项目的能源消费量和能效水平是否满足本地区能源消耗总量和强度"双控"管理要求等对项目节能报告进行审查。

第九条 节能审查机关应在法律规定的时限内出具节能审查意见。节能审查意见自印发之日起2年内有效。

通过节能审查的固定资产投资项目,建设内容、能效水平等发生重大变动的,建设单位应向节能审查机关提出变更申请。

第十条 固定资产投资项目投入生产、使用前,应对其节能审查意见落实情况进行验收。

第十一条 固定资产投资项目节能审查应纳入投资项目在线审批监管平台统一管理,实行网上受理、办理、监管和服务,实现审查过程和结果的可查询、可监督。

第十二条 节能审查机关应加强节能审查信息的统计分析,强化事中事后监管,对节能审查意见落实情况进行监督检查。省级节能审查机关应按季度向国家发展改革委报送本地区节能审查实施情况。

国家发展改革委实施全国节能审查信息动态监管,对各地节能审查实施情况进行定期巡查,对重大项目节能审查意见落实情况进行不定期抽查,对违法违规问题进行公开,并依法给予行政处罚。

第十三条 对未按本办法规定进行节能审查,或节能审查未获通过,擅自开工建设或擅自投入生产、使用的固定资产投资项目,由节能审查机关责令停止建设或停止生产、使用,限期改造;不能改造或逾期不改造的生产性项目,由节能审查机关报请本级人民政府按照国务院规定的权限责令关闭;并依法追究有关责任人的责任。

以拆分项目、提供虚假材料等不正当手段通过节能审查的固定资产投资项目,由节能审查机关撤销项目的节能审查意见。

未落实节能审查意见要求的固定资产投资项目,节能审查机关责令建设单位限期整改。不能改正或逾期不改正的,节能审查机关按照法律法规的有关规定进行处罚。

负责审批政府投资项目的工作人员,对未进行节能审查或节能审查未获通过的项目,违反本办法规定予以批准的,依法给予处分。

第十四条 节能审查机关对建设单位、中介机构等的违法违规信息进行记录,将违法违规信息纳入全国信用信息共享平台和投资项目审批监管平台,在"信用中国"网站向社会公开。

第十五条 固定资产投资项目节能评审、业务培训、监督检查，以及标准指南编制等工作经费，按照国家有关规定纳入部门预算，并按照规定程序向同级财政部门申请。

第十六条 省级节能审查机关可根据《中华人民共和国节约能源法》和本办法，制定具体实施办法。

第十七条 本办法由国家发展和改革委员会负责解释。

第十八条 本办法自2017年1月1日起施行。原《固定资产投资项目节能评估和审查暂行办法》（国家发展和改革委员会令第6号）同时废止。

国土资源部关于修改《建设项目用地预审管理办法》的决定

（2016年11月29日国土资源部令第68号公布　自2017年1月1日起施行　国法备字[2017000181]号）

为进一步简化建设用地预审审查内容，减少审批要件，提高审批效率，决定对《建设项目用地预审管理办法》作出如下修改：

一、将第七条修改为："申请用地预审的项目建设单位，应当提交下列材料：

"（一）建设项目用地预审申请表；

"（二）建设项目用地预审申请报告，内容包括拟建项目的基本情况、拟选址占地情况、拟用地是否符合土地利用总体规划、拟用地面积是否符合土地使用标准、拟用地是否符合供地政策等；

"（三）审批项目建议书的建设项目提供项目建议书批复文件，直接审批可行性研究报告或者需核准的建设项目提供建设项目列入相关规划或者产业政策的文件。

"前款规定的用地预审申请表样式由国土资源部制定。"

二、将第八条修改为："建设单位应当对单独选址建设项目是否位于地质灾害易发区、是否压覆重要矿产资源进行查询核实；位于地质灾害易发区或者压覆重要矿产资源的，应当依据相关法律法规的规定，在办理用地预审手续后，完成地质灾害危险性评估、压覆矿产资源登记等。"

三、将第九条修改为："负责初审的国土资源主管部门在转报用地预审申

请时,应当提供下列材料:

"(一)依据本办法第十一条有关规定,对申报材料作出的初步审查意见;

"(二)标注项目用地范围的土地利用总体规划图、土地利用现状图及其他相关图件;

"(三)属于《土地管理法》第二十六条规定情形,建设项目用地需修改土地利用总体规划的,应当出具规划修改方案。"

四、将第十一条修改为:"预审应当审查以下内容:

"(一)建设项目用地是否符合国家供地政策和土地管理法律、法规规定的条件;

"(二)建设项目选址是否符合土地利用总体规划,属《土地管理法》第二十六条规定情形,建设项目用地需修改土地利用总体规划的,规划修改方案是否符合法律、法规的规定;

"(三)建设项目用地规模是否符合有关土地使用标准的规定;对国家和地方尚未颁布土地使用标准和建设标准的建设项目,以及确需突破土地使用标准确定的规模和功能分区的建设项目,是否已组织建设项目节地评价并出具评审论证意见。

"占用基本农田或者其他耕地规模较大的建设项目,还应当审查是否已经组织踏勘论证。"

五、将第十五条第一款修改为:"建设项目用地预审文件有效期为三年,自批准之日起计算。已经预审的项目,如需对土地用途、建设项目选址等进行重大调整的,应当重新申请预审。"

六、将第二条、第四条、第六条、第十条、第十二条中的"国土资源管理部门"修改为"国土资源主管部门"。

本决定自2017年1月1日起施行。

《建设项目用地预审管理办法》根据本决定作相应修改后,重新发布。

建设项目用地预审管理办法

(2001年7月25日国土资源部令第7号公布　2004年10月29日修订　2008年11月12日第一次修正　根据2016年11月29日《国土资源部关于修改〈建设项目用地预审管理办法〉的决定》第二次修正)

第一条　为保证土地利用总体规划的实施,充分发挥土地供应的宏观调控作用,控制建设用地总量,根据《中华人民共和国土地管理法》、《中华人民共和国土地管理法实施条例》和《国务院关于深化改革严格土地管理的决定》,制定本办法。

第二条 本办法所称建设项目用地预审,是指国土资源主管部门在建设项目审批、核准、备案阶段,依法对建设项目涉及的土地利用事项进行的审查。

第三条 预审应当遵循下列原则:

(一)符合土地利用总体规划;

(二)保护耕地,特别是基本农田;

(三)合理和集约节约利用土地;

(四)符合国家供地政策。

第四条 建设项目用地实行分级预审。

需人民政府或有批准权的人民政府发展和改革等部门审批的建设项目,由该人民政府的国土资源主管部门预审。

需核准和备案的建设项目,由与核准、备案机关同级的国土资源主管部门预审。

第五条 需审批的建设项目在可行性研究阶段,由建设用地单位提出预审申请。

需核准的建设项目在项目申请报告核准前,由建设单位提出用地预审申请。

需备案的建设项目在办理备案手续后,由建设单位提出用地预审申请。

第六条 依照本办法第四条规定应当由国土资源部预审的建设项目,国土资源部委托项目所在地的省级国土资源主管部门受理,但建设项目占用规划确定的城市建设用地范围内土地的,委托市级国土资源主管部门受理。受理后,提出初审意见,转报国土资源部。

涉密军事项目和国务院批准的特殊建设项目用地,建设用地单位可直接向国土资源部提出预审申请。

应当由国土资源部负责预审的输电线塔基、钻探井位、通讯基站等小面积零星分散建设项目用地,由省级国土资源主管部门预审,并报国土资源部备案。

第七条 申请用地预审的项目建设单位,应当提交下列材料:

(一)建设项目用地预审申请表;

(二)建设项目用地预审申请报告,内容包括拟建项目的基本情况、拟选址占地情况、拟用地是否符合土地利用总体规划、拟用地面积是否符合土地使用标准、拟用地是否符合供地政策等;

（三）审批项目建议书的建设项目提供项目建议书批复文件，直接审批可行性研究报告或者需核准的建设项目提供建设项目列入相关规划或者产业政策的文件。

前款规定的用地预审申请表样式由国土资源部制定。

第八条 建设单位应当对单独选址建设项目是否位于地质灾害易发区、是否压覆重要矿产资源进行查询核实；位于地质灾害易发区或者压覆重要矿产资源的，应当依据相关法律法规的规定，在办理用地预审手续后，完成地质灾害危险性评估、压覆矿产资源登记等。

第九条 负责初审的国土资源主管部门在转报用地预审申请时，应当提供下列材料：

（一）依据本办法第十一条有关规定，对申报材料作出的初步审查意见；

（二）标注项目用地范围的土地利用总体规划图、土地利用现状图及其他相关图件；

（三）属于《土地管理法》第二十六条规定情形，建设项目用地需修改土地利用总体规划的，应当出具规划修改方案。

第十条 符合本办法第七条规定的预审申请和第九条规定的初审转报件，国土资源主管部门应当受理和接收。不符合的，应当场或在五日内书面通知申请人和转报人，逾期不通知的，视为受理和接收。

受国土资源部委托负责初审的国土资源主管部门应当自受理之日起二十日内完成初审工作，并转报国土资源部。

第十一条 预审应当审查以下内容：

（一）建设项目用地是否符合国家供地政策和土地管理法律、法规规定的条件；

（二）建设项目选址是否符合土地利用总体规划，属《土地管理法》第二十六条规定情形，建设项目用地需修改土地利用总体规划的，规划修改方案是否符合法律、法规的规定；

（三）建设项目用地规模是否符合有关土地使用标准的规定；对国家和地方尚未颁布土地使用标准和建设标准的建设项目，以及确需突破土地使用标准确定的规模和功能分区的建设项目，是否已组织建设项目节地评价并出具评审论证意见。

占用基本农田或者其他耕地规模较大的建设项目，还应当审查是否已经组织踏勘论证。

第十二条 国土资源主管部门应当自受理预审申请或者收到转报材料之日起二十日内，完成审查工作，并出具预审意见。二十日内不能出具预审意见的,经负责预审的国土资源主管部门负责人批准,可以延长十日。

第十三条 预审意见应当包括对本办法第十一条规定内容的结论性意见和对建设用地单位的具体要求。

第十四条 预审意见是有关部门审批项目可行性研究报告、核准项目申请报告的必备文件。

第十五条 建设项目用地预审文件有效期为三年,自批准之日起计算。已经预审的项目,如需对土地用途、建设项目选址等进行重大调整的,应当重新申请预审。

未经预审或者预审未通过的,不得批复可行性研究报告、核准项目申请报告;不得批准农用地转用、土地征收,不得办理供地手续。预审审查的相关内容在建设用地报批时,未发生重大变化的,不再重复审查。

第十六条 本办法自2009年1月1日起施行。

国土资源部关于修改《建设用地审查报批管理办法》的决定

(2016年11月29日国土资源部令第69号公布 自2017年1月1日起施行 国法备字[2017000182]号)

为进一步简化建设用地审批程序,减少审批要件,提高审批效率,决定对《建设用地审查报批管理办法》(国土资源部令第3号)作出如下修改:

一、将第四条修改为:"在建设项目审批、核准、备案阶段,建设单位应当向建设项目批准机关的同级国土资源主管部门提出建设项目用地预审申请。

"受理预审申请的国土资源主管部门应当依据土地利用总体规划、土地使用标准和国家土地供应政策,对建设项目的有关事项进行预审,出具建设项目用地预审意见。"

二、将第五条第二款修改为:"建设单位提出用地申请时,应当填写《建设用地申请表》,并附具下列材料:

"(一)建设项目用地预审意见;

"(二)建设项目批准、核准或者备案文件;

"(三)建设项目初步设计批准或者审核文件。

增加一款,作为第三款:"建设项目拟占用耕地的,还应当提出补充耕地方案;建设项目位于地质灾害易发区的,还应当提供地质灾害危险性评估报告。"

三、增加一条，作为第六条："国家重点建设项目中的控制工期的单体工程和因工期紧或者受季节影响急需动工建设的其他工程，可以由省、自治区、直辖市国土资源主管部门向国土资源部申请先行用地。

"申请先行用地，应当提交下列材料：

"（一）省、自治区、直辖市国土资源主管部门先行用地申请；

"（二）建设项目用地预审意见；

"（三）建设项目批准、核准或者备案文件；

"（四）建设项目初步设计批准文件、审核文件或者有关部门确认工程建设的文件；

"（五）国土资源部规定的其他材料。

"经批准先行用地的，应当在规定期限内完成用地报批手续。"

四、将第七条改为第八条，增加一款，作为第三款："报国务院批准的城市建设用地，农用地转用方案、补充耕地方案和征收土地方案可以合并编制，一年申报一次；国务院批准城市建设用地后，由省、自治区、直辖市人民政府对设区的市人民政府分期分批申报的农用地转用和征收土地实施方案进行审核并回复。"

五、将第九条改为第十条，删除第（四）项，将第（五）项改为第（四）项。

六、将第十条改为第十一条，修改为："农用地转用方案，应当包括占用农用地的种类、面积、质量等，以及符合规划计划、基本农田占用补划等情况。

"补充耕地方案，应当包括补充耕地的位置、面积、质量，补充的期限，资金落实情况等，以及补充耕地项目备案信息。

"征收土地方案，应当包括征收土地的范围、种类、面积、权属，土地补偿费和安置补助费标准，需要安置人员的安置途径等。

"供地方案，应当包括供地方式、面积、用途等。"

七、将第十五条改为第十六条，删除第（三）项、第（四）项，将第（五）项改为第（三）项。

八、将第十六条改为第十七条，将第二款修改为："未按规定缴纳新增建设用地土地有偿使用费的，不予批复建设用地。其中，报国务院批准的城市建设用地，省、自治区、直辖市人民政府在设区的市人民政府按照有关规定缴纳新增建设用地土地有偿使用费后办理回复文件。"

九、将第十九条改为第二十条，将第一款和第二款合并，修改为："征收土地公告和征地补偿、安置方案公告，按照《征收土地公告办法》的有关规定执行。"

将第三款改为第二款。

十、将第三条、第六条、第八条、第十一条、第十二条、第十三条、第十四条、第十八条、第十九条、第二十条、第二十一条、第二十二条中的“土地行政主管部门”修改为“国土资源主管部门”。

本决定自2017年1月1日起施行。

《建设用地审查报批管理办法》根据本决定作相应修改后，重新发布。

建设用地审查报批管理办法

（1999年3月2日国土资源部令第3号公布　2010年11月30日第一次修正　根据2016年11月29日《国土资源部关于修改〈建设用地审查报批管理办法〉的决定》第二次修正）

第一条　为加强土地管理，规范建设用地审查报批工作，根据《中华人民共和国土地管理法》（以下简称《土地管理法》）、《中华人民共和国土地管理法实施条例》（以下简称《土地管理法实施条例》），制定本办法。

第二条　依法应当报国务院和省、自治区、直辖市人民政府批准的建设用地的申请、审查、报批和实施，适用本办法。

第三条　县级以上国土资源主管部门负责建设用地的申请受理、审查、报批工作。

第四条　在建设项目审批、核准、备案阶段，建设单位应当向建设项目批准机关的同级国土资源主管部门提出建设项目用地预审申请。

受理预审申请的国土资源主管部门应当依据土地利用总体规划、土地使用标准和国家土地供应政策，对建设项目的有关事项进行预审，出具建设项目用地预审意见。

第五条　在土地利用总体规划确定的城市建设用地范围外单独选址的建设项目使用土地的，建设单位应当向土地所在地的市、县国土资源主管部门提出用地申请。

建设单位提出用地申请时，应当填写《建设用地申请表》，并附具下列材料：

（一）建设项目用地预审意见；

（二）建设项目批准、核准或者备案文件；

（三）建设项目初步设计批准或者审核文件。

建设项目拟占用耕地的，还应当提出补充耕地方案；建设项目位于地质灾害易发区的，还应当提供地质灾害危险性评估报告。

第六条 国家重点建设项目中的控制工期的单体工程和因工期紧或者受季节影响急需动工建设的其他工程，可以由省、自治区、直辖市国土资源主管部门向国土资源部申请先行用地。

申请先行用地，应当提交下列材料：

（一）省、自治区、直辖市国土资源主管部门先行用地申请；

（二）建设项目用地预审意见；

（三）建设项目批准、核准或者备案文件；

（四）建设项目初步设计批准文件、审核文件或者有关部门确认工程建设的文件；

（五）国土资源部规定的其他材料。

经批准先行用地的，应当在规定期限内完成用地报批手续。

第七条 市、县国土资源主管部门对材料齐全、符合条件的建设用地申请，应当受理，并在收到申请之日起30日内拟订农用地转用方案、补充耕地方案、征收土地方案和供地方案，编制建设项目用地呈报说明书，经同级人民政府审核同意后，报上一级国土资源主管部门审查。

第八条 在土地利用总体规划确定的城市建设用地范围内，为实施城市规划占用土地的，由市、县国土资源主管部门拟订农用地转用方案、补充耕地方案和征收土地方案，编制建设项目用地呈报说明书，经同级人民政府审核同意后，报上一级国土资源主管部门审查。

在土地利用总体规划确定的村庄和集镇建设用地范围内，为实施村庄和集镇规划占用土地的，由市、县国土资源主管部门拟订农用地转用方案、补充耕地方案，编制建设项目用地呈报说明书，经同级人民政府审核同意后，报上一级国土资源主管部门审查。

报国务院批准的城市建设用地，农用地转用方案、补充耕地方案和征收土地方案可以合并编制，一年申报一次；国务院批准城市建设用地后，由省、自治区、直辖市人民政府对设区的市人民政府分期分批申报的农用地转用和征收土地实施方案进行审核并回复。

第九条 建设只占用国有农用地的，市、县国土资源主管部门只需拟订农用地转用方案、补充耕地方案和供地方案。

建设只占用农民集体所有建设用地的，市、县国土资源主管部门只需拟订征收土地方案和供地方案。

建设只占用国有未利用地，按照《土地管理法实施条例》第二十四条规定应由国务院批准的，市、县国土资源主管部门只需拟订供地方案；其他建设项目使用国有未利用地的，按照省、自治区、直辖市的规定办理。

第十条 建设项目用地呈报说明书应当包括用地安排情况、拟使用土地情况等,并应附具下列材料:

(一)经批准的市、县土地利用总体规划图和分幅土地利用现状图,占用基本农田的,同时提供乡级土地利用总体规划图;

(二)有资格的单位出具的勘测定界图及勘测定界技术报告书;

(三)地籍资料或者其他土地权属证明材料;

(四)为实施城市规划和村庄、集镇规划占用土地的,提供城市规划图和村庄、集镇规划图。

第十一条 农用地转用方案,应当包括占用农用地的种类、面积、质量等,以及符合规划计划、基本农田占用补划等情况。

补充耕地方案,应当包括补充耕地的位置、面积、质量,补充的期限,资金落实情况等,以及补充耕地项目备案信息。

征收土地方案,应当包括征收土地的范围、种类、面积、权属,土地补偿费和安置补助费标准,需要安置人员的安置途径等。

供地方案,应当包括供地方式、面积、用途等。

第十二条 有关国土资源主管部门收到上报的建设项目用地呈报说明书和有关方案后,对材料齐全、符合条件的,应当在 5 日内报经同级人民政府审核。同级人民政府审核同意后,逐级上报有批准权的人民政府,并将审查所需的材料及时送该级国土资源主管部门审查。

对依法应由国务院批准的建设项目用地呈报说明书和有关方案,省、自治区、直辖市人民政府必须提出明确的审查意见,并对报送材料的真实性、合法性负责。

省、自治区、直辖市人民政府批准农用地转用、国务院批准征收土地的,省、自治区、直辖市人民政府批准农用地转用方案后,应当将批准文件和下级国土资源主管部门上报的材料一并上报。

第十三条 有批准权的国土资源主管部门应当自收到上报的农用地转用方案、补充耕地方案、征收土地方案和供地方案并按规定征求有关方面意见后 30 日内审查完毕。

建设用地审查应当实行国土资源主管部门内部会审制度。

第十四条 农用地转用方案和补充耕地方案符合下列条件的,国土资源主管部门方可报人民政府批准:

(一)符合土地利用总体规划;

(二)确属必需占用农用地且符合土地利用年度计划确定的控制指标;

(三)占用耕地的,补充耕地方案符合土地整理开发专项规划且面积、质量符合规定要求；

（四）单独办理农用地转用的，必须符合单独选址条件。

第十五条 征收土地方案符合下列条件的，国土资源主管部门方可报人民政府批准：

（一）被征收土地界址、地类、面积清楚，权属无争议的；

（二）被征收土地的补偿标准符合法律、法规规定的；

（三）被征收土地上需要安置人员的安置途径切实可行。

建设项目施工和地质勘查需要临时使用农民集体所有的土地的，依法签订临时使用土地合同并支付临时使用土地补偿费，不得办理土地征收。

第十六条 供地方案符合下列条件的，国土资源主管部门方可报人民政府批准：

（一）符合国家的土地供应政策；

（二）申请用地面积符合建设用地标准和集约用地的要求；

（三）只占用国有未利用地的，符合规划、界址清楚、面积准确。

第十七条 农用地转用方案、补充耕地方案、征收土地方案和供地方案经有批准权的人民政府批准后，同级国土资源主管部门应当在收到批件后5日内将批复发出。

未按规定缴纳新增建设用地土地有偿使用费的，不予批复建设用地。其中，报国务院批准的城市建设用地，省、自治区、直辖市人民政府在设区的市人民政府按照有关规定缴纳新增建设用地土地有偿使用费后办理回复文件。

第十八条 经批准的农用地转用方案、补充耕地方案、征收土地方案和供地方案，由土地所在地的市、县人民政府组织实施。

第十九条 建设项目补充耕地方案经批准下达后，在土地利用总体规划确定的城市建设用地范围外单独选址的建设项目，由市、县国土资源主管部门负责监督落实；在土地利用总体规划确定的城市和村庄、集镇建设用地范围内，为实施城市规划和村庄、集镇规划占用土地的，由省、自治区、直辖市国土资源主管部门负责监督落实。

第二十条 征收土地公告和征地补偿、安置方案公告，按照《征收土地公告办法》的有关规定执行。

征地补偿、安置方案确定后，市、县国土资源主管部门应当依照征地补偿、安置方案向被征收土地的农村集体经济组织和农民支付土地补偿费、地上附着物和青苗补偿费，并落实需要安置农业人口的安置途径。

第二十一条 在土地利用总体规划确定的城市建设用地范围内，为实施城市规划占用土地的，经依法批准后，市、县国土资源主管部门应当公布规划要求,设定使用条件,确定使用方式,并组织实施。

第二十二条 以有偿使用方式提供国有土地使用权的,由市、县国土资源主管部门与土地使用者签订土地有偿使用合同,并向建设单位颁发《建设用地批准书》。土地使用者缴纳土地有偿使用费后,依照规定办理土地登记。

以划拨方式提供国有土地使用权的,由市、县国土资源主管部门向建设单位颁发《国有土地划拨决定书》和《建设用地批准书》,依照规定办理土地登记。《国有土地划拨决定书》应当包括划拨土地面积、土地用途、土地使用条件等内容。

建设项目施工期间,建设单位应当将《建设用地批准书》公示于施工现场。

市、县国土资源主管部门应当将提供国有土地的情况定期予以公布。

第二十三条 各级国土资源主管部门应当对建设用地进行跟踪检查。

对违反本办法批准建设用地或者未经批准非法占用土地的,应当依法予以处罚。

第二十四条 本办法自发布之日起施行。

边境地区地面无线电业务频率国际协调规定

(2016年12月6日工业和信息化部令第38号公布 自2017年2月1日起施行 国法备字[2017000001]号)

第一章 总 则

第一条 为了加强边境地区无线电频率和无线电台(站)管理,规范地面无线电业务频率国际协调活动,维护我国无线电频谱资源权益和空中电波秩序,根据《中华人民共和国无线电管理条例》和国际电信联盟《无线电规则》,制定本规定。

第二条 中华人民共和国边境地区地面无线电业务频率国际协调及监督管理活动,适用本规定。

本规定所称地面无线电业务频率国际协调(以下简称频率协调),是指为了实现无线电频率高效利用,减少和避免边境地区无线电台(站)与境外无线电台(站)之间的有害干扰,国家无线电管理机构与相邻国家无线电管理机构就边境地区地面无线电业务频率划分、规划、分配和使用等事宜,进行双边会谈,签订和履行相关双边协议、会议纪要等的活动。

第三条 国家无线电管理机构统一负责频率协调并监督检查有关双边协议、会议纪要及其他双方协调一致事项的执行情况。

边境省、自治区无线电管理机构负责本辖区内电磁环境测试、监督检查等频率协调相关工作。

第四条 频率协调应当遵循平等互利、合作共赢的原则,遵守我国无线电管理法律、行政法规和《无线电规则》以及我国与相邻国家签订的双边协议、会议纪要。

第五条 按照本规定与相邻国家完成频率协调的无线电台(站)和频率,受双方保护;列入国际频率登记总表的无线电台(站)和频率,受国际保护。

第二章 频率划分、规划和分配的协调

第六条 国家无线电管理机构与相邻国家无线电管理机构就频率的划分、规划和分配做出特别安排的,应当依据《无线电规则》的规定进行双边会谈,协商一致。

第七条 国家无线电管理机构与相邻国家无线电管理机构进行双边会谈,应当根据有关部门职责和会谈内容,邀请有关部门和相关边境省、自治区无线电管理机构等单位组成频率协调代表团,并按照批准的会谈预案进行会谈。

第八条 双边会谈需要进行技术准备的,经与相邻国家无线电管理机构协商一致,国家无线电管理机构可以会同有关部门、相关边境省、自治区无线电管理机构等单位,组织技术专家与相邻国家无线电管理机构进行技术会谈。

第九条 进行双边会谈,经与相邻国家无线电管理机构协商一致,可以签订会议纪要。会议纪要应当载明会谈内容、进程及相关成果。会议纪要由国家无线电管理机构频率协调代表团团长签署。

第十条 双边会谈结束,经协商一致以国家无线电管理机构名义与相邻国家无线电管理机构签订双边协议的,由国家无线电管理机构负责人或者其授权代表签署。

第十一条 会谈签订的双边协议、会议纪要,依法履行国内相关批准或者登记等手续后,由国家无线电管理机构通知相邻国家无线电管理机构和国内相关单位,但双边协议、会议纪要中另有规定的除外。

第十二条 双边协议、会议纪要以中文和另一方的官方文字写成,两种文本同等作准。必要时,可使用双方同意的一种第三国文字。

双边协议应当规定有效期,有效期一般不少于两年。

第三章　无线电台(站)使用频率的协调

第十三条　边境地区无线电台(站)使用频率的协调,主要采用函件形式开展。

在边境地区设置批量无线电台(站)或者重要无线电台(站),其拟使用的频率,经与相邻国家无线电管理机构协商,可以纳入双边会谈。纳入双边会谈的,会谈程序同时适用本规定第二章相关规定。

第十四条　边境地区无线电台(站)使用频率需要获得双方保护或者国际保护的,设台用户应当向所在地的省、自治区无线电管理机构或者其上级业务主管部门提出频率协调申请。

第十五条　申请在边境地区设置使用无线电台(站),符合下列情形之一的,省、自治区无线电管理机构应当告知申请人需要进行频率协调:

(一)根据我国与相邻国家签订的双边协议或者会议纪要应当进行协调的;

(二)无线电信号可能产生跨境覆盖,并对境外合法无线电台(站)及其使用的相应频率造成有害干扰的;

(三)用于跨境通信的;

(四)《无线电规则》规定应当进行协调的其他情形。

前款所称境外合法无线电台(站),是指列入国际频率登记总表的无线电台(站)或者与我国完成频率协调的无线电台(站)。

第十六条　未经频率协调或者未列入国际频率登记总表的无线电台(站)及其使用的相应频率,不得向我国无线电管理机构提出干扰保护要求(《无线电规则》另有规定的除外),不得对境外合法无线电台(站)及其使用的相应频率造成有害干扰。

本规定第十五条第一款第二项和第三项规定的无线电台(站)未经频率协调的,不得核发无线电台执照,不得擅自设置使用。

第十七条　设台用户申请频率协调的,应当按照国际电信联盟或者有关双边协议、会议纪要规定的格式(由国家无线电管理机构提供范本)填写有关资料,经所在的省、自治区无线电管理机构或者其上级业务主管部门审查后报国家无线电管理机构。

第十八条　省、自治区无线电管理机构或者设台用户的上级业务主管部门收到频率协调资料后,应当对站址、电磁兼容和干扰情况进行审查,提出预协调意见并连同相关材料报国家无线电管理机构。

第十九条 国家无线电管理机构根据《无线电规则》或者有关双边协议、会议纪要，对频率协调资料和预协调意见进行审核。

经审核符合《无线电规则》或者有关双边协议、会议纪要的，国家无线电管理机构向国际电信联盟或者相邻国家无线电管理机构发送协调函件。

第二十条 境外地面无线电业务寻求与我国进行频率协调的，由国家无线电管理机构统一受理相邻国家无线电管理机构的协调函件，按照本规定第十九条第一款进行审核，并根据频率协调涉及的地域、频段和业务，征求有关部门和相关省、自治区无线电管理机构等单位意见。

受询单位应当在规定的时限内，将本单位对相邻国家无线电管理机构协调函件的意见反馈国家无线电管理机构。在规定时限内不反馈意见的，按照《无线电规则》或者有关双边协议的规定，视为无反对意见。

国家无线电管理机构根据审核结果和征求意见情况，形成关于频率协调的意见，反馈相邻国家无线电管理机构；必要时，抄送国际电信联盟。

第二十一条 相邻国家无线电管理机构对国家无线电管理机构关于频率协调的意见或者协调函件有异议并请求进一步协调，国家无线电管理机构同意再次协调的，有关部门和相关省、自治区无线电管理机构等单位应当配合进行协调。

第二十二条 频率协调完成后，国家无线电管理机构将协调结果通知有关部门和相关省、自治区无线电管理机构以及设台用户。

第二十三条 设台用户或者其上级业务主管部门应当按照国际电信联盟或者有关双边协议、会议纪要的规定，将完成频率协调的无线电台（站）资料（含电子资料）报国家无线电管理机构，由国家无线电管理机构履行国际电信联盟通知登记程序，或者列入国家频率总表。

第四章 监督管理

第二十四条 双边协议、会议纪要生效或者无线电台（站）使用频率的协调完成后，相关频率使用人和设台用户应当按照双边协议、会议纪要或者协调结果的要求，按时完成相关的频率和台站调整、设备更换等工作，并向国家无线电管理机构报告执行进展情况。

第二十五条 国家无线电管理机构根据有关双边协议执行情况和国家对外方针政策，及时处理有关双边协议延续、废止、重签、修订等事宜。

第二十六条 边境省、自治区无线电管理机构应当按照国家有关标准和技术规范，建立频率协调所需的无线电台（站）数据库和监测数据库，定期对边境地区口岸、机场、港口及人口密集区等频率协调重点区域开展电磁环境测试，并记录相关数据。

边境省、自治区无线电管理机构监测到不符合《无线电规则》或者有关双边协议、会议纪要、协调结果规定的境外无线电信号后，应当及时报告国家无线电管理机构，由国家无线电管理机构审查后向国际电信联盟或者相关国家无线电管理机构提出申诉；情况重大或者紧急的，应当及时专报国家无线电管理机构，由国家无线电管理机构作出应对方案，相关边境省、自治区无线电管理机构应当配合执行。

第二十七条 频率协调完成后，相邻国家无线电台（站）违反《无线电规则》或者有关双边协议、会议纪要、协调结果的规定，对我国边境地区无线电台（站）和频率造成有害干扰的，受干扰单位可以报请国家无线电管理机构向国际电信联盟或者相关国家无线电管理机构提出干扰申诉。

第二十八条 频率协调完成后，因电波传播等客观原因与境外合法无线电台（站）仍存在相互干扰的，可以再次进行协调。

第五章 法律责任

第二十九条 在边境地区未按照《无线电规则》或者有关双边协议、会议纪要、协调结果规定的频率、功率等参数设置使用无线电台（站）的，由国家无线电管理机构或者相关省、自治区无线电管理机构责令限期改正，并依照《中华人民共和国无线电管理条例》等规定处罚。

第三十条 未经频率协调，设置使用的无线电台（站）对境外合法无线电台（站）及其使用的相应频率造成有害干扰并受到相邻国家无线电管理机构干扰申诉的，由国家无线电管理机构或者相关省、自治区无线电管理机构责令消除干扰，并依照《中华人民共和国无线电管理条例》等规定处罚。

第六章 附 则

第三十一条 本规定所称地面无线电业务，是指除空间无线电业务或者射电天文以外的任何无线电业务，包括固定业务、陆地移动业务、水上移动业务、港口操作业务、航空移动业务、广播业务、无线电定位业务、无线电导航业务、气象辅助业务、业余业务、安全业务等。

第三十二条 境外空间无线电业务与我国地面无线电业务进行频率协调

的，依据《无线电规则》的有关规定进行。

航空无线电专用频率国际协调办法另行制定。

第三十三条 本规定自2017年2月1日起施行。原信息产业部2007年7月19日发布的《边境地区地面无线电业务国际频率协调暂行规定》(信部无〔2007〕336号)同时废止。

公安部关于修改《吸毒检测程序规定》的决定

(2016年12月16日公安部令第141号公布 自2017年1月1日起施行 国法备字[2017000117]号)

为了进一步规范公安机关吸毒检测执法行为，完善吸毒检测程序，公安部决定对《吸毒检测程序规定》作如下修改：

一、将第一条修改为"为规范公安机关吸毒检测工作，保护当事人的合法权益，根据《中华人民共和国禁毒法》、《戒毒条例》等有关法律规定，制定本规定。"

二、将第六条修改为"检测样本为采集的被检测人员的尿液、血液、唾液或者毛发等生物样本。"

三、将第八条第二款中的"低温条件下保存"修改为"采用检材适宜的条件予以保存"，"保存期为两个月"修改为"保存期不得少于六个月"。

四、将第十二条和第十五条中的"五日内"修改为"三日内"。

五、将第十八条第一款修改为"现场检测费用、实验室检测、实验室复检的费用由公安机关承担。"

六、删去第十八条第二款。

《吸毒检测程序规定》的有关条文序号根据本决定作相应调整。

本决定自2017年1月1日起施行。

《吸毒检测程序规定》根据本决定作相应修改，重新公布。

金融机构大额交易和可疑交易报告管理办法

（2016年12月28日中国人民银行令〔2016〕第3号公布　自2017年7月1日起施行　国法备字[2017000045]号）

第一章　总　　则

第一条　为了规范金融机构大额交易和可疑交易报告行为，根据《中华人民共和国反洗钱法》、《中华人民共和国中国人民银行法》、《中华人民共和国反恐怖主义法》等有关法律法规，制定本办法。

第二条　本办法适用于在中华人民共和国境内依法设立的下列金融机构：

（一）政策性银行、商业银行、农村合作银行、农村信用社、村镇银行。

（二）证券公司、期货公司、基金管理公司。

（三）保险公司、保险资产管理公司、保险专业代理公司、保险经纪公司。

（四）信托公司、金融资产管理公司、企业集团财务公司、金融租赁公司、汽车金融公司、消费金融公司、货币经纪公司、贷款公司。

（五）中国人民银行确定并公布的应当履行反洗钱义务的从事金融业务的其他机构。

第三条　金融机构应当履行大额交易和可疑交易报告义务，向中国反洗钱监测分析中心报送大额交易和可疑交易报告，接受中国人民银行及其分支机构的监督、检查。

第四条　金融机构应当通过其总部或者总部指定的一个机构，按本办法规定的路径和方式提交大额交易和可疑交易报告。

第二章　大额交易报告

第五条　金融机构应当报告下列大额交易：

（一）当日单笔或者累计交易人民币5万元以上（含5万元）、外币等值1万美元以上（含1万美元）的现金缴存、现金支取、现金结售汇、现钞兑换、现金汇款、现金票据解付及其他形式的现金收支。

（二）非自然人客户银行账户与其他的银行账户发生当日单笔或者累计交易人民币200万元以上（含200万元）、外币等值20万美元以上（含20万美元）的款项划转。

（三）自然人客户银行账户与其他的银行账户发生当日单笔或者累计交易人民币50万元以上（含50万元）、外币等值10万美元以上（含10万美元）的境内款项划转。

（四）自然人客户银行账户与其他的银行账户发生当日单笔或者累计交易人民币20万元以上（含20万元）、外币等值1万美元以上（含1万美元）的跨境款项划转。

累计交易金额以客户为单位，按资金收入或者支出单边累计计算并报告。中国人民银行另有规定的除外。

中国人民银行根据需要可以调整本条第一款规定的大额交易报告标准。

第六条 对同时符合两项以上大额交易标准的交易，金融机构应当分别提交大额交易报告。

第七条 对符合下列条件之一的大额交易，如未发现交易或行为可疑的，金融机构可以不报告：

（一）定期存款到期后，不直接提取或者划转，而是本金或者本金加全部或者部分利息续存入在同一金融机构开立的同一户名下的另一账户。

活期存款的本金或者本金加全部或者部分利息转为在同一金融机构开立的同一户名下的另一账户内的定期存款。

定期存款的本金或者本金加全部或者部分利息转为在同一金融机构开立的同一户名下的另一账户内的活期存款。

（二）自然人实盘外汇买卖交易过程中不同外币币种间的转换。

（三）交易一方为各级党的机关、国家权力机关、行政机关、司法机关、军事机关、人民政协机关和人民解放军、武警部队，但不包含其下属的各类企事业单位。

（四）金融机构同业拆借、在银行间债券市场进行的债券交易。

（五）金融机构在黄金交易所进行的黄金交易。

（六）金融机构内部调拨资金。

（七）国际金融组织和外国政府贷款转贷业务项下的交易。

（八）国际金融组织和外国政府贷款项下的债务掉期交易。

（九）政策性银行、商业银行、农村合作银行、农村信用社、村镇银行办理的税收、错账冲正、利息支付。

（十）中国人民银行确定的其他情形。

第八条 金融机构应当在大额交易发生之日起5个工作日内以电子方式提交大额交易报告。

第九条 下列金融机构与客户进行金融交易并通过银行账户划转款项的,由银行机构按照本办法规定提交大额交易报告:

(一)证券公司、期货公司、基金管理公司。

(二)保险公司、保险资产管理公司、保险专业代理公司、保险经纪公司。

(三)信托公司、金融资产管理公司、企业集团财务公司、金融租赁公司、汽车金融公司、消费金融公司、货币经纪公司、贷款公司。

第十条 客户通过在境内金融机构开立的账户或者境内银行卡所发生的大额交易,由开立账户的金融机构或者发卡银行报告;客户通过境外银行卡所发生的大额交易,由收单机构报告;客户不通过账户或者银行卡发生的大额交易,由办理业务的金融机构报告。

第三章 可疑交易报告

第十一条 金融机构发现或者有合理理由怀疑客户、客户的资金或者其他资产、客户的交易或者试图进行的交易与洗钱、恐怖融资等犯罪活动相关的,不论所涉资金金额或者资产价值大小,应当提交可疑交易报告。

第十二条 金融机构应当制定本机构的交易监测标准,并对其有效性负责。交易监测标准包括并不限于客户的身份、行为,交易的资金来源、金额、频率、流向、性质等存在异常的情形,并应当参考以下因素:

(一)中国人民银行及其分支机构发布的反洗钱、反恐怖融资规定及指引、风险提示、洗钱类型分析报告和风险评估报告。

(二)公安机关、司法机关发布的犯罪形势分析、风险提示、犯罪类型报告和工作报告。

(三)本机构的资产规模、地域分布、业务特点、客户群体、交易特征,洗钱和恐怖融资风险评估结论。

(四)中国人民银行及其分支机构出具的反洗钱监管意见。

(五)中国人民银行要求关注的其他因素。

第十三条 金融机构应当定期对交易监测标准进行评估,并根据评估结果完善交易监测标准。如发生突发情况或者应当关注的情况的,金融机构应当及时评估和完善交易监测标准。

第十四条 金融机构应当对通过交易监测标准筛选出的交易进行人工分析、识别,并记录分析过程;不作为可疑交易报告的,应当记录分析排除的合理理由；确认为可疑交易的，应当在可疑交易报告理由中完整记录对客户身份特征、交易特征或行为特征的分析过程。

第十五条 金融机构应当在按本机构可疑交易报告内部操作规程确认为可疑交易后，及时以电子方式提交可疑交易报告，最迟不超过5个工作日。

第十六条 既属于大额交易又属于可疑交易的交易，金融机构应当分别提交大额交易报告和可疑交易报告。

第十七条 可疑交易符合下列情形之一的，金融机构应当在向中国反洗钱监测分析中心提交可疑交易报告的同时，以电子形式或书面形式向所在地中国人民银行或者其分支机构报告，并配合反洗钱调查：

（一）明显涉嫌洗钱、恐怖融资等犯罪活动的。

（二）严重危害国家安全或者影响社会稳定的。

（三）其他情节严重或者情况紧急的情形。

第十八条 金融机构应当对下列恐怖活动组织及恐怖活动人员名单开展实时监测，有合理理由怀疑客户或者其交易对手、资金或者其他资产与名单相关的，应当在立即向中国反洗钱监测分析中心提交可疑交易报告的同时，以电子形式或书面形式向所在地中国人民银行或者其分支机构报告，并按照相关主管部门的要求依法采取措施。

（一）中国政府发布的或者要求执行的恐怖活动组织及恐怖活动人员名单。

（二）联合国安理会决议中所列的恐怖活动组织及恐怖活动人员名单。

（三）中国人民银行要求关注的其他涉嫌恐怖活动的组织及人员名单。

恐怖活动组织及恐怖活动人员名单调整的，金融机构应当立即开展回溯性调查，并按前款规定提交可疑交易报告。

法律、行政法规、规章对上述名单的监控另有规定的，从其规定。

第四章 内部管理措施

第十九条 金融机构应当根据本办法制定大额交易和可疑交易报告内部管理制度和操作规程，对本机构的大额交易和可疑交易报告工作做出统一要求，并对分支机构、附属机构大额交易和可疑交易报告制度的执行情况进行监督管理。

金融机构应当将大额交易和可疑交易报告制度向中国人民银行或其总部所在地的中国人民银行分支机构报备。

第二十条 金融机构应当设立专职的反洗钱岗位，配备专职人员负责大额交易和可疑交易报告工作，并提供必要的资源保障和信息支持。

第二十一条 金融机构应当建立健全大额交易和可疑交易监测系统，以客户为基本单位开展资金交易的监测分析，全面、完整、准确地采集各业务系统的客户身份信息和交易信息，保障大额交易和可疑交易监测分析的数据需求。

第二十二条 金融机构应当按照完整准确、安全保密的原则，将大额交易和可疑交易报告、反映交易分析和内部处理情况的工作记录等资料自生成之日起至少保存5年。

保存的信息资料涉及正在被反洗钱调查的可疑交易活动，且反洗钱调查工作在前款规定的最低保存期届满时仍未结束的，金融机构应将其保存至反洗钱调查工作结束。

第二十三条 金融机构及其工作人员应当对依法履行大额交易和可疑交易报告义务获得的客户身份资料和交易信息，对依法监测、分析、报告可疑交易的有关情况予以保密，不得违反规定向任何单位和个人提供。

第五章 法律责任

第二十四条 金融机构违反本办法的，由中国人民银行或者其地市中心支行以上分支机构按照《中华人民共和国反洗钱法》第三十一条、第三十二条的规定予以处罚。

第六章 附 则

第二十五条 非银行支付机构、从事汇兑业务和基金销售业务的机构报告大额交易和可疑交易适用本办法。银行卡清算机构、资金清算中心等从事清算业务的机构应当按照中国人民银行有关规定开展交易监测分析、报告工作。

本办法所称非银行支付机构，是指根据《非金融机构支付服务管理办法》（中国人民银行令〔2010〕第2号发布）规定取得《支付业务许可证》的支付机构。

本办法所称资金清算中心，包括城市商业银行资金清算中心、农信银资金清算中心有限责任公司及中国人民银行确定的其他资金清算中心。

第二十六条 本办法所称非自然人，包括法人、其他组织和个体工商户。

第二十七条 金融机构应当按照本办法所附的大额交易和可疑交易报告

要素要求（要素内容见附件），制作大额交易报告和可疑交易报告的电子文件。具体的报告格式和填报要求由中国人民银行另行规定。

第二十八条 中国反洗钱监测分析中心发现金融机构报送的大额交易报告或者可疑交易报告内容要素不全或者存在错误的，可以向提交报告的金融机构发出补正通知，金融机构应当在接到补正通知之日起5个工作日内补正。

第二十九条 本办法由中国人民银行负责解释。

第三十条 本办法自2017年7月1日起施行。中国人民银行2006年11月14日发布的《金融机构大额交易和可疑交易报告管理办法》（中国人民银行令〔2006〕第2号）和2007年6月11日发布的《金融机构报告涉嫌恐怖融资的可疑交易管理办法》（中国人民银行令〔2007〕第1号）同时废止。中国人民银行此前发布的大额交易和可疑交易报告的其他规定，与本办法不一致的，以本办法为准。

附：金融机构大额交易和可疑交易报告要素内容

附

金融机构大额交易和可疑交易报告要素内容

大额交易报告要素内容列表

部分	编号	字段内容
第一部分：报告机构信息	1	报告机构编码
	2	网点代码
	3	金融机构与客户的关系
第二部分：交易信息	4	客户名称/姓名
	5	客户身份证件/证明文件类型
	6	客户身份证件/证明文件号码
	7	客户号
	8	账户类型
	9	账号
	10	银行卡类型
	11	银行卡号码
	12	客户职业（对私）或行业（对公）

续表

	13	客户联系方式
	14	客户国籍
	15	客户开户时间
	16	大额交易特征代码
	17	代办人姓名
	18	代办人身份证件/证明文件类型
	19	代办人身份证件/证明文件号码
	20	代办人国籍
	21	交易时间
	22	交易发生地
	23	业务标识号
	24	收付款方匹配号类型
	25	收付款方匹配号
	26	交易方式
	27	涉外收支交易分类与代码
	28	资金收付标志
	29	资金用途
	30	币种
	31	交易金额
	32	对方金融机构网点名称
	33	对方金融机构网点代码类型
	34	对方金融机构网点代码
	35	对方金融机构网点行政区划代码
	36	交易对手姓名/名称
	37	交易对手身份证件/证明文件类型
	38	交易对手身份证件/证明文件号码
	39	交易对手账户类型
	40	交易对手账号

续表

	41	非柜台交易方式
	42	非柜台交易方式的设备代码
	43	银行与支付机构之间的业务交易编码
	44	交易信息备注 1
	45	交易信息备注 2

银行业金融机构可疑交易报告要素内容列表

部分	编号	字段内容
第一部分：报告机构信息	1	报告机构编码
	2	网点代码
	3	金融机构与客户的关系
第二部分：可疑主体信息	4	可疑主体姓名/名称
	5	可疑主体身份证件/证明文件类型
	6	可疑主体身份证件/证明文件号码
	7	客户号
	8	可疑主体职业（对私）或行业（对公）
	9	可疑主体联系方式
	10	可疑主体法定代表人姓名
	11	可疑主体法定代表人身份证件类型
	12	可疑主体法定代表人身份证件号码
	13	可疑主体控股股东或实际控制人名称
	14	可疑主体控股股东或实际控制人身份证件/证明文件类型
	15	可疑主体控股股东或实际控制人身份证件/证明文件号码
	16	可疑主体国籍
第三部分：报告基本信息	17	报告紧急程度
	18	报送次数标志
	19	报送方向
	20	可疑交易报告触发点

续表

	21	资金交易及客户行为情况
	22	疑点分析
	23	疑似涉罪类型
	24	可疑交易特征代码
第四部分：交易信息	25	客户姓名/名称
	26	客户身份证件/证明文件类型
	27	客户身份证件/证明文件号码
	28	账户类型
	29	客户开户时间
	30	客户销户时间
	31	账号
	32	银行卡类型
	33	银行卡号码
	34	代办人姓名
	35	代办人身份证件/证明文件类型
	36	代办人身份证件/证明文件号码
	37	代办人国籍
	38	交易时间
	39	交易发生地
	40	业务标识号
	41	收付款方匹配号类型
	42	收付款方匹配号
	43	交易方式
	44	涉外收支交易分类与代码
	45	资金收付标志
	46	资金来源和用途
	47	币种
	48	交易金额

续表

	49	对方金融机构网点名称
	50	对方金融机构网点代码类型
	51	对方金融机构网点代码
	52	对方金融机构网点行政区划代码
	53	交易对手姓名/名称
	54	交易对手身份证件/证明文件类型
	55	交易对手身份证件/证明文件号码
	56	交易对手账户类型
	57	交易对手账号
	58	非柜台交易方式
	59	非柜台交易方式的设备代码
	60	银行与支付机构之间的业务交易编码
	61	交易信息备注 1
	62	交易信息备注 2

证券期货业金融机构可疑交易报告要素内容列表

部分	编号	字段内容
第一部分：报告机构信息	1	报告机构编码
	2	网点代码
第二部分：可疑主体信息	3	可疑主体姓名/名称
	4	可疑主体身份证件/证明文件类型
	5	可疑主体身份证件/证明文件号码
	6	可疑主体证券/基金/期货账号
	7	资金账户号码
	8	结算账户号码
	9	结算账户开户行名称
	10	账户总资产
	11	可疑主体职业（对私）或行业（对公）

续表

	12	可疑主体联系方式
	13	可疑主体法定代表人姓名
	14	可疑主体法定代表人身份证件类型
	15	可疑主体法定代表人身份证件号码
	16	可疑主体控股股东或实际控制人名称
	17	可疑主体控股股东或实际控制人身份证件/证明文件类型
	18	可疑主体控股股东或实际控制人身份证件/证明文件号码
	19	可疑主体国籍
	20	可疑主体开户时间
	21	可疑主体销户时间
第三部分：报告基本信息	22	报告紧急程度
	23	报送次数标志
	24	报送方向
	25	可疑交易报告触发点
	26	资金交易及客户行为情况
	27	疑点分析
	28	疑似涉罪类型
	29	可疑交易特征代码
第四部分：交易信息	30	客户姓名/名称
	31	客户身份证件/证明文件类型
	32	客户身份证件/证明文件号码
	33	交易时间
	34	业务标识号
	35	非柜台交易方式
	36	非柜台交易方式的设备代码
	37	交易种类
	38	合同编号
	39	流水号

续表

	40	交易品种代码
	41	成交价格
	42	成交数量
	43	资金进出方向
	44	资金进出方式
	45	币种
	46	交易金额
	47	交易信息备注 1
	48	交易信息备注 2

保险业金融机构可疑交易报告要素内容列表

部分	编号	字段内容
第一部分：报告机构信息	1	报告机构编码
	2	网点代码
第二部分：可疑主体信息	3	可疑主体姓名/名称
	4	可疑主体身份证件/证明文件类型
	5	可疑主体证件号码
	6	可疑主体职业（对私）或行业（对公）
	7	可疑主体联系方式
	8	可疑主体法定代表人姓名
	9	可疑主体法定代表人身份证件类型
	10	可疑主体法定代表人身份证件号码
	11	可疑主体控股股东或实际控制人名称
	12	可疑主体控股股东或实际控制人身份证件/证明文件类型
	13	可疑主体控股股东或实际控制人身份证件/证明文件号码
	14	可疑主体国籍

续表

第三部分：报告基本信息	15	报告紧急程度
	16	报送次数标志
	17	报送方向
	18	可疑交易报告触发点
	19	资金交易及客户行为情况
	20	疑点分析
	21	疑似涉罪类型
	22	可疑交易特征代码
第四部分：交易信息	23	保险合同号
	24	保险种类
	25	保险名称
	26	保险期间
	27	投保人名称/姓名
	28	投保人身份证件/证明文件类型
	29	投保人身份证件/证明文件号码
	30	投保人类型
	31	被保险人名称/姓名
	32	被保险人身份证件/证明文件类型
	33	被保险人身份证件/证明文件号码
	34	投保人与被保险人的关系
	35	受益人名称/姓名
	36	受益人身份证件/证明文件类型
	37	受益人身份证件/证明文件号码
	38	保险标的
	39	保险金额
	40	保险费
	41	缴费方式
	42	保险合同其他信息

续表

	43	交易时间
	44	交易发生地
	45	交易类型
	46	币种
	47	交易金额
	48	资金进出方向
	49	资金进出方式
	50	资金账户开户行
	51	银行转账资金账号
	52	交易信息备注 1
	53	交易信息备注 2

通用可疑交易报告要素内容列表

部分	编号	字段内容
第一部分：报告机构信息	1	报告机构编码
	2	网点代码
	3	报告机构行业类别
第二部分：可疑主体信息	4	可疑主体姓名/名称
	5	可疑主体证件类型
	6	可疑主体证件号码
	7	可疑主体所在银行账号
	8	可疑主体所在银行名称
	9	可疑主体职业（对私）或行业（对公）
	10	可疑主体联系方式
	11	可疑主体法定代表人姓名
	12	可疑主体法定代表人身份证件类型
	13	可疑主体法定代表人身份证件号码
	14	可疑主体控股股东或实际控制人名称

续表

第四部分：交易信息	15	可疑主体控股股东或实际控制人身份证件/证明文件类型
	16	可疑主体控股股东或实际控制人身份证件/证明文件号码
	17	可疑主体国籍
第三部分：报告基本信息	18	报告紧急程度
	19	报送次数标志
	20	报送方向
	21	可疑交易报告触发点
	22	资金交易及客户行为情况
	23	疑点分析
	24	疑似涉罪类型
	25	可疑交易特征代码
	26	可疑交易/事件起始日期
	27	可疑交易/事件结束日期
	28	交易信息备注 1
	29	交易信息备注 2

新闻单位驻地方机构管理办法（试行）

（2016 年 12 月 30 日国家新闻出版广电总局令第 11 号公布　自 2017 年 6 月 1 日起施行　国法备字［2017000204］号）

第一章　总　　则

第一条　为规范新闻单位驻地方机构（以下称驻地方机构）的新闻采编活动，加强驻地方机构的管理，促进新闻事业健康有序发展，根据国家有关规定，制定本办法。

第二条　本办法所称驻地方机构，是指依法批准的新闻单位设立的从事新闻采编活动的派出机构。

本办法适用于下列新闻单位派出的驻地方机构从事新闻采编活动的管理：

（一）报纸出版单位、新闻性期刊出版单位；

（二）通讯社；

（三）广播电台、电视台、广播电视台；

（四）新闻网站、网络广播电视台；

（五）其他新闻单位。

第三条 国务院新闻出版广电主管部门负责全国驻地方机构的监督管理，制定全国驻地方机构的设立规划，确定总量、布局、结构。

县级以上地方人民政府新闻出版广电主管部门负责本行政区域内驻地方机构的监督管理。

新闻单位负责其驻地方机构从事新闻采编等活动的日常管理，保障驻地方机构依法运行。

第四条 驻地方机构及其人员从事新闻采编活动应当以人民为中心，坚持为人民服务、为社会主义服务，坚持正确舆论导向，弘扬社会主义核心价值观，弘扬民族优秀文化。

第五条 驻地方机构及其人员从事新闻采编活动应当遵守法律法规，尊重社会公德，恪守职业道德，深入基层、深入群众、深入生活，确保新闻报道真实、全面、客观、公正。

第六条 驻地方机构及其人员从事新闻采编等活动受法律保护。

任何单位和人员不得干扰、阻挠驻地方机构及其人员的正常工作，不得假冒、盗用驻地方机构名义开展活动。

第二章 驻地方机构设立

第七条 国家对设立驻地方机构实行许可制度，未经批准不得设立，任何单位和人员不得以驻地方机构名义从事新闻采编活动。

新闻单位不得以派驻地记者方式代替设立驻地方机构从事新闻采编活动。

第八条 本办法第二条规定的新闻单位设立驻地方机构应当符合国务院新闻出版广电主管部门对驻地方机构总量、布局、结构的规划，并具备下列条件：

（一）在派驻地确有新闻采编需要；

（二）有健全的驻地方机构人员、财务、新闻采编活动等管理制度；

（三）有指导、管理驻地方机构的条件和能力；

（四）驻地方机构负责人具有新闻、出版、播音主持等专业的中级以上职称或者有 5 年以上新闻采编、新闻管理工作经历；

（五）驻地方机构有符合业务需要的持有新闻记者证的新闻采编人员；

（六）驻地方机构有满足业务需要的固定工作场所和经费；

（七）国家规定的其他条件。

第九条 申请设立驻地方机构的报纸出版单位，仅限于每周出版四期以上的报纸出版单位，不包括教学辅导类报纸、文摘类报纸、高等学校校报等出版单位。

申请设立驻地方机构的新闻网站，仅限于中央主要新闻单位所办中央重点新闻网站。

申请设立驻地方机构的新闻性期刊出版单位、广播电台、电视台、广播电视台、网络广播电视台，应当经国务院新闻出版广电主管部门认定。

第十条 新闻单位在同一城市只能设立一个驻地方机构。

报业集团、期刊集团或者有多家子报子刊的新闻单位应当以集团或者新闻单位名义设立驻地方机构，其下属新闻单位不得再单独设立驻地方机构。

第十一条 新闻单位设立驻地方机构，经其主管单位审核同意后，向驻地方机构所在地省、自治区、直辖市新闻出版广电主管部门提出申请。其中，中央主要新闻单位设立驻地方机构，须先经国务院新闻出版广电主管部门审核同意。

中央重点新闻网站设立驻地方机构，经驻地方机构所在地省、自治区、直辖市网信主管部门审核，并经国家网信主管部门审查同意后，向所在地省、自治区、直辖市新闻出版广电主管部门提出申请。

第十二条 新闻单位设立驻地方机构，应提交申请书及下列材料：

（一）驻地方机构负责人、新闻采编人员等的基本情况及其从业资格证明；

（二）符合本办法规定的驻地方机构人员编制或者劳动合同、聘用合同等证明；

（三）驻地方机构经费来源的证明；

（四）驻地方机构工作场所的证明；

（五）主管单位同意设立驻地方机构的证明；

（六）报纸出版单位出具报纸刊期的证明；

（七）新闻性期刊出版单位、广播电台、电视台、广播电视台、网络广播电视台出具国务院新闻出版广电主管部门认定的证明；

（八）中央重点新闻网站出具国家网信主管部门审查同意的证明。

第十三条 省、自治区、直辖市新闻出版广电主管部门自受理申请之日起 20 日内，作出批准或者不批准的决定。批准的，发放新闻单位驻地方机构许可证;不批准的,应当说明理由。

第十四条 驻地方机构名称由新闻单位名称和驻地方机构所在行政区域及单位名称组成。

第十五条 驻地方机构的登记地址、联系方式、负责人、新闻采编人员等发生变更,驻地方机构应当在变更后90日内到所在地省、自治区、直辖市新闻出版广电主管部门办理变更登记手续。

第十六条 新闻单位终止其驻地方机构业务活动,应当在30日内到所在地省、自治区、直辖市新闻出版广电主管部门办理注销登记手续,交回新闻单位驻地方机构许可证。

第十七条 新闻单位驻地方机构许可证由国务院新闻出版广电主管部门统一印制,有效期6年。

第三章 驻地方机构规范

第十八条 新闻单位应当在取得新闻单位驻地方机构许可证后30日内派遣新闻采编人员等到驻地方机构开展工作。

第十九条 新闻单位应当建立健全新闻线索集中管理和统一安排采访制度,规范驻地方机构的新闻采编活动。

第二十条 新闻单位应当建立规范的驻地方机构人员用工制度,签订劳动合同或者聘用合同,保障员工的薪酬、社会保障等各项权益。

第二十一条 新闻单位应当确保驻地方机构正常开展工作所需经费,不得向驻地方机构及其人员下达经营创收指标、摊派经营任务、收取管理费等。

第二十二条 新闻单位应当建立健全驻地方机构人员培训和在职教育制度,提升从业人员素质。

第二十三条 新闻单位应当建立健全驻地方机构负责人任期、轮岗、审计、约谈、问责等内部管理制度,对出现违法违规问题造成恶劣影响的,要撤换驻地方机构负责人并依法依规追究责任。

第二十四条 新闻单位应当建立健全巡视检查制度,定期开展巡视检查,强化对驻地方机构的日常管理。

第二十五条 新闻单位应当建立健全社会监督机制,公示驻地方机构及其负责人、新闻采编人员名单,接受社会监督。

第二十六条 新闻单位、驻地方机构及其人员不得以承包、出租、出借、合作等任何形式非法转让驻地方机构的名称、证照、新闻业务等。

第二十七条 驻地方机构应当在批准范围内从事与新闻单位业务范围相

一致的新闻采编活动。

驻地方机构及其人员不得从事广告、出版物发行、开办经营实体等与新闻采编业务无关的活动。

第二十八条 驻地方机构负责人应当落实国家有关新闻采编的管理规定,对本机构的新闻采编工作全面负责。

驻地方机构应当建立新闻采编工作记录制度、自查评估制度。

第二十九条 驻地方机构及其人员不得有下列违法违规和违反职业道德的行为:

(一)编发虚假报道;

(二)有偿新闻、有偿不闻、新闻敲诈等;

(三)利用职务影响和职务便利要求采访、报道对象及相关单位和人员做广告、订报刊、提供赞助等;

(四)其他谋取不正当利益的行为。

第三十条 驻地方机构不得以任何名义设立分支机构、聘用人员,不得与党政机关混合设立,党政机关工作人员不得在驻地方机构兼职。

驻地方机构负责人原则上不得同时在两个以上驻地方机构任职。

第四章 监督管理

第三十一条 国务院新闻出版广电主管部门负责指导、协调地方新闻出版广电主管部门对全国驻地方机构的监督管理。

国务院新闻出版广电主管部门负责中央主要新闻单位和中央重点新闻网站驻地方机构执行本办法情况的监督抽查;负责督办、查处驻地方机构及其人员违反本办法的重大案件;负责依法将驻地方机构及其人员违反本办法受到行政处罚的情形记入新闻采编不良从业行为记录。

第三十二条 省、自治区、直辖市新闻出版广电主管部门负责本行政区域内驻地方机构的日常监督管理。

省、自治区、直辖市新闻出版广电主管部门应当建立健全准入退出、综合评估、监督抽查、年度核验、信息通报和公告等制度,负责查处本行政区域内驻地方机构及其人员违反本办法的行为。

省、自治区、直辖市新闻出版广电主管部门应当向国务院新闻出版广电主管部门定期报告驻地方机构准入退出、综合评估、监督抽查、年度核验和公告等情况。

第三十三条 地方各级新闻出版广电主管部门应当建立健全社会监督机

制，受理对违反本办法行为的投诉、举报，并及时核实、处理、答复。

第三十四条 国务院新闻出版广电主管部门发现中央主要新闻单位和中央重点新闻网站驻地方机构有违反本办法行为的，可以对新闻单位相关负责人进行约谈，向有关部门提出处理建议。

省、自治区、直辖市新闻出版广电主管部门发现本行政区域内驻地方机构有违反本办法行为的，可以对新闻单位相关负责人，或者驻地方机构负责人进行约谈，向有关部门提出处理建议。

第三十五条 省、自治区、直辖市新闻出版广电主管部门应当与网信主管部门建立协作机制，通报本行政区域内中央重点新闻网站驻地方机构准入退出、变更备案、年度核验、案件查处等信息。

第三十六条 新闻单位的主管单位应当督促所属新闻单位及其驻地方机构执行本办法的各项管理规定，及时发现并纠正所属新闻单位、驻地方机构及其人员的违法行为，并依法追究所属新闻单位主要负责人和直接责任人的责任。

第三十七条 省、自治区、直辖市新闻出版广电主管部门每两年对本行政区域内驻地方机构统一组织年度核验，重点核查驻地方机构下列内容：

（一）新闻采编工作情况；

（二）负责人、持有新闻记者证的新闻采编人员等变更情况；

（三）是否存在违反本办法的行为及其处理情况。

第三十八条 驻地方机构应当按时将下列材料报省、自治区、直辖市新闻出版广电主管部门进行年度核验：

（一）驻地方机构年度工作总结报告；

（二）驻地方机构年度主要新闻报道目录或者证明其新闻采编业绩的有关材料；

（三）新闻单位对驻地方机构的年度评估报告；

（四）其他必需的有关材料。

中央重点新闻网站驻地方机构还应当提供省、自治区、直辖市网信主管部门提出的审核意见。

第三十九条 省、自治区、直辖市新闻出版广电主管部门应当及时向社会公告年度核验合格的驻地方机构名录；在年度核验中发现驻地方机构及其人员有违法行为的，应当依法处理；对不再具备行政许可法定条件的，应当责令限期改正，未按期改正的，应当依法撤销行政许可。

第五章 法律责任

第四十条 新闻出版广电主管部门或者其他有关部门工作人员有下列情形之一，尚不构成犯罪的，依法给予处分：

（一）利用职务便利收受他人财物或者其他好处的；

（二）违反本办法规定进行审批活动的；

（三）不履行监督职责的；

（四）发现违法行为不予查处的；

（五）干扰、阻挠驻地方机构及其人员正常的新闻采编活动、妨碍舆论监督的；

（六）其他违反本办法规定滥用职权、玩忽职守、徇私舞弊的情形。

第四十一条 驻地方机构出现下列情形之一的，由国务院新闻出版广电主管部门或者省、自治区、直辖市新闻出版广电主管部门责令新闻单位限期改正；新闻单位未按期改正的，由省、自治区、直辖市新闻出版广电主管部门撤销其新闻单位驻地方机构许可证：

（一）驻地方机构不具备本办法第八条、第九条规定的许可条件的；

（二）违反本办法第十八条，未在法定期限内开展工作的。

第四十二条 新闻单位及其驻地方机构有下列行为之一的，国务院新闻出版广电主管部门或者省、自治区、直辖市新闻出版广电主管部门可以采取通报批评、责令公开检讨、责令整改等行政措施，情节严重的，可以给予警告，可以并处3万元以下罚款：

（一）违反本办法第十五条、第十六条，未在法定期限内办理有关手续的；

（二）违反本办法第十九条、第二十条、第二十二条、第二十三条、第二十四条、第二十五条，未按规定开展工作、落实有关责任的；

（三）违反本办法第二十八条，驻地方机构负责人未按规定落实有关责任或者未建立有关制度的；

（四）违反本办法第三十八条，未按规定参加年度核验的。

第四十三条 新闻单位及其驻地方机构有下列行为之一的，国务院新闻出版广电主管部门或者省、自治区、直辖市新闻出版广电主管部门可以采取通报批评、责令公开检讨、责令整改等行政措施，可以给予警告，可以并处3万元以下罚款，情节严重的，撤销其新闻单位驻地方机构许可证：

（一）违反本办法第二十一条，向驻地方机构及其人员下达经营创收指标、摊派经营任务、收取管理费的；

（二）违反本办法第二十六条，非法转让驻地方机构的名称、证照、新闻业务等的；

（三）违反本办法第二十七条、第二十九条，从事与新闻采编业务无关的活动或者从事违法违规和违反职业道德行为的；

（四）违反本办法第三十条，违规设立分支机构、聘用人员，与党政机关混合设立，党政机关工作人员在驻地方机构兼职的。

第四十四条 违反本办法第六条、第七条，擅自设立驻地方机构或者采取假冒、盗用等方式以驻地方机构或者驻地记者名义开展活动的，由省、自治区、直辖市新闻出版广电主管部门予以取缔，可以并处3万元以下罚款，没收违法所得。

第六章 附 则

第四十五条 本办法施行前已经设立的驻地方机构，自本办法施行之日起6个月内，由新闻单位持原批准文件到驻地方机构所在地省、自治区、直辖市新闻出版广电主管部门换发新闻单位驻地方机构许可证。

第四十六条 本办法自2017年6月1日起施行。2009年8月6日原新闻出版总署颁布的《报刊记者站管理办法》同时废止。

污染地块土壤环境管理办法（试行）

（2016年12月31日环境保护部令第42号公布 自2017年7月1日起施行 国法备字[2017000212]号）

目 录

第一章　总　　则

第一条　为了加强污染地块环境保护监督管理，防控污染地块环境风险，根据《中华人民共和国环境保护法》等法律法规和国务院发布的《土壤污染防治行动计划》，制定本办法。

第二条　本办法所称疑似污染地块，是指从事过有色金属冶炼、石油加工、化工、焦化、电镀、制革等行业生产经营活动，以及从事过危险废物贮存、利用、处置活动的用地。

按照国家技术规范确认超过有关土壤环境标准的疑似污染地块，称为污染地块。

本办法所称疑似污染地块和污染地块相关活动，是指对疑似污染地块开展的土壤环境初步调查活动，以及对污染地块开展的土壤环境详细调查、风险评估、风险管控、治理与修复及其效果评估等活动。

第三条　拟收回土地使用权的，已收回土地使用权的，以及用途拟变更为居住用地和商业、学校、医疗、养老机构等公共设施用地的疑似污染地块和污染地块相关活动及其环境保护监督管理，适用本办法。

不具备本条第一款情形的疑似污染地块和污染地块土壤环境管理办法另行制定。

放射性污染地块环境保护监督管理，不适用本办法。

第四条　环境保护部对全国土壤环境保护工作实施统一监督管理。

地方各级环境保护主管部门负责本行政区域内的疑似污染地块和污染地块相关活动的监督管理。

按照国家有关规定，县级环境保护主管部门被调整为设区的市级环境保护主管部门派出分局的，由设区的市级环境保护主管部门组织所属派出分局开展疑似污染地块和污染地块相关活动的监督管理。

第五条　环境保护部制定疑似污染地块和污染地块相关活动方面的环境标准和技术规范。

第六条　环境保护部组织建立全国污染地块土壤环境管理信息系统（以下简称污染地块信息系统）。

县级以上地方环境保护主管部门按照环境保护部的规定，在本行政区域内组织建设和应用污染地块信息系统。

疑似污染地块和污染地块的土地使用权人应当按照环境保护部的规定，通过污染地块信息系统，在线填报并提交疑似污染地块和污染地块相关活动信息。

县级以上环境保护主管部门应当通过污染地块信息系统，与同级城乡规划、国土资源等部门实现信息共享。

第七条 任何单位或者个人有权向环境保护主管部门举报未按照本办法规定开展疑似污染地块和污染地块相关活动的行为。

第八条 环境保护主管部门鼓励和支持社会组织，对造成土壤污染、损害社会公共利益的行为，依法提起环境公益诉讼。

第二章 各方责任

第九条 土地使用权人应当按照本办法的规定，负责开展疑似污染地块和污染地块相关活动，并对上述活动的结果负责。

第十条 按照"谁污染，谁治理"原则，造成土壤污染的单位或者个人应当承担治理与修复的主体责任。

责任主体发生变更的，由变更后继承其债权、债务的单位或者个人承担相关责任。

责任主体灭失或者责任主体不明确的，由所在地县级人民政府依法承担相关责任。

土地使用权依法转让的，由土地使用权受让人或者双方约定的责任人承担相关责任。

土地使用权终止的，由原土地使用权人对其使用该地块期间所造成的土壤污染承担相关责任。

土壤污染治理与修复实行终身责任制。

第十一条 受委托从事疑似污染地块和污染地块相关活动的专业机构，或者受委托从事治理与修复效果评估的第三方机构，应当遵守有关环境标准和技术规范，并对相关活动的调查报告、评估报告的真实性、准确性、完整性负责。

受委托从事风险管控、治理与修复的专业机构，应当遵守国家有关环境标准和技术规范，按照委托合同的约定，对风险管控、治理与修复的效果承担相应责任。

受委托从事风险管控、治理与修复的专业机构，在风险管控、治理与修复等活动中弄虚作假，造成环境污染和生态破坏，除依照有关法律法规接受处罚外，还应当依法与造成环境污染和生态破坏的其他责任者承担连带责任。

第三章 环境调查与风险评估

第十二条 县级环境保护主管部门应当根据国家有关保障工业企业场地

再开发利用环境安全的规定，会同工业和信息化、城乡规划、国土资源等部门，建立本行政区域疑似污染地块名单，并及时上传污染地块信息系统。

疑似污染地块名单实行动态更新。

第十三条 对列入疑似污染地块名单的地块，所在地县级环境保护主管部门应当书面通知土地使用权人。

土地使用权人应当自接到书面通知之日起六个月内完成土壤环境初步调查，编制调查报告，及时上传污染地块信息系统，并将调查报告主要内容通过其网站等便于公众知晓的方式向社会公开。

土壤环境初步调查应当按照国家有关环境标准和技术规范开展，调查报告应当包括地块基本信息、疑似污染地块是否为污染地块的明确结论等主要内容，并附具采样信息和检测报告。

第十四条 设区的市级环境保护主管部门根据土地使用权人提交的土壤环境初步调查报告建立污染地块名录，及时上传污染地块信息系统，同时向社会公开，并通报各污染地块所在地县级人民政府。

对列入名录的污染地块，设区的市级环境保护主管部门应当按照国家有关环境标准和技术规范，确定该污染地块的风险等级。

污染地块名录实行动态更新。

第十五条 县级以上地方环境保护主管部门应当对本行政区域具有高风险的污染地块，优先开展环境保护监督管理。

第十六条 对列入污染地块名录的地块，设区的市级环境保护主管部门应当书面通知土地使用权人。

土地使用权人应当在接到书面通知后，按照国家有关环境标准和技术规范，开展土壤环境详细调查，编制调查报告，及时上传污染地块信息系统，并将调查报告主要内容通过其网站等便于公众知晓的方式向社会公开。

土壤环境详细调查报告应当包括地块基本信息，土壤污染物的分布状况及其范围，以及对土壤、地表水、地下水、空气污染的影响情况等主要内容，并附具采样信息和检测报告。

第十七条 土地使用权人应当按照国家有关环境标准和技术规范，在污染地块土壤环境详细调查的基础上开展风险评估，编制风险评估报告，及时上传污染地块信息系统，并将评估报告主要内容通过其网站等便于公众知晓的方式向社会公开。

风险评估报告应当包括地块基本信息、应当关注的污染物、主要暴露途径、风险水平、风险管控以及治理与修复建议等主要内容。

第四章　风险管控

第十八条　污染地块土地使用权人应当根据风险评估结果，并结合污染地块相关开发利用计划，有针对性地实施风险管控。

对暂不开发利用的污染地块，实施以防止污染扩散为目的的风险管控。

对拟开发利用为居住用地和商业、学校、医疗、养老机构等公共设施用地的污染地块，实施以安全利用为目的的风险管控。

第十九条　污染地块土地使用权人应当按照国家有关环境标准和技术规范，编制风险管控方案，及时上传污染地块信息系统，同时抄送所在地县级人民政府，并将方案主要内容通过其网站等便于公众知晓的方式向社会公开。

风险管控方案应当包括管控区域、目标、主要措施、环境监测计划以及应急措施等内容。

第二十条　土地使用权人应当按照风险管控方案要求，采取以下主要措施：

（一）及时移除或者清理污染源；

（二）采取污染隔离、阻断等措施，防止污染扩散；

（三）开展土壤、地表水、地下水、空气环境监测；

（四）发现污染扩散的，及时采取有效补救措施。

第二十一条　因采取风险管控措施不当等原因，造成污染地块周边的土壤、地表水、地下水或者空气污染等突发环境事件的，土地使用权人应当及时采取环境应急措施，并向所在地县级以上环境保护主管部门和其他有关部门报告。

第二十二条　对暂不开发利用的污染地块，由所在地县级环境保护主管部门配合有关部门提出划定管控区域的建议，报同级人民政府批准后设立标识、发布公告，并组织开展土壤、地表水、地下水、空气环境监测。

第五章　治理与修复

第二十三条　对拟开发利用为居住用地和商业、学校、医疗、养老机构等公共设施用地的污染地块，经风险评估确认需要治理与修复的，土地使用权人应当开展治理与修复。

第二十四条　对需要开展治理与修复的污染地块，土地使用权人应当根据土壤环境详细调查报告、风险评估报告等，按照国家有关环境标准和技术规范，编制污染地块治理与修复工程方案，并及时上传污染地块信息系统。

土地使用权人应当在工程实施期间，将治理与修复工程方案的主要内容通过其网站等便于公众知晓的方式向社会公开。

工程方案应当包括治理与修复范围和目标、技术路线和工艺参数、二次污染防范措施等内容。

第二十五条 污染地块治理与修复期间，土地使用权人或者其委托的专业机构应当采取措施，防止对地块及其周边环境造成二次污染；治理与修复过程中产生的废水、废气和固体废物，应当按照国家有关规定进行处理或者处置，并达到国家或者地方规定的环境标准和要求。

治理与修复工程原则上应当在原址进行；确需转运污染土壤的，土地使用权人或者其委托的专业机构应当将运输时间、方式、线路和污染土壤数量、去向、最终处置措施等，提前五个工作日向所在地和接收地设区的市级环境保护主管部门报告。

修复后的土壤再利用应当符合国家或者地方有关规定和标准要求。

治理与修复期间，土地使用权人或者其委托的专业机构应当设立公告牌和警示标识，公开工程基本情况、环境影响及其防范措施等。

第二十六条 治理与修复工程完工后，土地使用权人应当委托第三方机构按照国家有关环境标准和技术规范，开展治理与修复效果评估，编制治理与修复效果评估报告，及时上传污染地块信息系统，并通过其网站等便于公众知晓的方式公开，公开时间不得少于两个月。

治理与修复效果评估报告应当包括治理与修复工程概况、环境保护措施落实情况、治理与修复效果监测结果、评估结论及后续监测建议等内容。

第二十七条 污染地块未经治理与修复，或者经治理与修复但未达到相关规划用地土壤环境质量要求的，有关环境保护主管部门不予批准选址涉及该污染地块的建设项目环境影响报告书或者报告表。

第二十八条 县级以上环境保护主管部门应当会同城乡规划、国土资源等部门，建立和完善污染地块信息沟通机制，对污染地块的开发利用实行联动监管。

污染地块经治理与修复，并符合相应规划用地土壤环境质量要求后，可以进入用地程序。

第六章　监督管理

第二十九条 县级以上环境保护主管部门及其委托的环境监察机构，有权对本行政区域内的疑似污染地块和污染地块相关活动进行现场检查。被检查单位应当予以配合，如实反映情况，提供必要的资料。实施现场检查的部门、机构及其工作人员应当为被检查单位保守商业秘密。

第三十条 县级以上环境保护主管部门对疑似污染地块和污染地块相关活动进行监督检查时，有权采取下列措施：

（一）向被检查单位调查、了解疑似污染地块和污染地块的有关情况；

（二）进入被检查单位进行现场核查或者监测；

（三）查阅、复制相关文件、记录以及其他有关资料；

（四）要求被检查单位提交有关情况说明。

第三十一条 设区的市级环境保护主管部门应当于每年的 12 月 31 日前，将本年度本行政区域的污染地块环境管理工作情况报省级环境保护主管部门。

省级环境保护主管部门应当于每年的 1 月 31 日前，将上一年度本行政区域的污染地块环境管理工作情况报环境保护部。

第三十二条 违反本办法规定，受委托的专业机构在编制土壤环境初步调查报告、土壤环境详细调查报告、风险评估报告、风险管控方案、治理与修复方案过程中，或者受委托的第三方机构在编制治理与修复效果评估报告过程中，不负责任或者弄虚作假致使报告失实的，由县级以上环境保护主管部门将该机构失信情况记入其环境信用记录，并通过企业信用信息公示系统向社会公开。

第七章 附 则

第三十三条 本办法自 2017 年 7 月 1 日起施行。

网络购买商品七日无理由退货暂行办法

（2017 年 1 月 6 日国家工商行政管理总局令第 90 号公布 自 2017 年 3 月 15 日起施行 国法备字[2017000168]号）

第一章 总 则

第一条 为保障《消费者权益保护法》七日无理由退货规定的实施，保护消费者合法权益，促进电子商务健康发展，根据《消费者权益保护法》等相关法律、行政法规，制定本办法。

第二条 消费者为生活消费需要通过网络购买商品，自收到商品之日起七日内依照《消费者权益保护法》第二十五条规定退货的，适用本办法。

第三条 网络商品销售者应当依法履行七日无理由退货义务。

网络交易平台提供者应当引导和督促平台上的网络商品销售者履行七日无理由退货义务，进行监督检查，并提供技术保障。

第四条 消费者行使七日无理由退货权利和网络商品销售者履行七日无理由退货义务都应当遵循公平、诚实信用的原则，遵守商业道德。

第五条 鼓励网络商品销售者作出比本办法更有利于消费者的无理由退货承诺。

第二章 不适用退货的商品范围和商品完好标准

第六条 下列商品不适用七日无理由退货规定：

（一）消费者定作的商品；

（二）鲜活易腐的商品；

（三）在线下载或者消费者拆封的音像制品、计算机软件等数字化商品；

（四）交付的报纸、期刊。

第七条 下列性质的商品经消费者在购买时确认，可以不适用七日无理由退货规定：

（一）拆封后易影响人身安全或者生命健康的商品，或者拆封后易导致商品品质发生改变的商品；

（二）一经激活或者试用后价值贬损较大的商品；

（三）销售时已明示的临近保质期的商品、有瑕疵的商品。

第八条 消费者退回的商品应当完好。

商品能够保持原有品质、功能，商品本身、配件、商标标识齐全的，视为商品完好。

消费者基于查验需要而打开商品包装，或者为确认商品的品质、功能而进行合理的调试不影响商品的完好。

第九条 对超出查验和确认商品品质、功能需要而使用商品，导致商品价值贬损较大的，视为商品不完好。具体判定标准如下：

（一）食品（含保健食品）、化妆品、医疗器械、计生用品：必要的一次性密封包装被损坏；

（二）电子电器类：进行未经授权的维修、改动，破坏、涂改强制性产品认证标志、指示标贴、机器序列号等，有难以恢复原状的外观类使用痕迹，或者产生激活、授权信息、不合理的个人使用数据留存等数据类使用痕迹；

（三）服装、鞋帽、箱包、玩具、家纺、家居类：商标标识被摘、标识被剪，商品受污、受损。

第三章　退货程序

第十条　选择无理由退货的消费者应当自收到商品之日起七日内向网络商品销售者发出退货通知。

七日期间自消费者签收商品的次日开始起算。

第十一条　网络商品销售者收到退货通知后应当及时向消费者提供真实、准确的退货地址、退货联系人、退货联系电话等有效联系信息。

消费者获得上述信息后应当及时退回商品，并保留退货凭证。

第十二条　消费者退货时应当将商品本身、配件及赠品一并退回。

赠品包括赠送的实物、积分、代金券、优惠券等形式。如果赠品不能一并退回，经营者可以要求消费者按照事先标明的赠品价格支付赠品价款。

第十三条　消费者退回的商品完好的，网络商品销售者应当在收到退回商品之日起七日内向消费者返还已支付的商品价款。

第十四条　退款方式比照购买商品的支付方式。经营者与消费者另有约定的，从其约定。

购买商品时采用多种方式支付价款的，一般应当按照各种支付方式的实际支付价款以相应方式退款。

除征得消费者明确表示同意的以外，网络商品销售者不应当自行指定其他退款方式。

第十五条　消费者采用积分、代金券、优惠券等形式支付价款的，网络商品销售者在消费者退还商品后应当以相应形式返还消费者。对积分、代金券、优惠券的使用和返还有约定的，可以从其约定。

第十六条　消费者购买商品时采用信用卡支付方式并支付手续费的，网络商品销售者退款时可以不退回手续费。

消费者购买商品时采用信用卡支付方式并被网络商品销售者免除手续费的，网络商品销售者可以在退款时扣除手续费。

第十七条　退货价款以消费者实际支出的价款为准。

套装或者满减优惠活动中的部分商品退货，导致不能再享受优惠的，根据购买时各商品价格进行结算，多退少补。

第十八条　商品退回所产生的运费依法由消费者承担。经营者与消费者另有约定的，按照约定。

消费者参加满足一定条件免运费活动，但退货后已不能达到免运费活动要求的，网络商品销售者在退款时可以扣除运费。

第十九条 网络商品销售者可以与消费者约定退货方式，但不应当限制消费者的退货方式。

网络商品销售者可以免费上门取货，也可以征得消费者同意后有偿上门取货。

第四章 特别规定

第二十条 网络商品销售者应当采取技术手段或者其他措施，对于本办法第六条规定的不适用七日无理由退货的商品进行明确标注。

符合本办法第七条规定的商品，网络商品销售者应当在商品销售必经流程中设置显著的确认程序，供消费者对单次购买行为进行确认。如无确认，网络商品销售者不得拒绝七日无理由退货。

第二十一条 网络交易平台提供者应当与其平台上的网络商品销售者订立协议，明确双方七日无理由退货各自的权利、义务和责任。

第二十二条 网络交易平台提供者应当依法建立、完善其平台七日无理由退货规则以及配套的消费者权益保护有关制度，在其平台上显著位置明示，并从技术上保证消费者能够便利、完整地阅览和保存。

第二十三条 网络交易平台提供者应当对其平台上的网络商品销售者履行七日无理由退货义务建立检查监控制度，发现有违反相关法律、法规、规章的，应当及时采取制止措施，并向网络交易平台提供者或者网络商品销售者所在地工商行政管理部门报告，必要时可以停止对其提供平台服务。

第二十四条 网络交易平台提供者应当建立消费纠纷和解和消费维权自律制度。消费者在网络交易平台上购买商品，因退货而发生消费纠纷或其合法权益受到损害时，要求网络交易平台提供者调解的，网络交易平台提供者应当调解；消费者通过其他渠道维权的，网络交易平台提供者应当向消费者提供其平台上的网络商品销售者的真实名称、地址和有效联系方式，积极协助消费者维护自身合法权益。

第二十五条 网络商品销售者应当建立完善的七日无理由退货商品检验和处理程序。

对能够完全恢复到初始销售状态的七日无理由退货商品，可以作为全新商品再次销售；对不能够完全恢复到初始销售状态的七日无理由退货商品而再次销售的，应当通过显著的方式将商品的实际情况明确标注。

第五章 监督检查

第二十六条 工商行政管理部门应当加强对网络商品销售者和网络交易平台提供者经营行为的监督检查，督促和引导其建立健全经营者首问和赔偿先付制度，依法履行网络购买商品七日无理由退货义务。

第二十七条 工商行政管理部门应当及时受理和依法处理消费者有关七日无理由退货的投诉、举报。

第二十八条 工商行政管理部门应当依照公正、公开、及时的原则，综合运用建议、约谈、示范等方式，加强对网络商品销售者和网络交易平台提供者履行七日无理由退货法定义务的行政指导。

第二十九条 工商行政管理部门在对网络商品交易的监督检查中，发现经营者存在拒不履行七日无理由退货义务，侵害消费者合法权益行为的，应当依法进行查处，同时将相关处罚信息记入信用档案，向社会公布。

第六章 法律责任

第三十条 网络商品销售者违反本办法第六条、第七条规定，擅自扩大不适用七日无理由退货的商品范围的，按照《消费者权益保护法》第五十六条第一款第(八)项规定予以处罚。

第三十一条 网络商品销售者违反本办法规定，有下列情形之一的，依照《消费者权益保护法》第五十六条第一款第(八)项规定予以处罚:

(一)未经消费者在购买时确认，擅自以商品不适用七日无理由退货为由拒绝退货，或者以消费者已拆封、查验影响商品完好为由拒绝退货的；

(二)自收到消费者退货要求之日起超过十五日未办理退货手续，或者未向消费者提供真实、准确的退货地址、退货联系人等有效联系信息，致使消费者无法办理退货手续的；

(三)在收到退回商品之日起超过十五日未向消费者返还已支付的商品价款的。

第三十二条 网络交易平台提供者违反本办法第二十二条规定，未在其平台显著位置明示七日无理由退货规则及配套的有关制度，或者未在技术上保证消费者能够便利、完整地阅览和保存的，予以警告，责令改正；拒不改正的，处以一万元以上三万元以下的罚款。

第三十三条 网络商品销售者违反本办法第二十五条规定，销售不能够完全恢复到初始状态的无理由退货商品，且未通过显著的方式明确标注商品实际情况的，违反其他法律、行政法规的，依照有关法律、行政法规的规定处罚；法律、行政法规未作规定的，予以警告，责令改正，并处一万元以上三万元以下的罚款。

第三十四条 网络交易平台提供者拒绝协助工商行政管理部门对涉嫌违法行为采取措施、开展调查的，予以警告，责令改正；拒不改正的，处三万元以下的罚款。

第七章 附 则

第三十五条 本办法所称工商行政管理部门，包括履行工商行政管理职能的市场监督管理部门。

第三十六条 网络商品销售者提供的商品不符合质量要求，消费者要求退货的，适用《消费者权益保护法》第二十四条以及其他相关规定。

第三十七条 经营者采用电视、电话、邮购等方式销售商品，依照本办法执行。

第三十八条 本办法由国家工商行政管理总局负责解释。

第三十九条 本办法自 2017 年 3 月 15 日起施行。

司法解释

最高人民检察院、司法部关于印发《人民监督员选任管理办法》的通知

（2016年7月5日　司发〔2016〕9号）

各省、自治区、直辖市人民检察院、司法厅（局），新疆生产建设兵团人民检察院、司法局：

为贯彻落实党的十八届三中、四中全会关于人民监督员制度改革的要求，根据中央全面深化改革领导小组审议通过的《深化人民监督员制度改革方案》，在认真总结试点经验的基础上，最高人民检察院、司法部研究制定了《人民监督员选任管理办法》，已经中央政法委员会批准，现印发你们，请结合实际认真贯彻落实。

各地在贯彻落实中遇到的重要情况和问题，请及时分别报告最高人民检察院、司法部。

人民监督员选任管理办法

第一条　为了规范人民监督员选任和管理工作，完善人民监督员制度，健全检察权行使的外部监督制约机制，制定本办法。

第二条　选任和管理人民监督员应当坚持依法民主、公开公正、科学高效的原则，建设一支具备较高政治素质，具有广泛代表性和扎实群众基础的人民监督员队伍，保障和促进人民监督员行使监督权，发挥人民监督员监督作用。

第三条　人民监督员的选任和培训、考核等管理工作由司法行政机关负责，人民检察院予以配合协助。

司法行政机关、人民检察院应当建立工作协调机制，为人民监督员履职提供相应服务，确保人民监督员选任、管理和使用相衔接，保障人民监督员依法充分履行职责。

第四条 人民监督员由省级和设区的市级司法行政机关负责选任管理。县级司法行政机关按照上级司法行政机关的要求，协助做好本行政区域内人民监督员选任和管理具体工作。

司法行政机关应当健全工作机构，选配工作人员，完善制度机制，保障人民监督员选任和管理工作顺利开展。

第五条 人民监督员分为省级人民检察院人民监督员和设区的市级人民检察院人民监督员。

省级人民检察院人民监督员监督省级和设区的市级人民检察院办理直接受理立案侦查的案件。其中，直辖市人民检察院人民监督员监督直辖市各级人民检察院办理直接受理立案侦查的案件。设区的市级人民检察院人民监督员监督县级人民检察院办理直接受理立案侦查的案件。

第六条 人民监督员每届任期五年，连续担任人民监督员不超过两届。

人民监督员不得同时担任两个以上人民检察院人民监督员。

第七条 人民监督员依法行使监督权受法律保护。

人民监督员应当严格遵守法律和有关纪律规定，按照规定的权限和程序，独立公正地对列入监督范围的案件进行监督。不得有下列情形：

（一）妨碍案件公正处理；

（二）泄露案件涉及的国家秘密、商业秘密、个人隐私和未成年人犯罪信息；

（三）披露其他依照法律法规和有关规定不应当公开的案件信息。

第八条 拥护中华人民共和国宪法、品行良好、公道正派、身体健康的年满23周岁的中国公民，可以担任人民监督员。人民监督员应当具有高中以上文化学历。

因犯罪受过刑事处罚的或者被开除公职的人员，不得担任人民监督员。

第九条 司法行政机关应当会同人民检察院，确定人民监督员的名额及分布，辖区内每个县（市、区）人民监督员名额不少于3名。

第十条 司法行政机关应当发布人民监督员选任公告，接受公民自荐报名，商请有关单位和组织推荐人员报名参加人民监督员选任。

人民代表大会常务委员会组成人员，人民法院、人民检察院、公安机关、国家安全机关、司法行政机关的在职工作人员和人民陪审员不参加人民监督员选任。

第十一条 司法行政机关应当采取到所在单位、社区实地走访了解、听取群众代表和基层组织意见、组织进行面谈等多种形式，考察确定人民监督员人选，并进行公示。

人民监督员人选中具有公务员或者事业单位在编工作人员身份的人员，一般不超过选任名额的50%。

第十二条 人民监督员人选经过公示无异议或者经审查异议不成立的，由司法行政机关作出人民监督员选任决定、颁发证书，向社会公布。

第十三条 司法行政机关应当建立人民监督员信息库，与人民检察院实现信息共享。

司法行政机关、人民检察院应当公开人民监督员的姓名和联系方式，畅通群众向人民监督员反映情况的渠道。

第十四条 人民检察院办理的案件需要人民监督员进行监督评议的，人民检察院应当在开展监督评议三个工作日前将需要的人数、评议时间、地点以及其他有关事项通知司法行政机关。

第十五条 司法行政机关从人民监督员信息库中随机抽选，联络确定参加监督评议的人民监督员，并通报检察机关。

第十六条 人民监督员是监督案件当事人近亲属、与监督案件有利害关系或者担任过监督案件诉讼参与人的，应当自行回避。

人民检察院发现人民监督员有需要回避情形的，应当及时通知司法行政机关决定人民监督员回避，或者要求人民监督员自行回避。

第十七条 司法行政机关会同人民检察院组织开展人民监督员初任培训和专项业务培训。

人民监督员应当按照要求参加培训。

第十八条 司法行政机关应当建立人民监督员履职台帐，对人民监督员进行年度考核和任期考核。考核结果作为对人民监督员表彰奖励、免除资格或者续任的重要依据。

人民检察院应当定期将人民监督员参加监督评议情况和其他履职情况通报司法行政机关。

第十九条 对于在履职中有显著成绩的人民监督员，司法行政机关应当给予表扬。

第二十条 人民监督员具有下列情形之一的，作出选任决定的司法行政机关应当免除其人民监督员资格：

（一）丧失中华人民共和国国籍的；

（二）违法犯罪的；

（三）丧失行为能力的；

（四）在选任中弄虚作假，提供不实材料的；

（五）年度考核不合格的；

（六）违反本办法第七条第二款规定的。

第二十一条 人民监督员因工作变动不能担任人民监督员，或者因身体健康原因不能正常履职，或者出现其他影响履职的重大事项的，应当及时向作出选任决定的司法行政机关辞去担任的人民监督员。

第二十二条 司法行政机关应当及时将考核结果、免除资格决定书面通知人民监督员本人及其工作单位、推荐单位，并通报人民检察院。

第二十三条 司法行政机关应当将人民监督员选任管理及履职相关工作经费申报纳入同级财政经费预算，严格经费管理。

人民监督员因参加监督评议工作而支出的交通、就餐等费用，由司法行政机关按相关规定予以补助。

第二十四条 本办法所称的设区的市，包括地区、自治州、盟以及未设区的地级市。

第二十五条 本办法自发布之日起施行。

最高人民法院、最高人民检察院、公安部、国家安全部、司法部印发《关于推进以审判为中心的刑事诉讼制度改革的意见》的通知

（2016年7月20日　法发〔2016〕18号）

各省、自治区、直辖市高级人民法院、人民检察院、公安厅（局）、国家安全厅（局）、司法厅（局），解放军军事法院、军事检察院，新疆维吾尔自治区高级人民法院生产建设兵团分院、新疆生产建设兵团人民检察院、公安局、国家安全局、司法局：

2016年6月27日，中央全面深化改革领导小组第25次会议审议通过《关于推进以审判为中心的刑事诉讼制度改革的意见》。现予以印发，请结合实际认真贯彻执行。在执行中遇到的新情况、新问题和探索的新经验、新做法，请分别及时报告中央主管部门。

最高人民法院、最高人民检察院、公安部、国家安全部、司法部关于推进以审判为中心的刑事诉讼制度改革的意见

为贯彻落实《中共中央关于全面推进依法治国若干重大问题的决定》的有关要求，推进以审判为中心的刑事诉讼制度改革，依据宪法法律规定，结合司法工作实际，制定本意见。

一、未经人民法院依法判决，对任何人都不得确定有罪。人民法院、人民检察院和公安机关办理刑事案件，应当分工负责，互相配合，互相制约，保证准确、及时地查明犯罪事实，正确应用法律，惩罚犯罪分子，保障无罪的人不受刑事追究。

二、严格按照法律规定的证据裁判要求，没有证据不得认定犯罪事实。侦查机关侦查终结，人民检察院提起公诉，人民法院作出有罪判决，都应当做到犯罪事实清楚，证据确实、充分。

侦查机关、人民检察院应当按照裁判的要求和标准收集、固定、审查、运用证据，人民法院应当按照法定程序认定证据，依法作出裁判。

人民法院作出有罪判决，对于证明犯罪构成要件的事实，应当综合全案证据排除合理怀疑，对于量刑证据存疑的，应当作出有利于被告人的认定。

三、建立健全符合裁判要求、适应各类案件特点的证据收集指引。探索建立命案等重大案件检查、搜查、辨认、指认等过程录音录像制度。完善技术侦查证据的移送、审查、法庭调查和使用规则以及庭外核实程序。统一司法鉴定标准和程序。完善见证人制度。

四、侦查机关应当全面、客观、及时收集与案件有关的证据。

侦查机关应当依法收集证据。对采取刑讯逼供、暴力、威胁等非法方法收集的言词证据，应当依法予以排除。侦查机关收集物证、书证不符合法定程序，可能严重影响司法公正，不能补正或者作出合理解释的，应当依法予以排除。

对物证、书证等实物证据，一般应当提取原物、原件，确保证据的真实性。需要鉴定的，应当及时送检。证据之间有矛盾的，应当及时查证。所有证据应当妥善保管，随案移送。

五、完善讯问制度，防止刑讯逼供，不得强迫任何人证实自己有罪。严格

按照有关规定要求,在规范的讯问场所讯问犯罪嫌疑人。严格依照法律规定对讯问过程全程同步录音录像,逐步实行对所有案件的讯问过程全程同步录音录像。

探索建立重大案件侦查终结前对讯问合法性进行核查制度。对公安机关、国家安全机关和人民检察院侦查的重大案件,由人民检察院驻看守所检察人员询问犯罪嫌疑人,核查是否存在刑讯逼供、非法取证情形,并同步录音录像。经核查,确有刑讯逼供、非法取证情形的,侦查机关应当及时排除非法证据,不得作为提请批准逮捕、移送审查起诉的根据。

六、在案件侦查终结前,犯罪嫌疑人提出无罪或者罪轻的辩解,辩护律师提出犯罪嫌疑人无罪或者依法不应追究刑事责任的意见,侦查机关应当依法予以核实。

七、完善补充侦查制度。进一步明确退回补充侦查的条件,建立人民检察院退回补充侦查引导和说理机制,明确补充侦查方向、标准和要求。规范补充侦查行为,对于确实无法查明的事项,公安机关、国家安全机关应当书面向人民检察院说明理由。对于二次退回补充侦查后,仍然证据不足、不符合起诉条件的,依法作出不起诉决定。

八、进一步完善公诉机制,被告人有罪的举证责任,由人民检察院承担。对被告人不认罪的,人民检察院应当强化庭前准备和当庭讯问、举证、质证。

九、完善不起诉制度,对未达到法定证明标准的案件,人民检察院应当依法作出不起诉决定,防止事实不清、证据不足的案件进入审判程序。完善撤回起诉制度,规范撤回起诉的条件和程序。

十、完善庭前会议程序,对适用普通程序审理的案件,健全庭前证据展示制度,听取出庭证人名单、非法证据排除等方面的意见。

十一、规范法庭调查程序,确保诉讼证据出示在法庭、案件事实查明在法庭。证明被告人有罪或者无罪、罪轻或者罪重的证据,都应当在法庭上出示,依法保障控辩双方的质证权利。对定罪量刑的证据,控辩双方存在争议的,应当单独质证;对庭前会议中控辩双方没有异议的证据,可以简化举证、质证。

十二、完善对证人、鉴定人的法庭质证规则。落实证人、鉴定人、侦查人员出庭作证制度,提高出庭作证率。公诉人、当事人或者辩护人、诉讼代理人对证人证言有异议,人民法院认为该证人证言对案件定罪量刑有重大影响的,证人应当出庭作证。

健全证人保护工作机制,对因作证面临人身安全等危险的人员依法采取保护措施。建立证人、鉴定人等作证补助专项经费划拨机制。完善强制证人到庭制度。

十三、完善法庭辩论规则，确保控辩意见发表在法庭。法庭辩论应当围绕定罪、量刑分别进行，对被告人认罪的案件，主要围绕量刑进行。法庭应当充分听取控辩双方意见，依法保障被告人及其辩护人的辩论辩护权。

十四、完善当庭宣判制度，确保裁判结果形成在法庭。适用速裁程序审理的案件，除附带民事诉讼的案件以外，一律当庭宣判；适用简易程序审理的案件一般应当当庭宣判；适用普通程序审理的案件逐步提高当庭宣判率。规范定期宣判制度。

十五、严格依法裁判。人民法院经审理，对案件事实清楚，证据确实、充分，依据法律认定被告人有罪的，应当作出有罪判决。依据法律规定认定被告人无罪的，应当作出无罪判决。证据不足，不能认定被告人有罪的，应当按照疑罪从无原则，依法作出无罪判决。

十六、完善人民检察院对侦查活动和刑事审判活动的监督机制。建立健全对强制措施的监督机制。加强人民检察院对逮捕后羁押必要性的审查，规范非羁押性强制措施的适用。进一步规范和加强人民检察院对人民法院确有错误的刑事判决和裁定的抗诉工作，保证刑事抗诉的及时性、准确性和全面性。

十七、健全当事人、辩护人和其他诉讼参与人的权利保障制度。

依法保障当事人和其他诉讼参与人的知情权、陈述权、辩论辩护权、申请权、申诉权。犯罪嫌疑人、被告人有权获得辩护，人民法院、人民检察院、公安机关、国家安全机关有义务保证犯罪嫌疑人、被告人获得辩护。

依法保障辩护人会见、阅卷、收集证据和发问、质证、辩论辩护等权利，完善便利辩护人参与诉讼的工作机制。

十八、辩护人或者其他任何人，不得帮助犯罪嫌疑人、被告人隐匿、毁灭、伪造证据或者串供，不得威胁、引诱证人作伪证以及进行其他干扰司法机关诉讼活动的行为。对于实施上述行为的，应当依法追究法律责任。

十九、当事人、诉讼参与人和旁听人员在庭审活动中应当服从审判长或独任审判员的指挥，遵守法庭纪律。对扰乱法庭秩序、危及法庭安全等违法行为，应当依法处理；构成犯罪的，依法追究刑事责任。

二十、建立法律援助值班律师制度，法律援助机构在看守所、人民法院派驻值班律师，为犯罪嫌疑人、被告人提供法律帮助。

完善法律援助制度，健全依申请法律援助工作机制和办案机关通知辩护工作机制。对未履行通知或者指派辩护职责的办案人员，严格实行责任追究。

二十一、推进案件繁简分流，优化司法资源配置。完善刑事案件速裁程序和认罪认罚从宽制度，对案件事实清楚、证据充分的轻微刑事案件，或者犯罪嫌疑人、被告人自愿认罪认罚的，可以适用速裁程序、简易程序或者普通程序简化审理。

最高人民法院印发《关于企业破产案件信息公开的规定（试行）》的通知

（2016年7月26日　法发〔2016〕19号）

各省、自治区、直辖市高级人民法院，解放军军事法院，新疆维吾尔自治区高级人民法院生产建设兵团分院：

现将最高人民法院《关于企业破产案件信息公开的规定（试行）》予以印发，请各地结合实际，认真贯彻执行。

关于企业破产案件信息公开的规定（试行）

为提升破产案件审理的透明度和公信力，根据《中华人民共和国企业破产法》《中华人民共和国民事诉讼法》，结合人民法院工作实际，就破产案件信息公开问题，制定本规定。

第一条　最高人民法院设立全国企业破产重整案件信息网（以下简称破产重整案件信息网），破产案件（包括破产重整、破产清算、破产和解案件）审判流程信息以及公告、法律文书、债务人信息等与破产程序有关的信息统一在破产重整案件信息网公布。

人民法院以及人民法院指定的破产管理人应当使用破产重整案件信息网及时披露破产程序有关信息。

第二条　破产案件信息公开以公开为原则，以不公开为例外。凡是不涉及国家秘密、个人隐私的信息均应依法公开。涉及商业秘密的债务人信息，在不损害债权人和债务人合法权益的情况下，破产管理人可以通过与重整投资人的协议向重整投资人公开。

第三条　人民法院依法公开破产案件的以下信息：

（一）审判流程节点信息；

（二）破产程序中人民法院发布的各类公告；

（三）人民法院制作的破产程序法律文书；

（四）人民法院认为应当公开的其他信息。

第四条 破产管理人依法公开破产案件的以下信息：

（一）债务人信息；

（二）征集、招募重整投资人的公告；

（三）破产管理人工作节点信息；

（四）破产程序中破产管理人发布的其他公告；

（五）破产管理人制作的破产程序法律文书；

（六）人民法院裁定批准的重整计划、认可的破产财产分配方案、和解协议。

破产管理人认为应当公开的其他信息，经人民法院批准可以公开。

第五条 破产管理人应当通过破产重整案件信息网及时公开下列债务人信息：

（一）工商登记信息；

（二）最近一年的年度报告；

（三）最近一年的资产负债表；

（四）涉及的诉讼、仲裁案件的基本信息。

第六条 重整投资人可以通过破产重整案件信息网与破产管理人互动交流。破产管理人可以根据与重整投资人的协议向重整投资人公开下列债务人信息：

（一）资产、经营状况信息；

（二）涉及的诉讼、仲裁案件的详细信息；

（三）重整投资人需要的其他信息。

第七条 人民法院、破产管理人可以在破产重整案件信息网发布破产程序有关公告。

人民法院、破产管理人在其他媒体发布公告的，同时要在破产重整案件信息网发布公告。人民法院、破产管理人在破产重整案件信息网发布的公告具有法律效力。

第八条 经受送达人同意，人民法院可以通过破产重整案件信息网以电子邮件、移动通信等能够确认其收悉的方式送达破产程序有关法律文书，但裁定书除外。

采用前款方式送达的，以电子邮件、移动通信等到达受送达人特定系统的日期为送达日期。

第九条 申请人可以在破产重整案件信息网实名注册后申请预约立案并提交有关材料的电子文档。人民法院审查通过后，应当通知申请人到人民法院立案窗口办理立案登记。

第十条 债权人可以在破产重整案件信息网实名注册后申报债权并提交有关证据的电子文档,网上申报债权与其他方式申报债权具有同等法律效力。

债权人向破产管理人书面申报债权的,破产管理人应当将债权申报书及有关证据的电子文档上传破产重整案件信息网。

第十一条 人民法院、破产管理人可以在破产重整案件信息网召集债权人会议并表决有关事项。网上投票形成的表决结果与现场投票形成的表决结果具有同等法律效力。

债权人可以选择现场投票或者网上投票,但选择后不能再采用其他方式进行投票,采用其他方式进行投票的,此次投票无效。

第十二条 人民法院审理的公司强制清算案件应当参照适用本规定。

第十三条 本规定自 2016 年 8 月 1 日起施行。本规定施行后受理的破产案件以及施行前尚未审结的破产案件应当适用本规定。

最高人民法院、最高人民检察院、公安部、国家安全部、司法部印发《关于在部分地区开展刑事案件认罪认罚从宽制度试点工作的办法》的通知

(2016 年 11 月 11 日　法〔2016〕386 号)

北京、天津、辽宁、上海、江苏、浙江、福建、山东、河南、湖北、湖南、广东、重庆、陕西省(市)高级人民法院、人民检察院、公安厅(局)、国家安全厅(局)、司法厅(局):

根据《全国人民代表大会常务委员会关于授权最高人民法院、最高人民检察院在部分地区开展刑事案件认罪认罚从宽制度试点工作的决定》(以下简称《授权决定》),最高人民法院、最高人民检察院会同公安部、国家安全部、司法部制定了《关于在部分地区开展刑事案件认罪认罚从宽制度试点工作的办法》(以下简称《试点办法》),现予印发,并就有关工作要求通知如下:

要充分认识开展试点工作的重大意义。认罪认罚从宽制度试点,是落实党的十八届四中全会关于完善刑事诉讼中认罪认罚从宽制度改革部署的重大举措,是依法推动宽严相济刑事政策具体化、制度化的重要探索。这项改革,

有利于及时有效惩罚犯罪，维护社会稳定；有利于进一步落实宽严相济刑事政策，加强人权司法保障；有利于优化司法资源配置，在更高层次上实现公正与效率相统一；有利于探索构建科学刑事诉讼体系，推进以审判为中心的刑事诉讼制度改革。各级人民法院、人民检察院、公安机关、国家安全机关、司法行政机关要充分认识试点的重大意义，积极、稳妥、有序推进试点工作。

要及时制定实施方案。试点地方为北京、天津、上海、重庆、沈阳、大连、南京、杭州、福州、厦门、济南、青岛、郑州、武汉、长沙、广州、深圳、西安。各地要结合当地实际，根据《试点办法》制定实施方案或实施细则，分别层报最高人民法院、最高人民检察院、公安部、国家安全部、司法部备案。

要加强协调配合。各地人民法院、人民检察院、公安机关、国家安全机关、司法行政机关在分工负责、各司其职的基础上，要加强沟通协调，明确办理试点案件的政策把握、法律适用原则，共同研究解决试点中出现的新情况、新问题，合力推进试点工作。

要加强监督指导。各地人民法院、人民检察院、公安机关、国家安全机关、司法行政机关要认真学习、深刻领会《授权决定》和《试点办法》，准确把握改革试点要求。要加强对下监督指导，密切关注辖区试点开展情况，及时发现问题，梳理情况，总结经验，强化指导，确保试点工作依法规范开展。试点工作情况，每季度分别层报最高人民法院、最高人民检察院、公安部、国家安全部、司法部。

最高人民法院、最高人民检察院、公安部、国家安全部、司法部关于在部分地区开展刑事案件认罪认罚从宽制度试点工作的办法

为确保刑事案件认罪认罚从宽制度试点工作依法有序开展，根据刑法、刑事诉讼法和《全国人民代表大会常务委员会关于授权最高人民法院、最高人民检察院在部分地区开展刑事案件认罪认罚从宽制度试点工作的决定》，结合司法工作实际，制定本办法。

第一条 犯罪嫌疑人、被告人自愿如实供述自己的罪行，对指控的犯罪事实没有异议，同意量刑建议，签署具结书的，可以依法从宽处理。

第二条 具有下列情形之一的，不适用认罪认罚从宽制度：

（一）犯罪嫌疑人、被告人是尚未完全丧失辨认或者控制自己行为能力的

精神病人的;

(二)未成年犯罪嫌疑人、被告人的法定代理人、辩护人对未成年人认罪认罚有异议的;

(三)犯罪嫌疑人、被告人行为不构成犯罪的;

(四)其他不宜适用的情形。

第三条 办理认罪认罚案件,应当遵循刑法、刑事诉讼法的基本原则,以事实为根据,以法律为准绳,保障犯罪嫌疑人、被告人依法享有的辩护权和其他诉讼权利,保障被害人的合法权益,维护社会公共利益,强化监督制约,确保无罪的人不受刑事追究,有罪的人受到公正惩罚,确保司法公正。

第四条 办理认罪认罚案件,应当坚持下列原则:

贯彻宽严相济刑事政策,充分考虑犯罪的社会危害性和犯罪嫌疑人、被告人的人身危险性,结合认罪认罚的具体情况,确定是否从宽以及从宽幅度,做到该宽则宽,当严则严,宽严相济,确保办案法律效果和社会效果。

坚持罪责刑相适应,根据犯罪的事实、性质、情节、后果,依照法律规定提出量刑建议,准确裁量刑罚,确保刑罚的轻重与犯罪分子所犯罪行和应当承担的刑事责任相适应。

坚持证据裁判,依照法律规定收集、固定、审查和认定证据。

第五条 办理认罪认罚案件,应当保障犯罪嫌疑人、被告人获得有效法律帮助,确保其了解认罪认罚的性质和法律后果,自愿认罪认罚。

法律援助机构可以根据人民法院、看守所实际工作需要,通过设立法律援助工作站派驻值班律师、及时安排值班律师等形式提供法律帮助。人民法院、看守所应当为值班律师开展工作提供便利工作场所和必要办公设施,简化会见程序,保障值班律师依法履行职责。

犯罪嫌疑人、被告人自愿认罪认罚,没有辩护人的,人民法院、人民检察院、公安机关应当通知值班律师为其提供法律咨询、程序选择、申请变更强制措施等法律帮助。

人民法院、人民检察院、公安机关应当告知犯罪嫌疑人、被告人申请法律援助的权利。符合应当通知辩护条件的,依法通知法律援助机构指派律师为其提供辩护。

第六条 人民法院、人民检察院、公安机关应当将犯罪嫌疑人、被告人认罪认罚作为其是否具有社会危害性的重要考虑因素,对于没有社会危险性的犯罪嫌疑人、被告人,应当取保候审、监视居住。

第七条 办理认罪认罚案件,应当听取被害人及其代理人意见,并将犯罪嫌疑人、被告人是否与被害人达成和解协议或者赔偿被害人损失,取得被害人谅解，作为量刑的重要考虑因素。

第八条 在侦查过程中，侦查机关应当告知犯罪嫌疑人享有的诉讼权利和认罪认罚可能导致的法律后果，听取犯罪嫌疑人及其辩护人或者值班律师的意见，犯罪嫌疑人自愿认罪认罚的，记录在案并附卷。

犯罪嫌疑人向看守所工作人员或辩护人、值班律师表示愿意认罪认罚的，有关人员应当及时书面告知办案单位。

对拟移送审查起诉的案件，侦查机关应当在起诉意见书中写明犯罪嫌疑人自愿认罪认罚情况。

第九条 犯罪嫌疑人自愿如实供述涉嫌犯罪的事实，有重大立功或者案件涉及国家重大利益，需要撤销案件的，办理案件的公安机关应当层报公安部，由公安部提请最高人民检察院批准。

第十条 在审查起诉过程中，人民检察院应当告知犯罪嫌疑人享有的诉讼权利和认罪认罚可能导致的法律后果，就下列事项听取犯罪嫌疑人及其辩护人或者值班律师的意见，记录在案并附卷：

（一）指控的罪名及适用的法律条款；

（二）从轻、减轻或者免除处罚等从宽处罚的建议；

（三）认罪认罚后案件审查适用的程序；

（四）其他需要听取意见的情形。

犯罪嫌疑人自愿认罪，同意量刑建议和程序适用的，应当在辩护人或者值班律师在场的情况下签署具结书。

第十一条 人民检察院向人民法院提起公诉的，应当在起诉书中写明被告人认罪认罚情况，提出量刑建议，并同时移送被告人的认罪认罚具结书等材料。

量刑建议一般应当包括主刑、附加刑，并明确刑罚执行方式。可以提出相对明确的量刑幅度，也可以根据案件具体情况，提出确定刑期的量刑建议。建议判处财产刑的，一般应当提出确定的数额。

第十二条 对适用速裁程序的案件，人民检察院一般应当在受理后十日内作出是否提起公诉的决定；对可能判处的有期徒刑超过一年的，可以延长至十五日。

第十三条 犯罪嫌疑人自愿如实供述涉嫌犯罪的事实，有重大立功或者案件涉及国家重大利益的，经最高人民检察院批准，人民检察院可以作出不起诉决定，也可以对涉嫌数罪中的一项或者多项提起公诉。

具有法律规定不起诉情形的，依照法律规定办理。

第十四条 最高人民检察院批准不起诉的，或者经公安部提请批准撤销案件的，人民检察院、公安机关对查封、扣押、冻结的财物及其孳息，应当调查权属情况，查明是否属于违法所得或者依法应当追缴的其他涉案财物。案外人对查封、扣押、冻结的财物及其孳息提出权属异议的，应当进行审查。

确认查封、扣押、冻结的财物及其孳息属于违法所得、违禁品或者供作案所用的本人财物，除依法返还被害人的以外，应当在撤销案件或者作出不起诉决定后三十日内予以收缴，一律上缴国库。对查封、扣押、冻结的财物及其孳息不能确认属于违法所得或者依法应当追缴的其他涉案财物的，不得收缴。

第十五条 人民法院审理认罪认罚案件，应当告知被告人享有的诉讼权利和认罪认罚可能导致的法律后果，审查认罪认罚的自愿性和认罪认罚具结书内容的真实性、合法性。

第十六条 对于基层人民法院管辖的可能判处三年有期徒刑以下刑罚的案件，事实清楚、证据充分，当事人对适用法律没有争议，被告人认罪认罚并同意适用速裁程序的，可以适用速裁程序，由审判员独任审判，送达期限不受刑事诉讼法规定的限制，不进行法庭调查、法庭辩论，当庭宣判，但在判决宣告前应当听取被告人的最后陈述。

适用速裁程序审理案件，人民法院一般应当在十日内审结；对可能判处的有期徒刑超过一年的，可以延长至十五日。

第十七条 具有下列情形之一的，不适用速裁程序审理：

（一）被告人是盲、聋、哑人的；

（二）案件疑难、复杂，或者有重大社会影响的；

（三）共同犯罪案件中部分被告人对指控事实、罪名、量刑建议有异议的；

（四）被告人与被害人或者其代理人没有就附带民事赔偿等事项达成调解或者和解协议的；

（五）其他不宜适用速裁程序的情形。

第十八条 对于基层人民法院管辖的可能判处三年有期徒刑以上刑罚的案件，被告人认罪认罚的，可以依法适用简易程序审判。在判决宣告前应当听取被告人的最后陈述，一般应当当庭宣判。

第十九条 人民法院适用速裁程序或者简易程序审理的认罪认罚案件，有下列情形之一的，应当转为普通程序审理：

（一）被告人违背意愿认罪认罚的；

（二）被告人否认指控的犯罪事实的；

（三）其他不宜适用速裁程序或者简易程序审理的情形。

第二十条 对于认罪认罚案件，人民法院依法作出判决时，一般应当采纳人民检察院指控的罪名和量刑建议，但具有下列情形的除外：

（一）被告人不构成犯罪或者不应当追究刑事责任的；

（二）被告人违背意愿认罪认罚的；

（三）被告人否认指控的犯罪事实的；

（四）起诉指控的罪名与审理认定的罪名不一致的；

（五）其他可能影响公正审判的情形。

第二十一条 人民法院经审理认为，人民检察院的量刑建议明显不当，或者被告人、辩护人对量刑建议提出异议的，人民法院可以建议人民检察院调整量刑建议，人民检察院不同意调整量刑建议或者调整量刑建议后被告人、辩护人仍有异议的，人民法院应当依法作出判决。

第二十二条 对不具有法定减轻处罚情节的认罪认罚案件，应当在法定刑的限度以内从轻判处刑罚，犯罪情节轻微不需要判处刑罚的，可以依法免予刑事处罚，确实需要在法定刑以下判处刑罚的，应当层报最高人民法院核准。

第二十三条 第二审人民法院对被告人不服适用速裁程序作出的第一审判决提起上诉的案件，可以不开庭审理。经审理认为原判认定事实和适用法律正确、量刑适当的，应当裁定驳回上诉，维持原判；原判认定事实没有错误，但适用法律有错误，或者量刑不当的，应当改判；原判事实不清或者证据不足的，应当裁定撤销原判，发回原审人民法院适用普通程序重新审判。

第二十四条 人民法院、人民检察院、公安机关工作人员在办理认罪认罚案件中，有刑讯逼供、暴力取证或者权钱交易、放纵罪犯等滥用职权、徇私枉法情形，构成犯罪的，依法追究刑事责任；尚不构成犯罪的，依法给予行政处分或者纪律处分。

第二十五条 国家安全机关依法办理认罪认罚案件，适用本办法中有关公安机关的规定。

第二十六条 办理犯罪嫌疑人、被告人认罪认罚案件，本办法有规定的，按照本办法执行；本办法没有规定的，适用刑法、刑事诉讼法等有关规定。

第二十七条 原刑事案件速裁程序试点相关规定可以参照执行，本办法另有规定的除外。

第二十八条 本办法在北京、天津、上海、重庆、沈阳、大连、南京、杭州、福州、厦门、济南、青岛、郑州、武汉、长沙、广州、深圳、西安试行。

第二十九条 本办法自发布之日起试行二年。

关于印发《人民检察院、保密行政管理部门查办泄密案件若干问题的规定》的通知

（2016年12月14日最高人民检察院、国家保密局公布）

各省、自治区、直辖市人民检察院、保密局，新疆生产建设兵团人民检察院、保密局，军事检察院：

为保守国家秘密，维护国家安全和利益，加强查办泄密案件中保密行政管理部门与人民检察院的协调配合，最高人民检察院、国家保密局制定了《人民检察院、保密行政管理部门查办泄密案件若干问题的规定》。现印发给你们，请认真遵照执行。

人民检察院、保密行政管理部门查办泄密案件若干问题的规定

第一条 为保守国家秘密，维护国家安全和利益，加强查办泄密案件中保密行政管理部门与人民检察院的协调配合，根据《中华人民共和国刑法》《中华人民共和国刑事诉讼法》《中华人民共和国保守国家秘密法》等法律法规，制定本规定。

第二条 本规定所称泄密案件，包括泄密违法案件和泄密犯罪案件。

泄密违法案件，是指机关、单位或者有关人员的行为违反保密法律法规规章，致使国家秘密已经泄露或者可能泄露，但尚不构成犯罪的案件。

泄密犯罪案件，是指根据刑法和有关司法解释的规定，构成故意泄露国家秘密罪或者过失泄露国家秘密罪，依法应当追究刑事责任的案件。

第三条 泄密违法案件由发生案件的机关、单位或者相关责任人员所在地的保密行政管理部门组织查处。有关法律法规规章对泄密违法案件管辖另有规定的从其规定。

第四条 泄密犯罪案件由犯罪地人民检察院立案侦查。必要时，可以由犯罪嫌疑人居住地人民检察院立案侦查。

泄密犯罪案件的犯罪地包括泄密犯罪行为实施地，发生泄密犯罪案件的

机关、单位所在地，泄密犯罪案件涉及的国家秘密载体所在地，发生泄密犯罪案件的计算机信息系统或者网站服务器所在地，以及因泄密犯罪案件而直接遭受损失的机关、单位所在地等。

第五条 保密行政管理部门查办的泄密违法案件，经初步调查，认为涉嫌构成泄密犯罪，依法应当追究刑事责任的，应当立即中止调查，并在中止调查之日起十日以内移交同级或者有管辖权的人民检察院查处。

保密行政管理部门向人民检察院移送涉嫌泄密犯罪案件，应当附有下列材料：

（一）案件移送书；

（二）案件情况的初查报告；

（三）涉案物品清单；

（四）有关检验报告或者密级鉴定书；

（五）其他有关证明涉嫌泄密犯罪的材料。

第六条 保密行政管理部门接到机关和单位报告、有关部门移送、公民举报的涉嫌泄密犯罪案件线索，或者在保密检查中发现涉嫌泄密犯罪案件线索，认为达到泄密犯罪案件立案标准的，应当及时将线索移送同级或者有管辖权的人民检察院。

第七条 人民检察院直接受理立案侦查涉嫌泄密犯罪案件时，发现国家秘密已经泄露或者可能泄露的，应当立即将有关情况通报同级保密行政管理部门。

人民检察院办理其他案件时，发现有涉嫌泄密违法行为但尚不构成犯罪的，应当及时将有关情况通报同级保密行政管理部门。

第八条 人民检察院对保密行政管理部门移送的涉嫌泄密犯罪案件材料，应当及时进行审查，必要时可以进行初查。经审查认为符合立案条件的，应当及时作出立案决定，并在决定立案之日起十日以内，书面通知移送案件的保密行政管理部门。

人民检察院决定不予立案的，应当制作不立案通知书，写明案由和案件来源、决定不立案的理由和法律依据，自作出不立案决定之日起十日以内送达移送案件的保密行政管理部门。

第九条 对于人民检察院的不立案决定，移送案件的保密行政管理部门可以在收到不立案通知书后五日以内要求作出不立案决定的人民检察院复议。人民检察院应当另行指派专人进行审查，并在收到保密行政管理部门要求复议意见书后七日以内作出复议决定。

保密行政管理部门对复议决定不服的，可以在收到人民检察院复议决定书后五日以内向上一级人民检察院提请复核。上一级人民检察院应当在收到保密行政管理部门提请复核意见书后十五日以内作出复核决定。对于原不立案决定错误的,应当及时纠正,并通知作出不立案决定的下级人民检察院执行。

第十条 人民检察院在侦查过程中或者侦查终结后,发现具有《人民检察院刑事诉讼规则(试行)》第二百九十条规定情形的,应当撤销案件,并将撤销案件决定书及时送达移送案件的保密行政管理部门。

第十一条 人民检察院对泄密犯罪案件进行审查后,认为犯罪嫌疑人的犯罪事实已经查清,证据确实、充分,依法应当追究刑事责任的,应当作出起诉决定,并及时将起诉情况通知移送案件的保密行政管理部门。

人民检察院对泄密案件进行审查后,认为符合《人民检察院刑事诉讼规则(试行)》规定的不起诉情形的,依法作出不起诉决定,及时将不起诉决定书抄送移送案件的保密行政管理部门,并说明作出不起诉决定的理由与法律依据。

第十二条 人民检察院在办理泄密犯罪案件过程中,发现有下列情形之一的,可以向相关主管部门或者发案机关、单位等提出依法依纪处理、改进工作等检察建议:

(一)决定不予立案或者撤销案件、不起诉,但需要对发案机关、单位的直接负责的主管人员和其他直接责任人员给予处分的;

(二)发案机关、单位在预防泄密方面管理不完善,制度不健全、不落实,存在泄密犯罪隐患的;

(三)发案机关、单位的行业主管部门或者主管机关需要加强或者改进本行业或者本部门保密工作的;

(四)其他需要提出检察建议的。

人民检察院向相关主管部门或者发案机关、单位提出检察建议的,应当同时抄送有管辖权的保密行政管理部门。

第十三条 保密行政管理部门向人民检察院移送涉嫌泄密犯罪案件,对于其在行政执法中收集的物证、书证、视听资料、电子数据等证据材料,应当以该保密行政管理部门的名义一并移送人民检察院。经人民检察院审查符合法定要求的,可以作为刑事诉讼证据使用。

对于保密行政管理部门在查办泄密案件过程中收集的鉴定意见和勘验、检查笔录,经人民检察院审查符合法定要求的,可以作为刑事诉讼证据使用。

人民检察院办理泄密犯罪案件,对于保密行政管理部门在查办泄密案件过程中收集的涉案人员供述或者相关人员的证言、陈述,应当重新收集。确有证据证实涉案人员或者相关人员因路途遥远、死亡、失踪或者丧失作证能力,无法重新收集，且供述、证言或者陈述的来源、收集程序合法，并有其他证据相印证，经人民检察院审查符合法定要求的，可以作为刑事诉讼证据使用。

第十四条 人民检察院在办理泄密犯罪案件过程中，对于案件涉及的国家秘密载体，应当及时采取查封、扣押措施，防止泄密范围扩大。

保密行政管理部门对于先期采取登记保存、收缴等措施的有关设施、设备、文件资料等，应当及时通报人民检察院采取查封、扣押措施，并提供必要的协助。

第十五条 人民检察院办理泄密犯罪案件过程中，需要对有关事项是否属于国家秘密以及属于何种密级进行鉴定的，应当向有鉴定权的保密行政管理部门提请鉴定。保密行政管理部门应当依法作出鉴定，并出具密级鉴定书。

第十六条 保密行政管理部门对于疑难、复杂的泄密案件，可以商请人民检察院就案件性质、追诉标准、证据固定等问题提出咨询或者参考意见。

第十七条 保密行政管理部门应当向人民检察院移送而不移送涉嫌泄密犯罪案件，或者逾期未移送，或者以处分代替移送的，上级保密行政管理部门应当责令限期移送；情节严重的，对负有责任的主管人员和其他直接责任人员依法给予处分。

人民检察院接到控告、举报或者发现保密行政管理部门应当移送而不移送涉嫌泄密犯罪案件，或者逾期未移送，或者以处分代替移送的，应当向保密行政管理部门提出检察意见，建议其移送，保密行政管理部门应当立即移送。保密行政管理部门仍不移送的，人民检察院应当将有关情况通报上级保密行政管理部门，必要时对涉嫌泄密犯罪直接立案侦查。对于构成徇私舞弊不移交刑事案件罪的责任人员，依法追究刑事责任。

第十八条 人民检察院有关部门不受理保密行政管理部门移送的案件，或者未在法定期限内作出立案或者不予立案决定的，保密行政管理部门应当向人民检察院通报情况、提出意见。人民检察院经审查认为存在违法情形的，应当及时纠正；情节严重的，对负有责任的主管人员和其他直接责任人员依法给予处分；构成犯罪的，依法追究刑事责任。

第十九条 人民检察院建立和完善泄密犯罪案件线索汇总与管控机制。对于保密行政管理部门移送的涉嫌泄密犯罪案件或者线索，人民检察院有关部门应当采取分类登记、专人负责、定期汇总等措施，防止泄密犯罪案件或者线索流失。

第二十条 人民检察院与保密行政管理部门建立和完善泄密犯罪案件协调会商机制。保密行政管理部门依据本规定向人民检察院移送重大、疑难、复杂的涉嫌泄密犯罪案件前，可以启动协调会商机制，与人民检察院就案件性质、适用法律、案件管辖等问题进行会商。

第二十一条　人民检察院与保密行政管理部门建立和完善泄密犯罪案件应急处置机制。发生保密突发事件，保密行政管理部门可以依法启动应急处置机制，商请人民检察院在职责范围内依法予以协助。

人民检察院在办理泄密犯罪案件过程中，发现需要立即采取防范或者补救措施的，可以商请保密行政管理部门依法启动应急处置机制。

第二十二条　人民检察院与保密行政管理部门建立联席会议机制。双方及时相互通报移送、办理泄密犯罪案件以及衔接工作的有关情况，会商案件移送、办理中遇到的法律政策问题，研究阶段性工作重点和措施。

第二十三条　人民检察院与保密行政管理部门建立信息共享机制。加强和推进泄密犯罪案件衔接工作信息共享平台建设，实现保密行政管理部门与人民检察院之间行政执法、刑事司法信息互联互通。

第二十四条　本规定由最高人民检察院会同国家保密局负责解释，自印发之日起施行。

最高人民法院关于为自由贸易试验区建设提供司法保障的意见

（2016年12月30日　法发〔2016〕34号）

为充分发挥人民法院的审判职能作用，保障我国自由贸易试验区（以下简称自贸试验区）的建设，根据全国人民代表大会常务委员会相关决定，结合审判实践，对人民法院涉自贸试验区案件的审判工作提出以下意见：

一、提高认识，切实增强为自贸试验区建设提供司法保障的责任感和使命感

1. 深刻认识自贸试验区建设的重大意义。自贸试验区是我国改革开放的试验田，是我国构建开放型经济新体制的重要窗口。自贸试验区的建设，对完善我国经济体制机制是有力的推动，在法律实施方面有重大影响。各级人民法院应当积极做好司法应对，从全面推进依法治国的高度树立大局意识，严格依法办事，公正、高效审理各类涉自贸试验区的案件，平等保护中外当事人合法权利，为自贸试验区的建设提供优质高效的司法保障。

2. 依法保障自贸试验区建设的制度创新。自贸试验区的建设肩负着为我国全面深化改革和扩大开放探索新途径、积累新经验的历史使命，也是对凡属

重大改革都要于法有据的中央决策的积极尝试。各级人民法院应探索为自贸试验区提供司法保障的改革举措,同时,要确保这些改革举措的探索在法律框架内进行。在准确适用法律的基础上,注重及时调整裁判尺度,积极支持政府职能转变,尊重合同当事人的意思自治,维护交易安全。

积极参与自贸试验区的治理体系和治理能力现代化建设。在自贸试验区进行的政府职能转变、投资领域开放、贸易发展方式转变、金融领域开放创新、完善法治保障等各项工作中,各级人民法院要结合自身的司法实践,积极配合各项改革措施的实施,主动完善工作机制,创新工作方法,为营造公正、公开、透明的法治环境和法治化、国际化、便利化的营商环境作出积极贡献。

二、充分发挥审判职能作用,为促进自贸试验区健康发展提供司法保障

3. *积极行使刑事审判职能,依法打击涉自贸试验区的刑事犯罪。*打击破坏自贸试验区建设、滥用自贸试验区特殊市场监管条件进行的犯罪,维护自贸试验区社会稳定及市场秩序。重视解决侵犯知识产权跨境犯罪问题。依法惩治涉自贸试验区的走私、非法集资、逃汇、洗钱等犯罪行为。同时注意区分虚报注册资本罪、虚假出资罪、抽逃出资罪以及非法经营罪的罪与非罪的界限。

4. *加强涉自贸试验区的民事审判工作,依法保护当事人的民事权益。*加强劳动保护,正确处理用人单位与劳动者的劳动争议,促进自贸试验区内企业用工制度的健康发展。保护消费者权益,维护消费者个人信息的安全,严格对服务领域合同格式条款的审查,惩治利用虚假广告侵害消费者的行为。保护生态环境,积极审理有关机关和组织对损害社会公共利益或者具有重大风险的污染环境、破坏生态行为提起的诉讼。

正确处理在自贸试验区较为常见的"民宅商用""一址多照"问题。正确理解和适用《中华人民共和国物权法》第七十七条规定的将住宅改变为经营性用房的限制条件,保障人民群众正常的生活秩序。对多个公司使用同一地址作为住所地登记的,在审理相关案件时要注意是否存在财产混同、人格混同等情况,依法维护债权人利益。

加强对自贸试验区内知识产权的司法保护。鼓励自主创新,提高侵权成本。完善有关加工贸易的司法政策,促进加工贸易的转型升级。准确区分正常的贴牌加工行为与加工方擅自加工、超范围超数量加工及销售产品的行为。妥善处理商标产品的平行进口问题,合理平衡消费者权益、商标权人利益和国家贸易政策。鼓励以知识产权为标的的投资行为,推动商业模式创新,简化维权程序,提升维权质效。鼓励知识产权质押融资活动,促进知识产权的流转利用。

加强海事审判。规范航运市场建设,支持自贸试验区航运服务业开放、提升国际航运服务能级和增强国际航运服务功能。关注与船舶登记制度改革及其他与航运有关的新类型案件，研究新型海事法律关系的法律适用和专门管辖问题。及时通过典型案件的审理确认有关规则，引导行业行为，促进行业发展。

5. 积极行使行政审判职能，支持和监督政府在自贸试验区依法行政。支持和监督市场监管部门创新服务模式，依法行政。以审判活动促进和规范政府信息公开。通过外商投资项目备案的企业，其签订的合同违反自贸试验区行业准入要求，导致事实上或法律上不能履行，当事人请求继续履行的，人民法院不予支持。

对在案件审理过程中发现的与自贸试验区市场规则有关的制度缺陷及行政行为不规范等问题，人民法院应及时向行政管理部门反馈意见，或者提出司法建议，促进自贸试验区法治建设的完善。

三、依法支持自贸试验区企业的创新做法，鼓励其探索新的经营模式

6. 鼓励自贸试验区内融资租赁业的创新发展。积极支持自贸试验区内的融资租赁企业在核准的经营范围内依法开展融资业务。充分尊重中外当事人对融资租赁合同纠纷有关管辖和法律适用的约定。正确认定融资租赁合同效力，不应仅以未履行相关程序等事由认定融资租赁合同无效。

7. 支持自贸试验区发展跨境电子商务服务。合理认定消费者与跨境电商企业之间的合同性质。合同约定消费者个人承担关税和邮寄风险的，可认定消费者和跨境电商企业之间成立委托合同关系。电商企业批量进口、分批销售，消费者主张其与电商企业之间成立买卖合同关系的，人民法院应予支持。电商企业以其提供的合同文本与消费者订立仲裁条款，应专门提示，消费者同意的，应认定双方达成了仲裁合意。

四、重视自贸试验区的特点，探索审判程序的改革与创新

8. 完善司法审查、司法确认制度，支持自贸试验区的多元化纠纷解决机制。鼓励运用仲裁、调解等多元化机制解决自贸试验区民商事纠纷，进一步探索和完善诉讼与非诉讼相衔接的矛盾纠纷解决机制。支持仲裁机构、人民调解委员会、商事和行业调解组织的创新发展，为多元化解决自贸试验区民商事纠纷提供司法便利。

加强自贸试验区内法院机构及审判组织建设。自贸试验区所在地基层人民法院可以根据受理案件的数量、种类、性质等实际情况设立专门的法庭或合议庭，审理涉自贸试验区的案件，积累审判经验，统一裁判尺度。鼓励各级人民法院在总结审判经验的基础上形成符合地域特点的审判机制。

9. 正确认定仲裁协议效力，规范仲裁案件的司法审查。在自贸试验区内注册的外商独资企业相互之间约定商事争议提交域外仲裁的，不应仅以其争议不具有涉外因素为由认定相关仲裁协议无效。

一方或者双方均为在自贸试验区内注册的外商投资企业，约定将商事争议提交域外仲裁，发生纠纷后，当事人将争议提交域外仲裁，相关裁决做出后，其又以仲裁协议无效为由主张拒绝承认、认可或执行的，人民法院不予支持；另一方当事人在仲裁程序中未对仲裁协议效力提出异议，相关裁决作出后，又以有关争议不具有涉外因素为由主张仲裁协议无效，并以此主张拒绝承认、认可或执行的，人民法院不予支持。

在自贸试验区内注册的企业相互之间约定在内地特定地点、按照特定仲裁规则、由特定人员对有关争议进行仲裁的，可以认定该仲裁协议有效。人民法院认为该仲裁协议无效的，应报请上一级法院进行审查。上级法院同意下级法院意见的，应将其审查意见层报最高人民法院，待最高人民法院答复后作出裁定。

10. 探索审判程序创新，公正高效审理涉自贸试验区案件。管辖自贸试验区内一审民商事案件的人民法院，在审理涉自贸试验区案件时，当事人一方或双方为港澳台民事主体的，可以探索选任港澳台居民作为人民陪审员参加合议庭。

人民法院审理涉自贸试验区的涉外、涉港澳台一审民商事案件，事实简单、法律关系明确的，可以探索适用简易程序。

妥善处理以“区内注册、区外经营”的企业为当事人的案件中存在的送达难问题。对在自贸试验区内注册的法人和其他组织，以其注册地为人民法院诉讼文书的送达地址，可以邮寄送达。境外民事主体在自贸试验区设立企业或办事处作为业务代办人的，可以向其业务代办人送达。境外民事主体概括指定其分支机构工作人员或者境内律师事务所律师作为特定时间、特定区域或者特定业务的诉讼代理人的，可以向其送达诉讼文书。

11. 建立合理的外国法查明机制。人民法院审理的涉自贸试验区的涉外民商事案件，当事人约定适用外国法律，在人民法院指定的合理期限内无正当理由未提供该外国法律或者该国法律没有规定的，适用中华人民共和国法律；人民法院了解查明途径的，可以告知当事人。当事人不能提供、按照我国参加的国际条约规定的途径亦不能查明的外国法律，可在一审开庭审理之前由当事人共同指定专家提供。根据冲突法规范应当适用外国法的，人民法院应当依职权查明外国法。

12. 审理好涉自贸试验区案件，总结可复制经验。各高级人民法院应当充分重视涉自贸试验区案件的审理，加强前瞻性研究工作。各地人民法院对在审理与自贸试验区相关的案件中发现的热点、难点问题，应当及时研究总结，形成应对意见，并及时向最高人民法院提出建议。

最高人民法院、最高人民检察院关于适用犯罪嫌疑人、被告人逃匿、死亡案件违法所得没收程序若干问题的规定

（2016年12月26日最高人民法院审判委员会第1705次会议、最高人民检察院第十二届检察委员会第59次会议通过　2017年1月4日最高人民法院、最高人民检察院公告公布　自2017年1月5日起施行　法释〔2017〕1号）

为依法适用犯罪嫌疑人、被告人逃匿、死亡案件违法所得没收程序，根据《中华人民共和国刑事诉讼法》《中华人民共和国刑法》《中华人民共和国民事诉讼法》等法律规定，现就办理相关案件具体适用法律若干问题规定如下：

第一条　下列犯罪案件，应当认定为刑事诉讼法第二百八十条第一款规定的“犯罪案件”：

（一）贪污、挪用公款、巨额财产来源不明、隐瞒境外存款、私分国有资产、私分罚没财物犯罪案件；

（二）受贿、单位受贿、利用影响力受贿、行贿、对有影响力的人行贿、对单位行贿、介绍贿赂、单位行贿犯罪案件；

（三）组织、领导、参加恐怖组织，帮助恐怖活动，准备实施恐怖活动，宣扬恐怖主义、极端主义、煽动实施恐怖活动，利用极端主义破坏法律实施，强制穿戴宣扬恐怖主义、极端主义服饰、标志，非法持有宣扬恐怖主义、极端主义物品犯罪案件；

（四）危害国家安全、走私、洗钱、金融诈骗、黑社会性质的组织、毒品犯罪案件。

电信诈骗、网络诈骗犯罪案件，依照前款规定的犯罪案件处理。

第二条　在省、自治区、直辖市或者全国范围内具有较大影响，或者犯罪嫌疑人、被告人逃匿境外的，应当认定为刑事诉讼法第二百八十条第一款规定的“重大”。

第三条 犯罪嫌疑人、被告人为逃避侦查和刑事追究潜逃、隐匿，或者在刑事诉讼过程中脱逃的，应当认定为刑事诉讼法第二百八十条第一款规定的“逃匿”。

犯罪嫌疑人、被告人因意外事故下落不明满二年，或者因意外事故下落不明，经有关机关证明其不可能生存的，依照前款规定处理。

第四条 犯罪嫌疑人、被告人死亡，依照刑法规定应当追缴其违法所得及其他涉案财产的，人民检察院可以向人民法院提出没收违法所得的申请。

第五条 公安机关发布通缉令或者公安部通过国际刑警组织发布红色国际通报，应当认定为刑事诉讼法第二百八十条第一款规定的“通缉”。

第六条 通过实施犯罪直接或者间接产生、获得的任何财产，应当认定为刑事诉讼法第二百八十条第一款规定的“违法所得”。

违法所得已经部分或者全部转变、转化为其他财产的，转变、转化后的财产应当视为前款规定的“违法所得”。

来自违法所得转变、转化后的财产收益，或者来自已经与违法所得相混合财产中违法所得相应部分的收益，应当视为第一款规定的“违法所得”。

第七条 刑事诉讼法第二百八十一条第三款规定的“利害关系人”包括犯罪嫌疑人、被告人的近亲属和其他对申请没收的财产主张权利的自然人和单位。

刑事诉讼法第二百八十一条第二款、第二百八十二条第二款规定的“其他利害关系人”是指前款规定的“其他对申请没收的财产主张权利的自然人和单位”。

第八条 人民检察院向人民法院提出没收违法所得的申请，应当制作没收违法所得申请书。

没收违法所得申请书应当载明以下内容：

（一）犯罪嫌疑人、被告人的基本情况；

（二）案由及案件来源；

（三）犯罪嫌疑人、被告人涉嫌犯罪的事实及相关证据材料；

（四）犯罪嫌疑人、被告人逃匿、被通缉、脱逃、下落不明、死亡的情况；

（五）申请没收的财产的种类、数量、价值、所在地以及已查封、扣押、冻结财产清单和相关法律手续；

（六）申请没收的财产属于违法所得及其他涉案财产的相关事实及证据材料；

（七）提出没收违法所得申请的理由和法律依据；

（八）有无利害关系人以及利害关系人的姓名、身份、住址、联系方式；

（九）其他应当载明的内容。

上述材料需要翻译件的，人民检察院应当将翻译件随没收违法所得申请书一并移送人民法院。

第九条 对于没收违法所得的申请，人民法院应当在三十日内审查完毕，并根据以下情形分别处理：

（一）属于没收违法所得申请受案范围和本院管辖，且材料齐全、有证据证明有犯罪事实的，应当受理；

（二）不属于没收违法所得申请受案范围或者本院管辖的，应当退回人民检察院；

（三）对于没收违法所得申请不符合“有证据证明有犯罪事实”标准要求的，应当通知人民检察院撤回申请，人民检察院应当撤回；

（四）材料不全的，应当通知人民检察院在七日内补送，七日内不能补送的，应当退回人民检察院。

第十条 同时具备以下情形的，应当认定为本规定第九条规定的“有证据证明有犯罪事实”：

（一）有证据证明发生了犯罪事实；

（二）有证据证明该犯罪事实是犯罪嫌疑人、被告人实施的；

（三）证明犯罪嫌疑人、被告人实施犯罪行为的证据真实、合法。

第十一条 人民法院受理没收违法所得的申请后，应当在十五日内发布公告，公告期为六个月。公告期间不适用中止、中断、延长的规定。

公告应当载明以下内容：

（一）案由、案件来源以及属于本院管辖；

（二）犯罪嫌疑人、被告人的基本情况；

（三）犯罪嫌疑人、被告人涉嫌犯罪的事实；

（四）犯罪嫌疑人、被告人逃匿、被通缉、脱逃、下落不明、死亡的情况；

（五）申请没收的财产的种类、数量、价值、所在地以及已查封、扣押、冻结财产的清单和相关法律手续；

（六）申请没收的财产属于违法所得及其他涉案财产的相关事实；

（七）申请没收的理由和法律依据；

（八）利害关系人申请参加诉讼的期限、方式以及未按照该期限、方式申请参加诉讼可能承担的不利法律后果；

（九）其他应当公告的情况。

第十二条 公告应当在全国公开发行的报纸、信息网络等媒体和最高人民法院的官方网站刊登、发布，并在人民法院公告栏张贴。必要时，公告可以在犯罪地、犯罪嫌疑人、被告人居住地或者被申请没收财产所在地张贴。公告最后被刊登、发布、张贴日期为公告日期。人民法院张贴公告的，应当采取拍照、录像等方式记录张贴过程。

人民法院已经掌握境内利害关系人联系方式的，应当直接送达含有公告内容的通知；直接送达有困难的，可以委托代为送达、邮寄送达。经受送达人同意的，可以采用传真、电子邮件等能够确认其收悉的方式告知其公告内容，并记录在案；人民法院已经掌握境外犯罪嫌疑人、被告人、利害关系人联系方式，经受送达人同意的，可以采用传真、电子邮件等能够确认其收悉的方式告知其公告内容，并记录在案；受送达人未作出同意意思表示，或者人民法院未掌握境外犯罪嫌疑人、被告人、利害关系人联系方式，其所在地国（区）主管机关明确提出应当向受送达人送达含有公告内容的通知的，受理没收违法所得申请案件的人民法院可以决定是否送达。决定送达的，应当将公告内容层报最高人民法院，由最高人民法院依照刑事司法协助条约、多边公约，或者按照对等互惠原则，请求受送达人所在地国（区）的主管机关协助送达。

第十三条 利害关系人申请参加诉讼的，应当在公告期间内提出，并提供与犯罪嫌疑人、被告人关系的证明材料或者证明其可以对违法所得及其他涉案财产主张权利的证据材料。

利害关系人可以委托诉讼代理人参加诉讼。利害关系人在境外委托的，应当委托具有中华人民共和国律师资格并依法取得执业证书的律师，依照《最高人民法院关于适用〈中华人民共和国刑事诉讼法〉的解释》第四百零三条的规定对授权委托进行公证、认证。

利害关系人在公告期满后申请参加诉讼，能够合理说明理由的，人民法院应当准许。

第十四条 人民法院在公告期满后由合议庭对没收违法所得申请案件进行审理。

利害关系人申请参加及委托诉讼代理人参加诉讼的，人民法院应当开庭审理。利害关系人及其诉讼代理人无正当理由拒不到庭，且无其他利害关系人和其他诉讼代理人参加诉讼的，人民法院可以不开庭审理。

人民法院对没收违法所得申请案件开庭审理的，人民检察院应当派员出席。

人民法院确定开庭日期后，应当将开庭的时间、地点通知人民检察院、利害关系人及其诉讼代理人、证人、鉴定人员、翻译人员。通知书应当依照本规定第十二条第二款规定的方式至迟在开庭审理三日前送达；受送达人在境外的，至迟在开庭审理三十日前送达。

第十五条 出庭的检察人员应当宣读没收违法所得申请书，并在法庭调查阶段就申请没收的财产属于违法所得及其他涉案财产等相关事实出示、宣读证据。

对于确有必要出示但可能妨碍正在或者即将进行的刑事侦查的证据，针对该证据的法庭调查不公开进行。

利害关系人及其诉讼代理人对申请没收的财产属于违法所得及其他涉案财产等相关事实及证据有异议的，可以提出意见；对申请没收的财产主张权利的，应当出示相关证据。

第十六条 人民法院经审理认为，申请没收的财产属于违法所得及其他涉案财产的，除依法应当返还被害人的以外，应当予以没收；申请没收的财产不属于违法所得或者其他涉案财产的，应当裁定驳回申请，解除查封、扣押、冻结措施。

第十七条 申请没收的财产具有高度可能属于违法所得及其他涉案财产的，应当认定为本规定第十六条规定的“申请没收的财产属于违法所得及其他涉案财产”。

巨额财产来源不明犯罪案件中，没有利害关系人对违法所得及其他涉案财产主张权利，或者利害关系人对违法所得及其他涉案财产虽然主张权利但提供的相关证据没有达到相应证明标准的，应当视为本规定第十六条规定的“申请没收的财产属于违法所得及其他涉案财产”。

第十八条 利害关系人非因故意或者重大过失在第一审期间未参加诉讼，在第二审期间申请参加诉讼的，人民法院应当准许，并发回原审人民法院重新审判。

第十九条 犯罪嫌疑人、被告人逃匿境外，委托诉讼代理人申请参加诉讼，且违法所得或者其他涉案财产所在地国（区）主管机关明确提出意见予以支持的，人民法院可以准许。

人民法院准许参加诉讼的，犯罪嫌疑人、被告人的诉讼代理人依照本规定关于利害关系人的诉讼代理人的规定行使诉讼权利。

第二十条 人民检察院、利害关系人对第一审裁定认定的事实、证据没有争议的，第二审人民法院可以不开庭审理。

第二审人民法院决定开庭审理的，应当将开庭的时间、地点书面通知同级人民检察院和利害关系人。

第二审人民法院应当就上诉、抗诉请求的有关事实和适用法律进行审查。

第二十一条 第二审人民法院对不服第一审裁定的上诉、抗诉案件，经审理，应当按照下列情形分别处理：

（一）第一审裁定认定事实清楚和适用法律正确的，应当驳回上诉或者抗

诉,维持原裁定;

(二)第一审裁定认定事实清楚,但适用法律有错误的,应当改变原裁定;

(三)第一审裁定认定事实不清的,可以在查清事实后改变原裁定,也可以撤销原裁定,发回原审人民法院重新审判;

(四)第一审裁定违反法定诉讼程序,可能影响公正审判的,应当撤销原裁定,发回原审人民法院重新审判。

第一审人民法院对于依照前款第三项规定发回重新审判的案件作出裁定后,第二审人民法院对不服第一审人民法院裁定的上诉、抗诉,应当依法作出裁定,不得再发回原审人民法院重新审判。

第二十二条 违法所得或者其他涉案财产在境外的,负责立案侦查的公安机关、人民检察院等侦查机关应当制作查封、扣押、冻结的法律文书以及协助执行查封、扣押、冻结的请求函,层报公安、检察院等各系统最高上级机关后,由公安、检察院等各系统最高上级机关依照刑事司法协助条约、多边公约,或者按照对等互惠原则,向违法所得或者其他涉案财产所在地国(区)的主管机关请求协助执行。

被请求国(区)的主管机关提出,查封、扣押、冻结法律文书的制发主体必须是法院的,负责立案侦查的公安机关、人民检察院等侦查机关可以向同级人民法院提出查封、扣押、冻结的申请,人民法院经审查同意后制作查封、扣押、冻结令以及协助执行查封、扣押、冻结令的请求函,层报最高人民法院后,由最高人民法院依照刑事司法协助条约、多边公约,或者按照对等互惠原则,向违法所得或者其他涉案财产所在地国(区)的主管机关请求协助执行。

请求函应当载明以下内容:

(一)案由以及查封、扣押、冻结法律文书的发布主体是否具有管辖权;

(二)犯罪嫌疑人、被告人涉嫌犯罪的事实及相关证据,但可能妨碍正在或者即将进行的刑事侦查的证据除外;

(三)已发布公告的,发布公告情况、通知利害关系人参加诉讼以及保障诉讼参与人依法行使诉讼权利等情况;

(四)请求查封、扣押、冻结的财产的种类、数量、价值、所在地等情况以及相关法律手续;

(五)请求查封、扣押、冻结的财产属于违法所得及其他涉案财产的相关事实及证据材料;

(六)请求查封、扣押、冻结财产的理由和法律依据;

(七)被请求国(区)要求载明的其他内容。

第二十三条 违法所得或者其他涉案财产在境外,受理没收违法所得申请案件的人民法院经审理裁定没收的，应当制作没收令以及协助执行没收令的请求函，层报最高人民法院后，由最高人民法院依照刑事司法协助条约、多边公约，或者按照对等互惠原则，向违法所得或者其他涉案财产所在地国（区）的主管机关请求协助执行。

请求函应当载明以下内容：

（一）案由以及没收令发布主体具有管辖权；

（二）属于生效裁定；

（三）犯罪嫌疑人、被告人涉嫌犯罪的事实及相关证据，但可能妨碍正在或者即将进行的刑事侦查的证据除外；

（四）犯罪嫌疑人、被告人逃匿、被通缉、脱逃、死亡的基本情况；

（五）发布公告情况、通知利害关系人参加诉讼以及保障诉讼参与人依法行使诉讼权利等情况；

（六）请求没收违法所得及其他涉案财产的种类、数量、价值、所在地等情况以及查封、扣押、冻结相关法律手续；

（七）请求没收的财产属于违法所得及其他涉案财产的相关事实及证据材料；

（八）请求没收财产的理由和法律依据；

（九）被请求国（区）要求载明的其他内容。

第二十四条 单位实施本规定第一条规定的犯罪后被撤销、注销，单位直接负责的主管人员和其他直接责任人员逃匿、死亡，导致案件无法适用刑事诉讼普通程序进行审理的，依照本规定第四条的规定处理。

第二十五条 本规定自 2017 年 1 月 5 日起施行。之前发布的司法解释与本规定不一致的，以本规定为准。

关于印发《最高人民检察院关于充分履行检察职能加强产权司法保护的意见》的通知

（2017 年 1 月 6 日）

各省、自治区、直辖市人民检察院，军事检察院，新疆生产建设兵团人民检察院：

现将《最高人民检察院关于充分履行检察职能加强产权司法保护的意见》印发给你们，请结合实际贯彻执行。

最高人民检察院关于充分履行检察职能加强产权司法保护的意见

党的十八大以来，以习近平同志为核心的党中央高度重视产权保护，提出加强对各种所有制组织和自然人财产权的保护。为深入贯彻党的十八大，十八届三中、四中、五中、六中全会精神和习近平总书记系列重要讲话精神，落实《关于完善产权保护制度依法保护产权的意见》和中央经济工作会议的部署要求，充分履行检察职能，加强产权司法保护，提出如下意见：

一、深刻认识产权制度重要意义，明确产权保护的总体要求

1. *充分认识加强产权司法保护的重要意义。*依法保护产权是完善中国特色社会主义市场经济体制的内在要求，是坚持稳中求进工作总基调，促进经济转型升级、全面深化改革、全面建成小康社会的客观需要。各级检察机关要把思想和行动统一到党中央重要决策、部署和要求上来，牢固树立和贯彻落实新发展理念，主动适应经济发展新常态，切实把防控风险、服务发展摆在更加突出位置，为保护企业和个人合法产权、促进经济平稳健康发展和社会和谐稳定提供优质的司法服务。

2. *严格落实加强产权司法保护的总体要求。*各级检察机关要坚持依法保护原则，充分发挥惩治、预防、监督、教育、保护等检察职能，加强对产权的司法保护。坚持平等保护原则，平等保护各种所有制组织和自然人的财产权，确保各类产权主体的诉讼地位和诉讼权利平等、法律适用和法律责任平等、法律保护和法律服务平等。坚持全面保护原则，全面保护物权、债权、股权、知识产权等各种类型的财产权，切实维护产权主体的合法权益。

二、准确把握法律政策界限，规范改进司法行为，注重产权司法保护实效

3. *严格把握产权案件罪与非罪的界限标准。*各级检察机关办理有关产权刑事案件，要严格区分经济纠纷与经济犯罪的界限，企业正当融资与非法集资的界限，民营企业参与国有企业兼并重组中涉及的产权纠纷与恶意侵占国有资产的界限，执行和利用国家政策谋发展中的偏差与钻改革空子实施犯罪的界限。坚持主客观相一致原则，避免客观归罪。对民营企业生产、经营、融资等经济行为，除法律、行政法规明确禁止外，不以违法犯罪对待。对于正在办理的涉产权刑事案件，法律和司法解释规定不明确、法律界限不明、罪与非罪界限不清的，不作为犯罪处理。

4. *依法妥善处理历史形成的产权案件。*以发展眼光客观看待和依法妥善处理改革开放以来各类企业，特别是民营企业经营发展过程中存在的不规范问题。办案中坚持罪刑法定、法不溯及既往、从旧兼从轻、疑罪从无原则，对于确属事实不清、证据不足、适用法律错误的错案冤案，坚决予以纠正。对于没有犯罪事实或者具有《刑事诉讼法》第十五条规定的情形之一的，或者犯罪情节轻微不需要判处刑罚的，或者经过补充侦查仍达不到起诉证据标准的，依法不起诉。对于构成犯罪但认罪认罚的，依法从宽处理。对于历史形成的产权案件，社会反映强烈、当事人长期申请的，要抓紧组织力量进行甄别，对确属错案冤案的，坚决依法纠正并赔偿当事人的损失。

5. 规范自身司法行为，改进办案方式方法，最大程度减少对产权主体合法权益和正常经济活动的损害及影响。严禁以刑事手段插手经济纠纷。严禁使用当事人的交通通讯工具、办公设备，或者以办案为名到发案单位吃、拿、卡、要、报。严禁干预涉案企业正常生产经营活动。慎重选择办案时机和方式，慎重使用搜查、查封、扣押、冻结、拘留、逮捕等强制性措施。对于涉嫌犯罪的各类产权主体主动配合调查，认罪态度好，犯罪情节较轻，且没有社会危险性的，一律不采取拘留、逮捕、指定居所监视居住等强制措施；对于不涉案的款物、账户，包括企业生产经营资料、涉案人员近亲属的合法财产等，一律不查封、扣押、冻结。对于涉及企业和投资、生产、经营者、科技创新人员犯罪的举报，经查证失实的，及时澄清事实。

三、依法履行刑事检察职能，加大惩治侵犯产权犯罪力度

6. 加强审查逮捕、起诉工作，确保依法、准确、及时、有效打击侵犯产权犯罪。依法惩治破坏市场经济秩序、侵犯各类产权主体财产权的犯罪，突出打击非法吸收公众存款、集资诈骗、组织领导传销等涉众型经济犯罪，以商业贿赂、金融诈骗、虚假诉讼、强迫交易等不法手段破坏公平市场营商环境的犯罪，以及通过内幕交易、利用未公开信息交易、操纵证券期货市场等手段，严重损害公众投资者特别是中小投资者权益的犯罪。依法惩治侵犯知识产权和制售假冒伪劣商品犯罪，突出打击链条式、产业化侵犯知识产权犯罪，以及具有反复侵权、恶意侵权、网络侵权、有组织侵权等恶劣情节的犯罪，加大对涉外知识产权犯罪打击力度。对利用公权力严重侵害私有产权，勾结黑恶势力在特定经济领域形成非法控制，受害者人数众多，引发群体性事件等严重侵犯产权的犯罪案件，要实行挂牌督办，第一时间介入侦查，引导侦查机关全面收集固定证据，确保办案效率和质量。

7. 正确适用法律和刑事政策，提升审查逮捕、起诉工作质量。准确理解和适用法律，贯彻宽严相济刑事政策，严把事实关、证据关、程序关和法律适用关。细化涉产权犯罪案件审查逮捕质量标准，严格审查是否具备社会危险性条件，对构成犯罪但无社会危险性的一般不批准逮捕。建立涉产权犯罪案件审查逮捕质量分析评查制度，对逮捕后撤案、不起诉、判无罪和公安机关提请复议复核、当事人提出申诉的案件实时监控、及时分析，有针对性地改进工作。严格依法把握起诉条件，从经济安全、公共利益、市场秩序等方面准确认定社会危害性，综合考虑政策调整、经营不善、市场风险等市场主体意志以外的因素，对符合不起诉条件的，依法适用不起诉。保障涉案当事人及其委托人的诉讼权利，尊重犯罪嫌疑人、被告人的诉讼地位和人格尊严，保障律师依法履行职责。进一步推进刑事速裁程序、认罪认罚从宽制度的试点工作，对于轻微案件简化诉讼程序，加快诉讼进程，切实维护各类产权主体的合法权益。

8. 针对薄弱环节和突出问题，延伸审查逮捕、起诉工作产权保护效果。结合审查逮捕、起诉工作，加强对侵犯产权犯罪活动的分析研判，提高产权司法保护的精准度。积极参与社会治安防控体系建设，采取检察建议等形式，帮助各类产权主体强化产权保护意识，促进国有企业健全内部监督制度和内控机制、规范国有资产流转程序和交易行为，促进集体经济组织建立健全集体资产管理制度和财务管理监督制度，促进民营企业提高依法规范经营和维护自身合法权益的意识和能力，从源头上预防和治理侵犯产权犯罪。

四、加强侦查预防工作，依法惩治侵犯产权职务犯罪

9. 严肃查办侵犯产权的职务犯罪。重点惩治利用国有产权所有者和代理人关系不明晰，国有企业财务、采购、营销、投资等方面内部监督制度不健全实施的贪污、受贿、挪用公款、私分国有资产等犯罪，以及通过内部人控制、关联交易、利益输送、利益交换等方式，以市场行为掩盖非法目的，导致国有资产严重流失的犯罪。重点惩治发生在金融、土地、财税、能源、资源等重要领域行政审批、管理过程中侵犯产权的失职渎职犯罪。重点惩治发生在国有资产、集体资产清产核资、登记、保管、使用、处置过程中的职务犯罪，以及利用农村产权流转交易侵犯农村集体产权、侵犯农民权益的职务犯罪。

10. 严格规范涉案财产处置的法律程序，最大限度降低对产权主体正常生产经营活动的不利影响。对于涉案企业和人员正在投入生产运营或者正在用于科技创新、产品研发的设备、资金和技术资料等，能够采取非强制性措施即可达到保障诉讼目的的，不使用强制性措施。加强查封、扣押、冻结涉案财产甄别审查工作，最大限度缩短甄别审查期限，确保合法财产不受牵连。办案中要注意听取有关行业主管、监管部门的意见，对争议大的案件及时向上级检察机关请示报告。

11. 通过查办职务犯罪发现产权保护制度机制的漏洞和风险点，从源头上减少涉产权职务犯罪。要结合办案开展职务犯罪预防工作，既支持企业和企业家创业创新谋发展，又引导企业和企业家依法规范经营。围绕国有产权、农村集体产权和自然资源资产产权等重点领域，深入剖析典型案件和发案规律，开展有针对性的职务犯罪预防工作。结合办案，对产权保护中存在的普遍性问题，组织开展专题预防活动，积极运用检察建议、年度报告、专项报告等方式，督促产权登记、审批、监管、保护等部门完善制度机制，加强改进产权保护工作，增强预防工作整体效果。

五、强化刑事诉讼监督，保障涉案产权主体的合法权益

12. *加强立案监督和侦查活动监督*。加强对刑事立案活动的监督，重点监督侦查机关以刑事手段插手经济纠纷、选择性执法等妨害产权平等保护的问题，加大对该立不立、不该立乱立等执法不严、司法不公问题的监督纠正力度。加强对侦查活动的监督，贯彻落实非法证据排除等办案制度，坚决纠正刑讯逼供、非法取证、漏捕漏诉、滥用强制措施、查封扣押冻结财物不当等侦查违法行为。对于因涉嫌犯罪被逮捕的各种所有制组织的投资者、生产者、经营者、专业技术人员等，切实履行好羁押必要性审查职责，发现不需要继续羁押的，应当依法予以释放或者变更强制措施。

13. *加强刑事审判和刑事执行监督*。加强对刑事审判活动的监督，重点监督判决、裁定在认定事实、采信证据、适用法律方面确有错误的案件，做到敢于监督、善于监督、依法监督和规范监督，对符合法定条件的案件依法提出抗诉。加强对刑事执行活动的监督，重点监督涉产权案件生效判决、裁定的执行活动，发现人民法院执行财产刑过程中，存在应当执行而不执行，不应当执行而执行，非法处置被执行人或者案外人财产等侵犯产权违法情形的，应当依法提出纠正意见，确保财产刑执行到位。依法保障各类产权主体在服刑期间的申诉权，防止其因申诉而被限制或者剥夺依法获得减刑的权利。对于犯罪的民营企业投资人，依法保障其在服刑期间行使财产权利等民事权利。

六、加强民事行政检察工作，形成多元化产权保护格局

14. *依法履行民事行政检察职责，加强对产权诉讼案件的法律监督*。依法保障各类产权主体申请监督权，规范民事行政诉讼监督案件的受理和审查程序，注重倾听当事人意见，畅通申请监督渠道，积极通过抗诉、提出检察建议等方式加强对涉产权民事、行政案件的审判监督，有效保障产权主体的合法权益。加强对民事、行政执行活动的监督，重点监督因不依法履行执行职责及错误采取执行措施、错误处置执行标的物、错误追加被执行人，致使当事人或利害关系人、案外人等财产权受到侵害的案件。加大对涉产权虚假诉讼、恶意诉讼监督力度，重点审查双方当事人恶意串通，通过以物抵债等方式损害案外人产权案件，督促人民法院依法惩治虚假诉讼行为，维护司法公正和司法权威。

15. 依法推进公益诉讼试点,积极探索开展对行政强制措施和履行职责中发现的行政违法行为的监督。稳步推进公益诉讼试点工作,以国有资产保护、国有土地使用权出让等产权领域为重点,积极运用诉前程序和提起公益诉讼的方式,维护被民事、行政违法行为侵害的国家和社会公共利益。积极探索对涉及人身、财产权益的行政强制措施和在履行职责中发现的行政机关违法行使职权或不行使职权行为的监督措施,防止和纠正违法行政行为对各类产权主体合法权益的侵害。

七、加强控告申诉检察工作,依法化解产权纠纷引发的社会矛盾

16. 畅通诉求表达渠道,依法受理历史形成产权案件的申诉,做到有错必纠。打造"信、访、网、电"四位一体的诉求表达体系,为产权人寻求法律咨询、权利救济提供更加便捷高效的服务。对社会反映强烈的涉及产权的刑事申诉案件,依法导入法律程序,按照诉求性质、案件管辖和法律程序及时审查办理。凡是违反法律政策侵犯产权、不利于经济发展的决定、判决、裁定,要依法监督纠正。

17. 依法办理涉产权保护的国家赔偿案件。坚持法定赔偿原则,保障符合赔偿条件的产权主体依法获得赔偿。支持人民法院对涉产权国家赔偿案件依法进行审理。依法办理检察机关作为赔偿义务机关的刑事赔偿案件,积极履行赔偿义务,保障符合法定赔偿条件的产权主体及时获得赔偿。依法受理和审查产权主体对人民法院作出的赔偿决定和行政赔偿判决、裁定提出申诉的案件,并依法提出监督意见。

18. 拓展控告申诉工作模式,有效化解社会矛盾。建立涉产权民事、行政申诉案件引导当事人和解机制,积极推动建立社会帮扶、政府扶贫等化解矛盾机制,推动建立健全与人民调解组织、行业调解组织的衔接联动机制,引导当事人向调解组织提出调解申请,并根据调解情况依法作出相应处理。推动律师参与代理和化解涉及产权纠纷信访案件工作,鼓励社会各界共同参与,有效解决产权纠纷。

八、加强组织领导和协调配合,确保产权保护措施落到实处

19. 加强组织领导。各级检察机关要把充分履行检察职能、加强产权司法保护作为当前一项重要政治任务,狠抓落实。切实加强对产权保护法律政策界限和工作措施的研究、协调和推进,加大保护和纠错力度。积极参与民法典编纂研究工作,推动产权保护法律制度的健全完善。及时对相关司法解释和规范性文件进行清理,凡是不符合依法保护产权的,应当废止或者修改。要深入研究分析产权司法保护中的新情况、新问题,发挥检察一体化优势,加强对下业务指导。对重大侵犯产权刑事犯罪案件、重大妨害产权保护职务犯罪案件，实行挂牌督办。下级人民检察院对办案中遇到的有关困难和问题，应当及时向上级人民检察院请示报告，必要时层报最高人民检察院。

20. 加强工作机制建设。各级检察机关要立足检察职能建立健全产权司法保护的长效机制。加强办理产权案件的能力建设和队伍建设，注重培养选拔专家型人才和业务骨干办理产权案件。严格落实司法责任制，完善办案质量终身负责制和错案责任倒查问责制。推进检务公开，及时回应社会关切，自觉接受人大监督、民主监督和社会监督，增强司法公信力，维护司法公正和权威。

21. 加强协调配合。积极参与党委牵头，人大、政府、司法机关共同参加的产权保护协调工作机制，形成工作合力。对办案中发现的体制性、政策性等重大问题和事项，及时向党委报告。加强与纪检、审判、公安、行政执法部门的协作配合，加强产权领域行政执法与刑事司法衔接机制建设。加强与各级工商联、相关行业协会的密切联系，建立健全联席会议、定期通报情况、共同开展调研等常态化机制，支持开展对涉及产权纠纷的中小企业维权援助工作。广泛听取人大代表、政协委员、专家学者、律师、企业人士等方面意见，增强产权司法保护的针对性和实效性。

22. 加强法治宣传。落实"谁执法谁普法"的普法责任制，把培育全社会尊重产权、保护产权意识作为以案释法、法治宣传教育的一项基础性工作。充分利用检察机关宣传主阵地、"两微一端"、微电影、微视频等媒体平台，加强与主流媒体、重点商业网络和自媒体的联系协作，深入宣传解读党和国家加强产权保护的政策和法律法规，及时报道检察机关工作部署、举措、进展和成效。选择检察机关依法纠正侵害企业产权的有重大影响的错案冤案典型，适时向社会公布，释放保护产权的积极信号，增强人民群众财产财富安全感，增强社会信心。着力宣传和营造法治、透明、公平的体制政策环境和社会舆论环境，保护企业家精神，支持企业家专心创新创业。

最高人民法院关于审理商标授权确权行政案件若干问题的规定

（2016年12月12日最高人民法院审判委员会第1703次会议通过　2017年1月10日最高人民法院公告公布　自2017年3月1日起施行　法释〔2017〕2号）

为正确审理商标授权确权行政案件，根据《中华人民共和国商标法》《中华人民共和国行政诉讼法》等法律规定，结合审判实践，制定本规定。

第一条 本规定所称商标授权确权行政案件，是指相对人或者利害关系人因不服国务院工商行政管理部门商标评审委员会（以下简称商标评审委员会）作出的商标驳回复审、商标不予注册复审、商标撤销复审、商标无效宣告及无效宣告复审等行政行为，向人民法院提起诉讼的案件。

第二条 人民法院对商标授权确权行政行为进行审查的范围，一般应根据原告的诉讼请求及理由确定。原告在诉讼中未提出主张，但商标评审委员会相关认定存在明显不当的，人民法院在各方当事人陈述意见后，可以对相关事由进行审查并作出裁判。

第三条 商标法第十条第一款第（一）项规定的同中华人民共和国的国家名称等“相同或者近似”，是指商标标志整体上与国家名称等相同或者近似。

对于含有中华人民共和国的国家名称等，但整体上并不相同或者不相近似的标志，如果该标志作为商标注册可能导致损害国家尊严的，人民法院可以认定属于商标法第十条第一款第（八）项规定的情形。

第四条 商标标志或者其构成要素带有欺骗性，容易使公众对商品的质量等特点或者产地产生误认，商标评审委员会认定其属于2001年修正的商标法第十条第一款第（七）项规定情形的，人民法院予以支持。

第五条 商标标志或者其构成要素可能对我国社会公共利益和公共秩序产生消极、负面影响的，人民法院可以认定其属于商标法第十条第一款第（八）项规定的“其他不良影响”。

将政治、经济、文化、宗教、民族等领域公众人物姓名等申请注册为商标，属于前款所指的“其他不良影响”。

第六条 商标标志由县级以上行政区划的地名或者公众知晓的外国地名和其他要素组成，如果整体上具有区别于地名的含义，人民法院应当认定其不属于商标法第十条第二款所指情形。

第七条 人民法院审查诉争商标是否具有显著特征，应当根据商标所指定使用商品的相关公众的通常认识，判断该商标整体上是否具有显著特征。商标标志中含有描述性要素，但不影响其整体具有显著特征的；或者描述性标志以独特方式加以表现，相关公众能够以其识别商品来源的，应当认定其具有显著特征。

第八条 诉争商标为外文标志时，人民法院应当根据中国境内相关公众的通常认识，对该外文商标是否具有显著特征进行审查判断。标志中外文的固有含义可能影响其在指定使用商品上的显著特征，但相关公众对该固有含义的认知程度较低，能够以该标志识别商品来源的，可以认定其具有显著特征。

第九条 仅以商品自身形状或者自身形状的一部分作为三维标志申请注册商标，相关公众一般情况下不易将其识别为指示商品来源标志的，该三维标志不具有作为商标的显著特征。

该形状系申请人所独创或者最早使用并不能当然导致其具有作为商标的显著特征。

第一款所称标志经过长期或者广泛使用，相关公众能够通过该标志识别商品来源的，可以认定该标志具有显著特征。

第十条 诉争商标属于法定的商品名称或者约定俗成的商品名称的，人民法院应当认定其属于商标法第十一条第一款第（一）项所指的通用名称。依据法律规定或者国家标准、行业标准属于商品通用名称的，应当认定为通用名称。相关公众普遍认为某一名称能够指代一类商品的，应当认定为约定俗成的通用名称。被专业工具书、辞典等列为商品名称的，可以作为认定约定俗成的通用名称的参考。

约定俗成的通用名称一般以全国范围内相关公众的通常认识为判断标准。对于由于历史传统、风土人情、地理环境等原因形成的相关市场固定的商品，在该相关市场内通用的称谓，人民法院可以认定为通用名称。

诉争商标申请人明知或者应知其申请注册的商标为部分区域内约定俗成的商品名称的，人民法院可以视其申请注册的商标为通用名称。

人民法院审查判断诉争商标是否属于通用名称，一般以商标申请日时的事实状态为准。核准注册时事实状态发生变化的，以核准注册时的事实状态判断其是否属于通用名称。

第十一条 商标标志只是或者主要是描述、说明所使用商品的质量、主要原料、功能、用途、重量、数量、产地等的，人民法院应当认定其属于商标法第十一条第一款第（二）项规定的情形。商标标志或者其构成要素暗示商品的特点，但不影响其识别商品来源功能的，不属于该项所规定的情形。

第十二条 当事人依据商标法第十三条第二款主张诉争商标构成对其未注册的驰名商标的复制、摹仿或者翻译而不应予以注册或者应予无效的，人民法院应当综合考量如下因素以及因素之间的相互影响，认定是否容易导致混淆：

（一）商标标志的近似程度；

（二）商品的类似程度；

（三）请求保护商标的显著性和知名程度；

（四）相关公众的注意程度；

（五）其他相关因素。

商标申请人的主观意图以及实际混淆的证据可以作为判断混淆可能性的参考因素。

第十三条 当事人依据商标法第十三条第三款主张诉争商标构成对其已注册的驰名商标的复制、摹仿或者翻译而不应予以注册或者应予无效的，人民法院应当综合考虑如下因素，以认定诉争商标的使用是否足以使相关公众认为其与驰名商标具有相当程度的联系，从而误导公众，致使驰名商标注册人的利益可能受到损害：

（一）引证商标的显著性和知名程度；

（二）商标标志是否足够近似；

（三）指定使用的商品情况；

（四）相关公众的重合程度及注意程度；

（五）与引证商标近似的标志被其他市场主体合法使用的情况或者其他相关因素。

第十四条 当事人主张诉争商标构成对其已注册的驰名商标的复制、摹仿或者翻译而不应予以注册或者应予无效，商标评审委员会依据商标法第三十条规定裁决支持其主张的，如果诉争商标注册未满五年，人民法院在当事人陈述意见之后，可以按照商标法第三十条规定进行审理；如果诉争商标注册已满五年，应当适用商标法第十三条第三款进行审理。

第十五条 商标代理人、代表人或者经销、代理等销售代理关系意义上的代理人、代表人未经授权，以自己的名义将与被代理人或者被代表人的商标相同或者近似的商标在相同或者类似商品上申请注册的，人民法院适用商标法第十五条第一款的规定进行审理。

在为建立代理或者代表关系的磋商阶段，前款规定的代理人或者代表人将被代理人或者被代表人的商标申请注册的，人民法院适用商标法第十五条第一款的规定进行审理。

商标申请人与代理人或者代表人之间存在亲属关系等特定身份关系的，可以推定其商标注册行为系与该代理人或者代表人恶意串通，人民法院适用商标法第十五条第一款的规定进行审理。

第十六条 以下情形可以认定为商标法第十五条第二款中规定的“其他关系”：

（一）商标申请人与在先使用人之间具有亲属关系；

（二）商标申请人与在先使用人之间具有劳动关系；

（三）商标申请人与在先使用人营业地址邻近；

（四）商标申请人与在先使用人曾就达成代理、代表关系进行过磋商，但未形成代理、代表关系；

（五）商标申请人与在先使用人曾就达成合同、业务往来关系进行过磋商，但未达成合同、业务往来关系。

第十七条 地理标志利害关系人依据商标法第十六条主张他人商标不应予以注册或者应予无效，如果诉争商标指定使用的商品与地理标志产品并非相同商品，而地理标志利害关系人能够证明诉争商标使用在该产品上仍然容易导致相关公众误认为该产品来源于该地区并因此具有特定的质量、信誉或者其他特征的，人民法院予以支持。

如果该地理标志已经注册为集体商标或者证明商标，集体商标或者证明商标的权利人或者利害关系人可选择依据该条或者另行依据商标法第十三条、第三十条等主张权利。

第十八条 商标法第三十二条规定的在先权利，包括当事人在诉争商标申请日之前享有的民事权利或者其他应予保护的合法权益。诉争商标核准注册时在先权利已不存在的，不影响诉争商标的注册。

第十九条 当事人主张诉争商标损害其在先著作权的，人民法院应当依照著作权法等相关规定，对所主张的客体是否构成作品、当事人是否为著作权人或者其他有权主张著作权的利害关系人以及诉争商标是否构成对著作权的侵害等进行审查。

商标标志构成受著作权法保护的作品的，当事人提供的涉及商标标志的设计底稿、原件、取得权利的合同、诉争商标申请日之前的著作权登记证书等，均可以作为证明著作权归属的初步证据。

商标公告、商标注册证等可以作为确定商标申请人为有权主张商标标志著作权的利害关系人的初步证据。

第二十条 当事人主张诉争商标损害其姓名权，如果相关公众认为该商标标志指代了该自然人，容易认为标记有该商标的商品系经过该自然人许可或者与该自然人存在特定联系的，人民法院应当认定该商标损害了该自然人的姓名权。

当事人以其笔名、艺名、译名等特定名称主张姓名权，该特定名称具有一定的知名度，与该自然人建立了稳定的对应关系，相关公众以其指代该自然人的，人民法院予以支持。

第二十一条 当事人主张的字号具有一定的市场知名度，他人未经许可申请注册与该字号相同或者近似的商标，容易导致相关公众对商品来源产生混淆，当事人以此主张构成在先权益的，人民法院予以支持。

当事人以具有一定市场知名度并已与企业建立稳定对应关系的企业名称

的简称为依据提出主张的，适用前款规定。

第二十二条 当事人主张诉争商标损害角色形象著作权的，人民法院按照本规定第十九条进行审查。

对于著作权保护期限内的作品，如果作品名称、作品中的角色名称等具有较高知名度，将其作为商标使用在相关商品上容易导致相关公众误认为其经过权利人的许可或者与权利人存在特定联系，当事人以此主张构成在先权益的，人民法院予以支持。

第二十三条 在先使用人主张商标申请人以不正当手段抢先注册其在先使用并有一定影响的商标的，如果在先使用商标已经有一定影响，而商标申请人明知或者应知该商标，即可推定其构成“以不正当手段抢先注册”。但商标申请人举证证明其没有利用在先使用商标商誉的恶意的除外。

在先使用人举证证明其在先商标有一定的持续使用时间、区域、销售量或者广告宣传的，人民法院可以认定为有一定影响。

在先使用人主张商标申请人在与其不相类似的商品上申请注册其在先使用并有一定影响的商标，违反商标法第三十二条规定的，人民法院不予支持。

第二十四条 以欺骗手段以外的其他方式扰乱商标注册秩序、损害公共利益、不正当占用公共资源或者谋取不正当利益的，人民法院可以认定其属于商标法第四十四条第一款规定的“其他不正当手段”。

第二十五条 人民法院判断诉争商标申请人是否“恶意注册”他人驰名商标，应综合考虑引证商标的知名度、诉争商标申请人申请诉争商标的理由以及使用诉争商标的具体情形来判断其主观意图。引证商标知名度高、诉争商标申请人没有正当理由的，人民法院可以推定其注册构成商标法第四十五条第一款所指的“恶意注册”。

第二十六条 商标权人自行使用、他人经许可使用以及其他不违背商标权人意志的使用，均可认定为商标法第四十九条第二款所称的使用。

实际使用的商标标志与核准注册的商标标志有细微差别，但未改变其显著特征的，可以视为注册商标的使用。

没有实际使用注册商标，仅有转让或者许可行为；或者仅是公布商标注册信息、声明享有注册商标专用权的，不认定为商标使用。

商标权人有真实使用商标的意图，并且有实际使用的必要准备，但因其他客观原因尚未实际使用注册商标的，人民法院可以认定其有正当理由。

第二十七条 当事人主张商标评审委员会下列情形属于行政诉讼法第七十条第（三）项规定的“违反法定程序”的，人民法院予以支持：

（一）遗漏当事人提出的评审理由，对当事人权利产生实际影响的；

（二）评审程序中未告知合议组成员，经审查确有应当回避事由而未回避的；

（三）未通知适格当事人参加评审，该方当事人明确提出异议的；

（四）其他违反法定程序的情形。

第二十八条 人民法院审理商标授权确权行政案件的过程中，商标评审委员会对诉争商标予以驳回、不予核准注册或者予以无效宣告的事由不复存在的，人民法院可以依据新的事实撤销商标评审委员会相关裁决，并判令其根据变更后的事实重新作出裁决。

第二十九条 当事人依据在原行政行为之后新发现的证据，或者在原行政程序中因客观原因无法取得或在规定的期限内不能提供的证据，或者新的法律依据提出的评审申请，不属于以“相同的事实和理由”再次提出评审申请。

在商标驳回复审程序中，商标评审委员会以申请商标与引证商标不构成使用在同一种或者类似商品上的相同或者近似商标为由准予申请商标初步审定公告后，以下情形不视为“以相同的事实和理由”再次提出评审申请：

（一）引证商标所有人或者利害关系人依据该引证商标提出异议，国务院工商行政管理部门商标局予以支持，被异议商标申请人申请复审的；

（二）引证商标所有人或者利害关系人在申请商标获准注册后依据该引证商标申请宣告其无效的。

第三十条 人民法院生效裁判对于相关事实和法律适用已作出明确认定，相对人或者利害关系人对于商标评审委员会依据该生效裁判重新作出的裁决提起诉讼的，人民法院依法裁定不予受理；已经受理的，裁定驳回起诉。

第三十一条 本规定自2017年3月1日起施行。人民法院依据2001年修正的商标法审理的商标授权确权行政案件可参照适用本规定。

最高人民法院印发《关于执行案件移送破产审查若干问题的指导意见》的通知

（2017年1月20日 法发[2017]2号）

各省、自治区、直辖市高级人民法院，解放军军事法院，新疆维吾尔自治区高级人民法院生产建设兵团分院：

现将《最高人民法院关于执行案件移送破产审查若干问题的指导意见》印发给你们，请认真遵照执行。

最高人民法院关于执行案件移送破产审查若干问题的指导意见

推进执行案件移送破产审查工作，有利于健全市场主体救治和退出机制，有利于完善司法工作机制，有利于化解执行积案，是人民法院贯彻中央供给侧结构性改革部署的重要举措，是当前和今后一段时期人民法院服务经济社会发展大局的重要任务。为促进和规范执行案件移送破产审查工作，保障执行程序与破产程序的有序衔接，根据《中华人民共和国企业破产法》《中华人民共和国民事诉讼法》《最高人民法院关于适用〈中华人民共和国民事诉讼法〉的解释》等规定，现对执行案件移送破产审查的若干问题提出以下意见。

一、执行案件移送破产审查的工作原则、条件与管辖

1. 执行案件移送破产审查工作，涉及执行程序与破产程序之间的转换衔接，不同法院之间，同一法院内部执行部门、立案部门、破产审判部门之间，应坚持依法有序、协调配合、高效便捷的工作原则，防止推诿扯皮，影响司法效率，损害当事人合法权益。

2. 执行案件移送破产审查，应同时符合下列条件：

（1）被执行人为企业法人；

（2）被执行人或者有关被执行人的任何一个执行案件的申请执行人书面同意将执行案件移送破产审查；

（3）被执行人不能清偿到期债务，并且资产不足以清偿全部债务或者明显缺乏清偿能力。

3. 执行案件移送破产审查，由被执行人住所地人民法院管辖。在级别管辖上，为适应破产审判专业化建设的要求，合理分配审判任务，实行以中级人民法院管辖为原则、基层人民法院管辖为例外的管辖制度。中级人民法院经高级人民法院批准，也可以将案件交由具备审理条件的基层人民法院审理。

二、执行法院的征询、决定程序

4. 执行法院在执行程序中应加强对执行案件移送破产审查有关事宜的告知和征询工作。执行法院采取财产调查措施后，发现作为被执行人的企业法人符合破产法第二条规定的，应当及时询问申请执行人、被执行人是否同意将案件移送破产审查。申请执行人、被执行人均不同意移送且无人申请破产的，执行法院应当按照《最高人民法院关于适用〈中华人民共和国民事诉讼法〉的解释》第五百一十六条的规定处理，企业法人的其他已经取得执行依据的债权人申请参与分配的，人民法院不予支持。

5. 执行部门应严格遵守执行案件移送破产审查的内部决定程序。承办人认为执行案件符合移送破产审查条件的，应提出审查意见，经合议庭评议同意后，由执行法院院长签署移送决定。

6. 为减少异地法院之间移送的随意性，基层人民法院拟将执行案件移送异地中级人民法院进行破产审查的，在作出移送决定前，应先报请其所在地中级人民法院执行部门审核同意。

7. 执行法院作出移送决定后，应当于五日内送达申请执行人和被执行人。申请执行人或被执行人对决定有异议的，可以在受移送法院破产审查期间提出，由受移送法院一并处理。

8. 执行法院作出移送决定后，应当书面通知所有已知执行法院，执行法院均应中止对被执行人的执行程序。但是，对被执行人的季节性商品、鲜活、易腐烂变质以及其他不宜长期保存的物品，执行法院应当及时变价处置，处置的价款不作分配。受移送法院裁定受理破产案件的，执行法院应当在收到裁定书之日起七日内，将该价款移交受理破产案件的法院。

案件符合终结本次执行程序条件的，执行法院可以同时裁定终结本次执行程序。

9. 确保对被执行人财产的查封、扣押、冻结措施的连续性，执行法院决定移送后、受移送法院裁定受理破产案件之前，对被执行人的查封、扣押、冻结措施不解除。查封、扣押、冻结期限在破产审查期间届满的，申请执行人可以向执行法院申请延长期限，由执行法院负责办理。

三、移送材料及受移送法院的接收义务

10. 执行法院作出移送决定后，应当向受移送法院移送下列材料：

（1）执行案件移送破产审查决定书；

（2）申请执行人或被执行人同意移送的书面材料；

（3）执行法院采取财产调查措施查明的被执行人的财产状况，已查封、扣押、冻结财产清单及相关材料；

（4）执行法院已分配财产清单及相关材料；

（5）被执行人债务清单；

（6）其他应当移送的材料。

11. 移送的材料不完备或内容错误，影响受移送法院认定破产原因是否具备的，受移送法院可以要求执行法院补齐、补正，执行法院应于十日内补齐、补正。该期间不计入受移送法院破产审查的期间。

受移送法院需要查阅执行程序中的其他案件材料，或者依法委托执行法院办理财产处置等事项的,执行法院应予协助配合。

12. 执行法院移送破产审查的材料,由受移送法院立案部门负责接收。受移送法院不得以材料不完备等为由拒绝接收。立案部门经审核认为移送材料完备的,应以"破申"作为案件类型代字编制案号登记立案,并及时将案件移送破产审判部门进行破产审查。破产审判部门在审查过程中发现本院对案件不具有管辖权的,应当按照《中华人民共和国民事诉讼法》第三十六条的规定处理。

四、受移送法院破产审查与受理

13. 受移送法院的破产审判部门应当自收到移送的材料之日起三十日内作出是否受理的裁定。受移送法院作出裁定后,应当在五日内送达申请执行人、被执行人,并送交执行法院。

14. 申请执行人申请或同意移送破产审查的,裁定书中以该申请执行人为申请人,被执行人为被申请人;被执行人申请或同意移送破产审查的,裁定书中以该被执行人为申请人;申请执行人、被执行人均同意移送破产审查的,双方均为申请人。

15. 受移送法院裁定受理破产案件的,在此前的执行程序中产生的评估费、公告费、保管费等执行费用,可以参照破产费用的规定,从债务人财产中随时清偿。

16. 执行法院收到受移送法院受理裁定后,应当于七日内将已经扣划到账的银行存款、实际扣押的动产、有价证券等被执行人财产移交给受理破产案件的法院或管理人。

17. 执行法院收到受移送法院受理裁定时,已通过拍卖程序处置且成交裁定已送达买受人的拍卖财产,通过以物抵债偿还债务且抵债裁定已送达债权人的抵债财产,已完成转账、汇款、现金交付的执行款,因财产所有权已经发生变动,不属于被执行人的财产,不再移交。

五、受移送法院不予受理或驳回申请的处理

18. 受移送法院做出不予受理或驳回申请裁定的,应当在裁定生效后七日内将接收的材料、被执行人的财产退回执行法院,执行法院应当恢复对被执行人的执行。

19. 受移送法院作出不予受理或驳回申请的裁定后,人民法院不得重复启动执行案件移送破产审查程序。申请执行人或被执行人以有新证据足以证明被执行人已经具备了破产原因为由,再次要求将执行案件移送破产审查的,人民法院不予支持。但是,申请执行人或被执行人可以直接向具有管辖权的法院提出破产申请。

20. 受移送法院裁定宣告被执行人破产或裁定终止和解程序、重整程序的，应当自裁定作出之日起五日内送交执行法院，执行法院应当裁定终结对被执行人的执行。

六、执行案件移送破产审查的监督

21. 受移送法院拒绝接收移送的材料，或者收到移送的材料后不按规定的期限作出是否受理裁定的，执行法院可函请受移送法院的上一级法院进行监督。上一级法院收到函件后应当指令受移送法院在十日内接收材料或作出是否受理的裁定。

受移送法院收到上级法院的通知后，十日内仍不接收材料或不作出是否受理裁定的，上一级法院可以径行对移送破产审查的案件行使管辖权。上一级法院裁定受理破产案件的，可以指令受移送法院审理。

最高人民法院、最高人民检察院关于办理组织、利用邪教组织破坏法律实施等刑事案件适用法律若干问题的解释

（2017 年 1 月 4 日最高人民法院审判委员会第 1706 次会议、2016 年 12 月 8 日最高人民检察院第十二届检察委员会第 58 次会议通过　2017 年 1 月 25 日最高人民法院、最高人民检察院公告公布自 2017 年 2 月 1 日起施行　法释〔2017〕3 号）

为依法惩治组织、利用邪教组织破坏法律实施等犯罪活动，根据《中华人民共和国刑法》《中华人民共和国刑事诉讼法》有关规定，现就办理此类刑事案件适用法律的若干问题解释如下：

第一条　冒用宗教、气功或者以其他名义建立，神化、鼓吹首要分子，利用制造、散布迷信邪说等手段蛊惑、蒙骗他人，发展、控制成员，危害社会的非法组织，应当认定为刑法第三百条规定的“邪教组织”。

第二条　组织、利用邪教组织，破坏国家法律、行政法规实施，具有下列情形之一的，应当依照刑法第三百条第一款的规定，处三年以上七年以下有期徒刑，并处罚金：

（一）建立邪教组织，或者邪教组织被取缔后又恢复、另行建立邪教组织的；

（二）聚众包围、冲击、强占、哄闹国家机关、企业事业单位或者公共场所、

宗教活动场所,扰乱社会秩序的;

(三)非法举行集会、游行、示威,扰乱社会秩序的;

(四)使用暴力、胁迫或者以其他方法强迫他人加入或者阻止他人退出邪教组织的;

(五)组织、煽动、蒙骗成员或者他人不履行法定义务的;

(六)使用"伪基站""黑广播"等无线电台(站)或者无线电频率宣扬邪教的;

(七)曾因从事邪教活动被追究刑事责任或者二年内受过行政处罚,又从事邪教活动的;

(八)发展邪教组织成员五十人以上的;

(九)敛取钱财或者造成经济损失一百万元以上的;

(十)以货币为载体宣扬邪教,数量在五百张(枚)以上的;

(十一)制作、传播邪教宣传品,达到下列数量标准之一的:

1. 传单、喷图、图片、标语、报纸一千份(张)以上的;

2. 书籍、刊物二百五十册以上的;

3. 录音带、录像带等音像制品二百五十盒(张)以上的;

4. 标识、标志物二百五十件以上的;

5. 光盘、U盘、储存卡、移动硬盘等移动存储介质一百个以上的;

6. 横幅、条幅五十条(个)以上的。

(十二)利用通讯信息网络宣扬邪教,具有下列情形之一的:

1. 制作、传播宣扬邪教的电子图片、文章二百张(篇)以上,电子书籍、刊物、音视频五十册(个)以上,或者电子文档五百万字符以上、电子音视频二百五十分钟以上的;

2. 编发信息、拨打电话一千条(次)以上的;

3. 利用在线人数累计达到一千以上的聊天室,或者利用群组成员、关注人员等账号数累计一千以上的通讯群组、微信、微博等社交网络宣扬邪教的;

4. 邪教信息实际被点击、浏览数达到五千次以上的。

(十三)其他情节严重的情形。

第三条 组织、利用邪教组织,破坏国家法律、行政法规实施,具有下列情形之一的,应当认定为刑法第三百条第一款规定的"情节特别严重",处七年以上有期徒刑或者无期徒刑,并处罚金或者没收财产:

(一)实施本解释第二条第一项至第七项规定的行为,社会危害特别严重的;

(二)实施本解释第二条第八项至第十二项规定的行为,数量或者数额达到第二条规定相应标准五倍以上的；

（三）其他情节特别严重的情形。

第四条 组织、利用邪教组织，破坏国家法律、行政法规实施，具有下列情形之一的，应当认定为刑法第三百条第一款规定的“情节较轻”，处三年以下有期徒刑、拘役、管制或者剥夺政治权利，并处或者单处罚金：

（一）实施本解释第二条第一项至第七项规定的行为，社会危害较轻的；

（二）实施本解释第二条第八项至第十二项规定的行为，数量或者数额达到相应标准五分之一以上的；

（三）其他情节较轻的情形。

第五条 为了传播而持有、携带，或者传播过程中被当场查获，邪教宣传品数量达到本解释第二条至第四条规定的有关标准的，按照下列情形分别处理：

（一）邪教宣传品是行为人制作的，以犯罪既遂处理；

（二）邪教宣传品不是行为人制作，尚未传播的，以犯罪预备处理；

（三）邪教宣传品不是行为人制作，传播过程中被查获的，以犯罪未遂处理；

（四）邪教宣传品不是行为人制作，部分已经传播出去的，以犯罪既遂处理，对于没有传播的部分，可以在量刑时酌情考虑。

第六条 多次制作、传播邪教宣传品或者利用通讯信息网络宣扬邪教，未经处理的，数量或者数额累计计算。

制作、传播邪教宣传品，或者利用通讯信息网络宣扬邪教，涉及不同种类或者形式的，可以根据本解释规定的不同数量标准的相应比例折算后累计计算。

第七条 组织、利用邪教组织，制造、散布迷信邪说，蒙骗成员或者他人绝食、自虐等，或者蒙骗病人不接受正常治疗，致人重伤、死亡的，应当认定为刑法第三百条第二款规定的组织、利用邪教组织“蒙骗他人，致人重伤、死亡”。

组织、利用邪教组织蒙骗他人，致一人以上死亡或者三人以上重伤的，处三年以上七年以下有期徒刑，并处罚金。

组织、利用邪教组织蒙骗他人，具有下列情形之一的，处七年以上有期徒刑或者无期徒刑，并处罚金或者没收财产：

（一）造成三人以上死亡的；

（二）造成九人以上重伤的；

（三）其他情节特别严重的情形。

组织、利用邪教组织蒙骗他人，致人重伤的，处三年以下有期徒刑、拘役、管制或者剥夺政治权利,并处或者单处罚金。

第八条 实施本解释第二条至第五条规定的行为,具有下列情形之一的,从重处罚:

(一)与境外机构、组织、人员勾结,从事邪教活动的;

(二)跨省、自治区、直辖市建立邪教组织机构、发展成员或者组织邪教活动的;

(三)在重要公共场所、监管场所或者国家重大节日、重大活动期间聚集滋事,公开进行邪教活动的;

(四)邪教组织被取缔后,或者被认定为邪教组织后,仍然聚集滋事,公开进行邪教活动的;

(五)国家工作人员从事邪教活动的;

(六)向未成年人宣扬邪教的;

(七)在学校或者其他教育培训机构宣扬邪教的。

第九条 组织、利用邪教组织破坏国家法律、行政法规实施,符合本解释第四条规定情形,但行为人能够真诚悔罪,明确表示退出邪教组织、不再从事邪教活动的,可以不起诉或者免予刑事处罚。其中,行为人系受蒙蔽、胁迫参加邪教组织的,可以不作为犯罪处理。

组织、利用邪教组织破坏国家法律、行政法规实施,行为人在一审判决前能够真诚悔罪,明确表示退出邪教组织、不再从事邪教活动的,分别依照下列规定处理:

(一)符合本解释第二条规定情形的,可以认定为刑法第三百条第一款规定的"情节较轻";

(二)符合本解释第三条规定情形的,可以不认定为刑法第三百条第一款规定的"情节特别严重",处三年以上七年以下有期徒刑,并处罚金。

第十条 组织、利用邪教组织破坏国家法律、行政法规实施过程中,又有煽动分裂国家、煽动颠覆国家政权或者侮辱、诽谤他人等犯罪行为的,依照数罪并罚的规定定罪处罚。

第十一条 组织、利用邪教组织,制造、散布迷信邪说,组织、策划、煽动、胁迫、教唆、帮助其成员或者他人实施自杀、自伤的,依照刑法第二百三十二条、第二百三十四条的规定,以故意杀人罪或者故意伤害罪定罪处罚。

第十二条 邪教组织人员以自焚、自爆或者其他危险方法危害公共安全的,依照刑法第一百一十四条、第一百一十五条的规定,以放火罪、爆炸罪、以危险方法危害公共安全罪等定罪处罚。

第十三条 明知他人组织、利用邪教组织实施犯罪,而为其提供经费、场地、技术、工具、食宿、接送等便利条件或者帮助的，以共同犯罪论处。

第十四条 对于犯组织、利用邪教组织破坏法律实施罪、组织、利用邪教组织致人重伤、死亡罪，严重破坏社会秩序的犯罪分子，根据刑法第五十六条的规定，可以附加剥夺政治权利。

第十五条 对涉案物品是否属于邪教宣传品难以确定的，可以委托地市级以上公安机关出具认定意见。

第十六条 本解释自 2017 年 2 月 1 日起施行。《最高人民法院、最高人民检察院关于办理组织和利用邪教组织犯罪案件具体应用法律若干问题的解释》（法释〔1999〕18 号），《最高人民法院、最高人民检察院关于办理组织和利用邪教组织犯罪案件具体应用法律若干问题的解释（二）》（法释〔2001〕19 号），以及《最高人民法院、最高人民检察院关于办理组织和利用邪教组织犯罪案件具体应用法律若干问题的解答》（法发〔2002〕7 号）同时废止。

附：

一、2017 年 1 月份报国务院备案并予以登记的地方性法规、自治条例、单行条例和地方政府规章目录

地方性法规

法规名称	公布日期	备案登记编号
北京市人大常委会关于废止部分地方性法规的决定	2016 年 11 月 25 日	国法备字[2017000216]号
北京市人大常委会关于修改部分地方性法规的决定	2016 年 11 月 25 日	国法备字[2017000217]号
天津市实施《中华人民共和国农业技术推广法》办法（修订）	2016 年 12 月 15 日	国法备字[2017000163]号
山西省安全生产条例（修订）	2016 年 12 月 8 日	国法备字[2017000058]号
山西省环境保护条例（修订）	2016 年 12 月 8 日	国法备字[2017000059]号
山西省永久性生态公益林保护条例	2016 年 12 月 8 日	国法备字[2017000116]号
晋城市地方立法条例	2016 年 12 月 27 日	国法备字[2017000125]号
辽宁省优化营商环境条例	2016 年 12 月 7 日	国法备字[2017000021]号
辽宁省法律援助条例	2016 年 12 月 7 日	国法备字[2017000022]号
辽宁省人大常委会关于修改《辽宁省实施〈中华人民共和国促进科技成果转化法〉规定》的决定	2016 年 12 月 7 日	国法备字[2017000023]号
沈阳市劳动争议调解条例	2016 年 12 月 12 日	国法备字[2017000024]号

续表

沈阳市农田水利设施条例	2016 年 12 月 12 日	国法备字［2017000025］号
抚顺市水土保持条例	2016 年 11 月 11 日	国法备字［2017000026］号
本溪市旅游促进条例	2016 年 11 月 24 日	国法备字［2017000027］号
辽阳市城乡规划条例	2016 年 11 月 22 日	国法备字［2017000028］号
锦州市城市管理综合执法条例	2016 年 12 月 27 日	国法备字［2017000029］号
营口市城市供水用水管理条例	2016 年 11 月 29 日	国法备字［2017000067］号
营口市饮用水水源保护区污染防治条例	2016 年 11 月 29 日	国法备字［2017000068］号
朝阳市城市供热条例	2016 年 11 月 21 日	国法备字［2017000069］号
长春市道路交通安全管理条例	2016 年 12 月 31 日	国法备字［2017000169］号
长春市爱国卫生条例	2017 年 1 月 4 日	国法备字［2017000170］号
白城市市容和环境卫生管理条例	2017 年 1 月 3 日	国法备字［2017000171］号
黑龙江省人大常委会关于废止和修改《黑龙江省特种设备安全监察条例》等44 部地方性法规的决定	2016 年 12 月 16 日	国法备字［2017000087］号
黑龙江省促进科技成果转化条例	2016 年 12 月 16 日	国法备字［2017000088］号
黑龙江省食品安全条例(修订)	2016 年 12 月 16 日	国法备字［2017000089］号
哈尔滨市城市排水与污水处理条例	2016 年 12 月 19 日	国法备字［2017000090］号

续表

哈尔滨市重点污染物排放总量控制条例	2016年12月26日	国法备字[2017000091]号
齐齐哈尔市人大常委会关于废止《齐齐哈尔市基本农田保护条例》等两部地方性法规的决定	2016年12月19日	国法备字[2017000092]号
黑龙江省人大常委会关于废止《黑龙江省关于保护农村专业户合法权益若干问题的决定》等20项决议、决定的决定	2016年8月19日	国法备字[2017000214]号
上海市道路交通管理条例(修订)	2016年11月29日	国法备字[2017000166]号
上海市人大常委会关于修改《上海市人民代表大会常务委员会关于在中国(上海)自由贸易试验区暂时调整实施本市有关地方性法规规定的决定》的决定	2016年12月29日	国法备字[2017000167]号
浙江省食品小作坊小餐饮店小食杂店和食品摊贩管理规定	2016年12月23日	国法备字[2017000150]号
浙江省人大常委会关于修改《浙江省盐业管理条例》的决定	2016年12月23日	国法备字[2017000151]号
杭州市旅游条例	2016年12月27日	国法备字[2017000152]号
台州市城乡规划条例	2016年12月19日	国法备字[2017000153]号
金华市水环境保护条例	2016年12月22日	国法备字[2017000154]号
衢州市市区电动自行车管理规定	2016年12月12日	国法备字[2017000155]号
衢州市城市市容和环境卫生管理条例	2016年12月12日	国法备字[2017000156]号
丽水市城市市容和环境卫生管理条例	2016年12月6日	国法备字[2017000221]号
舟山市国家级海洋特别保护区管理条例	2016年12月12日	国法备字[2017000222]号

续表

淮南市机动车排放污染防治条例	2016 年 12 月 28 日	国法备字［2017000060］号
蚌埠市城镇绿化条例	2016 年 12 月 28 日	国法备字［2017000061］号
宣城市城市管理条例	2016 年 12 月 30 日	国法备字［2017000062］号
铜陵市城市绿化条例	2016 年 12 月 29 日	国法备字［2017000063］号
福建省安全生产条例	2016 年 12 月 5 日	国法备字［2017000031］号
福州市湿地保护管理办法	2016 年 12 月 2 日	国法备字［2017000032］号
福州市轨道交通条例	2016 年 12 月 2 日	国法备字［2017000033］号
厦门老字号保护发展办法	2016 年 12 月 6 日	国法备字［2017000034］号
三明市城市市容和环境卫生管理条例	2016 年 12 月 4 日	国法备字［2017000035］号
龙岩市烟花爆竹燃放管理条例	2016 年 12 月 2 日	国法备字［2017000036］号
泉州市海上丝绸之路史迹保护条例	2016 年 12 月 6 日	国法备字［2017000037］号
厦门市人大常委会关于修改《厦门经济特区城市园林绿化条例》等两部法规的决定	2016 年 3 月 4 日	国法备字［2017000208］号
河南省社会科学普及条例	2016 年 11 月 18 日	国法备字［2017000070］号
河南省黄河防汛条例	2016 年 12 月 2 日	国法备字［2017000071］号
河南省乡镇人民代表大会主席团工作条例（修订）	2016 年 12 月 2 日	国法备字［2017000072］号
洛阳市旅游条例（修订）	2016 年 10 月 26 日	国法备字［2017000073］号

续表

安阳市林州红旗渠保护条例	2016 年 12 月 9 日	国法备字［2017000074］号
焦作市北山生态环境保护条例	2016 年 12 月 16 日	国法备字［2017000075］号
濮阳市马颊河保护条例	2016 年 12 月 7 日	国法备字［2017000076］号
洛阳市非物质文化遗产保护条例	2016 年 12 月 16 日	国法备字［2017000124］号
十堰市中心城区山体保护条例	2016 年 12 月 2 日	国法备字［2017000042］号
恩施土家族苗族自治州酉水河保护条例	2016 年 12 月 12 日	国法备字［2017000043］号
武汉市人大常委会关于修改《武汉市政府投资项目审计条例》的决定	2016 年 12 月 25 日	国法备字［2017000093］号
随州市城区燃放烟花爆竹管理条例	2016 年 12 月 21 日	国法备字［2017000094］号
襄阳市汉江流域水环境保护条例	2016 年 12 月 19 日	国法备字［2017000095］号
襄阳古城墙保护条例	2016 年 12 月 19 日	国法备字［2017000096］号
咸宁市地热资源保护条例	2016 年 12 月 28 日	国法备字［2017000175］号
咸宁市古民居保护条例	2016 年 12 月 28 日	国法备字［2017000176］号
黄冈市饮用水水源地保护条例	2016 年 12 月 19 日	国法备字［2017000177］号
湖南省财政监督条例	2016 年 12 月 2 日	国法备字［2017000077］号
湖南省人民代表大会代表建议、批评和意见工作条例	2016 年 12 月 2 日	国法备字［2017000078］号
湖南省食品生产加工小作坊小餐饮和食品摊贩管理条例	2016 年 12 月 2 日	国法备字［2017000079］号

续表

湖南省实施《中华人民共和国旅游法》办法	2016年12月2日	国法备字［2017000080］号
益阳市城市规划区山体水体保护条例	2016年12月23日	国法备字［2017000081］号
衡阳市南岳区综合管理条例	2016年12月22日	国法备字［2017000082］号
株洲市农村村庄规划建设管理条例	2016年12月9日	国法备字［2017000083］号
张家界市城镇绿化条例	2016年12月2日	国法备字［2017000084］号
湘潭市城市市容和环境卫生管理条例	2016年12月15日	国法备字［2017000085］号
湘西土家族苗族自治州白云山国家级自然保护区条例	2016年12月12日	国法备字［2017000086］号
珠海市人民代表大会常务委员会关于促进中国（广东）自由贸易试验区珠海横琴新区片区廉洁示范区建设的决定	2016年12月2日	国法备字［2017000038］号
珠海经济特区安全生产条例	2016年12月7日	国法备字［2017000039］号
广东省动物防疫条例（修订）	2016年12月1日	国法备字［2017000064］号
广东省促进科技成果转化条例	2016年12月1日	国法备字［2017000065］号
广东省岭南中药材保护条例	2016年12月1日	国法备字［2017000066］号
广州市依法行政条例	2016年12月15日	国法备字［2017000157］号
珠海市人大常委会关于废止《珠海市安全生产条例》的决定	2016年12月7日	国法备字［2017000158］号
云浮市农村生活垃圾管理条例	2016年12月7日	国法备字［2017000159］号

续表

河源市恐龙地质遗迹保护条例	2016年12月20日	国法备字[2017000160]号
湛江市湖光岩景区保护管理条例	2016年12月7日	国法备字[2017000161]号
韶关市烟花爆竹燃放安全管理条例	2016年12月7日	国法备字[2017000162]号
中山市供水用水条例	2016年12月7日	国法备字[2017000172]号
茂名市高州水库水质保护条例	2016年12月16日	国法备字[2017000173]号
惠州市历史文化名城保护条例	2016年12月19日	国法备字[2017000174]号
深圳市人大常委会关于废止《深圳经济特区实施〈中华人民共和国固体废物污染环境防治法〉若干规定》的决定	2016年12月22日	国法备字[2017000200]号
深圳市人大常委会关于废止《深圳经济特区旅游管理条例》的决定	2016年12月22日	国法备字[2017000201]号
广东省人民代表大会常务委员会关于居民生活垃圾集中处理设施选址工作的决定	2016年12月1日	国法备字[2017000223]号
四川省食品小作坊、小经营店及摊贩管理条例	2016年11月30日	国法备字[2017000106]号
四川省人大常委会关于修改《四川省实施〈中华人民共和国渔业法〉实施办法》的决定	2016年11月30日	国法备字[2017000107]号
成都市兴隆湖区域生态保护条例	2016年12月1日	国法备字[2017000108]号
成都市社区教育促进条例	2016年12月5日	国法备字[2017000109]号
遂宁市人民代表大会及其常务委员会立法条例	2016年12月1日	国法备字[2017000110]号
南充市城市园林绿化条例	2016年12月6日	国法备字[2017000111]号

续表

自贡市集中式饮用水水源地保护条例	2016年12月5日	国法备字[2017000112]号
内江市地方立法条例	2016年12月19日	国法备字[2017000113]号
绵阳市城市市容和环境卫生管理条例	2016年12月20日	国法备字[2017000114]号
眉山市城乡规划条例	2016年12月15日	国法备字[2017000115]号
巴中市城市饮用水水源保护条例	2016年12月6日	国法备字[2017000202]号
四川省燃气管理条例(修订)	2016年11月30日	国法备字[2017000203]号
遵义市市辖区集中式饮用水水源保护条例	2016年12月6日	国法备字[2017000097]号
云南省边境管理条例	2016年12月15日	国法备字[2017000040]号
云南省人大常委会关于修改《云南省流动人口服务管理条例》的决定	2016年12月15日	国法备字[2017000041]号
昆明市旅游业监察条例	2016年11月30日	国法备字[2017000164]号
昆明市人大常委会关于修改《昆明市户外广告管理条例》的决定	2016年11月30日	国法备字[2017000165]号
西安市物业管理条例(修订)	2016年12月14日	国法备字[2017000178]号
西安市湿地保护条例	2016年12月14日	国法备字[2017000179]号
兰州市客运出租汽车管理条例	2016年11月29日	国法备字[2017000100]号
兰州市烟花爆竹安全管理条例(修订)	2016年11月29日	国法备字[2017000101]号
新疆维吾尔自治区防范和惩治网络传播虚假信息条例	2016年12月1日	国法备字[2017000102]号

续表

新疆维吾尔自治区县级以下人民代表大会代表直接选举实施细则(修订)	2016年12月1日	国法备字[2017000103]号
新疆维吾尔自治区边境管理条例(修订)	2016年12月1日	国法备字[2017000104]号
新疆维吾尔自治区环境保护条例(修订)	2016年12月1日	国法备字[2017000105]号
乌鲁木齐市市场中介组织管理条例	2016年12月13日	国法备字[2017000218]号

自治州、自治县的单行条例

条例名称	公布日期	备案登记编号
喀喇沁左翼蒙古族自治县人民代表大会关于修改《喀喇沁左翼蒙古族自治县蒙古语文工作条例》的决定	2016年9月1日	国法备字[2017000044]号
阜新蒙古族自治县旅游条例	2016年12月14日	国法备字[2017000030]号
岫岩满族自治县物业管理条例	2016年12月25日	国法备字[2017000224]号
延边朝鲜族自治州人大常委会关于废止《延边朝鲜族自治州预算外资金管理条例》的决定	2016年6月16日	国法备字[2017000149]号
黔西南布依族苗族自治州城乡规划建设管理条例	2016年12月9日	国法备字[2017000099]号
甘肃省肃北蒙古族自治县非物质文化遗产保护条例	2016年12月11日	国法备字[2017000180]号
化隆回族自治县县城市容和环境卫生管理条例(修订)	2016年12月15日	国法备字[2017000098]号

地方政府规章

规章名称	公布日期	备案登记编号
北京市行政执法机关移送涉嫌犯罪案件工作办法	2016 年 12 月 15 日	国法备字[2017000120]号
河北省长城保护办法	2016 年 12 月 17 日	国法备字[2017000046]号
河北省城镇排水与污水处理管理办法	2016 年 12 月 30 日	国法备字[2017000127]号
邯郸市农村公路管理办法	2016 年 12 月 15 日	国法备字[2017000047]号
邯郸市消火栓管理办法	2016 年 12 月 22 日	国法备字[2017000128]号
山西省实施《校车安全管理条例》办法	2017 年 1 月 16 日	国法备字[2017000183]号
沈阳市燃气管理办法	2016 年 12 月 2 日	国法备字[2017000002]号
沈阳市城市道路挖掘管理办法	2016 年 12 月 2 日	国法备字[2017000003]号
沈阳市旅游管理规定	2016 年 12 月 2 日	国法备字[2017000004]号
大连市实施《辽宁省人口与计划生育条例》办法	2016 年 12 月 13 日	国法备字[2017000005]号
大连市人民政府关于废止 13 件市政府规章的决定	2016 年 12 月 13 日	国法备字[2017000006]号
营口市人民政府起草地方性法规草案和制定政府规章程序规定	2016 年 11 月 16 日	国法备字[2017000007]号
锦州市建筑间距、住宅日照、建筑退让管理规定	2016 年 12 月 30 日	国法备字[2017000129]号
松原市人民政府规章和规范性文件制定办法	2016 年 12 月 30 日	国法备字[2017000137]号

续表

上海市网络预约出租汽车经营服务管理若干规定	2016 年 12 月 21 日	国法备字[2017000008]号
上海市机关事务管理办法	2016 年 12 月 23 日	国法备字[2017000048]号
上海市建设工程招标投标管理办法	2017 年 1 月 9 日	国法备字[2017000184]号
江苏省人民政府关于修改《江苏省科学技术奖励办法》的决定	2017 年 1 月 3 日	国法备字[2017000186]号
江苏省气象设施和气象探测环境保护办法	2017 年 1 月 4 日	国法备字[2017000187]号
南通市老洪港应急水库水源地管理办法	2016 年 12 月 30 日	国法备字[2017000131]号
大运河扬州段世界文化遗产保护办法	2016 年 12 月 14 日	国法备字[2017000049]号
浙江省国家赔偿费用管理办法	2016 年 12 月 16 日	国法备字[2017000009]号
浙江省人民政府关于修改《浙江省渡口安全管理办法》等 4 件规章的决定	2016 年 12 月 16 日	国法备字[2017000050]号
金华市销售燃放烟花爆竹管理办法	2016 年 12 月 17 日	国法备字[2017000188]号
金华市物业管理办法	2017 年 1 月 6 日	国法备字[2017000189]号
衢州市人民政府制定地方性法规草案和规章程序规定	2016 年 12 月 30 日	国法备字[2017000227]号
大窑龙泉窑遗址保护管理办法	2016 年 12 月 12 日	国法备字[2017000133]号
安徽省流动人口居住登记办法	2016 年 12 月 3 日	国法备字[2017000010]号
安徽省最低工资规定	2016 年 12 月 9 日	国法备字[2017000139]号
阜阳市户外广告和招牌设置管理办法	2017 年 1 月 6 日	国法备字[2017000185]号

续表

安徽省金湖国家级自然保护区管理办法	2016 年 12 月 30 日	国法备字［2017000130］号
黄山市人民政府制定规章和起草地方性法规草案程序规定	2016 年 12 月 16 日	国法备字［2017000051］号
江西省实施《退役士兵安置条例》办法	2016 年 12 月 8 日	国法备字［2017000011］号
南昌市城市桥梁隧道安全管理办法	2016 年 12 月 30 日	国法备字［2017000205］号
青岛市网络预约出租汽车经营服务管理暂行办法	2016 年 11 月 1 日	国法备字［2017000123］号
青岛市公共汽车乘坐规定	2016 年 9 月 1 日	国法备字［2017000132］号
东营市物业管理办法	2016 年 12 月 23 日	国法备字［2017000012］号
济宁市水功能区管理办法	2016 年 12 月 15 日	国法备字［2017000134］号
济宁市燃气管理办法	2016 年 12 月 22 日	国法备字［2017000135］号
威海市公共文化服务办法	2016 年 12 月 30 日	国法备字［2017000190］号
威海市林地保护办法	2016 年 12 月 30 日	国法备字［2017000191］号
德州市重大行政决策程序规定	2017 年 1 月 8 日	国法备字［2017000206］号
郑州市城市供水管理办法	2016 年 12 月 15 日	国法备字［2017000231］号
武汉市户外广告设置管理办法	2017 年 1 月 4 日	国法备字［2017000192］号
武汉市居住证服务与管理暂行办法	2017 年 1 月 6 日	国法备字［2017000193］号
襄阳市市区“门前三保”责任制管理办法	2016 年 10 月 19 日	国法备字［2017000232］号

续表

长沙市湘江库区管理办法	2016年12月16日	国法备字[2017000136]号
广东省实施《女职工劳动保护特别规定》办法	2016年12月20日	国法备字[2017000052]号
广东省无障碍环境建设管理规定	2016年12月2日	国法备字[2017000053]号
广东省水权交易管理试行办法	2016年12月20日	国法备字[2017000140]号
广州市网络预约出租汽车经营服务管理暂行办法	2016年11月28日	国法备字[2017000054]号
广州市气瓶安全监督管理规定	2016年12月7日	国法备字[2017000055]号
深圳市网络预约出租汽车经营服务管理暂行办法	2016年12月28日	国法备字[2017000141]号
深圳市人民政府关于修改《深圳市房屋征收与补偿实施办法(试行)》的决定	2016年12月23日	国法备字[2017000142]号
汕头市人民政府关于废止和宣布失效《汕头经济特区无线电管理办法》等26件规章和规范性文件的决定	2016年11月29日	国法备字[2017000013]号
汕头市人民政府关于修改《汕头经济特区既有住宅增设电梯办法》等16件规章和规范性文件的决定	2016年12月3日	国法备字[2017000014]号
东莞市公共图书馆管理办法	2016年12月30日	国法备字[2017000143]号
肇庆市控制和查处违法建设办法	2016年12月5日	国法备字[2017000015]号
云浮市人民政府拟定地方性法规草案和制定政府规章程序规定	2016年12月26日	国法备字[2017000194]号
广西壮族自治区人民政府关于修改《广西壮族自治区实施〈工伤保险条例〉办法》的决定	2017年1月4日	国法备字[2017000195]号
重庆市企业信用信息管理办法	2016年12月12日	国法备字[2017000016]号

续表

重庆市网络预约出租汽车经营服务管理暂行办法	2016年12月21日	国法备字[2017000017]号
重庆市河道采砂管理办法	2016年12月23日	国法备字[2017000121]号
四川省《对外劳务合作管理条例》实施办法	2017年1月11日	国法备字[2017000196]号
四川省行政处罚听证程序规定	2017年1月17日	国法备字[2017000207]号
宜宾市人民政府拟定地方性法规草案和制定规章程序规定	2016年12月20日	国法备字[2017000197]号
贵州省人民政府关于修改《贵州省征收征用林地补偿费用管理办法》的决定	2016年12月18日	国法备字[2017000018]号
云南省气象设施和气象探测环境保护办法	2016年12月26日	国法备字[2017000122]号
云南省木材运输管理规定	2017年1月11日	国法备字[2017000198]号
昆明市档案中介机构管理办法	2016年12月29日	国法备字[2017000144]号
西藏自治区邮政普遍服务保障监督办法	2016年12月5日	国法备字[2017000056]号
西藏自治区通信设施建设与保护办法	2016年12月5日	国法备字[2017000057]号
陕西省人民调解员管理服务办法	2016年12月23日	国法备字[2017000126]号
陕西省实施《自然灾害救助条例》办法	2016年12月23日	国法备字[2017000199]号
西安市秦岭生态环境保护管理办法	2016年11月25日	国法备字[2017000019]号
甘肃省电动自行车残疾人机动轮椅车管理办法	2016年12月28日	国法备字[2017000238]号
甘肃省地震预警办法	2016年12月30日	国法备字[2017000239]号

续表

兰州市市容环境卫生"门前三包"责任制管理办法	2016年12月26日	国法备字[2017000145]号
兰州市地质灾害防治管理办法	2016年12月27日	国法备字[2017000146]号
宁夏回族自治区人民政府关于修改《宁夏回族自治区科学技术奖励办法》的决定	2016年12月9日	国法备字[2017000020]号
宁夏回族自治区人民政府关于废止《宁夏回族自治区统计登记管理办法》《宁夏回族自治区场(厂)内专用机动车辆安全监察规定》的决定	2016年12月23日	国法备字[2017000147]号
宁夏回族自治区行政规范性文件制定和备案办法	2016年12月23日	国法备字[2017000148]号

二、2017年1月份报国务院备案并予以登记，本汇编未收的国务院部门规章目录

运输类飞机的持续适航和安全改进规定

(2016年3月17日交通运输部令2016年第20号公布　自2016年4月17日起施行　国法备字[2017000118]号)

民用航空统计管理规定

(2016年12月8日交通运输部令2016年第78号公布　自2017年1月7日起施行　国法备字[2017000119]号)

民用航空器驾驶员学校合格审定规则

(2016年12月16日交通运输部令2016年第86号公布　自2017年4月1日起施行　国法备字[2017000210]号)

图书在版编目(CIP)数据

中华人民共和国新法规汇编. 2017年. 第2辑:总第240辑/国务院法制办公室编. —北京:中国法制出版社, 2017.2

ISBN 978-7-5093-8232-5

Ⅰ.①中… Ⅱ.①国… Ⅲ.①法规-汇编-中国-2017 Ⅳ.①D920.9

中国版本图书馆CIP数据核字(2017)第029843号

中华人民共和国新法规汇编

ZHONGHUA RENMIN GONGHEGUO XIN FAGUI HUIBIAN

(2017年第2辑)

编者/国务院法制办公室

经销/新华书店

印刷/三河市紫恒印装有限公司

开本/850毫米×1168毫米 32开　　印张/15.25　字数/467千

版次/2017年2月第1版　　2017年2月第1次印刷

中国法制出版社出版

书号 ISBN 978-7-5093-8232-5　　定价:18.00元

北京西单横二条2号　　值班电话:66026508

邮政编码 100031　　传真:66031119

网址:http://www.zgfzs.com　　**编辑部电话:66066621**

市场营销部电话:66033393　　**邮购部电话:66033288**

(如有印装质量问题,请与本社编务印务管理部联系调换。电话:010-66032926)